Bildung – Arbeit – Erwachsenwerden

Manfred Max Bergman
Sandra Hupka-Brunner
Thomas Meyer • Robin Samuel (Hrsg.)

Bildung – Arbeit – Erwachsenwerden

Ein interdisziplinärer Blick
auf die Transition im Jugend-
und jungen Erwachsenenalter

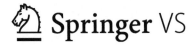
Springer VS

Herausgeber
Manfred Max Bergman,
Sandra Hupka-Brunner,
Thomas Meyer,
Robin Samuel,
Basel, Schweiz

ISBN 978-3-531-18487-6   ISBN 978-3-531-19071-6 (eBook)
DOI 10.1007/978-3-531-19071-6

Die Deutsche Nationalbibliothek verzeichnet diese Publikation in der Deutschen National-
bibliografie; detaillierte bibliografische Daten sind im Internet über http://dnb.d-nb.de
abrufbar.

Springer VS
© Springer Fachmedien Wiesbaden 2012

Gedruckt auf säurefreiem und chlorfrei gebleichtem Papier

Springer VS ist eine Marke von Springer DE. Springer DE ist Teil der Fachverlagsgruppe
Springer Science+Business Media.
www.springer-vs.de

Inhalt

Block II
Beispiele für Transitionen:
von der Grundbildung bis ins Erwerbsleben

Block III
Bildungsverläufe und ihr Zusammenhang mit anderen Lebensbereichen

Einleitung und Überblick
„Bildung – Arbeit – Erwachsenwerden"

Thomas Meyer / Sandra Hupka-Brunner / Robin Samuel / Manfred Max Bergman

Am Anfang dieses Buchprojekts stand das Anliegen, einem breiteren Publikum einen Überblick über die Thematik der Transitionen im Jugend- und jungen Erwachsenenalter zu geben.[1] Die hohe gesellschaftliche Relevanz ergibt sich aus der fundamentalen Bedeutung dieser Lebensphase, in der maßgebliche Weichen für die Zukunft gestellt werden, und in der junge Menschen anfangen, Verantwortung für sich und andere zu übernehmen: Berufsfindung und Arbeitsmarkteintritt, Ablösung vom Elternhaus und gesellschaftliche Integration sind die Herausforderungen, vor denen junge Menschen in den meisten modernen Gesellschaften stehen.

Die Vielzahl dieser Herausforderungen lässt sich in der titelgebenden Triade Bildung – Arbeit – Erwachsenwerden bündeln: *Bildung* hat in modernen Gesellschaften mehrere zentrale Funktionen. Neben der im heutigen Diskurs dominanten Qualifikationsfunktion leistet sie über die Sozialisations- und Legitimationsfunktion etwa Vermittlungsarbeit, wenn es darum geht, dass sich Kinder und Jugendliche die Grundwerte einer aufgeklärt-demokratischen Gesellschaft aneignen und ihre möglichen Rollen einüben. Die Vorbereitung auf das Leben als Erwachsene umfasst demnach auch Bereiche wie politische Partizipation, Lebensstile oder Gesundheitsverhalten. Eine weitere Funktion von Bildung besteht darin, über Selektions- und Bewertungsprozesse den Zugang zu sozialen Positionen zu steuern (Fend 1981). Daraus leitet sich ab, dass zu den wichtigsten Aufgaben der Schule die Vorbereitung auf die Arbeitswelt zählt. Jugendliche bei der Berufsfindung zu unterstützen ist daher eine der dringlichen Aufgaben der Schule – insbesondere in stark berufsbildungsorientierten Bildungssystemen wie den deutschsprachigen. Daran knüpft sich die pädagogische und soziologische Debatte um Bildungsungleichheiten (Becker und Lauterbach 2004; Krüger et al. 2010), die auf Theorien des subjektiv-rationalen Handelns (Boudon 1974) sowie Theorien zur sozialen Reproduktion (Bourdieu et al. 1981) und Lebenslaufkonzeptio-

---

1   Über die Förderung des schweizerischen Jugendlängsschnitts TREE (Transitionen von der Erstausbildung ins Erwerbsleben) wurde dieses Buch vom Schweizerischen Nationalfonds zur Förderung der wissenschaftlichen Forschung (SNF) teilfinanziert (10FI13_128927).

nen (Elder 1994) zurück greift. Aus psychologischer Perspektive geraten Theorien ins Blickfeld, die sich mit der Berufsfindung oder Laufbahnprozessen beschäftigen (Eccles 2005; Heinz 2000; Herzog et al. 2004; Holland 1973; Super 1994). *Arbeit* im Sinne von bezahlter Erwerbsarbeit gilt nicht nur als zentrale Dimension, weil sie die ökonomische Grundlage moderner marktwirtschaftlich organisierter Gesellschaften bildet. Sie bestimmt in hohem Maße auch die Teilhabe am gesellschaftlichen Leben schlechthin mit. Ungeachtet der programmatischen Ausrufung der Freizeitgesellschaft scheint Arbeit nach wie vor ein hohes identitätsstiftendes Element zu enthalten, was besonders für Jugendliche während der Berufsfindungsphase wichtig ist (Eberhard et al. 2009). Zudem bindet Arbeit Menschen in soziale Netzwerke ein und verleiht Prestige und sozialen Status. Dementsprechend ist Arbeit für unterschiedliche wissenschaftliche Disziplinen interessant: Die Psychologie etwa beschäftigt sich mit Arbeitsbedingungen, -zufriedenheit und Commitment im beruflichen Umfeld (Dawis und Lofquist 1984; Lent et al. 1994; Nerdinger et al. 2008; Savickas 1985; Semmer et al. 2005; Vondracek 1990). An ihre Befunde kann wiederum die Gesundheitsforschung anknüpfen, wenn sie untersucht, welche Arbeitsbedingungen der psychischen und physischen Gesundheit förderlich oder abträglich sind. Die Ökonomie ihrerseits fragt etwa, welchen Ertrag Bildungsinvestitionen auf dem Arbeitsmarkt abwerfen, und welche Bildungsabschlüsse und Kompetenzen dort welche Signalwirkung entfalten (Becker 1964; Mincer 1974; Spence 1973). Die Soziologie schließlich interessiert sich etwa für das Zusammenspiel zwischen institutionellen Rahmenbedingungen und individuellem Handeln, in dessen Spannungsfeld die beobachteten Transitionsprozesse zwischen Bildung und Arbeit stattfinden (Abraham und Hinz 2005; Heinz et al. 2009; Kohli 1985; Mayer 1990; Müller und Haun 1994; Sengenberger 1987).

Über Bildung und Arbeit hinaus subsummieren wir unter dem Stichwort „*Erwachsenwerden*" all jene Prozesse, die den Weg zwischen Kindheit und selbstverantwortlichem Erwachsenenleben beschreiben (Havighurst 1972 [1948]). Dazu gehört etwa die politische Teilhabe an einem demokratischen Rechtsstaat oder, in lebenslaufsoziologischer Perspektive, die Ablösung junger Erwachsener vom Elternhaus: Wann werden junge Erwachsene finanziell selbstständig? Wann erfolgt der Auszug aus dem Elternhaus? Wann wird die erste Partnerschaft eingegangen, wann eine Familie gegründet (Baltes 1990; Konietzka 2010)? Zum Prozess der Ablösung gehört auch die Persönlichkeitsentwicklung, die Auseinandersetzung mit der eigenen Identität. Damit einher gehen explorative Verhaltensmuster, etwa im Bereich des Konsums von psychotropen Substanzen, die aus Erwachsenenperspektive oft mit „Risikoverhalten" gleichgesetzt werden. In einer mehrdimensionalen Optik stellt sich unter dem Stichwort „Erwachsenwerden" schließlich auch die Frage nach der Verflechtung der verschiedenen Lebensbereiche und deren wechselseitige Wirkung auf einander (Baltes 1990; Blossfeld und Von Maurice 2011; Elder 1994).

In der Übergangs- oder Transitionsforschung steht allerdings kaum je das Gesamt dieser Herausforderungen zur Debatte: Der Blick auf den Forschungsgegenstand als Ganzes ist überwiegend partikulär, von der Optik bestimmter Einzelaspekte, wissenschaftlicher (Sub-)Disziplinen oder theoretischer Konzeptionen bestimmt. Diese Ausgangslage bewog uns, eine Veranstaltungsreihe zu konzipieren, in der Forschungsakteure aus verschiedenen Disziplinen mit verschiedenen theoretischen Zugängen und auf der Basis verschiedener Datengrundlagen zu Wort kommen sollten. Das Ergebnis war eine zweisemestrige Ringvorlesung an der Universität Basel, die im Herbstsemester 2010 und im Frühlingssemester 2011 stattfand. Ziel war es, den aktuellen wissenschaftlichen Diskurs im Feld in seinen Grundzügen so umfassend wie möglich abzubilden, dabei die Vielfalt der Zugänge zu zeigen und diese miteinander in Diskurs treten zu lassen. Das vorliegende Buch enthält nun eine Auswahl von Texten, die die involvierten Forschenden auf der Basis ihrer jeweiligen Vorlesungsbeiträge erarbeitet haben. Auch wenn die meisten Autorinnen und Autoren aus dem deutschsprachigen Forschungsraum stammen, spiegeln deren Beiträge unseres Erachtens doch einen über Sprachgrenzen hinaus reichenden Forschungsdiskurs wieder.

Die empiriebasierte Untersuchung der Übergänge im Jugend- bzw. jungen Erwachsenenalter ist im deutschsprachigen Forschungsraum ein vergleichsweise junges Phänomen. Während in angelsächsischen Ländern wie England, den USA oder Australien bereits in den 1960er, spätestens aber in den 1970er Jahren großangelegte längsschnittliche Kohortenstudien lanciert wurden (z.B. British Birth Cohort Survey BCS, Longitudinal Survey of Australian Youth LSAY, verschiedene Kohortenstudien in den USA, vgl. Kristen et al. 2005), blieben Übergangsstudien wie LifE (Lebensverläufe ins frühe Erwachsenenalter, vgl. Beitrag von H. Fend in diesem Band) im deutschsprachigen Raum lange die Ausnahme. Dies scheint einigermaßen paradox, denn ohne die Verfügbarkeit von längsschnittlichen, möglichst prospektiv erhobenen Daten ist eine wissenschaftlich valide Analyse der zur Debatte stehenden Transitionsprozesse nicht zu denken: Wer komplexe, langwährende Prozesse wie den Übergang von der Schule ins Erwachsenenleben adäquat beschreiben und analysieren will, kommt um längsschnittliche Daten nicht herum.

Seit den 1990er Jahren hat sich auch im deutschen Sprach- bzw. Forschungsraum diesbezüglich Manches zum Besseren verändert. Das wachsende Interesse an der Transitionsthematik im Jugend- und jungen Erwachsenenalter schlägt sich auch in einer besseren Verfügbarkeit von Longitudinaldaten nieder. Für Deutschland ist in diesem Zusammenhang neben dem LifE-Längsschnitt namentlich das Nationale Bildungspanel NEPS zu nennen.[2] In der Schweiz sind mit TREE, Cocon oder FASE-B im vergangenen Jahrzehnt gleich mehrere Kohortenstudien lanciert worden, die sich unterschiedlichen Aspekten von Transitionen im Jugend- und jungen Erwachsenenalter widmen.[3]

Der vorliegende Band ist in drei Blöcke gegliedert. Im ersten Block sind Beiträge versammelt, die theoretische Deutungsangebote zu den Transitionen von der Schule ins Erwachsenenleben machen, wobei der Fokus hier auf den Übergang von der Schule in das Erwerbsleben, also die Entwicklung auf den Dimensionen Bildung und Arbeit gelegt wird. Im zweiten Block finden sich empirische Forschungsarbeiten zu Transitionen innerhalb und zwischen den Stufen des Bildungssystems. Sie folgen häufig einem interdisziplinären Ansatz. Der dritte Block nimmt Lebensbereiche jenseits von Bildung und Arbeit in den Blick, die für die Transition von der Schule ins Erwerbs- und Erwachsenenleben von Bedeutung sind.

Den Einstieg in den ersten Block bildet der Beitrag *„Bourdieus Kapital-Theorie"*, in dem *Joseph Jurt* die bildungssoziologischen Konzeptionen Pierre Bourdieus referiert. Bourdieu erklärt die Vererbung sozialer Positionen über den Transfer verschiedener Kapitalsorten von Eltern auf ihre Kinder. Besondere Bedeutung erhalten in dieser Sichtweise Transitionen ins und im Bildungssystem, weil diese zur Reproduktion, aber auch zur Verschleierung sozialer Positionen beitragen. Mit Blick auf letztere schließt Jurt seinen Beitrag mit einem Abschnitt zur – rhetorischen – Frage: „Gibt es eine Aufhebung der Machtverhältnisse?"

Rolf Becker kontrastiert in seinem Beitrag *„Bildungsungleichheit im Lichte aktueller Theorieanwendung in der soziologischen Bildungsforschung"* verschiedene bildungssoziologische Ansätze, die ebenfalls die Transitionen innerhalb des Bildungssystems und ins Erwerbsleben zu erklären versuchen: Bildungsungleichheiten werden anhand empirischer Ergebnisse entlang der Humankapitaltheorie, der Theorie des subjektiv rationalen Handelns sowie entlang der Theorien der sozialen Reproduktion diskutiert. Becker schließt mit einem Versuch einer Modellintegration und formuliert Forschungsdesiderate für die Bildungssoziologie.

Winfried Kronig diskutiert in seinem Beitrag *„Individuum und Struktur im Bildungssystem – Anmerkungen zur Semantik einer komplexen Relation"* aus pä-

---

2   LifE: siehe http://www.uni-potsdam.de/life-studie/
     NEPS: siehe https://www.neps-data.de
3   TREE: vgl. http://tree.unibas.ch/
     Cocon: vgl. http://www.cocon.uzh.ch/ ,
     FASE-B: vgl. http://p3.snf.ch/Project-116026

dagogischer Perspektive ebenfalls soziologische Theorien der Bildungsungleichheit. Dabei beleuchtet er anhand verschiedener Anomalien im Bildungssystem (regionale Variation von Bildungschancen, Unterschichtung, herkunftssensitive Selektion), inwiefern der ideelle Wert und der instrumentelle Nutzen von Bildung voneinander abweichen können. Er kommt zum Schluss, dass sich die konkurrierenden Theorien vor allem in der Frage unterscheiden, ob die Schule lediglich die neutrale Bühne für die Austragung des Bildungswettbewerbs darstellt oder ob sie unmittelbar darin involviert ist.

Ausgehend von psychologischen Laufbahntheorien nehmen *Anita C. Keller und Barbara E. Stalder* in ihrem Beitrag *„Fluktuationsabsichten junger Erwachsener aus psychologischer Sicht"* die Kündigungsneigung junger Erwachsener in den Blick. Mit ihren Analysen auf der Basis von Daten des Schweizer Jugendlängsschnitts TREE (Transitionen von der Erstausbildung ins Erwerbsleben) zeigen sie, dass bei den Fluktuationsneigungen von jungen Arbeitsmarkteinsteigern dem organisationalen Commitment wie auch der Laufbahnzufriedenheit ein besonderer Stellenwert zukommt.

Jean-Marc Falter zeigt in seinem *Beitrag „Der Übergang von der Schule ins Erwerbsleben aus bildungsökonomischer Sicht"*, dass der Übergang von der Schule ins Erwerbsleben zwar seinen Platz in der ökonomischen Forschung hat, dass aber die angewendeten theoretischen Konzepte (v.a. Humankapitaltheorie und Konzept des komparativen Vorteils) nicht spezifisch auf diese besondere Lebensphase bezogen sind. Zentral ist aus ökonomischer Sicht der Arbeitsmarkt, der die Berufschancen junger Arbeitnehmer maßgeblich steuert. Anhand verschiedener typischer Fragestellungen (z.B. zu Jugendarbeitslosigkeit oder Bildungserträgen) veranschaulicht Falter, welchen Beitrag ökonomische Forschungen zu gesellschaftspolitischen Debatten in der Bildungs- und Arbeitsmarktpolitik leisten.

Die Bedeutung des Arbeitsmarkts thematisiert auch *Alexander Salvisberg* im Kapitel *„Mechanismen des Arbeitsmarktgeschehens aus soziologischer Perspektive"*. Sein Text führt in zentrale soziologische Dimensionen der Arbeitsmarktanalyse ein. Bei der Transition von der Ausbildung ins Erwerbsleben werden auch junge Erwachsene mit den beschriebenen Mechanismen konfrontiert. Salvisberg zeigt anhand von Daten des Berufseinsteigerbarometers des Stellenmarkt-Monitors Schweiz, dass der Berufseinstieg in den letzten Jahrzehnten schwieriger geworden ist, und führt dies auf gestiegene Anforderungen im Arbeitsmarkt zurück.

Den zweiten Block eröffnet der Beitrag von *Irene Kriesi, Sybille Bayard und Marlis Buchmann* zur *„Bedeutung von Kompetenzen im Vorschulalter für den Schuleintritt"*. Anhand von Daten der Schweizer Longitudinalstudie Cocon

(*Competence and Context*) gehen sie der Frage nach, wie sich verschiedene Arten von Kompetenzen auf die Statuspassage des Schuleintritts und die Übernahme der Schülerrolle auswirken. Dabei zeigt sich, dass die Bewältigung des Übergangs in die Schule nicht nur eine Frage der Intelligenz ist, sondern dass neben sozialer Herkunft und Geschlecht vor allem auch Sozialkompetenzen eine wichtige Rolle spielen, weil diese für die Passung zwischen individuellem Verhalten der Kinder und institutionellen Erwartungen an die Schülerrolle bedeutsam sind.

Markus P. Neuenschwander stützt sich in seinem Beitrag „*Selektionsprozesse beim Übergang in die Sekundarstufe I, die Berufsausbildung und die tertiäre Ausbildung*" auf Daten von FASE-B (*Familie – Schule – Beruf*), einer weiteren Schweizer Längsschnittstudie. Er zeigt, wie abgebende und aufnehmende Bildungsinstitutionen Selektionsverfahren definieren und damit Übertrittschancen von Jugendlichen strukturieren. Auch Neuenschwander hebt die Bedeutung der Passungswahrnehmung der Jugendlichen sowie ihrer sozialen Kompetenzen für den weiteren Ausbildungsverlauf hervor. Er kommt zum Schluss, dass Transitionsprozesse von den Jugendlichen, Institutionen und Bezugspersonen reguliert werden und formuliert als Forschungsdesiderat, das Verhältnis dieser drei Akteure zueinander und ihre Wirkung auf Transitionsprozesse präziser herauszuarbeiten.

Auch *Sandra Hupka-Brunner et al.* beschäftigen sich in ihrem Beitrag „*Übergänge im Spannungsfeld zwischen sozialer Herkunft, Leistung und Strukturen des Bildungssystems*" mit dem Einfluss institutioneller Rahmenbedingungen auf die Chancen, in eine zertifizierende Ausbildung der Sekundarstufe II einzutreten. Dabei erweisen sich individuelle Leistungen zwar als durchaus chancenrelevant. Unübersehbar ist aber auch die Bedeutung von individuellen askriptiven Merkmalen sowie von Strukturmerkmalen des Bildungssystems, insbesondere der in der Schweiz kantonal organisierten Sekundarstufe I.

Berufseinsteigende in der Schweiz haben zumeist eine duale Berufsausbildung durchlaufen. Die „*Entstehung und Dominanz der dualen Berufsausbildung in der Schweiz*" beschreibt *Philipp Gonon* aus historisch-erziehungswissenschaftlicher Perspektive. Nach einer Kontrastierung verschiedener Berufsbildungsmodelle stellt er dar, wie sich die Dominanz des dualen Berufsbildungsmodells in der Schweiz herauskristallisierte, und mit welchen neuen Herausforderungen (Integration, Durchlässigkeit) es in jüngerer Vergangenheit konfrontiert war. In seinem Beitrag öffnet Gonon den Blick auch über die Schweizer Landesgrenzen hinaus in Richtung eines europäischen Bildungsraumes und eines zunehmend global dominierenden Bildungsmodells, das, weit entfernt von den Spezifika der dualen Berufsbildung, stark auf schulische Allgemeinbildung abstützt.

Der Beitrag *„Wenn Ausbildungsbetriebe Geschlecht auswählen. Geschlechtsspezifische Lehrlingsselektion am Beispiel des Autogewerbes"* von *Christian Imdorf* untersucht, inwiefern betriebliche Selektionsprozesse zur Reproduktion der Geschlechtersegregation auf dem Ausbildungsmarkt beitragen. Mittels konventionensoziologischer Analyse verdeutlicht er am Beispiel des Autoreparatur- und Karosseriegewerbes, dass das Geschlecht bei der Selektion als Kriterium einbezogen wird, um konfliktträchtige oder harmoniefördernde Situationen zu antizipieren. Er kommt zu dem Schluss, dass eine Förderung geschlechteratypischer Berufsaspirationen nicht genügt, um den Zugang junger Frauen zu männertypischen Berufen zu begünstigen, sondern dass die betrieblichen Selektionsprozesse ebenfalls in den Blick genommen werden müssen.

Barbara E. Stalder und Evi Schmid betrachten in ihrem Beitrag *„Zurück zum Start? Berufswahlprozesse und Ausbildungserfolg nach Lehrvertragsauflösungen"* vorzeitige Lehrvertragsauflösungen als kritische Ereignisse in der Ausbildungslaufbahn, die eine Anpassung der Berufswahl und eine berufliche Reorientierung erfordern. Der Berufswahlprozess nach einer Lehrvertragsauflösung wird längsschnittlich untersucht, und es werden Faktoren geprüft, welche den Wiedereinstieg und das Erreichen eines Berufsbildungsabschlusses fördern oder hemmen.

Der Beitrag von *Elisabeth M. Krekel „Der Einstieg in die Berufsausbildung in Deutschland als Spiegel von Angebots-Nachfrage-Disparitäten"* basiert auf der Berufsbildungsberichterstattung, die in Deutschland seit den 1970er Jahren empirische Grundlagen für die Leistungsüberprüfung des dualen Systems sowie für die Politikberatung zur Verfügung stellt. Krekel zeigt, wie das Lehrstellenangebot einerseits und die Demografie andererseits die Einstiegschancen von Jugendlichen beeinflussen. Sie hebt hervor, dass mit den absehbaren demografischen Veränderungen neue bildungspolitische Herausforderungen entstehen werden, und dass eine bessere Ausschöpfung der „Bildungspotenziale" von Nöten sein wird.

Rolf Becker zeigt in seinem Beitrag *„Der Übergang ins Hochschulstudium: Prozesse und Mechanismen am Beispiel der deutschen Schweiz"* auf Basis empirischer Analysen der TREE-Daten, dass die Unterrepräsentation sozial benachteiligter Kinder an den Hochschulen großteils durch sekundäre Ungleichheiten erklärt werden kann. Theoretisch plädiert Becker dafür, die gängigen werterwartungstheoretischen Modelle von Bildungsentscheidungen um die handlungstheoretischen Überlegungen von Max Weber und seiner Typologie sozialen Handelns (bzw. dessen subjektiven Sinns) zu ergänzen.

Im Beitrag *„Inwiefern zahlt sich Bildung aus? Bildungsrenditen aus individueller und gesellschaftlicher Sicht"* beschreibt *Melania Rudin* grundlegende methodische Aspekte bei der Berechnung von Bildungsrenditen und fasst Resultate der Rentabilität verschiedener Bildungsstufen für die Schweiz und andere Länder zusammen. Beleuchtet wird der Zusammenhang zwischen privaten und gesellschaftlichen Renditen über das Finanzierungs- und Steuersystem sowie Unterschiede zwischen den Geschlechtern. Zudem werden gesamtgesellschaftlichen Auswirkungen von Bildung, welche nicht in die Berechnung der Renditen einfließen, diskutiert.

Den dritten Block eröffnet *René Levy* mit seinem Beitrag *„Transitionen im Lebenslauf – mit Zoom auf die Familie"*. Levy wendet einen struktursoziologischen Ansatz auf Lebenslaufanalysen an und erläutert die Bedeutung von Statusübergängen als potenzielle Bruchstellen. Vor diesem Hintergrund wird der folgenreiche Übergang von Paaren zur Elternschaft auf der Basis von Daten des Schweizerischen Haushaltpanels analysiert und anhand einer qualitativen Folgestudie („Devenir parent") näher beleuchtet. Dabei wird eine Retraditionalisierung der Familienstruktur beim Übergang zur Elternschaft sichtbar.

„Wie beeinflusst Statustransfer zwischen den Generationen" Antworten auf diese Frage suchen *Robin Samuel et al.* auf der Basis von Analysen der Daten des Schweizer Jugendlängsschnitts TREE. Die Resultate, die sich theoretisch auf Bourdieus Konzepte sozialer Reproduktion abstützen, zeigen über die Zeit eine Destabilisierung von Aspekten des Wohlbefindens wie Selbstwertgefühl oder positiver Lebenseinstellung für Jugendliche, bei denen der intergenerationelle Bildungstransfer nicht geglückt ist.

Gebhard Hüslers Beitrag *„Bildung, Gesundheit, Drogenkonsum: Ergebnisse eines nationalen Integrationsprogramms für gefährdete Jugendliche"* ist theoretisch eingebettet in ein Belastungs-Ressourcen-Modell und beschreibt Ergebnisse einer längsschnittlichen formativen Evaluation eines landesweiten schweizerischen Suchtpräventions- bzw. Interventionsprogramms für Jugendliche zwischen elf und 20 Jahren.

Helmut Fend referiert in seinem Beitrag *„Bildung als intergenerationales Drama – prägend für das ganze Leben?"* Ergebnisse der deutschen LifE-Studie (*Lebensverläufe ins frühe Erwachsenenalter*). Dabei werden Bildungswege und ihre Voraussetzungen beschrieben, aber auch, ähnlich wie im Beitrag von Samuel et al., Folgen von misslungenen intergenerationellen (Bildungs-)Statustransfers aufgezeigt. Fend stellt darüber hinaus Querverbindungen (*cross domain effects*) zu anderen Lebensbereichen wie Partnerschaft, Elternschaft oder Gesundheit her.

Wir danken allen Autorinnen und Autoren für ihr Engagement und die Begeisterung, mit der sie sich sowohl an der Basler Ringvorlesung als auch am daraus hervorgegangenen, hier vorliegenden Buch beteiligt haben. Dank gebührt auch Lena Berger, Daniela Gloor, Aline Schoch und Oriane Simon, die die Texte dieses Bandes einem sorgfältigen Lektorat unterzogen haben. Wir freuen uns, wenn dieser Band einen aktuellen Beitrag zum disziplinenübergreifenden wissenschaftlichen Diskurs über Transitionen im Jugend- und jungen Erwachsenenalter zu leisten vermag. Dieser hat, wie figura zeigt, in jüngster Zeit im deutschen Sprach- und Forschungsraum deutlich an Schwung gewonnen. In diesem Zusammenhang sind erfreulicherweise vermehrt Bestrebungen erkennbar – und auch in diesem Band nachzulesen –, die theoretischen Rahmungen der Arbeit im Forschungsfeld über ihre engen disziplinären Grenzen hinaus zu erweitern.

Literatur

Abraham, Martin, und Thomas Hinz. 2005. Arbeitsmarktsoziologie. Probleme, Theorien, empirische Befunde. Wiesbaden: VS-Verlag.

Baltes, Paul. 1990. Entwicklungspsychologie der Lebensspanne: Theoretische Leitsätze. Psychologische Rundschau: S. 1-24.

Becker, Gary Stanley. 1964. Human capital: a theoretical and empirical analysis with special reference to education. New York/London: Columbia University Press.

Becker, Rolf, und Wolfgang Lauterbach (Hrsg.). 2004. Bildung als Privileg? Erklärungen und Befunde zu den Ursachen der Bildungsungleichheit. Wiesbaden: Verlag der Sozialwissenschaften.

Blossfeld, Hans-Peter, und Jutta Von Maurice. 2011. Education as a life long process. Zeitschrift für Erziehungswissenschaft 14: S. 19-32.

Boudon, Raymond. 1974. Education, opportunity, and social inequality: changing prospects in western society. New York: John Wiley.

Bourdieu, Pierre, Luc Boltanski, Monique De Saint Martin und Pascale Maldidier. 1981. Titel und Stelle. Frankfurt: Europäische Verlagsanstalt.

Dawis, R. V., und L. H. Lofquist. 1984. A psychological theory of work adjustment. Minneapolis: University of Minnesolta Press.

Eberhard, Verena, Selina Scholz und Joachim Gerd Ulrich. 2009. Image als Berufswahlkriterium. Bedeutung für Berufe mit Nachwuchsmangel. BWP Berufsbildung in Wissenschaft und Praxis: S. 9-13.

Eccles, J. S. 2005. Subjective Task Value and the Eccles et al. Model of Achievement-Related Choices In Handbook of Competence and Motivation, Hrsg. Elliot, Andrew J. und Carol S. Dweck, S. 105-121 New York, London: The Guilford Press.

Elder, Glen H. Jr. 1994. Time, Human Agency, and Social Change: Perspectives on the Life Course. Social Psychology Quarterly 57: S. 4-15.

Fend, Helmut. 1981. Theorie der Schule. München, Wien, Baltimore: Urban & Schwarzenberg.

Havighurst, R. J. 1972 [1948]. Developmental Tasks and Education. New York: Longman.

Heinz, Walter R. 2000. Selbstsozialisation im Lebenslauf. Umrisse einer Theorie biographischen Handelns In Biographische Sozialisation, Hrsg. Hoerning, Erika M., S. 165-186 Stuttgart: Lucius & Lucius Verlagsgesellschaft mbH.

Heinz, Walter R., Johannes Huinink und Ansgar Weymann. 2009. The Life Course Reader. Individuals and Societies Across Time. Frankfurt/Main.

Herzog, Walter, M. P. Neuenschwander und Evelyne Wannack. 2004. Berufswahlprozess bei Jugendlichen. Bern. Universität Bern, Institut für Pädagogik und Schulpädagogik, Abteilung Pädagogische Psychologie.

Holland, John L.. 1973. Making vocational choices: a theory of careers. Prentice-Hall: Englewood Cliffs.

Kohli, Martin. 1985. Die Institutionalisierung des Lebenslaufs. Historische Befunde und theoretische Argumente. Kölner Zeitschrift für Soziologie und Sozialpsychologie 37: S. 1-29.

Konietzka, Dirk. 2010. Zeiten des Übergangs. Wiesbaden: VS Verlag.

Kristen, Cornelia, Anika Römmer, Walter Müller und Frank Kalter. 2005. Längsschnittstudien für die Bildungsberichterstattung – Beispiele aus Europa und Nordamerika. Berlin. Bundesministerium für Bildung und Forschung (BMBF).

Krüger, Heinz Hermann, Ursula Rabe-Kleberg, Rolf-Torsten Kramer und Jürgen Budde (Hrsg.). 2010. Bildungsungleichheiten revisited. Bildung und soziale Ungleichheiten vom Kindergarten bis zur Hochschule. Studien zur Schul- und Bildungsforschung. Wiesbaden: VS Verlag.

Lent, Robert W., Steven D. Brown und Gail Hackett. 1994. Toward a Unifying Social Cocnitive Theory of Career and Academic Interest, Choice, and Performance Journal of vocational Behaviour 45: S. 79-122.

Mayer, Karl Urlich (Hrsg.). 1990. Lebensverläufe und sozialer Wandel. Opladen: Westdeutscher Verlag.

Mincer, Jacob. 1974. Schooling, Experience and Earnings. New York: National Bureau of Economic Research (NBER).

Müller, Walter, und Dietmar Haun. 1994. Bildungsungleichheit im sozialen Wandel. Kölner Zeitschrift für Soziologie und Sozialpsychologie 46: S. 1-43.

Nerdinger, Friedemann W., Gerhard Blickle und Niclas Schaper (Hrsg.). 2008. Berufswahl und berufliche Entwicklung. Arbeits- und Organisationspsychologie. Heidelberg: Springer.

Savickas, Mark L. 1985. Identity in vocational development. Journal of Vocational Behavior 27: S. 329-337.

Semmer, N. K., F. Tschan, A. Elfering, W. Kälin und S. Grebner. 2005. Young Adults Entering the Workforce in Switzerland: Working Conditions and Well-Being In Contemporary Switzerland, Hrsg. Kriesi, H.,P. Farago,M. Kohli und M. Zarin-Nejadan, S. 163-189 New York: Palgrave Macmillan.

Sengenberger, Werner. 1987. Struktur und Funktionsweise von Arbeitsmärkten. Frankfurt am Main, New York: Campus Verlag.

Spence, Michael. 1973. Job Market Signalling. Quarterly Journal of Economics 87.

Super, D. E. 1994. Der Lebenszeit-, Lebensraumansatz der Laufbahnentwicklung In Karriere-Entwicklung, Hrsg. Brown, D., und L. Et Al. Brooks, S. 211-280 Stuttgart: Klett-Cotta.

Vondracek, Fred W. 1990. A developmental-contextual approach to career development research In Methodological approaches to the study of career, Hrsg. Young, Richard A., und William A. Borgen, S. 37-56 New York: Praeger.

Block I
Theoretische Zugänge und Ansätze der Transitionsforschung aus Ökonomie, Pädagogik, Psychologie und Soziologie

Bourdieus Kapital-Theorie[1]

Joseph Jurt

Nachdem sich Pierre Bourdieu während seiner Algerien-Zeit (1956-1960) das soziologische Rüstzeug angeeignet hatte, das ihm erlaubte, diese Gesellschaft im Umbruch zu verstehen, widmete er sich unmittelbar nach seiner Rückkehr nach Frankreich der Bildungssoziologie. Im Zentrum standen dabei die gesellschaftlichen Reproduktionsweisen des Bildungssystems. Das forschungsstrategisch wichtigste Resultat der bildungssoziologischen Untersuchungen war seine Kapital-Theorie und hier namentlich das Konzept des kulturellen Kapitals.

Epistemologisch zentral war für ihn, die Aporien des Subjektivismus, namentlich der Existenz- Philosophie Sartres, und des Objektivismus des strukturalistischen Ansatzes zu überwinden durch eine Theorie der Praxis. Diese praxeologische Erkenntnisweise war nicht die Frucht eines abstrakten Gedankensystems, sondern entstand in und durch die empirischen ethnologischen und soziologischen Untersuchungen der algerischen Gesellschaft, des ländlichen Milieus der Pyrenäen und des Bildungssystems Frankreichs.

Auf der Basis dieser erkenntnistheoretischen Position bildeten sich dann drei zentrale Kategorien aus, die den Ansatz von Bourdieu unverwechselbar prägen: der Begriff des *Habitus* als Vermittlungsinstanz zwischen Struktur und Subjekt, dann die schon erwähnte Kategorie des *Kapitals*, das aber nicht bloß als ökonomische Größe gedacht wird. Der Begriff der *Gesellschaft* wird schließlich ersetzt durch den des sozialen Raums, der sich ausdifferenziert in unterschiedliche *Felder*. Mit diesen drei zentralen Kategorien brachte Bourdieu wieder die Akteure ins Spiel und auch die Geschichtlichkeit, die durch den Strukturalismus ausgeblendet worden waren, ohne jedoch in eine Subjektphilosophie zurückzufallen.

---

1   Die folgenden Ausführungen beruhen auf dem Abschnitt: *Eine andere Ökonomie: die vier Kapitalarten* in: Jurt(2008: 70-90).

1. Zum Kapitalbegriff Bourdieus

Unter dem Begriff des Habitus werden verkörperte Eigenschaften des Sozialen verstanden, Dispositionen, die sich der Sozialisation verdanken und die bestimmte Handlungs- und Wahrnehmungsschemata generieren[2] Im Handeln werden aber auch Handlungsobjekte geschaffen. Um diese zu bezeichnen, führt Bourdieu den Begriff *Kapital* ein, den er Marx entlehnt, aber nicht in einem marxistischen Sinn interpretiert. Bourdieu kannte wohl Marx ganz gut, war aber nie Marxist, sondern entnahm Marx einzelne Konzepte, wenn das ihm sinnvoll und nützlich erschien. Er griff auch auf Max Webers Unterscheidung von *Klassenlage* (der Marktlage auf dem Güter- und Arbeitsmarkt) und *Klassenstand* (Stellung innerhalb der Hierarchie von Ehre und Prestige) zurück (Bourdieu 1974: 42-74). Das Interesse für die symbolischen Formen teilte er mit Cassirer. Seinen relationellen Ansatz, der sich dem Substantialismus widersetzte, begründete er mit dem Hinweis auf Cassirers Beitrag *Substanz und Form,* der diesen Ansatz als den Denkmodus der modernen Wissenschaft nannte. Neben Max Weber und Cassirer war Panofsky ein weiterer wichtiger Inspirator von Pierre Bourdieu. Panofsky hatte Analogien zwischen der gotischen Architektur und der scholastischen Philosophie auf kollektive Denkgewohnheiten zurückgeführt, die er Habitus nannte, ein Gestaltungsprinzip, das durch eine Institution geprägt werde: die Schule als verhaltensnormierende Instanz. Diesen Ansatz wandte Bourdieu auf eine ganze Anzahl unterschiedlicher Felder der zeitgenössischen Gesellschaft an (Bourdieu 1974: 125-158). Bourdieu hatte auch Durkheims Idee, dass die soziale Ordnung unser Denken und Handeln bestimmt, weil sie unsere Klassifikationssysteme modelliert, weiter entwickelt (Wacquant 1995: 646-660). Im Unterschied zu Durkheim und Lévi-Strauss stimmte er mit Marx und Max Weber darin überein, dass Sinnbeziehungen auf Machtbeziehungen beruhen, wobei er dem Symbolischen eine Eigenlogik zugesteht.

Die Schulzuschreibungen (*Marxist, Durkheimianer, Weberianer*) stellen in den Augen Bourdieus ein Haupthindernis für den wissenschaftlichen Fortschritt dar, weil sie verhindern, falsche Antinomien zu überwinden. Bourdieu plädiert für eine „Realpolitik des Begriffs" (Bourdieu 1992: 40), die sich an einer theoretischen Linie orientiert, die vor einem baren Eklektizismus schützt. Er spricht darum von einem von den genannten Autoren gebildeten „Theorie-Raum", der den Raum der Möglichkeiten und Voraussetzungen darstellt, dessen man sich bewusst sein muss, um die eigene wissenschaftliche Praxis kontrollieren zu können.

---

2   Siehe dazu Jurt (2010: 5-13).

Der Kapital-Begriff wird von Bourdieu nicht in einem marxistischen Sinne verwendet, weil er ihn nicht ökonomisch definiert oder andersherum gesagt: das ökonomische Kapital ist nur eine der möglichen Kapitalarten. Schon in der prä-kapitalistischen Gesellschaft Algeriens hatte er festgestellt, dass das Handeln einer Ökonomie gehorchte, die nicht die einer Geld-Ökonomie war, sondern eine Logik der Ehre. Immer werde das Handeln durch eine Rationalität bestimmt, der die Suche nach Optimierung zugrunde liegt: es gelte hier, die Ehre, das Ansehen zu vermehren. Bourdieu nannte dieses Gut, das die Akteure der präkapitalistischen Gesellschaft anvisierten *symbolisches Kapital*. Wenn er den Begriff *Kapital* übernimmt, dann vor allem wegen dessen formalen (und nicht inhaltlichen) Kriterien: immer geht es um Akkumulationsstrategien, um die Transmission eines Erbes, um Gewinnschöpfung.

Der Kapitalbegriff ist für Bourdieu ähnlich wie der Habitus-Begriff mit Geschichtlichkeit verbunden. Die gesellschaftliche Welt stellt nicht bloß einen statischen Gleichgewichtszustand dar, sondern akkumulierte Geschichte. Der Begriff der Kapitalakkumulation führt so die geschichtliche Tiefe in die Analyse ein. Die Kapitalaneignung ist gleichzeitig eine Aneignung von sozialer Energie in Form verdinglichter oder lebendiger Arbeit. Im Kapital ist aber auch eine gewisse Gesetzmäßigkeit angelegt; darum verläuft das gesellschaftliche Leben insbesondere das Wirtschaftsleben, so Bourdieu, nicht wie ein Glücksspiel, d.h. völlig zufällig. Beim Glücksspiel gibt es keine Kontinuität, keine sukzessive Akkumulation oder Vererbung von erworbenen Besitztümern oder Eigenschaften. „Das Kapital ist eine der Objektivität der Dinge innewohnende Kraft, die dafür sorgt, dass nicht alles gleich möglich oder gleich unmöglich ist. Die zu einem bestimmten Zeitpunkt gegebene Verteilungsstruktur verschiedener Arten und Unterarten von Kapital entspricht der immanenten Struktur der gesellschaftlichen Welt, d.h. der Gesamtheit der ihr innewohnenden Zwänge, durch die das dauerhafte Funktionieren der gesellschaftlichen Wirklichkeit bestimmt und über der die Erfolgschancen der Praxis entschieden wird" (Bourdieu 1992a: 50).

Man muss aber den Begriff des Kapitals in allen seinen Erscheinungsformen betrachten. Die Wirtschaftstheorie habe sich ihren (engen) Kapitalbegriff von einer ökonomischen Praxis aufzwingen lassen, die eine historische Erfindung des Kapitalismus sei. Dieser Kapitalbegriff reduziere die gesellschaftlichen Austauschverhältnisse auf den bloßen Warenaustausch, der vom ökonomischen Eigennutz geleitet ist. Alle anderen Formen des sozialen Austauschs erscheinen dann als uneigennützige Beziehungen, die keiner Ökonomie gehorchen. Indem die Wirtschaftswissenschaft zu einer bloßen Wissenschaft der Marktbeziehungen geworden ist, habe sie zugleich die Entstehung einer allgemeinen Wissenschaft der

Ökonomie der Praxis verhindert. Bourdieu geht es nun gerade darum, eine Ökonomie des Handelns zu entwerfen, was aber nie im engen wirtschaftlichen Sinn
gemeint ist. Für ihn gibt es auch im Bereich der sozialen oder kirchlichen Arbeit
keine selbstlosen (*interessefreien*) Akte; ein bestimmter Habitus entfaltet sich hier
in einem Feld, in dem Selbstlosigkeit geachtet und somit auch belohnt wird (und
sei es bloß durch eine symbolische Belohnung oder durch *Gottes Lohn*). Durch
die religiöse Sprache wird die *Ökonomie*, die dieser Praxis zugrunde liegt, euphe-
misiert. Eine wirklich allgemeine Wissenschaft der Praxis muss in der Lage sein,
alle die Praxisformen mit ein zu beziehen, die einer Ökonomie gehorchen, aber
als solche im gesellschaftlichen Leben nicht erkannt werden oder das Ökonomische im engeren Sinne gerade verneinen. Entgegen den naiv idyllischen Vorstellungen über die *vorkapitalistischen* Gesellschaften (oder die kulturellen Sphären
der kapitalistischen Gesellschaften) „richten sich die praktischen Handlungen
auch dann noch am ökonomischen Kalkül aus, wenn sie, die sie sich der Logik
des Interessenkalküls (im eigentlichen Sinne) entziehen und sich an nichtmate-
riellen und zu quantifizierenden Einsätzen orientieren, den Anschein von Inter-
esselosigkeit vermitteln" (Bourdieu 1976: 345). Die Theorie der ökonomischen
Handlungen im engeren Sinn stellt für Bourdieu nur einen Spezialfall innerhalb
einer allgemeinen Theorie der ökonomischen Handlungen dar.

Es ist darum völlig falsch, Bourdieu Ökonomismus zu unterstellen, wie das
besonders bei deutschen Kommentatoren der Fall ist, etwa bei Axel Honneth, der
Bourdieus Ansatz von reinen Utilitarismen bestimmt sieht (Honneth 1984: 145-
150); es geht Bourdieu gerade darum, die Vielzahl der Handlungen nicht auf eine
wirtschaftliche Logik zu reduzieren, sondern eine Ökonomie im breiten Sinn zu
postulieren, die dem Handeln eine Rationalität zuerkennt. Diese Rationalität wird
bestimmt durch die formalen Charakteristika, die eine abstrakte Kapitaltheorie
herausgearbeitet hat. Diese universelle Dynamik ist in den vier Kapitalarten am
Werk, die Bourdieu unterscheidet: a.) das ökonomische Kapital, das unmittelbar
in Geld konvertierbar ist (Erbschaft, materielle Güter, Produktionsmittel) und das
sich besonders gut für die Institutionalisierung in der Form des Eigentumsrechts
eignet; b.) das kulturelle Kapital (die intellektuelle Qualifikation, die man durch
das familiäre Milieu *mitbekommen* hat und das durch schulische Titel institutionalisiert wird); c.) das soziale Kapital (das Kapital an sozialen Verpflichtungen
und *Beziehungen*); d.) das symbolische Kapital (das Ansehen, das mit dem Besitz
dieser oder jener Kapitalsorte einhergeht, und das bisweilen in Form von Adelstiteln institutionalisiert wird).

Bourdieu hat sich sehr früh mit der Ökonomie der präkapitalistischen Gesellschaft in Algerien auseinandergesetzt und dabei gezeigt, dass eine Ökono-

mie immer an historische und soziale Bedingungen gebunden ist. Eine Ökonomie, die auf Treue und Glauben beruht, wie er sie in der Kabylei antraf, legt der ganzen Gruppe Ehrenpflichten auf, die mit dem kalten Gesetz des eigennützigen Kalküls völlig unvereinbar sind. Eine Ökonomie im engeren Sinne, die nur auf geldbasiertem Warenaustausch beruht, ist für ihn historisch gesehen nicht universell. Aber auch in entwickelten Gesellschaften spielt das ökonomische Kapital keine exklusive Rolle.

2. Das kulturelle Kapital

In seinen zahlreichen Untersuchungen widmete sich Bourdieu der immensen Bedeutung des kulturellen Kapitals. Er griff bei der Konstruktion des kulturellen Kapitals innerhalb des Bildungssystems auf Max Webers Unterscheidung von „Klassenlage" (der „Marktlage" entsprechenden Chancen auf dem Güter- und Arbeitsmarkt) und „Klassenstand" (der „Stellung" in der Hierarchie von Ehre und Prestige) zurück. Neben den ökonomischen Unterschieden spielen hier auch symbolische Unterscheidungen eine Rolle, bei denen es nicht mehr bloß um den Besitz von Gütern geht, sondern um die Art, sie zu verwenden und als Mittel der Distinktion einzusetzen. Die *Manier*, die Form einer Handlung oder der Umgang mit einem Gegenstand, tritt an die Stelle der Funktion: „Daher besitzen von allen Unterscheidungen diejenigen das größte Prestige, die am deutlichsten die Stellung in der Sozialstruktur symbolisieren, wie etwa Kleider, Sprache oder Akzent und vor allem die „Manieren", Geschmack und Bildung. Denn sie geben sich den Anschein, als handelte es sich um Wesenseigenschaften einer Person, ein aus dem Haben ableitbares Sein, eine *Natur*, die paradoxerweise zu Bildung, eine Bildung, die zu Natur, zu einer Begnadung und einer Gabe geworden seien" (Bourdieu 1970: 60).

Nicht so sehr oder nicht allein der Besitz ökonomischen Kapitals, sondern der des kulturellen Kapitals macht den entscheidenden Unterschied in der Ansehens-Hierarchie aus. Bourdieu unterscheidet dabei zwischen drei Formen des kulturellen Kapitals; es kann existieren: 1.) im verinnerlichten, *inkorporierten* Zustand, in Form von dauerhaften Dispositionen, 2.) in *objektiviertem* Zustand, in Form von kulturellen Gütern wie Bildern, Büchern, Nachschlagewerken, in denen bestimmte Theorien und Gegentheorien Spuren hinterlassen haben, und schließlich 3.) in *institutionalisiertem* Zustand in der Form von Stellen und Titeln, die einen besonderen Besitz von kulturellen Kapital offiziell bestätigen.

2.1 Inkorporiertes kulturelles Kapital

Auch hier trennt Bourdieu nicht zwischen Bewusstsein und Körperlichkeit. In seinen Augen ist das kulturelle Kapital auch körpergebunden („inkorporiert"); es ist das Produkt einer Verinnerlichung. Der Erwerb der Bildung ist ein Prozess, der Zeit kostet. Diese Zeit muss der einzelne persönlich investieren und kann die Aufgabe nicht delegieren. Der Faktor der Zeit spielt hier eine nicht unwichtige Rolle: die schon in der Primärerziehung erworbene Bildung stellt *gewonnene Zeit* dar. Die in diesem Kontext nicht erworbene Bildung ist in doppeltem Sinne verloren, weil das Verlorene überdies später nachgeholt werden muss. An der Gesamtdauer des Bildungserwerbs lässt sich so das Volumen des Bildungskapitals in etwa messen. Die in der familiären Primärerziehung und der anschließenden schulischen Sekundärerziehung erworbene Bildung wird zu einem Bestandteil der Person („den man ihr nicht wegnehmen kann"); dieser verinnerlichte Besitz kann darum im Unterschied zum Geld oder zu Adelstiteln nicht durch Geschenk, Vererbung oder Tausch unmittelbar weitergegeben werden. Indirekt wirkt sich der Besitz von kulturellem Kapital innerhalb einer Familie schon aus; Bourdieu spricht hier von einer hochgradig verschleierten, ja unsichtbaren „sozialen Vererbung" (Bourdieu 2001: 114). Entscheidend ist auch der Seltenheitswert des jeweiligen kulturellen Kapitals (Hochschulabschluss in einem Land mit niedriger Abiturientenquote, Lesekompetenz in einer Welt von Analphabeten), aus denen sich weitere Extraprofite ziehen lassen. Dieser Seltenheitswert wird erhalten, weil nicht alle Familien über die Mittel verfügen, um ihre Kinder über die obligatorische Schulpflicht hinaus ausbilden zu lassen. So wird auch durch diese Kapitalform Ungleichheit geschaffen, bzw. verstärkt. Die Übertragung von Kulturkapital ist nach Bourdieu die am besten verschleierte Übertragung von Kapital. Wenn die sichtbaren Formen der Übertragung des (ökonomischen) Kapitals sozial missbilligt werden, gewinnen große Investitionen in die individuelle Bildung und Ausbildung an Gewicht, um die bestehenden Verhältnisse aufrecht zu erhalten. Die Verbindung zwischen den ökonomischen und dem kulturellen Kapital stellt die *Zeit* dar („Zeit ist Geld"). Man muss über ökonomisches Kapital verfügen, um den Bildungsprozess möglichst früh einsetzen zu lassen und bis zu einem optimalen *Abschluss* ausdehnen zu können.

2.2 Objektiviertes kulturelles Kapital

Objektiviertes kulturelles Kapital – Bücher, Bilder – ist materiell übertragbar wie ökonomisches Kapital. Man kann das materielle Substrat verkaufen; es handelt sich aber um *symbolische* Güter, deren *Wert* sich nicht auf den materiellen Wert des Substrats reduzieren lässt; diese Güter sind gleichzeitig Bedeutung. Um diese Bedeutung erfassen oder entziffern zu können, muss man über Bildungskapital, d.h. inkorporiertes kulturelles Kapital verfügen. Der Eigentümer muss selbst das für die Aneignung und *Nutzung* der symbolischen Güter erforderliche inkorporierte Kulturkapital erwerben oder sich auf die Dienste von Inhabern eines solchen Kapitals stützen. Diese Aufgabe kommt oft Intellektuellen zu, die nicht über den ökonomischen Besitz, wohl aber über eine Deutungskompetenz verfügen. Diese sind so gleichzeitig Beherrschte und Herrschende. Nach Bourdieu scheint alles darauf hinzudeuten, dass „die *kollektive* Macht der Inhaber von Kulturkapital – und damit auch die für seine Beherrschung erforderliche Qualifikationszeit – zunimmt. Dem steht allerdings entgegen, dass die Inhaber von ökonomischem Kapital (als der dominierenden Kapitalform) die Inhaber von kulturellem Kapital in eine Konkurrenzsituation bringen können" (Bourdieu 2001: 117-118).

Nach Bourdieu darf man aber nicht vergessen, dass das objektivierte Kulturkapital nur dann symbolisch aktiv ist, wenn es von Handelnden angeeignet und *genutzt*, d.h. interpretiert oder instrumentalisiert wird. Die Partitur wird erst dann zu einem *Wert*, wenn sie vom Orchester interpretiert, die Skulptur dann, wenn sie ausgestellt oder gedeutet, das Buch dann, wenn es gelesen wird. Die Gewinne richten sich dabei nach der Beherrschung dieses objektivierten Kapitals, folglich nach dem Grad des inkorporierten Kapitals. Weil die Aneignung der Kulturgüter Anlagen und Kompetenzen voraussetzt, die ungleich verteilt sind (obwohl scheinbar angeboren), bilden diese Werke nach Bourdieu „den Gegenstand einer exklusiven (materiellen oder symbolischen) Aneignung, und weil ihnen die Funktion von (objektiviertem oder inkorporiertem) kulturellen Kapital zukommt, sichern sie einen *Gewinn an Distinktion* – im Verhältnis zum Seltenheitsgrad der zu ihrer Aneignung notwendigen Instrumente – und einen *Gewinn an Legitimität*, den Gewinn überhaupt, der darin besteht, sich so, wie man ist, *im Recht, im Rahmen der Norm* zu fühlen" (Bourdieu 1982: 359). Die anerkannte *legitime* Kultur wirkt so aufgrund ihrer Distinktionsqualität in Klassengesellschaften als Herrschaftsinstrument, während in klassenindifferenten Gesellschaften Kultur allen zugänglich ist und deshalb nicht diese Funktion ausübt.

2.3 Institutionalisiertes kulturelles Kapital

Das institutionalisierte kulturelle Kapital existiert in Form von Titeln und Stellen wie Schul- oder Universitätsabschlüssen. Diese von offiziellen Institutionen verliehenen Ausweise erworbener Bildung verleihen dieser einen juristisch garantierten Wert. Der Titel oder das Examen schafft eine scharfe Grenze zwischen dem, der *bestanden* hat und dessen kulturelle Kompetenz ein für allemal garantiert scheint, und dem, der nicht ausgezeichnet (mit andern Worten: stigmatisiert) wurde oder Autodidakt ist und der seine Kompetenz stets unter Beweis stellen muss. „Im krassen Unterschied zu den Inhabern eines kulturellen Kapitals ohne schulische Beglaubigung, denen man immer abverlangen kann, den Beweis für ihre Fähigkeiten anzutreten, da sie nur sind, was sie tun, schlichte Produkte ihrer Leistung, brauchen die Inhaber von Bildungspatenten – ähnlich Trägern von Adelstiteln [...] nur zu sein, was sie sind [...]" (Bourdieu 1982: 48-49). Der Erwerb von schulischen Titeln setzt die Investition von Zeit voraus und damit auch von ökonomischem Kapital, das in kulturelles verwandelt wird, in der Hoffnung, dass sich dieser Prozess wieder umkehrt und der schulische Titel auf dem Arbeitsmarkt materielle und symbolische Gewinne abwirft.

Bourdieu hat die Hypothese des *kulturellen Kapitals* entwickelt, um die Ungleichheit der schulischen Leistungen von Kindern aus unterschiedlichen sozialen Klassen aus einem sozialen Kontext (unterschiedliche Ausstattung mit kulturellem Kapital) und nicht bloß über die individualistische naturalistische These der *Begabung* zu erklären. Gleichzeitig richtete er sich gegen den Begriff des *Humankapitals*, den Ökonomen wie Gary Becker als Reaktion auf den Sputnikschock entwickelt hatten.[3] *Humankapital* wurde definiert als Bildungsinvestition (Fähigkeiten und Fertigkeiten sowie das Wissen, das in Personen verkörpert ist und durch Erziehung, Ausbildung, Weiterbildung und Erfahrung erworben werden kann), um ökonomisch verwertbare Tätigkeiten auszuüben.[4] Bildung und Weiterbildung er-

---

3   Der Sputnikschock wurde ausgelöst durch den Start des ersten künstlichen Erdsatelliten Sputnik 1 durch die Sowjetunion am 4. Oktober 1957, der die technische Überlegenheit der Sowjetunion im Bereich der Raumfahrt belegte. Das löste eine Krise in der Selbstwahrnehmung Amerikas aus, das sich als technologisch fortschrittlichstes Land verstand. Der Schock löste in den USA eine umfassende Reform des Bildungssystems aus. Ein Hauptaugenmerk lag auf der Förderung bislang bildungsferner Schichten.

4   Gary S. Becker, geb. 1930 war einer der ersten Ökonomen, der die Wirtschaftswissenschaft auf Gebiete ausdehnte, die eher der Soziologie zugewiesen wurden. 1992 wurde ihm der Nobelpreis verliehen. In den sechziger und siebziger Jahren hatte er zusammen mit anderen Autoren das Konzept des Humankapitals in die Wissenschaft eingeführt (*Becker* 1964). Zu seiner These über den langfristigen Zusammenhang zwischen dem Besuch vorschulischer Betreuungseinrichtungen und dem späteren Erwerbsleben gab es kaum empirische Untersuchungen. Die norwegischen Ökonomen Tarjei Havnes und Magne Mogstad gingen vom norwegischen *Kindergartengesetz* des Jahres 1975 aus, durch das die staatlich subventionierten Kindergartenplätze annähernd verdreifacht wurden. Sie untersuchten vergleichend 2006 Populationen, die von dem Gesetz profitieren oder eben noch nicht profitieren konnten. Bei den Personen, die eine vorschulische Betreuungseinrichtung besucht hatten, „sank die Wahrscheinlichkeit, später die Schule abzubrechen. Zudem stieg die Wahrscheinlichkeit an, später zu studieren. Vor allem Kinder aus bildungsfernen Schichten haben davon profitiert. Schliesslich sank die Wahrscheinlichkeit, später auf staatliche Transferzahlungen angewiesen zu sein." (Müller 2011). Bourdieus Kritik an einer einseitigen Ausrichtung auf die ökonomische *Rendite* der Ausbildung trifft auch auf diese Studie zu.

scheinen dann nicht mehr als Konsumgüter, sondern als Investitionen, als Produktionsfaktoren ähnlich wie das physische Kapital. Das Humankapital der Mitarbeiter wird dann nicht mehr bloß als Produktions- und Kostenfaktor, sondern als ein Potential gesehen, das zum Unternehmenserfolg und zu volkswirtschaftlichem Wohlstand beiträgt. Bourdieu kritisiert die ökonomistische Ausrichtung dieses Begriffs, den im Übrigen die Gesellschaft für deutsche Sprache zum Unwort des Jahres 2004 erklärte, weil die Menschen dadurch nun mehr als „ökonomisch interessante Größen" verstanden würden. Bourdieu stellt seinerseits fest, die Humankapital-Theorie messe die schulischen Investitionen nur an den Profiten, die sich in Geld ausdrücken lassen. Die Humankapital-Theoretiker würden vor allem die am besten verborgene und sozial wirksamste Bildungsinvestition unberücksichtigt lassen: die „Transmission kulturellen Kapitals in der Familie" (Bourdieu 2001: 113). Die letztlich ökonomistische Ausrichtung der Humankapital-Theorie übersehe, dass „der schulische Ertrag schulischen Handelns vom kulturellen Kapital abhängt, das die Familie zuvor investiert hat, und dass der ökonomische und soziale Ertrag des schulischen Titels von dem ebenfalls ererbten sozialen Kapital abhängt, das zu seiner Unterstützung zum Einsatz gebracht werden kann" (Bourdieu 2001: 113).

3. Soziales Kapital

Mit dem Begriff *soziales Kapital* bezeichnet Bourdieu „die Gesamtheit der aktuellen und potentiellen Ressourcen, die mit dem Besitz eines dauerhaften Netzes von mehr oder weniger institutionalisierten *Beziehungen* gegenseitigen Kennens und Anerkennens verbunden sind [...] es handelt sich dabei um Ressourcen, die auf der *Zugehörigkeit zu einer Gruppe* beruhen" (Bourdieu 1992a: 63). Es geht hier um ein Prinzip von sozialen Wirkungen, die sich auf der Ebene der individuell Handelnden feststellen lassen, die aber mehr sind als die Summe der individuellen Eigenschaften der Handelnden. Diese Wirkungen werden dann sichtbar, wenn Akteure mit gleichwertiger (ökonomischer oder kultureller Kapitalausstattung) unterschiedliche Profite erzielen, weil sie das Kapital einer Gruppe (Familie, Ehemaligen-Vereinigungen, Clubs) mobilisieren können. Diese Sozialkapitalbeziehungen existieren nur auf der Grundlage von Tauschbeziehungen, die sich stets erneuern. Aus der Zugehörigkeit zur Gruppe ergeben sich sowohl materielle wie symbolische Profite; aus dieser Zugehörigkeit können sich dauerhafte Verpflichtungen ergeben, die auf subjektiven Gefühlen oder auf Rechtsansprüchen beruhen. Das soziale Kapital der Gruppe äußert sich nicht nur in der Förderungs- und Solidaritätsverpflichtung, sondern auch im abgestimmten Ausschluss Gruppenfremder. Das soziale Kapital kann so die Wirkung der beiden andern Kapitalarten bestärken. Bourdieu geht es so immer darum zu ermitteln, über welche (oft verborgenen) Mechanismen die bestehenden Ungleichheiten erhalten oder verstärkt werden. Exemplarisch zeigte er das in seinen Untersuchungen der Eliten in Frankreich auf, die wie kaum anderswo über fest etablierte Assoziationen verfügen, über einen starken Korpsgeist, der über die stark selegierenden Ausbildungswege der Eliteschulen und eine ähnliche soziale Herkunft geschaffen werden. Auch die Manieren (Benehmen, Sprechweise) lassen sich nach Bourdieu in einem gewissen Sinn auch dem Sozialkapital zurechnen, da sie auf unbestimmte Weise auch die Zugehörigkeit zu einer mehr oder weniger angesehenen Gruppe anzeigen.

4. Die Bedeutung des Sozial- und Kulturkapitals für den Bildungserfolg

Die entscheidende Bedeutung des (familiären) Kultur- und Sozialkapitals hat Bourdieu vor allem in seinen Untersuchungen zum Bildungswesen oder besser gesagt, des ungleichen Zugangs zur Bildung untersucht. Alle Statistiken belegten einen Zusammenhang zwischen schulischem Erfolg und sozialem Ursprung. Wenn im Jahre 1966 96,6 Prozent der Arbeiterkinder kein Hochschulstudium ergriffen, indes 41,3 Prozent der Kinder aus dem Milieu der Freien Berufe ein Hochschulstudium absolvierten, dann ist der Beruf des Vaters vermutlich nicht der *Grund* dafür, wohl aber ein Indikator der sozialen Bedingtheit des Zugangs zum (höheren) Bildungswesen.[5]

Mit seinem bildungssoziologischen Analysen, die er zusammen mit Jean-Claude Passeron veröffentlichte (*Les Héritiers* [1964] und *La Reproduction* [1971] zerstörte Bourdieu den jakobinischen Mythos der *per se* emanzipatorischen Funktion des Bildungswesens. Frankreich hatte sich mit dem anonymen Aufnahmeverfahren (*concours*) und der Einführung der allgemeinen Schulpflicht schon relativ früh für ein meritokratisches Prinzip der sozialen Reproduktion entschieden, während in anderen Ländern viel länger eine aristokratische Form der sozialen Reproduktion erhalten blieb[6]. Das französische Bildungssystem führte aber *de*

---

5   Diese Situation hat sich auch heute nicht wesentlich verändert. So wird in einer neueren Studie auf der Basis der PISA-Studie nachgewiesen, dass die Schule in Frankreich die soziale Ungleichheit nicht reduziert, sondern noch verstärkt (Siehe Cahuc et al. 2011).

6   So stammten Hochschullehrer in Deutschland am Ende des 19. Jahrhunderts aus einer homogenen sozialen Gruppe. Nach einer vergleichenden Untersuchung von Charle (1990) kamen in Deutschland um die Jahrhundertwende 47,4 Prozent der Professoren aus dem Bereich intellektueller Berufe (Ärzte, Pastoren, Schriftsteller); in Frankreich jedoch bloss 27,9 Prozent. Auch die Zahl der Professoren aus Beamtenfamilien war in Deutschland höher. In Deutschland herrschte wie in den meisten europäischen Ländern die aus der aristokratischen Gesellschaft stammende familieninterne soziale Reproduktion vor (Siehe dazu Charle 1990).

facto nicht zu einer größeren sozialen Gleichheit, denn das schulische Selektionssystem funktioniert entlang der bestehenden sozialen Hierarchien. Die Aufnahmeprüfungen stehen wohl allen offen, sind aber so aufgebaut, dass die Jugendlichen aus einem kulturell und ökonomisch begünstigten Milieu leichter Erfolg haben. In seinen Studien ermittelt Bourdieu die entscheidende Bedeutung von familiärer Sozialisation und sozialem Hintergrund. Das scheinbar gerechte Aufnahmeverfahren ignoriert die kulturellen Ungleichheiten, die Kinder unterschiedlicher Klassen voneinander trennen. Die schulische Demokratie setzt eine ökonomische und soziale Demokratie voraus, die so nicht existiert. „Das Schulsystem in seiner gegenwärtigen Form gewährt den Kindern aus den privilegiertesten Milieus ein zusätzliches Privileg, weil die impliziten Werte, die es voraussetzt und vermittelt, die Traditionen, an denen es festhält, ja selbst der Inhalt und die Form der vermittelten und geforderten Bildung, mit den kulturellen Werten und Traditionen der privilegierten Klassen eng verwandt sind" (Bourdieu: 2003: 62).

Die Analysen Bourdieus lieferten den Beweis für die Abhängigkeit des Schulerfolgs vom Bildungsniveau der Eltern[7]. Das kulturelle Erbe werde innerhalb der gebildeten Schichten quasi osmotisch übertragen, so dass die Angehörigen dieser Schichten die Kenntnisse, Fähigkeiten und Einstellungen nicht als das Resultat von Lernprozessen erschienen, sondern als eine Sache der *Begabung*.

Wie wenig *neutral* die Bildungsinstitution ist, konnte Bourdieu aus den Ausleseschemata der französischen Universitäten ermitteln. Dort gehe es nicht bloß um die Beherrschung von Inhalten, sondern auch um einen Stil, der letztlich auf das Ideal des *Honnête Homme* aus dem absolutistischen Frankreich zurückgeht. Heute wie damals sind Umgangsformen wie Ungezwungenheit, Leichtigkeit, Eleganz gefragt, über die nur Jugendliche aus gebildeten Klassen verfügen im Unterschied zum angestrengten und naiven Ernst derjenigen, die aus bildungsferneren Milieus stammen. In Deutschland wurden Kapitel aus den beiden bildungssoziologischen Untersuchungen unter dem Titel *Die Illusion der Chancengleichheit* (1971) veröffentlicht, was irreführend war, weil Bourdieu nicht die Idee der Chancengleichheit per se als Illusion betrachtete. Er schloss bloß aus den empirischen Untersuchungen, dass Schule und Hochschule in ihrer bestehenden Form den selbstgesetzten Anspruch auf Chancengleichheit nicht einlösten. Der Vorwurf

---

7   Sacchi et al. (2011) postulierten in einer aktuellen Untersuchung in Anlehnung an Bourdieu aufgrund der grossen Bedeutung der Lehrlingsselektion an der ersten Schwelle auch für die Schweiz starke direkte, an der Schule vorbei wirkende Herkunftseinflüsse. Diese Hypothese wurde voll bestätigt: „Da nachweislich nicht nur die Leistungsbewertung, sondern auch die bewerteten Leistungen von der sozialen Herkunft geprägt sind, sprechen die Befunde auch für starke *Einflüsse der sozialen Herkunft* auf die Übertrittschancen an der ersten Schwelle. Ganz im Sinne Bourdieus trägt die Schule so dazu bei, vorschulische Herkunftsunterschiede zu perpetuieren" (Sacchi et al. 2011).

der Resignation und des Fatalismus, den er sich damit einhandelte, war fehl am
Platze. Und das umso mehr, da Bourdieu und seine Equipe konkrete Vorschläge
entwickelten, um Kindern schon in der Vorschule die kulturellen Erfahrungen
zu vermitteln, die Kindern aus begünstigten Klassen von zu Hause mitbringen.

5. Ein neuer Staatsadel

Bourdieu hat sich auch später noch bildungssoziologischen Themen gewidmet, so
der Struktur des französischen universitären Feldes, dessen spezifische Morpho-
logie gerade in der Zeit der Krise von 1968 sichtbar wird. In *Homo Academicus*
(1984) und in der sehr umfangreichen Untersuchung *La Noblesse d'Etat* (1989)
analysiert er die Elitehochschulen *(Grandes Ecoles)*. Die Führungselite, die aus
diesen Schulen hervorgeht, stellt eine Art Oligarchie *à la française* dar, die Ab-
schlussexamina eine offizielle Legitimierung des Führungsanspruchs des Pariser
Großbürgertums. Pierre Bourdieu spricht in diesem Zusammenhang vom neuen
Staatsadel. Er ist nicht überzeugt, dass die höhere Anzahl von Universitätsabsol-
venten zu einer wirklichen Demokratisierung der Eliten führt. Das Bildungssystem
trennt mithilfe einer ganzen Reihe von Auslesevorgängen die Besitzer von ererb-
tem kulturellem Kapital von den Nichtbesitzern. Indem ein Bildungssystem wie
in Frankreich eine scharfe Trennung zwischen den Schülern der *Grandes Ecoles*
und den Universitätsstudenten vornimmt, errichtet es soziale Grenzen, die sich
nicht sehr unterscheiden von den Grenzen, die einst den Hochadel vom niederen
Adel und diesen von den einfachen Nicht-Adligen trennten.

6. Die sozialen Bedingungen der kulturellen Praktiken

In der Sammlung von Zeugnissen von Ausgegrenzten, die Bourdieu 1992 unter dem Titel *La misère du monde* (deutsche Übersetzung: *Das Elend der Welt
[1997]*) veröffentlichte, führt er aus, dass die Vervielfachung der Abiturienten-
zahlen zu keiner eigentlichen Demokratisierung führe. Die aus den kulturell am
stärksten benachteiligten Familien stammenden Schüler oder Studenten erlang-
ten am Ende einer häufig mit schweren Opfern bezahlten Schulzeit oft nur einen
entwerteten Titel und wenn sie scheiterten, seien sie zu noch stigmatisierender
Ausgrenzung verurteilt. Während die aus gutem Hause stammenden Schüler innerhalb eines sich immer mehr differenzierenden Schulsystems von ihren Familien einen ausgeprägten Platzierungssinn mitbekommen haben und so in der Lage
sind, ihre Investitionen in den guten Bildungsgängen und den guten Einrichtun-

gen zu tätigen, sind „die aus den benachteiligten Familien stammenden Schüler, und ganz besonders die sich meistens ganz und gar selbst überlassenen Einwandererkinder, häufig ab dem Ende der Primarschulzeit dazu gezwungen, sich den Imperativen der Institution Schule oder dem Zufall zu überlassen, um sich ihren Weg durch ein immer komplexeres Universum zu schlagen, und sind aus diesem Grund dazu verurteilt, ein ansonsten äußerst reduziertes kulturelles Kapital falsch und zur Unzeit anzulegen" (Bourdieu 1997: 531).

Die in der Schule vermittelte Kultur ist nicht etwas Neutrales. Sie steht der Kultur der Herrschenden nahe und erhält durch die schulische Vermittlung Legitimität. Kultur ist nicht bloß sozial bestimmt beim Zugang zum Bildungssystem, sondern für die kulturellen Praktiken generell. Hier greift Bourdieu auf den Begriff der Legitimität von Max Weber zurück. Legitimität meint nicht ein objektives Werturteil, sondern den mehr oder weniger hohen Status, den man einer kulturellen Praxis innerhalb einer sozial hierarchisierten Gesellschaft zuschreibt. Das zeigte Bourdieu mit seinen Mitarbeitern in seiner frühen Arbeit über die Fotografie auf, die unter dem bezeichnenden Titel *Eine illegitime Kunst* erschien. Hier wurde aufgezeigt, dass Fotografie nicht eine *neutrale* kulturelle Praxis ist, sondern eine sozial bedingte. Für die Angehörigen der Unterschicht gehorcht sie nicht einer Kant'schen Ästhetik des „interesselosen Wohlgefallens", sondern folgt einem Interesse; sie soll eine Funktion erfüllen, sie soll gefallen und die Kohärenz der eigenen Gruppe belegen (darum ihre Funktion als Familienfotografie bei Festen oder in den Ferien). Die Vertreter der Mittelschicht bedienten sich auch dieser kulturellen Praktik, wollten sich aber über formale Kriterien vom rein inhaltlichen Fotoverständnis der Leute aus dem *einfachen Volk* abheben, während Angehörige der Oberschicht sich eher durch den Verzicht auf eine kulturelle Praxis „auszeichneten", die allen offen stehe und vor allem inhaltlich bestimmt sei.

Gerade umgekehrt verhält es sich beim Museumsbesuch, dem Bourdieu mit seinem Team 1966 ebenfalls eine Untersuchung widmete (*L'amour de l'art*). Hier geht es um den ungleichen Zugang zur *legitimen* Kultur, die wiederum auf eine ungleiche Verteilung des kulturellen Kapitals zurückzuführen ist. Bourdieu wendet sich auch hier wieder gegen die Ideologie eines *angeborenen* Kunstsinns. Die Werke der Kunst müssen gedeutet und entziffert werden. Die Schlüssel zur Deutung müssen vermittelt und erlernt werden; dies geschieht bei denjenigen, die mit großem (objektiviertem) kulturellen Kapital ausgestattet sind, schon in der Primärsozialisation, was ihnen einen zumindest zeitlichen Vorsprung verschafft.

Die Ideologie der *angeborenen* intellektuellen Begabung oder des *angeborenen* Kunstsinns stützt die bestehende soziale Ordnung, d.h. ihre Ungleichheit, die dann als etwas *Natürliches* erscheint. Das kulturelle Kapital ist aber immer ein relationeller Begriff; die einzelnen kulturellen Praktiken oder Objekte haben nicht objektive Bedeutungen, sondern richtet sich nach Maßgabe ihrer sozialen Gebrauchsweise. Jazz kann so durchaus als Distinktionsinstrument und klassische Musik wie die *Vier Jahreszeiten* von Vivaldi als Hintergrund-Sound im Warenhaus verwendet werden.

Auf der Basis seiner relationistischen Vorstellung der unterschiedlichen Kapitalarten vermochte dann Bourdieu 1979 eine umfassende Sozialstrukturanalyse der französischen Gegenwartsgesellschaft vorzulegen, die auf Deutsch unter dem Titel *Die feinen Unterschiede* erschien. Das bedeutete einen Bruch mit der marxistischen Sichtweise, die die Gesamtgesellschaft über die letztinstanzliche Determination durch das Ökonomische und die Klassenzugehörigkeit ausschließlich durch den Platz der Akteure im Produktionsprozess bestimmte.

Die soziale Welt wird von Bourdieu als multidimensionaler Raum verstanden, innerhalb dessen Positionen durch Nähe und Entfernungen bestimmt werden. Die Akteure verteilen sich auf der ersten Raumdimension je nach Umfang ihres Kapitals, auf der zweiten je nach der Struktur des Kapitals und auf der dritten Ebene je nach dem Alter des Kapitals (*altreich, neureich*). Auf einer vertikalen Koordinate lässt sich so das (große oder geringe) Volumen des Gesamtkapitals anzeigen. Auf einer horizontalen Koordinate kann man die Struktur des Kapitals anzeigen (vorwiegend kulturelles oder ökonomisches Kapital). Eine dritte, räumliche Dimension müsste sowohl für die Struktur wie für den Umfang des Kapitals anzeigen, ob es sich um ein Erbe handelt, das weit zurückreicht oder ob es in jüngster Zeit erworben wurde. Gemäß der ersten Dimension stehen die Besitzer eines umfangreichen Gesamtkapitals – etwa Unternehmer, Angehöriger freier Berufe, Hochschullehrer – im Gegensatz zu den mit geringem ökonomischem und kulturellem Kapital ausgestatteten Gruppen. Unter dem Gesichtspunkt der Struktur des Kapitals stehen beispielsweise Hochschullehrer (die reicher an kulturellem als an ökonomischem Kapital sind) im Gegensatz zu den Unternehmern. Die Intellektuellen gehören nach Bourdieu zum Feld der Macht wegen ihres umfangreichen kulturellen Kapitals, aber nicht zu den Herrschenden, weil sie nicht über das entscheidende ökonomische Kapital verfügen; sie sind die „Beherrschten der herrschenden Klasse", was ihre oft ambivalente Haltung erkläre.

Der Raum der sozialen Positionen, der durch das Volumen, die Struktur und das Alter der verschiedenen Kapitalsorten bestimmt wird, manifestiert sich im Raum der *Lebensstile,* die sich in den spezifischen kulturellen Praktiken äußern. Denn die Symbolsysteme bringen Herrschaftsbeziehungen zum Ausdruck. Die kulturellen Ausdruckssysteme strukturieren sich in einer Hierarchie, die die kulturelle Legitimität in ihren Abstufungen definiert. Der Sphäre der Legitimität mit universalem Anspruch werden klassische Musik, Malerei, Skulptur, Literatur und Theater zugerechnet, die durch Instanzen der Legitimation (wie Universitäten oder Akademien) sanktioniert werden. Am anderen Pol situiert sich die Sphären, die dem individuellen Belieben anheimgestellt sind wie die Inneneinrichtung einer Wohnung, die Kosmetik, die Kleider und die Küche. Hier gibt es bloß *illegitime* Legitimierungsinstanzen (Werbung, Haute Couture). Zwischen diesen beiden Polen situiert sich die Sphäre der konkurrierenden Legitimationsinstanzen, Praktiken, die weder strengen Regeln noch rein individuellem Geschmack gehorchen: Film, Fotografie, Tanz, Chanson.

Über die Positionen im sozialen Raum (bestimmt über Volumen, Struktur und Alter der Kapitalarten), über die durch die Sozialisation bestimmten Dispositionen (Habitusformen), schließlich über die konkreten Äußerungen durch die unterschiedlichen Lebensstile (bestimmt durch mehr oder weniger legitime Kulturpraktiken) lassen sich die groben Klassenvorstellungen erheblich nuancieren, da in jeder Klassenfraktion ganz unterschiedliche Kapitalkombinationen möglich sind. Über die genannten Unterscheidungskriterien lassen sich bestimmte Klassen konstruieren, die aber für Bourdieu theoretische Klassen bleiben, Produkte eines Klassifizierungsvorganges. Hier liegt eine Bruchstelle zur marxistischen Tradition, die die konstruierte Klasse mit der realen Klasse gleichsetzt oder die, um den Vorwurf von Marx gegenüber Hegel aufzugreifen, die Sache der Logik mit der Logik der Sache identifiziert. Gerade in Gesellschaften, in denen sich 80 Prozent der *Mittelklasse* zurechnen, wird die Abgrenzung durch unterschiedliche Lebensstile unabdingbar. Es entstehen neue theoretische Klassen, die mit dem alten substantialistischen Klassenschema nichts zu tun haben. Auch in den sowjetischen Ländern, die dem Mythos der klassenlosen Gesellschaft huldigen, bilden sich, wie das Bourdieu noch anlässlich eines Vertrages in Ostberlin im Jahre 1989 ausführte, *feine Unterschiede* – durch die Partizipation am *politischen Kapital*, das eine private Nutzung öffentlicher Güter und privilegierten Zugang zur Bildung ermöglicht.

7. Das symbolische Kapital

Das symbolische Kapital ist nicht eine weitere Kapitalsorte, sondern sie bezeichnet das Ansehen, das Prestige, die Ehre, die einem der Besitz dieser oder jener Kapitalsorte in einem spezifischen Bereich einbringt; es ist die „wahrgenommene und als legitim anerkannte Form der drei [...] Kapitalien" (Bourdieu 1985: 11). Das symbolische Kapital ist besonders wichtig, weil es die Bedeutung der jeweils anderen Kapitalsorten verstärkt, weil es die Anerkennung durch die Gemeinschaft betont. Das institutionalisierte kulturelle Kapital, das durch ein Diplom, einen Studienabschluss belegt wird, kann eine symbolische Macht ausüben, die man nicht allein auf das inkorporierte Kapital des Diplomierten zurückführen kann. Die Hierarchie der Kapitalsorten variiert jedoch von einem Bereich zum anderen; deren Stellenwert ist keineswegs unveränderlich: „Gleich Trümpfen in einem Kartenspiel, determiniert eine bestimmte Kapitalsorte die Profitchancen im entsprechenden Feld (faktisch korrespondiert jedem Feld oder Teilfeld eine Kapitalsorte, die in ihm als Machtmittel und Einsatz im Spiel ist). So bestimmt der Umfang an kulturellem Kapital (Analoges gilt – *mutatis mutandis* – für ökonomisches Kapital) die Gewinnchancen in den Spielen, in denen kulturelles Kapital wirksam ist, und damit die Stellung innerhalb des sozialen Raums (zumindest insoweit sie vom Erfolg im kulturellen Feld abhängt)" (Bourdieu 1985: 10). Das symbolische Kapital wahrt seine Wirkkraft nur innerhalb eines spezifischen Feldes und ist darum kaum in ein anderes Feld transferierbar. Das Ansehen etwa, das ein Individuum im politischen Feld genießt, verhilft ihm nicht zu einem analogen Ansehen im literarischen Feld.

Das symbolische Kapital lässt die realen Unterschiede als *natürlich*, als *selbstverständlich* erscheinen über einen Prozess der symbolischen Transfiguration. Das Renommee, das Prestige, die Ehre verleihen der Macht eine Art Evidenz. Die Akteure setzen ihr symbolisches Kapital ein, um ihre Sicht der sozialen Welt durchzusetzen. Sie besitzen Macht proportional zum Umfang ihres symbolischen Kapitals, d.h. proportional zum Maß ihrer Anerkennung durch die Gruppe. Das symbolische Kapital verleiht vor allem eine Benennungsmacht, „ein Akt symbolischer Durchsetzung, derweil von einem Mandatsträger des Staates, Inhaber des Monopols über die legitime symbolische Gewalt vollzogen – auf die ganze Stärke des Kollektivs, des Konsens, des *common sense* bauen kann" (Bourdieu 1985: 23-24). Die Logik der offiziellen Nomination manifestiert sich sehr anschaulich über den Adels-, Bildungs- oder Berufstitel, der als ein institutionalisiertes kulturelles Kapital nicht nur legitim ist, sondern als juristisch abgesicherte Bezeichnung auch legal ist, d.h. ein symbolisches Kapital darstellt. Die Bedeutung dieser Nomination erklärt auch, dass soziale Akteure für eine Position optieren können, die großes Prestige bringt zuungunsten einer Position, die ökonomisch gesprochen rentabler aber weniger prestigereich wäre. „Eine Berufsbezeichnung, ein Titel bildet (wie Lohn oder Gehalt) eine positive oder negative Vergütung, im Sinne einer Unterscheidungsmarke (Emblem oder Stigma), deren Wert sich nach der Stellung innerhalb eines hierarchisch gestaffelten Systems von Titeln richtet und die auf diese Weise zur Festlegung der jeweiligen Positionen von Akteuren und Gruppen beiträgt. Es ist unter derartigen Umständen nur folgerichtig, wenn die Akteure auf praktische wie symbolische Strategien zur Maximierung des symbolischen Gewinns von Nominierung und Namensgebung zurückgreifen" (Bourdieu 1985: 25).

8. Symbolische Gewalt

Das symbolische Kapital ist dann auch die Basis für das, was Bourdieu *symbolische Gewalt* nennt. Auf der Basis der Autorität, des Prestiges des Mandatsträgers kann eine Ordnung als *legitim, normal, natürlich* empfunden werden, wodurch kaschiert wird, dass sie auf Machtverhältnissen beruht. Die symbolische Gewalt ist im Unterschied zur physischen unsichtbar; sie führt dazu, dass sie von den Beherrschten akzeptiert wird, ohne sich dessen bewusst zu sein. Denn im Prozess der Sozialisierung wird diese Ordnung internalisiert. Bourdieu zitiert in diesem Zusammenhang David Hume: „Nichts ist für diejenigen erstaunlicher, die die menschlichen Dinge mit einem philosophischen Auge betrachten, als die Leichtigkeit zu sehen, mit der die Mehrheit (*the many*) von der Minderheit (*the few*) regiert wird, und die Unterwürfigkeit zu beobachten, mit der die Menschen ihre eigenen Gefühle und Leidenschaften zugunsten ihrer Führer verleugnen" (Bourdieu 2001a: 228).

Im Unterschied zu Foucault sieht Bourdieu Herrschaft nicht so sehr als Produkt von Disziplinierung oder Dressur, sondern als Folge der symbolischen Gewalt, die darum so wirksam ist, weil sie nicht wahrgenommen wird; es wird nicht wahrgenommen, wie sich die subjektiven Strukturen unbewusst an die objektiven Strukturen anpassen.

Für Bourdieu gibt es zwei Formen der Herrschaft: die eine, die auf nackter Gewalt – der Waffen oder des Geldes – beruht und die symbolische Gewalt, die viel subtiler und weniger sichtbar ist. Beide Formen der Herrschaft schaffen ein Verhältnis der Abhängigkeit, der Unterwerfung, für das es keine Rekursinstanz gibt. Die verkannte symbolische Gewalt äußert sich als Verpflichtung, als Erkenntlichkeit, als Schuldigkeit, der man sich nicht entziehen kann. Nach Bourdieu ist die sanfte Gewalt ein wirkungsvolles Mittel bei der Erziehung der Kinder. Diese werden folgsam wegen der Anerkennung, die man ihnen zollt. Die Suche nach Anerkennung werde so später zu einem sehr starken Antrieb jedes Handelns. Der Soziologe sieht darin die eigentliche Wurzel des menschlichen Drangs nach symbolischem Kapital: nach Ruhm, nach Ehre, nach Ansehen; man suche danach gleichzeitig aus Selbstsucht und wegen der Anerkennung, die man von den anderen erhoffe. Die symbolische Macht setze sich nur darum durch, weil diejenigen, die sie erleiden, ohne sich dessen bewusst zu sein, mitwirken; die Unterordnung ist so weder die Folge eines physischen Zwanges noch Ausdruck einer *freiwilligen Knechtschaft.* Die Machtverhältnisse sind in unserem Körper eingeschrieben und äußern sich in spontanen Gesten, etwa der Ehrerbietung gegenüber demjenigen, den wir als *Höherstehenden* vermuten oder im Ausdruck der Schüchternheit oder der Angst, im Erröten, in Ungeschicklichkeit – körperliche Reaktionen, die sich aufgrund eines Gefühls der Unterlegenheit auslösen, das wir über unseren Verstand allein nicht meistern können.

Für Bourdieu ist auch die *männliche Herrschaft,* der er eines seiner letzten Werke widmete, Manifestation einer symbolischen Gewalt. Wenn die meisten französischen (und wohl auch nicht-französischen) Frauen sich einen Lebensgefährten wünschten, der größer und älter sei als sie, dann weil sie den Eindruck vermeiden möchten, sie seien innerhalb des Paares dominant, was sie sozial abwerten würden. Sie würden so unbewusst die äußeren Zeichen einer dominierten Position akzeptieren.

9. Gibt es eine Aufhebung der Machtverhältnisse?

Sind alle unsere Beziehungen Machtbeziehungen, sind wir notwendigerweise Herrschende oder Beherrschte? Pierre Bourdieu sieht Möglichkeiten, aus diesem Machtverhältnis auszubrechen, etwa im Bereich der Familie, die als Institution versucht, jedem der Mitglieder auf Dauer Gefühle zu vermitteln, die die Integration aller garantieren. Der Ritus der Übernahme des Familiennamens schaffe ein Zusammengehörigkeitsgefühl und das, was zuerst nur eine Fiktion sei, die auf dem gemeinsamen Familiennamen beruhe, könne zu einer realen Gruppe werden, die durch affektive Bindungen geeint sei.

Ist aber Liebe zwischen den Partnern möglich ohne symbolische Gewalt? Beruht sie nicht stets auf akzeptierter Beherrschung oder Unterwerfung, die verkannt und damit anerkannt wird? Die Mythen der Verkörperung der Frau oder des Mannes zeigten von Eva bis Cleopatra Frauen, die durch ihre Liebe eine geheimnisvolle Macht ausüben oder Männer à la Don Juan, die sich als Jäger oder Eroberer darstellen. Und doch, so betont Pierre Bourdieu zu Recht, bedeutet eine Beziehung der Liebe oder der Freundschaft, dass Macht und Machtverhältnisse aufgebrochen werden, dass die Beherrschung beherrscht, die symbolische Gewalt ausgeschlossen werden können. Dieser Bruch mit der alltäglichen Machtordnung vollzieht sich aber nicht auf einen Schlag. Durch ein stetes Bemühen, ohne jede Berechnung, kann ein Raum der Liebe entstehen, ein Bereich ohne Gewalt, der Beziehungen ermöglicht, die auf reiner Gegenseitigkeit beruhen, die eine Art gegenseitiger Anerkennung ermöglichen, so dass ein jeder sich in seiner Existenz gerechtfertigt fühlt, wie Sartre sagte, und zwar in seinen noch so zufälligen eigenen Zügen. Die Zufälligkeit einer zufälligen Begegnung wird so zu etwas Absolutem. Der französische Schriftsteller Montaigne brachte das in einer einmaligen Formel auf den Punkt. „Wenn man mich fragte, warum er mein Freund war", so bemerkte er in Bezug auf seinen größten Freund La Boétie, „dann würde ich bloß sagen: *weil er es war, weil ich es war*". Diese Welt der Uneigennützigkeit macht Beziehungen möglich, die nicht instrumentalisiert sind, die auf dem Glück beruhen, Glück zu schenken und im Staunen des anderen unerschöpfliche Gründe zu finden, selber zu staunen. Die Liebe gehorcht so einer Ökonomie des Austausches, deren höchste Form die Hingabe ist, die jeder Form des Marktes widerspricht, auch der des Arbeitsmarktes, dessen Akteure austauschbar und nicht einmalig sind. Die reine Liebe ist so nach Pierre Bourdieu eine historisch noch relativ junge Erscheinung, ähnlich wie die reine Kunst – *l'art pour l'art* –, die in ihrer Absolutheit durchaus etwas mit der reinen Liebe zu tun hat.

Auf den Schlussseiten der *Meditationen* findet sich eine intensive und auch sehr persönliche Reflexion über das symbolische Kapital. Bourdieu knüpft auch hier wieder an Blaise Pascal an. Die einzige Gewissheit des Lebens ist nach Pascal die Kontingenz. Die Menschen täten alles, um diese Endlichkeit zu vergessen, stürzten sich ins Vergnügen oder in die *Gesellschaft*. Jedoch: „Jeder stirbt allein". Der Mensch erscheint als ein Wesen ohne Seinsgrund, das vom tiefen Bedürfnis nach Rechtfertigung erfüllt ist: „Das Elend des Menschen ohne Gott". Bourdieu interpretiert dieses Pascal-Wort. Neben Gott erscheine die Gesellschaft als einzige Instanz, die die menschliche Existenz zu rechtfertigen vermöge. Die soziale Welt verfüge über die sozusagen göttliche Macht, den Menschen der Kontingenz und der Unverbindlichkeit zu entreißen. Eine gesellschaftliche Aufgabe zu haben, erwartet, gefragt zu werden, für die anderen zu zählen, stellt eine fortwährende Rechtfertigung der Existenz dar. Der Soziologe belegt dies *ex negativo* aus der frühen Untersuchung Durkheims über die Motive des Selbstmordes. „Die soziale Welt vergibt das seltenste Gut überhaupt: Anerkennung, das heißt ganz einfach Daseinsberechtigung." (Bourdieu 2001a: 309) Diese Anerkennung ist für Bourdieu das *symbolische Kapital*, dessen Verteilung durchaus ungleich ist; die Hierarchie der Anerkennung ist keineswegs gleichbedeutend mit derjenigen, die durch Macht und Reichtum konstituiert wird. Jede Kapitalart (ökonomisches, soziales, kulturelles Kapital) kann zum symbolischen Kapital werden oder besser eine symbolische Wirkung erzielen, wenn sie explizite oder implizite Anerkennung verschafft. Indem es Macht-Beziehungen in Sinn-Beziehungen verwandelt, vermag das symbolische Kapitel den einzelnen aus der Bedeutungslosigkeit zu entreißen.

Bekannt und anerkannt zu sein bedeutet auch, selber anerkennen zu können. Die gesellschaftlichen Institutionsriten, die über ein Diplom oder einen Ausweis eine Kompetenz, eine öffentliche Rolle oder schlicht die bloße Identität offiziell bestätigen, anerkennen, dass der einzelne das ist, was er zu sein vorgibt. Durch diese Zeichen wird er zum vollgültigen Mitglied der Gruppe, der Gemeinschaft und hat Anteil an der *Ewigkeit* der Gruppe, welche die Existenz der einzelnen überdauert. „Die Einsetzungsriten geben ein vergröbertes, besonders deutliches Bild vom Wirken der Institution, dieses willkürlichen Wesens, das die Macht hat, von Willkür zu befreien und die Daseinsberechtigung schlechthin zu verleihen, die Bestätigung nämlich, dass ein kontingentes, von Krankheit, Gebrechen und Tod angreifbares Wesen der transzendenten, unsterblichen Würde so würdig ist wie die soziale Ordnung, der es angehört" (Bourdieu 2001a: 315). Nach Bourdieu legitimiert so die Gesellschaft über ihre Instanzen, die offiziell nennen, ernennen und auszeichnen, den einzelnen, und die Soziologie wird dergestalt zu einer Art Theologie der letzten Rechtfertigung.

Literatur

Becker, Gary. 1964. *Human Capital: A Theoretical and Empirical Analysis, with Special Reference to Education*. London: The University of Chicago Press.

Bourdieu, Pierre. 1970/1974. *Zur Soziologie der symbolischen Formen*. Frankfurt a. M.: Suhrkamp.

Bourdieu, Pierre. 1976. *Entwurf einer Theorie der Praxis auf der ethnologischen Grundlage der kabylischen Gesellschaft*. Frankfurt a. M.: Suhrkamp.

Bourdieu, Pierre. 1982. *Die feinen Unterschiede. Kritik der gesellschaftlichen Urteilskraft*. Frankfurt a. M.: Suhrkamp.

Bourdieu, Pierre. 1985. *Sozialer Raum und ‚Klassen'. Leçon sur la leçon. Zwei Vorlesungen*. Frankfurt a. M.: Suhrkamp.

Bourdieu, Pierre. 1992. *Rede und Antwort*. Frankfurt a.M.: Suhrkamp.

Bourdieu, Pierre. 1992a. *Die verborgenen Mechanismen der Macht*, Hrsg. Margareta Steinrücke, Hamburg: VSA.

Bourdieu, Pierre. 1997. *Das Elend der Welt. Zeugnisse und Diagnosen alltäglichen Leidens in der Gesellschaft*. Konstanz: UVK.

Bourdieu, Pierre. 2001. *Wie die Kultur zum Bauern kommt. Über Bildung, Schule und Politik*, Hrsg. Margareta Steinrücke. Hamburg: VSA.

Bourdieu, Pierre. 2001a. *Meditationen. Zur Kritik der scholastischen Vernunft*. Frankfurt a. M.: Suhrkamp.

Bourdieu, Pierre. 2003. *Interventionen 1961-2001. Sozialwissenschaft und politisches Handwerk.* Band I. Hamburg: VSA.

Cahuc, Pierre, Stéphane Carcillio, Olivier Galland und André Zylbergerg. 2011. *La Machine à trier. Comment la France divise sa jeunesse.* Paris: Eyrolles.

Charle, Christophe. 1990. *Naissance des ,intellectuels' 1880-1900.* Paris: Les Editions de Minuit.

Honneth, Axel. 1984. Die zerrissene Welt der symbolischen Formen. Zum kultursoziologischen Werk Pierre Bourdieus. *Kölner Zeitschrift für Soziologie und Sozialpsychologie* 36: 145-150.

Jurt, Joseph. 2008. *Bourdieu.* Stuttgart: Reclam.

Jurt, Joseph. 2010. Die Habitus-Theorie von Pierre Bourdieu. *LiThes. Zeitschrift für Literatur- und Theatersoziologie* 3: 5-13. Elektronische Version http://lithes.uni-graz.at/lithes/10_03.html (Stand: 30.11.2011)

Müller, Matthias. 2011. Kinderbetreuung in Norwegen. Der Ausbau der frühkindlichen Bildung wirkt. *Neue Zürcher Zeitung,* 247, 22. Oktober.

Sacchi, Stefan, Sandra Hupka-Brunner, Barbara E. Stalder und Markus Gangl. 2011. Die Bedeutung von sozialer Herkunft und Migrationshintergrund für den Übertritt in anerkannte nachobligatorische Ausbildungen in der Schweiz. In: *Transitionen im Jugendalter: Ergebnisse der Schweizer Längsschnittstudie TREE,* Hrsg. Manfred Max Bergman, Sandra Hupka-Brunner, Anita Keller, Thomas Meyer, Barbara S. Stalder, 120-147. Zürich: Seismo.

Wacquant, Loïc.1995. Durkheim et Bourdieu : le socle commun et ses fissures. *Critique* 51: 646-660.

Bildungsungleichheit im Lichte aktueller Theorieanwendung in der soziologischen Bildungsforschung[1]

Rolf Becker

1. Einleitung

Aufgrund der institutionalisierten Kopplung des Bildungssystems mit den Arbeitsmärkten und der Verteilung von Einkommen und sozialstaatlichen Anrechten über das Erwerbssystem ist das zuvor erworbene Bildungszertifikat eine bedeutsame Voraussetzung nicht nur für den Arbeitsmarktzutritt, sondern auch für die Klassenpositionen im Lebensverlauf und den daran geknüpften Lebenschancen (vgl. Allmendinger 1989; Mayer und Blossfeld 1990; Müller und Shavit 1998; Solga 2005). Während in den 1980er und 1990er Jahren der Zusammenhang von Bildung, Beschäftigung und Sozialstatus sowie die Beschreibung der Bildungsexpansion und sozialen Ungleichheit von Bildungschancen (vgl. Müller und Haun 1994; Handl 1985; Henz und Maas 1995; Meulemann 1995; Schimpl-Neimanns 2000) im Vordergrund der deutschsprachigen soziologischen Bildungsforschung standen, bemüht sie sich seit Ende der 1990er Jahren die Genese und Reproduktion von Bildungsungleichheiten systematisch statt ad hoc zu erklären (vgl. Becker 2011). Vor allem an die einflussreiche Arbeit von Boudon (1974) anknüpfend, erschien eine Palette innovativer Modelle, die zum einen davon ausgehen, dass Bildungsungleichheiten nach Klassenlage vor allem eine aggregierte Folge individueller, zwischen den sozialen Klassen variierender Bildungsentscheidungen im Lebenslauf sind (methodologischer Individualismus), und dass zum anderen Bildungsentscheidungen bei gegebenen individuellen Ressourcen und Leistung(sfähigkeit)en nach der Logik von Kosten-Nutzenabwägungen erfolgen (Handlungstheorie) (vgl. Breen und Goldthorpe 1997; Ditton 1992; Erikson und Jonsson 1996; Esser 1999; Gambetta 1987; Goldthorpe 1996; Meulemann 1985). Wiederum daran anknüpfend wurde eine Vielzahl empirischer Tests und Anwendungen dieser *werterwartungstheoretischen Modellierungen* mit dem Ziel vorgelegt, ihre Tragfähigkeit für eine mechanismenbasierte Erklärung von Bildungsungleichheiten zu überprüfen (vgl. Becker 2000a, 2003; Becker und Hecken 2007,

---

1   Für hilfreiche Kommentare danke ich Sandra Hupka-Brunner und Robin Samuel.

2008, 2009a, 2009b; Becker et al. 2010; Breen und Jonsson 2000, 2005; Breen und Yaish 2006; Davies et al. 2002; Holm und Jæger 2006; Jonsson 1999; Maaz 2006; Need und De Jong 2001; Stocké 2007a, 2007b, 2007c, 2008).[2] In aktuellen Studien geht es jetzt vor allem darum, entweder mit einfachen Verfahren der bivariaten Kreuztabellenanalyse (z.B. Becker 2009; Müller-Benedict 2007) oder mit versierten Prozeduren der multivariaten Schätzungen sowie Dekomposition von direkten und indirekten Effekten (z.B. Erikson et al. 2005; Schindler und Reimer 2010), die relativen „Gewichte" institutioneller Strukturen und Regelungen des Bildungssystems (z.b. Bildungsempfehlungen: Dollmann 2011; Neugebauer 2010), individueller Leistungen und Kompetenzen sowie individueller Bildungsentscheidungen zu isolieren und quantitativ zu bemessen (vgl. Becker 2011; Becker und Schubert 2011; Becker und Schuchart 2010; Ditton 2007; Dollmann 2010; Erikson 2007; Jackson et al. 2007; Kristen und Dollmann 2010; Neugebauer und Schindler 2012; Reimer und Schindler 2010; Schindler und Reimer 2011; Schindler und Lörz 2011). Zielsetzung dieser Forschungsanstrengungen ist, beurteilen zu können, welche institutionellen und individuellen Einflüsse mehr oder weniger relevant für unterschiedliche Strukturen sozial bedingter Bildungsungleichheiten sind, und welche erwarteten und unerwarteten Konsequenzen sich ergeben, würden diese Ursachen abgestellt oder modifiziert werden (vgl. Becker 2010).

Betrachtet man die gegenwärtige soziologische Bildungsforschung, so dominieren zwar nach wie vor Fragen nach den Ursachen und Auswirkungen von Bildungsungleichheiten andere bildungssoziologisch relevante Fragen. Aber sie

---

2   In der früheren Praxis soziologischer Bildungsforschung wurde auf der Basis von Korrelationen der sozialen Herkunft mit Bildungsteilhabe, Bildungsübergängen oder erworbenen Bildungsabschlüssen Ad-hoc-Erklärungen angeführt, wie dieses Phänomen der Bildungsungleichheiten zustande gekommen sein soll. Wenn beispielsweise darauf verwiesen wird, dass soziale Ungleichheit von Bildungschancen unter anderem auf schichtspezifischen Schulleistungen und Bildungsentscheidungen als Mechanismen basiert, dann können diese Korrelationen zwar plausibilisiert werden (vgl. Schimpl-Neimanns 2000). Dies funktioniert in der Weise, dass ausgehend von einer ursächlichen Variablen über *nicht beobachtete* Mechanismen und Prozesse das zu erklärende Phänomen vorhergesagt wird. Vor 2000 fehlte noch der eindeutige empirische Nachweis, dass der Prozess sozial bedingter Bildungsentscheidung in Zusammenspiel mit schulischer Leistung tatsächlich der Mechanismus ist, der die soziale Herkunft mit den sozial differenten Bildungschancen als Folge verbindet (vgl. Becker 2000). Ursache-Wirkungszusammenhänge, wie soziale Ungleichheiten zu Bildungsungleichheiten führen, können erst als aufgedeckt und das Phänomen der sozialen Ungleichheit von Bildungschancen als vollständig erklärt gelten, wenn die theoretisch angenommenen Prozesse und Mechanismen (etwa individuelle Bildungsentscheidungen) die Ursache und Wirkung miteinander verbinden empirisch nachgewiesen wurden (vgl. Becker 2011). Eine mechanismenbasierte Erklärung von Bildungsungleichheiten als soziale Tatsache ist dann gegeben, wenn neben ihrer Ursache die Mechanismen empirisch belegt sind, die zum erklärungsbedürftigen Phänomen führen. Sind diese Mechanismen empirisch häufig beobachtet worden, können diese dann auch zum Zwecke sparsamer Modellierung als „Brückenhypothesen" verwendet werden (vgl. Esser 1999).

wird nunmehr – im Rückgriff auf die von Boudon (1974) vorgeschlagene Unterscheidung von primären und sekundären Effekten sozialer Herkunft – fast ausschließlich anhand von (elterlichen) Bildungsentscheidungen an Übergangsstellen des Bildungssystems (vgl. z.B. Baumert et al. 2009; Becker und Reimer 2010) und weniger anhand erworbener Bildungszertifikate (vgl. z.B. Becker und Müller 2011; Breen et al. 2009, 2010) oder der Menge und Verteilung von Bildungsergebnissen einschließlich ihrer Entwicklung untersucht.[3] Im Vergleich dazu spielen gegenwärtig im deutsch- oder englischsprachigen ‚main stream' der Bildungssoziologie theoretische Ansätze wie die *Humankapitaltheorie* (vgl. Becker 1993; Mincer 1974; Schultz 1961) oder die *Theorie sozialer Reproduktion* (vgl. Bourdieu und Passeron 1971; Bourdieu 1983), die in den 1960er und frühen 1970er Jahren erziehungs- und bildungssoziologische Debatten geprägt haben, eine vergleichsweise untergeordnete Rolle in der Erforschung von Bildungsungleichheiten (vgl. Kristen 1999). Vor allem die konflikttheoretische Dimension des Ansatzes von Bourdieu und Passeron (1971) findet in quantitativen Analysen kaum systematische Anwendung. Dafür wird eher ein modifizierter Ressourcenansatz herangezogen, welcher den Transfer des ökonomischen, kulturellen und sozialen Kapitals in Bildung(szertifikate) bzw. die intergenerationale Reproduktion kulturellen Kapitals über Bildungsinvestitionen fokussiert (vgl. Bourdieu 1983; De Graaf und de Graaf 2000, 2002; Goldthorpe 2007; Jungbauer-Gans 2004).

Auch wenn die soziologische Werterwartungstheorie ebenso wie die ökonomische Humankapitaltheorie die rationale Abwägung von Erträgen und Kosten als einen Schlüsselmechanismus individueller Bildungsinvestitionen ansieht (vgl. Kristen 1999; Stocké 2010), gibt es interessanterweise immer noch wenige Anwendungen der Humankapitaltheorie in der bildungssoziologischen Ungleichheitsforschung (vgl. Becker 2000b; Diefenbach 2008). Allenfalls dient sie ähnlich wie in der Bildungsökonomie als „Hypothesengenerator", wenn Bildungsungleichheiten auf quasi-ökonomische Investitionsentscheidungen zurückgeführt werden (vgl. Denzler und Wolter 2008; Granato und Kalter 2011).

Vor diesem Hintergrund wird in diesem Beitrag der *Frage* nachgegangen, ob in Bezug auf Entstehung und Reproduktion von Bildungsungleichheiten diese drei Theorien als sich ergänzende Erklärungsansätze oder konfligierende Sicht-

---

3 Diese Vorgehensweise wird gespeist durch die theoretische Prämisse, dass Bildungsungleichheiten wie alle anderen sozialen Tatsachen hauptsächlich eine aggregierte Folge sozialen Handelns sind (vgl. Becker 2001; Coleman 1986; Esser 1991, 1993). Ausgehend davon ist das Interesse gross, nicht nur Korrelationen zwischen Gruppenzugehörigkeit und Bildungsverhalten aufzudecken, sondern – wie in Fussnote 2 ausgeführt – die in der theoretischen „black box" vermuteten Mechanismen, die den Bildungsentscheidungen zugrundeliegen, empirisch nachzuweisen (vgl. Becker 2000a; Boudon 1998; Hedström und Swedberg 1996).

weisen darstellen. Im folgenden zweiten Abschnitt werden die drei theoretischen Ansätze in aller Kürze mit dem Schwerpunkt auf die Bildungsnachfrage und mit Hinweis auf ihre Schwachpunkte dargestellt. Der Versuch, die theoretisch interessanten Elemente dieser Ansätze in ein allgemeines Modell individueller Bildungsentscheidungen zu integrieren und daraus Forschungsbedarf abzuleiten, bildet statt einer Zusammenfassung den dritten und abschließenden Abschnitt.

2. Theoretische Überlegungen

Bildungsungleichheiten in der Humankapitaltheorie

Der Humankapitalansatz ist ein typischer Vertreter der individualistischen Handlungstheorie, der bereits in unzähligen arbeitsmarktsoziologischen und bildungsökonomischen Studien mehr oder weniger erfolgreich angewandt wurde (vgl. Becker 1993; Mincer 1974; Schultz 1961). Folglich gehört er zu den klassischen und etablierten Erklärungsansätzen für Bildungsnachfrage und -erträge. Eine zentrale Kernaussage der Humankapitaltheorie ist der kausale Zusammenhang zwischen Bildung und Lebenseinkommen und die damit korrelierende Nachfrage nach Bildung. Wegen dem individuellen Streben, Einkommen zu maximieren, und der dazu notwendigen, sich aus individuellen Wissensbeständen, Fähigkeiten, Fertigkeiten und Kompetenzen ergebenden Produktivität, investieren rationale Akteure in schulische und berufliche Bildung. Je mehr sie in ihr Humankapital investieren, desto größer ist ihre Produktivität und desto größer sind ihre zu erwartenden Bildungserträge in Form von Einkommen. In das Humankapital investieren diese Akteure solange, wie der daraus resultierende Nutzen die direkten und indirekten Kosten von Bildungsinvestitionen übersteigt (vgl. Denzler und Wolter 2008; Kristen 1999).

Wie können mit diesem Erklärungsansatz soziale Disparitäten bei den Bildungsinvestitionen – etwa die Abhängigkeit der Bildungsteilhabe von Kindern und Jugendlichen von ihrer sozialen Herkunft – erklärt werden? Zum einen durch das *Zusammenspiel der Angebots- und Nachfragefunktionen*, also den Grenzkosten und -erträgen der Investition in Humankapital. Da Bildungsinvestitionen neben Zeit und Aufwand auch direkte und indirekte Kosten (Ausbildungs- und Opportunitätskosten) verursachen (Becker 1993: 113), sind die Kinder und Jugendlichen im komparativen Vorteil, deren ökonomisch gut situierten und in der Regel besser gebildeten Eltern die entsprechenden Kosten für zusätzliche Bildung tragen können. Zum anderen durch *soziale Disparitäten bei den Leistungspotentialen*. Wenn bessere schulische Leistungen die Wahrscheinlichkeit für den späteren Bildungserfolg erhöhen, dann steigt die Bereitschaft der Eltern, in die Bildung ihrer Kinder zu investieren. Wiederum sind die Kinder aus höheren Sozialschichten im Wettbewerbsvorteil, weil sie eher bessere Schulleistungen erzielen können als Kinder aus einkommensschwächeren Elternhäusern, die zudem häufig über relativ wenig Humankapital verfügen. Soziale Disparitäten in der Bildungsteilhabe und somit bei Humankapitalinvestitionen lassen sich durch *Unterschiede in der Kostenbelastung und in den schulischen Erfolgswahrscheinlichkeiten* nach ökonomischem Kapital und sozialer Herkunft erklären (vgl. Denzler und Wolter 2008): „Angewandt auf schichtspezifische Unterschiede bedeutet dies, dass dieselbe Investition für die mittleren und oberen Schichten relativ sichere Erträge verspricht, für die unteren Schichten dagegen risikoreicher ist, da keineswegs der entsprechende Ertrag über die Bildungsinvestition garantiert ist. Der Zins für entgangenen Lohn wird folglich höher eingeschätzt, und über diesen Mechanismus reduziert sich die Bildungsnachfrage der unteren Schichten weiter" (Kristen 1999: 21). Diese Hypothesen konnten bereits am Beispiel sächsischer Studienberechtigten bestätigt werden. In einer Studie fand die humankapitaltheoretische Erklärung für die herkunftsbedingte Studienentscheidung empirische Unterstützung (vgl. Becker 2000b). Gleiches gilt für eine weitere Studie, die sich mit der Entscheidung für ein Ingenieurstudium befasste (vgl. Becker 2000c). Auch Denzler und Wolter (2008) haben in ihrer empirischen Studie zur Studien- und Berufswahl von Gymnasiastinnen und Gymnasiasten in der Schweiz am Beispiel der Wahl eines Lehramtsstudiums aus humankapitaltheoretischer Sicht darauf verwiesen, dass eine „schichtspezifische Studienwahl durch Faktoren wie Studiendauer, direkter Arbeitsmarkteintritt (direkte Berufsqualifikation), Arbeitsmarktchancen und Kosten des Studiums (direkte Ausbildungs- und Lebenshaltungskosten sowie Opportunitätskosten durch die Nichterwerbstätigkeit) erklärt werden" kann (Denzler und Wolter 2008: 115). Die individuelle Nachfrage nach Bildung hänge von der individuellen Einschätzung der Kosten und des Nutzens ab, die je nach sozioökonomischer Stellung, schulischen Fähigkeiten, disziplinärer Ausrichtung und persönlichen Präferenzen unterschiedlich ausfallen (vgl. auch Becker in seinem Beitrag über „Der Übergang ins Hochschulstudium: Prozesse und Mechanismen am Beispiel der deutschen Schweiz" in diesem Band). Ähnlich wie Becker und Hecken (2008) heben Denzler und Wolter (2008) die Rolle schichtspezifischer Unterschiede in der Zeitpräferenz bei der Ausbildungsentscheidung hervor. Demnach haben Akteure aus unteren Sozialschichten eher Gegenwartspräferenzen. Da sie aufgrund der hohen Zeitpräferenz die Erträge sofort realisieren und die Kosten in die Zukunft verschieben wollen, dominieren ökonomische Faktoren ihre Ausbildungsentscheidung. So präferieren sie eine kurze sowie wenig riskant und aufwendig erscheinende Ausbildung (z.B. Lehrpersonenausbildung), weil für

sie im Vergleich zu den Akteuren aus höheren Sozialschichten „eine kurze Ausbildungsdauer einen gewichtigen Kostenvorteil gegenüber einer lang dauernden
Ausbildung" hat (Denzler und Wolter 2008: 115). Keine empirische Bestätigung
fand dieser Erklärungsansatz beim Versuch, die Bildungsnachteile von Migran-
tenkindern im deutschen Schulsystem zu erklären (vgl. Diefenbach 2008). Dieser Befund ist erstaunlich, wenn man bedenkt, dass in Bezug auf Bildungserwerb
der Migrationsstatus ein Sonderfall des Zusammenhangs von sozialer Herkunft
und Bildungschancen ist (vgl. Kalter 2005).

Mit Hilfe von Daten zur Studienentscheidung von Zürcher Maturandinnen
und Maturanden aus dem Jahre 1985 (vgl. Beck und Kiener 1988), wird erneut
versucht, die Tragfähigkeit des Humankapitalansatzes empirisch zu replizieren. Vorauszuschicken ist hierbei, dass diese Replikation für eine sozial selektive Gruppe vorgenommen wird, die bereits erfolgreich im Bildungssystem war.
Erwartungsgemäß gibt es – hier nicht explizit dokumentiert – einen statistisch
signifikanten Zusammenhang zwischen der sozialen Herkunft (bemessen über
das höchste Bildungsniveau im Elternhaus oder nach der Klassenlage oder über
den sozioökonomischen Status, der sich aus der Interaktion von Bildungsniveau
und Klassenlage des Elternhauses berechnet) und der Entscheidung der Studienberechtigten, ein Universitätsstudium statt eine nichtakademische Berufsausbildung zu beginnen. Allerdings korreliert das Vertrauen der Studienberechtigten in
ihre eigenen Fähigkeiten bei der Ausbildungsentscheidung nicht mit ihrer sozialen Herkunft, aber dafür statistisch signifikant mit der Erwartung, in der Ausbildung zu scheitern. Eine statistisch signifikante Korrelation mit der sozialen Herkunft gibt es für Ausbildungs- und Opportunitätskosten (gemessen über beurteilte
Dauer der Ausbildung) sowie für Transaktionskosten (gemessen über erwartete
Probleme bei der Arbeitsplatzsuche), aber nicht für Bildungserträge. Diese Korrelationen entsprechen den theoretischen Argumenten der Humankapitaltheorie.

Werden die Einflussfaktoren für die Bildungsentscheidung multivariat betrachtet, dann dominiert bei den Zürcher Maturandinnen und Maturanden des
Abschlussjahrgangs 1985 in der Tat die Abwägung von Grenzerträgen und -kos-
ten (*Modell 1 in Tabelle 1*).[4] Zukünftige Einkommen und Opportunitätskosten
wirken sich statistisch signifikant auf die Ausbildungsentscheidung aus. Hingegen sind weder Erfolgswahrscheinlichkeit noch direkte Ausbildungskosten sig-

---

4   Dass die erwartete Erfolgswahrscheinlichkeit keinen signifikanten Einfluss auf die Ausbil-
     dungsentscheidung hat, lässt sich zum einen mit der leistungsbezogenen Selektivität der bislang
     im Bildungssystem verbliebenen Akteuren erklären. Zum anderen ist vor dem Hintergrund der
     leistungsbezogenen Selektivität zu berücksichtigen, dass vor dem aktuellen Zeitpunkt bereits
     entsprechende Bildungsentscheidungen bezüglich des Verbleibs im Bildungssystem gefallen
     sind (vgl. Becker 2010).

nifikant. In einem weiteren Schritt ist ersichtlich, dass das Motiv der Einkommensmaximierung die Bildungsnachfrage bestimmt. Demnach ist – theoretisch konsistent – die Beurteilung zukünftiger Einkommen ein integraler Bestandteil dieser Ertragserwartung (*Modell 2 in Tabelle 1*). Die Diskontierung der Humankapitalinvestitionen – gemessen anhand der Einschätzung der beruflichen Zukunft – scheint keine bedeutsame Rolle zu spielen, aber dafür die Transaktionskosten, die wegen Problemen bei der Suche nach einem Arbeitsplatz erwartet werden. Auch dieser Effekt entspricht der Humankapitaltheorie – nämlich, dass Akteure ihre Ausbildung fortsetzen, wenn sie die aktuelle Arbeitsmarktlage im Allgemeinen und ihre Arbeitsmarktchancen im Besonderen als besonders ungünstig einschätzen. All diese Schätzungen unterstützen das humankapitaltheoretische

Tabelle 1: Humankapitaltheorie – Studienentscheidung Zürcher Maturandinnen und Maturanden

Modell	1	2	3	4	5	6
Erträge und Kosten						
Einkommen	1,688*	0,954				
Einkommensmaximierung		2,808*	1,361	1,364	1,704	1,451†
Erfolgswahrscheinlichkeit	0,844	0,601	1,106	1,089		
Ausbildungskosten	0,814	0,877				
Opportunitätskosten	0,532*	0,510*				
Transaktionskosten		1,338*				
Diskontierung		0,832				
Direkte und indirekte Kosten			0,874	0,908	0,397†	0,657†
Soziale Herkunft						
Niedrige Bildung			0,419*			
Mittlere Bildung			0,554*			
Hohe Bildung			1			
ISEI				1,110*		
Geschlecht						
Männlich			6,025*	5,984*		
Weiblich			1	1		
Pseudo-R² (McFadden)	0,025	0,045	0,137	0,133	0,026	0,009
N	1.410	1.357	1.305	1.278	154	435

* mindestens p ≤ 0,05

Quelle: Studien- und Berufswahl von Maturanden 1985 (Beck und Kiener 1988) – eigene Berechnungen (Logistische Regression; odds ratios; Referenzkategorie: nichtakademische Berufsausbildung).

Argument: Je höher die ‚rates of return', je sicherer die Renditen und je geringer die direkten und indirekten Kosten von Humankapitalinvestitionen sind, desto eher entscheiden sich rationale Akteure für eine zusätzliche Bildungsteilhabe. Welche Rolle spielen bei Kontrolle des Geschlechts die Ressourcen des Elternhauses für die Studienentscheidung?[5] Wird zusätzlich zum Geschlecht der Studienberechtigten das Humankapital ihrer Eltern (*Modell 3*) oder der sozioökonomische Status ihres Elternhauses (*Modell 4*) kontrolliert, dann werden die zentralen Komponenten der Bildungsentscheidung – das Motiv der Einkommensmaximierung, die Erfolgswahrscheinlichkeit sowie direkte und indirekte Kosten – statistisch insignifikant. Nicht nur, dass sich eher männliche als weibliche Studienberechtigte für ein Universitätsstudium entscheiden – und das war vor mehr als 25 Jahren nicht nur in der Schweiz noch der Regelfall für das geschlechtstypische Bildungsverhalten –, ist augenfällig, sondern dass sich Studienberechtigte aus sozial und ökonomisch privilegierten Elternhäusern eher für eine akademische Hochschulbildung entscheiden. Auch gegenwärtig ist trotz der Bildungsexpansion in den letzten beiden Jahrzehnten das Universitätsstudium durch soziale Exklusivität gekennzeichnet.

Aber kann die humankapitaltheoretische Annahme, dass nämlich Leistungsfähigkeiten und Kostenbelastungen die sozialen Disparitäten in der Ausbildungsentscheidung am Ende der Schullaufbahn hervorbringen, aufrechterhalten werden? Um diese Frage beantworten zu können, müsste das Modell 4 separat für die einzelnen elterlichen Bildungsniveaus geschätzt werden. Der hier nicht dokumentierte Befund bei diesem Vorgehen ist überraschend. Der Geschlechtseffekt absorbiert die Varianz der humankapitaltheoretischen Mechanismen und die Erfolgswahrscheinlichkeit spielt keine bedeutsame Rolle. Deswegen werden die separaten Schätzungen nur für die jungen Frauen vorgenommen, die eher auf das Universitätsstudium verzichten als die altersgleichen Männer. In *Modell 5* werden ausschließlich die weiblichen Akademikerkinder und in *Modell 6* die Maturandinnen von Eltern mit einem mittleren oder niedrigen Bildungsniveau berücksichtigt. Die Befunde sind wegen geringer Fallzahlen mit äußerster Vorsicht zu betrachten. Während für die Akademikerkinder im Gegensatz zu den ande-

---

5   Das Geschlecht kann aus humankapitaltheoretischer Sicht als Herkunftsindikator fungieren, da es Unterschiede zwischen den Sozialschichten gibt, ob sie in die Bildung ihrer Töchter investieren, um sie möglichst gut auf dem Arbeits- oder Heiratsmarkt platzieren wollen (vgl. Becker und Müller 2011; Breen und Goldthorpe 1997). Bei zunehmender Nachfrage der Arbeitgeber nach qualifizierten Frauen für Verwaltungs- und Dienstleistungsberufe und der gesunkenen Bildungskosten im Zuge von Bildungsexpansion und zunehmendem Wohlstand für alle Sozialschichten dürften die geschlechtstypischen Unterschiede bei den Bildungserträgen abnehmen und damit bei den Humankapitalinvestitionen verschwinden (vgl. Breen et al. 2009, 2010).

ren Maturandinnen die Bildungserträge keine Rolle bei ihrer Ausbildungsentscheidung zu spielen scheinen, reagieren sie offenkundig sensibler auf antizipierte Ausbildungs- und Opportunitätskosten. Das betrifft rund ein Vierteil dieser jungen Frauen, aber 40 Prozent der Maturandinnen aus den mittleren und unteren Bildungsschichten. Insgesamt weisen die Befunde zwar in die theoretisch erwartete Richtung, müssten aber mit informationsreicheren Daten und größeren Fallzahlen repliziert werden.

Bildungsungleichheiten in der Theorie des subjektiv rationalen Handelns

Gleichwohl die Humankapitaltheorie – wie eben gesehen – einen bedeutsamen Beitrag zur Erklärung von Bildungsungleichheiten liefert, ist sie aus soziologischer Sicht kritisiert worden (vgl. Kristen 1999; Stocké 2010). Zum einen wird die akzentuierte Fokussierung auf die Einkommensmaximierung als zentrales Motiv für Bildungsinvestitionen als unzureichend angesehen, gleich wenn von Vertretern der Humankapitaltheorie nicht-monetäre Erträge (wie etwa Erlangen eines Bildungsabschlusses und die damit einhergehende soziale Anerkennung oder Erreichen einer Statusposition mit einem beruflichen Prestige als gesellschaftliche Anerkennung) als weitere Motive nicht in Abrede gestellt werden (vgl. Kristen 1999: 21; Denzler und Wolter 2008). Jedoch werden sie in Schätzgleichungen nicht als formale Größen gemessen (vgl. Krais 1983), was im Sinne einer mechanismenbasierten Erklärung notwendig wäre (vgl. Becker 2000a). Zum anderen werden „hyperrationale" Akteure vorausgesetzt (vgl. Kristen 1999), die in der Lage sind, sowohl die Auswirkungen ihrer Bildungsinvestitionen auf das zukünftige Lebenseinkommen präzise zu kalkulieren, als auch objektiv zutreffende Entscheidungen vorzunehmen (vgl. Becker 2000b). Jedoch zeigen empirische Befunde, dass die von der Humankapitaltheorie angenommene Kongruenz subjektiver Wahrnehmungen der Akteure mit der objektiven Realität nicht zutrifft. So überschätzen Individuen aus höheren Sozialschichten ihre eigene Leistungsfähigkeit (Stocké 2010: 85), während Arbeiterkinder zumeist geringeres Vertrauen in ihre eigene Leistungen haben und etwaige Bildungskosten – und damit auch sich daraus ergebende Investitionsrisiken – überschätzen (vgl. Becker 2009; Becker und Hecken 2007, 2008).

Diese Kritikpunkte werden in *soziologischen Theorien der subjektiven Werterwartung* als eine *allgemeine Theorie des subjektiv rationalen Handelns* berücksichtigt (vgl. Breen und Goldthorpe 1997; Erikson und Jonsson 1996; Esser 1999). Bezugnehmend auf die Theorie sozialer Produktionsfunktion (Lindenberg 1989, 1990), Prospekttheorie von Kahneman und Tversky (1979) sowie die Statuspositionstheorie von Boudon (1974) bzw. von Keller und Zavalloni (1964) wird

bei der Modellierung schichtspezifischer Bildungsaspirationen und Bildungsentscheidungen davon ausgegangen, dass soziale Akteure Ziele, Mittel und Konsequenzen von Entscheidungen und Handlungen subjektiv rational kalkulieren und
bewerten. Diese subjektive Rationalität ergibt sich aus ihrer sozialen Position in
der gesellschaftlichen Schichtung oder Klassenstruktur und den sich daraus ergebenden Möglichkeiten, in die Bildung zu investieren. Beispielsweise können
objektiv identische Kostenbeträge, die für die Bildung aufgewendet werden, aus
der subjektiven Perspektive von Arbeiterfamilien eine erheblich andere Bedeutung haben als für einkommensstarke Familien. Dem Thomas-Theorem (Thomas
und Thomas 1928) zufolge hat die unterschiedliche subjektive Bewertung der objektiv identischen Bildungskosten reale Konsequenzen für das Handeln: für die
einen sind es ökonomische Restriktionen, die sie von weiteren Bildungsinvestitionen abhalten, und für die anderen sind sie unerheblich.

Ähnliches gilt für die Zweck-Mittel-Relation bei Bildungsentscheidungen.
Die aktuellen soziologischen Theorien der Bildungsentscheidung gehen davon
aus, dass neben dem Erwerb eines Bildungszertifikats als Selbstzweck, aus dem
bereits soziale Anerkennung entstehen kann, vor allem das *Interesse an Statuserhalt als übergeordnetes Ziel* das Bildungsverhalten bestimmt (vgl. Erikson und
Jonsson 1996; Breen und Goldthorpe 1997; Esser 1999; Meulemann 1985). In modernen Gesellschaften mit einer marktwirtschaftlichen Ordnung, in der Lebenschancen und wohlfahrtsstaatliche Anrechte vornehmlich über den Arbeitsmarkt
verteilt werden, kann der Status, den die Elterngeneration erreicht hat, am ehesten erhalten werden, wenn möglichst optimal in die Bildung der nachwachsenden Generation investiert wird. Aus damit verbundenen Erwerbs- und Einkommenschancen ergeben sich weitere Erträge wie physische Integrität und soziale
Anerkennung. In der Lebensplanung für ihre Kinder wählen die Eltern demnach
die aus ihrer Sicht geeigneten Bildungswege für ihre Kinder aus, die mit größter
Wahrscheinlichkeit dem Statuserhaltmotiv gerecht werden. Je nach Klassenlage
oder Schichtzugehörigkeit des Elternhauses ergeben sich unterschiedliche Bildungsaspirationen (vgl. Keller und Zavalloni 1964) und Möglichkeiten, diese zu realisieren (vgl. Becker 2000a; Esser 1999). Während es für Akademiker zwingend
notwendig erscheint, dass ihre Kinder ebenfalls studieren, reicht es für Arbeiterfamilien aus, dass ihre Kinder und Kindeskinder eine qualifizierte Schul- und
Berufsausbildung abschließen, damit der bislang erreichte Status in der Generationenabfolge erhalten bleibt. Statushohe Akteure müssen und können in die höhere Bildung investieren, um einen Statusverlust zu vermeiden, während statusniedrigere Akteure aufgrund ihrer größeren sozialen Distanz zum System höherer
Bildung vergleichsweise größere Anstrengungen unternehmen müssen, um zu-

sätzliche Bildungs- und folglich Statusgewinne zu erzielen. Zum einen verfügen sie – wie mehrfach erwähnt – über geringere bildungsrelevante Ressourcen wie etwa Humankapital oder ökonomisches Kapital, die sie für Bildungsinvestitionen mobilisieren können. Wegen dem Zusammenhang von sozialer Herkunft und schulischen Leistungen – und aus diesem primären Effekt sozialer Herkunft leiten sich die für Bildungsentscheidungen relevanten Erfolgswahrscheinlichkeiten ab – haben statusniedrigere Akteure ein höheres Risiko, im Bildungssystem zu scheitern. Statt dann die erwarteten Bildungserträge zu erzielen, haben sie lediglich unerwartete Kosten zu tragen (vgl. Breen und Goldthorpe 1997; Esser 1999).

Formal gesehen, unterscheidet sich das soziologische werterwartungstheoretische Modell der Bildungsentscheidung in einigen Punkten von der ökonomischen Humankapitaltheorie. Die Auswahl zwischen Bildungsalternativen – Einkommen bei der Humankapitaltheorie und Statuserhalt bei der Werterwartungstheorie – erfolgt nach der Abwägung von subjektiv erwarteten statt objektiv bemessener Kosten und Nutzen (vgl. Erikson und Jonsson 1996).[6] Esser (1999) fügt diesem sparsamen Modell zwei weitere Erwartungswerte hinzu – den subjektiv erwarteten Betrag für den Statusverlust bei suboptimalen Bildungsentscheidungen, der mit der subjektiven Wahrscheinlichkeit, dass dieser Statusverlust eintritt, gewichtet wird. Demnach wird von subjektiv rationalen Akteuren in der Regel diejenige Bildungsalternative gewählt, bei der die Bildungsmotivation (Bildungserträge) das Investitionsrisiko (Verhältnis von Kosten und Erfolgswahrscheinlichkeit) dominiert. Soziale Disparitäten von Bildungsentscheidungen ergeben sich aus ihrem schichtspezifischen Zusammenspiel: aus dem drohenden Statusverlust, der für höhere Sozialschichten grösser und wahrscheinlicher ist, wenn eine, den Sozialstatus nicht garantierende Bildungsentscheidung getroffen wird, und aus der Erfolgswahrscheinlichkeit, die für höhere Sozialschichten grösser ist, und schließ-

---

6   In neueren bildungsökonomischen Studien scheint das neoklassische Menschenbild des homo oeconomicus – ein eigeninteressierter Akteur, der objektiv rational handelt, der seinen eigenen Nutzen maximiert, der auf Restriktionen reagiert, der konstante Präferenzen hat, und der über vollständige Informationen verfügt – nicht nur durch realistischere Annahmen wie asymmetrische Information, begrenzte Rationalität (Simon 1957) und Opportunismus, strategisches Handeln (z.B. unter Inkaufnahme von Verlusten, um langfristig Vorteile zu realisieren) und dem ‚satisficing‘ als Optimierungsstrategie aufgelockert zu werden. Vielmehr wird vermehrt auch das soziologisch aufgeklärte REEMM-Modell (Resourceful, Restricted, Expecting, Evaluating and Maximizing Men) nach Lindenberg (1985) verwendet. Diesem universellen Menschenbild zufolge handeln Akteure nach ihren begrenzten Ressourcen, Fähigkeiten und Möglichkeiten (restricted), findig, kreativ, reflektiert und überlegt (resourceful) und selektieren über subjektive Erwartungen (expectations) einerseits und über subjektive Bewertungen (evaluations) andererseits und folgen bei der Selektion des Handelns aus den Alternativen der Regel der Maximierung, d.h. sie versuchen ihr Handeln so zu maximieren, dass sie mit den gegebenen Ressourcen den größtmöglichen Nutzen für sich erreichen (maximizing).

lich aus den Kosten, die für die höheren Sozialschichten geringer sind. Bei der Entscheidung für oder gegen eine weiterführende Bildung dominiert bei höheren Sozialschichten eher die Bildungsmotivation, während bei den unteren Sozialschichten das Investitionsrisiko oftmals grösser als die Bildungsmotivation ist (vgl. Becker 2003, 2009).

In der Zwischenzeit liegt eine Vielzahl empirischer Tests und Anwendungen dieses derzeit in der deutsch- und englischsprachigen soziologischen Bildungsforschung dominierenden Erklärungsansatzes vor, die in der Mehrheit für dessen Beibehalten sprechen (vgl. Breen und Jonsson 2005; Stocké 2010). Deswegen wird im Folgenden eine bereits vorliegende Studie über die Studienfachwahl sächsischer Studienberechtigten (vgl. Becker et al. 2010) für Zürcher Maturandinnen und Maturanden repliziert.[7] Hierbei wird zwischen technischen Fächern, Jura und Ökonomie, Medizin und anderen Studienfächern unterschieden. Die Referenzkategorie umfasst die nichtakademische Berufsausbildung (höhere Berufsausbildung und Berufslehre). Wenn bei Kontrolle der theoretisch angenommenen Mechanismen der Bildungsentscheidung die Effekte der sozialen Herkunft (gemessen anhand der Klassenlage des Elternhauses) statistisch insignifikant werden, dann wird das Entscheidungsmodell empirisch gestützt. Um den Test schärfer zu gestalten, wird zudem das Geschlecht der Studienberechtigten kontrolliert (siehe *Tabelle 2*).

Ohne in die Details zu gehen, aber mit Verweis darauf, dass die hier betrachteten Studienberechtigten eine selektive Stichprobe darstellen, und dass die Stichprobenselektivität zu verzerrten Schätzergebnissen führen können, kann der Schluss gezogen werden, dass die Befunde das werterwartungstheoretische Modell zwar nicht uneingeschränkt, aber jedoch weitgehend stützen. Und das zeigt sich auch in vielen anderen Studien, die mit dieser Theorie operieren (vgl. Stocké 2010). Subjektiv erwartete Erträge und Kosten sowie die subjektiv erwartete Erfolgswahrscheinlichkeit bestimmen die Studienfachwahl in der theoretisch erwarteten Richtung. Jedoch ist nicht ausgeschlossen, dass bei den Determinan-

---

7   Meines Erachtens ist diese Fragestellung eine besondere Herausforderung für diesen Typus von theoretischen Erklärungen. In Bezug auf das Argument, Statuserhalt wäre das übergeordnete Ziel der Bildungsinvestitionen, müsste zuerst von der zu erreichenden Klassenposition (berufliche Position) ausgegangen werden, und die Auswahl des Bildungswegs (z.B. Berufslehre, Hochschulstudium oder höhere Berufsausbildung) ist lediglich die rationale Wahl des angemessenen Bildungsweges (vgl. Becker et al 2010). Für Professionen wie Mediziner oder Juristen stellt sich nicht die Frage nach einem bestimmten Ausbildungsgang, wenn für die Kinder bereits feststeht, dass sie in die Fussstapfen ihrer Eltern treten sollen. Da Medizin oder Jura ausschliesslich an der Universität studiert werden kann, ist diese Bildungsentscheidung bereits vorweg genommen. Ähnliches dürfte für viele Berufswahlen gelten, dass damit zugleich die Entscheidung für den dafür adäquaten Schulbildungs- und Ausbildungsweg feststeht.

ten soziale Erwünschtheit bei den Antworten der befragten Maturandinnen und Maturanden vorliegt. Beispielsweise zeigt bei der Auswahl des Medizinstudiums oder des Studiums anderer Disziplinen wie etwa Philosophie oder Sprachen das Vorzeichen für die Einkommenserzielung in die theoretisch unerwartete Richtung. Auch sind die Effekte für den anvisierten Status nur auf dem 10-Prozent-Niveau signifikant (vgl. Becker et al. 2010).[8] Lediglich bei der Entscheidung, Jura oder Ökonomie zu studieren, sind die Effekte für soziale Herkunft und Geschlecht weiterhin statistisch signifikant. Auch für das Studium technischer Fächer besteht ein signifikanter Geschlechtseffekts. Wenn – hier nicht dokumentiert – weitere Variablen wie Sicherung der Lebenschancen kontrolliert werden, dann werden auch bei diesen Studienfächern Einflüsse der sozialen Herkunft insignifikant, aber nicht die Geschlechterdisparitäten. Entweder sind die Entscheidungsdeterminanten nicht hinreichend präzise operationalisiert oder wichtige Einflussfaktoren sind nicht berücksichtigt worden (vgl. Breen und Yaish 2006; Stocké 2010).

---

8   So liefert das Image eines Studienfaches und das Selbstbild, das sich bestimmte Berufe geben, Hinweise für sozial erwartete Antworten bei Fragen zu Studienmotivationen. Von Studierenden in Medizin beispielsweise wird erwartet, dass sie dieses Fach aus Nächstenliebe studieren – also um anderen Menschen zu helfen und nicht um sich selbst mit hohem Status und Einkommen zu versorgen. In vereinzelten Fällen dürften wertbezogene Entscheidungen für das Medizinstudium und den Arztberuf vorliegen, aber nicht selten stellen Einkommen und soziale Anerkennung dieser Profession enorme Anreize für diese Ausbildung dar. Ebenso könnte argumentiert werden, dass diese Modellierung unterspezifiziert sind, wenn individuelle Neigungen und Interessen für bestimmte Fachrichtungen im Gymnasium und die darauf aufbauende Auswahl eines Studienfaches bzw. einer Berufsausbildung nicht explizit kontrolliert werden. Zum einen ist festzustellen, dass inhaltliche Interessen sicherlich notwendige, aber keine hinreichende Gründe für eine Ausbildungs- und Berufswahl sind (Böttcher et al. 1988: 12). Unklar bleibt bei den vorliegenden Studien wie etwa EVAMAR I, der Evaluation der Maturitätsreform 1995 (z.B. Ramseier et al. 2005: 83 ff.), wie fachliche Interessen und darauffolgende Studienfachwahl oder Auswahl einer Berufsausbildung mit der sozialen Herkunft zusammenhängen. Für Gymnasiasten ist eher zu vermuten, dass die interessengeleitete Wahl von Schwerpunktfächern im Gymnasium zum einen das Ergebnis der Sozialisation im Elternhaus ist und zum anderen auch strategisch im Hinblick auf das spätere Studium oder den Beruf gewählt wird (vgl. für Deutschland: Becker et al. 2010; für die Schweiz: Ramseier et al. 2005: 85 ff.). Diese Problematik macht wiederum deutlich, dass es für die realitätsgerechtere Modellierung von Ausbildungsentscheidungen notwendig ist, die Formierung von Aspirationen, darauf aufbauende Bildungsentscheidungen und Ausbildungsabschlüsse im Längsschnitt – in optimaler Weise noch vor der Einschulung beginnend – untersucht werden sollte (vgl. Blossfeld et al. 2011).

Tabelle 2: Studienfachwahl von Zürcher Maturandinnen und Maturanden im
Jahre 1985

Studienfächer (Referenzkategorie: kein Studium)	Technische Fächer	Jura und Ökonomie	Medizin	Andere Disziplin
Entscheidungsdeterminanten				
Einkommen	0,931	2,527*	0,445*	0,611*
Prestige	0,823	1,807*	1,643†	0,919
Berufschancen	1,746*	2,380*	1,416†	0,785
Erfolgswahrscheinlichkeit	2,545*	3,206*	3,978*	2,911*
Ausbildungskosten	0,681*	1,026	0,642†	0,851
Opportunitätskosten	0,589*	0,742	0,335*	0,620*
Soziale Herkunft				
Arbeiterklassen	0,902	0,507*	0,989	1,451
Mittelschichten	0,946	0,477*	0,999	1,302
Obere Dienstklasse	1	1	1	1
Geschlecht				
Männlich	2,722*	2,080*	1,125	0,892
Weiblich	1	1	1	1
Pseudo-R^2 (McFadden)	0,094			
N	1.679			

* mindestens $p \leq 0,05$; † $p \leq 0,1$; Multinomiale Logit-Regression (odds ratios)

Quelle: Studien- und Berufswahl von Maturanden 1985 (Beck und Kiener 1988) – eigene
Berechnungen.

Suboptimale Operationalisierung von erklärenden Einflussfaktoren (vgl. Stocké
2007a; Becker 2000), Vernachlässigung sozialer Einflüsse seitens der Bezugsgruppen (vgl. Stocké 2009) sowie unzureichende Berücksichtigung von Strukturen des Bildungssystems (vgl. Becker 2001; Becker und Schuchart 2010) und der
Kontingenz des Bildungsverlaufs (Becker et al. 2010) führen offensichtlich dazu,
dass Korrelationen von sozialer Herkunft mit Bildungsentscheidungen (sekundärer Herkunftseffekt) nur unvollständig auf theoretisch angenommene Mechanismen und Prozesse zurückgeführt werden können. Zudem kritisiert Nash (2003),
dass der Ansatz von Boudon (1974) den primären Herkunftseffekt nicht erklären
könne. Abgesehen davon, dass die Sozialisation im Elternhaus oftmals unbewuss-
te Effekte auf die Entwicklung der Kinder hat, lassen sich die Folgen von Erziehung und Sozialisation sehr wohl – etwa mit der sozialkognitiven Lerntheorie
von Bandura (1986) – in der Logik von Kosten- und Nutzenabwägungen erklären. So übernehmen Kinder in der Regel die Verhaltens- und Handlungsmodelle,

die sich als erfolgreich und daher vorteilhaft bzw. nützlich für die Zielerreichung erwiesen haben, während diejenigen Verhaltens- und Handlungsweisen eher unterlassen werden, die sich als nachteilig und kostenverursachend herausgestellt haben. Ob auf diese Art und Weise, soziale Verhaltensweisen erlernt werden, die in der Schule und im Unterricht mehr oder weniger erfolgreich sind, müsste in weiterführender Forschung geklärt werden. Aber empirisch eindeutig belegt zu sein scheint, dass sich primäre Herkunftseffekte in der Schule kumulieren und zu sozial differenten Bildungserfolgen beitragen (vgl. Ditton 2007; Stocké 2007b).

Insgesamt ist der Schlussfolgerung von Stocké (2010) zuzustimmen, dass die Werterwartungstheorie bzw. die Theorie des subjektiv rationalen Handelns derzeit nicht nur die soziologische Forschung von Bildungsungleichheiten dominiert. Sie ist offensichtlich auch sehr erfolgreich, das Phänomen der sozialen Ungleichheit von Bildungschancen zu beschreiben und – auf der Aufdeckung sozialer Mechanismen und Prozesse beruhend – zu erklären. Schließlich zeigt sich ihre Stärke darin, dass sie im Zuge der empirischen Anwendung erweitert und verallgemeinert werden kann. Zum einen werden die Modellierungen immer realistischer und zum anderen weist sie das Potential auf, andere wichtige Theorien zur Erklärung von Bildungsungleichheiten zu integrieren. Darauf wird am Ende des Beitrags nochmals eingegangen.

Bildungsungleichheiten in der Theorie der sozialen Reproduktion

Nach Bourdieu und Passeron (1971) werden soziale Ungleichheiten von Bildungschancen durch Opportunitäten, Restriktionen und selektive Anreize in der Organisationsstruktur des Bildungswesens, durch Mechanismen der kulturellen Selbst- und Fremdselektion und durch Opportunitäten und Restriktionen, die sich aus dem verfügbaren ökonomischen, kulturellen und sozialen Kapitals ergeben, hervorgerufen. Vor allem in ihrem konflikttheoretischen Werk über die „Illusion der Chancengleichheit" weisen sie die allgemeine Vorstellung zurück, dass das Bildungssystem allen sozialen Gruppen gleiche Chancen einräume und nur nach Begabung selektiere und damit unabhängig von der Klassenstruktur einer Gesellschaft sei. Bei gegebenen ungleichen Verteilungen des ökonomischen und kulturellen Kapitals trägt das „Unterrichtssystem zur Reproduktion der Struktur der Kräfteverhältnisse und der symbolischen Verhältnisse zwischen den Klassen [bei], indem es an der Reproduktion der Struktur der Verteilung des kulturellen Kapitals unter diesen Klassen mitwirkt" (Bourdieu und Passeron 1971: 91). Obgleich nach Bourdieu und Passeron (1971) die Bildungsungleichheit ihre Wurzeln nicht in der individuellen Befähigung oder auf klassenspezifisch variierenden Begabungsreserven hat, sondern auf der Klassenstruktur einer modernen Gesellschaft beruht, ist das Bildungssystem über die „Verschleierung von Feinstrukturen der Ungleichheit" an der Reproduktion sozialer Ungleichheiten von Bildungschancen aktiv beteiligt. Ablesbar ist sie an ungleichen Verteilungen der Bildungserfolge und des Verbleibs im Bildungssystem (vgl. Bourdieu 1983: 196-197).

Zum einen gelingt der *Ausschließungsprozess*, indem im Bildungssystem ein kultureller Habitus gefordert wird, über den zwar die sozial privilegierten, aber nicht die sozial benachteiligten Sozialschichten verfügen. Die unteren Sozialschichten werden somit scheinbar legitim von höherer Bildung ausgeschlossen, weil sie den Leistungsanforderungen nicht gerecht werden. Zum anderen gelingt diese Schließung auch bei Aufstiegen unterer Sozialschichten im Bildungssystem, indem neue leistungsbezogene Hürden aufgebaut werden, an denen sie mangels adäquatem kulturellen Habitus scheitern, oder andere Ausbildungswege eingeführt werden, die sie von den prestigeträchtigen, sozial exklusiven Ausbildungen „ablenken". Auf diese Art und Weise nutzen vor allem die privilegierten Eliten das Bildungssystem, um ihre exponierte gesellschaftliche Status-, ökonomische Macht- und politische Herrschaftsposition abzusichern. Dieser Ausschließungsprozess erscheint zugleich legitim, indem das Unterrichtssystem die kulturelle Vererbung von Bildungschancen dadurch ermöglicht, dass es soziale Attribute (geforderter kultureller Habitus) in natürliche (mangelnde individuelle Leistungsfähigkeit) transferiert. Dadurch, dass Schulen faktisch unter der Maxime formaler Gleichheiten operieren, bleiben Ungleichheiten des kulturellen Kapitals und des damit über die Sozialisation im Elternhaus verbundenen Habitus bestehen, und damit trägt das Bildungssystem zur Reproduktion sozialer und kultureller Ungleichheiten bei. Dass vor allem den Kindern aus unteren Sozialschichten institutionell begründet der weitere Verbleib im Bildungssystem verwehrt wird oder sie und ihre Eltern von vornherein darauf verzichten, verdeutlicht wiederum die ungleichheitsgenerierenden Mechanismen kultureller Fremd- und Selbstselektion im Bildungssystem (Bourdieu 1973: 106; Bourdieu und Passeron 1971: 28). Mit der „Illusion der Chancengleichheit" wird nach Bourdieu und Passeron (1971) auch verschleiert, dass die ungleiche Verfügbarkeit über ökonomisches, soziales und vor allem kulturelles Kapital ein zentrales Element im gesellschaftlichen Interessenkonflikt um Macht, Herrschaft und Prestige – auch für die soziale Distinktion über Bildung – ist (vgl. Bourdieu 1977, 1983). Somit liegt nach Bourdieu und Passeron (1971: 88) die Funktion von Schule und Unterricht darin, bestehende Privilegien herrschender Klassen zu sichern und die Sozialstruktur zu reproduzieren. Bildungsinvestitionen über intergenerationale Vererbung kulturellen Kapitals sind demnach Teil einer Gesamtheit von Reproduktionsstrategien und Investitionskalküle zwecks Sicherung von Macht sowie von materieller und kultureller Herrschaft. Bildung und Kultur sind die entscheidenden Medien für die Reproduktion gesellschaftlicher Eigentums- und Herrschaftsverhältnissen (vgl. Krais 1983).

Die Überlegungen von Bourdieu und Passeron (1971) oder von Bourdieu (1983) wurden vehement kritisiert (vgl. Goldthorpe 2007). Zum einen gilt die Hervorhebung des kulturellen Habitus, der institutionellen Selektion und leistungsbezogenen Selbstselektion sowie der Prozesse klassenspezifischer „Selbsteliminierung" (vgl. Bourdieu und Passeron 1971: 19f.) bei kulturell unterprivilegierten Kindern (basierend auf der kollektiven Selbstunterschätzung eigener Performanz und Leistungspotentiale) beim heutigen Forschungsstand als einseitig, da lediglich der primäre Herkunftseffekt für die soziale Ungleichheit von Bildungschancen verantwortlich gemacht wird (vgl. Becker et al. 2010).[9] Die Rolle des sekundären Herkunftseffekts für Entstehung und Reproduktion von Bildungsungleichheiten (vgl. Becker 2009, 2010) bleibt weitgehend unberücksichtigt (vgl. Stocké 2007a, 2010).[10] In der Bildungsforschung gibt es keine eindeutige Trennung nach primären und sekundären Herkunftseffekten, wenn die von Bourdieu (1983) genannten Kapitalstöcke im Sinne eines Ressourcenansatzes als erklärende Faktoren angeführt werden. So wird beispielsweise im Gefolge der PISA 2000-Studie die Verfügbarkeit des Elternhauses über ökonomisches, soziales und kulturelles Kapital genannt, um die augenfällige schichtspezifische Verteilung von Lesekompetenzen zu beschreiben (vgl. Baumert und Schümer 2001) oder es wird argumentiert, dass soziale Bildungsungleichheiten deswegen so groß seien, weil diese Kapitalien – und damit die Möglichkeiten in die Bildungserfolge ihrer Kinder zu investieren – besonders ungleich

---

9   Wie zuvor gesehen, stimmt Boudon (1974) in der Definition des primären Herkunftseffektes der von Bourdieu und Passeron (1971) hervorgehobenen Rolle des kulturellen Kapitals des Elternhauses für den Bildungserfolg ihrer Kinder zwar zu, widerspricht aber der „Selbstelimination" als Folge davon. Eher ist – bei Kontrolle der individuellen Leistungen – das Ausscheiden aus dem Bildungssystem das Ergebnis einer quasiökonomischen Investitionsentscheidung.

10   Zwar schränken die Schulleistungen, die mit dem kulturellen Kapital des Elternhauses einhergehen, die Möglichkeiten, bestimmte Bildungsangebote zu wählen, ein. Aber selbst bei gleichen Schulleistungen gibt es unterschiedliche Entscheidungen, die Bildung fortzusetzen. Wie bereits oben gesehen, und hierbei werden vorliegende Befunde bestätigt (vgl. Schindler und Lörz 2011; Schindler und Reimer 2010), sind hierbei die Kinder und Jugendlichen aus kapitalstärkeren Elternhäusern im Vorteil. Auch für die Schweiz gibt es hierzu eindeutige Belege (vgl. Becker 2010; siehe auch den Beitrag von Becker im vorliegenden Band), die belegen, dass für die Übergänge in die Berufsausbildung, höhere Schulbildung und Hochschulstudium sekundäre Effekte sozialer Herkunft über den Zusammenhang zwischen sozialer Herkunft, Schulleistungen und Erfolgswahrscheinlichkeiten existieren. Für Deutschland konnten Becker und Schuchart (2010) sowie Becker und Schubert (2011) nachweisen, dass auch beim ersten Bildungsübergang am Ende der Primarschulzeit für einheimische Schulkinder sekundäre Herkunftseffekte dominieren, während bei Schulkindern mit Migrationshintergrund primäre Herkunftseffekte die Bildungschancen strukturieren. Aber bei allen darauf aufbauenden Bildungsübergängen dominieren sekundäre über primäre Herkunftseffekte (vgl. Becker 2009; Neugebauer und Schindler 2012).

in der Bevölkerung verteilt sind (vgl. Jungbauer-Gans 2004). De facto wird aber –
selbst wenn in diesem Sinne auf Bourdieu (1983) zurückgegriffen wird – nicht das
ursprüngliche Konzept der Passung des kulturellen Habitus mit den Anforderungen des Schulunterrichts und der intergenerationalen Reproduktion des kulturellen
Kapitals angewendet (vgl. Goldthorpe 2007; Kramer und Helsper 2010).

Der von Bourdieu und Passeron (1971) betonte Prozess der kulturellen Ausschließung ist ebenfalls kritisiert worden (vgl. Goldthorpe 2007). Mit Verweis auf
die Bildungsexpansion in vielen Ländern Europas und den kollektiven Bildungsaufstiegen sozial benachteiligter Gruppen in den folgenden Generationen wird für
die Nachkriegszeit (nach 1945) bezweifelt, ob dieser Prozess empirisch beobachtet werden kann. In der Tat sind in den meisten westeuropäischen Ländern (ein-
schliesslich Frankreich: Duru-Bellat 2009; Duru-Bellat und Kieffer 2000; Vallet
2004) die sozialen Ungleichheiten von Bildungschancen zurückgegangen (vgl.
Breen et al. 2009, 2010). Gleichlautende Befunde liegen auch für Deutschland
vor (vgl. Becker und Hadjar 2010; Becker und Müller 2011). Empirisch nachweisbar ist auch, dass die sozial benachteiligten Sozialschichten *nicht* von der Partizipation an höherer Bildung ausgeschlossen werden, sondern in zunehmendem
Maß höhere Bildungsabschlüsse als ihre Eltern erworben haben (siehe *Tabelle 3*).

Tabelle 3: Entwicklung der intergenerationalen Bildungsaufstiege in
Westdeutschland (odds ratios, geschätzt mit binärer logistischer
Regression)

Geburtskohorten	1929-31	1939-41	1949-51	1959-61	1971
Geschlecht					
Männlich	1	1	1	1	1
Weiblich	0,83	0,92	0,82	1,22*	1,12*
Soziale Herkunft nach Klassenlage					
Arbeiterklasse	1	1	1	1	1
Mittelklasse	2,90*	2,74*	1,55*	1,83*	1,67*
Obere Dienstklasse	6,15*	5,00*	1,62*	2,71*	1,84*
Höchstes Bildungsniveau der Eltern					
Abitur	1	1	1	1	1
Maximal Mittlere Reife	2,25*	1,46	1,57*	4,80*	5,30*
Pseudo-R² (McFadden)	0,035	0,030	0,009	0,053	0,021
N	2.352	2.040	1.994	3.425	4.524
Aufstiegsquoten	11%	13%	19%	37%	44%

* mindestens $p \leq 0.05$

Datenbasis: Deutsche Lebensverlaufsstudie (Max-Planck-Institut für Bildungsforschung, Berlin,
und CIQLE, Yale University) – eigene Berechnungen (Becker 2010).

Mit Hilfe der Daten der Deutschen Lebensverlaufsstudie (GLHS; vgl. Hillmert 2004; Mayer 2000a) kann beispielsweise für Westdeutschland in der Abfolge von Geburtskohorten gezeigt werden, dass nicht nur die jüngeren Jahrgänge in zunehmendem Maß höhere Bildungsabschlüsse als ihre Eltern erwarben, sondern dass sich die soziale Ungleichheit nach Klassenlage des Elternhauses verringert hat (vgl. Becker und Hadjar 2010; Henz und Maas 1995; Müller und Haun 1994; Schimpl-Neimanns 2000). Gemessen am höchsten Bildungsniveau des Elternhauses – am institutionalisierten kulturellen Kapital (vgl. Bourdieu 1983) – waren gerade für die Nachkriegsgenerationen deutliche Bildungsaufstiege der Kinder von Eltern mit niedriger und mittlerer Schulbildung immer wahrscheinlicher geworden.

Die soziale Öffnung des Bildungssystems im Zuge der Bildungsexpansion hatte – mit großen Variationen zwischen den europäischen Ländern (vgl. Blossfeld und Shavit 1993; Breen et al. 2009, 2010) und einer vergleichsweise, im internationalen Vergleich gesehen, geringen Dynamik bei der zunehmenden Bildungsbeteiligung (vgl. Buchmann et al. 1993, 2007), der Rate intergenerationaler Bildungsaufstiege (vgl. Hadjar und Berger 2010; Jann und Combet 2012; Joye et al. 2003) und der Abnahme sozialer Ungleichheiten von Bildungschancen in der Schweiz (vgl. Lamprecht und Stamm 1996; Stamm und Lamprecht 2005) – nachhaltige Effekte für die Bildungschancen nachwachsender Generationen (für Deutschland: Becker 2006, 2007; Fuchs und Sixt 2007). Neben verringerten Bildungsungleichheiten im Schulsystem kam es komplementär zur steigenden Nachfrage nach Gymnasialbildung zu einer Abnahme der Schülerzahl in der Volks- bzw. Hauptschule und damit auch Abwertung dieser Schullaufbahn zur „Restschule" (vgl. Solga 2005). Während die Schülerschaft in der mittleren und höheren Schullaufbahn sozial heterogener wurde, kam es zur Homogenisierung der Schülerschaft in der Hauptschule, die sich hauptsächlich aus Schulkindern in unteren, „bildungsferneren" Sozialschichten zusammensetzt (vgl. Solga und Wagner 2010). Zur Entwertung der Hauptschulbildung kam noch die Stigmatisierung dieser Schülerschaft als „Verlierer der Bildungsexpansion", die zudem enorme Probleme hat, eine qualifizierte Berufsausbildung zu erwerben und in eine sichere Beschäftigung zu gelangen (vgl. Solga 2008; für die Schweiz: Riphahn und Sheldon 2006; Seibert et al. 2009). Anhaltende Schwierigkeiten bei wirtschaftlichen Entwicklungen und relative Unsicherheiten beim Einstieg in den Arbeitsmarkt, die in Deutschland und in der Schweiz im Vergleich zu südeuropäischen, osteuropäischen und angelsächsischen Ländern gering sind, führen offensichtlich zu längeren Verweildauern im Bildungssystem (vgl. Müller 1998); dieser Prozess, dass nachwachsende Generationen länger in Ausbildung verbleiben, um Arbeitslosigkeit zu vermeiden, scheint sich im Zuge der Globalisierung verstärkt zu haben, (vgl. Blossfeld et al. 2007: 673).

Entgegen anderslautender Behauptungen kam es weder in Deutschland noch in anderen europäischen Ländern im Zuge der Bildungsexpansion und den intergenerationalen Bildungsaufstiegen zu einer „Bildungsinflation" (im Sinne einer Überproduktion von Akademikern) (vgl. Becker 2000b, 2006; Mayer 2006: 1334; Müller 1998) noch zur Entwertung von Bildungserträge für die besser Gebildeten hinsichtlich des Einkommens oder des Prestiges (vgl. Hadjar und Becker 2011; Handl 1996; Pollmann-Schult 2006). Selbst ein verstärkter Wettbewerb unter den Hochqualifizierten hatte nicht zwingend sinkende Bildungsrenditen und sich verschlechternde Arbeitsmarktchancen höher Gebildeter zur Folge. Im Gegenteil – Bildungszertifikate sind – wie bereits von Collins (1979) prognostiziert – gerade im Zuge der Bildungsexpansion zunehmend wichtiger geworden, um auf dem Arbeitsmarkt bestehen zu können (vgl. Mayer 2000b). Vielmehr setzte ein Verdrängungswettbewerb zum Nachteil der gering Gebildeten ein (vgl. Müller 1998; Solga und Wagner 2010). Nicht nur dass sie geringere Chancen beim Zugang zur Berufsausbildung und zum Arbeitsmarkt hatten, sondern die Folgen der anfänglichen Verdrängung im Bildungs- und Beschäftigungssystem setzt sich im gesamten Berufsverlauf fort und wirkt sich langfristig auf Lebenschancen aus (vgl. Mayer 2000b).

Allerdings wurde diese Entwicklung verbesserter Bildungsgelegenheiten bei einer sozialen Öffnung des deutschen Bildungssystems durch die „Eigendynamik der Bildungsexpansion" insofern konterkariert, dass sich der Einfluss des kulturellen Kapitals der Großeltern-Generation (G1 in *Tabelle 4*) förderlich auf die Bildungschancen ihrer Enkelkinder (G3) auswirkte. In der Geburtenabfolge der Fokus-Generation (G2) wurden in der Nachkriegszeit – wie zuvor gesehen mit den Daten der GLHS und jetzt noch ergänzt mit Daten des Sozioökonomischen Panels (vgl. Becker 2009) – die Effekte der Bildungsaufstiege in der Fokus-Generation – wohl aufgrund von ‚ceiling effects' – auf die Bildungschancen ihrer Kinder (G3) wiederum zunehmend geringer.

Tabelle 4: Effekte intergenerationaler Bildungsaufstiege auf Bildungschancen der dritten Generation (odds ratios auf Basis multinomialer Logit-Regression)

Geburtsjahr G2	1919-21		1929-31		1939-41		1949-58	
Bildungsniveau G3	Mittl. Reife	Abitur	Mittl. Reife	Abitur	Mittl. Reife	Abitur	Mittl. Reife	Abitur
Geschlecht G3								
Enkelin	1	1	1	1	1	1	1	1
Enkel	0,86	1,65*	0,66*	1,37*	0,76	0,89	0,61*	0,55*
Bildungsaufstieg G2								
Kein Aufstieg	1	1	1	1	1	1	1	1
Bildungsaufstieg	1,20*	1,46*	6,08*	13,8*	2,47*	9,53*	2,15*	8,53*
Bildungsniveau G1								
Volksschule	1	1	1	1	1	1	1	1
Mittlere Reife	2,60*	6,57*	2,90*	6,30*	1,42	3,78*	2,26	6,43*
Abitur	3,97*	4,59*	2,58*	12,0*	7,0*	16,9*	11,8*	41,5*
Pseudo-R² (McFadden)	0,045		0,089		0,070		0,105	
N	1.657		1.429		1.069		654	

* mindestens p ≤ 0,05

Quelle: Lebensverlaufsstudie (GLHS, Max-Planck-Institut für Bildungsforschung in Berlin) und SOEP 1984-2000 (ungewichtete Ergebnisse) – eigene Berechnungen.

Hingegen zeigt sich ein zunehmender Effekt des kulturellen Kapitals ihres Elternhauses – sprich: der Großeltern (G1) – immer restriktiver im Sinne des Matthäus-Effekts: Je höher das Bildungsniveau der Großeltern ist, desto grösser sind – bei Kontrolle der Bildungsaufstiege ihrer Kinder (G2) – die Bildungschancen ihrer Enkelkinder (G3). Dieser Befund besagt aber auch, dass bei einem verfehlten Bildungserfolg ihrer eigenen Kinder die Großeltern einen signifikanten Beitrag für die Bildungschancen ihrer Enkelkinder leisten und damit einen „Buddenbrock-Effekt" vermeiden können. So gesehen, sprechen diese Befunde zumindest für das westdeutsche Schulsystem eher gegen als für einen empirischen Beleg des Prozesses sozialer Ausschließung im Bildungssystem.

In einer früheren Studie hat Becker (2006) für die Bildungsexpansion im Westen Deutschlands noch angemerkt, dass ihre Entwicklung in einiger Hinsicht der Argumentation von Bourdieu (1982: 222) entspräche – nämlich dass in Folge der Bildungsexpansion ein sozialer Verdrängungswettbewerb in Gang gesetzt werde, in dem die oberen Sozialschichten zur Wahrung des relativen Seltenheitsgrades ihrer Abschlüsse und damit einhergehend zur Aufrechterhaltung ihrer Position innerhalb der Struktur der Klassen nun doch noch verstärkt im Bildungsbereich investieren. Aufgrund vorliegender Befunde für Deutschland ist davon auszugehen, dass dieser Verdrängungsprozess sich von der Schule in die Hochschule verlagert hat (vgl. Mayer et al. 2007). Dieser Prozess trägt zu einem langsamen Abbau von Bildungsungleichheiten bei (vgl. Breen und Goldthorpe 1997; Breen et al. 2010). Jedoch bleibt mit aktuellen Daten für jüngere Geburtskohorten abzuwarten, ob diese Sichtweise aufrechterhalten werden kann (vgl. Becker und Hadjar 2010).

3. Versuch einer Modellintegration

Statt einer Zusammenfassung und Schlussfolgerung wird abschließend Bezug auf die Ausgangsfrage genommen, ob die hier behandelten Erklärungsansätze sich ergänzende oder konträre Sichtweisen auf Entstehung sozialer Ungleichheit von Bildungschancen und Reproduktion von Bildungsungleichheiten sind. Ausgangspunkt des Versuchs einer Modellintegration ist die Prämisse, dass der analytische Kern für die Erklärung sozialer Ungleichheit von Bildungschancen ein handlungstheoretischer Ansatz zu sein hat (vgl. Coleman 1988; Esser 1993). Das zu erklärende Phänomen lässt sich weder auf der Makroebene einer Gesellschaft noch auf der Mesoebene von Organisationen erschöpfend und tiefgehend als soziale Tatsache rekonstruieren, sondern bedarf – da es bei gegebenen gesellschaftlichen Randbedingungen, wie etwa Nachfrage nach qualifizierten Arbeitskräften oder Notwendigkeit eines Bildungsabschlusses für den Arbeitsmarkteintritt, ein aggregiertes Ergebnis individueller Bildungsinvestitionen ist – einer handlungstheoretischen Fundierung auf der Individualebene (vgl. Becker 2011). Wie gesehen, wären die Humankapitaltheorie auf der einen Seite oder die Theorie subjektiv rationalen Handelns bzw. Theorie subjektiver Werterwartung entsprechende Kandidaten dafür. Für die Erklärung sozialer Ungleichheit von Bildungschancen hat sich zum einen die von Boudon (1974) vorgeschlagene Unterscheidung primärer und sekundärer Herkunftseffekte und zum anderen – für die soziologische Rekonstruktion des sekundären Herkunftseffekts – das werterwartungstheoretische Modell der Bildungsentscheidung am ehesten empirisch bewährt (vgl. Stocké 2010).

Wenn die mehr oder weniger elaborierten Spielarten dieses soziologischen Modells sich hinreichend gut bewährt haben, stellt sich die Frage, was man tun könne, um es angesichts der ungeklärten Varianz realitätsgerechter zu spezifizieren. Hierzu gibt es mehrere Möglichkeiten. Eine Möglichkeit ist, sich dem *Problem des Statuserhaltmotivs* zu widmen. Die empirische Forschung hat widersprüchliche Befunde dafür geliefert, dass sich Akteure bei ihren Bildungsplanungen und -entscheidungen vornehmlich am Statuserhalt orientieren (vgl. Stocké 2010; Breen und Yaish 2006). Bislang wurde nur ansatzweise empirisch überprüft, ob der Bildungserwerb an sich bereits diesem Motiv genügt, und wenn es so ist, so trifft dies – dem aktuellen Forschungsstand nach – offensichtlich für höhere Sozialschichten, insbesondere für die obere Dienstklasse, zu (vgl. Becker und Hecken 2009a, 2009b). Sinnvoll wäre es, dieses Problem im Längsschnitt und international vergleichend zu untersuchen.

Interessant wäre auch eine Ergänzung dieses Ansatzes, die nahe bei der Humankapitaltheorie liegen würde. Gemeint ist weniger das Motiv der Einkommensmaximierung, sondern dass sich Akteure bei Bildungsplanungen und darauf basierenden Entscheidungen auch an der Nachfrage des Arbeitsmarktes, nach bestimmten Qualifikationen orientieren. Zwar dürften sich Angehörige der oberen Dienstklasse kaum an den Entwicklungen des Arbeitsmarktes orientieren, da sie sich ohnehin zumeist für Bildungswege entscheiden, die zu privilegierten Klassenpositionen, sprich: krisensicheren Berufen, führen (vgl. Becker et al. 2010).[11] Es wäre sicherlich lohnend, Auswirkungen von Arbeitsmarktentwicklungen auf das Bildungsverhalten sozial benachteiligter Klassen und mittlerer Sozialschichten zu untersuchen. Dass sich Arbeitsmarktentwicklungen und berufsstruktureller Wandel – insbesondere Änderungen bei der Nachfrage nach Qualifikationen und der Wertigkeit von Bildungszertifikaten – auf soziale Disparitäten von Bildungsentscheidungen auswirken und in der Vergangenheit ausgewirkt haben, scheint nicht nur plausibel zu sein, sondern dafür liegen empirische Hinweise vor (vgl. Breen et al. 2009, 2010; Collins 1979).

Des Weiteren verweist Meulemann (1985) auf „soziale Anforderungen, die durch das soziale Netzwerk der Familien in den oberen Dienstklassen entstehen, welche die Eltern auch bei geringen Erfolgsaussichten angesichts der schulischen Leistungen ihrer Kinder dazu bringen, die für den Statuserhalt geforderten Bildungsziele hartnäckig zu verfolgen. Mangelnder Bildungserfolg würde bei Familien in oberen Dienstklassen sowohl psychische Kosten durch Dissonanzen erzeugen als auch informelle Kosten wegen „Stigmatisierung" durch die Bezugsgruppen und Prestigeverlust verursachen" (Becker und Hecken 2008: 23). Ob die

---

11   An dieser Stelle sei noch auf den Beitrag von Becker über „Prozesse und Mechanismen des Übergangs in das Hochschulstudium – dargestellt am Beispiel der deutschsprachigen Schweiz" in diesem Band – verwiesen. Dort wird im Sinne der ‚frame selection theory' (vgl. Kroneberg 2011) argumentiert, dass soziale Gruppen mit geringer Distanz zu höherer Bildung nur in Ausnahmefällen deliberierend Bildungsentscheidungen treffen. Eine rein zweckrationale Orientierung und rational kalkulierende Kosten-Nutzen-Abwägung von Bildungsalternativen dürften bei ihnen selten sein. Wahrscheinlich folgen sie zumeist der Logik des traditionalen und wertrationalen Handelns (vgl. Weber 1980) und treffen eher „automatische-spontane" Bildungsentscheidungen.

sozialen Bezugsgruppen die zentrale Rolle für schichtspezifisches Bildungsverhalten spielen, die ihr theoretisch zugeschrieben wird, ist empirisch noch nicht eindeutig entschieden (vgl. Stocké 2009, 2010). In diese Richtung gehend sollte die Forschung intensiviert werden. Auch die Überlegungen von Bourdieu und Passeron (1971) bzw. von Bourdieu (1983) lassen sich in das allgemeine handlungstheoretische Modell integrieren.

Typischerweise wird in der soziologischen Bildungsforschung – wie bereits oben dargestellt – das Kategorienschema des ökonomischen, sozialen und kulturellen Kapitals für die Beschreibung von sozialen Bildungsungleichheiten verwendet. Nicht selten geschieht dies auch in den Studien, die sich explizit am Erklärungsansatz von Boudon (1974) orientieren. Innovativ wären jedoch zwei folgende Modellerweiterungen. Zum einen wäre die Frage empirisch zu klären, wie Akteure in unterschiedlichen Klassenlagen das Bildungssystem in seiner Struktur und Funktionsweise wahrnehmen und in Bezug auf ihre Bildungsentscheidungen interpretieren (vgl. Grundmann et al. 2010). Wie werden die Bildungsangebote wahrgenommen und ihre selektiven Anreize bewertet? In welches Verhältnis werden Opportunitäten und Restriktionen des Bildungssystems gesetzt? Mit der Klärung dieser Fragen könnte beispielsweise nicht nur die „Ablenkungsthese" eingehender überprüft werden (vgl. Müller und Jacob 2008), sondern auch die Rolle von Bildungssystemen als kognitiver Rahmen bei der Evaluation und Auswahl von Bildungswegen. Zum anderen wird – nicht zuletzt bezüglich des Statuserhaltmotivs – die konflikttheoretische Frage vernachlässigt, ob bestimmte Statusgruppen das Bildungssystem in einer anderen Art und Weise als durch Bildungsinvestitionen verwenden, um ihre Privilegien abzusichern: „Wenn wir auf allen Gebieten das Verlangen nach der Einführung von geregelten Bildungsgängen und Fachprüfungen laut werden hören, so ist selbstverständlich nicht ein plötzlich erwachender „Bildungsdrang", sondern das Streben nach Beschränkung des Angebotes für die Stellungen und deren Monopolisierung zugunsten der Besitzer von Bildungspatenten der Grund" (Weber 1980: 577). Sozial selektive Auswahlen von Bildungsstätten sind eine noch nicht hinreichend gut untersuchte Strategie sozialer Klassen, soziale Distinktion im Bildungssystem und über sozial exklusiven Bildungserwerb herzustellen (z.B. Kristen 2005). Oder die Wahl von Privatschulen für ihre Kinder (Dronkers und Robert 2008; Lohmann et al. 2009; Weiß 2010). Dieses strategische Verhalten lässt sich ebenso über die Theorie subjektiv rationalen Handelns modellieren wie der Widerstand privilegierter Gruppen gegen bildungspolitische Maßnahmen – auch wenn sie den Abbau von Bildungsungleichheiten zum Ziel hat – anhand einer Theorie des kollektiven rationalen Handelns (vgl. Becker und Schuchart 2010; Coleman 1990). Gleiches gilt auch für Bildungspolitik an sich, wenn es um Fragen der sozialen Schließung von Bildungschancen und daran geknüpfte Lebenschancen in anderen gesellschaftlichen Bereichen geht – also wer den Zugang zu Bildung reguliert und wer an höherer Bildung partizipieren darf, wer Verdienste und Anrechte im Bildungswesen definiert, wer bestimmt wem was und wie und wie viel im Bildungssystem gelehrt wird. Auch hier wäre weiterführende Forschung notwendig, die sich an der wissenschaftstheoretischen Logik von Makro-Meso-Mikro-Meso-Makro-Modellen orientiert (vgl. Becker 2011: 126), dem die Theorie sozialen Handelns von Individuen und Gruppen zugrunde liegt (vgl. Coleman 1990).

Literatur

Allmendinger, Jutta. 1989. Educational Systems and Labor Market Outcomes. *European Sociological Review* 5: 231-250.

Bandura, Albert. 1986. *Social foundations of thought and action: a social cognitive theory.* Englewood Cliffs, N.J.: Prentice-Hall.

Baumert, Jürgen, Kai Maaz und Ulrich Trautwein Hrsg.. 2009. *Bildungsentscheidungen.* Wiesbaden: VS Verlag für Sozialwissenschaften.

Baumert, Jürgen und Gundel Schümer. 2001. Familiäre Lebensverhältnisse, Bildungsbeteiligung und Kompetenzerwerb. In *PISA 2000. Basiskompetenzen von Schülerinnen und Schülern im internationalen Vergleich,* Hrsg. Deutsches Pisa-Konsortium, 323-407. Opladen: Leske+Budrich.

Beck, Peter und Urs Kiener. 1988. *Studien- und Berufswahl der Zürcher Maturanden. Vorstellungen über Ausbildung, Beruf, Gesellschaft. Ein Arbeitsbericht.* Studien- und Berufsberatung des Kantons Zürich. Zürich: unveröffentlichtes Manuskript.

Becker, Birgit und David Reimer Hrsg. 2010. *Vom Kindergarten bis zur Hochschule. Die Generierung von ethnischen und sozialen Disparitäten in der Bildungsbiographie.* Wiesbaden: VS Verlag für Sozialwissenschaften.

Becker, Gary S.. 1993. *Human Capital: A Theoretical and Empirical Analysis with Special Reference to Education.* New York: Columbia University Press.

Becker, Rolf. 2000a. Klassenlage und Bildungsentscheidungen. Eine empirische Anwendung der Wert-Erwartungstheorie. *Kölner Zeitschrift für Soziologie und Sozialpsychologie* 52: 450-474.

Becker, Rolf. 2000b. Determinanten der Studierbereitschaft in Ostdeutschland. Eine empirische Anwendung der Humankapital- und Werterwartungstheorie am Beispiel sächsischer Abiturienten in den Jahren 1996 und 1998. *Mitteilungen aus der Arbeitsmarkt- und Berufsforschung* 33: 261-276.

Becker, Rolf. 2000c. *Studierbereitschaft und Wahl von ingenieurwissenschaftlichen Studienfächern. Eine empirische Untersuchung sächsischer Abiturienten der Abschlussjahrgänge 1996, 1998 und 2000.* Berlin: WZB-Discussionpaper FS I 00-210.

Becker, Rolf. 2001. Der Beitrag der Theorie subjektiver Werterwartung und anderer RC-Theorien zur Erklärung der herkunftsbedingten Bildungschancen und Bildungsungleichheit. Eine Antwort auf den Diskussionsbeitrag von Max Haller. *Kölner Zeitschrift für Soziologie und Sozialpsychologie* 53: 575-579.

Becker, Rolf. 2003. Educational Expansion and Persistent Inequalities of Education: Utilizing the Subjective Expected Utility Theory to Explain the Increasing Participation Rates in Upper Secondary School in the Federal Republic Of Germany. *European Sociological Review* 19 (1): 1-24.

Becker, Rolf. 2006. Dauerhafte Bildungsungleichheiten als unerwartete Folge der Bildungsexpansion? In *Die Bildungsexpansion. Erwartete und unerwartete Folgen*, Hrsg. Andreas Hadjar und Rolf Becker, 27-62. Wiesbaden: VS Verlag für Sozialwissenschaften.

Becker, Rolf. 2007. Wie nachhaltig sind die Bildungsaufstiege wirklich? Eine Reanalyse der Studie von Fuchs und Sixt (2007) über die soziale Vererbung von Bildungserfolgen in der Generationenabfolge. *Kölner Zeitschrift für Soziologie und Sozialpsychologie* 58: 512-523.

Becker, Rolf. 2009. Wie können „bildungsferne" Gruppen für ein Hochschulstudium gewonnen werden? Eine empirische Simulation mit Implikationen für die Steuerung des Bildungswesens. *Kölner Zeitschrift für Soziologie und Sozialpsychologie* 61: 563–593.

Becker, Rolf. 2010. Soziale Ungleichheit im Schweizer Bildungssystem und was man dagegen tun könnte. In *Schulübergang und Selektion – Forschungserträge und Umsetzungsstrategien*, Hrsg. Markus Neuenschwander und Hans-Ueli Grunder, 91-108. Chur: Rüegger.

Becker, Rolf. 2011. Entstehung und Reproduktion von Bildungsungleichheiten. In *Lehrbuch der Bildungssoziologie*, Hrsg. Rolf Becker, 87-138. Wiesbaden: VS Verlag für Sozialwissenschaften.

Becker, Rolf, Sigrid Haunberger und Frank Schubert. 2010. Studienfachwahl als Spezialfall der Ausbildungsentscheidung und Berufswahl. *Zeitschrift für Arbeitsmarktforschung* 42: 292-310.

Becker, Rolf und Andreas Hadjar. 2010. Das Ende von Stand und Klasse? 25 Jahre theoretische Überlegungen und empirische Betrachtungen aus der Perspektive von Lebensverläufen unterschiedlicher Kohorten. In *Individualisierungen. Ein Vierteljahrhundert „jenseits von Stand und Klasse"?* Hrsg. Peter A. Berger und Ronald Hitzler, 51-72. Wiesbaden: VS Verlag für Sozialwissenschaften.

Becker, Rolf und Anna Etta Hecken. 2007. Studium oder Berufsausbildung? Eine empirische Überprüfung der Modelle zur Erklärung von Bildungsentscheidungen von Esser sowie von Breen und Goldthorpe. *Zeitschrift für Soziologie* 36: 100-117.

Becker, Rolf, und Anna Etta Hecken. 2008. Warum werden Arbeiterkinder vom Studium an Universitäten abgelenkt? Eine empirische Überprüfung der „Ablenkungsthese" von Müller und Pollak (2007) und ihrer Erweiterung durch Hillmert und Jacob (2003). *Kölner Zeitschrift für Soziologie und Sozialpsychologie* 60: 3-29.

Becker, Rolf und Anna Etta Hecken. 2009a. Why are working-class children diverted from universities? *European Sociological Review* 25: 233-250.

Becker, Rolf, und Anna Etta Hecken. 2009b. Higher Education or Vocational Training? An Empirical Test of the Rational Action Model of Educational Choices Suggested by Breen and Goldthorpe (1997) and Esser (1999). *Acta Sociologica* 52: 25-45.

Becker, Rolf und Claudia Schuchart. 2010. Verringerung sozialer Ungleichheiten von Bildungschancen durch Chancenausgleich? Ergebnisse einer Simulation bildungspolitischer Maßnahmen. In *Bildung als Privileg,* Hrsg. Rolf Becker und Wolfgang Lauterbach, 413-436. Wiesbaden: VS Verlag für Sozialwissenschaften.

Becker, Rolf und Frank Schubert. 2011. Die Rolle von primären und sekundären Herkunftseffekten für Bildungschancen von Migranten im deutschen Schulsystem. In *Integration durch Bildung.*

Bildungserwerb von jungen Migranten in Deutschland, Hrsg. Rolf Becker, 161-194. Wiesbaden: VS Verlag für Sozialwissenschaften.

Becker, Rolf und Walter Müller. 2011. Bildungsungleichheiten nach Geschlecht und Herkunft im Wandel. In *Geschlechtsspezifische Bildungsungleichheiten*, Hrsg. Andreas Hadjar, 55-75. Wiesbaden: VS Verlag für Sozialwissenschaften.

Below, Susanne von. 2002. *Bildungssysteme und soziale Ungleichheit. Das Beispiel der neuen Bundesländer*. Opladen: Leske+Budrich.

Blossfeld, Hans-Peter et al. 2007. Globalisierung und die Veränderung sozialer Ungleichheiten in modernen Gesellschaften. *Kölner Zeitschrift für Soziologie und Sozialpsychologie* 59: 667–691.

Blossfeld, Hans-Peter, Jutta von Maurice und Thorsten Schneider. 2011. The National Educational Panel Study: need, main features, and research potential. In *Education as a lifelong process,* Sonderheft 14 der Zeitschrift für Erziehungswissenschaft Hrsg. Hans-Peter Blossfeld, Hans-Günther Roßbach und Jutta von Maurice, 5-17. Wiesbaden: VS Verlag für Sozialwissenschaft.

Blossfeld, Hans-Peter und Yossi Shavit. 1993. Dauerhafte Ungleichheiten. Zur Veränderung des Einflusses der sozialen Herkunft auf die Bildungschancen in dreizehn industrialisierten Ländern. *Zeitschrift für Pädagogik* 39: 25-52.

Boudon, Raymond. 1974. *Education, Opportunity, and Social Inequality*. New York: Wiley.

Boudon, Raymond. 1998. Social mechanisms without black boxes. In *Social Mechanisms. An Analytical Approach to Social Theory*, Hrsg. Peter Hedström und Richard Swedberg, 172-203. Cambridge: University Press.

Bourdieu, Pierre. 1977. Cultural Reproduction and Social Reproduction. In *Power and ideology in education*, Hrsg. Jerome Karabel und Albert H. Halsey, 487-511. New York: Oxford University Press.

Bourdieu, Pierre. 1982. *Die feinen Unterschiede*. Frankfurt am Main: Suhrkamp.

Bourdieu, Pierre. 1983. Ökonomisches Kapital, kulturelles Kapital, soziales Kapital. In *Soziale Ungleichheiten (Sonderband 2 der Sozialen Welt)*, Hrsg. Reinhard Kreckel, 183-199. Göttingen: Otto Schwartz.

Bourdieu, Pierre und Jean-Claude Passeron. 1971. *Die Illusion der Chancengleichheit. Untersuchungen zur Soziologie des Bildungswesens am Beispiel Frankreichs*. Stuttgart: Klett.

Breen, Richard. 2005. Why Did Class Inequalities in Educational Attainment Remain Unchanged over Much of the Twentieth Century? In *Understanding Social Change: Proceedings of the British Academy*, Hrsg. Anthony F. Heath, John Ermisch und Duncan Gallie, 55-72. Oxford: Oxford University Press.

Breen, Richard und Jan O. Jonsson. 2000. Analyzing Educational Careers: A Multinomial Transition Model. *American Sociological Review* 65: 754-773.

Breen, Richard und Jan O. Jonsson. 2005. Inequality of Opportunity in Comparative Perspective: Recent Research on Educational Attainment and Social Mobility. *Annual Review of Sociology* 31: 223-244.

Breen, Richard und John H. Goldthorpe. 1997. Explaining Educational Differentials. Towards A Formal Rational Action Theory. *Rationality and Society* 9: 275-305.

Breen, Richard und Meir Yaish. 2006. Testing the Breen-Goldthorpe Model of Educational Decision Making. In *Mobility and Inequality*, Hrsg. Stephen L. Morgan, David B. Grusky und Gary S. Fields, 232-258. Stanford: Stanford University Press.

Breen, Richard, Ruud Luijkx, Walter Müller und Reinhard Pollak. 2009. Nonpersistent Inequality. Educational Attainment: Evidence from Eight European Countries. *American Journal of Sociology* 114: 1475-1152.

Breen, Richard, Ruud Luijkx, Walter Müller und Reinhard Pollak. 2010. Long-term Trends in Educational Inequality in Europe: Class Inequalities and Gender Differences. *European Sociological Review* 26: 31-48.

Buchmann, Marlis, Maria Charles und Stefan Sacchi. 1993. The Lifelong Shadow: Social Origins and Educational Opportunity in Switzerland. In *Persistent Inequality: Changing Educational Attainment in 13 Countries*, Hrsg. Yossi Shavit und Hans-Peter Blossfeld, 177-192. Boulder: Westview Press.

Buchmann, Marlis, Stefan Sacchi, Markus Lamprecht und Hanspeter Stamm. 2007. Tertiary Education Expansion and Social Inequality in Switzerland. In *Stratification in Higher Education*, Hrsg. Yossi Shavit, Richard Arum und Adam Gomoran, 321-348. Stanford: Stanford University Press.

Coleman, James S.. 1986. Social Theory, Social Research, and a Theory of Action. *American Journal of Sociology* 91: 1309-1335.

Coleman, James S.. 1990. *Foundations of Social Theory*. Cambridge: Harvard University Press.

Collins, Randall. 1979. *The Credential society: an historical sociology of education and stratification*. New York: Academic Press.

Davies, Richard, Eskil Heinesen und Anders Holm. 2002. The Relative Risk Aversion Hypothesis of Educational Choice. *Journal of Population Economics* 15: 683-713.

De Graaf, Nan-Dirk und Paul M. de Graaf. 2000. Parental cultural capital and educational attainment in the Netherlands. *Sociology of education* 73: 92-111.

De Graaf, Nan-Dirk und Paul M. de Graaf. 2002. Formal and popular dimensions of cultural capital: Effects on children's educational attainment. *The Netherlands' journal of social sciences* 38: 167-186.

Denzler, Stefan und Stefan C. Wolter. 2008. Selbstselektion bei der Wahl eines Lehramtsstudiums: Zum Zusammenspiel individueller und institutioneller Faktoren. *Beiträge zur Hochschulforschung* 30: 112-141.

Diefenbach, Heike. 2008. Bildungschancen und Bildungs(miss)erfolg von ausländischen Schülern oder Schülern aus Migrantenfamilien im System schulischer Bildung. In *Bildung als Privileg?* Hrsg. Rolf Becker und Wolfgang Lauterbach, 221-245. Wiesbaden: VS Verlag für Sozialwissenschaften (3. Aufl.).

Ditton, Hartmut. 1992. *Ungleichheit und Mobilität durch Bildung. Theorie und empirische Untersuchung über sozialräumliche Aspekte von Bildungsentscheidungen.* Weinheim: Juventa.

Ditton, Hartmut Hrsg.. 2007. *Kompetenzaufbau und Laufbahnen im Schulsystem. Eine Längsschnittuntersuchung an Grundschulen.* Münster: Waxmann.

Dollmann, Jörg. 2010. *Türkischstämmige Kinder am ersten Bildungsübergang. Primäre und sekundäre Herkunftseffekte.* Wiesbaden: VS Verlag für Sozialwissenschaften.

Dollmann, Jörg. 2011. Verbindliche und unverbindliche Grundschulempfehlungen und soziale Ungleichheiten am ersten Bildungsübergang. *Kölner Zeitschrift für Soziologie und Sozialpsychologie* 63: 431-457.

Dronkers, Jaap und Peter Robert. 2008. School choice in the light of effectiveness differences of various types of public and private schools in 19 OECD countries. *Journal of School Choice* 2: 260-301.

Duru-Bellat, Marie. 2009. Educational Expansion and the Evolution of Inequalities of Opportunity in France. In *Expected and Unexpected Consequences of the Educational Expansion in Europe and the US*, Hrsg. Andreas Hadjar und Rolf Becker, 49-56. Bern: Haupt.

Duru-Bellat Marie und Annick Kieffer. 2000. Inequalities in educational opportunities in France: educational expansion, democratisation or shifting barriers? *Journal of Education Policy* 15: 333-352.

Erikson, Robert und Jan O. Jonsson. 1996. Explaining Class Inequality in Education: The Swedish Test Case. In *Can Education Be Equalized?* Hrsg. Robert Erikson und Jan O. Jonsson, 1-63. Boulder: Westview Press.

Erikson, Robert. 2007. Social selection in Stockholm schools: primary and secondary effects on the transition to upper secondary education. In *From Origin to Destination. Trends and Mechanisms in Social Stratification Research*, Hrsg. Stefani Scherer, Reinhard Pollak, Gunnar Otte und Markus Gangl, 35-76. Frankfurt am Main: Campus.

Erikson, Robert, John H. Goldthorpe, Michelle Jackson, Meir Yaish, und David R. Cox. 2005. On class differentials in educational attainment. *Proceeding of the National Academy of Sciences* 102: 9730-9733.

Esser, Hartmut. 1991. Die Rationalität des Alltagshandelns. *Zeitschrift für Soziologie* 20: 430-445.

Esser, Hartmut. 1993. *Soziologie. Allgemeine Grundlagen*. Frankfurt am Main: Campus.

Esser, Hartmut. 1999. *Soziologie. Spezielle Grundlagen. Band 1: Situationslogik und Handeln*. Frankfurt am Main: Campus.

Fuchs, Marek und Michaela Sixt. 2007. Zur Nachhaltigkeit von Bildungsaufstiegen. Soziale Vererbung von Bildungserfolgen über mehrere Generationen. *Kölner Zeitschrift für Soziologie und Sozialpsychologie* 59: 1-29.

Gambetta, Diego. 1987. *Were They Pushed Or Did They Jump? Individual decision mechanisms in education*. Cambridge: University Press.

Goldthorpe, John H.. 1996. Class Analysis and the Reorientation of Class Theory: The Case of Persisting Differentials in Educational Attainment. *British Journal of Sociology* 47: 481-505.

Goldthorpe, John H.. 2007. ‚Cultural capital': some critical observations. In *From origin to destination. Trends and mechanisms in social stratification research,* Hrsg. Stefanie Scherer, Reinhard Pollak, Gunnar Otte und Markus Gangl, 78-101. Frankfurt, Main: Campus Verlag.

Granato, Nadia, und Frank Kalter. 2011. Die Persistenz ethnischer Ungleichheit auf dem deutschen Arbeitsmarkt: Diskriminierung oder Unterinvestition in Humankapital? *Kölner Zeitschrift für Soziologie und Sozialpsychologie* 53: 497-520.

Grundmann, Matthias, Uwe H. Bittlingmayer, Daniel Dravenau und Olaf Groh-Samberg. 2010. Bildung als Privileg und Fluch – zum Zusammenhang zwischen lebensweltlichen und institutionalisierten Bildungsprozessen. In *Bildung als Privileg*, Hrsg. Rolf Becker und Wolfgang Lauterbach, 51-78. Wiesbaden: VS Verlag für Sozialwissenschaften.

Hadjar, Andreas und Joël Berger. 2010. Dauerhafte Bildungsungleichheiten in Westdeutschland, Ostdeutschland und der Schweiz. Eine Kohortenbetrachtung der Ungleichheitsdimensionen soziale Herkunft und Geschlecht. *Zeitschrift für Soziologie* 39: 182-201.

Hadjar, Andreas und Rolf Becker. 2011. Erwartete und unerwartete Folgen der Bildungsexpansion. In *Lehrbuch der Bildungssoziologie*, Hrsg. Rolf Becker, 203-222. Wiesbaden: VS Verlag für Sozialwissenschaften.

Handl, Johann. 1985. Mehr Chancengleichheit im Bildungssystem: Erfolg der Bildungsreform oder statistisches Artefakt? *Kölner Zeitschrift für Soziologie und Sozialpsychologie* 37: 698-722.

Handl, Johann. 1996. Hat sich die berufliche Wertigkeit der Bildungsabschlüsse in den achtziger Jahren verringert? Eine Analyse der abhängig erwerbstätigen, deutschen Berufsanfänger auf der Basis von Mikrozensusergebnissen. *Kölner Zeitschrift für Soziologie und Sozialpsychologie* 48: 249-274.

Hedström, Peter und Richard Swedberg. 1996. Social Mechanism. *Acta Sociologica* 39: 281-308.

Henz, Ursula und Ineke Maas. 1995. Chancengleichheit durch die Bildungsexpansion? *Kölner Zeitschrift für Soziologie und Sozialpsychologie* 47: 605-634.

Hillmert, Steffen. 2004. Die Westdeutsche Lebensverlaufsstudie, Kohorten 1946 und 1971: Projekt, Datenerhebung und Edition. In *Geboren 1964 und 1971. Neuere Untersuchungen zu Ausbildungs- und Berufschancen in Westdeutschland,* Hrsg. Steffen Hillmert und Karl Ulrich Mayer, 215-230. Wiesbaden: VS Verlag für Sozialwissenschaften.

Holm, Andrea und Mads Meier Jæger. 2006. Relative Risk Aversion and Social Reproduction. In *Intergenerational Educational Attainment: Application of a Dynamic Discrete Choice Model.* Paper presented at the RC28 Conference "Inequality and Mobility in Family, School, and Work," August 18-21 2005, Los Angeles: University of California.

Jackson, Michelle, Robert Erikson, John H. Goldthorpe und Meir Yaish. 2007. Primary and Secondary Effects in Class Differentials in Educational Attainment. *Acta Sociologica* 50: 211-229.

Jann, Ben und Benita Combet. 2012. Zur Entwicklung der intergenerationalen Mobilität in der Schweiz. *Schweizerische Zeitschrift für Soziologie* (im Erscheinen).

Jonsson, Jan O.. 1999. Explaining Sex Differences in Educational Choice. An Empirical Assessment of a Rational Choice Model. *European Sociological Review* 15: 391-404.

Joye, Dominique, Manfred Max Bergman und Paul S. Lambert. 2003. Intergenerational educational and social mobility in Switzerland. *Schweizerische Zeitschrift für Soziologie* 29: 263–291.

Jungbauer-Gans, Monika. 2004. Einfluss des sozialen und kulturellen Kapitals auf die Lesekompetenz. Ein Vergleich der PISA 2000-Daten aus Deutschland, Frankreich und der Schweiz. *Zeitschrift für Soziologie* 33: 375-397.

Kahneman, Daniel und Amos Tversky. 1979. Prospect Theory. An Analysis of Decision under Risk. *Econometrica* 39: 342-350.

Kalter, Frank. 2005. Ethnische Ungleichheit auf dem Arbeitsmarkt. In *Arbeitsmarktsoziologie,* Hrsg. Martin Abraham und Thomas Hinz, 303-332. Wiesbaden: VS Verlag für Sozialwissenschaften.

Keller, Suzanne und Marisa Zavalloni. 1964. Ambition and Social Class: A Respecification. *Social Forces* 43: 58-70.

Krais, Beate. 1983. Bildung als Kapital – Neue Perspektiven für die Analyse der Sozialstruktur. In *Soziale Ungleichheiten (Sonderband der Sozialen Welt 2),* Hrsg. Reinhard Kreckel, 199-220. Göttingen: Otto Schwarz.

Kramer, Ralf-Torsten und Werner Helsper. 2010. Kulturelle Passung und Bildungsungleichheit – Potenziale einer an Bourdieu orientierten Analyse der Bildungsungleichheit. In *Bildungsungleichheiten revisited. Bildung und soziale Ungleichheit vom Kindergarten bis zur Hochschule,* Hrsg. Heinz-Hermann Krüger, Ursula Rabe-Kleberg, Rolf-Torsten Kramer und Jürgen Budde, 103-126. Wiesbaden: VS Verlag für Sozialwissenschaften.

Kristen, Cornelia. 1999. Bildungsentscheidungen und Bildungsungleichheit – ein Überblick über den Forschungsstand, MZES-Arbeitspapier Nr. 5. Universität Mannheim: MZES.

Kristen, Cornelia. 2005. *School Choice and Ethnic School Segregation. Primary School Selection in Germany.* Münster: Waxmann.

Kristen, Cornelia, und Jörg Dollmann. 2010. Sekundäre Effekte der ethnischen Herkunft: Kinder aus türkischen Familien am ersten Bildungsübergang. In *Vom Kindergarten bis zur Hochschule. Die Generierung von ethnischen und sozialen Disparitäten in der Bildungsbiographie,* Hrsg. Birgit Becker und David Reimer, 117-144. Wiesbaden: VS Verlag für Sozialwissenschaften.

Kroneberg, Clemens. 2011. *Die Erklärung sozialen Handelns. Grundlagen und Anwendung einer integrativen Theorie.* Wiesbaden: VS Verlag für Sozialwissenschaften.

Lamprecht, Markus, und Hanspeter Stamm. 1996. *Soziale Ungleichheit im Bildungswesen.* Bern: Bundesamt für Statistik.

Lindenberg, Siegwart. 1985. An assessment of the new political economy: Its potential for the social sciences and for sociology in particular. *Sociological Theory* 3: 99-114.

Lindenberg, Siegwart. 1989. Social Production Functions, Deficits, and Social Revolutions. *Rationality and Society* 1: 51-77.

Lindenberg, Siegwart. 1990. Rationalität und Kultur. Die verhaltenstheoretische Basis des Einflusses von Kultur auf Transaktionen. In *Sozialstruktur und Kultur*, Hrsg. Hans Haferkamp, 249-287. Frankfurt am Main: Suhrkamp.

Lohmann, Henning, C. Katharina Spieß, und Christoph Feldhaus. 2009. Der Trend zur Privatschule geht an bildungsfernen Eltern vorbei. *DIW Wochenbericht* 76: 640-646.

Maaz, Kai. 2006. *Soziale Herkunft und Hochschulzugang Effekte institutioneller Öffnung im Bildungssystem*. Wiesbaden: VS Verlag für Sozialwissenschaften.

Mayer, Karl Ulrich. 2000a. Promises fulfilled? A Review of 20 Years of Life Course Research. *Archives Européennes de Sociologie* 41: 259-283.

Mayer, Karl Ulrich. 2000b. Arbeit und Wissen: Die Zukunft von Bildung und Beruf. In *Geschichte und Zukunft der Arbeit*, Hrsg. Jürgen Kocka und Claus Offe, 383-410. Frankfurt am Main: Campus.

Mayer, Karl Ulrich. 2006. Sinn und Wirklichkeit – Beobachtungen zur Entwicklungen sozialer Ungleichheiten in (West-)Deutschland nach dem Zweiten Weltkrieg. In *Soziale Ungleichheit, Kulturelle Unterschiede. Verhandlungen des 32. Kongresses der Deutschen Gesellschaft für Soziologie in München 2004, Teil 2*, Hrsg. Karl-Siegbert Rehberg,. Frankfurt am Main: Campus.

Mayer, Karl Ulrich, und Hans-Peter Blossfeld. 1990. Die gesellschaftliche Konstruktion sozialer Ungleichheit im Lebensverlauf. In *Lebenslagen – Lebensläufe – Lebensstile*, Hrsg. Peter Berger und Stefan Hradil, S. 297-318. Göttingen: Otto Schwartz & Co.

Meulemann, Heiner. 1985. *Bildung und Lebensplanung. Die Sozialbeziehung zwischen Elternhaus und Schule*. Frankfurt am Main: Campus.

Meulemann, Heiner. 1995. Gleichheit und Leistung nach der Bildungsexpansion. In *Die deutsche Gesellschaft in vergleichender Perspektive. Festschrift für Erwin Scheuch*, Hrsg. Karl-Heinz Reuband, Franz Urban Pappi und Heinrich Best, 207-221. Opladen: Westdeutscher Verlag.

Mincer, Jacob. 1974. *Schooling, Experience, and Earnings*. New York: Columbia University Press.

Müller, Walter und Dietmar Haun. 1994. Bildungsungleichheit im sozialen Wandel. *Kölner Zeitschrift für Soziologie und Sozialpsychologie* 46: 1-42.

Müller, Walter. 1998. Erwartete und unerwartete Folgen der Bildungsexpansion. In *Die Diagnosefähigkeit der Soziologie*, Hrsg. Jürgen Friedrichs, Rainer Lepsius und Karl-Ulrich Mayer, 81-112. Opladen: Westdeutscher Verlag.

Müller, Walter, und Yossi Shavit. 1998. Bildung und Beruf im institutionellen Kontext. *Zeitschrift für Erziehungswissenschaft* 1: 501-533.

Müller, Walter, und Marita Jacob. 2008. Qualifications and the Returns to Training Across the Life Course. In *Skill Formation*, Hrsg. Karl Ulrich Mayer und Heike Solga, 126-172. Cambridge: University Press.

Müller-Benedict, Volker. 2007. Wodurch kann die soziale Ungleichheit des Schulerfolgs am stärksten verringert werden? *Kölner Zeitschrift für Soziologie und Sozialpsychologie* 59: 615-639.

Nash, Roy. 2003. Inequality/difference in education: is a real explanation of primary and secondary effects possible? *British Journal of Sociology* 54: 433-451.

Need, Ariana und Uulkje de Jong. 2001. Educational Differentials in the Netherlands: Testing Rational Action Theory. *Rationality and Society* 13: 71-98.

Neugebauer, Martin und Steffen Schindler. 2012. Early transitions and tertiary enrolment: The cumulative impact of primary and secondary effects on entering university in Germany. *Acta Sociologica* 55 (1) (im Erscheinen).

Pollmann-Schult, Matthias. 2006. Veränderungen der Einkommensverteilungen infolge von Höherqualifikationen. In *Die Bildungsexpansion. Erwartete und unerwartete Folgen*, Hrsg. Andreas Hadjar und Rolf Becker, 157-176. Wiesbaden: VS Verlag für Sozialwissenschaften.

Ramseier, Erich et. al. 2005. *Evaluation der Maturitätsreform 1995 (EVAMAR). Schlussbericht zur Phase 1*. Bern: Staatssekretariat für Bildung und Forschung SBF.

Reimer, David und Steffen Schindler. 2010. Soziale Ungleichheit und differenzierte Ausbildungsentscheidungen beim Übergang zur Hochschule. In *Vom Kindergarten bis zur Hochschule*, Hrsg. David Reimer und Birgit Becker, 251-283. Wiesbaden: VS Verlag für Sozialwissenschaften.

Riphahn, Regina T. und George Sheldon. 2006. *Arbeit in der alternden Gesellschaft. Der Arbeitsmarkt für ältere Menschen in der Schweiz*. Zürich: Zürcher Kantonalbank.

Schimpl-Neimanns, Bernhard. 2000. Soziale Herkunft und Bildungsbeteiligung. Empirische Analysen zu herkunftsspezifischen Bildungsungleichheiten zwischen 1950 und 1989. *Kölner Zeitschrift für Soziologie und Sozialpsychologie* 52: 636-669.

Schindler, Steffen und David Reimer. 2010. Primäre und sekundäre Effekte der sozialen Herkunft beim Übergang in die Hochschulbildung. *Kölner Zeitschrift für Soziologie und Sozialpsychologie* 62: 623-653.

Schindler, Steffen und David Reimer. 2011. Differentiation and Social Inequality in German Higher Education. *Higher Education* 61: 261-275.

Schindler, Steffen und Markus Lörz. 2011. Mechanisms of Social Inequality Development: Primary and Secondary Effects in the Transition to Tertiary Education Between 1976 and 2005. *European Sociological Review* (Advance Access published April 21, 2011).

Schultz, Theodore. 1961. Investment in Human Capital. *American Economic Review* 51: 1-17.

Seibert, Holger, Sandra Hupka-Brunner und Christian Imdorf. 2009. Wie Ausbildungssysteme Chancen verteilen – Berufsbildungschancen und ethnische Herkunft in Deutschland und der Schweiz unter Berücksichtigung des regionalen Verhältnisses von betrieblichen und schulischen Ausbildungen. *Kölner Zeitschrift für Soziologie und Sozialpsychologie* 61: 595-620.

Simon, Herbert A.. 1957. *Models of man – social and rational*. New York: Wiley.

Solga, Heike und Sandra Wagner. 2010. Die Zurückgelassenen – die soziale Verarmung der Lernumwelt von Hauptschülerinnen und Hauptschülern. In *Bildung als Privileg*, Hrsg. Rolf Becker und Wolfgang Lauterbach, 191-219. Wiesbaden: VS Verlag für Sozialwissenschaften.

Solga, Heike. 2005. *Ohne Abschluss in die Bildungsgesellschaft. Die Erwerbschancen gering qualifizierter Personen aus ökonomischer und soziologischer Perspektive*. Opladen: Verlag Barbara Budrich.

Solga, Heike. 2008. Lack of Training: Employment Opportunities for Low-Skilled Persons from a Sociological and Microeconomic Perspective. In *Skill Formation,* Hrsg. Karl Ulrich Mayer und Heike Solga, 173-204. Cambridge: University Press.

Stamm, Hanspeter und Markus Lamprecht. 2005. *Entwicklung der Sozialstruktur*. Neuenburg: Bundesamt für Statistik.

Stocké, Volker. 2007a. Explaining Educational Decision and Effects of Families' Social Class Position: An Empirical Test of the Breen-Goldthorpe Model of Educational Attainment. *European Sociological Review* 23: 505-519.

Stocké, Volker. 2007b. Strength, Sources, and Temporal Development of Primary Effects of Families' Social Status on Secondary School Choice. Sfb 504-Arbeitspapier Nr. 07-70. Universität Mannheim: Sonderforschungsbereich 504.

Stocké, Volker. 2008. Herkunftsstatus und Sekundarschulwahl. Die relative Bedeutung primärer und sekundärer Effekte. In *Die Natur der Gesellschaft. Verhandlungen des 33. Kongresses der Deutschen Gesellschaft für Soziologie in Kassel*, Hrsg. Karl-Siegbert Rehberg. Frankfurt am Main: Campus (CD-ROM).

Stocké, Volker. 2009. Adaptivität oder Konformität? Die Bedeutung der Bezugsgruppe und der Leistungsrealität der Kinder für die Entwicklung elterlicher Bildungsaspirationen am Ende der Grundschulzeit. In *Bildungsentscheidungen*, Hrsg. Jürgen Baumert, Kai Maaz und Ulrich Trautwein, 257-281. Wiesbaden: VS Verlag für Sozialwissenschaften.

Stocké, Volker. 2010. Der Beitrag der Theorie rationaler Entscheidung zur Erklärung von Bildungsungleichheit und Bildungsarmut. In *Bildungsverlierer. Neue Ungleichheiten*, Hrsg. Gudrun Quenzel und Klaus Hurrelmann, 73-95. Wiesbaden: VS Verlag für Sozialwissenschaften.

Thomas, William I. und Dorothy S. Thomas. 1928. *The child in America: Behavior problems and programs*. New York: Knopf.

Vallet, Louis-André. 2004. The dynamics of inequality of educational opportunity in France: Change in the association between social background and education in thirteen five-year birth cohorts (1908-1972). *Paper prepared for Spring Conference of ISA-Research Committee 28: Social Stratification in Neuchâtel, Switzerland.*

Weber, Max. 1980. *Wirtschaft und Gesellschaft*. Tübingen: Mohr (Siebeck).

Weiß, Manfred. 2011. *Allgemeinbildende Privatschulen in Deutschland. Schriftenreihe des Netzwerk Bildung*. Berlin: Friedrich-Ebert-Stiftung.

Individuum und Struktur im Bildungssystem – Anmerkungen zur Semantik einer komplexen Relation

Winfried Kronig

Der Schultag ist nicht nur heitere Pädagogik. Er produziert Gewinner und Verlierer, die regelmäßig auch als solche deklariert werden. Der institutionalisierte Erwerb von Bildung hat ein kompetitives Moment, ist begleitet von unablässigen Vergleichen mit den anderen. Das ist eine bildungssoziologische Trivialität. Trotzdem sind langjährige Kontroversen bei der Beschreibung der Charakteristika dieses Wettbewerbs entstanden. Abweichende Antworten lassen sich etwa auf die Frage finden, wer und was alles auf ihn einen Einfluss ausübt, oder in welchem Sinne die geltenden Regeln auf das Ergebnis einwirken oder es gar vorwegnehmen. Der Beitrag versucht einen knappen Überblick über verschiedene Positionen, ungeklärte Fragen und vermeintliche Gewissheiten zu geben.

Gelegenheiten für kritische Rückfragen an den Wettlauf um knappe und deshalb begehrte gesellschaftliche Güter haben sich schon früh angeboten. So hat Max Weber bereits in den 20er-Jahren des letzten Jahrhunderts darauf hingewiesen, dass mit der steigenden Zahl an Konkurrenten im Verhältnis zum Erwerbsspielraum auch das Interesse der Teilnehmer wächst, die anderen irgendwie einzuschränken. „Rasse, Sprache, Konfession, örtliche oder soziale Herkunft usw. wird von den anderen zum Anlass genommen, ihren Ausschluss vom Mitbewerb zu erstreben. Welches im Einzelfall dies Merkmal ist, bleibt gleichgültig: es wird an das nächste sich darbietende geknüpft" (1980 [1922]: 201). Weber richtet hier seine Aufmerksamkeit auf die Akteure selbst, denen er die Neigung unterstellt, sachfremde Faktoren in den Wettbewerb einzuführen und in damit zu ihren Gunsten zu beeinflussen. Man könnte aber im Anschluss an das prominente Zitat auch die Frage stellen, welche Rahmenregelungen derartige Vorgehensweisen erlauben und wer diese festlegt.

1. Hypotheken aus einer ungeklärten gesellschaftstheoretischen Frage

Solche Überlegungen zielen auf das Verhältnis zwischen individuellen Möglichkeiten und strukturellen Gegebenheiten im Hinblick auf das Erreichen einer gesellschaftlichen Position ab. Die beinahe schon paradigmatischen Stellungnahmen in dieser Frage reichen weit in die Geschichte soziologischen Denkens zurück. Vor über hundert Jahren entwickelte Georg Simmel die Vorstellung, dass gesellschaftliche Stellungen überindividuell existieren. Man muss sie als leere Plätze denken, „zu denen dann erst nachträglich die geeigneten Personen gesucht werden oder die durch bloße Zufälle der Geburt und sonstiger Chancen ihre Ausfüllung finden" (Simmel 1908: 236). Soziale Positionen werden nach Simmel nicht erworben, sie werden zugewiesen. Nachkommende Generationen haben nicht mit einer vollständigen Neuverteilung sozialer Positionen zu rechnen, weil sich die neue Zuweisung an der bestehenden Struktur der Elterngeneration orientiert. Die Struktur entscheidet also im Wettbewerb um gesellschaftliche Stellungen letztlich über das Ergebnis. Und dies in einer Art und Weise, dass nicht nur die Struktur, sondern auch die jeweilige Verteilung der Individuen stabilisiert oder reproduziert wird. Ausformulierte Bedenken gegen dermaßen zwingende Beschreibungen finden sich beispielhaft im Verständnis von Peter Blau und Otis Duncan. Sie legten ein Modell vor, dass dem Individuum weitaus mehr Bewegungsfreiheit im Wettbewerb einräumt und damit letztlich auch mehr Selbstverantwortung für das Erreichte zuweist (1967). Danach stehen gesellschaftliche Positionen nicht von vorneweg fest, sie werden viel eher individuell erworben. Dieses alternative Interpretationsangebot brachte aber nicht die erhoffte Lösung des Problems. Bereits bei der Aufklärung von einfachen Variablen wie etwa den Einkommensunterschieden blieb die empirische Bewährung des Modells unbefriedigend[1] .

Nach einigen Jahrzehnte mit zahlreichen Diskussionen und Versuchen der Weiterentwicklung und Ausdifferenzierung sowie der erfahrungswissenschaftlichen Annäherung scheint das Verhältnis zwischen strukturellen Vorgaben und individuellen Handlungs- bzw. Entscheidungsspielräumen theoretisch und empirisch immer noch nicht restlos befriedigend aufgeklärt.

Nach wie vor sind selbst mit der Einnahme von Extrempositionen zumindest publizistische Erfolge noch möglich. Einer der prominentesten Belege dafür ist der Versuch von Richard Herrenstein und Charles Murray mit ihrer umfangreichen Streitschrift ‚The Bell Curve' (1994), sämtliche soziale Unterschiede in den USA lediglich auf Unterschiede der Intelligenzquotienten zurückzuführen. Ungleichheiten zwischen Bevölkerungsgruppen seien nicht das Ergebnis von dis-

---

1   Vgl. Bornschier (1991: 24ff) für eine ausführliche Diskussion.

kriminierenden Prozessen oder einengenden Bedingungen der Umwelt sondern lediglich das Produkt unterschiedlichen kognitiven Potentials. Die Argumente für diese These bröckelten allerdings zusehends an Vorwürfen über die Verwendung fehlerhafter und unvollständig dokumentierter Empirie, der mutwilligen Interpretation und der Ideologielastigkeit (vgl. z.b. Hauser 1995; oder der Sammelband von Kincheloe et al. 1999). Neben allen Unzulänglichkeiten erwies sich aber insbesondere die vorempirische Konzeption einer allgemeinen und im Wesentlichen unveränderbaren Intelligenz als einer der dankbarsten Angriffspunkte der These von Herrenstein und Murray. Die verfügbare Empirie spricht weder dafür, dass Intelligenz eine angeborene und unveränderbare Eigenschaft ist noch dafür, dass diese Eigenschaft von den Märkten fair belohnt würde (vgl. Fischer et al. 1996). Die Angelpunkte der Glockenkurventhese können als empirisch ausgehebelt gelten. Soziale Disparitäten können nicht ausschließlich dem individuellen Unvermögen angelastet werden.

2. Konzeptualisierungen des Zusammenhangs zwischen sozialer Herkunft und dem Bildungserfolg

Es ist durchaus naheliegend, dass eine ähnliche Debatte um die größere Erklärungskraft zwischen individuellen und strukturellen Merkmalen auch in Bezug auf die ungleiche Verteilung von Bildung in der Bevölkerung geführt wird. Nicht nur ist das Bildungssystem ein wesentliches Instrument zur Anbahnung und Legitimation späterer sozialer Positionen[2]. Die Schule scheint sich zunächst auch durch den hohen Grad an Institutionalisierung der Strukturen und Kongruenz der Zielvorgaben als geradezu ideales Untersuchungsfeld anzubieten. Trotzdem sind die Konturen des Gesamtbildes nur unwesentlich schärfer.

Die kontroversen Diskussionsbeiträge erreichen hier zwar nicht die Radikalität des Glockenkurvenmythos, erheben aber gleichwohl für sich jeweils einen autarken Erklärungsanspruch. Die Prototypen der gegensätzlichen Argumentation entstehen fast im gleichen Zeitraum. Auf der einen Seite sehen Pierre Bourdieu und Jean-Claude Passeron (1971) oder auch Hans-Günter Rolff (1967, 9. Aufl. 1997) in den Bildungsungleichheiten das intendierte Ergebnis sozialer Reproduktion durch das Bildungssystem. Auf der gegenüberliegenden Seite stehen die Arbeiten von Raymond Boudon (1974), der die bestehenden Bildungsungleichheiten als das kumulierte Folgeprodukt von individuellen Entscheidungen der Bildungsteilnehmer verstanden wissen will. Im Folgenden sollen die beiden Standpunkte,

---

2   Schelsky (1957: 17) prägte dazu den Begriff der „sozialen Dirigierstelle".

auf die maßgeblichen Unterschiede reduziert, dargestellt werden (für eine ausführlichere Gegenüberstellung vgl. Kronig 2007: 59-81).

2.1   Die Konzeption der Schule als eigenständiger Akteur

Mit der Ablösung ständischer Ansprüche der Geburt durch das Leistungsprinzip kann und darf die Schule keine anderen Ungleichheiten anerkennen als jene
der individuellen Leistungsfähigkeit. Nach Bourdieu und Passeron zwingt diese
von außen abverlangte Blindheit gegenüber sozialen Ungleichheiten die Schule
dazu, jegliche Formen der Ungleichheit sanft als natürliche Ungleichheit der Begabungen umzudeuten, beispielsweise indem dasjenige zur Voraussetzung für den
Bildungserfolg gemacht wird, was eigentlich Teil schulischer Lernprozesse sein
müsste (Böttcher und Klemm 2000: 24). Bei simultaner Messung beider Prädiktoren hat das bereichsspezifische Vorwissen eine deutlich stärkere Vorhersage-
kraft als die Intelligenz (Helmke 1992: 596). Oder indem das Konkurrieren um
begehrte Bildungstitel so angelegt ist, dass die jeweiligen Gewinne in den folgenden Wettbewerben zu Ressourcen werden (Murphy 2004: 115), so dass anfängliche, familiär bedingte minimale Differenzen maximiert werden. Oder indem die Schule systematisch auf die Elternanstrengungen zählt (Oelkers 1997:
147)[3]. Dadurch wird erfolgreich die Illusion verbreitet, „der gebildete Habitus sei
ausschließlich das Ergebnis seiner Lehrtätigkeit und sei damit von allen sozialen Determinanten unabhängig, während es [das Bildungssystem] im Extremfall
nur einen Klassenhabitus, der außerhalb des Bildungssystems entstanden ist und
die Grundlage allen schulischen Lernens bildet, benutzt und sanktioniert" (Bourdieu und Passeron 1975: 152). Es ist diese Negation der sozialen Herkunft, die
sich letztlich benachteiligend auf die weiteren Sozialisationsprozesse auswirkt
(vgl. auch Rolff, 1997: 34ff.).

   Die hier nur in knappen Auszügen dargestellten theoretischen Vorstellungen
zur sozialen Reproduktion bilden ein vielschichtiges Set an Aussagen, das sich in
seiner Gesamtheit einer empirischen Überprüfung weitgehend entzieht. Zwar ließen sich auf Seiten der Schule gewiss die theoretisch beschriebenen Muster und
Strategien beobachten[4]. Aber die Motivlage, das absichtsvolle Moment dahinter,
ist nur schwer nachweisbar. Zumal die Beteiligten in der Bourdieu'schen Lesart
aufgrund der Eigenheiten schulischer Sozialisation, bestimmte Interpretationen
soweit verinnerlicht haben, dass sie sich nicht in der Lage sehen, diese bewusst
zu hinterfragen. Der reibungslose und effiziente Ablauf der in den Reprodukti-

---

3   Zur Bedeutung der Eltern beim Erwerb von Bildungstiteln vgl. auch Neuenschwander (2012)
     in diesem Band.
4   Vgl. auch die jüngsten Vorschläge von Kramer und Helsper 2011.

onstheorien beschriebenen Umdeutungsprozesse setzt geradezu voraus, dass den Beteiligten der Blick auf übergreifende Zusammenhänge verwehrt bleibt. Abgesehen davon stünde das Unternehmen einer additiven Überprüfung von Einzelaussagen ständig am Rande eines ausufernden Eklektizismus. Trotz dieser Einschränkungen gibt es Passungsprobleme zwischen den theoretischen Konzeptionen und dem verfügbaren Datenmaterial. Dazu gehören etwa die empirischen Vorbehalte gegen die Annahme einer familiären Sozialisation, die schichtspezifischen Regeln gehorcht. Die Forschungsresultate sind hier deutlich hinter den anfänglich hohen Erwartungen zurückgeblieben. So ist etwa der Zusammenhang zwischen elterlichem Erziehungsverhalten oder auch anderer Merkmale familiärer Sozialisation und der Sozialstruktur weitaus inkonsistenter als dies die Theorie vorsieht (Überblick z.B. bei Steinkamp 1991: 251ff; Böttcher und Klemm 2000: 21f.). Die erfahrungswissenschaftliche Kritik an der These einer schichtgelagerten Sozialisation trifft nicht den gesamten Argumentationszusammenhang strukturbedingter Reproduktion. Aber sie richtet sich gegen eine der vorausgesetzten Annahmen, so dass die in der Theorie beschriebenen Wirkungen möglicherweise nicht ausnahmslos und nicht zwingend eintreten müssen.

2.2 Die Konzeption der Schule als ein neutrales Feld

Bourdieu, Passeron (1971) und auch Rolff (1967) beschäftigen sich hauptsächlich mit den Handlungsbeschränkungen des Individuums im Bildungssystem. Demgegenüber konzentriert sich Boudon (1974) auf dessen Handlungs- bzw. genauer Wahlmöglichkeiten. In den Grundzügen arbeitet Boudon mit primären und sekundären Sozialisationseffekten (ebd.: 29ff.). Die primären Effekte stellen mehr oder weniger auf die klassischen Annahmen der reproduktionstheoretischen Überlegungen ab. Familiäre Sozialisation unterscheidet sich entlang der Sozialstruktur. Daraus ergeben sich unterschiedliche Erfolgswahrscheinlichkeiten für den Bildungsweg. Boudons eigentliches Interesse aber gilt den sekundären Effekten, bei denen er das Moment einer individuellen Wahl einführt, die auf der Grundlage rationaler bzw. nutzenorientierter Überlegungen getroffen werden. Die Grundannahme utilitaristischen Wahlverhaltens von Individuen (zur Problematisierung vgl. Wiesenthal 1987) verschafft Boudon deshalb den Zugang zu Bildungsungleichheiten, weil die soziale Position der Familie diese Wahlen systematisch determinieren. Eltern mit niedrigem Einkommen entscheiden sich beispielsweise eher für einen vorzeitigen Abbruch der Bildungskarriere, weil die direkten und indirekten Kosten sie stärker belasten (Boudon 1974: 208). Die schichtspezifischen Entscheidungsmuster ergeben sich außerdem aus dem ungleichen relativen Nutzen. Anspruchsärmere Bildungsabschlüsse bedeuten bei privilegierten Familien einen Statusverlust, während sie bei unterprivilegierten Familien einen Statuserhalt bedeuten. In der Generationenfolge wird dabei der Statusverlust als schwerwiegender eingeschätzt. Damit also zwei Individuen unterschiedlicher sozialer Herkunft das gleiche Bildungsziel ansteuern, muss beim Individuum mit einem niedrigeren sozioökonomischen Status eine ungleich höhere Aspiration vorliegen (Böttcher und Klemm 2000: 26).

Weil die Bildungsbiographie aus einer Abfolge von solchen Entscheidungssituationen besteht, kumulieren sich im Modell von Boudon anfängliche minimale Differenzen des Wahlverhaltens zu erheblichen Unterschieden (ebd.: 80). Die Modellannahme eines konstanten Einflusses der sozialen Herkunft auf die Bildungsungleichheiten lässt sich jedoch empirisch nicht erhärten. Vielmehr nimmt dieser Einfluss von Bildungsstufe zu Bildungsstufe ab (Blossfeld und Shavit 1993: 44), so dass in diesem Punkt die von Robert Mare (1980) modellierten Vorhersagen präziser zu sein scheinen.

Der oppositionelle Kern des Boudon'schen Modells gegenüber den reproduktionstheoretischen Überlegungen besteht in der Frage einer Beteiligung der Schule an den Bildungsungleichheiten. Bourdieu und Passeron (1971) haben für die Schule eine überaus aktive Rolle vorgesehen, die mit eigenen Interessenlagen und Möglichkeiten der Einflussnahme ausgestattet ist. Boudon verzichtet nicht nur auf eine Schule als autonom handelnden Akteur, sondern formuliert ausdrücklich deren Gleichgültigkeit gegenüber dem Bildungswettbewerb (zuletzt 1992: 86). Die zu erklärenden Bildungsungleichheiten sind lediglich das ungeplante Folgeprodukt individueller Absichten aufgrund von Systemeffekten. Das Bildungssystem begünstigt zwar durch seine Selektionsstruktur das Entstehen von Bildungsungleichheiten, bleibt aber gegenüber dem individuellen Wettlauf um günstige Positionen unbeteiligt und neutral.

Die entscheidungstheoretischen Annahmen sind hier ebenfalls nur in Auszügen dargestellt. Aber selbst in ihrer Vollständigkeit sind sie um einiges schlanker und gradliniger formuliert als die reproduktionstheoretische Konkurrenz; dies vielleicht auch sprachlich. Damit wären entscheidungstheoretische Überlegungen prinzipiell eher für eine Überprüfung erreichbar. Aber bei dem, was manchen schon als „Beleg" für das Erklärungspotential des entscheidungstheoretischen Zugangs gilt (zuletzt z.B. Becker et al. 2011: 3) handelt es sich lediglich um eine Inanspruchnahme des Boudon'schen Modells zur Interpretation der Daten. Die Kongruenz von Theorie und Daten ist zwar hilfreich, bedeutet aber noch keineswegs ein Beleg für ein Modell, welches zumal die Genese der beobachtbaren Daten und nicht so sehr die Datenlage selbst – in diesem Fall die Bildungsungleichheiten – zu klären sucht. Solange alternative Erklärungen möglich und die zentralen Parameter des Modells ungeprüft bleiben, ist der Erklärungsgehalt ungewiss. Zentraler Begriff in den theoretischen Annahmen von Boudon ist die rationale Wahl. Spätere Arbeiten haben jedoch darlegen können, dass Entscheidungsprozesse möglicherweise eher der subjektiven Zufriedenstellung als einer objektiv möglichen Maximierung folgen[5]. Boudon spricht später von einer „subjektiven Rationalität" (1990: 389ff.). Die Varianz individuellen Wahlverhaltens würde mit diesen Vorstellungen vielleicht nicht mehr zwingend der Logik sozialer Stratifikation der Gesellschaft folgen sondern wäre durch eine noch nicht näher bestimmte Subjekthaftigkeit determiniert.

Ein gewichtigeres Problem stellt aber die Verortung der Wahl dar. Nach Boudon (1971) werden Bildungsentscheidungen ausschließlich im Elternhaus getroffen, wodurch die Vorstellung eines neutralen Bildungswesens erst möglich wird. Abgesehen von den regional sehr unterschiedlichen Regelungen des elterlichen Entscheidungsrechts bei schulischen Selektionsmaßnahmen (vgl. Koch 2004: 554f.) und der unterhalb dieser offiziellen Vorgaben vermutlich variierenden Praxis, sprechen bislang unwiderlegte Einzelbefunde gegen diese Prämisse. Die Bildungsaspirationen liegen im Durchschnitt deutlich über den effektiven Schulbesuchsquoten (Ditton 1995: 105ff.). In den wenigen Ausnahmen, in denen die elterliche Bildungsaspiration als Hinweis auf den Parameter des Wahlverhaltens geprüft worden ist, entwickelte diese zwar einen signifikanten Erklärungsgehalt, der aber dennoch weit hinter den Modellannahmen von Boudon zurück bleibt (Becker 2000). Aber selbst wenn dem elterlichen Wahlverhalten eine nennenswerte Erklärungskraft zugeschrieben werden könnte, ist damit noch nicht entschieden, ob die Wahl auf der Grundlage nutzenmaximierender Überlegungen oder durch die steten institutionellen Rückmeldungen zur schulischen Leistungsperformanz des Kindes zustande gekommen ist. Es ist durchaus denkbar, dass die Formung von Bildungsaspirationen des Elternhauses von außen beeinflusst wird. Umgekehrt ist nicht ohne weiteres auszuschließen, dass sich an Schulorten, die zwar kein eigentliches elterliches Entscheidungsrecht vorsehen, die privilegierten Familien dennoch besser gegenüber der Institution durchsetzen können (vgl. theoriekritisch zum gesamten Problemkomplex bei Ditton und Krüsken 2010). Dies würde jedoch eine trennscharfe Unterscheidung zwischen primären und sekundären Effekten erschweren und die These einer dem Bildungswettbewerb gegenüber neutralen Schule strapazieren. Allerdings beschränkt sich der Geltungsbereich

---

5   Vgl. dazu den ausführlichen Beitrag von Esser 1990, eingearbeitet in die Werterwartungstheorie
     1999.

dieser Bedenken auf die obligatorische Schulzeit. Im Verlaufe der Bildungsbiographie verlieren sie zunehmend ihre Evidenz.

Eine eigentliche Kompromissfindung zwischen reproduktionstheoretischen
und entscheidungstheoretischen Ansätzen ist trotz merkbarer Annäherungsten-
denzen (vgl. Kronig 2007: 80) in näherer Zukunft kaum zu erwarten. Zu groß sind
dazu die Unterschiede in der Beurteilung der schulischen Beteiligung an den Bildungsdisparitäten. An ernsthaften Bemühungen würde es nicht fehlen. Ein her-
ausragendes Beispiel dafür ist die Arbeit von Diego Gambetta. Mit der einpräg-
samen Überschrift seiner Studie „Were They Pushed or Did They Jump" (1996)
stellt er die maßgebende Ausgangsfrage. Nach der Bewertung späterer Kommentatoren entscheidet er sich allerdings frühzeitig für eine der beiden Erklärungen.
Zwar theoretisiert er minuziös die Intentionen von Individuen, bleibt aber deren
empirische Plausibilisierung schuldig. Diese theoretische und erfahrungswissenschaftliche „Selbstbeschränkung" (Bös 2003: 100) schmälert dementsprechend
die Aussagekraft der Analyse empfindlich.

Vielleicht hat Boudon die Schule als eigenständigen Akteur vorschnell aus
dem Modell zur Entstehung von Bildungsungleichheiten entlassen. Gegen eine
vorbehaltlose Dispensierung der Schule würden auch die Befunde aus anderen
Feldern der Bildungsforschung sprechen. So gilt es als gut dokumentiert, dass
die Leistungserwartungen der Lehrperson keineswegs unsensibel auf Herkunfts-
merkmale der Schüler reagieren (Überblick bei Baron et al. 1985), was wiederum den weiteren Verlauf von deren Lernkurven beeinflusst (vgl. die Metaanaly-
se von Dusek und Gail 1983).

Argumentativ konsequent wäre es, die Neutralitätsthese mit den erkenntnis-
logischen Prinzipien der Entscheidungstheorien zu prüfen. So hat Ditton vorgeschlagen, nicht nur das elterliche Wahlverhalten, sondern auch das Verhalten der
Bildungsinstitutionen und der Lehrkräfte unter entscheidungstheoretischer Perspektive zu analysieren (Ditton 2004: 260ff.).

3. Konzeptualisierungen des Bildungserfolgs

Die mangelhafte Unterscheidung zwischen dem ideellen Wert und dem instru-
mentellen Nutzen von Bildung sorgt immer wieder für bildungspolitische Miss-
verständnisse (vgl. Kronig 2010).

Nach schulpädagogischem Verständnis ist der Bildungserfolg das Anreichern
von inhaltlichen Qualifikationen. Diese können am Erreichen vorgegebener Lernziele etwa in der Mathematik oder in der Sprache gemessen werden. Erfolgreich
in der Schule zu sein meint hier konkret, dass man zum Beispiel Verben konju-

gieren und den mathematischen Dreisatz anwenden kann. Das übergreifende Ziel inhaltlicher Qualifikation ist das gebildete und ausgebildete Individuum. Möglichst viele Schülerinnen und Schüler sollen möglichst viel an Wissen erwerben. Dieser Aspekt von Bildung ist gleichsam konkurrenzfrei. Insbesondere schwächere Schüler können sogar vom Wissenszuwachs der Mitschülerinnen und Mitschüler profitieren (zur Empirie bei vgl. Kronig 2007, 176ff; Jerusalem 1997; Dar und Resh 1986). Bei unerschöpflichen zeitlichen Ressourcen wäre die Anhäufung von Bildungsinhalten nahezu unbegrenzt steigerbar.

Erworbenes Wissen hat gleichzeitig eine potentielle Kaufkraft, die durch institutionelle Markierungen symbolisch bescheinigt wird. Nach bildungssoziologischem Verständnis ist der Bildungserfolg das Erwerben von formalen Qualifikationen, die eine soziale Relevanz besitzen. Erfolgreich in der Schule zu sein meint hier das Ausweisen von guten Schulnoten oder den Besuch anspruchsvoller Schultypen. In den hierarchisch gestuften Bildungssystemen ist Bildung künstlich verknappt und mit Bildungstiteln zertifiziert, die einen unterschiedlichen Wert haben. Das übergreifende Ziel formaler Zertifikate sind die nach außen dokumentierbaren Unterschiede zwischen Schülerinnen und Schülern. Dadurch treten Schüler in einen unmittelbaren Wettbewerb zueinander. Anders als bei den inhaltlichen Qualifikationen unterstützt der Erfolg der anderen nicht den eigenen Erfolg, er schmälert ihn.

Die Ware Bildung unterliegt der üblichen Charakteristik von Tauschwerten. Der Wert der individuellen Bildung bemisst sich relational zur Bildung anderer. Je mehr davon andere haben, desto geringer wird der Tauschwert der eigenen Bildung. So hat die Vergangenheit wiederholt gezeigt, dass Bildungsabschlüsse zur Inflation neigen[6]. Mit der Öffnung der Zugänge zu höheren Bildungsabschlüssen ab den 1960er-Jahren hat der Wert des einzelnen Bildungstitels abgenommen. Bereits zu Beginn dieser als Bildungsexpansion bekannt gewordenen Entwicklung, kristallisierten sich die beiden Bildungsverständnisse in unterschiedlichen Hoffnungen auf die Möglichkeiten des Bildungssystems. Während sich Georg Picht (1964) mit der Ausrufung der deutschen Bildungskatastrophe von mehr Bildung eine Steigerung der internationalen Konkurrenzfähigkeit ersehnte, verknüpfte Ralf Dahrendorf (1965) damit die Erwartung einer demokratischen Reifung der Wissensgesellschaft und einer adäquateren Verteilung von Wissen auf die Bevölkerungsgruppen. Die konkurrierenden Verständnisse von Bildung als ideellem Gut und als instrumentellem Mittel bestimmten maßgeblich die weitere Dramaturgie der Bildungsexpansion. Heute sind Bildungsabschlüsse eine im-

---

6   Vgl. Kronig (2007: 49ff.) sowie Solga und Wagner (2000) ausführlich zu den Folgen der Inflation von Bildungsabschlüssen.

mer wichtigere Vorbedingung für einen günstigen Erwerbsverlauf. Gleichzeitig garantieren sie im Umfeld der inflatorischen Wertminderung diesen aber immer weniger (vgl. Mertens 1984). Was die Bildungsexpansion im Einzelnen ausgelöst hat, und was sie bis in die heutige Zeit bewirkt, ist umstritten (ausführlich Kronig 2007: 37ff.). Hingegen dürfte diese historische Erfahrung des Bildungssystems unmissverständlich verdeutlicht haben, dass ein höheres Bildungs- und Wissensniveau der Bevölkerung keineswegs die Ursache, sondern die erwünschte Folge der Öffnung von höheren Bildungszugängen war. Erste empirische Hinweise dazu finden sich schon in den Anfängen der systematischen Analyse bildungsstatistischer Daten, wie sie damals von Roderich v. Carnap und Friedrich Edding vorgelegt wurden (1966).

Es mag eine besondere Eigenart der Schule sein, dass sie zwar die Bedeutung inhaltlicher Bildung unermüdlich herausstreicht. Sie selbst orientiert sich aber mit Vorliebe an den formalen Bildungszertifikaten. Promotionen werden in aller Regel von Schulnoten abhängig gemacht. Selektionsentscheidungen stützten sich verbreitet auf vorgängig erhobene Zensuren.

4. Anomalien des Bildungssystems und ihre Interpretation

Der vorangegangene Abschnitt sollte illustrieren, dass der ideelle Wert und der instrumentelle Nutzen von Bildung theoretisch unabhängig voneinander gedacht werden können. Einige ausgewählte Beispiele sollen die These verdeutlichen, dass sich diese beiden Aspekte von Bildung auch empirisch unabhängig voneinander beobachten lassen.

Die Überschreibung des Kapitels mit dem Begriff der Anomalie bezieht sich auf das ursprünglich gedachte Konzept der hierarchischen Struktur des Bildungssystems. Gemessen an ihrer Vorkommenshäufigkeit sind die nachfolgend beschriebenen Phänomene allerdings längst zur unbeachteten Normalität geworden. Im Hinblick auf die Legitimation von Selektionsmaßnahmen sind sie als eine regelmäßig vorkommende Unregelmäßigkeit zu werten.

4.1 Regionale Variation der Bildungschancen

Die Glaubwürdigkeit von institutionell zertifizierten Bildungstiteln hängt unmittelbar davon ab, ob sie analog zum Leistungsprinzip eine universelle Gültigkeit besitzen. Diesem Anspruch stehen jedoch die regionalen und lokalen Variationen der Selektionsstrukturen im Wege.

Bereits einfachste bildungsstatistische Analysen können zeigen, dass der individuelle Bildungserfolg stark durch die örtliche Angebotsstruktur des Bildungssystems determiniert ist. Was ein Bildungserfolg und was ein schulisches Scheitern ist wird faktisch jeweils vor Ort ausgehandelt. Überweisungen an Schulklassen für Lernbehinderte variieren zwischen den deutschen Bundesländern um das Siebenfache und zwischen den Schweizer Kantonen sogar um das Zehnfache (z.B. Kronig 2003). In abgeschwächter Form sind derartige Variationen auch bei den Übertritten im Anschluss an die Grundschuljahre zu beobachten. Während man in einem Kanton höhere Leistungszertifikate als 40 Prozent der Mitschüler haben muss, um an einen anspruchsvollen Schultyp überwiesen zu werden, reicht in einem anderen der Besitz von Leistungszertifikaten schon aus, die besser als 10 Prozent der Mitschüler sind (ders. 2007: 16ff.). Eine der beobachtbaren Folgen des lokalen Verständnisses von Bildungserfolg sind erhebliche Leistungsüberschneidungen zwischen den nachgelagerten hierarchischen Schultypen mit unterschiedlichen Leistungsansprüchen (Überblick ebd. 26ff.). In erstaunlich wenigen Fällen lässt sich der Selektionsentscheid mit der gezeigten Leistungsperformanz erklären.

Lokale Differenzen in den Bildungschancen werden auch über referenzgruppenorientierte Leistungsdeklarationen generiert. Schulklassen können sich in ihrem Leistungsspektrum wesentlich unterscheiden. Es kann durchaus vorkommen, dass der leistungsstärkste Schüler einer Klasse zu den unterdurchschnittlichen Schülern gehören würde, wenn er in einer anderen Schulklasse säße. Faktisch können aber Lehrpersonen diese Unterschiede kaum auf der Bewertungsskala abbilden. In nicht wenigen Fällen führt dieses von den Lehrenden kaum beeinflussbare Phänomen zu spektakulären Verfälschungen (vgl. Kronig 2007: 199ff.). Dieser Referenzgruppenfehler ist von Karlheinz Ingenkamp schon in den frühen 1970er-Jahren beschrieben worden. Er stufte Schulnoten für Selektionszwecke als „absolut untauglich" ein, weil ihre Gültigkeit nur auf den Klassenraum beschränkt sei (1989: 59).

In ihrer originalen Fassung suchen weder reproduktions- noch entscheidungstheoretische Ansätze einen aufklärenden Zugang zu derartigen für den Bildungserfolg bedeutsamen Befunden. Erste Informationen über die regionale Strukturierung der Bildungschancen wären schon vor über vierzig Jahren verfügbar gewesen (vgl. Von Carnap und Edding 1966). Im Ringen um die bessere Interpretation von Bildungsdisparitäten unterstellen Bourdieu und Passeron (1971) der Schule gleichgeschaltete Interessenlagen und Handlungsziele, während Boudon im oben zitierten entscheidenden Abschnitt die Selektionsstruktur zwar für die Intensivierung des Bildungswettbewerbs verantwortlich hält, diese aber nicht als variabel denkt

(Boudon 1992: 86). Spätere entscheidungstheoretische Modelle nehmen die Variabilität der Bildungsstruktur in passiver Form auf, um damit länderspezifische Differenzen zu berücksichtigen (Erikson und Jonsson 1996). Dennoch würde man sich einen bewussteren Umgang mit der örtlichen Strukturvariabilität wünschen. Unter entscheidungstheoretischen Annahmen wäre nämlich zu erwarten, dass diese die Erwartungen zu Investitionen und Renditen und damit das Wahlverhalten direkt beeinflussen. Zumindest dann, wenn die entsprechenden Sachinformationen bekannt wären. Wenn entscheidende Informationen über die vorhandene Menge der Chancen für Eltern allerdings nicht greifbar sind, würde das wiederum eine potentielle Gültigkeitsbeschränkung des Boudon'schen Ansatzes bedeuten. Möglicherweise ist in dieser Frage jene mit organisationssoziologischen Überlegungen angereicherte Theoriegruppe ergiebiger, welche die Selektionsentscheidungen als ein organisatorisches Problem definieren, das die Schule jeweils vor Ort unterschiedlich zu lösen hat (vgl. Gomolla und Radtke 2002).

4.2 Unterschichtung

Hans-Joachim Hoffman-Nowotny hatte in den 1970er-Jahren die datenunterlegte These aufgestellt, dass die heimische Bevölkerung in den deutschsprachigen Ländern durch Einwanderung unterschichtet wird (1973). Eine der unmittelbaren Folgen sind die beobachtbaren Aufstiegserfahrungen, welche die heimische Bevölkerung auf dem Arbeitsmarkt erlebt.

Was für die Väter und Mütter im Beschäftigungssystem gilt, ist offenbar auch auf das Bildungssystem übertragbar. In den letzten zwanzig Jahren haben sich die Bestände der Kinder aus Zuwandererfamilien in den Sonderklassen für Lernbehinderte verdreifacht. Im gleichen Zeitraum ist aber die Zahl der Schweizer Kinder fast um einen Viertel zurückgegangen (vgl. Kronig et al 2007: 13f.). Ein analoges Phänomen ist auf verschiedenen Schulstufen und bei verschiedenen Selektionstypen beobachtbar (Kronig 2007: 22ff.). Die ansässigen Schülerinnen und Schüler ziehen unmittelbare Profite aus der Migration.

Der Befund lässt sich sowohl auf einer entscheidungs- wie auch auf einer reproduktionstheoretischen Folie interpretieren. Die privilegierte ansässige Bevölkerung zeichnet sich gegenüber der unterprivilegierten zugewanderten Bevölkerung durch ein anderes Wahlverhalten aus. Oder aber, die Schule deutet die soziale Herkunft in individuelle Begabungen um, was die soziale Stratifikation der Gesellschaft reproduziert.

Schwieriger aufzuklären ist jedoch die Veränderung des oben skizzierten Phänomens im Zeitverlauf. Das Quotenverhältnis positiver Selektion zwischen der ansässigen und der zugewanderten Bevölkerung und auch zwischen den einzelnen Herkunftsnationen ändert sich laufend (ebd.). Die in beiden Theoriekonkurrenten beschriebenen Mechanismen zielen aber auf die theoretisch gedachte Stabilität bestehender Verhältnisse ab und nicht auf die tatsächlich beobachtbare Variabilität. Weder reproduktions- noch entscheidungstheoretisch war beispielsweise der Beginn der Bildungsexpansion vorauszusehen oder ihr weiterer Verlauf zu prognostizieren. Innerhalb beider Theorieangebote muss sie als eine Art historische Überraschung empfunden worden sein.

4.3 Herkunftssensitive Selektion

Selektionsmaßnahmen bilden gleichsam das bildungssoziologische Epizentrum der Schule. Für die hier diskutierten Zusammenhänge ist es von ausschlaggebender Bedeutung, dass unterschiedliche Ergebnisse für die Bevölkerungsgruppen im Anschluss an ein Selektionsereignis auch dann noch fortbestehen, wenn die Leistung der Schülerinnen und Schüler kontrolliert wird. Selbst bei gleicher Leistungsfähigkeit haben Schüler je nach ihrer sozialer Herkunft und ihrem Geschlecht ganz unterschiedliche Chancen auf eine anspruchsvolle Bildungskarriere in weiterführenden Schulen. Nach der Datenlage einer Studie in der deutschsprachigen Schweiz mit rund zweitausend Teilnehmenden beträgt die Übertrittswahrscheinlichkeit in einen gehobenen Schultyp bei einem Schweizer Schüler mit durchschnittlichen Leistungen und einem mittleren bis hohen sozioökonomischen Status rund 83 Prozent. Bei einem Schüler aus einer unterprivilegierten Zuwandererfamilie liegt sie, trotz gleicher Leistung, bei 52 Prozent (vgl. Kronig 2007: 210ff.) Bei Berücksichtigung des Geschlechts driften die Wahrscheinlichkeiten noch weiter auseinander.

Abgesehen von den weiter oben bereits erwähnten, empirisch belegbaren Unsicherheiten entscheidungstheoretischer Annahmen, ließen sich diese und ähnlich lautende Forschungsergebnisse mit dem Boudon'schen Ansatz zumindest streckenweise interpretieren. Allerdings würden die oben skizzierten Befunde zu den sozialsensitiven Leistungserwartungen von Lehrpersonen und deren Wirkung auf die weitere Leistungsentwicklung (ausführlich in Kronig 2007: 189ff., Baron et al. 1985, Dusek und Gail 1983) eher für eine Interpretation auf der Basis der Arbeiten von Bourdieu und Passeron sprechen. Diese argumentieren aber mit nicht quantifizierten bzw. nicht quantifizierbaren Mechanismen und Effekten. In keinem der Fälle können die empirischen Resultate den einen oder anderen Ansatz abschließend und unangreifbar belegen.

Selektionsstudien wie die hier verwendete erheben zwar die Leistungsperformanz der Schülerinnen und Schüler zu einem bestimmten Zeitpunkt. Eine leistungsgerechte Selektion muss allerdings das meritokratische Gewissen noch nicht zwingend beruhigen. Denn damit ist noch nicht beantwortet, wie und unter welchen günstigen oder ungünstigen Bedingungen diese Leistung entstanden ist. Es ist nicht beantwortet, ob und wie das Elternhaus oder auch die Schule selbst, die Entstehung des aktuellen Leistungsstandes unterstützt oder gehemmt hat und wie groß der Eigenanteil ist, der in reiner Form auf das Individuum zurückgeführt und damit in seinen Verantwortungsbereich gelegt werden kann.

In zugespitzter Form unterscheiden sich die beiden in diesem Beitrag genutzten Theoriekonkurrenten vor allem in der Frage, ob die Schule lediglich die neutrale Bühne für die Austragung des Bildungswettbewerbs darstellt, oder ob sie unmittelbar darin involviert ist. Mit Blick auf die Datenlage insgesamt gelingt es nur schwer, das Bild einer Schule aufrechtzuerhalten, deren hierarchische Architektur völlig frei von Eigeninteressen zu denken ist. Die in der Literatur bisweilen im Impliziten verbleibenden Konzeptionen der sozialen Herkunft als ein Merkmal des Umfeldes oder aber als inkorporierte Eigenschaft der Persönlichkeit und vor allem auch die Vorstellungen darüber, wie die Schule in dieser Frage entscheidet, werden in der gesamten Spanne verfügbarer Erklärungsangebote wohl bis auf weiteres im Ungefähren verbleiben.

Literatur

Baron, Reuben M., David Y. Tom, Harris M. Cooper. 1985. Social Class, Race and Teacher Expectations. In: *Teacher Expectancies*, Hrsg. Jerome B. Dusek, Vernon C. Hall und William J. Meyer, 251-269. Hillsdale: Erlbaum.

Becker, Rolf, Franziska Jäpel und Michael Beck. 2011. *Statistische und institutionelle Diskriminierung von Migranten im Schweizer Schulsystem. Werden Migranten oder bestimmte Migrantengruppen in der Schule benachteiligt?* Internetauszug: http://www.snf.ch/D/NewsPool/Seiten/mm_11jun21.aspx

Becker, Rolf. 2000. Klassenlage und Bildungsentscheidungen. Eine empirische Anwendung der Wert-Erwartungstheorie. *Kölner Zeitschrift für Soziologie und Sozialpsychologie* 52: 450-474.

Blau, Peter M., und Otis D. Duncan. 1967. *The American Occupational Structure.* New York: John Wiley.

Blossfeld, Hans-Peter und Yossi Shavit. 1993. Dauerhafte Ungleichheiten. Zur Veränderung des Einflusses der sozialen Herkunft auf die Bildungschancen in dreizehn industrialisierten Ländern. *Zeitschrift für Pädagogik* 39: 25-52.

Bornschier, Volker. 1991. Zum Problem der sozialen Ungleichheit. Mit einem forschungsgeschichtlichen Abriss. In *Das Ende der sozialen Schichtung?* Hrsg. Volker Bornschier, 9-33. Zürich: Seismo.

Bös, Mathias. 2003. Diego Gambetta – Were They Pushed or Did They Jump? In Hauptwerke der Ungleichheitsforschung, Hrsg. Hans-Peter Müller und Michael Schmid, 99-101. Wiesbaden: Westdeutscher Verlag.

Böttcher, Wolfgang und Klaus Klemm. 2000. Das Bildungswesen und die Reproduktion von herkunftsbedingter Benachteiligung. In Schule am Ausgang des 20. Jahrhunderts, Hrsg. Bernd Frommelt, Klaus Klemm und Ernst Rösner, 11-43. Weinheim: Juventa.

Boudon, Raymond. 1990. Subjektive Rationalität und die Theorie der Ideologie. In Sozialstruktur und Kultur, Hrsg. Hans Haferkamp, 384-414. Frankfurt: Suhrkamp.

Boudon, Raymond. 1974. Education, Opportunity, and Social Inequality. Changing Prospects in Western Society. New York: Wiley & Sons.

Bourdieu, Pierre und Jean-Claude Passeron. 1971. Die Illusion der Chancengleichheit. Untersuchungen zur Soziologie des Bildungswesens am Beispiel Frankreichs. Im Original erschienen unter dem Titel „Les Héritiers", die Erben. Stuttgart: Klett.

Boudon, Raymond. 1992. Soziale Mobilität. In Soziologische Stichworte – ein Handbuch, Hrsg. Raymond Boudon und François Bourricaud, 482-487. Opladen: Westdeutscher Verlag.

Bourdieu, Pierre und Jean-Claude Passeron. 1975. Abhängigkeit und Unabhängigkeit: Die relative Autonomie des Bildungssystems. In Soziologie der Erziehung, Hrsg. Klaus Hurrelmann, 124-158. Weinheim: Beltz.

Dahrendorf, Ralf. 1965. Bildung ist Bürgerrecht. Plädoyer für eine aktive Bildungspolitik. Hamburg: Nannen.

Dar, Yechezkel und Nura Resh. 1986. Classroom intellectual composition and academic achievement. American Educational Research 23: 357-374.

Ditton, Hartmut. 2004. Der Beitrag von Schule und Lehrern zur Reproduktion von Bildungsungleichheit. In Bildung als Privileg? Erklärungen und Befunde zu den Ursachen der Bildungsungleichheit, Hrsg. Rolf Becker und Wolfgang Lauterbach, 251-279. Wiesbaden: VS Verlag für Sozialwissenschaften.

Ditton, Hartmut. 1995. Ungleichheitsforschung. In Zukunftsfelder von Schulforschung. Hrsg. Hans-Günter Rolff, 89-114. Weinheim: Deutscher Studien Verlag.

Ditton, Hartmut und Jan Krüsken. 2010. Effekte der sozialen Herkunft auf die Schulformwahl beim Übergang von der Primar- in die Sekundarstufe. In Schulübergang und Selektion, Hrsg. Markus P. Neuenschwander und Hans-Ulrich Grunder, 35-59. Chur: Rüegger.

Dusek, Jerome B., Joseph Gail. 1983. The Bases of Teacher Expectancies: A Meta-Analysis. Journal of Educational Psychology 75: 327-346.

Erikson, Robert und Jan O. Jonsson. 1996. Can Education be equalized? The Swedish Case in Comparative Perspective. Stockholm: Westview Press.

Esser, Hartmut. 1999. Soziologie. Spezielle Grundlagen, Bd. 1. Situationslogik und Handeln. Frankfurt a. M.: Campus.

Esser, Hartmut. 1990. „Habits", „Frames" und „Rational Choice". Die Reichweite von Theorien der rationalen Wahl. Zeitschrift für Soziologie 19: 231-247.

Fischer, Claude S., Michael Hout, Martin Sanchez Jankowski, Samuel R. Lucas, Ann Swidler und Kim Voss. 1996. Inequality by Design. Cracking the Bell Curve Myth. Princeton: University Press.

Gambetta, Diego. 1996. Were They Pushed or Did They Jump? Individual Decision Mechanisms in Education. Cambridge: University Press.

Gomolla, Mechtild und Frank-Olaf Radtke. 2002. Institutionelle Diskriminierung. Die Herstellung ethnischer Differenz in der Schule. Opladen: Leske & Budrich.

Hauser, Robert M. 1995. Review of the Bell Curve. Contemporary Sociology 24: 149-161.

Helmke, Andreas. 1992. Determinanten der Schulleistung: Forschungsstand und Forschungsdefizite. In *Empirische Pädagogik 1970-1990*. Bd.2 Hrsg. Karlheinz Ingenkamp, 595-607. Weinheim: Deutscher Studienverlag.

Herrenstein, Richard J., und Charles Murray. 1994. *The Bell Curve. Intelligence and Class Structure in American Life*. New York: Free Press.

Hoffmann-Nowotny, Hans-Joachim. 1973. *Soziologie des Fremdarbeiterproblems*. Stuttgart: Enke.

Ingenkamp, Karlheinz. 1989. *Diagnostik in der Schule. Beiträge zu Schlüsselfragen der Schülerbeurteilung*. Weinheim: Beltz.

Jerusalem, Matthias. 1997. Schulklasseneffekte. In *Psychologie des Unterrichts und der Schule*, Hrsg. Franz E. Weinert, 253-278. Göttingen: Hogrefe.

Kincheloe, Joe L., Shirley R. Steinberg und Aaron D. Gresson. 1996. *Measured Lies. The Bell Curve Examined*. New York: St. Martin's Press.

Koch, Katja. 2004. Von der Grundschule zur Sekundarstufe. In *Handbuch Schulforschung*. Hrsg. Werner Helsper und Jeanette Böhme, 549-565. Wiesbaden: VS Verlag für Sozialwissenschaften.

Kramer, Rolf-Torsten und Wener Helsper. 2011. Kulturelle Passung und Bildungsungleichheit – Potentiale einer an Bourdieu orientierten Analyse der Bildungsungleichheit. In *Bildungsungleichheit revisited. Bildung und soziale Ungleichheit vom Kindergarten bis zur Hochschule*. 2. Durgesehene Auflage. Hrsg. Heinz-Hermann Krüger, Ursula Rabe-Kleberg, Rolf-Torsten Kramer und Jürgen Budde, 101-125. Wiesbaden: VS Verlag für Sozialwissenschaften.

Kronig, Winfried. 2010. Der relative Nutzen der Ware Bildung. In *Sozialmanach. Jahrbuch zur sozialen Lage der Schweiz*, Hrsg. Carlo Knöpfel und Christin Kehrli, 173-184.

Kronig, Winfried. 2007. *Die systematische Zufälligkeit des Bildungserfolgs. Theoretische Erklärungen und empirische Untersuchungen zur Lernentwicklung und zur Leistungsbeurteilung in unterschiedlichen Schulklassen*. Bern: Haupt.

Kronig, Winfried. 2003. Das Konstrukt des leistungsschwachen Immigrantenkindes. *Zeitschrift für Erziehungswissenschaft* 6: 126-141.

Kronig, Winfried, Urs Haeberlin und Michael Eckhart. 2007. *Immigrantenkinder und schulische Selektion*. 2. Auflage. Bern: Haupt.

Mare, Robert. 1980. Social Background and School Continuation Decisions. *Journal of Educational Psychology* 79: 280-295.

Mertens, Dieter. 1984. Das Qualifikationsparadox. Bildung und Beschäftigung bei kritischer Arbeitsmarktperspektive. In: *Zeitschrift für Pädagogik* 30: 439-456.

Murphy, Raymond. 2004. Die Rationalisierung von Exklusion und Monopolisierung. In *Die Theorie sozialer Schließung. Tradition, Analysen, Perspektiven*. Hrsg. Jürgen Mackert, 111-130. Wiesbaden: VS Verlag für Sozialwissenschaften.

Neuenschwander, Markus. 2012. Selektionsprozesse beim Übergang in die Sekundarstufe 1, die Berufsausbildung und die Tertiärausbildung. (In diesem Band).

Oelkers, Jürgen. 1997. Die Aufgaben der Schule und der effektive Einsatz ihrer Ressourcen. In *Wege zu einer neuen Bildungsökonomie. Pädagogik und Ökonomie auf der Suche nach Ressourcen und Finanzierungskonzepten*, Hrsg. Wolfgang Böttcher, Horst Weishaupt und Manfred Weiss, 142-160. Weinheim: Juventa.

Picht, Georg. 1965. *Die deutsche Bildungskatastrophe. Analysen und Dokumentation*. Olten: Walter.

Rolff, Hans-Günter. 1967. *Sozialisation und Auslese durch die Schule*. Heidelberg: Quelle & Meyer. Überarbeitete Neuausgabe 1997. Weinheim und München: Juventa.

Schelsky, Helmut. 1957. *Schule und Erziehung in der industriellen Gesellschaft*. Würzburg: Werkbund-Verlag.

Simmel, Georg. 1908. *Soziologie. Untersuchungen über die Formen der Vergesellschaftung.* Leipzig: Duncker & Humblot.

Solga, Heike und Sandra Wagner. 2000. „Beiwerk" der Bildungsexpansion: Die soziale Entmischung der Hauptschule. Independent Research Group „Lack of Training. Employment and Life Chances of the Less Educated". *Max-Planck-Institut für Bildungsforschung: Working Paper 1/2000.* Berlin: Max-Planck-Institut.

Steinkamp, Günther. 1991. Sozialstruktur und Sozialisation. In *Neues Handbuch der Sozialisationsforschung,* Hrsg. Klaus Hurrelmann und Dieter Ulich, 251-277. Weinheim: Beltz.

Von Carnap, Roderich und Friedrich Edding. 1966. *Der relative Schulbesuch in den Ländern der Bundesrepublik von 1952-1960.* 4. Aufl. Hrsg. Von der Hochschule f. internat. Pädagogische Forschung. Weinheim: Beltz.

Weber, Max. 1980. *Wirtschaft und Gesellschaft.* 5. Auflage. Herausgegeben von Johannes Winckelmann. Tübingen: Mohr.

Wiesenthal, Helmut. 1987. Rational Choice. Ein Überblick über Grundlinien, Theoriefelder und neuere Themenaquisition eines sozialwissenschaftlichen Paradigmas. *Zeitschrift für Soziologie* 16: 434-449.

Fluktuationsabsichten junger Erwachsener aus psychologischer Sicht: Die Rolle von Commitment und Laufbahnzufriedenheit

Anita C. Keller / Barbara E. Stalder

1. Einleitung

Die Absicht von Arbeitnehmenden, ihren Arbeitgeber zu verlassen, und der tatsächliche Stellenwechsel, die so genannte Fluktuation, sind von großer Relevanz für Erwerbstätige wie auch für deren Arbeitgeberinnen und Arbeitgeber. Während die Fluktuation von erwachsenen Erwerbstätigen in der Literatur bereits diskutiert ist (vgl. Griffeth et al. 2000; Mitchell et al. 2001), gibt es nur wenige Studien, die spezifischer auf die Fluktuationsabsicht von jungen Arbeitnehmenden fokussieren. Der vorliegende Beitrag geht der Frage nach, ob die bei (älteren) Erwachsenenstichproben gefundenen Prädiktoren auch für junge Erwerbstätige bestimmend sind. Im ersten Abschnitt wird auf die arbeits- und organisationspsychologische Fluktuationsforschung hingewiesen und es werden zentrale Prädiktoren von Stellenwechseln wie Laufbahnzufriedenheit, organisationales und berufliches Commitment, intrinsische und extrinsische Arbeitswerte und Selbstwirksamkeitserwartung beschrieben. Der Einfluss dieser Prädiktoren wird anschließend an einer Stichprobe von 25-jährigen Erwerbstätigen regressionsanalytisch überprüft und diskutiert.

2. Die Prädiktoren von Fluktuationsabsichten

Der Stellenwechsel wird innerhalb der Arbeits- und Organisationspsychologie als Reaktion auf arbeitsspezifisches Wohlbefinden verstanden. Unzufriedenheit mit einer Arbeitsstelle und geringe Verbundenheit mit der Organisation führen zur Absicht, die aktuelle Stelle zu verlassen und eine Alternative zu suchen (Griffeth et al. 2000; Warr 2007). Solche Wechsel sind aber nicht nur von der Zufriedenheit abhängig, sondern auch von anderen Faktoren wie der tatsächlichen Verfügbarkeit einer alternativen Stelle (Warr 2007). Für Arbeitgeber ist Fluktuation häufig dysfunktional, da sie qualifizierte und trainierte Mitarbeiter verlieren und dadurch Selektions- und Trainingskosten zur Besetzung der neuen Stelle anfallen (Allen et al. 2010). Für Arbeitnehmende kann ein Stellenwechsel mit negativen Folgen wie beispielsweise dem Verlust von Privilegien, oder positiven Folgen wie beispielsweise einer Beförderung oder einem höheren Einkommen einhergehen (Mitchell et al. 2001), also auch laufbahnrelevante Aspekte haben. Durch die oft beschriebenen Veränderungen des Arbeitsmarkts[1], geht die aktuelle Literatur davon aus, dass die Planung und Umsetzung nicht mehr wie vor ein paar Jahrzehnten von Organisationen übernommen wird, sondern heute von den Individuen selbst (Briscoe und Hall 2006; Briscoe et al. 2006).[2]

Solche Betriebswechsel können innerhalb von traditionellen wie auch modernen Ansätzen der Laufbahntheorie[3] betrachtet werden. Innerhalb des traditionellen Person-Environment-Fit Ansatzes (Dawis 2002; Dawis und Lofquist 1984) ist das Ziel, eine optimale Passung zwischen Umweltbedingungen und den Merkmalen der Person zu erreichen. Eine solche Passung führt zu Zufriedenheit. Gemäß diesem theoretischen Ansatz werden Arbeitsverhältnisse aufrecht erhalten, wenn die Bedürfnisse (z.b. Bedürfnisse nach Sicherheit, Status, Autonomie, etc.) und Fähigkeiten des Arbeitnehmenden mit den Bedürfnissen und Ansprüchen der Arbeitgebenden übereinstimmen. Wenn die Person mit der Umwelt unzufrieden ist und umgekehrt, also eine schlechte Passung vorliegt, kann die Umwelt beeinflusst oder Bedürfnisse und Ansprüche der Person oder Umwelt adaptiert werden. Beispielsweise könnte ein/e Arbeitnehmer/-in bei Überforderung mit bestimmten Aufgaben entscheiden, eine Weiterbildung im entsprechenden Bereich zu absolvieren (Erwerb neuer Fähigkeiten). In der gleichen Situation könnte der/die Arbeitnehmer/-in aber auch versuchen, mit dem Arbeitgeber die übertragenen Aufgaben zu verhandeln und dadurch die Ansprüche des Arbeitgebers seinen/ihren aktuellen Fähigkeiten anzupassen. Wenn keine der beiden Strategien funktioniert, also die Unzufriedenheit aufgrund der schlechten Passung nicht überwunden werden kann, werden beide Parteien versuchen, eine neue Lösung zu finden:

---

1   Dazu zählen beispielsweise wirtschaftliche Veränderungen, die Globalisierung des Wettbewerbs, neue technische Möglichkeiten, der Verlagerung auf Dienstleistungen, zunehmende Arbeitsbelastung und viele mehr. Diese Veränderungen gehen mit veränderten Anforderungen an Arbeitnehmer einher. So muss sich ein Bewerber gegen mehr Konkurrenten durchsetzen, um eine Arbeitsstelle zu behalten. Es muss Überzeit geleistet werden und die eigenen Fähigkeiten müssen den häufig wechselnden Bedürfnissen angepasst werden. Gleichzeitig wird eine Werteverschiebung von der Fügsamkeit und Pflichterfüllung hin zu Selbstentfaltung und persönliche Erfüllung beschrieben (Arnold und Randall 2010).

2   Das Ausmass des Vorkommens von Laufbahnorientierungen scheint nicht für alle Arbeitnehmenden gleich zu sein, beispielsweise weisen Englische im Vergleich zu Schweizer Arbeitnehmenden andere Prioritäten in ihren Laufbahnorientierungen auf. Beide scheinen aber Wert darauf zu legen, selbst ihre Laufbahn gestalten und beeinflussen zu können (Gerber et al. 2009).

3   Unter Laufbahn wird eine Abfolge von arbeitsbezogenen Positionen, Rollen, Aktivitäten und Erfahrungen von einer Person verstanden (Arnold und Randall 2010; Greenhaus et al. 2010).

Es wird ein Stellenwechsel stattfinden (Dawis 2002; Dawis und Lofquist 1984). Heutige Laufbahnen orientieren sich aber weniger an den Organisationen, sodass der Ausspruch „one life – one career" als nicht mehr gültig betrachtet wird. Bis 1980 war die Laufbahn hauptsächlich von der Unternehmenskultur geprägt, da Arbeitnehmende in der Regel bei einem Arbeitgebenden bis zur Pension blieben (Hall 2002). Dieser war dann auch für das Laufbahnmanagement (Beförderungen, Weiterbildung, etc.) zuständig (Arthur 1994; Arthur und Rousseau 1996; Hall 2002). Im Gegensatz zu den traditionellen Ansätzen berücksichtigen neue Laufbahntheorien, dass Arbeitnehmer/-innen häufig nicht mehr ein Leben lang bei einer Organisation beschäftigt sind und dass sich das Laufbahnmanagement von den Unternehmen hin zu den Arbeitnehmern/-innen verlagert hat. Prominente Vertreter solcher neuen Laufbahntheorien, die Mobilität und Flexibilität betonen, sind M. B. Arthur (z.B. 1994) mit seiner boundaryless career Theorie und D. T. Hall (z.B. 2002) mit der protean career. Die boundaryless career beschreibt Laufbahnen als unabhängig von traditionellen Laufbahnarrangements (Arthur und Rousseau 1996), die protean career bezieht sich auf die Quelle des Antriebs der Laufbahn: Der Antrieb für die Laufbahn kommt von der Person selbst und nicht von der Organisation (Hall 2002). Gemäß diesem Ansatz ist es für Arbeitnehmende wichtig, Erfüllung in ihrer Arbeit zu finden (Briscoe et al. 2006).

Fluktuation kann auch als Antwort des Individuums auf die Arbeits- und Laufbahnrealität interpretiert werden (Arthur et al. 2005). So ist es wahrscheinlich, dass junge Arbeitnehmende, die sich im Karriereaufbau befinden, den Arbeitgeber wechseln, wenn sie das Gefühl haben, der Betrieb biete zu wenig Entwicklungsmöglichkeiten. Der Betriebswechsel kann also ein notwendiger Karriereschritt sein. Die bisherige Forschung zu Fluktuation hat wiederholt festgestellt und in Metaanalysen zusammengefasst, dass die Absicht eines/r Arbeitnehmenden, die Stelle zu wechseln, von Anstellungsdauer, Arbeitszufriedenheit, Commitment, Rollenklarheit und Rollenkonflikt, Absentismus[4] und aktivem Suchverhalten beeinflusst wird. Weiter zeigte sich, dass das Einkommen erstaunlicherweise keinen oder nur einen geringen Einfluss auf die Absicht, den Betrieb zu wechseln, und auf den tatsächlichen Wechsel hat (Griffeth et al. 2000; Hom und Griffeth 1995). Im vorliegenden Beitrag fokussieren wir uns auf bekannte Prädiktoren wie organisationales und berufliches Commitment und Selbstwirksamkeit und erweitern diese um seltener beachtete, aber für junge Erwachsene möglicherweise relevante Aspekte wie Laufbahnzufriedenheit und intrinsische und extrinsische Arbeitswerte. Im Folgenden werden diese Prädiktoren beschrieben und ihre Beziehung zu Fluktuation erläutert.

---

4   Absentismus bezieht sich auf Fehlzeiten am Arbeitsplatz. Die häufigsten Ursachen sind Krankheit, private Probleme und mangelnde Motivation (Robbins et al. 2010).

2.1 Laufbahnzufriedenheit

Wie zufrieden jemand mit dem eigenen Vorankommen in der Laufbahn ist, wird als Laufbahnzufriedenheit (career satisfaction) bezeichnet. Dabei wird der aktuelle Ist-Zustand von Merkmalen der Laufbahn mit einem Soll-Zustand verglichen (Greenhaus et al. 1990). Laufbahnzufriedenheit wird häufig als subjektive Komponente von Laufbahnerfolg (career success) verstanden. Subjektive Erfolgskriterien werden dabei von objektiven Faktoren wie beispielsweise Einkommen und Status unterschieden. Im Gegensatz zu den traditionellen Laufbahnen, bei denen Erfolg durch den Aufstieg innerhalb einer Firma und dem damit einhergehenden Anstieg von Verantwortung und Einkommen gemessen wird, wird heute davon ausgegangen, dass der subjektive Erfolg, Zufriedenheit und Übereinstimmung mit den eigenen Werten für Arbeitnehmer/-innen bedeutender als der objektive Erfolg ist (Arthur und Rousseau 1996).

Der subjektive Laufbahnerfolg ist beeinflusst durch Personenmerkmale und das sogenannte „organizational sponsorship" (Ng et al. 2005). Darunter werden die Aktivitäten der Organisation zur Unterstützung ihrer Mitglieder bei der Erreichung von Laufbahnerfolg verstanden, wie beispielsweise die Unterstützung durch den Vorgesetzten und Weiterbildungsmöglichkeiten (Dreher und Ash 1990). Im Hinblick auf die neuen Laufbahnen wie protean und boundaryless scheint wichtig, dass sich die Unterstützung durch die Organisation nicht auf das Vorankommen innerhalb der Organisation beschränkt, sondern auf die Möglichkeit zur Entwicklung von Fähigkeiten und Kompetenzen, die auch in einem neuen Umfeld einsetzbar sind. Es ist anzunehmen, dass sich Arbeitnehmer/-innen, die diese Bedingungen innerhalb der Organisation nicht erfüllt sehen, nach einer neuen Arbeitsstelle umsehen.

Uns ist keine Studie bekannt, die Laufbahnzufriedenheit im Zusammenhang mit Fluktuation betrachtet. Allerdings wird Arbeitszufriedenheit ebenfalls häufig als subjektiver Erfolg verstanden. Aus dieser Forschungstradition ist bekannt, dass tiefe Arbeitszufriedenheit zu einer höheren Kündigungsabsicht führt (Allen et al. 2010). Allerdings hängt das Commitment gegenüber der Organisation stärker mit der Kündigungsabsicht zusammen als die Arbeitszufriedenheit (McFarlane Shore und Martin 1989). Weiter zeigte sich die Veränderung in Arbeitszufriedenheit als guter Prädiktor der Kündigungsabsicht. Das heißt, wenn die Arbeitszufriedenheit nach einer stabilen Phase sinkt, ist damit zu rechnen, dass der/die Arbeitnehmer/-in sich mit einem Stellenwechsel beschäftigt (Semmer und Schallberger 1996).

2.2 Organisationales Commitment

Commitment kann als Verbindung zwischen einer Person und einem arbeitsbezogenen Objekt verstanden werden. Diese Verbindung basiert auf einer affektiven Reaktion gegenüber dem Einstellungsobjekt (vgl. Lee et al. 2000). Commitment kann viele Zielobjekte haben. Die Organisation ist wohl das bekannteste Ziel von Commitment. Weiter können Arbeiter sich ihrem Beruf, ihrem Team, dem Vorgesetzten, dem Ort, der Gewerkschaft, etc. (Barling et al. 1990) gegenüber verbunden fühlen. Unter organisationalem Commitment wird die relative Stärke der Identifikation und des Engagements eines/r Arbeitnehmers/-in gegenüber der Organisation verstanden und wird häufig aus drei Komponenten bestehend betrachtet: i) das Bedürfnis weiterhin in der Unternehmung tätig zu sein, ii) überzeugt sein von den Werten und Zielen der Organisation und iii) bereit sein, sich für die Organisation anzustrengen (Griffeth und Bateman 1986). Eine sehr prominente Unterscheidung wurde von Allen und Meyer (1990) vorgenommen. Demnach kann affektives, abwägendes[5] und normatives Commitment unterschieden werden. Das affektive Commitment bezieht sich auf die emotionale Bindung des/r Arbeitnehmers/-in zum Unternehmen. Das abwägende Commitment reflektiert die wahrgenommenen Kosten und Risiken, sollte die Organisation verlassen werden. Dabei kann hier weiter unterschieden werden zwischen dem persönlichen Verlust, den ein Wechsel mitbringen würde, und dem Fehlen von möglichen Alternativen für die entsprechende Person. Das normative Commitment erfasst die Verpflichtung und Verantwortung, die der Unternehmung gegenüber empfunden wird (Allen und Meyer 1990). Die bisherige Forschung zeigte, dass intrinsische Arbeitsbedingungen für den Aufbau von Commitment wichtiger sind als extrinsische. So führt beispielsweise die Autonomie am Arbeitsplatz und andere Bedingungen, die zur eigenen Entwicklung beitragen, zu höherem Commitment als das Gehalt (Arnold und Mackenzie Davey 1999). Commitment, und insbesondere das affektive Commitment, korreliert stark mit der Absicht, die Unternehmung zu verlassen. Das heißt, Personen, die sich ihrer Organisation gegenüber nicht verbunden fühlen, haben gleichzeitig die Absicht, die Organisation zu verlassen. Diese Absicht, den Arbeitgeber zu wechseln, übersetzt sich aber nicht immer in tatsächliches Wechseln der Organisation (Solinger et al. 2008).

---

5   Deutsche Übersetzung von „continuance commitment" nach Schmidt und Kollegen (Schmidt et al. 1998).

2.3 Berufliches Commitment

Berufliches Commitment beschreibt, analog zum organisationalen Commitment, die Identifikation und das Engagement in Bezug auf konkrete Aspekte des Arbeitslebens. Berufliches Commitment bezieht sich also auf die Hingabe zu der eigenen Laufbahn und zum Beruf. Genauer beschreibt berufliches Commitment die Übereinstimmung mit den prominenten Werten des Berufs, den Willen, für das Wohl des Berufes zu arbeiten (beispielsweise die Einhaltung von Richtlinien oder Engagement in einem Berufsverband) und im Beruf weiterhin arbeiten zu wollen (Blau 2007; Lee et al. 2000). Es wird angenommen, dass berufliches Commitment mit laufbahnbezogenen Aspekten überlappt. Das bedeutet, dass sich Personen außerdem mit ihren beruflichen Zielen identifizieren (Cooper-Hakim und Viswesvaran 2005). Verschiedene Formen von Commitment korrelieren positiv miteinander, sodass Werte, die relevant für das Individuum sind, im Beruf und von der Organisation abgedeckt werden können (Wallace 1993). Die Korrelationen zwischen verschiedenen Formen von Commitment sind in ihrer Ausprägung aber moderat. Deshalb kann davon ausgegangen werden, dass Commitment ein gemeinsames Konstrukt unterliegt, die verschiedenen Formen aber unterschiedliche Aspekte messen (Blau 2007; Cooper-Hakim und Viswesvaran 2005).

Insbesondere die affektive Komponente von beruflichem Commitment vermag Arbeitszufriedenheit relativ gut vorherzusagen. Die Absicht, die Stelle zu wechseln, und der tatsächliche Wechsel wird aber besser durch organisationales Commitment vorhergesagt (Cooper-Hakim und Viswesvaran 2005). Ob jemand den Beruf innerhalb der gleichen Organisation wechselt oder den gleichen Beruf in einer anderen Organisation ausübt, lässt sich relativ gut durch eine tiefe Arbeitszufriedenheit vorhersagen. Ob jemand aber beides wechselt, also den Beruf und die Organisation, hängt von weit mehr Faktoren ab. Insbesondere eine tiefe Arbeitsplatzsicherheit scheint hier bedeutsam zu sein. Dies impliziert, dass nicht in erster Linie die Unzufriedenheit der Arbeitnehmenden zu einem solch radikalen Wechsel führt, sondern die wirtschaftliche Lage der Unternehmung (Entlassungen, Konkurs, etc.) (Warr 2007). Es scheint häufiger vorzukommen, dass Individuen die Organisation und Arbeitsstellen wechseln, aber weniger häufig, dass der Beruf gewechselt wird (Cooper-Hakim und Viswesvaran 2005).

Durch die vielfältigen Veränderungen am Arbeitsplatz wie auch auf dem Arbeitsmarkt wird angenommen, dass die verschiedenen Formen von Commitment, insbesondere berufliches und organisationales, nicht isoliert voneinander betrachtet werden können. Die bisherige Forschung konzentriert sich auf einzelne Formen von Commitment und betrachtet die verschiedenen Formen selten gemeinsam in einer Studie (Cooper-Hakim und Viswesvaran 2005).

2.4 Intrinsische und extrinsische Arbeitswerte

Werden Personen gefragt, was sie in ihrer Arbeit motiviert, nennen die meisten Aspekte wie Vielseitigkeit, Verantwortung, Anerkennung, interessante Arbeit usw. (Herzberg et al. 1959; Kasser und Ryan 1996). Solche Aspekte werden unter intrinsischen Werten zusammengefasst. Extrinsische Arbeitswerte beziehen sich auf die Höhe des Einkommens, die Sicherheit des Arbeitsplatzes und den Status (Kasser und Ryan 1996). Stimmen die eignen Arbeitswerte mit den Arbeitsbedingungen und den Werten der Organisation überein, ist die Zufriedenheit höher und die Fluktuation geringer (Lyons und O'Brien 2006; Porfeli und Mortimer 2010).

2.5 Selbstwirksamkeit

Die Selbstwirksamkeitserwartung beschreibt die eigene Überzeugung, in einer bestimmten Situation eine gewisse Leistung erbringen zu können. Personen mit einer hohen Ausprägung von Selbstwirksamkeit sind überzeugt, die Fähigkeiten für eine erfolgreiche Bewältigung einer Anforderung zu haben und entsprechende Handlungen ausführen zu können (Bandura 1997). Im Zusammenhang mit einem Stellenwechsel ist die Selbstwirksamkeitserwartung von Bedeutung, da nur jene Erwerbstätige das notwendige Verhalten initiieren – die Stellensuche –, die auch glauben, den Herausforderungen eines Stellenwechsels gewachsen zu sein. Personen, die nicht glauben, einem Wechsel und veränderten Anforderungen gerecht zu werden, werden auch nicht nach einer neuen Herausforderung suchen (Wittekind et al. 2010; Zimmerman 2008). Selbstwirksamkeitserwartung spielt aber auch beim Verfolgen der eigenen beruflichen Ziele und dem Laufbahnerfolg eine Rolle. Personen, die eine hohe Selbstwirksamkeitserwartung aufweisen, sind nach subjektiven und objektiven Maßstäben erfolgreicher als Personen mit niedrigeren Selbstwirksamkeitserwartungen (Abele 2004).

Trotz der umfangreichen Literatur zu Fluktuation und auch Commitment, lässt sich wenig über junge Erwachsene[6] aussagen, da die untersuchten Stichproben meist aus Erwachsenen bestehen, die seit einiger Zeit im Berufsleben etabliert sind. Gerade bei jungen Erwachsenen, die erst in den Arbeitsmarkt eintreten, sind Betriebswechsel wie auch Berufswechsel häufiger zu erwarten (vgl. Kälin et al. 2001). Ob die oben diskutierten, fluktuationsrelevanten Einstellungen auch für junge Erwerbstätige gelten bzw. deren Kündigungsabsichten voraussagen können, soll im Folgenden empirisch überprüft werden. Dabei werden verschiedene

---

6   Unter jungen Erwachsenen werden 15 bis 25 Jahre alte Personen verstanden (Loughlin und Lang 2005).

Formen von Commitment, Laufbahnzufriedenheit, Werte und Selbstwirksamkeitserwartungen berücksichtigt.

3. Methode

Stichprobe. Wir stützen unsere Analysen auf Daten des Schweizer Jugendlängsschnitts TREE, der die Ausbildungs- und Erwerbsverläufe von rund 6000
Schulabgänger/-innen in der Schweiz untersucht (Stalder et al. 2011). TREE basiert in seiner Basiserhebung auf der Schweizer Stichprobe der Jugendlichen, die
sich an der PISA-Studie 2000 beteiligt haben. In den Jahren 2001 bis 2010 wurden von TREE acht Nachbefragungen durchgeführt. Die folgenden Auswertungen
beruhen auf Daten der letzten Welle. Für die hier präsentierten Analysen wurden
Erwerbstätige in die Stichprobe aufgenommen, die im Jahr 2010 mindestens acht
Stunden pro Woche in einem privaten oder öffentlichen Betrieb angestellt waren
(N=1250). Sie waren zu diesem Zeitpunkt rund 25 Jahre alt, seit einem bis sieben Jahren berufstätig und mehrheitlich (88 %) in einem unbefristeten Arbeits-
verhältnis. Aufgrund der unterschiedlichen Teilnahmebereitschaft an der Studie
TREE sind in der untersuchten Stichprobe Frauen, besser gebildete Personen und
Schweizer/-innen tendenziell übervertreten (vgl. Sacchi 2008).

Selbstwirksamkeit[7]. Die Selbstwirksamkeit wurde mit vier Items erfasst (z.B.
„Wenn ein Problem auftaucht, kann ich es aus eigener Kraft meistern") (Schwarzer und Jerusalem 1999). Die Antwortskala war vierstufig (1: stimmt überhaupt
nicht bis 4: stimmt genau).

Wertorientierungen. Die Wertorientierungen umfassten zwei Skalen zu extrinsischen (vier Items, z.B. „Viel Geld verdienen, guter Lohn") und intrinsischen
(fünf Items, z.B. „Eine Arbeit haben, bei der ich immer etwas Neues dazu lernen
kann") Werten (Watermann 2000). Die Antwortskalen waren vierstufig (1: völlig unwichtig bis 4: sehr wichtig).

Commitment. Das Commitment wurde mit zwei Skalen à sechs Items erhoben, die die Verbundenheit mit dem Betrieb (z.B. „Probleme des Betriebs beschäftigen mich häufig so, als seien es meine eigenen") und mit dem Beruf (z.B.
„Ich bin stolz darauf, in diesem Beruf zu arbeiten") erfassten (Meyer et al. 1993;
Schmidt et al. 1998). Die Antwortskalen waren siebenstufig (1: stimmt überhaupt
nicht bis 7: stimmt genau).

Laufbahnzufriedenheit. Die Laufbahnzufriedenheit wurde mit fünf Items
(z.B. „Ich bin zufrieden mit dem, was ich in meiner bisherigen Berufslaufbahn

---

7   Eine Aufstellung sämtlicher Items der jeweiligen Konzepte findet sich im Anhang, Tabelle 3.

erreicht habe") erhoben (Greenhaus et al. 1990). Die Antwortskala war fünfstufig (1: trifft gar nicht zu bis 5: trifft völlig zu).

Fluktuationsabsicht. Die Fluktuationsabsicht wurde mit zwei Einzelitems erfasst. Sie beschreiben die Fluktuationsgedanken („Wie oft denken Sie daran die Stelle zu wechseln?" 1: sehr selten bis 5: sehr oft) und die Verbleibenswahrscheinlichkeit im jetzigen Betrieb („Wie groß schätzen Sie die Wahrscheinlichkeit ein, dass Sie in zwei Jahren immer noch im jetzigen Betrieb arbeiten?" 1: sehr klein bis 5: sehr groß) (Baillod 1992).

Kontrollvariablen. Als Kontrollvariablen aufgenommen wurden das Geschlecht (männlich=1, weiblich=0), die Sprachregion zum Zeitpunkt der Erhebung PISA 2000 (Deutschschweiz=1, französisch- oder italienischsprachige Schweiz=0) und die Lesekompetenzstufe der Jugendlichen zum Zeitpunkt der PISA-Erhebung 2000 (1= rudimentäre Lesekompetenzen bis 5= Experte/-innenstufe (vgl. OECD 2001). Zudem wurde berücksichtigt, ob die Erwerbstätigen im Jahr 2010 eine Vorgesetztenfunktion hatten (1=ja, 0=nein) und ob sie eine Vollzeitbeschäftigung ausübten (1=ja, 0=nein).

4. Resultate

Die Durchschnittswerte der Selbstwirksamkeit (M=3.18, SD=0.44) sowie der intrinsischen und extrinsischen Wertorientierungen liegen auf einem hohen Niveau (M_{ext}=3.28, SD$_{ext}$=0.47; M_{int}=3.06, SD$_{int}$=0.48)[8]. Das Commitment gegenüber dem Beruf (M=5.63, SD=1.01) ist hoch und deutlich höher ausgeprägt als das Commitment gegenüber dem Betrieb (M=4.59, SD=1.17). Die Zufriedenheit mit der bisherigen Berufskarriere liegt ebenfalls über dem Skalenmittelwert (M=3.71, SD=0.77). Durchschnittlich denken die jungen Erwerbstätigen eher selten daran, die Stelle zu wechseln (M=2.37, SD=1.27). Gleichzeitig schätzen sie die Wahrscheinlichkeit, in zwei Jahren noch in demselben Betrieb zu arbeiten, als eher gering ein (M=2.58, SD=1.06).

Erwartungsgemäß korrelieren Fluktuationsgedanken und Verbleibenswahrscheinlichkeit stark und negativ (r=-.65, p<.001). Hohe Korrelationskoeffizienten finden sich auch zwischen den beiden Fluktuationsvariablen, dem betrieblichen und beruflichen Commitment sowie der Karrierezufriedenheit (r zwischen .35 und .52, alle p<.001). Deutlich tiefer sind die Korrelationen zwischen den soziodemographischen Variablen, den Arbeitsmerkmalen und den Wertorientierungen

---

8   Für eine kritische Diskussion zur Verwendung von ordinalskalierten Daten sei auf Bortz und Döring (2006) verwiesen.

einerseits sowie der Fluktuationsabsicht, dem Commitment oder der Karrierezufriedenheit andererseits (vgl. Tabelle 1).

Mit zwei linearen Regressionen haben wir überprüft, welchen Einfluss die
Selbstwirksamkeit, die Arbeitswerte, das berufliche und betriebliche Commitment sowie die Karrierezufriedenheit auf die Fluktuationsgedanken (Modell 1)
und die Verbleibenswahrscheinlichkeit in den nächsten zwei Jahren (Modell 2)
ausüben (vgl. Tabelle 2). Als Kontrollvariablen wurden das Geschlecht, die Lesekompetenzen, die Sprachregion sowie der Beschäftigungsgrad und die Funktion der Arbeitnehmer/-innen in die Modelle aufgenommen.

Fluktuationsgedanken. Das Commitment gegenüber dem Betrieb (β=-.40,
p<.001) und gegenüber dem Beruf (β=-.20, p<.001) sowie die Karrierezufriedenheit (β=-.23, p<.001) wirken sich erwartungsgemäß am stärksten auf die Fluktuationsgedanken aus (Tabelle 2). Je stärker sich Erwerbstätige mit dem Betrieb
bzw. dem Beruf verbunden fühlen und je zufriedener sie mit ihrer Berufslaufbahn sind, umso seltener denken sie daran, ihre Stelle zu verlassen. Einen positiven, aber schwächeren Einfluss haben intrinsische Wertorientierungen (β=.09,
p<.001). Wem wichtig ist, in seiner Arbeit Neues dazu zu lernen, seine Fähigkeiten zu entwickeln und eine sinnvolle Arbeit zu erleben, denkt eher an eine Kündigung. Im Gegensatz dazu stehen extrinsische Werte nicht in Zusammenhang
mit Fluktuationsgedanken. Einen positiven, wenn auch geringen Einfluss haben
Selbstwirksamkeitserwartungen (β=.06, p<.05). Höhere Selbstwirksamkeitswerte
gehen erwartungsgemäß einher mit häufigeren Fluktuationsgedanken.

rechte Seite:
Tabelle 1:   Mittelwerte, Standardabweichungen, Reliabilitäten und
              Korrelationen (N=1249)

Anmerkungen: MW: Mittelwert, SD: Standardabweichung, α: Cronbach Alpha.* p<.05, ** p<.01,
*** p<.001)

	MW	SD	α	1	2	3	4	5	6	7	8	9	10	11	12
1 Geschlecht männlich	0.37														
2 Lesekompetenzstufe PISA	3.23	1.05		-.09***											
3 Region Deutschschweiz	0.55			.02	.10***										
4 Beschäftigungsgrad Vollzeit	0.77			.18***	-.09**	.03									
5 Vorgesetztenfunktion ja	0.27			.03	-.09***	.02	.11***								
6 Selbstwirksamkeit	3.18	0.44	.77	.20***	.01	.05	.09**	.02							
7 intrinsische Wertorientierung	3.28	0.47	.76	-.16***	.02	-.03	-.09**	.05	.17***						
8 extrinsische Wertorientierung	3.06	0.48	.63	.09***	-.13***	-.03	.10***	.07*	.14***	.33***					
9 Commitment Betrieb	4.59	1.17	.83	.03	-.07*	-.12***	.05	.09**	.07*	.10***	.14**				
10 Commitment Beruf	5.63	1.01	.82	-.04	.03	-.11***	.03	.06*	.16***	.22***	.11***	.51***			
11 Karrierezufriedenheit	3.71	0.77	.87	.04	.05	.00	.10***	.08**	.21***	.15***	.05	.38***	.52***		
12 Fluktuationsgedanken	2.37	1.27		.00	.05	.00	-.02	.01	-.03	.00	-.01	-.56***	-.48***	-.45***	
13 Verbleibenswahrscheinlichkeit	2.58	1.06		.06	-.08**	-.10***	.05	.03	.02	-.02	.12***	.50***	.34***	.35***	-.65***

Tabelle 2:   Prädiktion von Fluktuationsgedanken (Modell 1) und
              Verbleibenswahrscheinlichkeit (Modell 2), OLS-Regressionen
              (N=1249)

	Modell 1		Modell 2	
	β	p	β	p
Selbstwirksamkeit	.06	*	−.06	*
intrinsische Wertorientierung	.09	***	−.12	***
extrinsische Wertorientierung	.04		.09	***
Commitment Betrieb	−.40	***	.40	***
Commitment Beruf	−.20	***	.06	*
Laufbahnzufriedenheit	−.23	***	.20	***
R^2	.42		.26	

Anmerkung: Beide Modelle wurden für die Variablen Geschlecht, Lesekompetenz, Sprachregion
sowie Vorgesetztenposition kontrolliert.

* $p<.05$, ** $p<.01$, *** $p<.001$

Verbleibenswahrscheinlichkeit. Die Wahrscheinlichkeit, in zwei Jahren noch in
demselben Betrieb zu arbeiten, wird am stärksten durch das betriebliche Commitment beeinflusst (β=.40, $p<.001$). Die Verbleibenswahrscheinlichkeit steigt
zudem mit zunehmender Karrierezufriedenheit (β=.20, $p<.001$). Im Gegensatz
zu Modell 1 hat das Commitment zum Beruf einen eher kleinen Einfluss (β=.06,
$p<.001$). Analog zu Modell 1 führt eine höhere intrinsische Wertorientierung zu
einer tieferen Verbleibenswahrscheinlichkeit (β=−.12, $p<.001$). Im Gegensatz
dazu erhöht eine extrinsische Wertorientierung die Verbleibenswahrscheinlichkeit
(β=.09, $p<.001$), wobei der Effekt gering bleibt. Der Einfluss der Selbstwirksamkeit ist analog zum Modell 1, wobei höhere Selbstwirksamkeitserwartungen mit
einer geringeren Verbleibenswahrscheinlichkeit verbunden sind (β=−.06, $p<.05$).
  In zusätzlichen Modellen haben wir geprüft, ob Fluktuationsgedanken und
die Verbleibenswahrscheinlichkeit vom aktuellen Lohn und der Berufsgruppe abhängt. In beiden Modellen zeigten sich dabei keine signifikanten Effekte.

5. Diskussion

In diesem Beitrag sind wir der Frage nach gegangen, ob die Absicht, die Stelle zu wechseln, bei jungen Erwerbstätigen neben dem organisationalen Commitment von weiteren Faktoren vorhergesagt werden kann. Dazu haben wir die
Selbstwirksamkeitserwartung, intrinsische und extrinsische Arbeitswerte, Lauf-

bahnzufriedenheit und das organisationale wie auch das berufliche Commitment getestet. Die Modelle zur Vorhersage der Fluktuationsgedanken und der Verbleibenswahrscheinlichkeit sind relativ ähnlich: Junge Erwachsene denken öfter daran, die Stelle zu wechseln, wenn sie mit dem Verlauf ihrer bisherigen Laufbahn unzufrieden sind, wenn sie sich emotional nicht mit dem aktuellen Betrieb und Beruf verbunden fühlen, ihnen intrinsische Werte wichtig sind und sie über eine hohe Selbstwirksamkeitserwartung verfügen. Umgekehrt lassen sich dieselben Zusammenhänge für die Verbleibenstendenz der jungen Erwachsenen finden. Es zeigt sich also, dass auch in einer jungen Stichprobe die Absicht die Stelle zu wechseln, vom betrieblichen Commitment am besten vorhergesagt wird. Weiter lässt sich die Fluktuationsabsicht relativ gut durch die Laufbahnzufriedenheit vorhersagen. Junge Erwachsene, die ihren Laufbahnzielen näher kommen und die mit der Entwicklung der Laufbahn in Bezug auf Lohn und Erwerb von neuen Kompetenzen zufrieden sind, denken weniger daran, den Arbeitgeber zu wechseln und können sich eher vorstellen auch in zwei Jahren noch im selben Betrieb zu arbeiten. Wie erwartet, ist die Fluktuationsabsicht von jungen Erwachsenen mit hohen Selbstwirksamkeitserwartungen höher, als bei Personen mit tieferen Ausprägungen. Folglich ziehen Erwerbstätige einen Stellenwechsel eher in Betracht, wenn sie sich zutrauen, mit den neuen Anforderungen und Unsicherheiten zurecht zu kommen (vgl. Bandura 1997).

Ein tiefes berufliches Commitment erhöht die Fluktuationsabsicht insbesondere im Bezug auf Fluktuationsgedanken. Es ist anzunehmen, dass Arbeitnehmende, die sich ihrem Beruf gegenüber nicht sehr verbunden fühlen, Alternativen zu ihrer aktuellen Situation abwägen. Dabei könnte erwogen werden, ob eine andere Organisation bessere Bedingungen anbietet oder ob der Beruf gewechselt werden sollte. Der Einfluss von beruflichem Commitment auf die Verbleibenswahrscheinlichkeit ist vergleichsweise gering. Eine Diskrepanz zwischen den eigenen Vorstellungen und Bedürfnissen und den Angeboten innerhalb des Berufs führt gemäß dem Person-Environment-Fit Ansatz zu Unzufriedenheit (Dawis 2002; Dawis und Lofquist 1984). Es wird versucht diese Unzufriedenheit zu beheben, indem die Situation verändert wird (z.B. ein Gespräch mit dem Vorgesetzten zu alternativen Aufgaben im Betrieb), die eigenen Ansprüche modifiziert werden (z.B. Verlagerung der Interessen auf Familienplanung) oder wie es hier in einer erhöhten Fluktuationsabsicht zum Ausdruck kommt, durch das Suchen eines neuen Umfelds. Es ist anzunehmen, dass sich Erwerbstätige mit Alternativen zu ihrer jetzigen Situation beschäftigen, sich aber noch nicht für eine Alternative entschieden haben.

Im Modell zur Vorhersage der Verbleibenswahrscheinlichkeit führte zusätzlich eine extrinsische Wertorientierung zu einer höheren selbsteingeschätzten Wahrscheinlichkeit, in zwei Jahren noch im selben Betrieb zu arbeiten. Personen, denen es wichtig ist, dass sie einen sicheren Arbeitsplatz haben, schätzen ihren aktuellen Arbeitgeber vermutlich als stabil ein und wollen im Betrieb verbleiben. Allenfalls gehen sie auch davon aus, dass sich ihr Lohn positiv entwickelt, wenn sie im gleichen Betrieb bleiben, und dass sie die bisher erarbeiteten Privilegien im Betrieb nicht verlieren. Ein anerkennendes Betriebsklima unterstützt die tiefe Fluktuationsabsicht ebenfalls. Die extrinsische Wertorientierung ist aber für die unmittelbaren Fluktuationsgedanken nicht relevant. Extrinsische Werte scheinen damit eher für die längerfristige Karriereplanung und weniger für den aktuellen Stellenwechsel bedeutsam. Allenfalls sind hier weitere Wertorientierungen wie Einstellung zur Fluktuation wichtiger. Außerdem könnte der wichtigste Faktor einer extrinsischen Wertorientierung die Sicherheit der Arbeitsstelle sein. Ein Stellenwechsel geht automatisch mit Unsicherheiten und neuen Anforderungen einher.

Insgesamt vermögen die hier untersuchten Konzepte die Fluktuationsgedanken von jungen Arbeitnehmenden besser vorhersagen als die Verbleibenswahrscheinlichkeit. Das deutet darauf hin, dass es sich um zwei unterschiedliche Prozesse handelt und dass weitere Faktoren wie beispielsweise Weiterbildungsangebote der Organisation für die Verbleibenswahrscheinlichkeit bedeutsam sind. Außerdem zeigte sich auch in unserem Modell, dass die Verbundenheit mit dem Betrieb der wichtigste Prädiktor für die Vorhersage von Fluktuationsgedanken wie auch der Verbleibenswahrscheinlichkeit darstellt. Um Fluktuation bei jungen Erwerbstätigen und die damit verbundenen Kosten zu vermeiden, ist es ratsam für Organisationen, das organisationale Commitment aufzubauen. Gleichzeitig erwies sich die Laufbahnzufriedenheit ebenfalls als relativ guter Prädiktor von Fluktuationsabsichten. Daher ist zu empfehlen, dass Organisationen junge Angestellte bei ihrer Laufbahnplanung und ihrem Karrieremanagement unterstützen, um dysfunktionale Fluktuation zu vermeiden und Arbeitnehmende mit guten Leistungen und einem hohen Entwicklungspotential im Betrieb zu halten (vgl. Arthur et al. 2005).

Literatur

Abele, Andrea E. 2004. Selbstregulationskompetenzen und beruflicher Erfolg. In *Individuelle Steuerung beruflicher Entwicklung. Kernkompetenzen in der modernen Arbeitswelt,* Hrsg. Bettina S. Wiese, 61-89. Frankfurt: Campus Verlag.

Allen, David G., Philip C. Bryant und James M. Vardaman. 2010. Retaining talent: Replacing misconceptions with evidence-based strategies. *Academy of Management Perspectives* 24(2): 48-64.

Allen, Natalie J., und John P. Meyer. 1990. The measurement and antecedents of affective, continuance and normative commitment to the organization. *Journal of Occupational Psychology* 63: 11-18.

Arnold, John, und K. Mackenzie Davey. 1999. Graduates work experiences as predictors of organizational commitment, intention to leave, and turnover: which experiences really matter? *Applied Psychology: An International Review* 48(2): 211-38.

Arnold, John, und Ray Randall. 2010. *Work psychology. Understanding human behaviour in the workplace.* 5 ed. Essex, UK: Pearson.

Arthur, Michael B. 1994. The boundaryless career: A new perspective for organizational inquiry. *Journal of Organizational Behavior* 15(4): 295-306.

Arthur, Michael B., Svetlana N. Khapova und Celeste P.M. Wilderom. 2005. Career success in a boundaryless career world. *Journal of Organizational Behavior* 26: 177-202.

Arthur, Michael B., und Denise M. Rousseau. 1996. *The boundaryless career: A new employment principle for a new organizational era.* New York: Oxford University Press.

Baillod, Jürg. 1992. *Fluktuation bei Computerfachleuten. Eine Längsschnittuntersuchung über die Beziehungen zwischen Arbeitssituation und Berufsverläufen.* Bern: Peter Lang.

Bandura, Albert. 1997. *Self-efficacy: the exercise of control.* New York: Freeman.

Barling, Julian, Bill Wade und Clive Fullagar. 1990. Predicting employee commitment to company and union: Divergent models. *Journal of Occupational Psychology* 63: 49-61.

Blau, Gary. 2007. Does a corresponding set of variables for explaining voluntary organizational turnover transfer to explaining voluntary occupational turnover. *Journal of Vocational Behavior* 70: 135-148.

Bortz, Jürgen, und Nicola Döring. 2006. *Forschungsmethoden und Evaluation für Human- und Sozialwissenschaftler.* 4 ed. Heidelberg: Springer.

Briscoe, Jon P., und Douglas T. Hall. 2006. The interplay of boundaryless and protean careers: Combinations and implications. *Journal of Vocational Behavior* 69: 4-18.

Briscoe, Jon P., Douglas T. Hall und Rachel L. Frautschy DeMuth. 2006. Protean and boundaryless careers: An empirical exploration. *Journal of Vocational Behavior* 69: 30-47.

Cooper-Hakim, Amy, und Chockalingam Viswesvaran. 2005. The construct of work commitment: Testing an integrative framework. *Psychological Bulletin* 131(2): 241-259.

Dawis, René V. 2002. Person-environment-correspondence theory. In *Career choice and development,* Hrsg. Douglas Brown, 427-464. New York: Wiley & Sons.

Dawis, René V., und Lloyd H. Lofquist. 1984. *A psychological theory of work adjustment.* Minneapolis: University of Minnesota Press.

Dreher, George F., und Ronald A. Ash. 1990. A comparative study of mentoring among men and women in managerial, professional, and technical positions. *Journal of Applied Psychology* 75: 539-546.

Gerber, Marius, Anette Wittekind, Gudela Grote, Neil Conway und David Guest. 2009. Generalizability of career orientations: A comparative study in Switzerland and Great Britain. *Journal of Occupational and Organizational Psychology* 82: 779-801.

Greenhaus, Jeffrey H., Gerard A. Callanan und Veronica M. Godshalk. 2010. *Career management*. 4 ed. Thousand Oaks, CA: Sage.

Greenhaus, Jeffrey H., Saroj Parasuraman und Wayne M. Wormley. 1990. Effects of race on organizational experiences, job performance evaluations, and career outcomes. *Academy of Management Journal* 33(1): 64-86.

Griffeth, Rodger W., Peter W. Hom und Stefan Gaertner. 2000. A meta-analysis of antecedents and correlates of employee turnover: update, moderator tests, and research implications for the next millennium. Journal of Management 26(3): 463-488.

Griffin, Ricky W., und Thomas S. Bateman. 1986. Job satisfaction and organizational commitment. In International Review of Industrial and Organizational Psychology, Hrsg. Cary L. Cooper und Ivan T. Robertson, 157-188. Chichester: John Wiley.

Hall, Douglas T. 2002. *Careers in and out of organizations*. Thousand Oaks, CA: Sage.

Herzberg, Frederic, Bernard Mausner und Barbara. B. Snyderman. 1959. *The motivation to work*. New York: Wiley.

Hom, Peter W., und Rodger W. Griffeth. 1995. *Employee turnover*. Cincinnati, OH: South-Western.

Kälin, Wolfgang, Andrea Gutner, Achim Elfering und Norbert K. Semmer. 2001. *Von der Lehre in den Beruf. Arbeitserfahrungen und Lebensqualität in der Schweiz (AEQUAS)*. Bern: Institut für Psychologie.

Kasser, Tim, und Richard M. Ryan. 1996. Further examining the American dream: differential correlates of intrinsic and extrinsic goals. *Personality and Social Psychology Bulletin* 22: 280-287.

Lee, Kibeom, Julie J. Carswell und Natalie J. Allen. 2000. A meta-analytic review of occupational commitment: Relations with person- and work-related variables. *Journal of Applied Psychology* 85: 799-811.

Loughlin, Catherine, und Katherine Lang. 2005. Young workers. In *Handbook of work stress,* Hrsg. Julian Barling, Kevin E. Kelloway und Michael R. Frone, 405-430. Thousand Oaks, CA: Sage.

Lyons, Heather Z., und Karen M. O'Brien. 2006. The role of person-environment fit in the job satisfaction and tenure intentions of African American employees. *Journal of Counseling Psychology* 53(4): 401-417.

McFarlane Shore, Lynn, und Harry J. Martin. 1989. Job satisfaction and organizational commitment in relation to work performance and turnover intentions. *Human Relations* 42(7): 625-638.

Meyer, John P., Natalie J. Allen und Catherine A. Smith. 1993. Commitment to organizations and occupations: extension and test of a three-component conceptualization. *Journal of Applied Psychology* 78(4): 538-551.

Mitchell, Terence R., Brooks C. Holtom, Thomas W. Lee, Chris J. Sablynski und Miriam Erez. 2001. Why people stay: using job embeddedness to predict voluntary turnover. *The Academy of Management Journal* 44(6): 1102-1121.

Ng, Thomas W. H., Lillian T. Eby, Kelly L. Sorensen und Daniel C. Feldman. 2005. Predictors of objective and subjective career success: A meta-analysis. *Personnel Psychology* 58: 367-408.

OECD. 2001. *Knowledge and skills for life. First results from PISA 2000. Education and skills*. Paris: OECD.

Porfeli, Erik J., und Jeylan T. Mortimer. 2010. Intrinsic work value-reward dissonance and work satisfaction during young adulthood. *Journal of Vocational Behavior* 76(3): 507-519.

Robbins, Stephen P., Timothy A. Judge und Timothy T Campbell. 2010. *Organizational behaviour*. Essex: Pearson.

Sacchi, Stefan. 2008. *TREE-Längsschnittgewichtung: Konstruktion und Anwendung*. Bern/Zürich: TREE/cue sozialforschung.

Schmidt, Klaus-Helmut, Sven Hollmann und Daniel Sodenkamp. 1998. Psychometrische Eigenschaften und Validität einer deutschen Fassung des „Commitment"-Fragebogens von Allen und Meyer (1990). *Zeitschrift für Differentielle und Diagnostische Psychologie* 19(2): 93-106.

Schwarzer, Ralf, und Matthias Jerusalem. 1999. *Skalen zur Erfassung von Lehrer- und Schülermerkmalen. Dokumentation der psychometrischen Verfahren im Rahmen der Wissenschaftlichen Begleitung des Modellversuchs Selbstwirksame Schulen.* Berlin: Freie Universität Berlin und Humboldt-Universität zu Berlin.

Semmer, Norbert K., und Urs Schallberger. 1996. Selection, socialization, and mutual adaptation: Resolving discrepancies between people and work. *Applied Psychology* 45(3): 263-288.

Solinger, Omar N., Woody van Olffen und Robert A. Roe. 2008. Beyond the three-component model of organizational commitment. *Journal of Applied Psychology* 93: 70-83.

Stalder, Barbara E., Thomas Meyer und Sandra Hupka-Brunner. 2011. TREE Project documentation. In *Youth transitions in Switzerland: Results from the TREE panel study,* Hrsg. Manfred M. Bergman, Sandra Hupka-Brunner, Anita Keller, Thomas Meyer und Barbara E. Stalder, 66-85. Zürich: Seismo.

Wallace, Jean E. 1993. Professional and organizational commitment: Compatible or incompatible. *Journal of Vocational Behavior* 42: 333-349.

Warr, Peter. 2007. *Work, happiness, and unhappiness.* Wahwah: Lawrence Erlbaum.

Watermann, Rainer. 2000. *Berufliche Werteorientierung im Wandel. Eine Kohortenanalyse zur Dynamik arbeitsbezogener Einstellungen anhand von ALLBUS-Umfragedaten.* Münster: Institut für sozialwissenschaftliche Forschung.

Wittekind, Anette, Sabine Raeder und Gudela Grote. 2010. A longitudinal study of determinants of perceived employability. *Journal of Organizational Behavior* 31(4): 566-586.

Zimmerman, Ryan D. 2008. Understanding the impact of personality traits on individuals' turnover decisions: A meta-analytic path model. *Personnel Psychology* 61: 309-348.

Anhang 1

Tabelle 3:   Auflistung der Items pro Skala.

Selbstwirksamkeit (Schwarzer und Jerusalem 1999)

1   Wenn ein Problem auftaucht, kann ich es aus eigener Kraft meistern

2   Was auch immer passiert, ich werde schon klarkommen

3   Schwierigkeiten sehe ich gelassen entgegen, weil ich immer meinen Fähigkeiten vertrauen kann

4   Für jedes Problem kann ich eine Lösung finden

Intrinsische Werte (Watermann 2000)

1   Eine Arbeit haben, bei der ich immer etwas Neues dazulernen kann

2   Einen Beruf haben, bei dem ich meine Fähigkeiten voll einsetzen kann

3   Eine Arbeit haben, bei der ich viel Kontakt mit Menschen habe

4   Einen Beruf haben, in dem ich anderen helfen kann

5   Eine Arbeit haben, die mir das Gefühl gibt, etwas Sinnvolles zu tun

Extrinsische Werte (Watermann 2000)

1   Viel Geld verdienen, guter Lohn

2   Einen sicheren Arbeitsplatz haben (Sicherheit vor Arbeitslosigkeit)

3   Einen Beruf haben mit guten Aufstiegsmöglichkeiten

4   Eine Arbeit haben, die von anderen anerkannt und geachtet wird

Organisationales Commitment (Meyer et al. 1993; Schmidt et al. 1998)

1   Ich wäre sehr froh, mein weiteres Berufsleben in diesem Betrieb verbringen zu können

2   Probleme des Betriebs beschäftigen mich häufig so, als seien es meine eigenen

3   Ich fühle mich emotional nicht sonderlich mit dem Betrieb verbunden

4   Ich empfinde kein starkes Gefühl der Zugehörigkeit zu meinem Betrieb

5   Ich empfinde mich nicht als „Teil der Familie" meines Betriebes

6   Mein Betrieb hat eine große persönliche Bedeutung für mich

Berufliches Commitment (Meyer et al. 1993; Schmidt et al. 1998)

1   Mein Beruf ist wichtig für mein Selbstbild

2   Ich bereue es, in diesen Beruf eingestiegen zu sein

3   Ich bin stolz darauf, in diesem Beruf zu arbeiten

4   Ich mag meinen Beruf nicht

5   Ich identifiziere mich nicht mit meinem Beruf

6   Ich bin von meinem Beruf begeistert.

Laufbahnzufriedenheit (Greenhaus et al. 1990)

1   Ich bin zufrieden mit dem, was ich in meiner bisherigen Berufslaufbahn erreicht habe

2   Ich bin zufrieden damit, wie ich meinen allgemeinen Laufbahnzielen näherkomme

3   Ich bin zufrieden damit, wie ich den Zielen näherkomme, die ich mir lohnmässig gesteckt habe

4   Ich bin zufrieden damit, wie ich meinen beruflichen Aufstiegszielen näherkomme

5   Ich bin zufrieden mit den Fortschritten, die ich bei der Entwicklung neuer beruflicher
    Fähigkeiten und Fertigkeiten gemacht habe

Der Übergang von der Schule ins Erwerbsleben aus bildungsökonomischer Sicht: einige theoretische und empirische Überlegungen[1]

Jean-Marc Falter

1. Einleitung

In den Wirtschaftswissenschaften gibt es überraschenderweise keine spezifische Forschung zum Thema der Übergänge von der Schule ins Erwerbsleben. Wohl findet man zahlreiche Artikel zum beruflichen Einstieg junger Menschen, aber diese Phase ist nicht Gegenstand einer spezifischen Theorie. Tatsächlich betrifft die Transition von der Schule ins Erwerbsleben mehrere zentrale Konzepte der Arbeitsmarkt- und Bildungsökonomie. Zu denken ist insbesondere ans Humankapitalmodell, welches Bildungsentscheidungen aufgreift. Aber auch theoretische Überlegungen zu Arbeitslosigkeit und Einkommensdeterminanten sind von Nutzen, um die Situation der jungen Menschen in dieser Phase zu verstehen. So findet der Übergang von der Schule ins Erwerbsleben als Forschungsgegenstand seinen Platz in einer großen Zahl theoretischer und empirischer Literatur, die allerdings nicht spezifisch auf diese besondere Lebensphase bezogen ist.

Die Analyse der Transition von der Schule ins Erwerbsleben deckt außerordentlich vielfältige Bereiche ab. Zu diesen Bereichen gehört die Ausbildungswahl und ihre Relevanz in Funktion des wirtschaftlichen Umfelds. Soll man zum Beispiel weiterstudieren, wenn Wirtschaftskrise herrscht? Oder: Stimmt die erworbene Ausbildung mit der Qualifikationsnachfrage der Unternehmen nach Arbeitskräften überein? Das Schicksal der jungen Menschen auf dem Arbeitsmarkt hängt jedoch nicht nur von der Effizienz des Bildungssystems oder von den mehr oder weniger vernünftigen Ausbildungsentscheiden der Individuen ab. Der berufliche Einstieg ist auch stark abhängig von den (Un-)Gleichgewichten des Arbeitsmarktes, welche sich oft auf Grund institutioneller Mechanismen ergeben. Zu denken ist hier etwa an die Gesetze im Bereich der Arbeitslosenversicherung oder des Arbeitsrechts. Es bestehen bedeutsame institutionelle Unterschiede zwi-

---

1   Dieser Artikel wurde in französischer Sprache verfasst und von Thomas Meyer übersetzt.

schen den Ländern der OECD, aber auch zwischen den Kantonen innerhalb der Schweiz. Wie wir sehen werden, sind wir unter Berücksichtigung dieser Unterschiede in der Lage, die großen Unterschiede bezüglich Jugendarbeitslosigkeit zu erklären, die im internationalen Vergleich zu beobachten sind.

In diesem Beitrag werden wir zunächst die Situation in der Schweiz präsentieren (Abschnitt 2). Dabei werden wir feststellen, dass die Schweiz ein besonderes Land ist, das mit einer außerordentlich tiefen Jugendarbeitslosigkeitsrate gesegnet ist. In diesem Eingangsabschnitt wird auch die Problemstellung erörtert, dass die guten Ergebnisse der Schweiz oft durch Merkmale ihres Bildungssystems und die Flexibilität ihres Arbeitsmarkts erklärt werden. Abschnitt 3 stellt die wichtigsten ökonomischen Modelle vor, welche Bildungsübergänge erklären können. Es handelt sich dabei um das Humankapitalmodell, das Bildungsentscheidungen als Investitionen betrachtet, sowie das Konzept der komparativen Vorteile, das erklärt, wie sich Individuen selber in Tätigkeiten hineinselektionieren, in denen sie relativ effizient sind. Im zweiten Teil des Beitrags werden wir anhand von drei Themen empirische Beispiele schweizerischer und internationaler Provenienz präsentieren. In Abschnitt 4 geht es um die Entscheidung, auf dem Arbeitsmarkt zu bleiben oder das Studium fortzusetzen. Abschnitt 5 befasst sich mit dem Arbeitsmarkteinstieg mittels prekären Beschäftigungsverhältnissen wie befristete oder schwach qualifizierte Erwerbstätigkeit: sind solche Beschäftigungsverhältnisse ein Sprungbrett für eine dauerhafte Integration in den Arbeitsmarkt? Im letzten Abschnitt schließlich werden die institutionellen Faktoren erörtert, welche in der Lage sind, die Unterschiede bezüglich Arbeitslosigkeit und Erwerbstätigkeit der jungen Menschen zwischen den Ländern der OECD zu erklären.

2. Arbeitsmarkteinstieg junger Menschen in der Schweiz und in den Ländern der OECD

Arbeitslosigkeit ist in zahlreichen Ländern ein Dauerproblem. Die Schweiz ist davon lange verschont geblieben. Seit Beginn der 1990er Jahre hat sich die Situation allerdings verändert, und 1997 hat die Arbeitslosenquote in der Schweiz eine historische Spitze von ungefähr 5 % erreicht. Im internationalen Vergleich ist die Arbeitslosenrate in der Schweiz bemerkenswert tief. Nichtsdestotrotz ist dieses Problem Gegenstand politischer Sorge geworden, und das goldene Zeitalter der Vollbeschäftigung gehört der Vergangenheit an.

In diesem Zusammenhang wird die Jugendarbeitslosigkeit, d.h. die Arbeitslosigkeit der unter 25-Jährigen, nicht als ernsthaftes Problem betrachtet. Die Reform des Arbeitslosenversicherungsgesetzes, vom Volk im September 2010 genehmigt, vermag dies zu illustrieren. Die Reform legiferiert eine künftige Benachteiligung der unter 25-Jährigen sowohl hinsichtlich des Bezugsrechts als auch hinsichtlich der Bezugsdauer von Versicherungsleistungen. Auch die Beurteilung dessen, was eine „zumutbare Beschäftigung"[2] ist, wird für Personen unter 30 Jahren weniger restriktiv gehandhabt. Dahinter steht die Vorstellung, dass eine prekäre Beschäftigung als Sprungbrett für eine dauerhafte Arbeitsmarktintegration dient. Wie wir noch sehen werden, lässt sich diese Annahme nicht ohne Weiteres bestätigen.

Überall auf der Welt sind die jungen Menschen unter den Arbeitslosen übervertreten. Das bedeutet jedoch nicht notwendigerweise, dass ihre Situation schwieriger ist, denn sie sind grundsätzlich mit Perioden der Stellensuche konfrontiert. Dies gilt besonders für die Phase des Übergangs von der Ausbildung ins Erwerbsleben. Folglich müssen andere Indikatoren verwendet werden, um die Lage der jungen Erwachsenen auf dem Arbeitsmarkt zu evaluieren. Der erste dieser Indikatoren ist das Verhältnis zwischen Jugend- und Gesamtarbeitslosenrate. In der Schweiz ist diese Rate sehr tief. Die Quote der Jugendarbeitslosigkeit (15-24-Jährige) übersteigt die Gesamtquote kaum (siehe Abb. 1).[3] Dieses schmeichelhafte Ergebnis erklärt sich teilweise aus einer hohen Bildungsbeteiligung der 15-19-Jährigen. Tatsächlich erreichen in der Schweiz rund 90 % der entsprechenden Altersgruppe einen Abschluss der Sekundarstufe II (OECD 2011). Betrachtet man nur die 19-24-Jährigen, liegt das Verhältnis zwischen Jugend- und Gesamtarbeitslosigkeit deutlich höher, bei 200 %. Der Wert dieser Verhältniszahl erhöht sich tendenziell in Zeiten, in denen die Gesamtarbeitslosigkeit steigt, was eine höhere Vulnerabilität der jungen Erwerbstätigen in Rezessionsphasen wiederspiegelt. Diese kann möglicherweise durch den Willen der Arbeitgeber erklärt werden, auf Kosten der (Entlassung von) jungen erfahrenere Arbeitskräfte weiter zu beschäftigen. Unbestrittener ist, dass junge Erwerbstätige sich mit erhöhter Wahrscheinlichkeit auf Stellensuche befinden, hauptsächlich bedingt durch ihre Übergangssituation, und daher direkte Opfer von fehlenden offenen Stellen sind. Nichtsdestotrotz ist die Empfindlichkeit der Jugendarbeitslosenrate gegenüber den Konjunkturschwankungen in der Schweiz weniger ausgeprägt, als in anderen Ländern der OECD (siehe Employment Outlook, OECD 2008). Mit

---

2   D.h. eine Stelle, die eine arbeitslose Person annehmen muss, wenn sie ihre Arbeitslosengelder-Bezüge nicht aufs Spiel setzen will.

3   Es bestehen gewichtige Unterschiede nach Bildungsstand, auf die wir später zurückkommen werden. Es ist darauf hinzuweisen, dass wir mit Quoten arbeiten, die der Zahl der registrierten Arbeitslosen basieren. Wenn man sich auf die Zahlen der Schweizerischen Arbeitskräfteerhebung SAKE abstützt (die auch die Nichtregistrierten einschließen), sind die Unterschiede tendenziell höher. Die Änderung des Arbeitslosenversicherungsgesetzes, welche den Zugang zu Versicherungsleistungen erschwert, dürfte diese Disparitäten zwischen den verschiedenen Datenquellen verstärken.

über 80% der Studienabsolventen, welche ein Jahr nach Abschluss beschäftigt sind, klassiert sich die Schweiz hinter Island OECD-weit auf Rang zwei, während diese Quote in Frankreich und Spanien unter 70% und in Italien gar unter 60% liegt. In der Schweiz liegt die Mediandauer zwischen Studienabschluss und dem Beginn einer unbefristeten Beschäftigung bei 8.5 Monaten. In der Europäischen Union (EU 15) liegt der entsprechende Durchschnitt bei fast zwei Jahren (21.5 Monate), wobei einzelne Länder Durchschnittswerte bis zu fünf Jahren aufweisen (OECD 2008: 46).

Abbildung 1: Jugendarbeitslosigkeit in der Schweiz 2006-2011

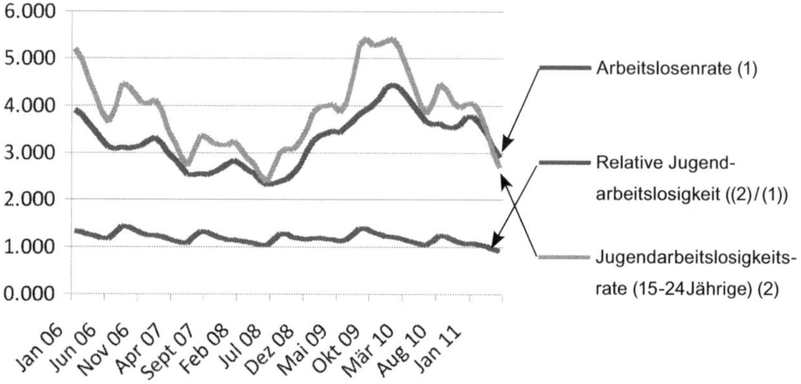

Quelle: Seco.

Die Unterschiede zwischen der Situation in der Schweiz und derjenigen in anderen europäischen Ländern können mehrere Ursachen haben. Allgemein werden die erfreulichen Kennzahlen der Schweiz oft durch folgende Faktoren erklärt:

- ■ ein Bildungssystem, das mittels der dualen Berufsbildung die Bedürfnisse der Unternehmen direkt berücksichtigt;

- ■ ein vergleichsweise schwach regulierter Arbeitsmarkt;

- ■ dezentrale Lohnverhandlungen, die bescheidene Lohnerhöhungen und eine hohe Produktivität begünstigen (Flückiger 1998).

Was die jungen Erwerbstätigen betrifft, sind das Bildungssystem und die Abwesenheit von Hürden beim Arbeitsmarkteintritt die relevantesten Faktoren. Breen (2005) klassiert die OECD-Länder nach zwei Kriterien: der Regulierung des Arbeitsmarkts und dem Signalwert der Ausbildung, d.h. nach dem Ausmaß, in dem Diplome ein zuverlässiger Indikator für Kompetenzen der Arbeitskräfte sind. Aus dieser Klassifikation geht hervor, dass die Schweiz neben Dänemark das einzige Land ist, das die Merkmalskombination eines schwachen Kündigungsschutzes und eines starken Signalwerts seiner Diplome aufweist. Letztere Eigenschaft ist im Wesentlichen auf das Berufsbildungssystem zurückzuführen, das in standardisierte, auf nationaler Ebene anerkannte Diplome mündet.

Abbildung 1 zeigt klar, dass sich die Schweiz in einer vorteilhaften Situation befindet. Das bedeutet allerdings nicht, dass alles in bester Ordnung ist. Eine Minderheit von ungefähr 10 % einer Alterskohorte in der Schweiz verlässt das Bildungssystem ohne Qualifikation. Im internationalen Vergleich stellt man fest, dass die Situation der Unqualifizierten in der Schweiz kaum erfreulicher ist als in der Mehrzahl der OECD-Länder (OECD 2008). Weber et al. (2011) zeigen, dass sich die Situation der jungen Unqualifizierten in der Schweiz seit 2003 verschlechtert hat. Die Ursachen dieses Phänomens sind zwar nicht sehr deutlich identifiziert, aber diese Studie zeigt, dass die Jugendarbeitslosigkeit nicht ignoriert werden sollte.

3. Theoretischer Rahmen

Der theoretische Rahmen, der von den Ökonomen hauptsächlich verwendet wird, ist das durch Becker (1964) bekannt gewordene Humankapitalmodell. Dieses funktioniert in Analogie zum finanziellen Kapital. Es entspricht dem Gesamt der „Fähigkeitsbündel", die bei potenziellen Arbeitgebern auf dem Arbeitsmarkt „angeboten" werden können. Das Humankapital kann durch eine Ausbildung oder eine betriebliche Lehre erworben worden, oder aber, im Falle von angeborenen Fähigkeiten und Prädispositionen, genetisch vererbt sein. Es kann sich um Körperkraft, Intelligenz, Gewandtheit oder sogar Schönheit handeln. In der Praxis ist es sehr schwierig, zwischen diesen beiden Formen von Humankapital zu unterscheiden. Der Wert des Humankapitals hängt einerseits vom Markt der Dienstleistungen ab, die dieses erbringt, welcher seinerseits von Angebot und Nachfrage abhängt. So hat zum Beispiel der Marktwert der Körperkraft im Zuge der Mechanisierung und Tertiarisierung der Wirtschaft abgenommen. Der Wert des Humankapitals hängt auch davon ab, wie lange man es verwerten kann. Aus diesem Grund wird der Erwerb von neuen Kenntnissen im Alter von 60 Jahren einen weniger hohen

Wert haben, als im Alter von 25 Jahren, denn die Zeitdauer, während der eine
Person diese Kenntnisse anwenden kann, ist kürzer. Das Konzept des Humankapitals beruht auf einem Investitionsentscheid. Das
Individuum steht vor der Entscheidung, seine Ausbildung fortzusetzen oder zu
versuchen, auf dem Arbeitsmarkt Fuß zu fassen. Dabei wird es die Kosten und
den Nutzen seiner Entscheidung abwägen. Letzterer kann monetär sein, z.B. in
Form eines höheren Salärs. Der Nutzen von Bildung geht jedoch weit über den
Rahmen des Arbeitsmarktes hinaus und erstreckt sich auch auf Bereiche wie die
Gesundheit, die Kultur oder die individuelle Anpassungsfähigkeit (für eine Übersicht über den nicht-monetären Nutzen von Bildung siehe Oreopoulos und Salvanes 2011). Die Kosten können in drei Kategorien unterteilt werden: die direkten
Kosten, die indirekten oder Opportunitätskosten und die psychischen Kosten. Zu
den direkten Kosten zählen die Schulgebühren und andere direkt mit dem Studium verbundene Kosten wie Unterkunft, Reisekosten, Anschaffung von Büchern
oder Informatikmitteln. Die indirekten Kosten ergeben sich aus dem Verzicht auf
andere Tätigkeiten aus Zeitgründen. Dabei handelt es sich im Wesentlichen um
das Erwerbseinkommen, das einem Individuum während der Ausbildung ent-
geht. In Zeiten hoher Arbeitslosigkeit werden diese Kosten weniger hoch sein,
weil die Chancen, erwerbstätig zu sein, sich vermindern. Die psychischen Kosten schließlich umfassen Schwierigkeiten wie Prüfungsstress, die Trennung von
der Familie oder die Monotonie langweiliger Veranstaltungen. Es versteht sich
von selbst, dass diese Kosten „negativ" sein können, da viele Leute das Studie-
rendenleben schätzen. Abgesehen von den psychischen Kosten hängt die Kosten-
struktur stark von den Bildungssystemen ab. In der Schweiz ist das Studium im
Vergleich zu anderen Ländern fast unentgeltlich, wodurch sich die Globalkosten
nur wenig von den Opportunitätskosten unterscheiden. Wenn dagegen die Studierenden oder ihre Familien für die Studienkosten aufkommen müssen, wie
dies etwa in den USA bei Tertiärausbildungen üblich ist, sind die direkten Kosten nicht mehr vernachlässigbar.

Die Investitionsentscheidung wird somit darin bestehen, die Gegenwartskos-
ten mit zukünftigen Erträgen zu verrechnen. Die Bedeutung der letzteren wird
von den Individuen abhängen. Unterschiedliche Temperamente bewirken, dass ein
und dieselbe Kosten-Nutzen-Struktur zu unterschiedlichen Bildungsentscheidungen führen kann. Geduldigere Individuen werden die zukünftigen Erträge stärker gewichten. Die Investition wird nota bene umso rentabler sein, je länger der
Zeitraum ist, während dessen deren Nettoertrag positiv ist. Aus diesem Grund
sind vor allem junge Menschen vor Bildungsentscheidungen gestellt. In diesem
Zusammenhang seien auch die Unterschiede zwischen Männern und Frauen er-

wähnt. Wenn letztere einen Erwerbsunterbruch (vorübergehend, andauernd oder teilweise) antizipieren, um sich ihren Kindern zu widmen, werden sie dies bei ihren Investitionsentscheiden berücksichtigen müssen. Dieser Unterbruch entspricht nämlich einer Periode, während welcher der Nettoertrag der alternativen Aktivität (d.h. der Erwerbstätigkeit) nicht realisiert wird. Ebenso muss man je nach Art der Ausbildung mit einer Entwertung des Humankapitals rechnen.

Wie es in einem ökonomischen Modell üblicherweise der Fall ist, wird die Ausbildungsdauer durch Überlegungen zum Grenznutzen bestimmt sein. Mit anderen Worten: Ein Individuum wird seine Ausbildung fortsetzen, wenn der Grenznutzen, der sich aus einem weiteren Ausbildungsjahr ergibt, die Grenzkosten, d.h. in der Schweiz die Opportunitätskosten, übersteigt. Der Grenznutzen beziffert sich ungefähr auf $[E(A)-E(A-1)]/r$, wobei $E(A)$ das Einkommen ist, das A Ausbildungsjahren entspricht, und r der Faktor ist, mit welchem das Individuum seine zukünftigen Einkünfte abdiskontiert.[4] Die Grenzkosten belaufen sich auf $K(A)=D+E(A-1)$, d.h. die direkten Kosten D plus die Einkünfte, die das Individuum hätte erzielen können, wenn es nicht in Ausbildung gewesen wäre. Anders gesagt investiert das Individuum $D+E(A-1)$, um $[E(A)-E(A-1)]/r$ zu verdienen. Die Ertragsrate dieser Investition berechnet sich, indem der Grenznutzen durch die Grenzkosten dividiert wird. In dieser Optik wird das Individuum so lange in seine Ausbildung investieren, wie der Ertrag aus seiner Investition höher ist als die Ertragsrate, die es auf dem Finanzmarkt realisieren kann. Diese Überlegungen gelten unter der Bedingung, dass die finanziellen Möglichkeiten unbegrenzt sind. In der Realität ist dies leider nicht der Fall. Der Zugang zu den Finanzmärkten hängt vom Haushaltsvermögen ab. Das bedeutet, dass der Zinssatz für arme Personen höher ist als derjenige für wohlhabende. Daraus folgt, dass eine der Variablen, die die Heterogenität der Bildungsniveaus erklären, die familiäre Vermögenssituation ist. Das nennt man Chancenungleichheit.

---

4   Ein Diskontsatz von beispielsweise 5 % bedeutet, dass ein Individuum der Frage gegenüber indifferent ist, ob es 100 Franken heute oder 105 Franken in einem Jahr erhält.

Abbildung 2: Chancenungleichheiten

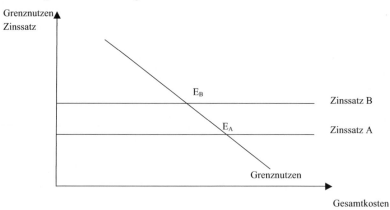

Anmerkung: Das relativ arme Individuum (B) ist mit einem höheren Zinssatz konfrontiert als das relativ reiche Individuum (A). Das bedeutet, dass die Bildungsinvestitionen, bei denen der Grenznutzen des Individuums B seinen Zinssatz erreicht, geringer sind als diejenigen von Individuum A.

Der zweite Faktor sind die Unterschiede bezüglich der Fähigkeiten. Der Nutzen einer Ausbildung auf dem Arbeitsmarkt hängt vom „Talent" der Individuen ab. Dieses Talent-Konzept deckt verschiedene Aspekte ab wie die Fähigkeit, etwas zu unternehmen, die sozialen Kompetenzen oder das Beziehungsnetz einer Person. Diese Attribute sind komplementär zu anderen Dimensionen des Humankapitals und ermöglichen es, den Bildungsertrag zu steigern. Man kann sich auch vorstellen, dass Talent die Ausbildungskosten senkt, weil mit Talent ausgestattete Personen eine Ausbildung müheloser weiter verfolgen. Damit ist impliziert, dass der Bildungsertrag mit jeder Bildungsstufe steigt. Dieser Umstand generiert eine zweite Quelle der Heterogenität der Bildungsniveaus, die der Ungleichheit der Fähigkeiten.

Abbildung 3:   Ungleichheiten bezüglich Fähigkeiten

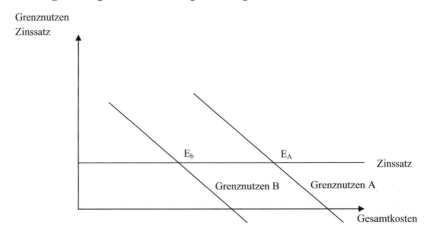

Anmerkung: Individuum A hat auf jeder Bildungsstufe einen höheren Bildungsertrag als Individuum B. Individuum A wird somit länger in Ausbildung bleiben wollen als Individuum B, denn auf dem Niveau E_B ist der Ertrag der Bildungsinvestitionen höher als der Zinssatz.

Der Bildungsstand der Eltern korreliert im Allgemeinen hoch mit demjenigen ihrer Kinder. Die Schweiz bildet hier keine Ausnahme, auch wenn die Korrelation tendenziell abgenommen hat, vor allem bei den Frauen (siehe Cattaneo et al. 2008; Falter et al. 2011). Gewisse institutionelle Faktoren wie die frühe Selektion der Kinder in leistungsgetrennte Schulzüge können diese Ungleichheiten verstärken (Bauer und Riphahn 2006). Leider ist es sehr schwierig, die Ungleichheit der Fähigkeiten und die Chancenungleichheit auseinander zu halten. Tatsächlich könnte es sein, dass sich die Korrelationen zwischen Eltern und Kindern aus den Fähigkeiten der Eltern ableiten lassen – und nicht aus sozialen Unterschieden. Indem die Ökonomen spezielle Populationen wie eineiige Zwillinge oder Adoptivkinder untersuchen (für eine Literaturübersicht siehe Black und Devereux 2011), versuchen sie zu bestimmen, welchen Anteil die „Anlage" und welchen Anteil die „Umwelt" am intergenerationellen Transfer hat. Die empirische Literatur hat diese Debatte nicht endgültig lösen können, sie anerkennt die Bedeutung der „Anlage"-Faktoren, ohne die „Umwelt"-bedingten sozialen Faktoren zu vernachlässigen.

Chancenungleichheit und Ungleichheit der Fähigkeiten erfordern je unterschiedliche politische Maßnahmen. Im Bezug auf letztere könnte eine Stipendi en- und Darlehenspolitik das Ungleichheitsproblem lösen. Maßnahmen bezüglich der Ungleichheit der Fähigkeiten bergen größere Schwierigkeiten. Sie können angeboren sein, was bedeutet, dass die Politik keine Möglichkeit zu handeln hat. Sie können jedoch auch auf soziale Unterschiede zurückgeführt werden: Wohlhabende Familien bereiten ihre Kinder von früh an besser auf den Schulerfolg vor. Eine Politik, welche die schulischen Ressourcen gezielt in Richtung benachteiligter Gruppen umverteilt, könnte diese Art Ungleichheit reduzieren.

Das Konzept der Bildungsentscheidungen bezieht sich auch auf einen rationalen Rahmen. Selbstverständlich berücksichtigen Individuen bei ihren Bildungsentscheidungen nicht nur das Einkommen, das sie in Zukunft erzielen werden. Dies einerseits, weil Bildungserträge weit über monetäre Aspekte hinaus gehen (siehe Oreolopoulos und Salvanes 2011) andererseits, weil Individuen sich oft an soziale Normen anpassen. In diesem Zusammenhang ist es interessant, sich mit den Geschlechtereffekten zu befassen. Falter und Wendelspiess Chavez Suarez (2011) haben gezeigt, dass sich Unterschiede bezüglich der Bildungsentscheidungen von Jungen und Mädchen in der Schweiz teilweise eher durch geschlechtsspezifisches Verhalten, als durch Angebots-Nachfrage-Mechanismen erklären. Ähnliche Ergebnisse wurden in den USA beobachtet (siehe Antecol und Cobb-Clark 2010). Dies unterstreicht, dass mit monetären oder rationalen Aspekten längst nicht alles erklärt werden kann. Die Hauptimplikation des Humankapitalmodells ist, dass monetäre Aspekte einen Einfluss haben. Anders gesagt wird der Bildungsstand positiv mit dem Haushaltsvermögen korrelieren, ebenso mit den auf dem Arbeitsmarkt beobachteten Erträgen. Diese Voraussagen des Modells sind allgemein bestätigt.

Wenn man sich für Bildungsentscheidungen interessiert, nimmt man an, dass die Jugendlichen oder ihre Eltern die monetären Erträge von Bildungsinvestitionen kennen. Dies ist allerdings nicht zwingend der Fall. Auf der Basis einer Befragung von Studierenden an den Universitäten Zürich und Bern zeigen Wolter und Zbinden (2001), dass die Bildungserträge bei Arbeitsmarkteintritt in der Regel korrekt antizipiert werden. Allerdings besteht eine starke Streuung nach Studienbereichen. Auch wenn die jungen Menschen eine relativ realistische Vorstellung der Bildungserträge haben, bedeutet dies noch lange nicht, dass sie auch die Heterogenität dieser Erträge berücksichtigen. So kann man Bildungserträge beobachten, ohne dass man selber individuell in der Lage ist, diese Erträge auf dem Arbeitsmarkt zu realisieren. Dies lässt sich an Hand eines Extrembeispiels illustrieren. Nehmen wir an, man stehe vor der Wahl zwischen einer Ausbildung zum Tennisspieler oder einer Spenglerausbildung. Dabei ist offensichtlich, dass Profi-Tennisspieler höhere Einkommen erzielen als Spengler. Ebenso offensichtlich ist jedoch, dass eine Ausbildung zum Tennisspieler nur dann hohe Erträge abwirft, wenn man in dieser Sportart sehr begabt ist. Dieses Extrembeispiel veranschaulicht, dass die individuellen Bildungserträge von den Merkmalen des Individuums und von der Verteilung dieser Merkmale in der Gesellschaft abhängen. Gemäß dieser Logik verspricht eine universitäre Ausbildung im Durchschnitt höhere Erträge, als zum Beispiel eine berufliche Grundbildung. Wie jedoch Belzil und Poinas (2011) auf der Basis von deutschen und französischen Daten gezeigt haben, gibt es eine beträchtliche Anzahl von Individuen, für welche eine berufliche Ausbildung mehr Ertrag abwirft als eine universitäre. Bildungsentscheidungen müssen somit unter Berücksichtigung des komparativen Vorteils getroffen werden, d.h. unter Berücksichtigung der Verteilung von Fertigkeiten in der Gesellschaft.

4. Eintritt in den Arbeitsmarkt

Wie wir gesehen haben, ist die Entscheidung, mit dem Studium fortzufahren, beeinflusst von dessen Kosten sowie dessen zukünftigen Erträgen. Es ist interessant, die Implikationen dieser Modellierung in einem vorgegebenen Rahmen zu beobachten. Welches ist beispielsweise der Einfluss der Konjunkturzyklen – z.B. einer Rezession – auf die Ausbildungsdauer? Diese Frage haben Messer und Wolter (2010) auf der Grundlage von Schweizer Daten zu den zwischen 1981 und 2001 erworbenen Hochschuldiplomen untersucht. In der Logik des Humankapitalmodells hat eine wirtschaftliche Krise mehrere Konsequenzen. Einerseits reduziert sie die Opportunitätskosten, da die Wahrscheinlichkeit, eine Stelle zu finden, vermindert und das erzielte Einkommen geringer ist. Andererseits sind die Möglichkeiten, das Studium zu finanzieren, ebenfalls reduziert. Dies kann mit erhöhten Kosten gleichgesetzt werden, denn die Studierenden werden eine alternative, vermutlich schwieriger zu mobilisierende Finanzierung finden müssen.

Die Ergebnisse von Messer und Wolter zeigen, dass die Arbeitslosenquote einen negativen Effekt auf die Studiendauer hat. Das bedeutet, dass eine hohe Arbeitslosigkeit die Möglichkeit einschränkt, während des Studiums erwerbstätig zu sein, und damit die Studierenden zu einem rascheren Abschluss drängt. Hier ist allerdings anzumerken, dass dieser Effekt nur im Rahmen von querschnittlichen Studien innerhalb eines bestimmten Landes zu beobachten ist. In Ländern mit höheren Arbeitslosenraten bleiben die Studierenden allgemein länger in Ausbildung. Ein weiteres interessantes Ergebnis dieser Studie ist das Verhältnis zwischen Lohn und Studiendauer. Laut Humankapitalmodell erhöhen hohe Löhne die Opportunitätskosten des Studiums, was für die Studierenden ein Anreiz zum Übertritt in den Arbeitsmarkt sein sollte. Gleichzeitig erleichtern höhere Löhne die Finanzierung des Studiums. Wir haben es somit mit einander entgegengesetzten Effekten zu tun, und welcher Effekt der dominierende ist, ist eine empirische Frage. Messer und Wolter stellen fest, dass die im dritten Studienjahr erzielten Saläre einen schwachen, statistisch nicht signifikanten (positiven) Effekt auf die Studiendauer haben, während der selbe Effekt im vierten Studienjahr negativ ist.

Idealerweise sollte sich der Entscheid, ins Erwerbsleben einzutreten, nicht nur auf die Kosten, sondern auch auf den Einfluss der Krise hinsichtlich der Bildungserträge abstützen. Eine Studie mit kanadischen Daten (Oreopoulos et al. 2006) zeigt, dass der Erwerb eines Diploms während einer rezessiven Phase nicht nur beim Arbeitsmarkteintritt ungünstige Auswirkungen auf die Stellensuche und die Lohnsituation hat, sondern auch längerfristig. Es braucht ungefähr zehn Jahre Berufserfahrung, um die beobachteten Einkommensunterschiede zwischen denjenigen auszugleichen, die ihr Diplom während einer Rezessionsphase erworben haben, und denjenigen, die ihren Abschluss während einer „normalen" wirtschaftlichen Phase gemacht haben. Von englischen Daten ausgehend zeigen Bell und Blanchlower (2011) oder Gregg und Tominey (2004), dass eine Arbeitslosigkeitsepisode im Alter von 23 Jahren unter sonst gleichen Bedingungen noch im Alter von 50 Jahren (desselben Individuums) einen negativen Effekt hat. Die Erfahrung, im Jugendalter arbeitslos zu sein, hat auch einen Einfluss auf nicht-materielle Aspekte wie die Lebenszufriedenheit. Der rationale Entscheid fällt dadurch eher zu Gunsten einer Verlängerung des Studiums aus, vorausgesetzt, man kann sich diese finanziell leisten.[5]

5. Art des Humankapitals und Berufseinstieg

Die rasche Eingliederung der jungen Menschen in den Arbeitsmarkt wird in der Schweiz oft mit dem Bestehen einer weit reichenden Berufsbildung, insbesondere mit der großen Bedeutung der Berufslehre in Verbindung gebracht. Letztere generiert ein spezifisches Humankapital und damit einen Produktivitätszuwachs für die Lehrabgängerinnen und -abgänger, entweder ausschließlich im Rahmen des Lehrbetriebs oder, in weniger eingeschränkter Weise, im Rahmen eines bestimmten Berufsfeldes. Müller und Schweri (2009) zeigen, dass Lehrlinge, die nach ihrem Abschluss im Lehrbetrieb weiter beschäftigt werden, von einem Einkommenszuwachs profitieren. Diese mit der Berufsbildung verbundenen Effekte sind allerdings nicht ohne Nachteile. Auch wenn die Allgemeinbildung (im Gegensatz zur Berufsbildung) nicht immer zu Kompetenzen führt, die sich auf dem

---

5   Es gilt zu beachten, dass die monetären Bildungsrenditen mit zunehmender Studiendauer
    kleiner werden.

Arbeitsmarkt direkt verwerten lassen, bietet sie doch eine gewisse Flexibilität. Umgekehrt können spezifische, an einen Beruf gebundene Kompetenzen verschiedene Konsequenzen nach sich ziehen. Zum einen besteht das Risiko, dass die Kompetenzen auf dem Arbeitsmarkt an Wert verlieren. Man nennt dies die Entwertung des Humankapitals. Weber (2010) zeigt, dass Berufsbildungsabsolventen mit einer stärkeren Entwertung ihres Humankapitals konfrontiert sind als Personen, die eine Allgemeinbildung absolviert haben. Dies kann auf die Schwierigkeit zurückzuführen sein, neue Kompetenzen zu erwerben, weil die ursprünglich erworbenen zu spezifisch oder im Zuge technologischen Wandels während eines Berufslebens veralten. Ein Beispiel hier für wäre die Funktion des technischen Zeichners, in der die Informatisierung dazu geführt hat, dass die zeichnerischen Fertigkeiten an Bedeutung verloren haben.

Die Spezifität des Humankapitals könnte auch die Lohnentwicklung bremsen. Lohnzuwächse ergeben sich oft aus Stellenwechseln oder aus der Fähigkeit, sich Zugang zu expandierenden Beschäftigungssektoren zu verschaffen. Die Kosten dieser Mobilität bestehen darin, dass die Arbeitskräfte das spezifische Humankapital ihrer vorherigen Anstellung verlieren. Weber und Falter (2011) zeigen, dass die Lohnzuwächse in der Schweiz im Wesentlichen der beruflichen Mobilität geschuldet sind. Sie machen auch deutlich, dass die Mobilitätskosten für Personen mit abgeschlossener Berufsbildung höher sind, als für solche mit einem allgemeinbildenden Abschluss. Das bedeutet theoriekonform, dass Berufsbildungsabsolventinnen und –absolventen einen wichtigen Teil ihres Humankapitals verlieren, wenn sie den Beruf wechseln müssen. Auf internationaler Ebene deutet eine kürzlich erschienene Studie (Hanushek et al. 2011) darauf hin, dass sich die Vorteile, die mit der Berufsbildung verbunden sind, mit zunehmendem Alter infolge verminderter Anpassungsfähigkeit verringern.

Im Rahmen der letzten Revision des Arbeitslosengesetzes sind die Bedingungen, unter denen junge Stellensuchende eine Stelle akzeptieren müssen, verschärft worden. Das bedeutet, dass ein junger Arbeitsloser weniger Spielraum hat, den Antritt einer Stelle zu verweigern, die außerhalb des Bereichs liegt, für den er ausgebildet wurde oder in dem er vorher beschäftigt war. Mit Blick auf die Ergebnisse von Weber und Falter (2011) scheint diese Politik auf Personen mit einem allgemeinbildenden Abschluss zugeschnitten zu sein. Für Berufsbildungsabsolventinnen und –absolventen dagegen dürfte sie negative Auswirkungen haben. Denn wenn man diese dazu zwingt, jedwede Stelle anzunehmen, kann dies zu bedeutenden Humankapitalverlusten führen.

Dieser Vergleich zwischen Berufs- und Allgemeinbildung sollte nicht dazu verleiten, die beiden Ausbildungstypen als etwas Gegensätzliches zu betrachten.

Die Berufsbildung hat ihre unbestreitbaren Vorteile. Einer der wichtigsten davon ist zweifellos, Jugendlichen, die zu Schulmüdigkeit neigen, eine motivierende Ausbildungslaufbahn zu bieten. Die Ergebnisse zeigen, dass Berufs- und Allgemeinbildung miteinander in Einklang gebracht werden müssen. Dieses scheinbar einfache Ziel stößt oft auf Widerstände, denn die kurzfristigen Bedürfnisse der Unternehmen stimmen nicht immer mit denjenigen der jungen Ausbildungsabgängerinnen und -abgänger überein. So gesehen ist eine grundsätzliche Änderung der Ausbildungsprogramme der Berufsbildung ohne Zweifel illusorisch. Es ist jedoch wichtig, Passerellen zwischen den verschiedenen Berufsbildungsgängen auf Sekundarstufe II zu schaffen. Denn damit könnten einerseits die Reibungsverluste vermindert werden, die die segregative Organisation der Sekundarstufe I verursacht (Felouzis et al. 2011) – vor allem mit Blick auf die Kinder mit Migrationshintergrund. Andererseits könnten damit die Hürden bezüglich des Zugangs zur berufsbildenden Tertiärstufe (Fachhochschule) abgebaut werden, was zweifellos viel versprechend wäre.

6. Schwach qualifizierte Jobs als Brücke zu einer dauerhaften Beschäftigung?

Eine der Hauptstoßrichtungen der AVG-Revision von 2010 bestand darin, junge Arbeitskräfte dazu zu zwingen, Beschäftigungen außerhalb des Feldes anzunehmen, in dem sie ausgebildet sind. Der Grundgedanke dieser Politik ist es, dass eine rasche Rückkehr ins Arbeitsleben auch dann Vorrang haben muss, wenn die fragliche Stelle nicht den Kompetenzen der stellensuchenden Person entspricht. Die empirische Frage, die sich daraus ergibt, lautet: Sind prekäre Beschäftigungsverhältnisse ein Sprungbrett in Richtung einer dauerhaften (Re-)Integration in den Arbeitsmarkt? Leider gibt es in der Schweiz keine ökonometrischen Studien, die sich mit dieser Frage beschäftigen. Zur Illustration seien zwei aktuelle ausländische Studien zitiert. Die erste befasst sich spezifisch mit schwach qualifizierten Arbeitslosen in Chicago (Autor und Houseman 2010). Die Autoren vergleichen zwei Typen von Sozialhilfeprogrammen. Im einen wird den Arbeitslosen wahlweise eine befristete oder eine dauerhafte Beschäftigung zugewiesen. Das Programm ist so gestaltet, dass die Zuweisung zu den beiden Beschäftigungsformen ein Zufallselement enthält. Damit kann die Wirkung der beiden Beschäftigungsstrategien auf das Einkommen mit Personen verglichen werden, die nicht platziert werden konnten. Wie vorauszusehen war, erhöht die Platzierung eines Arbeitslosen auf einer regulären Stelle dessen Einkommen und dessen Beschäftigungswahrscheinlichkeit. Die Zuweisung zu einer befristeten Stelle dagegen bringt keinen

Gewinn und kann gar zu schlechteren Aussichten führen, als wenn die Person gar nicht platziert worden wäre. Dieses Ergebnis ist äußerst bedeutsam, denn es stellt die Idee in Frage, dass eine Beschäftigung der Arbeitslosigkeit in jedem Fall, unabhängig von den Rahmenbedingungen, vorzuziehen sei. Eine holländische Studie (Graaf-Zijl et al. 2011) vergleicht Arbeitslose, welche eine befristete Anstellung gefunden haben mit solchen, die arbeitslos geblieben sind. Die befristeten Beschäftigungsverhältnisse haben zwar einen negativen Effekt auf die Dauer der Arbeitslosigkeit, beschleunigen aber die Rückkehr zu einer dauerhaften Beschäftigung nicht. Wiederum zeigt sich, dass prekäre Beschäftigungsverhältnisse nicht als Sprungbrett für unbefristete Stellen taugen. Wenn befristete Beschäftigungsverhältnisse dagegen keine negativen Auswirkungen haben – was bei der holländischen Studie der Fall ist –, dann kann eine Politik, die den Zugang zu prekären Arbeitsverhältnissen begünstigt, trotzdem wünschbar sein, weil sie den Betroffenen die Rückkehr zur Erwerbsarbeit ermöglicht.

7. Internationale Unterschiede: welches sind die Gründe?

Auch wenn die Jugendarbeitslosigkeit in allen OECD-Ländern höher ist als die Gesamtarbeitslosigkeit, sind die Unterschiede zwischen den Ländern doch Groß. Unabhängig von Konjunktureffekten nennen die Experten zwei Faktoren, die diesen Umstand erklären. Der erste betrifft die Berufsbildung. Es scheint offensichtlich, dass ein Bildungssystem, dessen Schwerpunkt auf der betrieblichen Berufslehre liegt, eine bessere Integration in den Arbeitsmarkt ermöglicht, insbesondere für die am schwächsten qualifizierten Arbeitskräfte. Entscheidend ist ebenfalls, Ausbildungsabbrüche zu vermeiden, seien sie berufsbildend oder schulisch. Auch wenn dieses Phänomen in der Schweiz in begrenztem Ausmaß zu beobachten ist, gilt es doch festzuhalten, dass die Situation der jungen Ausbildungslosen in der Schweiz kaum besser ist als in den anderen Ländern der OECD.

Der zweite Faktor, der das länderspezifisch unterschiedliche Schicksal der jungen Leute auf dem Arbeitsmarkt erklärt, sind die arbeitsmarktlichen Institutionen. Es sind allgemein junge Menschen mit geringem Qualifikationsniveau, die ein hohes Arbeitslosigkeitsrisiko aufweisen. Die Rekrutierungskosten können somit ein Hindernis für deren Einstellung sein. Auch gesetzlich festgelegte Minimallöhne können für deren Anstellung hinderlich sein. Denn einerseits vermindern sie den Anreiz, sich weiter zu qualifizieren, weil die Opportunitätskosten der Ausbildung steigen (Montmarquette et al. 2007), was sich bei ungünstigem Konjunkturverlauf für die Betroffenen rächen kann. Andererseits sind Minimallöhne oft in einer Höhe festgesetzt, die die Arbeitskosten für eine junge Person ohne Berufserfahrung prohibitiv (hoch) werden lassen. Aus diesem Grund legt die Hälfte der OECD-Länder mit Mindestlohnregelungen ein spezifisches Lohnniveau für junge Arbeitnehmende fest.

Der zweite institutionelle Aspekt sind arbeitsrechtliche Regelungen wie Kündigungsschutz, Urlaubsregelungen oder Entschädigungen im Falle von Vertragsauflösungen. Man mag den rechtlichen Schutz der Arbeitnehmenden beurteilen, wie man will: dessen Kosten werden hauptsächlich diejenigen tragen, die den Zugang zum Arbeitsmarkt suchen. Die Ökonomen nennen das „insider/outsider trade-off", das heißt es besteht eine Abwägung der Interessen derjenigen, die Arbeit haben und derjenigen, die welche suchen. Das wird sich darin niederschlagen, dass junge Arbeitnehmende vermehrt auf prekäre Beschäftigungsverhältnisse zurückgreifen müssen. Wenn die Konjunktur schwächelt oder der Arbeitgeber in (vorübergehenden) wirtschaftlichen Schwierigkeiten ist, werden die jungen Beschäftigten Ventilfunktion haben, da sie die flexibelsten Stellen auf dem Arbeitsmarkt besetzen. Je grösser der Unterschied zwischen prekären und normalen Arbeitsverhältnissen hinsichtlich der arbeitsrechtlichen Regelungen ist, desto stärker steigt die Wahrscheinlichkeit einer Segmentation des Arbeitsmarktes.

8. Schlussfolgerungen: ein (beinahe) ewiges Thema…

In der vorliegenden Literaturübersicht habe ich als roten Faden das Humankapitalkonzept verwendet. Diese Wahl ist gezwungenermaßen einschränkend, und die Themen, mit welchen sich die Wirtschaftswissenschaften befassen, sind sehr vielfältig. Nachstehend seien diejenigen kurz erwähnt, die mir am wichtigsten scheinen. Beginnen wir mir der (In-)Adäquanz zwischen (erworbener) Bildung und Erwerbsarbeit. Diese betrifft junge Menschen besonders und kann als Form von Arbeitslosigkeit betrachtet werden, da es sich um eine Unterauslastung der vorhandenen Ressourcen handelt. Diese ergibt sich oft daraus, dass junge Arbeitnehmende prekäre Beschäftigungsverhältnisse annehmen müssen. Sie kann, wie Falter und Pasche (2009) gezeigt haben, aus einer Asymmetrie der Information hervorgehen, da Arbeitgeber nicht immer sicher sind, über welche Kompetenzen die angestellte Person verfügt. Dadurch müssen junge Beschäftigte sich zuerst bewähren, bevor sie eine Beschäftigung erlangen, die ihren Fähigkeiten entspricht.

Die Situation der Ausbildungsabbrecherinnen und –abbrecher ist in sozialer Hinsicht Besorgnis erregend. Dies gilt in besonderem Ausmaß für ein Land wie die Schweiz, wo rund 90 % eines Altersjahrgangs einen Abschluss der Sekundarstufe II erwerben. Weil diese Gruppe in der Schweiz zahlenmäßig so klein ist, ist sie schwierig zu untersuchen. Die benachteiligten sozialen Schichten sind in den statistischen Datengrundlagen allgemein untervertreten, wodurch das Risiko von Zufallsergebnissen steigt. Nichtsdestotrotz müssen hier Anstrengungen unternommen werden, um die Determinanten des Abbruchs von nachobligatorischen Ausbildungen besser zu verstehen.

Im Zuge der Globalisierung und des technologischen Wandels ist die Nachfrage nach qualifizierten Arbeitskräften stark gestiegen, während die Nachfrage nach Arbeitskräften mittleren Qualifikationsniveaus eher stagniert oder gar abnimmt (für die Schweiz siehe Oesch und Rodríguez Menés 2010; auf internationaler Ebene vgl. Acemoglu und Autor 2010). Dieser Strukturwandel des Arbeitsmarkts ist aus Sicht der Ökonomen der Hauptgrund zur Erklärung der Erträge aus Bildung auf Tertiärstufe. In der Schweiz ist dieser Strukturwandel gekoppelt mit einem Mangel an tertiär qualifizierten Arbeitskräften. Dieser Befund rechtfertigt bei weitem politische Maßnahmen, die den Zugang zu Tertiärbildung fördern, selbst wenn diese Maßnahmen durch eine Verstärkung der Ungleichheiten begleitet sind. So zeigen etwa Carneiro et al. (2011), dass Erträge von Tertiärbildung für Populationen schwach sind, die durch öffentlich finanzierte politische Fördermaßnahmen zu einem Universitätsstudium ermuntert wurden. Belzil und Poinas (2010) kommen auf Grund einer Analyse von französischen und deutschen Daten zum Schluss, dass die Erträge einer universitären Bildung für diejenigen niedrig sind, die eine geringe Zugangswahrscheinlichkeit zu universitären Bildungsgängen haben. Diese Studien streichen hervor, wie unterschiedlich die Erträge universitärer Bildung sein können. Politik und soziale Aufstiegswünsche drängen junge Menschen in höhere Ausbildungen. Die Bildungspolitik sollte sich jedoch nicht darauf beschränken, den Übergang in Richtung akademischer Ausbildungen zu fördern, sondern dafür sorgen, dass diese Studiengänge sich auch für eine möglichst große Zahl von Absolventinnen und Absolventen auszahlen. Diese Herausforderung betrifft nicht nur den Übergang von der Schule ins Erwerbsleben, und auch nicht nur die Tertiärbildung, sondern das ganze Bildungssystem. Vor diesem Hintergrund wird vielleicht auch verständlicher, warum sich die Bildungsökonomie der Transition von der Schule ins Arbeitsleben nicht als spezifischem Untersuchungsfeld gewidmet hat.

Literatur

Acemoglu, Daron, und David H. Autor. 2010. Skills, Tasks and Technologies: Implications for Employment and Earnings. In *Handbook of Labor Economics Volume 4*, Hrsg. Orley Ashenfelter, David E. Card. Amsterdam: Elsevier.

Antecol, Heather, und Deborah A. Cobb-Clark. 2010. *Do Non-Cognitive Skills Help Explain the Occupational Segregation of Young People?* IZA Discussion paper no. 5093.

Autor, David H., und Susan N. Houseman. 2010. Do Temporary-Help Jobs Improve Labor Market Outcomes for Low-Skilled Workers? Evidence from "Work First". *American Economic Journal: Applied Economics* 2: 96–128.

Bauer, Philipp und Regina Riphahn. 2006. Timing of School Tracking as a Determinant of Intergenerational Transmission of Education. *Economics Letters* 91(1): 90-97.

Black, Sandra E., und Paul Devereux. 2011. Recent Developments in Intergenerational Mobility. In *Handbook of Labor Economics*, Hrsg. Orley Ashenfelter, David Card, Vol. 4B, Chapter 16. Amsterdam: Elsevier.

Becker, Gary S.. 1964. *Human Capital: A Theoretical and Empirical Analysis, with Special Reference to Education*. Chicago: University of Chicago Press.

Bell, David N.F., und David G. Blanchflower. 2011. Youth unemployment in Europe and the United States. *Nordic Economic Policy Review* 1: 11-44.

Belzil, Christian, und François Poinas. 2010. *Academic vs. Professionnal Education in France and Germany.* Swiss Leading House in the Economics of vocational Education. University of Geneva.

Breen, Richard. 2005. Explaining Cross-national Variation in Youth Unemployment – Market and Institutional Factors. *European Sociological Review* 21(2): 125-134.

Carneiro, Pedro, James J.Heckman und Edward Vytlacil. 2011. Estimating Marginal Returns to Education. *American Economic Review* 101(6): 2754-2871.

Cattaneo, Alejandra, Sandra Hanslin und Rainer Winkelmann. 2007. The Apple Falls Increasingly Far: Parent-Child Correlation in Schooling and the Growth of Post-Secondary Education in Switzerland. *Swiss Journal of Economics and Statistics* 143(2): 133–153.

Falter, Jean-Marc, Giovanni Ferro Luzzi und Federica Sbergami. 2011. The Effect of Parental Background on Track Choices and Wages. *Swiss Journal of Economics and Statistics* 147(2): 157-180.

Falter, Jean-Marc, und Cyril Pasche. 2009. Does Vocational Education Affect Employer Learning? Evidence from Switzerland. *Empirische Pädagogik* 23(4): 460-479.

Falter, Jean-Marc, und Florian Wendelspiess Chávez Juárez. 2011. Can Gender Traits Explain Job Aspiration Segregation? Working paper, University of Geneva. http://ssrn.com/abstract=1938282 (Stand:13. Februar 2012).

Felouzis, Georges, Samuel Charmillot und Barbara Fouquet-Chauprade. 2011. Les inégalités scolaires en Suisse et leurs déclinaisons cantonales: l'apport de l'enquête Pisa 2003. *Swiss Journal of Sociology* 37(1): 33-55.

Flückiger, Yves. 1998. The Labour Market in Switzerland: The End of a Special Case? *International Journal of Manpower* 19(6): 369-395.

de Graaf-Zijl, Marloes, Gerard J. van den Berg und Arjan Heyma. 2011. Stepping Stones for the Unemployed: The Effect of Temporary Jobs on the Duration Until (Regular) Work. *Journal of Population Economics* 24:107–139.

Gregg, Paul, und Tominey Emma. 2005. The Wage Scar from Male Youth Unemployment. *Labour Economics* 12(4): 487-509.

Hanushek, Eric A., Ludger Woessmann und Lei Zhang. 2011. General Education, Vocational Education, and Labor-Market Outcomes over the Life-Cycle. *NBER Working Paper, no. W17504.*

Messer, Dolores, und Stefan C. Wolter. 2010. Time-to-degree and the business cycle. *Education Economics* 18(1): 111-123.

Montmarquette, Claude, Nathalie Viennot-Briot und Marcel Dagenais. 2007. Dropout, School Performance, and Working while in School. *The Review of Economics and Statistics* 89(4): 752-760.

Müller, Barbara, und Jürg Schweri. 2009. Berufswechsel beim Übergang von der Lehre in den Arbeitsmarkt. *Schweizerische Zeitschrift für Bildungswissenschaften 31*(2): 199-227.

OECD. 2008. *OECD Employment Outlook 2008.* Paris, OECD.

OECD. 2010. *OECD Education at a Glance 2011.* Paris, OECD.

Oesch, Daniel, und Jorge Rodríguez Menés. 2011. Upgrading or Polarization? Occupational Change in Britain, Germany, Spain and Switzerland, 1990-2008. *Socio-Economic Review* 9(3): 503-531.

Oreopoulos, Philip, Till von Wachter und Andrew Heisz. 2006. *The Short- and Long-Term Career Effects of Graduating in a Recession: Hysteresis and Heterogeneity in the Market for College Graduates.* NBER Working Paper No. 12159.

Oreopoulos, Philip, und Kjell G. Salvanes. 2011. Priceless: The Nonpecuniary Benefits of Schooling. *Journal of Economic Perspectives* 25(1): 159-184.

Weber, Sylvain, Vahan Garibian, Giovanni Ferro Luzzi und Jean-Marc Falter. 2011. *Have Unskilled Youths Become More Vulnerable to Unemployment in Switzerland?* Working Paper, University of Genevahttp://ssrn.com/abstract=1715394 (Stand:13. Februar 2012).

Weber, Sylvain. 2010. *Human Capital Depreciation and Education Level: An Empirical Investigation.* Working Paper, University of Geneva. http://ssrn.com/abstract=1114483 (Stand:13. Februar 2012).

Weber, Sylvain, und Jean-Marc Falter. 2011. *Wage Growth: When the Type of Education Matters more than its Length.* Working Paper, University of Geneva. http://ssrn.com/abstract=1543906 (Stand:13. Februar 2012).

Wolter, Stefan C., und André Zbinden. 2001. *Rates of Returns to Education: The View of Students in Switzerland.* IZA Discussion paper no. 371.

Mechanismen des Arbeitsmarktgeschehens aus soziologischer Perspektive: theoretische Überlegungen und empirische Beispiele aus der Berufseinstiegsphase

Alexander Salvisberg

Die Charakterisierung der modernen Gesellschaft als *Arbeitsgesellschaft* verweist darauf, dass die Identität der Menschen, deren Sozialprestige und materiellen Lebenschancen zu großen Teilen über die Erwerbsarbeit und die berufliche Stellung vermittelt werden und die Arbeitswelt damit die Sozialstruktur prägt. Parallel dazu definiert das kulturelle Sinnsystem den Menschen als „Animal laborans" (Arendt 1981). Zentraler „Ort" der Zuordnung sozialer Positionen in der Arbeitsgesellschaft ist der *Arbeitsmarkt*. Der Erfolg auf dem Arbeitsmarkt entscheidet für die große Mehrheit der Individuen direkt oder indirekt (etwa über das Haushaltseinkommen oder die Rentenansprüche) über deren soziale Verortung und Lebensbedingungen (Kurtz 2009; Offe 2010; zu Ungleichheitsstrukturen in der Schweiz: Stamm et al. 2000).

Sozialwissenschaftliche Arbeitsmarktforschung zielt vor diesem Hintergrund auf die *Beschreibung* und *Erklärung* der arbeitsmarktlichen Mechanismen der Positionszuordnung. Zentral ist dabei die Grundeinsicht, dass der Arbeitsmarkt nicht als eine Abstraktion jenseits der Gesellschaft verstanden werden kann, sondern immer eingebettet ist in die strukturellen und kulturellen Rahmenbedingungen eines sozialen Gefüges – und diese gleichzeitig entscheidend prägt.

Der folgende Text besteht aus zwei sehr unterschiedlichen Teilen. Der erste Teil ist eine *Einführung in zentrale Dimensionen der Arbeitsmarktanalyse* und fasst wichtige Begriffe, Beziehungen und Mechanismen in einem Schema zusammen. Der zweite Teil widmet sich der *empirischen Untersuchung des Wandels des Arbeitsmarktes für Berufseinsteiger* und nimmt dabei Bezug auf die schematische Darstellung im ersten Teil.

1. Dimensionen der Arbeitsmarktanalyse

Das „*Schema Arbeitsmarkt*" (Abbildung) verarbeitet verschiedene Ansätze aus der soziologischen und ökonomischen Arbeitsmarktforschung zu einer modellhaften Darstellung und erlaubt es, einzelne Theoriestränge und empirische Untersuchungen in einem größeren Rahmen zu verorten.[1] Die folgenden Ausführungen folgen diesem analytischen Schema in der Beschreibung wichtiger Beziehungen und Mechanismen auf dem Arbeitsmarkt.

Schema Arbeitsmarkt

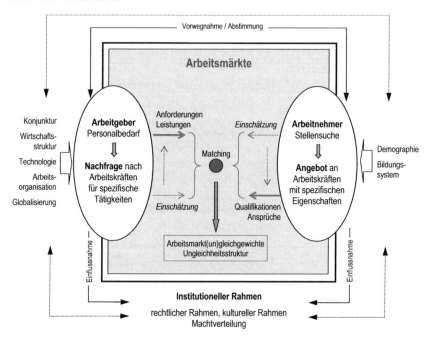

---

1   Für einen ausführlicheren Theorieüberblick siehe Sesselmeier und Blauermel (1998) und Abraham und Hinz (2008).

1.1   Nachfrage und Angebot

Auf einem Markt begegnen sich Nachfrage und Angebot. Im Falle des Arbeitsmarktes stehen auf der einen Seite die Arbeitgeber mit ihrem Personalbedarf. Im Aggregat ergibt sich daraus die Nachfrage nach Arbeitskräften, die spezifische Tätigkeiten ausführen sollen. Auf der anderen Seite finden sich die (potentiellen) Arbeitnehmer. Im Aggregat bilden diese das Angebot an Arbeitskräften. Auch hierbei handelt es sich nicht um eine homogene Masse, sondern um Menschen mit jeweils spezifischen Eigenschaften. Differenziert nach der zu leistenden Tätigkeit formulieren die Arbeitgeber Anforderungen an Stelleninhaber und offerieren Gegenleistungen für die zu erbringende Arbeitsleistung. Umgekehrt treten die Arbeitnehmer mit ihren Qualifikationen und Ansprüchen auf den Arbeitsmarkt. Beide Seiten haben dabei Vorstellungen über die Idealbesetzung respektive ihre Wunschstelle und nehmen anhand ihrer Kriterien eine entsprechende Einschätzung der anderen Seite vor. Das Ergebnis dieser Einschätzung bezeichnet Thurow (1975) mit der Metapher der „Warteschlangen": In einer *Labor Queue* ordnen die Arbeitgeber entsprechend ihrer Präferenzen Typen potentieller Arbeitnehmer für eine bestimmte Art von Stelle, während umgekehrt die Arbeitskräfte vorhandene Stellen nach ihrer Attraktivität, in einer *Job Queue* rangieren.

Sowohl Arbeitgeber als auch Arbeitnehmer sind sich bewusst, dass sie ihre Anforderungen und Leistungen respektive ihre Qualifikationen und Ansprüche auch nach den *Möglichkeiten und Erwartungen der Gegenseite* ausrichten müssen. So können Arbeitgeber aufgrund ihrer Einschätzung des vorhandenen Qualifikationspools bereit sein, ihre Anforderungen zu reduzieren, oder Stellensuchende müssen angesichts der faktischen Möglichkeiten ihre Lohnvorstellungen zurückschrauben. Arbeitgeber und Arbeitnehmer versuchen aber auch die Situation auf dem Arbeitsmarkt *frühzeitig einzuschätzen* und längerfristige Entscheidungen darauf abzustimmen. Auf Seiten der Arbeitgeber betrifft dies zum Beispiel die Standortwahl. Je nach der Art des Personalbedarfs beeinflusst die lokale Verfügbarkeit von hochqualifizierten Mitarbeitern oder aber von möglichst kostengünstigen Arbeitskräften den Standortentscheid eines Betriebs. Doch auch Arbeitnehmer versuchen ihre Chancen auf dem Arbeitsmarkt längerfristig zu optimieren. Ein Beispiel dafür sind Bildungsentscheide, die im Nachhinein nicht – oder nur mit großem Aufwand – revidiert werden können. Humankapitaltheoretische Überlegungen gehen davon aus, dass Menschen in der Absicht ihr Lebenseinkommen zu maximieren, Zeit, Geld und Anstrengung in Bildung investieren und damit die Situation auf dem künftigen Arbeitsmarkt antizipieren (Becker 1993; Pies und Leschke 1998). Auf dieser Grundlage kann postuliert werden, dass verschiedene Gruppen von Arbeitnehmern (etwa Männer und Frauen), die unterschiedliche Bildungsrenditen erwarten, auch unterschiedliche Bildungsentscheide treffen werden.

Im Aggregat resultiert schließlich aus den gelungenen und nicht gelungenen Matchingprozessen ein Gleichgewicht von Angebot und Nachfrage, respektive ein größeres oder kleineres *Ungleichgewicht*, wenn entweder nicht die ganze Arbeitskräftenachfrage adäquat gedeckt werden kann (Nachfrageüberhang) oder es umgekehrt, Stellensuchenden nicht gelingt, eine passende Stelle zu erhalten (Angebotsüberhang). Der *Nachfrageüberhang* in einzelnen Teilen des Arbeitsmarktes wird seit einiger Zeit als *Fachkräftemangel* thematisiert. Zentraler Aspekt dabei ist, dass eine Volkswirtschaft ihr Potential nur dann auszuschöpfen vermag, wenn die Unternehmen auch die passenden Mitarbeitenden rekrutieren können.[2] Auf der anderen Seite führt ein *Angebotsüberhang* dazu, dass Personen, welche eine Lohnarbeit suchen, keine Stelle erhalten und somit als *arbeitslos* gelten (ausführlich dazu: Mayerhofer 2008). Ein Ungleichgewicht auf dem Arbeitsmarkt bedeutet jedoch nicht, dass generell zu wenige Arbeitskräfte respektive zu wenige offene Stellen vorhanden sind. Viel eher entsprechen Anforderungen und Leistungen personalsuchender Arbeitgeber für gewisse Stellen nicht den Qualifikationen und Ansprüchen stellensuchender Arbeitnehmer. Ein Nachfrageüberhang in einem Segment des Arbeitsmarktes und ein Angebotsüberhang in einem anderen Segment können so durchaus gleichzeitig vorliegen.

Doch auch erfolgreiche Matchings, die Stellensuchende und Stellen einander zuordnen, führen zu qualitativ sehr unterschiedlichen Resultaten. Die großen *Unterschiede zwischen den verschiedenen Stellen* etwa bezüglich Lohn, Arbeitsplatzsicherheit, Aufstiegsmöglichkeiten, formaler Autorität, gesellschaftlichem Status oder persönlichen Gestaltungsmöglichkeiten sind die Quelle der arbeitsmarktvermittelten sozialen Ungleichheit. Den Mechanismen der arbeitsmarktlichen Positionszuordnung kommt so eine herausragende soziale Bedeutung zu.

1.2 Anforderungen und Qualifikationen

Für die Rangierung der Arbeitskräfte in der Labor Queue legen die Arbeitgeber eine Reihe von Kriterien fest. Diesen Anforderungen stehen die Qualifikationen der Arbeitnehmer gegenüber. Der Begriff der Qualifikation wird hier also aus einer Arbeitsmarktperspektive verstanden und bezieht sich auf diejenigen Eigenschaf-

---

2   Der Fachkräftemangel stellt insbesondere für wirtschaftlich wenig entwickelte Regionen ein ernsthaftes Problem dar („Braindrain"). In welchem Ausmass und in welchen Arbeitsmarktsegmenten in Europa tatsächlich ein Fachkräftemangel zu beobachten ist, ist umstritten (für die Schweiz vgl. Kägi et al. 2009; einen kritischen Blick auf die Debatte wirft Niggemeyer 2011).

ten einer Person, welche im Hinblick auf ihre arbeitsmarktliche Verwertbarkeit zu *Bewertungskriterien* für die relative Rangierung in der Labor Queue werden. Dazu gehören Befähigungskriterien, Zuschreibungskriterien und Zusatzkriterien.

Befähigungskriterien gelten als berufliche Qualifikationen im engeren Sinne und beziehen sich auf die Kenntnisse, Fähigkeiten, Fertigkeiten, Einstellungen und Werthaltungen, über die eine Person als Voraussetzung für die Ausübung ihrer beruflichen Tätigkeit verfügen soll. Dazu gehören *formale Qualifikationen*, die mit einer zertifizierten Ausbildung verknüpft und entsprechend standardisiert sind. Schulzeugnisse, Fähigkeitsausweise, Weiterbildungszertifikate etc. versprechen dem potentiellen Arbeitgeber das Vorhandensein gewisser Kenntnisse und Fähigkeiten und ersparen ihm so die individuelle Prüfung jedes Stellenbewerbers. Darüber hinaus gelten die formalen Bildungserfolge als Indikator für die künftige Lernfähigkeit, den Einsatzwillen und andere schwieriger zu erfassende Qualitäten. Formale Qualifikationen sind so ein wichtiges Signal, das den Arbeitgeber die Eignung eines Bewerbers für eine bestimmte Stelle abschätzen lässt.

Ebenso wichtig wie die formalen Qualifikationen sind *informelle Qualifikationen*. Es handelt sich dabei einerseits um informell erworbene *sachliche Kenntnisse und Fähigkeiten*, andererseits um *Persönlichkeitseigenschaften, individuelle Begabungen, Tugenden und Werthaltungen*. Zusammenfassend können diese Qualifikationen als *Soft Skills* bezeichnet werden, in Abgrenzung zu den formal erworbenen und zertifizierten *Hard Skills*. Soft Skills sind fachunspezifisch, können also für eine Vielzahl unterschiedlicher beruflicher Tätigkeiten als Bewertungskriterium herangezogen werden und umfassen Methodenkompetenzen, Sozialkompetenzen und Selbstkompetenzen (ausführlich dazu: Salvisberg 2010).

Zusätzlich zu den grundsätzlich erwerbbaren Befähigungskriterien beeinflussen auch *zugeschriebene Merkmale* die Rangierung eines potentiellen Arbeitnehmers in der Labor Queue. Dazu gehören etwa *Geschlecht, Alter* oder *ethnische Zugehörigkeit*. Dass solchen Kriterien eine grosse Bedeutung zukommt, wird ökonomisch mit Unterschieden in der erwarteten Produktivität zwischen einzelnen Arbeitnehmergruppen begründet. *Statistische Diskriminierung*[3] ersetzt die aufwändige Prüfung der individuellen Eignung. In dieser Perspektive dienen Zuschreibungskriterien als Näherungswerte für schwer zu erfassende Befähigungskriterien und werden insbesondere für die Abschätzung der Soft Skills herangezogen. So kann etwa die Erwartung, dass jemand über gewisse Persönlichkeitseigenschaften verfügt, mit der sozialen Herkunft begründet werden oder

---

3   "[Statistical discrimination] occurs wherever an individual is judged on the basis of the average characteristics of the group, or groups, to which he or she belongs rather than upon his or her own characteristics" (Thurow 1975:172).

persönliche Stärken werden nach Geschlecht oder ethnischer Zugehörigkeit zugeordnet. Angesichts dessen allerdings, dass sich diese ökonomische Erklärung für die statistische Diskriminierung empirisch nur beschränkt bestätigen lässt, verorten kulturell-machtpolitisch argumentierende Theorieansätze die Ursachen für die unterschiedliche Behandlung ganzer Arbeitnehmergruppen außerhalb des Arbeitsmarktgeschehens (für die Geschlechterdiskriminierung vgl. Bielby und Baron 1986). Der Schluss von zugeschriebenen Merkmalen auf vorhandene Soft Skills und die daraus abgeleitete statistische Diskriminierung würde damit nicht auf realen Gruppenunterschieden beruhen, sondern auf kulturellen Mustern, welche im Interesse der Stabilisierung der Machtverhältnisse laufend reproduziert werden.

Schließlich spielen *zusätzliche Kriterien* eine Rolle auf dem Arbeitsmarkt, so zum Beispiel die zeitliche und räumliche Verfügbarkeit oder körperliche Eigenschaften. Dabei gilt etwa auch das *Aussehen* als Indikator für arbeitsmarktrelevante Persönlichkeitseigenschaften, gelten doch Menschen mit einem attraktiven Gesicht etwa auch als intelligenter, ehrlicher, fleißiger und kreativer (Braun et al. 2001: 44).

Eine naheliegende *Erklärung für die Wichtigkeit der Qualifikationen* als arbeitsmarktliche Bewertungskriterien sind die für die Ausführung der Tätigkeit notwendigen Fähigkeiten und Eigenschaften. Ein Informatiker muss entsprechende Kenntnisse mitbringen, ein Arzt über das im medizinischen Studium vermittelte Fachwissen verfügen und eine Serviertochter zumindest freundlich und einsatzwillig sein. Dieses an sich plausible Argument greift allerdings zu kurz. Grundsätzlich lassen sich vier Perspektiven zur Erklärung der Qualifikationsanforderungen unterscheiden (vgl. Cohen und Pfeffer 1986): 1. Die *technische Perspektive*: Hier prägen die substantiellen, funktionalen Tätigkeitsanforderungen die Anstellungskriterien. 2. Die *Kontroll-Perspektive*: Hier gelten Bildungsabschlüsse als Indikator für die Zuverlässigkeit und Loyalität eines Bewerbers und für dessen Bereitschaft, sich in vorgegebene Norm- und Wertsysteme einzufügen. In einer weiter gefassten Version sind es generell die im Ausbildungsgang vermittelten Soft Skills, welche von den Arbeitgebern honoriert werden (Bowles und Gintis 2002). 3. Die *institutionelle Perspektive*: Hier werden Ausbildungsanforderungen dadurch begründet, dass diese den normativen Erwartungen der Organisations-Umwelt entsprechen und die Anstellungspraxis sich gegenüber Mitarbeitern, Geschäftspartnern und Kunden zu legitimieren hat.[4] 4. Die *organisationspolitische Perspektive*: Hier sind die gestellten Anforderungen auch ein

---

4   Entsprechend gross ist denn auch die öffentliche Empörung, wenn ein über Jahre in seiner
     Tätigkeit erfolgreicher und mehrmals beförderter Arzt und Psychiater sich als Hochstapler
     entpuppt, der keinerlei einschlägige Ausbildung abgeschlossen hat (Postel 2001).

Resultat der Interessen unterschiedlicher Akteure in einer Organisation. Empirisch zeigt sich, dass der funktionale Arbeitszusammenhang zwar wichtig für die Erklärung der verlangten Qualifikationen ist, zusätzlich aber auch andere Faktoren eine wichtige Rolle spielen.

Direkt verknüpft mit der Begründung von Qualifikationsanforderungen ist die Frage, weshalb ein enger Zusammenhang zwischen Bildungsniveau und Arbeitsmarkterfolg, gemessen etwa am Einkommen, besteht (für eine Übersicht vgl. Bills 2003). Die Humankapitaltheorie postuliert einen direkten Zusammenhang von Bildungsabschluss und Produktivität, die durch den Arbeitgeber entsprechend honoriert wird. Allerdings ist dieser individualisierte Produktivitätsbegriff problematisch, wird die Produktivität eines Arbeitnehmers doch in erster Linie durch seine Position definiert und nur innerhalb dieses Rahmens durch individuelle Qualitäten beeinflusst (Thurow 1975). Auch lässt sich angesichts des komplexen Interaktionszusammenhangs in größeren Unternehmen der Beitrag einer einzelnen Person zum Gesamtergebnis kaum ermitteln (Offe 1970: 11ff). Schließlich erklärt die Humankapitalausstattung nur einen sehr beschränkten Teil der Einkommensdifferenzen, was die Aussagekraft der entsprechenden Modelle relativiert (Bowles et al. 2001).

Während funktionalistische und ökonomische Ansätze an der meritokratischen Begründung von Bildungsrenditen festhalten (Bildung als direktes oder wenigstens indirektes Signal für Kompetenzen und Leistungsfähigkeit), verweisen credentialistische Argumente auf die Bedeutung von Ausbildungsabschlüssen an sich, unabhängig von eventuell damit einhergehenden Fähigkeiten (Bills 2004). Kritische Positionen betonen dabei die soziale Schließungsfunktion von Bildungszertifikaten, die in erster Linie der Stabilisierung der bestehenden Strukturen sozialer Ungleichheit und der intergenerationellen Reproduktion der Statusgruppen dient (Bourdieu et al. 1981).

1.3 Leistungen und Ansprüche

Mit dem Abschluss eines Arbeitsvertrages gehen die Vertragspartner eine auf eine gewisse Dauer angelegte *Beziehung* ein, in welcher sich der Arbeitnehmer persönlich verpflichtet, dem Arbeitgeber seine Arbeitskraft zur Verfügung zu stellen und sich in einem durch den Arbeitszusammenhang definierten Rahmen seiner Autorität zu unterstellen. Für die Nutzung seiner Arbeitskraft erhält der Arbeitnehmer einen Lohn und weitere Gegenleistungen. Diese Leistungen dienen einerseits als Anreiz bei der Personalsuche: Geeignete Arbeitnehmer sollen dazu bewogen werden, eine ausgeschriebene Stelle oben in ihrer Job Queue zu rangieren. Andererseits haben die Gegenleistungen des Arbeitgebers – und die

Aussicht auf mehr oder weniger Gegenleistung in Zukunft – aber auch die Funktion, längerfristig die Leistungsbereitschaft und Motivation des Arbeitnehmers sicherzustellen oder diesen nötigenfalls zu disziplinieren.

Obwohl in einem Arbeitsvertrag wichtige Rechte und Pflichten schriftlich fixiert sind, ist ein Arbeitsverhältnis in mehrfacher Hinsicht *unterbestimmt* und beruht immer auch auf Erwartungen an die Gegenseite, die nur unvollständig explizit gemacht werden, teilweise auch kaum zu überprüfen sind. Diese Unterbestimmtheit eröffnet Handlungsspielräume auf beiden Seiten, was etwa die flexible Reaktion auf kurzfristig sich ändernde äußere Bedingungen erleichtert. Da sich die Interessen von Arbeitgebern und Arbeitnehmern aber oft nicht decken, versuchen die Arbeitgeber sicherzustellen, dass die Arbeitnehmer den Freiraum nicht einseitig zu ihren Gunsten ausnützen und in ihrem Arbeitseinsatz merklich unter der möglichen Höchstleistung zurück bleiben („shirking" oder „moral hazard", vgl. Eisenhardt 1989; Abraham und Hinz 2008: 26ff). Durch arbeitsorganisatorische Maßnahmen (z.B. Überwachung der Tätigkeit oder Leistungsmessung) kann der Arbeitgeber versuchen, seinen Informationsstand zu verbessern und durch die Ausgestaltung der Lohnmodelle (Leistungslohn, Gewinnbeteiligung, Effizienzlohn etc.) oder das Versprechen anderer Gegenleistungen (etwa längerfristige Arbeitsplatzsicherheit, Karriereaussichten) die Interessen des Arbeitnehmers mit seinen eigenen besser in Deckung zu bringen. Allerdings kann auf Dauer die Leistungsbereitschaft der Arbeitnehmer nur garantiert werden, wenn diese zu einem guten Teil auch aus *intrinsischen Motiven* erfolgt (Frey und Osterloh 2000).

Eine eng geführte ökonomische Sicht des arbeitsmarktlichen Tausches von Arbeitsleistung gegen Lohn geht von der freien Interessenabwägung der Akteure aus. Arbeitslosigkeit entsteht in dieser Perspektive zum großen Teil „freiwillig", wenn die Arbeitnehmer nicht bereit sind, ihre Lohnansprüche genügend zu reduzieren. Dabei geht vergessen, dass Arbeitgeber und Arbeitnehmer mit ganz unterschiedlicher *Verhandlungsmacht* ausgestattet sind. Dieses Machtgefälle ergibt sich insbesondere daraus, dass die große Mehrheit der Arbeitnehmer in Ermangelung von Alternativen existentiell auf das Einkommen durch Erwerbsarbeit angewiesen ist. Abraham und Hinz (2008: 40) sprechen vom „Zwangscharakter der Arbeitsmarktteilnahme". Die beschränke Verfügbarkeit adäquat qualifizierter Mitarbeiter für anspruchsvolle Tätigkeiten sowie die institutionellen Regelungen in den fortgeschrittenen Industrieländern vermögen die Verhandlungsmacht der Arbeitnehmer ein Stück weit anzuheben und ermöglichen es ihnen, sich einen größeren Teil des erwirtschafteten Mehrwerts zu sichern. Umgekehrt besteht für eine Masse unqualifizierter Arbeitskräfte, zumal in Ländern mit schwach ausgestalteten gesetzlichen Schutzbestimmungen, kaum ein Entscheidungsspielraum jenseits der Überlebenssicherung.

1.4 Arbeitsmarktsegmentation

Da sowohl Nachfrage als auch Angebot auf dem Arbeitsmarkt eine qualitative Struktur haben, ist es sinnvoll, statt von einem Arbeitsmarkt von einer Vielzahl von *Arbeitsmärkten* oder *Arbeitsmarktsegmenten* zu sprechen. Dabei verweist die Unterscheidung von Arbeitsmarktsegmenten darauf, dass bestimmte Arbeitsplätze grundsätzlich nur für bestimmte Gruppen von Erwerbstätigen überhaupt zugänglich sind. Gleichzeitig unterscheiden sich einzelne Segmente und ihre Funktionslogiken auch qualitativ voneinander. Der auf den Arbeitsmarktkontext in den deutschsprachigen Ländern zugeschnittene Segmentationsansatz von Sengenberger (1978) unterscheidet drei Hauptsegmente: Einen berufsfachlichen Arbeitsmarkt, einen innerbetrieblichen Arbeitsmarkt und einen Jedermannarbeitsmarkt.

Im *berufsfachlichen Segment* eröffnet die zertifizierte Ausbildung den Zugang zu einem *unternehmensunspezifischen* Arbeitsmarkt. Entsprechend den verschiedenen Ausbildungsberufen umfasst dieser Arbeitsmarkt zahlreiche einzelne Segmente, welche jeweils nur über einen einschlägigen, formalen Abschluss zugänglich sind.

Innerbetriebliche Arbeitsmärkte entstehen in größeren Unternehmen und staatlichen Behörden, welche ihren Mitarbeitern interne Karrieren ermöglichen. Neben den fachlichen Qualifikationen besteht das individuelle Humankapital in diesem Fall aus der *betriebsspezifischen* Erfahrung, die – im Gegensatz zum Fachwissen – außerhalb des jeweiligen Unternehmens nur von geringer Verwertbarkeit ist. Diese Kenntnisse und die tieferen Kosten der internen Rekrutierung verhelfen bewährten Mitarbeitern zu einem Bonus in Bezug auf die Rangierung in der Warteschlange der Arbeitskräfte. Auf dem externen Arbeitsmarkt werden in erster Linie *Einstiegspositionen* angeboten, die oft mit der Aussicht auf künftige Förderung und Beförderung verknüpft sind. Entsprechend attraktiv sind solche Stellen denn auch für die Stellensuchenden, was den Arbeitgebern wiederum erlaubt, die Anforderungen überdurchschnittlich hoch anzusetzen.

Personen ohne oder mit einer nicht nachgefragten fachlichen Ausbildung finden sich auf dem *Jedermannarbeitsmarkt* wieder, der definitionsgemäß kaum Anforderungen an die formalen Qualifikationen stellt. Stattdessen können je nach Stelle etwa Zuschreibungskriterien, die körperliche Leistungsfähigkeit oder informell erworbene Fähigkeiten eine größere Rolle spielen.

Ein Unternehmen kann durchaus einen internen Arbeitsmarkt pflegen und gleichzeitig einen Teil des Personalbedarfs auf dem Jedermannarbeitsmarkt decken. Mit der Unterscheidung einer *Stamm-* und einer *Randbelegschaft* werden die unentbehrlichen Kompetenzen qualifizierter Mitarbeiter in den Kernbereichen der Unternehmenstätigkeit gesichert, während die leichter austauschbaren, wenig qualifizierten Angestellten in peripheren Bereichen für die entsprechende numerische Flexibilität sorgen. Diese Spaltung in einen *primären* (attraktive Stellen für gut qualifizierte, „teure" Mitarbeitende) und einen *sekundären* Arbeitsmarkt (mit prekären Anstellungsverhältnissen für wenig qualifizierte, „billige" Arbeitskräfte) findet nicht nur innerhalb einzelner Unternehmen statt, sondern auch zwischen denjenigen Firmen, die sich für eine „high road"-Strategie modernster Organisations- und Produktionsformen entscheiden und solchen, die eine „low road"-Strategie möglichst kostengünstiger Massenproduktion mit unqualifizierten Arbeitskräften wählen (Kalleberg 2003).

Eine weitere arbeitsmarktliche Trennungslinie lässt sich zwischen denjenigen Arbeitskräften ziehen, die bereits in einem Unternehmen angestellt sind, den *„Insidern"*, und solchen, die sich um eine Anstellung bemühen, den *„Outsidern"* (Lindbeck und Snower 2001). Dank ihrer Bedeutung für das Unternehmen und den mit einem Personalwechsel verbundenen Kosten haben Insider (insbesondere im primären Arbeitsmarkt) eine privilegierte Stellung gegenüber Outsidern und können aufgrund ihrer gestärkten Verhandlungsmacht ihre Interessen (etwa bezüglich Lohn oder Arbeitsplatzsicherheit) besser durchsetzen. Institutionelle Regelungen (z.B. Kündigungsschutz) können die Insider gegenüber Outsidern weiter privilegieren. Kürzlich neu eingestellte Mitarbeiter („Entrants") nehmen eine Zwischenstellung ein – und laufen damit Gefahr, bei einem Personalabbau als erste wieder entlassen zu werden („last in first out").

1.5 Institutioneller Rahmen

Das Wechselspiel von Nachfrage und Angebot auf den Arbeitsmärkten ist immer eingebettet in einen institutionellen Rahmen. Mit Institutionen sind die *„Spielregeln"* und die Verteilung von *Rechten und Pflichten*, aber auch die *Erwartungen* der Akteure angesprochen, welche das Handlungsfeld strukturieren (North 1992; Abraham und Hinz 2008: 46ff). Ein Teil dieser Institutionen sind gesetzliche *Normen*, zum Beispiel das Arbeitsrecht oder das Arbeitslosengesetz. Im weiteren Sinn bildet aber auch das umfassende Rechtssystem und letztlich die staatlich garantierte Rechtssicherheit den Rahmen der individuellen Arbeitsverträge. Viele arbeitsmarktliche Normen zielen darauf, das aus dem Zwangscharakter der Arbeitsmarktteilnahme resultierende Machtungleichgewicht ein Stück weit zugunsten der Arbeitnehmer auszugleichen. Die gesetzlichen Bestimmungen definieren aber nicht nur den Spielraum arbeitsvertraglicher Abmachungen, sondern fließen bereits in das Kalkül der Marktteilnehmer ein und beeinflussen so die Rangierung in der Labor respektive Job Queue.[5]

Neben gesetzlichen Bestimmungen prägen *informelle Normen und Wertvorstellungen* die Erwartungen der Arbeitsmarktakteure und die Einschätzung dessen, was „sich gehört" oder was „gerecht" ist. Zum Beispiel können kulturell tradierte Ansichten über geschlechtsspezifische Tätigkeitsfelder für die relative Rangierung von Männern oder Frauen in der Labour Queue ausschlaggebend sein. Dabei ist die Grenze zwischen zwingenden Normen und etablierten Praktiken oft fließend. Ein wichtiger Bereich derartiger institutionalisierter Praktiken betrifft den Zugang zu einzelnen beruflichen Tätigkeiten. Viele Berufe sind nur über den entsprechenden formalen Ausbildungsabschluss überhaupt zugänglich. Mit solchen *Zugangsbarrieren* soll einerseits die Qualität der jeweiligen Dienstleistungen sicher gestellt und den Erwartungen des Publikums entsprochen werden, gleichzeitig sind damit aber auch Prozesse der *sozialen Schließung* verbunden. Dies sichert die Position der jeweiligen Gatekeeper und schützt gleichzeitig die Stelleninhaber vor („billiger") Konkurrenz. Die *Verberuflichung* von Tätigkeiten umfasst denn auch immer beide Aspekte: Die Setzung fachlicher Standards durch die Normierung der Ausbildung (was auch für Arbeitgeber die Personalrekrutierung vereinfacht) und die Sicherung exklusiver Arbeitsmarktchancen für die Absolventen dieser Ausbildung (Konietzka 1999).

Professionalisierung bezeichnet das über die Verberuflichung hinaus gehende Bestreben einer Berufsgruppe, über Ausbildungsgänge, Zulassungsbestimmungen, Arbeitsbedingungen und selbst die Leistungsbewertung möglichst autonom zu bestimmen (Mieg 2005). Berufsorganisationen, Anbieter einschlägiger Ausbildungen und die im jeweiligen Berufsfeld Tätigen selbst haben ein Interesse daran, möglichst viel Definitionsmacht bei sich zu konzentrieren. Mit dieser Strategie soll der Zugang zu „geschützten Titeln" zahlenmäßig beschränkt und inhaltlich kontrolliert werden, nicht zuletzt auch um die eigenen Einkommens- und Beschäftigungschancen zu verbessern. Dabei können Anforderungen an die Ausbildungsabschlüsse unter Umständen höher angesetzt werden, als dies aufgrund der fachlichen Ansprüche am Arbeitsplatz notwendig ist (Muysken und Zwick 2003). Stark etabliert ist die Professionalisierung bei Medizinern oder Juristen, aber auch in zahlreichen wissenschaftlichen Tätigkeiten. Generell sind akademi-

---

5   Eine breite Diskussion des Zusammenhangs zwischen unterschiedlichen Arbeitsmarktinstitutionen und sozialer Ungleichheit findet sich bei DiPrete (2005; und weiteren Beiträgen im selben Band).

sche Berufe besonders zugänglich für Schließungsstrategien und die Akademisierung eines Berufsfelds ist oft ein wichtiger Schritt zur Professionalisierung.[6] Institutionen werden *gesellschaftlich konstruiert*. Gerade weil Institutionen derart zentral sind und die Verteilung von Rechten, Pflichten und Privilegien regeln, wirken die gesellschaftlichen Akteure im Sinne dessen, was sie im gegebenen Zusammenhang als in ihrem Interesse erachten, auf deren Ausgestaltung ein. Ändern sich die Bedingungen wirtschaftlichen Handelns, werden die mit unterschiedlicher Verhandlungsmacht ausgestatteten Akteure auch versuchen, die Institutionen in ihrem Sinne anzupassen (North 1992). Für die Regulierung des Arbeitsmarktes von herausragender Bedeutung sind *kollektive Akteure* wie Wirtschaftsverbände, politische Parteien, Berufsorganisationen, Gewerkschaften und staatliche Verwaltungen. Sowohl im gesetzgebenden Prozess, als auch in direkter Aushandlung unter den „Sozialpartnern" versuchen diese, den institutionellen Rahmen gemäß ihrem Interesse zu prägen.

1.6 Wandel des Arbeitskräfteangebots

Sowohl Nachfrage als auch Angebot auf dem Arbeitsmarkt verändern sich über die Zeit in qualitativer und quantitativer Hinsicht. Die Ursachen dafür sind außerhalb des Arbeitsmarktgeschehens im engeren Sinn zu verorten. Im Folgenden werden einige dieser Faktoren angesprochen, die den großen Rahmen der *Handlungsbedingungen* der Akteure umreißen.

Das zahlenmäßige Angebot an Arbeitskräften wird langfristig durch die *demographische Entwicklung* mitgeprägt. Im arbeitsmarktlichen Kontext ist damit aber nicht lediglich die Entwicklung der Bevölkerungszahl angesprochen, sondern auch die institutionellen Vorgaben, welche beispielsweise den Zugang ausländischer Arbeitskräfte regulieren oder – angesichts der demographischen Alterung – das Rentenalter und die Arbeitsbedingungen für ältere Mitarbeiter festlegen (vgl. dazu die Beiträge bei Falkenstein et al. 2011). Arbeitsmigration und Pensionsalter sind beides gesellschaftlich relevante und politisch umstrittene Bereiche, deren Regeln nicht allein aufgrund arbeitsmarktlicher Kriterien festgelegt werden können. Die Qualität des Arbeitskräfteangebots wird entscheidend durch das *Bildungssystem* festgelegt. Dabei spielen sowohl Ausgestaltung und Gliederung der einzelnen Bildungsgänge, als auch die inhaltliche Ausrichtung und die Qualität der vermittelten Bildung eine wesentliche Rolle. Aus Arbeitgeberperspektive hat das Bildungssystem zwei Funktionen: Einerseits die Vermittlung der für eine Be-

---

6   Ein aktuelles Beispiel für die aktiv vorangetriebene Akademisierung und Professionalisierung eines Berufs ist die Krankenpflege (dazu etwa Schwenk 2007).

rufstätigkeit notwendigen *Kenntnisse, Fähigkeiten und Einstellungen* und andererseits die *Selektion und Sortierung* der Ausbildungsabsolventen in Kategorien nach Leistungsfähigkeit, Lernbereitschaft und Angepasstheit. Durch die Zertifizierung der Bildungsabschlüsse werden den Arbeitgebern somit Informationen über fachliche und persönliche Qualitäten der Stellenbewerber als Grundlage für ihre Anstellungsentscheide zur Verfügung gestellt.[7] Seit den 1960er Jahren wurde das Bildungssystem in allen hochentwickelten Ländern massiv ausgebaut, so dass das durchschnittliche Bildungsniveau stark gewachsen ist. Insbesondere hat der Anteil Tertiärabschlüsse deutlich zugenommen (OECD 2011). Obwohl diese Bildungsexpansion wenigstens teilweise den steigenden Qualifikationsanforderungen auf dem Arbeitsmarkt folgt, gibt es gleichzeitig Anzeichen für eine zunehmende Überqualifizierung (Büchel et al. 2003). Außerdem ist kaum zu entscheiden, ob und in welchem Ausmaß die Nachfrage nach mehr Bildung nicht ihrerseits vom stark wachsenden Bildungsangebot getrieben wird. Die mit der Öffnung und dem Ausbau des Bildungsangebots verbundene Hoffnung, Bildungsungleichheiten abzubauen und damit die intergenerationelle soziale Mobilität zu verbessern, hat sich allerdings nicht erfüllt (ausführlich dazu die Beiträge bei Hadjar und Becker 2006; für die Schweiz: Meyer 2009).

Neben dem staatlich bereitgestellten Bildungsangebot und dem von Staat und Unternehmen gemeinsam getragenen System der dualen Berufsbildung haben in neuerer Zeit die Dienstleistungen privater Bildungsanbieter wesentlich an Bedeutung gewonnen. Diese sind sowohl im Bereich der Grundbildung (Nachhilfeunterricht, Privatschulen) als auch in der Berufsbildung und insbesondere in der Weiterbildung tätig, wo eine unüberschaubare Zahl von Lehrgängen, Kursen und Schulungen angeboten wird. Ziel dieser Weiterbildungen ist meistens die Verbesserung der individuellen Arbeitsmarktchancen durch die Aneignung relevanter Qualifikationen – respektive den Erwerb entsprechender Zertifikate. Parallel zu dieser privatwirtschaftlichen Erweiterung des Bildungsangebots wird unter dem Stichwort des „lebenslangen Lernens" die permanente Anpassung der Qualifikationen der Arbeitnehmer an die sich wandelnden Bedürfnisse der Wirtschaft gefordert. Gleichzeitig erfolgt unter dem Titel der „Employability" eine radikale Individualisierung der Verantwortlichkeit für die Sicherstellung der eigenen Arbeitsmarktgängigkeit (Schultheis 2009).

---

7   Eine Studie aus den USA weist darauf hin, dass offenbar auch gekaufte oder gefälschte Diplome diesen Zweck erfüllen können (Johnson 2006).

1.7 Wandel der Arbeitskräftenachfrage

Kein Faktor wirkt derart kurzfristig und gleichzeitig derart massiv auf die Nachfrage auf dem Arbeitsmarkt wie die *konjunkturellen Schwankungen*. Dabei kann sich das Volumen ausgeschriebener Stellen innerhalb von ein bis zwei Jahren in etwa verdoppeln oder halbieren. In einem ähnlichen Ausmaß schwankt auch die Arbeitslosenquote. Obwohl mit der Konjunktur das generelle Auf und Ab der wirtschaftlichen Aktivitäten angesprochen ist, sind davon aber keineswegs alle Wirtschaftsbereiche gleichzeitig und im selben Ausmaß betroffen.

Längerfristig wird die Nachfrage nach Arbeitskräften vom *wirtschaftlichen Strukturwandel* geprägt. Während gewisse Branchen und Tätigkeitsbereiche über die Zeit an Gewicht verlieren und damit auch immer weniger Arbeitskräfte nachfragen, entstehen neue Stellen in anderen Berufsfeldern. So findet in den wirtschaftlich hochentwickelten Ländern ein Abbau unmittelbar produktionsbezogener Arbeitsplätze statt. Parallel dazu zeigen die von Bell (1973) als quartären (Banken, Versicherungen) und quintären (Gesundheit, Bildung, Forschung, Regierung) Sektor benannten Bereiche eine stark wachsenden Personalbedarf (ausführlich dazu Salvisberg 2010: 65ff). Diese Verlagerung wirkt sich nicht nur auf die berufliche Ausrichtung der nachgefragten Qualifikationen aus, sondern auch auf das Qualifikationsniveau. Typischerweise handelt es sich bei expandierenden Bereichen um solche mit durchschnittlich deutlich höheren Anforderungen. Der wirtschaftliche Strukturwandel ist denn auch die wichtigste erklärende Größe für die längerfristig beträchtliche Zunahme der Ausbildungsanforderungen (Sacchi et al. 2005), aber auch der wachsenden Ansprüche bezüglich Soft Skills (Salvisberg 2010).

Eine wichtige Triebkraft des wirtschaftsstrukturellen Wandels ist die *technische Entwicklung*, namentlich die Ausbreitung der Kommunikations- und Informationstechnologie seit den 80er Jahren des 20. Jahrhunderts. Dank Technikeinsatz kann mit deutlich weniger Personal sehr viel mehr geleistet werden, während die verbleibenden Tätigkeiten höhere Anforderungen an die Mitarbeitenden stellen (Acemoglu 2002). Dieser „Skill Bias" des technologischen Wandels, der im Aggregat die Nachfrage nach hochqualifizierten Mitarbeitern ansteigen lässt, während gleichzeitig unqualifizierte Stellen verschwinden, bestätigt sich auch für die Schweiz (Sacchi et al. 2005; Arvanitis 2005).

Parallel zum technologischen Wandel wird ein *„Skill Biased Organisational Change"* diagnostiziert (Caroli und van Reenen 2001; Piva et al. 2005). Mit der Einführung neuer Formen der Arbeitsorganisation ist eine horizontale (breiterer Aufgabenkatalog) und vertikale (Einbezug von Kontroll- und Managementaufgaben) Ausweitung des Aufgabenspektrums und des Verantwortungsbereichs der Arbeitskräfte verbunden. Selbständige Problemlösungsfähigkeiten, die Bereitschaft und Fähigkeit ständig Neues zu lernen und auch erweiterte Kommunikations- und Abstimmungsfähigkeiten werden wichtiger. Allerdings zeigen empirische Studien, dass sich diese organisatorischen Neuerung bislang erst beschränkt verbreitet haben und davon in erster Linie gut ausgebildete Mitarbeiter in technologieintensiven, international ausgerichteten Unternehmen betroffen sind (für einen Überblick vgl. Salvisberg 2010: 100ff).

Schließlich prägt auch die sich verstärkende *Transnationalisierung* oder *Globalisierung* der Wirtschaft die Arbeitskräftenachfrage (für einen Überblick vgl. Trinczek 2002). In erster Linie werden wenig qualifizierte Tätigkeiten in Länder mit tieferen Lohnkosten ausgelagert, während sich die anspruchsvollsten Tätigkeiten in den Zentrumsländern konzentrieren. Im Falle der Schweiz dürfte die Haupttriebkraft für die Erhöhung der Qualifikationsanforderungen allerdings eher der mit der internationalen Ausrichtung der Unternehmen einhergehende Innovationsdruck und die beschleunigte technische Entwicklung sein (Ott und Signer 2002).

Die weltweite Verflechtung wirtschaftlicher Tätigkeiten führt gleichzeitig dazu, dass sich der *Handlungs- und Entscheidungshorizont* der wirtschaftlichen Akteure immer weniger mit den nationalen Grenzen deckt. Dem sich den Unternehmen öffnenden Möglichkeitsraum steht eine verschärfte Konkurrenzsituation auf den grenzüberschreitenden Güter-, Dienstleistungs- und Kapitalmärkten gegenüber. Eine Folge davon sind stark erhöhte Anforderungen an die Produktivität und Innovationsfähigkeit der Unternehmen – und damit an Leistungsfähigkeit, Fachwissen und Kreativität der Mitarbeiter. Gleichzeitig erfolgt aber auch eine zunehmende Herauslösung von wirtschaftlichen Tätigkeiten und ökonomischen Institutionen aus ihrem lokalen sozialen Kontext („Entbettung": Polanyi 1977; Altvater und Mahnkopf 1996). Nationalstaatlich verfasste Regeln verlieren an Wirksamkeit und werden verdrängt durch Institutionen eines globalisierten Marktes, auf dem die Macht der einflussnehmenden Akteure anders verteilt ist. Der Gestaltungsbereich demokratisch legitimierter Politik wird damit beschnitten und die Handlungsfähigkeit des Staates mehr und mehr eingeschränkt (vgl. Frey 2002).

Die genannten langfristig wirksamen Einflussgrößen auf der Nachfrageseite des Arbeitsmarktes (Strukturwandel, Technische Entwicklung, neue Formen der Arbeitsorganisation, Transnationalisierung) *verstärken und komplementieren* sich nicht nur gegenseitig, sondern wirken alle in dieselbe Richtung *steigender Qualifikations- und Leistungsanforderungen* – ohne dass damit freilich der gesamte Trend zur Höherqualifizierung erklärt wäre. Der Ausbau des Bildungsbereichs und die verstärkten Anstrengungen, individuelle Arbeitsmarktchancen durch den Erwerb zusätzlicher Qualifikationen zu verbessern, finden somit ihre Entsprechung in einer wachsenden Qualifikationsnachfrage der Unternehmen. Diese eröffnen hochqualifizierten und leistungsfähigen Arbeitnehmern attraktive Beschäftigungschancen, während schlecht qualifizierte oder als wenig produktiv eingeschätzte Arbeitskräfte sich nicht nur mit einem schrumpfenden Stellenangebot konfrontiert sehen, sondern auch mit der Tendenz, schützende institutionelle Regeln abzubauen (z.B. Reduktion der Versicherungsleistungen bei Arbeitslosigkeit oder Invalidität).

2. Veränderungen auf dem Arbeitsmarkt für Berufseinsteiger

Junge Ausbildungsabsolventen sind bei ihrer ersten Stellensuche unmittelbar mit den beschriebenen Arbeitsmarktmechanismen konfrontiert. Dabei ist der Übergang von der Ausbildung in die Arbeitswelt eine ausgesprochen *kritische Schwelle*. International gesehen sind Jugendliche am stärksten von *Arbeitslosigkeit* betroffen. Mit der frühen Arbeitslosigkeit sind darüber hinaus teilweise *langfristig negative Folgen* für den weiteren Berufsverlauf verbunden („Scarring Effekte"; Luijkx und Wolbers 2009). Allerdings ermöglicht das duale Berufsbildungssystem in der Schweiz bislang für die große Mehrheit der Absolventen einer Berufslehre einen vergleichsweise reibungslosen Übergang in den Beruf (Weber 2007). Die folgende Untersuchung zeigt jedoch, dass die Arbeitsmarktsituation für Berufseinsteiger auch in der Schweiz langfristig schwieriger geworden ist und prüft verschiedene Erklärungen für diese Entwicklung. Grundlage der folgenden, sehr verkürzt zusammengefassten Auswertungen, ist das *Berufseinsteigerbarometer* des Stellenmarkt-Monitor Schweiz (vgl. Kasten).

Das im Auftrag des Bundesamtes für Berufsbildung und Technologie erstellte *Berufseinsteigerbarometer* untersucht langfristige Entwicklungen und aktuelle Trends auf dem Schweizer Arbeitsmarkt für Absolventen einer beruflichen Grundbildung. Die dazu verwendeten Datengrundlagen umfassen die Arbeitslosenstatistik des Seco (AVAM), die Bildungsstatistik des BfS, die Schweizerische Arbeitskräfteerhebung (SAKE) und die Erhebungen des Stellenmarkt-Monitor Schweiz. Der jährliche Report erscheint jeweils im Herbst und ist unter www.stellenmarktmonitor.uzh.ch/cooperations/BBT-Berufsforschung.html verfügbar. Die ausführlichere Version vom Februar 2011 enthält zusätzliche Auswertungen und methodische Detailinformationen (Sacchi und Salvisberg 2011).

Derzeitig schließen in der Schweiz jährlich über 60.000 Jugendliche eine berufliche Grundbildung ab, meistes eine 3- oder 4-jährige Berufslehre. Einige dieser Jugendlichen nehmen ein Stellenangebot ihres Lehrbetriebs an, andere treten in eine weiterführende Ausbildung ein oder beenden die Erwerbstätigkeit. Der überwiegende Teil von ihnen begibt sich aber auf die Suche nach einer ihrer Qualifikation entsprechenden Stelle im berufsfachlichen Arbeitsmarkt. Nicht immer gelingt dieser Einstieg auf Anhieb, so dass sich eine Anzahl Lehrabgänger arbeitslos meldet. Grafik 1 vergleicht die Entwicklung der Arbeitslosenquote von Lehrabgängern mit der entsprechenden Quote in der gesamten Erwerbsbevölkerung von 1990 bis 2010. Hervorzuheben sind dabei folgende Beobachtungen:

1. *Erhöhte Konjunktursensitivität der Einsteigerarbeitslosigkeit:* Die Unterschiede in der Arbeitslosenquote zwischen Hochkonjunktur- und Krisenjahren (dunkel unterlegt) sind für Berufseinsteiger sehr viel ausgeprägter, als bei der Erwerbsbevölkerung insgesamt (was auch international gilt: OECD 2008). Mögliche Gründe dafür sind einerseits, dass Ausbildungsabsolventen mit der Stellensuche meist nicht zuwarten können, bis die Konjunktur wieder anzieht und die mit der Übergangssituation verbundene friktionelle Arbeitslosigkeit deshalb bei ungünstiger Arbeitsmarktlage besonders stark durchschlägt und andererseits der Umstand, dass im wirtschaftlichen Abschwung die Unternehmen einen Einstellungsstopp einem Personalabbau vorziehen, womit sich die Türen für Berufseinsteiger vorübergehend schließen (Insider werden gegenüber Outsidern bevorzugt). Außerdem fällt es Arbeitgebern bei einem Angebotsüberhang leichter, ihre Anforderungen hinaufzusetzen und allenfalls Kriterien höher zu gewichten, die Berufseinsteiger nicht erfüllen.

2. *Ausgeprägte saisonale Schwankungen:* Jeweils im September, wenn eine große Anzahl Lehrabgänger nach den Abschlussprüfungen gleichzeitig auf den Arbeitsmarkt kommt, steigt schon allein aufgrund der Übergangssituation die (,friktionelle') Arbeitslosigkeit kurzfristig stark an.

3. *Langfristig steigende Schwierigkeiten beim Berufseinstieg:* Zusätzlich zu den konjunkturellen Schwankungen zeigt ein Vergleich der durchschnittlichen Arbeitslosenquoten in den Hochkonjunkturjahren 1990, 2001 und 2008 eine sich zuungunsten der Lehrabgänger öffnende Schere. War die Arbeitslosenquote 1990 im Jahresdurchschnitt bei den Lehrabgängern nur halb so groß wie bei der Gesamterwerbsbevölkerung, war diese 2001 leicht grösser und 2008 sogar mehr als doppelt so groß (Trendlinien in Grafik 1). Die Analyse der Erwerbslosigkeit anhand von SAKE-Daten bestätigt diesen Befund längerfristiger struktureller Veränderungen zuungunsten der jugendlichen Fachkräfte (Sacchi und Salvisberg 2011: 19ff).

Grafik 1:   Arbeitslosigkeit Erwerbsbevölkerung und Lehrabgänger
               (Monatsreihen 1990-2009)

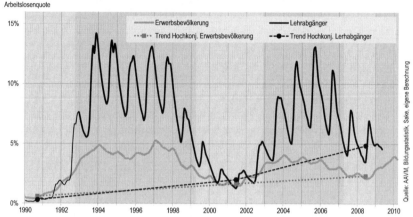

(vor 1993 Datenlage unsicher)

Im Folgenden wird möglichen Gründen für die längerfristig wachsenden Schwierigkeiten beim Berufseinstieg nachgegangen und geprüft, inwieweit sich einzelne Erklärungen empirisch stützen lassen.

Zu einem Angebotsüberhang führen kann eine deutliche Zunahme der Anzahl Ausbildungsabgänger, die gleichzeitig auf den Arbeitsmarkt drängen. Eine solche Entwicklung könnte zwei Ursachen haben: Eine wachsende Anzahl entsprechender Ausbildungsabschlüsse pro Jahr oder ein sinkender Anteil an Berufseinsteigern, der nach der Ausbildung weiterhin im Lehrbetrieb verbleiben kann ("Verbleibsquote"). Die Auswertungen des Berufseinsteigerbarometers zeigen, dass bei den Absolventenzahlen der beruflichen Grundbildung in den letzten zehn Jahren insgesamt nur relativ geringe Abweichungen vom langjährigen Mittel zu beobachten sind. Die Verbleibsquote von durchschnittlich gut 41 % schwankt zwar von Jahr zu Jahr, zeigt aber längerfristig auch keinen Trend. Die beiden geprüften angebotsseitigen Entwicklungen vermögen also den Zuwachs der Einsteigerarbeitslosigkeit zwischen 2001 und 2008 nicht zu erklären.

Auf der Nachfrageseite können veränderte Anforderungen an Arbeitnehmer, die vor allem Berufseinsteiger treffen, für die überproportionale Zunahme der Arbeitslosigkeit bei den Lehrabgängern verantwortlich sein. Dabei sind zwei Arten qualitativer Veränderung denkbar: Einerseits kann eine über die Zeit wachsende Kluft zwischen erworbenen und im Arbeitsmarkt nachgefragten Berufsausbildungen („beruflicher Mismatch") die Arbeitslosigkeit unter Berufseinsteigern ansteigen lassen. Dies ist etwa dann der Fall, wenn sich die Berufsstruktur des gesuchten Personals schneller oder in anderer Weise verändert, als dies im Berufsbildungssystem aufgenommen wird. Allerdings finden sich empirisch keine Anhaltspunkte für einen sich verstärkenden berufsfachlichen Mismatch im Einsteiger-Arbeitsmarkts (Details dazu bei Sacchi und Salvisberg 2011: 48ff).

Auf der anderen Seite können aber auch steigende, über die Berufsausbildung hinaus gehende Anforderungen den Ausbildungsabgängern den Berufseinstieg erschweren. Inwieweit dies der Fall ist, lässt sich anhand der Angaben in Stellenausschreibungen aufzeigen. Dabei gelten Stellen, die Berufserfahrung voraussetzen oder zusätzlich zur Berufsausbildung eine Weiterbildung verlangen, ein Minimalalter von dreißig und mehr Jahren voraussetzen sowie Stellen mit Vorgesetztenposition als kaum zugänglich für Berufseinsteiger. Als die wichtigsten und zugleich am stärksten wachsenden Hürden für Berufseinsteiger erweisen sich Erfahrung und Weiterbildung. Grafik 2 zeigt, wie sich ausgehend von diesen Kriterien das Stellenangebot für Berufseinsteiger seit 1970 verändert hat.[8] Auffallend ist dabei nicht nur der langfristig starke Rückgang von Einsteigerstellen, sondern auch das treppenförmige Muster: In konjunkturell schwierigen Zeiten (in der Grafik dunkel hinterlegt) geht der Anteil Fachkräftestellen, der auch für Berufseinsteiger offen steht, jeweils deutlich zurück, ohne sich dann im nächstfolgenden Aufschwung wieder nennenswert zu erholen. Besonders ausgeprägt ist dies zwischen 2003 und 2006 – in der Phase also, in der auch die Arbeitslosigkeit von Lehrabgängern überdurchschnittlich stark angewachsen ist. Unterdessen richten sich nur noch knapp 20 % der Stellenangebote für Fachkräfte (auch) an Berufseinsteiger. Allerdings hat sich dieser Anteil in den letzten Jahren auf tiefem Niveau stabilisiert.

---

8   Die Erhebungen des Stellenmarkt-Monitor Schweiz erfassen ab 2001 die in Presse und Internet der ganzen Schweiz ausgeschriebenen Stellen. Für die Jahre vorher beschränkt sich die Datenbasis auf die Stelleninserate in der Deutschschweizer Presse (Sacchi und Salvisberg 2011).

Grafik 2:   Stellenangebote für Berufseinsteiger 1970-2010

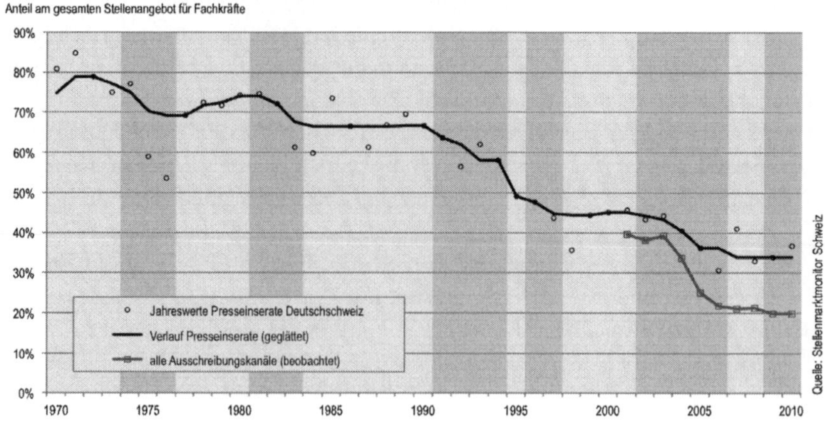

Anteil am gesamten Stellenangebot für Fachkräfte

Schließlich soll noch eine weitere mögliche Erklärung für die steigende Tendenz bei der Einsteigerarbeitslosigkeit geprüft werden. Das erwähnte Insider-Outsider Modell verweist nicht nur auf die Bevorzugung von Stelleninhabern gegenüber Stellensuchenden, sondern unterscheidet auch zwischen kürzlich eingestellten Mitarbeitenden und 'echten' Insidern mit bereits längerem Anstellungsverhältnis. Bei einem Personalabbau würden demnach die zuletzt eingestellten zuerst entlassen ('Last-in-First-Out' Hypothese). Falls nun das daraus folgende erhöhte Entlassungsrisiko im frühen Berufsverlauf über die Zeit zunimmt, kann die Arbeitslosigkeit unter Jugendlichen steigen, auch wenn die Hürden beim eigentlichen Berufseinstieg unverändert bleiben. Die Überprüfung dieser Hypothese zeigt allerdings, dass sich der Anteil unfreiwilliger Stellenwechsel von jungen Fachkräften langfristig weder absolut noch relativ zu den älteren Fachkräften erhöht (Sacchi und Salvisberg 2011: 46ff).

Von den hier geprüften Erklärungen für das langfristig wachsende Arbeitslosigkeitsrisiko von Berufseinsteigern wird also einzig die der wachsenden Anforderungen empirisch gestützt: Die schwierigere Stellensuche wäre demnach eine Folge davon, dass immer mehr Stellen für Fachkräfte Anforderungen bezüglich Erfahrung oder Weiterbildung stellen, die von Berufseinsteigern nicht erfüllt werden können. Hier stellt sich die Frage nach den Gründen für diese Entwicklung. Ein mögliches Argument wäre der wirtschaftliche Strukturwandel. So könnte die beobachtete Abnahme des Stellenangebots für Berufseinsteiger darauf zurückzuführen sein, dass sich das Stellenangebot weg von Branchen oder Tätigkeitsfeldern mit einem traditionell überdurchschnittlichen Anteil an Einsteigerstellen hin zu expandierenden Wirtschaftszweigen verlagert, die nur sehr wenige solche Stellen anbieten. Allerdings lässt sich auch diese Vermutung empirisch nicht bestätigen. Zwischen den einzelnen Berufen, Branchen und großen und kleinen Betrieben bestehen zwar durchaus bedeutende Unterschiede im Anteil an Einsteigerstellen. Das rückläufige Stellenangebot für Berufseinsteiger kann aber eindeutig nicht mit einer bloßen Verlagerung des Stellenangebots in diejenigen Bereiche erklärt werden, die schon seit Langem ein konstant unterdurchschnittliches Angebot an Einsteigerstellen aufweisen (Sacchi und Salvisberg 2011: 38f).

Mögliche weitere Gründe für die langfristig deutlich steigenden Anforderungen an Erfahrung und Weiterbildung können hier – in Ermangelung entsprechender Daten – lediglich als Vermutungen formuliert werden: Aufgrund generell steigender Arbeitsplatzanforderungen (auch eine Folge des erwähnten 'Skill-Bias' des technologischen und arbeitsorganisationellen Wandels) ist mit längeren Einarbeitungszeiten zu rechnen, was besonders ins Gewicht fällt, wenn die einzustellenden Mitarbeitenden direkt von der Ausbildung kommen. Dies kann erklären, weshalb die Unternehmen bei der Ausschreibung von Stellen zunehmend Erfahrung oder auch fachliche Weiterbildungen verlangen. Außerdem dürften die verstärkte personelle Flexibilisierung der Unternehmen und der wachsender Kostendruck diese Entwicklung weiter vorantreiben. Der erhöhte Zeitdruck und die intensivierte Auslastung des vorhandenen Personals führen dazu, dass für die Einarbeitung neuer Mitarbeiter weniger personelle Kapazitäten und kürzere Zeitspannen zur Verfügung stehen. Dies kann die Einstellungschancen von Berufseinsteigern beeinträchtigen, die aufgrund ihrer fehlenden Erfahrung auf eine ausführlichere Einarbeitung angewiesen sind.

In der hochtechnologisierten und globalisierten "Wissensökonomie" des 21. Jahrhunderts ist eine gute Grundausbildung zunehmend unentbehrlich, was sich unter anderem daran ablesen lässt, dass Jugendliche ohne nachobligatorische Ausbildung ein im Vergleich zu Absolventen einer beruflichen Grundbildung massiv höheres Arbeitslosigkeitsrisiko tragen (Sacchi und Salvisberg 2011: 9ff). Gleichzeitig garantiert die berufliche Grundbildung allein aber je länger desto weniger einen problemlosen Einstieg in den zeitgenössischen Arbeitsmarkt. Die schwierigere Stellensuche ist insbesondere eine Folge davon, dass immer mehr Stellen für Fachkräfte Anforderungen bezüglich Erfahrung oder Weiterbildung stellen, die von Berufseinsteigern nicht erfüllt werden können. Mit Blick auf die Bekämpfung der Arbeitslosigkeit unter Berufseinsteigern scheinen somit Maßnahmen vielversprechend, welche Berufseinsteigern helfen, Praxiserfahrung zu sammeln oder sich auf geeignete Weise weiterzubilden.

Literatur

Abraham, Martin und Thomas Hinz. 2008. Theorien des Arbeitsmarktes: Ein Überblick. In *Arbeitsmarktsoziologie. Probleme, Theorien, empirische Befunde.* 2. Auflage, Hrsg. Abraham, Martin und Thomas Hinz, 17-68. Wiesbaden: VS Verlag für Sozialwissenschaften.

Acemoglu, Daron. 2002. Technical Change, Inequality, and the Labor Market. *Journal of Economic Literature* 40: 7-72.

Altvater, Elmar und Birgit Mahnkopf. 1996. *Grenzen der Globalisierung. Ökonomie, Ökologie und Politik in der Weltgesellschaft.* Münster: Westfälisches Dampfboot.

Arendt, Hannah. 1981. *Vita Activa oder Vom tätigen Leben.* München: Piper.

Arvanitis, Spyros. 2005. Information Technology, Workplace Organisation and the Demand for Employees of Different Education Levels: Firm-level Evidence for the Swiss Economy. In *Contemporary Switzerland: Revisiting the Special Case,* Hrsg. Kriesi, Hanspeter, Peter Farago, Martin Kohli und Milad Zarin-Nejadan, 135-162. Houndmills: Palgrave Macmillan.

Becker, Gary S. 1993. *Human Capital. A theoretical and empirical analysis with special reference to education.* Third edition. Chicago: The University of Chicago Press.

Bell, Daniel. 1973. *The Coming of Post-Industrial Society: A Venture in Social Forecasting.* New York: Basic Books.

Bielby, William T. und James N. Baron. 1986. Men and Women at Work: Sex Segregation and Statistical Discrimination. *American Journal of Sociology* 91: 759-799.

Bills, David B. 2003. Credentials, Signals, and Screens: Explaining the Relationship Between Schooling and Job Assignment. *Review of Educational Research* 73: 441-469.

Bills, David B. 2004. *The Sociology of Education and Work.* Oxford: Blackwell Publishers.

Bourdieu, Pierre, Luc Boltansik, Monique de Saint Martin und Pascale Maldidier. 1981. *Titel und Stelle. Über die Reproduktion sozialer Macht.* Frankfurt: Europäische Verlagsanstalt.

Bowles, Samuel und Herbert Gintis. 2002. Schooling in Capitalist America Revisted. *Sociology of Education* 75: 1-18.

Bowles, Samuel, Herbert Gintis und Melissa Osborne. 2001. The Determinants of Individual Earnings: Skills, Preferences, and Schooling. *Journal of Economic Literature* 39: 1137-1176.

Braun, Christoph, Martin Gründl, Claus Marberger und Christoph Scherber. 2001. *Beautycheck – Ursachen und Folgen von Attraktivität. Projektabschlussbericht.* http://www.beautycheck.de/cmsms/index.php/der-ganze-bericht.

Büchel, Felix, Andries de Grip und Antje Mertens (Hrsg.). 2003. *Overeducation in Europe – Current Issues in Theory and Policy.* Cheltenham: Edward Elgar.

Caroli, Eve und John van Reenen. 2001. Skill Biased Organizational Change? Evidence from a Panel of British and French Establishments. *Quarterly Journal of Economics* 116: 1449-1492.

Cohen, Yinon und Jeffrey Pfeffer. 1986. Organizational Hiring Standards. *Administrative Science Quarterly* 31: 1-24.

DiPrete, Thomas A. 2005. Labor Markets, Inequality, and Change. A European Perspektive. *Work and Occupations* 32: 119-139.

Eisenhardt, Kathleen M. 1989. Agency Theory: An Assessment and Review. *The Academy of Management Review* 14: 57-74.

Falkenstein, Michael, Joachim Möller und Ursula M. Staudinger (Hrsg.). 2011. Special issue: Age, ageing and labour – consequences for individuals and institutions. *Zeitschrift für Arbeitsmarkt Forschung* 44.

Frey, Bruno S. 2002. Liliput oder Leviathan? Der Staat in der globalisierten Wirtschaft. *Perspektiven der Wirtschaftspolitik* 3: 363-375.

Frey, Bruno S. und Margit Osterloh (Hrsg.). 2000. *Managing Motivation*. Wiesbaden: Gabler.

Hadjar, Andreas und Rolf Becker (Hrsg.). 2006. *Bildungsexpansion — erwartete und unerwartete Folgen*. Wiesbaden: VS Verlag für Sozialwissenschaften.

Johnson, Creola. 2006. Credentialism and the Proliferation of Fake Degrees: The Employer Pretends to Need a Degree; The Employee Pretends to Have One. *Hofstra Labor & Employment Law Journal* 23: 269-344.

Kägi, Wolfram, George Sheldon und Nils Braun. 2009. *Indikatorensystem Fachkräftemangel. Schlussbericht zuhanden des Bundesamts für Berufsbildung und Technologie (BBT)*. B,S,S. Volkswirtschaftliche Beratung AG und Forschungsstelle für Arbeitsmarkt- und Industrieökonomik an der Universität Basel.

Kalleberg, Arne L. 2003. Flexible Firms and Labor Market Segmentation: Effects of Workplace Restructuring on Jobs and Workers. *Work and Occupations* 30: 154-175.

Konietzka, Dirk. 1999. Die Verberuflichung von Marktchancen. Die Bedeutung des Ausbildungsberufs für die Platzierung im Arbeitsmarkt. *Zeitschrift für Soziologie* 28: 379-400.

Kurtz, Thomas. 2009. Social inequality and the sociology of work and occupations. *International Review of Sociology* 19: 387-399.

Lindbeck, Assar und Dennis J. Snower. 2001. Insiders versus Outsiders. *Journal of Economic Perspectives* 15: 165-188.

Luijkx, Ruud und Maarten H. J. Wolbers. 2009. The Effects of Non-Employment in Early Work-Life on Subsequent Employment Chances of Individuals in The Netherlands. *European Sociological Review* 25: 647-660

Mayerhofer, Wolfgang Ludwig. 2008. Arbeitslosigkeit. In *Arbeitsmarktsoziologie. Probleme, Theorien, empirische Befunde*. 2. Auflage, Hrsg. Abraham, Martin und Thomas Hinz, 199-239. Wiesbaden: VS Verlag für Sozialwissenschaften.

Meyer, Thomas. 2009. Wer hat, dem wird gegeben. Bildungsungleichheit in der Schweiz. In *Sozialbericht 2008,* Hrsg. Suter, C., S. Perrenoud, R. Levy, U. Kuhn, D. Joye und P. Gazareth, 60-81. Zürich: Seismo.

Mieg, Harald A. 2005. Professionalisierung. In *Handbuch Berufsbildungsforschung,* Hrsg. Rauner, Felix, Bielefeld: Bertelsmann.

Muysken, Joan und Thomas Zwick. 2003. Credentialism by Members of Licensed Professions. In *Overeducation in Europe – Current Issues in Theory and Policy,* Hrsg. Büchel, Felix, Andries de Grip und Antje Mertens, 173-188. Cheltenham: Edward Elgar.

Niggemeyer, Lars. 2011. Die Propaganda vom Fachkräftemangel. *Blätter für deutsche und internationale Politik* 5: 19-22.

North, Douglass C. 1992. *Institutionen, institutioneller Wandel und Wirtschaftsleistung.* Tübingen: Mohr.

OECD. 2008. Off to a good start? Youth Labour Market Transitions in OECD Countries. *Employment Outlook* 26: 25-78.

OECD. 2011. *Bildung auf einen Blick 2011. OECD-Indikatoren.* Paris: OECD (Bundesministerium für Bildung und Forschung, Deutschland für die deutsche Übersetzung).

Offe, Claus. 1970. *Leistungsprinzip und industrielle Arbeit: Mechanismen der Statusverteilung in Arbeitsorganisationen der industriellen Leistungsgesellschaft.* Frankfurt/M.: Europäische Verlagsanstalt.

Offe, Claus. 2010. Inequality and the Labor Market – Theories, opinions, models, and practices of unequal distribution and how they can be justified. *Zeitschrift für Arbeitsmarktforschung* 43: 39-52.

Ott, Walter und Bernhard Signer. 2002. *Globalisierung und Arbeitsmarkt: Chancen und Risiken für die Schweiz.* Bern: seco (Strukturberichterstattung Nr. 11).

Pies, Ingo und Martin Leschke (Hrsg.). 1998. *Gary Beckers ökonomischer Imperialismus.* Tübingen: Mohr Siebeck.

Piva, Mariacristina, Enrico Santarelli und Marco Vivarelli. 2005. The Skill Bias Effect of Technological and Organisational Change: Evidence and Policy Implications. *Research Policy* 34: 141-157.

Polanyi, Karl. 1977. *The Great Transformation. Politische und ökonomische Ursprünge von Gesellschaften und Wirtschaftssystemen [1944].* Wien: Europaverlag.

Postel, Gert. 2001. *Doktorspiele. Geständnisse eines Hochstaplers.* Frankfurt/M.: Eichborn.

Sacchi, Stefan und Alexander Salvisberg. 2011. *Berufseinsteiger-Barometer 2010 (ausführliche Version); Report im Auftrag des Bundesamts für Berufsbildung und Technologie (BBT).* Universität Zürich: Stellenmarkt-Monitor Schweiz.

Sacchi, Stefan, Alexander Salvisberg und Marlis Buchmann. 2005. Long-Term Dynamics of Skill Demand in Switzerland, 1950-2000. In *Contemporary Switzerland: Revisiting the Special Case,* Hrsg. Kriesi, Hanspeter, Peter Farago, Martin Kohli und Milad Zarin-Nejadan, 105-134. Houndmills: Palgrave Macmillan.

Salvisberg, Alexander. 2010. *Soft Skills auf dem Arbeitsmarkt: Bedeutung und Wandel.* Zürich: Seismo.

Schultheis, Franz. 2009. *Employability.* St. Gallen: SCALA Discussion Paper No. 6.

Schwenk, Michael. 2007. *Professionalisierung der Pflege (Diplomarbeit).* München: GRIN.

Sengenberger, Werner (Hrsg.). 1978. *Der gespaltene Arbeitsmarkt. Probleme der Arbeitsmarktsegmentation.* Frankfurt/M.: Campus.

Sesselmeier, Werner und Gregor Blauermel. 1998. *Arbeitsmarkttheorien. Ein Überblick.* Heidelberg: Physica Verlag.

Stamm, Hanspeter, Markus Lamprecht, Rolf Nef, Dominique Joye und Christian Suter. 2000. Die Ungleichheitsstruktur der Schweiz an der Schwelle zum 21. Jahrhundert. In *Analysis of Comparative and Longitudinal Data. 3 Contributions Using ISSP, Eurobarometer and Household Panel Data (SPP Working Paper 6),* Hrsg. Farago, Peter, 9-51. Bern: SNF.

Thurow, Lester C. 1975. *Generating Inequality.* New York: Basic Books.

Trinczek, Rainer. 2002. Globalisierung – in soziologischer Perspektive. *Journal of Social Science Education,* 1 (July). www.jsse.org/2002/2002-1/soziologie-trinczek.htm.

Weber, Bernhard. 2007. Die Situation von Jugendlichen auf dem Schweizer Arbeitsmarkt. *Die Volkswirtschaft* 80: 3: 52-54.

Block II
Beispiele für Transitionen:
von der Grundbildung bis ins Erwerbsleben

Die Bedeutung von Kompetenzen im Vorschulalter für den Schuleintritt

Irene Kriesi / Sybille Bayard / Marlis Buchmann

1. Einleitung

In der Schweiz tritt die überwiegende Mehrheit der Kinder zwischen 6 und 7 Jahren in die Primarschule ein. Sie durchlaufen dabei die erste institutionalisierte Statuspassage im Bildungsverlauf.[1] Aus lebenslauftheoretischer Perspektive kommt solchen institutionalisierten Statuspassagen eine wichtige Bedeutung zu (Diewald und Mayer 2008; Elder und Shanahan 1998). Sie eröffnen nämlich neue Interaktions- und Handlungsbereiche, die nach neuen sozialen Regeln funktionieren, neuartige Anforderungen stellen und den Aufbau neuer sozialer Beziehungen erfordern. Die Statuspassage des Schuleintritts geht mit der Übernahme der Schülerrolle einher (Entwisle et al. 2003). Diese beinhaltet Erwartungen an gute Schulleistungen, die Anpassung an den Schulalltag und an Gruppenregeln sowie den Aufbau positiver sozialer Beziehungen mit Lehrpersonen und Gleichaltrigen (Ladd et al. 2006). Wie erfolgreich diese neue Rolle von den Erstklässlern und Erstklässlerinnen übernommen wird, wirkt sich auf die weitere individuelle Entwicklung und den Schulerfolg aus (Buchmann und Kriesi 2010; Entwisle und Alexandre 1993, 1998).

Die Gründe für eine problemlose Übernahme der Schülerrolle und eine gute Bewältigung des Übertritts in die Primarschule sind gesamthaft noch wenig untersucht. Die meisten bisherigen Studien konzentrieren sich auf die Schulleistungen und untersuchen die Lese- und Rechenfähigkeiten der Kinder beim Schuleintritt oder deren Entwicklung im ersten Schuljahr (Chatterji 2006; Cheadle 2008; Entwisle et al. 2003; Magnuson et al. 2006; Moser et al. 2005; Sy und Schulen-

---

1 In vielen Kantonen der Schweiz gilt mittlerweile der Kindergarten als erste Stufe des Bildungssystems. Seine Zielsetzungen unterscheiden sich allerdings wesentlich von denjenigen der Primarschule (Wannack 2001). Die Kinder der untersuchten Kohorte haben zudem den Kindergarten zu einem Zeitpunkt besucht, zu welchem noch keine fixen Lernziele zu erreichen waren und viel Freiraum für spielerische soziale Aktivitäten zur Verfügung stand. Verbindliche Lehrpläne für den Kindergarten sind in den meisten Kantonen neueren Datums und existieren beispielsweise im Kanton Zürich erst seit dem Schuljahr 2008/2009.

berg 2005). Nur eine Handvoll Studien thematisiert auch psychosoziale Aspekte der Schülerrolle wie das Beziehungsverhalten gegenüber Mitschülern, Mitschülerinnen und Lehrpersonen, das Lernverhalten oder das Wohlbefinden in der Schule. Sie untersuchen entweder, welche Bedeutung dem familiären Hintergrund (Haunberger und Teubner 2007), den Merkmalen des Schulkontextes (Van den Oord und Van Rossem 2002) oder den sozialen Kompetenzen der Kinder (Kern 2005) dafür zukommt, ob Kinder den Übertritt in die Primarschule gut bewältigen. Kaum untersucht ist, welche Rolle verschiedene Arten von Kompetenzen der Kinder sowie ihr Zusammenspiel mit dem familiären Hintergrund für einen gelungenen Schuleintritt und die erfolgreiche Übernahme der Schülerrolle spielen. Dieser Beitrag geht deshalb der Frage nach, wie sich die im Vorschulalter erworbene Ausstattung von Kindern mit sozialen, personalen, produktiven und fachlichen Kompetenzen auf die Qualität des Schuleintritts auswirkt und welche Rolle familiäre Merkmale dabei spielen. Vor dem Hintergrund des zunehmenden schulischen Leistungsvorsprung von Mädchen in Form häufigerer Mittelschulbesuchs und besserer Noten (bspw. Hadjar und Lupatsch 2010; Kampshoff 2007) interessiert auch, ob sich Geschlechtsunterschiede in den Kompetenzen feststellen lassen, welche zu einer besseren Bewältigung des Schuleintritts von Mädchen im Vergleich zu Jungen beitragen. Für die Untersuchung dieser Forschungsfragen stützen wir uns auf ein soziologisches Kompetenzkonzept, welches Kompetenzen als Zusammenspiel von Befähigung, Bereitschaft und Zuständigkeit versteht und damit neben dem individuumsinhärenten Aspekt von Kompetenzen auch deren sozialen Zuschreibungscharakter betont.

Die Analysen beruhen auf den ersten zwei Befragungswellen des schweizerischen Kinder- und Jugendsurvey COCON. Es handelt sich dabei um die erste Längsschnittstudie, welche für die deutsch- und französischsprachige Schweiz repräsentative Daten zu Übergängen im frühen Lebensverlauf und zur Kompetenzentwicklung erhebt. Die Analysen beziehen sich auf die Kinder der jüngsten Kohorte, die zu den beiden Befragungszeitpunkten 2006 und 2007 sechs und sieben Jahre alt waren.

2. Theoretische Überlegungen

Zuerst stellen wir Überlegungen zu den Erwartungen der Institution Schule an die eintretenden Schüler und Schülerinnen dar. Anschließend thematisieren wir die Bedeutung von Kompetenzen der Kinder für die Erfüllung dieser Erwartungen und die diesbezügliche Rolle der sozialen Herkunft und des Geschlechts.

2.1 Institutionalisierte Erwartungen an die Schülerrolle

Wir gehen von Bourdieus und Passerons (1964) Annahme aus, wonach die Institution Schule, verkörpert durch Lehrpersonen und Schulleitungen, einen bestimmten Schülerhabitus erwartet, der Teil der Schülerrolle ist. Dieser Schülerhabitus bezeichnet die Summe der institutionalisierten Erwartungen, welche die Schule an die individuellen Kompetenzen, Dispositionen und an das Arbeits- und Sozialverhalten der Schüler und Schülerinnen stellt (Buchmann und Kriesi 2010; Kramer und Helsper 2010). Dazu gehören in westeuropäischen Schulkulturen positive, von gegenseitigem Respekt geprägte Sozialbeziehungen zu Lehrpersonen und Mitschülern und Mitschülerinnen (Ladd et al. 2006) sowie rationales, gewissenhaftes und selbstverantwortliches Handeln und Lernverhalten (Buchmann und Kriesi 2010). Zudem stellt die Schule auf bestimmte sprachliche und rechnerische Wissensbestände ab, welche als Grundlage für den weiteren schulischen Wissenserwerb dienen (Durham et al. 2007; Entwisle und Alexander 1998).

Die Statuspassage des Schuleintritts geht für Kinder nun mit der Anforderung einher, die in die Schülerrolle eingelagerten Erwartungen bezüglich des Sozial- und Lernverhaltens zu erfüllen. Wir gehen davon aus, dass Kinder, denen dies gelingt und deren im Elternhaus erworbenen Habitus mit den in der Schülerrolle eingelagerten Erwartungen übereinstimmt, die Statuspassage in die Primarschule gut bewältigen. Wir sprechen in diesem Zusammenhang auch von einer hohen Qualität oder einer guten Bewältigung des Schuleintritts.

2.2 Kompetenzen der Kinder und die Qualität des Schuleintritts

In Anlehnung an Pfadenhauers (2010: 155) Konzeption begreifen wir Kompetenz als situatives und inkorporiertes Problemlösungsvermögen, welches bewahrt und erweitert werden kann. Es umfasst die drei Aspekte Befähigung, Bereitschaft und Zuständigkeit (Pfadenhauer 2010: 153–156). Die *Befähigung* bezieht sich auf das aus eigener Erfahrung gewonnene und sozial vermittelte, sedimentierte Wissen. Sie bildet die Voraussetzung, dass ein Problem wiederholbar bewältigt werden kann. Neben der Befähigung muss allerdings auch die *Bereitschaft* existieren, eine anstchende Aufgabe zu bewältigen. Es geht hier somit um den Willen, diese Fähigkeiten in konkreten Handlungsvollzügen zu aktivieren. Schliesslich verweist Kompetenz auch auf die *Zuständigkeit* und die damit einhergehende Annahme, dass eine Tätigkeit nach erwarteten Standards gemeistert wird. Dieser letzte Aspekt ist somit als soziale Zuschreibung zu begreifen, indem kompetent gemessenes Verhalten an (impliziten) Erwartungen oder (expliziten) Standards gemessen wird. Die Zuständigkeit lässt sich dabei in zweierlei Hinsicht auffassen: Einerseits ist Zuständigkeit eine Zuschreibung von außen, das heißt man wird für zuständig erachtet. Andererseits bezeichnet Zuständigkeit auch ein „sich zuständig wähnen". Gemäß Pfadenhauer (2010) kann erst das Zusammenwirken aller drei Komponenten als Kompetenz aufgefasst werden. Darüber hinausgehend ist es plausibel anzunehmen, dass sich die Zuständigkeit auf die Befähigung und die Bereitschaft auswirkt. So dürften die Fähigkeiten und die Bereitschaft eines Kindes, diese auch einzusetzen, davon abhängen, ob seine soziale Umwelt – wozu im Vorschulalter in erster Linie die Eltern gehören – es als zuständig erachtet und ihm die entsprechenden Kompetenzen auch zuschreibt. Erstens nehmen Kinder solche Zuschreibungen wahr. Zweitens stellen Eltern Sozialisationsumgebungen zur Verfügung, welche die zugeschriebenen Fähigkeiten fördern. Die empirische Forschung stützt diese Annahmen, indem sie aufgezeigt hat, dass sich elterliche Erwartungen sowohl auf die schulische Leistung als auch auf die Erwartungshaltungen und das Fähigkeitsselbstkonzept der Kinder auswirken (Frome und Eccles 1998; Tiedemann 2000). Es muss allerdings berücksichtigt werden, dass immer auch gruppenspezifische Erwartungshaltungen und Stereotypisierungen mit in die Einschätzung einfließen, ob ein Kind als zuständig erachtet wird oder nicht (Jones 1990; Rolff 1997). Hierbei spielen Merkmale des Kindes wie das Geschlecht oder die Auf- bzw. Abwertung herkunftsspezifischer Kenntnisse und Kompetenzen in Abhängigkeit der sozialen Schicht eine Rolle (Grundmann et al. 2007). Welche schulrelevante Befähigung, Bereitschaft und Selbstzuschreibung im Sinne eines Lern- und Sozialhabitus Kinder im Vorschulalter entwickeln, hängt somit maßgeblich von Selbst- und Fremdzuschreibungsprozessen und den damit verbundenen Opportunitätsstrukturen des Elternhauses ab.

Die Unterscheidung der drei Kompetenzaspekte Befähigung, Bereitschaft und Zuständigkeit dient im vorliegenden Beitrag in erster Linie analytischen Zwecken, da sie empirisch schwer umsetzbar ist. Sie sagt auch noch nichts über die Art der Kompetenzen aus, die ein Kind entwickeln muss, um den in die Schülerrolle eingelagerten Erwartungen an das Lern- und Sozialverhalten bei der Statuspassage in die Primarschule gerecht zu werden. Für deren Herleitung eignet sich die Kompetenzklassifikation von Erpenbeck und von Rosenstiel (2003), welche folgende vier Kompetenzklassen unterscheiden:[2]

---

2   Es existieren verschiedene Kompetenzklassifikationen, die in ihrer Unterteilung relativ ähnlich sind. Wir beziehen uns für den vorliegenden Beitrag auf Erpenbeck und von Rosenstiel (2003), da sie die produktiven Kompetenzen, die im Schulkontext wichtig sind, als eigene Kategorie konzeptualisieren. Die Autoren verwenden allerdings ein eher psychologisch verankertes Kompetenzkonzept, das Kompetenz als Disposition selbstorganisierten Handelns definiert (Erpenbeck und von Rosenstiel 2003: XI). Damit weicht es massgeblich von einer soziologischen Konzeption von Kompetenz ab, weshalb wir nur den Klassifikationsaspekt von Erpenbeck und von Rosenstiel (2003) berücksichtigen.

Personale Kompetenzen beziehen sich auf die Befähigung, Bereitschaft und Zuständigkeit einer Person, sich selbst einzuschätzen und Werthaltungen und Selbstbilder zu entwickeln. Eine wichtige personale Kompetenz ist das soziale Selbstkonzept. Es erfasst, ob sich Individuen von ihrer sozialen Umwelt akzeptiert und geschätzt fühlen (Erpenbeck und von Rosenstil 2003). Kinder mit einem hohen sozialen Selbstkonzept fühlen sich befähigt und sind bereit, auf andere zuzugehen und positive Beziehungen zu Lehrpersonen und Mitschülern und Mitschülerinnen aufzubauen. Das soziale Selbstkonzept fördert damit die soziale Integration (Wentzel 1999) und dürfte auch zu einem gelungenen Schuleintritt beitragen.

Aktivitäts- und umsetzungsorientierte Kompetenzen (im Folgenden *produktive Kompetenzen* genannt) sind die Befähigung, Bereitschaft und Zuständigkeit einer Person, aktiv und selbstorganisiert zu handeln und dieses Handeln auf die Umsetzung von Absichten, Vorhaben und Plänen zu richten. Seitens der produktiven Kompetenzen erwartet die Schule, dass Kinder Aufgaben zielgerichtet, motiviert und gewissenhaft umsetzen. Es handelt sich um Kompetenzen, für welche Fremdzuschreibungen eine bedeutende Rolle spielen. Schüler und Schülerinnen, die in diesen Bereichen positiv bewertet werden, erzielen nämlich auch bessere Schulnoten (Farkas 2003; DeFruyt et al. 2008; Steinmayr und Spinath 2008). Es ist deshalb zu erwarten, dass Gewissenhaftigkeit und Leistungsmotivation Kindern den Schuleintritt erleichtern.

Soziale Kompetenzen sind die Befähigung und Bereitschaft, kommunikativ und kooperativ zu handeln und von den Interaktionspartnern entsprechend wahrgenommen zu werden. So ist das prosoziale Verhalten eine soziale Kompetenz, die sich an den Bedürfnissen und dem Wohlergehen anderer orientiert und die grundlegend die Qualität des sozialen Zusammenlebens reguliert (Eisenberg 1982). Da mit der Übernahme der Schülerrolle auch hohe Anforderungen an das Beziehungsverhalten gegenüber Mitschülern, Mitschülerinnen und Lehrpersonen einhergehen, ist davon auszugehen, dass prosoziales Verhalten dem Kind zu einer erleichterten Statuspassage in die Primarschule verhilft.

Fachlich-methodische Kompetenzen beziehen sich auf die Befähigung, Bereitschaft und Zuständigkeit, bei der Lösung von sachlich-gegenständlichen Problemen geistig und physisch selbstorganisiert zu handeln, das heißt mit fachlichen Kenntnissen, Fertigkeiten und Fähigkeiten kreativ Probleme zu lösen. Obwohl der Begriff „fachlich-methodische Kompetenzen" für die Phase vor dem Schuleintritt etwas hochgegriffen erscheint, da Kinder in der Regel erst ab dem Schuleintritt in größerem Ausmaß mit dieser Art von Kompetenzen konfrontiert werden, kann das schulische Vorwissen der Kinder darunter subsumiert werden. Kinder, die gemäß den Einschätzungen der Eltern beim Schuleintritt bereits vertraut sind mit den zentralen Wissensinhalten und fachlichen Fähigkeiten, die in der ersten Klasse vermittelt werden, fällt die Übernahme der Schülerrolle vermutlich leichter. Dazu gehören in erster Linie Buchstaben- und Zahlenkenntnisse sowie die Fähigkeit, sich sprachlich auszudrücken und dem Unterricht zu folgen.

2.3 Soziale Herkunft und Geschlecht: direkte und indirekte Einflüsse

Inwiefern Kinder die von der Schule geforderten Erwartungen an das Lern- und Sozialverhalten erfüllen, hängt von der sozialen Herkunft ab (Bourdieu und Passeron 1964; Bourdieu 1982). Zudem dürfte das Geschlecht eine Rolle spielen. Neuere Ergebnisse weisen darauf hin, dass der Lern- und Sozialhabitus von Mädchen eine bessere Passung mit den schulischen Erwartungen aufweist als derjenige von Knaben (Kriesi und Buchmann in Vorbereitung; Martin 1998; Tresch 2005).

Wenden wir uns zuerst kurz der sozialen Herkunft zu. Deren Einfluss auf den Schulerfolg wird meist mit der schichtabhängigen Ausstattung der Elternhäuser mit kulturellem und sozialem Kapital begründet (Büchner und Brake 2006; Cheadle 2008; Lareau 2003).[3] Seitens des kulturellen Kapitals kommt vor allem dem elterlichen Bildungskapital in Form von Bildungsabschlüssen, Werthaltungen und Kompetenzen Bedeutung zu. Gut gebildete Eltern bewerten dieselben fachlich-methodischen und produktiven Kompetenzen hoch, die in der institutionalisierten Schulkultur von den Schülern und Schülerinnen erwartet werden (bspw. Baumert et al. 2003; Davis-Kean 2005; Lareau 2003). Folglich sind sie in der Lage, Sozialisationsumgebungen zur Verfügung zu stellen, welche bei den Kindern die Entwicklung schulrelevanter Befähigungen als auch die Bereitschaft, diese im Schulalltag anforderungsorientiert einzusetzen, fördern. Das elterliche kulturelle Kapital dürfte sich deshalb, in erster Linie vermittelt über das schulische Vorwissen und die produktiven Kompetenzen, positiv auf die erfolgreiche Übernahme der Schülerrolle und damit auf die Bewältigung des Schuleintritts auswirken.

Sozialkapital besteht aus sozialen Beziehungen, welche Unterstützung bieten, bei Kindern den Erwerb bestimmter Kompetenzen fördern und den Austausch wichtiger Informationen begünstigen (Bourdieu 1983; Coleman 1988). Dabei lässt sich eine strukturelle und eine funktionale Form unterscheiden (Baumert et al. 2003). Die strukturelle Form bezieht sich auf die Verfügbarkeit sozialer Beziehungen, die funktionale Form auf die Kommunikationsart und -intensität innerhalb

---

3   Das Konzept der Kapitalarten stammt von Bourdieu (1983), der neben kulturellem und sozialem auch ökonomisches Kapital unterscheidet. Letzteres spielt für die Kompetenzentwicklung im Vorschulalter allerdings noch kaum eine eigenständige Rolle. Es kommt erst beim Übergang in höhere Schulstufen zum Tragen (Pfeiffer 2010).

sozialer Beziehungen. Zu letzterer gehört die Qualität der Eltern-Kind-Beziehung. Die entwicklungspsychologische Forschung hat wiederholt aufgezeigt, dass elterliche Erziehungsstile, die durch große emotionale Nähe und Unterstützung geprägt sind, kindliche Lernprozesse sowie die damit einhergehende Entwicklung von Kompetenzen (im Sinne der Befähigung und Bereitschaft) begünstigen (Papastefanou und Hofer 2002) und es Kindern erleichtern, sich an neue Handlungsräume anzupassen und diese zu explorieren (Kracke und Hofer 2002; Kreppner 1999). Dies mag auch damit zusammenhängen, dass Eltern mit einem emotional nahen Erziehungsstil ein positiveres Bild ihrer Kinder haben und ihnen deshalb höhere Kompetenzen zuschreiben, was sich positiv auf deren Befähigung und Bereitschaft und somit auch auf den Erwerb aller Arten von Kompetenzen auswirkt.

Bezüglich des Geschlechts ist die Überlegung zentral, wonach viele Kompetenzen geschlechtlich stereotypisiert sind und tendenziell stärker dem einen Geschlecht zugeschrieben werden. So werden soziale Kompetenzen und auch bestimmte produktive Kompetenzen wie etwa Gewissenhaftigkeit eher weiblich stereotypisiert (bspw. Rabe-Kleberg 1987; Reay 2001). Dies führt dazu, dass Eltern ihren Töchtern die entsprechenden Kompetenzen unabhängig von deren tatsächlichen Befähigung eher zuschreiben als ihren Söhnen (Buchmann und Kriesi 2012; Dresel et al. 2007). Zudem stellen sie Sozialisationsumgebungen zur Verfügung, welche geschlechterstereotype Befähigungen und auch die Bereitschaft, diese einzusetzen, bei den Kindern begünstigen. So haben empirische Untersuchungen gezeigt, dass Eltern bei Mädchen im Vorschulalter stärker als bei Jungen sprachliche Fertigkeiten und Wissensinhalte wie Buchstabenkenntnisse fördern, welche in der Primarschule nachgefragt werden (Entwisle et al. 2007). Folglich gehen wir davon aus, dass Mädchen bei den sozialen und produktiven Kompetenzen und beim schulischen Vorwissen im Vergleich zu Jungen im Vorteil sind und demnach ihr Lern- und Sozialhabitus beim Schuleintritt besser mit der institutionalisierten Schülerrolle übereinstimmt als jener von Jungen.

3. Daten und Methoden

Die nachfolgenden Analysen beruhen auf den ersten zwei Erhebungswellen des schweizerischen Kinder- und Jugendsurvey COCON (Buchmann und Fend 2004). Es handelt sich dabei um eine Längsschnittuntersuchung zu den Lebensverhältnissen, Lebenserfahrungen und zur psychosozialen Entwicklung von Kindern und Jugendlichen dreier Geburtskohorten, die für die deutsch- und die französischsprachige Schweiz repräsentativ ist. Wir benutzen die Daten der jüngsten Kohorte. Diese sind zwischen dem 1. September 1999 und dem 30. April 2000 geboren und waren zum Zeitpunkt der ersten und zweiten Datenerhebung sechs und sieben Jahre alt. Die Analysen beruhen auf allen Kindern, die in beiden Wellen mitgemacht haben. Die überwiegende Mehrheit befand sich mit sieben Jahren in der ersten Klasse.[4] Bei einer Minderheit verspätet eingeschulter Kinder (8.1%) wurden auch Informationen aus einer im Alter von acht Jahren durchgeführten Zwischenerhebung berücksichtigt.

Für die Beantwortung unserer Forschungsfrage haben wir ein Strukturgleichungsmodell gerechnet.[5] Als Gütekriterien verwenden wir die in der Forschung üblichen Indikatoren, wozu der RMSEA, CFI, AGFI und CMIN gehören (siehe Byrne 2001).[6] Die abhängige Variable Qualität des Schuleintritts wird mit einer latenten Dimension gemessen, die mittels drei Items erfasst, wie gut die Kinder die Schülerrolle übernommen haben. Sie beruhen auf der Einschätzung der Hauptbetreuungsperson (in 92.6% die Mutter), ob sich das Kind schnell ans Erledigen von Hausaufgaben gewöhnt hat, schnell eine gute Beziehung zur Lehrerin aufgebaut hat und problemlos mit dem Schulalltag zurechtkommt.[7] Die Fragen wurden bei der Mehrheit der Kinder zum zweiten Meßzeitpunkt mit 7 Jahren gestellt, bei einer Minderheit von 8.1% ein Jahr später.

Die Einschätzungen der Kompetenzen der Kinder wurden vor dem Schuleintritt mit 6 Jahren gemessen.[8] Die personalen Kompetenzen erfassen wir mit

---

4   Das N der ersten Welle betrug 1273 Kinder. Aufgrund einer geringen Panelmortalität von 4% hat sich die Stichprobe bis zur zweiten Welle auf 1219 verkleinert. Aufgrund fehlender Informationen mussten zudem Kinder aus den Analysen ausgeschlossen werden, welche bereits vor 2006 eingeschult worden waren (3%). Damit reduziert sich das N auf 1056.

5   Dessen Schätzung beruht auf gewichteten Daten. Die Gewichtung korrigiert die unterschiedliche Auswahlwahrscheinlichkeit einzelner Gemeindetypen und die leicht geringere Teilnahme von Kindern aus tiefen sozio-ökonomischen Schichten und/oder mit Migrationshintergrund (siehe Sacchi 2006).

6   Der RMSEA misst die Passungsdiskrepanz pro Freiheitsgrad. Perfekt passende Modelle hätten einen Wert von 0. Werte < .06 gelten als gut, Werte zwischen .06 und .08 gelten als akzeptabler Fit. Der CFI sowie der AGFI liegen zwischen 0 und 1. Gut passende Modelle haben Werte nahe 1. CMIN drückt die Diskrepanz zwischen der eingeschränkten und der uneingeschränkten Kovarianzmatrix aus. Eine hohe Wahrscheinlichkeit von CMIN bedeutet ein gut passendes Modell. CMIN Werte sollten allerdings mit Vorsicht betrachtet werden, da sie sehr sensitiv auf die Stichprobengrösse und fehlende Normalverteilung reagieren.

7   Die interne Konsistenz beträgt α = .62. Mit Werten von .52; .53 und .76 bewegen sich die Faktorladungen im konsistenten Rahmen (siehe Hildebrandt und Temme 2006).

8   Die Wahl der Perspektive bei den Kompetenzmessungen (d.h. die Frage, ob die Kompetenzmessungen auf der Einschätzung der Kinder, der Eltern oder der Kindergärtnerinnen beruhen), ist aufgrund theoretischer, aber auch forschungspraktischer Überlegungen erfolgt. Beim sozialen Selbstkonzept berücksichtigen wir die Selbstsicht, da die Selbsteinschätzung dabei die grösste Rolle spielen dürfte. Die Gewissenhaftigkeit ist nur aus Sicht der Hauptbetreuungsperson erhoben worden. Die Einschätzungen des prosozialen Verhaltens und des schulischen Vorwissens sind aus Sicht der Eltern und der Kindergärtnerinnen erfragt worden. Da die beiden Perspektiven relativ hoch korrelieren (schulisches Vorwissen: .43; prosoziales Verhalten: .26), haben wir

dem sozialen Selbstkonzept (Asendorpf und van Aken 1993; Harter und Pike 1984). Es wurde bei den Kindern selber erhoben und umfasst vier Items, welche anhand von Bildergeschichten die Wahrnehmung der eigenen sozialen Akzeptanz bei anderen Kindern misst ($\alpha = .60$).[9] Die produktiven Kompetenzen werden mit dem Konzept der Gewissenhaftigkeit operationalisiert. Es beruht auf der Einschätzung der Hauptbetreuungsperson und wurde mit drei Items gemessen (Asendorpf und van Aken 1993; Rothbart et al. 1994).[10] Das prosoziale Verhalten geht auf die Einschätzung der Hauptbetreuungsperson zurück. Es wird mit vier auf Goodman (1997) zurückgehende Items erfasst.[11] Das schulrelevante Vorwissen, ebenfalls aus Sicht der Hauptbetreuungsperson, besteht aus einem Index aus den Elementen Mengenverständnis, Kenntnis von Zahlen und Buchstaben sowie sprachliche Ausdrucksfähigkeit.[12]

Der höchste Bildungsabschluss der Eltern in Form einer vierstufigen Intervallvariablen, die zwischen obligatorischer Schule, beruflicher Grundbildung / Mittelschule, höhere Berufsausbildung / Fachhochschule und Universitätsabschluss unterscheidet, dient als Mass für das kulturelle Kapital der Familie. Er dient auch als Proxy für den sozio-ökonomischen Status einer Familie, da der Bildungsabschluss in der Regel hoch korreliert mit dem beruflichen Status und dem ökonomischen Kapital einer Familie. Das funktionale Sozialkapital beruht auf einem Mass aus der „Supportive Parenting" Skala von Simons, Lorenz, Conger und Wu (1992) zur emotionalen Nähe zwischen Eltern und Kindern.[13] Eine Dummyvariable unterscheidet zwischen Mädchen (0) und Jungen (1). Schliesslich dienen das in Monaten gemessene Alter zum Zeitpunkt der ersten Datenerhebung sowie die

---

uns aufgrund der grösseren Stichprobe auf die Einschätzungen der Hauptbetreuungspersonen gestützt.

9 Da Modellschätzungen mit mehreren latent gemessenen Konstrukten schnell instabil werden, haben wir darauf verzichtet, die Kompetenzkonstrukte latent ins Modell zu integrieren.

10 Es handelt sich um die folgenden Items ($\alpha = .60$): 1) Mein Kind handelt überlegt und planvoll, 2) Mein Kind hat Ausdauer und gibt nicht leicht auf, 3) Mein Kind kann gut aufpassen und sich auf Dinge konzentrieren.

11 Es handelt sich um folgende Items ($\alpha = .64$): 1) Mein Kind ist aufmerksam und rücksichtsvoll gegenüber anderen Kindern, 2) Mein Kind hilft anderen oft freiwillig (Eltern, Kindergärtnerin, andere Kindern), 3) Mein Kind ist hilfsbereit, wenn andere krank, betrübt, oder verletzt sind, und 4) Mein Kind ist lieb zu jüngeren Kindern.

12 Das Konstrukt umfasst folgende drei Items ($\alpha = .56$): 1) Er/sie* weiss, was Mengen sind: Er/sie* weiss zum Beispiel, dass eine Menge von 10 kleinen Steinchen gleichviel ist wie eine Menge von 10 grossen Steinen, 2) Er/sie* erzählt Geschichten in einer sinnvollen Reihenfolge, 3) Er/sie* kann neben seinem/ihrem* Namen auch einfache Wörter (z.B. Auto) schreiben.

13 Wir benützen die folgenden drei von Walper (1997) ins Deutsche übersetzten Items ($\alpha = .50$): 1) Wie oft zeigen Sie Ihrem Kind, dass Sie sich freuen, wenn es etwas tut, das Sie gut finden? 2) Wie oft sprechen Sie mit Ihrem Kind über das, was er/sie erlebt hat? 3) Wie oft empfinden Sie starke Zuneigung und Liebe zu Ihrem Kind?

kognitiven Grundfähigkeiten des Kindes als Kontrollvariablen. Diese kognitiven Kompetenzen wurden mit einer Subskala des sprachfreien Grundintelligenztests von Cattell, Weiss und Osterland (1977) erhoben. Die Mittelwerte, Standardabweichungen, Minima und Maxima für alle Kovariaten sind in Tabelle 1 dargestellt.

Tabelle 1:   Mittelwerte, Standardabweichungen, Range und Korrelationen der verwendeten Variablen

	1	2	3	4	5	6	7	8	9	10	11	12
1) Anpassung an Schulalltag	1											
2) Beziehung LP-ZK	43***	1										
3) Haus- aufgaben	.39***	.24***	1									
4) Gewissen- haftigkeit	.20***	.10**	.26***	1								
5) Soziales Selbstkonzept	.08*	.05	.03	-.01	1							
6) Prosoziales Verhalten	.09**	.11**	.20***	.35***	.07*	1						
7) Schulisches Vorwissen	.14***	.10**	.16***	.28***	.05	.13***	1					
8) Kognitive Kompetenzen	.05	-.03	.02	.07*	-.07*	-.01	.12***	1				
9) Emotionale Nähe	.07*	.11**	.11***	.27***	.08*	.27***	.13***	-.00	1			
10) Höchste elter- liche Bildung	-.02	-.04	-.03	.02	-.06⁺	-.07*	.19***	.21***	-.05 ⁺	1		
11) Geschlecht	-.04	-.04	-.14***	.13***	-.03	-.16***	-.13***	-.06⁺	.02	.01	1	
12) Alter bei Erst- befragung	.01	-.01	.00	.02	.00	.03	.16***	.10**	.00	.07*	-.06*	1
Mittelwert	5.26	5.52	5.11	4.71	3.29	5.21	4.42	2.23	5.55	2.53	0.51	74.16
Standard- abweichung	1.14	0.83	1.17	0.84	0.60	0.65	1.01	1.51	0.44	0.88	0.50	2.52
Range	1-6	1-6	1-6	1-6	1-4	1-6	1-6	0-6	2.5-6	1-4	0/1	62-87

*** $p<0.001$; ** $p\leq0.01$; * $p\leq0.05$; + $p\leq0.10$

Quelle: schweizerischer Kinder- und Jugendsurvey COCON, 2006-2007.

4. Ergebnisse

Als erstes lohnt sich ein Blick auf die Mittelwertunterschiede der Qualität des Schuleintritts und der Kompetenzeinschätzungen zwischen Mädchen und Jungen sowie Kindern aus Elternhäusern mit unterschiedlichem Bildungskapital, die in Tabelle 2 dargestellt sind. Bezüglich des Geschlechts fällt auf, dass Mädchen die Statuspassage in die Primarschule statistisch signifikant besser bewältigen als Jungen. Zudem werden Mädchen im Alter von sechs Jahren fast durchgehend höhere Kompetenzen zugeschrieben. Mit Ausnahme des sozialen Selbstkonzepts, welches sich zwischen den Geschlechtern nicht signifikant unterscheidet, wird bei Mädchen wie vermutet mehr Gewissenhaftigkeit, prosoziales Verhalten und schulisches Vorwissen wahrgenommen und sie weisen etwas höhere kognitive Grundfähigkeiten auf. Dies kann dahingehend interpretiert werden, dass der Sozial- und Lernhabitus 6-jähriger Mädchen besser mit den schulischen Anforderungen übereinstimmt als jener gleichaltriger Jungen. Auch seitens des elterlichen Bildungskapitals lassen sich einige interessante Unterschiede beobachten. Tabelle 2 unterscheidet zwischen Kindern, deren Eltern höchstens die obligatorische Schule, eine berufliche Grundbildung, eine höhere Fachausbildung oder eine universitäre Hochschule abgeschlossen haben. Interessanterweise schätzen eher wenig gebildete Eltern mit nur obligatorischem Schulabschluss die Qualität des Schuleintritts ihrer Kinder höher ein als besser gebildete Eltern. Bei der produktiven Kompetenz Gewissenhaftigkeit lässt sich ein kurvilineares Muster beobachten. Eltern mit Berufsbildung (berufliche Grundbildung und höhere Berufsbildung) nehmen ihre Kinder als weniger gewissenhaft wahr als Eltern der beiden anderen Bildungsgruppen. Der höhere Mittelwert für Akademikerkinder entspricht den Erwartungen und lässt sich damit begründen, dass Gewissenhaftigkeit in Familien mit viel kulturellem Kapital Teil des geförderten Habitus ist.[14] Dass auch wenig gebildete Eltern bei ihren Kindern Wert auf Gewissenhaftigkeit legen, könnte damit zusammenhängen, dass Werte wie Ordnung und Disziplin, die Gewissenhaftigkeit voraussetzen, in solchen Familien einen hohen Stellenwert haben (Kramer und Helsper 2010; Liebenwein 2008). Am deutlichsten zeigen sich die Unterschiede nach sozialer Herkunft beim schulrelevanten Vorwissen und den kognitiven Grundfähigkeiten, welche zwischen allen Bildungsgruppen

---

14   Der in gebildeten sozialen Schichten verbreitete Begabungsmythos, wonach gute (Schul-) Leistungen in erster Linie der Begabung zuzuschreiben sind, würde auf den ersten Blick eine geringe Bedeutung produktiver Kompetenzen wie der Gewissenhaftigkeit vermuten lassen. Die empirischen Ergebnisse von Büchner und Brake (2006) zeigen allerdings auf, dass in gebildeten Familien mit viel kulturellem Kapital implizit grosses Gewicht auf produktive Kompetenzen gelegt wird, indem diese zwar nicht explizit thematisiert, aber als selbstverständlich vorausgesetzt werden.

statistisch signifikant voneinander abweichen. Je höher das Bildungskapital der Eltern, umso mehr schulrelevantes Vorwissen und umso höhere kognitive Kompetenzen weisen die Kinder auf. Dies stützt die weit verbreitete These, wonach der Habitus von Kindern mit hoch gebildeten Eltern mindestens partiell bereits beim Schuleintritt eine bessere Passung mit den schulischen Erwartungen aufweist.

Tabelle 2: Mittelwerte der Qualität des Schuleintritts und der Kompetenzen nach Geschlecht und sozialer Herkunft

	Oblig. Schule	Sekundar-schule II	Höhere Fachaus-bildung	Hoch-schule	p: ***	p: **	p: *	Knaben	Mäd-chen	p
Gewissen-haftigkeit	5.05	4.64	4.64	4.87	a, b	e, f	c¹	4.61	4.83	***
Soziales Selbstkonzept	3.13	3.11	3.07	3.02			e¹	3.07	3.12	
Prosoziales Verhalten	5.27	5.26	5.11	5.19		d	b	5.11	5.32	***
Schulisches Vorwissen	4.06	4.31	4.52	4.74	b, c, e	d, f	a	4.30	4.55	***
Kognitive Kompetenzen	1.63	2.05	2.44	2.73	b, c, d, e	a	f¹	2.15	2.32	+
Qualität Schuleintritt	5.49	5.30	5.23	5.31		b	a, c¹	5.22	5.38	**
N	84	518	265	190				542	514	

a=oblig. Schule vs. Sekundarschule II; b=oblig. Schule vs. höhere Fachausbildung; c=oblig. Schule vs. Hochschule; d=Sekundarschule II vs. höhere Fachausbildung; e=Sekundarschule II vs. Hochschule; f=höhere Fachausbildung vs. Hochschule

*** p<0.001; ** p≤0.01; * p≤0.05; + p≤0.10

Quelle: schweizerischer Kinder- und Jugendsurvey COCON, 2006-2007.

Wenden wir uns als nächstes den multivariaten Ergebnissen des Strukturgleichungsmodells zu, dass in Abbildung 1 dargestellt ist. Gemäß den Kennzahlen weist das Modell eine gute Passung auf und erklärt 12 Prozent der Gesamtvarianz. Unseren Annahmen entsprechend wirken sich alle untersuchten Kompetenzen auf die Qualität des Schuleintritts aus. Dies bedeutet mit anderen Worten, dass die erfolgreiche Übernahme der Schülerrolle damit zusammenhängt, wie gut der Sozial- und Lernhabitus der Kinder mit den schulischen Erwartungen und Anforderungen übereinstimmt.

Abbildung 1: Determinanten der Qualität des Schuleintritts (standardisierte Pfadkoeffizienten, standardisierte Gesamteffekte in Klammern)

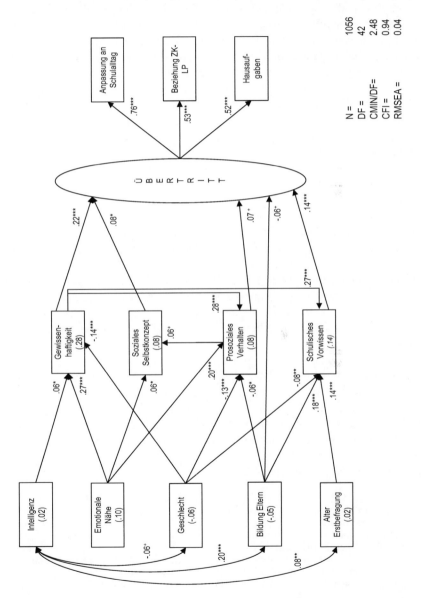

Den Werten für die standardisierten Gesamteffekte in Abbildung 1 ist zu entnehmen, dass die Gewissenhaftigkeit den größten Einfluss hat. 6-Jährige, die
als gewissenhaft eingeschätzt werden, fällt der Übertritt in die Primarschule mit
der damit verknüpften Übernahme der Schülerrolle deutlich leichter als Gleichaltrigen, die weniger gewissenhaft sind. Es handelt sich damit um eine produktive Schlüsselkompetenz, die im Schulalltag vorausgesetzt wird. Gewissenhafte
Kinder verfügen im Kindergartenalter zudem auch über signifikant mehr schulrelevantes Vorwissen. Dieser Kompetenz kommt für die erfolgreiche Übernahme
der Schülerrolle ebenfalls eine große Bedeutung zu. Kinder, die bereits vor dem
Schuleintritt vertraut waren mit den zentralen schulischen Wissensinhalten der
ersten Klasse (Buchstaben und Zahlenkenntnisse, sprachliche Fähigkeiten, Mengenverständnis), bewältigen den Schuleintritt nämlich signifikant besser. Das prosoziale Verhalten und das soziale Selbstkonzept spielen eine vergleichbare Rolle. Kindern, deren Verhalten als prosozial eingeschätzt wird – die also freiwillig
anderen helfen und Unterstützung leisten – fällt die Übernahme der Schülerrolle
leichter. Dies gilt auch für Kinder, welche sich bei anderen als beliebt und sozial akzeptiert wahrnehmen. Prosoziale Kinder schätzen zudem auch ihr soziales
Selbstkonzept höher ein. Erklären lassen sich diese Befunde damit, dass soziale
und personale Kompetenzen in Form von prosozialem Verhalten und einem positiven sozialen Selbstkonzept den Aufbau positiver Beziehungen zu Mitschülern
und Mitschülerinnen sowie Lehrpersonen fördern und dadurch auch einen gelungenen Schuleintritt erleichtern. Schliesslich ist erwähnenswert, dass Kinder mit
ausgeprägt prosozialem Verhalten in der Regel auch sehr gewissenhaft sind. Der
Grund dürfte darin zu suchen sein, dass beide Kompetenzen die Fähigkeit voraussetzen, Regeln zu internalisieren und Impulse zu kontrollieren (siehe Eisenberg et al. 1995 bzgl. des prosozialen Verhaltens).

Welche Rolle spielen nun der familiäre Hintergrund und das Geschlecht für
die Kompetenzen der Kinder und die Qualität des Schuleintritts? Das kulturelle
Kapital der Eltern, gemessen über den höchsten Bildungsabschluss, hat wie vermutet in erster Linie einen indirekten, über das schulische Vorwissen und das prosoziale Verhalten vermittelten Einfluss auf den Schuleintritt.[15] Die Richtung dieses Einflusses unterscheidet sich allerdings bezüglich der beiden Kompetenzen.

---

15 Der direkte Einfluss ist schwach und nur auf dem 10%-Niveau signifikant. Interessanterweise
    ist er negativ, was bedeutet, dass Eltern mit viel kulturellem Kapital und hohen Bildungs-
    abschlüssen die Qualität des Schuleintritts ihrer Kinder schlechter einschätzen als weniger
    gebildete Eltern. Zusätzliche, nicht dargestellte Resultate zeigen, dass dieser negative Einfluss
    nur für Jungen besteht. Er lässt sich möglicherweise damit erklären, dass gut gebildete Eltern
    hohe Erwartungen an ihre Söhne haben, die diese aber infolge ihrer geringeren Kompetenzen
    beim Schuleintritt nicht erfüllen können (siehe auch Kriesi und Buchmann in Vorbereitung).

Interessanterweise wirkt sich das elterliche Bildungskapital negativ auf die prosozialen Kompetenzen aus, die den Kindern zugeschrieben werden. Die Trennlinie
scheint, gestützt auf die Ergebnisse aus Tabelle 1, vor allem zwischen tertiär und
nicht-tertiär gebildeten Elternhäuser zu verlaufen. Das Resultat stimmt überein
mit einer neueren US-amerikanischen Studie, welche – allerdings für Erwachsene
– feststellt, dass sich Personen aus höheren sozio-ökonomischen Schichten weniger prosozial verhalten als solche aus tieferen (Piff et al. 2010). Die Autoren vermuten die Ursache im ausgeprägteren Individualismus und der hohen Bewertung
persönlicher Freiheit in höheren sozialen Schichten. Diese Werthaltungen dürften
sich auch auf die Erziehung auswirken und dazu führen, dass in Familien mit hohem sozio-ökonomischem Status die Orientierung am Wohlergehen anderer etwas weniger zentral ist als in Familien mit tieferem sozio-ökonomischem Status.

Nicht überraschend ist das Bildungskapital des Elternhauses ein wichtiger
Prädiktor für das schulische Vorwissen. Zudem wirkt es sich positiv auf die kognitiven Grundfähigkeiten aus. Hoch gebildete Eltern wissen, welches Wissen in
der Schule nachgefragt wird. Sie stellen dementsprechend Sozialisationsumgebungen zur Verfügung, welche die Transmission ihres eigenen schulaffinen kulturellen Kapitals zu den Kindern begünstigen. Entgegen den Erwartungen wirkt
sich das kulturelle Kapital der Eltern nicht auf die produktiven Kompetenzen der
Kinder in Form von Gewissenhaftigkeit aus. Ruft man sich die bivariaten Verteilungen in Tabelle 1 in Erinnerung, erstaunt dieses Ergebnis nicht. Sie haben
nämlich gezeigt, dass sich die Gewissenhaftigkeit durchaus nach elterlichem Bildungshintergrund unterscheidet, wenn auch nicht linear. Kinder aus der höchst
und tiefst gebildeten Gruppe wird mehr Gewissenhaftigkeit zugeschrieben als
Kinder mit beruflich gebildeten Eltern.

Auch das funktionale Sozialkapital, welches wir anhand eines emotional
warmen und unterstützenden Erziehungsstils gemessen haben, beeinflusst die
Statuspassage in die Primarschule indirekt, vermittelt über die vorschulischen
Kompetenzen 6-Jähriger. Ein ausgesprochen warmer und unterstützender Erziehungsstil geht einher mit prosozialerem Verhalten, mehr schulischem Vorwissen
und einem höheren sozialen Selbstkonzept. Ein solcher Erziehungsstil fördert
demnach die Befähigung und Bereitschaft von Kindern für Lern- und Entwicklungsprozesse vermutlich direkt als auch indirekt, vermittelt über höhere Kom-
petenzzuschreibungen der Eltern, die sich wiederum positiv auf Befähigung und
Bereitschaft der Kinder auswirken.

Das Geschlecht wirkt sich nur indirekt, über die Kompetenzzuschreibun-
gen vermittelt, auf die Qualität des Schuleintritts aus. Folglich hängt die bivariat
beobachtete, durchschnittlich signifikant bessere Bewältigung der Statuspassage

in die Primarschule von Mädchen (siehe Tabelle 1) ausschließlich damit zusammen, dass ihr Lern- und Sozialhabitus eine bessere Passung mit der institutionalisierten Schülerrolle aufweist. Mit anderen Worten: die höhere Ausstattung der Mädchen mit Gewissenhaftigkeit, prosozialem Verhalten und schulrelevantem Vorwissen erklärt, warum sie den Schuleintritt besser meistern. Zudem weisen Mädchen mit sechs Jahren etwas höhere kognitive Grundkompetenzen auf als Knaben. Für diese Unterschiede nach Geschlecht sind zwei Erklärungen denkbar. Einerseits könnten sie auf einen biologisch bedingten Entwicklungsvorsprung der Mädchen hinweisen (DeFruyt et al. 2008), andererseits sind möglicherweise geschlechtsspezifische Sozialisationsprozesse dafür verantwortlich. Eine Reihe von Studien zeigt nämlich auf, dass Eltern und Lehrpersonen im Vorschulbereich bei Mädchen schulrelevante Kompetenzen und Verhaltensweisen stärker fördern als bei Jungen (bspw. Entwisle et al. 2007; Martin 1998).

Wenden wir uns abschließend noch den Kontrollvariablen zu. Das Lebensalter zum Zeitpunkt der ersten Befragung, welches sich zwischen den Kindern um maximal 9 Monate unterscheidet, beeinflusst die Qualität des Schuleintritts indirekt, über das schulische Vorwissen vermittelt. Das Alter steht in einem signifikant positiven Zusammenhang mit den kognitiven Grundfähigkeiten und dem schulischen Vorwissen. Kinder, die zu einem etwas früheren Zeitpunkt geboren und deshalb beim Schuleintritt etwas älter sind, haben also bezüglich ihrer kognitiven und fachlichen Kompetenzen einen Vorsprung. Dies verweist darauf, dass ein Altersunterschied von wenigen Monaten in diesem frühen Alter mit großen Entwicklungsunterschieden verknüpft sein kann. Der Befund bestätigt damit auch die These, wonach Kinder, die beim Schuleintritt bereits etwas älter sind, tendenziell einen Vorteil haben (bspw. Puhani und Weber 2005).

Die kognitiven Grundfähigkeiten sind für den Schuleintritt bemerkenswerterweise fast bedeutungslos. Sie wirken sich zwar auf die Gewissenhaftigkeit aus – Kinder mit hohen kognitiven Fähigkeiten werden gewissenhafter eingeschätzt als solche mit eher tiefen – stehen aber sonst weder mit anderen Kompetenzen noch mit der Qualität des Schuleintritts in einem Zusammenhang. Die Übernahme der Schülerrolle hängt demnach nicht von der Intelligenz eines Kindes ab, sondern von seiner Ausstattung mit schulrelevanten fachlichen und überfachlichen Kompetenzen oder, in anderen Worten, von seinem im Elternhaus erworbenen Sozial- und Lernhabitus.

5. Zusammenfassung und Schlussfolgerungen

Im Zentrum dieses Beitrags stand die Frage, wie sich verschiedene Arten von Kompetenzen, die wir als Lern- und Sozialhabitus konzeptualisiert haben, auf die Statuspassage des Schuleintritts und die Übernahme der Schülerrolle auswirken und welche Bedeutung dabei der familiären Herkunft und dem Geschlecht zukommt. Dabei sind wir von einem soziologischen Verständnis von Kompetenzen ausgegangen, das neben individuellen Aspekten auch soziale Zuschreibungen beinhaltet. Kompetenz wurde als situatives inkorporiertes Problemlösungsvermögen konzipiert, welches neben der Befähigung und Bereitschaft, eine Aufgabe zu lösen, auch die Zuschreibung von Zuständigkeit voraussetzt. Aus einer solchen soziologischen Betrachtungsweise wird deutlich, dass Kompetenz nicht nur auf individuumsinhärenten objektiven Eigenschaften beruht, sondern immer auch eine Frage der Wahrnehmung, Erwartung und Zuschreibung ist. Wenn Zuständigkeit zugeschrieben wird, dann beeinflusst dies vermutlich auch das Verhalten wichtiger Sozialisationsinstanzen wie der Eltern und damit die Förderung der Kinder und die bereit gestellten Opportunitätsstrukturen. Dies dürfte sich auf die Befähigung und Bereitschaft der Kinder, Aufgaben zu lösen und damit auf ihre Kompetenzausstattung zurückwirken.

Unsere Ergebnisse stützen grundsätzlich die Annahme, dass Kinder, deren Lern- und Sozialhabitus beim Schuleintritt eine hohe Passung mit den Anforderungen der Institution Schule aufweist, die Statuspassage des Schuleintritts besser bewältigen als solche mit weniger guter Passung. Dies zeigt sich darin, dass hohe produktive, soziale und fachliche Kompetenzen sowie hohe Selbstkompetenzen es Kindern erleichtert, die Schülerrolle zu übernehmen. So weisen gewissenhafte Kinder mit einem hohen sozialen Selbstkonzept, prosozialem Verhalten und viel schulischem Vorwissen eine höhere Qualität des Schuleintritts auf als Kinder, deren entsprechende Kompetenzausstattung weniger vorteilhaft ausfällt. Bemerkenswert ist dabei der Umstand, dass den kognitiven Grundkompetenzen kaum eine Bedeutung zukommt. Ob ein Kind den Übergang in die Schule gut bewältigt und mit der Schülerrolle zurechtkommt, ist also nicht eine Frage der Intelligenz.

Die familiäre Herkunft sowie das Geschlecht spielen insofern eine wichtige Rolle, als dass sie – vermutlich mindestens teilweise vermittelt über die zur Verfügung gestellten Sozialisationsumgebungen – die Kompetenzen der Kinder im Vorschulalter prägen. Mädchen fällt der Schuleintritt durchschnittlich deutlich leichter, da ihr Lern- und Sozialhabitus eine bessere Passung an die schulischen Anforderungen aufweist als derjenige von Jungen. In welchem Ausmaß geschlechterstereotype Fähigkeitszuschreibungen oder ein biologisch bedingter Entwicklungsvorsprung dafür verantwortlich sind, kann anhand der heutigen Datenlage nicht schlüssig beantwortet werden und bedarf zukünftiger Forschung. Die Kompetenzunterschiede je nach kulturellem Kapital der Eltern weisen einmal mehr darauf hin, dass die Schule vor allem bezüglich ihrer fachlichen Anforderungen auf Wissensbestände abstellt, die Kinder aus höheren sozialen Schichten begünstigen. Wie sich die höhere Zuschreibung prosozialen Verhaltens von Kindern aus tieferen sozio-ökonomischen Schichten und die Betonung regelkonformen Verhaltens längerfristig auf den weiteren Bildungsverlauf der Kinder auswirken, sollte Thema zukünftiger Forschungsvorhaben sein. Studien zum Übertritt an der ersten Schwelle deuten allerdings auf einen negativen Einfluss hin: So wurde aufgezeigt, dass ein hohes prosoziales Verhalten die Wahrscheinlichkeit des Findens eines zertifizierenden Ausbildungsplatzes nach einer Zwischenlösung erschwert (Bayard 2011).

Der vorliegende Beitrag hat sich bezüglich der Qualität des Schuleintritts sowie der Kompetenzeinschätzungen ausschließlich auf die Perspektive der Kinder und Eltern gestützt. Da Kompetenzeinschätzungen durch Wahrnehmungen und Erwartungen geprägt sind, spielen kontextspezifische Merkmale und Anforderungen eine wichtige Rolle. So werden in der Schule andere Anforderungen an die Schüler und Schülerinnen gestellt als im familiären Kontext. Obwohl die Kompetenzeinschätzungen der Eltern und Kindergärtnerinnen relativ hoch korrelieren (siehe Fußnote 8), decken sich die beiden Perspektiven jedoch nicht vollständig. Offen bleibt, wie sich Divergenzen auf die Bewältigung des Schuleintritts der Kinder auswirken und ob sich dies zwischen verschiedenen Gruppen von Kindern unterscheidet. Es kann vermutet werden, dass Differenzen in den Kompetenzeinschätzungen aufgrund schlechter Zusammenarbeit zwischen Eltern und Lehrpersonen oder nicht adäquater Unterstützungsleistungen die erfolgreiche Übernahme der Schülerrolle behindern. Ob dem tatsächlich so ist, muss mit zukünftiger Forschung nachgegangen werden.

Literatur

Asendorpf, Jens B. und Marcel van Aken. 1993. *Pictorial Scale of Perceived Competence and Social Acceptance – deutsche Fassung (PSCA-D) und Instruktion Harter-Skala ab 3. Klasse.* Berlin: Humboldt Universität, Institut für Psychologie.

Bayard, Sybille. 2011. *Berufslehre, schulische Ausbildung oder Zwischenlösung? Die Bedeutung sozialer Faktoren und nichtkognitiver Kompetenzen beim Übertritt an der ersten Schwelle.* Dissertation. Zürich: Jacobs Center for Productive Youth Development.

Baumert, Jürgen, Rainer Watermann und Gundel Schümer. 2003. Disparitäten der Bildungsbeteiligung und des Kompetenzerwerbs. *Zeitschrift für Erziehungswissenschaft* 6: 46-71.

Bourdieu, Pierre. 1982. *Die feinen Unterschiede. Kritik der gesellschaftlichen Urteilskraft.* Frankfurt a.M: Suhrkamp.

Bourdieu, Pierre. 1983. Ökonomisches Kapital, kulturelles Kapital, soziales Kapital. In *Soziale Ungleichheiten,* Hrsg. Reinhard Kreckel, 183-198. Göttingen: Otto Schwartz.

Bourdieu, Pierre, und Jean-Claude Passeron. 1964. *Die Illusion der Chancengleichheit. Untersuchungen zur Soziologie des Bildungswesens am Beispiel Frankreichs.* Stuttgart: Klett.

Buchmann, Marlis und Helmut Fend. 2004. *Context and Competence: Swiss Longitudinal Survey of Children and Youth. Research Proposal.* Bern: Swiss National Science Foundation.

Buchmann, Marlis und Irene Kriesi. 2010. Schuleintritt und Schulleistungen im mittleren Primarschulalter. *Schweizerische Zeitschrift für Soziologie* 36: 325-344.

Buchmann, Marlis und Irene Kriesi. 2012. Geschlechtstypische Berufswahl: Begabungszuschreibungen, Aspirationen und Institutionen. *Kölner Zeitschrift für Soziologie und Sozialpsychologie, Sonderband „Soziologie der Bildungsforschung".*

Büchner, Peter und Anna Brake. 2006. *Bildungsort Familie. Transmission von Bildung und Kultur im Alltag von Mehrgenerationenfamilien.* Wiesbaden: VS Verlag für Sozialwissenschaften.

Byrne, Barbara M. 2001. *Structural Equation Modeling with AMOS. Basic Concepts, Applications, and Programming.* Mahwah, New Jersey, London: Lawrence Erlbaum Associates.

Cattell, Raymond B., Rudolf H. Weiss und Jürgen Osterland. 1977. *Grundintelligenztest (CFT).* Göttingen: Hogrefe.

Chatterji, Madhabi. 2006. Reading Achievement Gaps, Correlates, and Moderators of Early Reading Achievement: Evidence from the Early Childhood Longitudinal Study (ECLS) Kindergarten to First Grade Sample. *Journal of Educational Psychology* 98: 489-507.

Cheadle, Jacob. 2008. Educational Investment, Family Context, and Children's Math and Reading Growth from Kindergarten through the Third Grade. *Sociology of Education* 81: 1-31.

Coleman, James S. 1988. Social Capital in the Creation of Human Capital. *American Journal of Sociology* 94: 95-120.

Davis-Kean, Pamela E. 2005. The Influence of Parent Education and Family Income on Child Achievement: The Indirect Role of Parental Expectations and the Home Environment. *Journal of Family Psychology* 19: 294-304.

DeFruyt, Filip, Karla van Leeuwen, Marleen De Bolle und Barbara De Clercq. 2008. Sex Differences in School Performance as a Function of Conscientiousness, Imagination and the Mediating Role of Problem Behavior. *European Journal of Personality* 22: 167-184.

Diewald, Martin und Karl U. Mayer. 2008. The Sociology of the Life Course and Life Span Psychology: Integrated Paradigm or Complementing Pathways? *German Institute for Economic Research (DIW) Discussion Paper No. 772.*

Dresel, Markus, Barbara Schober und Albert Ziegler. 2007. Golem und Pygmalion. Scheitert die Chancengleichheit von Mädchen im mathematisch-naturwissenschaftlichen-technischen Bereich am geschlechterstereotypen Denken der Eltern? In *Erwartungen in himmelblau und rosarot. Effekte, Determinanten und Konsequenzen von Geschlechterdifferenzen in der Schule,* Hrsg. Peter H. Ludwig und Heidrun Ludwig, 61-81. Weinheim und München: Juventa.

Durham, Rachel E., George Farkas, Carol S. Hammer, Bruce J. Tomblin und Hugh W. Catts. 2007. Kindergarten Oral Language Skill: A Key Variable in the Intergenerational Transmission of Socioeconomic Status. *Research in Social Stratification and Mobility* 25: 294-305.

Eisenberg, Nancy. 1982. *The Development of Prosocial Behavior.* New York: Academic Press.

Eisenberg, Nancy, Richard A. Fabes, Bridget Murphy, Pat Maszk, Melanie Smith und Mariss Karbon. 1995. The Role of Emotionality and Regulation in Children's Social Functioning: A Longitudinal Study. *Child Development* 66: 1360-1384.

Elder, Glen H., und Michael J. Shanahan. 1998. The Life Course and Human Development. In *Handbook of Child Psychology* Vol. 1, Hrsg. William Damon, Richard M. Lerner, 665-712. New York: Wiley.

Entwisle, Doris R. und Karl L. Alexander. 1993. Entry into School: The Beginning School Transition and Educational Stratification in the United States. *Annual Review of Sociology* 19: 401-423.

Entwisle, Doris R. und Karl L. Alexander. 1998. Facilitating the Transition to First Grade: The Nature of Transition and Research on Factors Affecting it. *The Elementary School Journal* 98: 351-364.

Entwisle, Doris R., Karl L. Alexander und Linda S. Olson. 2003. The First-Grade Transition in Life Course Perspective. In *Handbook of the Life Course,* Hrsg. Jeylan T. Mortimer, Michael J. Shanahan, 229-250. New York: Kluwer Academic/Plenum Publishers.

Entwisle, Doris R., Karl L. Alexander und Linda S. Olson. 2007. Early Schooling: The Handicap of Being Poor and Male. *Sociology of Education* 80: 114-138.

Erpenbeck, John und Lutz von Rosenstil. 2003. *Handbuch Kompetenzmessung. Erkennen, verstehen und bewerten von Kompetenzen in der betrieblichen, pädagogischen und psychologischen Praxis.* Stuttgart: Schäffer-Poeschel.

Farkas, George. 2003. Cognitive Skills and Noncognitive Traits and Behaviors in Stratification Processes. *Annual Review of Sociology* 29: 541-562.

Frome, Pamela M. und Jacquelynne S. Eccles. 1998. Parents' Influence on Children's Achievement-Related Perceptions. *Journal of Personality and Social Psychology* 74: 435–452.

Goodman, Robert. 1997. The Strengths and Difficulties Questionnaire: A Research Note. *Journal of Child Psychology and Psychiatry* 38: 581-586.

Grundmann, Matthias, Uwe H. Bittlingmayer, Daniel Dravenau und Olaf Groh-Samberg. 2007. Bildung als Privileg und Fluch – zum Zusammenhang zwischen lebensweltlichen und institutionalisierten Bildungsprozessen. In *Bildung als Privileg? Erklärungen und Befunde zu den Ursachen der Bildungsungleichheit,* Hrsg. Rolf Becker, Wolfgang Lauterbach, 47–74. Wiesbaden: VS Verlag für Sozialwissenschaften.

Hadjar, Andras und Judith Lupatsch. 2010. Der Schul(miss-)erfolg der Jungen. Die Bedeutung von sozialen Ressourcen, Schulentfremdung und Geschlechterrollen. *Kölner Zeitschrift für Soziologie und Sozialpsychologie* 62:599-622.

Harter, Susan und Robin Pike. 1984. The Pictural Scale of Perceived Competence and Social Acceptance for Young Children. *Child Development* 55: 1969-1982.

Haunberger, Sigrid und Markus Teubner. 2007. Familie und Schulstart. Zur Bedeutung intrafamilialer und struktureller Ressourcen für den Eintritt in die Grundschule. In *Kinderleben – Start in die Grundschule,* Hrsg. Christian Alt, 82-106. Wiesbaden: VS Verlag für Sozialwissenschaften.

Hildebrandt, Lutz und Dirk Temme. 2006. *Probleme der Validierung mit Strukturgleichungsmodellen.* SFB 649 Discussion Papers. Berlin.

Jones, Edward E. 1990. *Interpersonal perception.* New York: Freeman.

Kern, Christine. 2005. *Bindung, Sozialverhalten und Selbstkonzept in der Übergangssituation des Schuleintritts.* Düsseldorf: Heinrich Heine Universität.

Kampshoff, Marita. 2007. *Geschlechterdifferenz und Schulleistung: Deutsche und englische Studien im Vergleich.* Wiesbaden: VS Verlag für Sozialwissenschaften.

Kracke, Bärbel und Manfred Hofer. 2002. Familie und Arbeit. In *Lehrbuch Familienbeziehungen. Eltern und Kinder in der Entwicklung,* Hrsg. Manfred Hofer, Elke Wild und Peter Noack, 94-123. Göttingen: Hogrefe.

Kramer, Rolf-Torsten und Werner Helsper. 2010. Kulturelle Passung und Bildungsungleichheit – Potenziale einer an Bourdieu orientierten Analyse der Bildungsungleichheit. In *Bildungsungleichheit revisited. Bildung und soziale Ungleichheit vom Kindergarten bis zur Hochschule,* Hrsg. Heinz-Hermann Krüger, Ursula Rabe-Kleberg, Rolf-Torsten Kramer und Jürgen Budde, 103-126. Wiesbaden: VS Verlag für Sozialwissenschaften.

Kreppner, Kurt. 1999. Beziehung und Entwicklung in der Familie. Kontinuität und Diskontinuität bei der Konstruktion von Erfahrungswelten. In *Konstruktivistische Sozialisationsforschung,* Hrsg. Matthias Grundmann, 180-207. Frankfurt a. M.: Suhrkamp.

Kriesi, Irene und Marlis Buchmann. In Vorbereitung. Beginning School Transition and Academic Achievement in Mid-Elementary School: Does Gender Matter? In *Gender Differences in Aspirations and Attainment,* Hrsg. Ingrid Schoon, Jacquelynne S. Eccles.

Ladd, Gary W., Sarah L. Herald und Karen P. Kochel. 2006. School Readiness: Are There Social Prerequisites? *Early Education and Development* 17: 115-150.

Lareau, Annette. 2003. *Unequal Childhoods. Class, Race, and Family Life.* Berkely, USA: University of California Press.

Liebenwein, Sylva. 2008. *Erziehung und soziale Milieus. Elterliche Erziehungsstile in milieuspezifischer Differenzierung.* Wiesbaden: VS Verlag für Sozialwissenschaften.

Magnuson, Katherine, Claudia Lahaie und Jane Waldfogel. 2006. Preschool and School Readiness of Children of Immigrants. *Social Science Quarterly* 87: 1241-1262.

Martin, Karin A. 1998. Becoming a Gendered Body: Practices of Preschools. *American Sociological Review* 63: 494-511.

Moser, Urs, Margrit Stamm und Judith Hollenweger. 2005. *Für die Schule bereit? Lesen, Wortschatz, Mathematik und soziale Kompetenz beim Schuleintritt.* Aarau: Sauerländer.

Papastefanou, Christiane, und Manfred Hofer. 2002. Familienbildung und elterliche Kompetenzen. In *Lehrbuch Familienbeziehungen. Eltern und Kinder in der Entwicklung,* Hrsg. Manfred Hofer, Elke Wild und Peter Noack, 168-191. Göttingen: Hogrefe.

Pfadenhauer, Michaela. 2010. Kompetenz als Qualität sozialen Handelns. In *Soziologie der Kompetenz,* Hrsg. Thomas Kurtz und Michaela Pfadenhauer, 149-172. Wiesbaden: VS Verlag für Sozialwissenschaften.

Pfeiffer, Friedhelm. 2010. Entwicklung und Ungleichheit von Fähigkeiten: Anmerkungen aus ökonomischer Sicht. In *Bildungsungleichheit revisited. Bildung und soziale Ungleichheit vom Kindergarten bis zur Hochschule,* Hrsg. Heinz-Hermann Krüger, Ursula Rabe-Kleberg, Rolf-Torsten Kramer und Jürgen Budde, 25-44. Wiesbaden: VS Verlag für Sozialwissenschaften.

Piff, Paul. K., Michael W. Krause, Stéphane Côté, S., Bonnie Hayden Cheng und Dachner Keltner. 2010. Having Less, Giving More: The Influence of Social Class on Prosocial Behavior. *Journal of Personality and Social Psychology* 99: 771-784.

Puhani, Patrick A. und Andrea M. Weber. 2005. *Does the Early Bird Catch the Worm? Instrumental Variable Estimates of Educational Effects of Age of School Entry in Germany.* Discussion Paper No. 1827. Bonn.

Rabe-Kleberg, Ursula. 1987. *Frauenberufe – Zur Segmentierung der Berufswelt.* Bielefeld: B. Kleine Verlag.

Reay, Diane. 2001. Spice Girls, Nice Girls, Girlies, and Tomboys: Gender Discourses, Girls Cultures and Femininities in the Primary Classroom. *Gender and Education* 13: 153-166.

Rolff, Hans-Günter. 1997. *Sozialisation und Auslese durch die Schule.* Weinheim: Juventa.

Roth, Heinrich. 1971. *Pädagogische Anthropologie. Band 2: Entwicklung und Erziehung.* Hannover: Schroedel.

Rothbart, Mary, Stephan Ahadi und Karen Hershey. 1994. Temperament and Social Behavior in Childhood. *Merill Palmer Quarterly* 40: 21-39.

Sacchi, Stefan. 2006. *Dokumentation der Stichprobengewichtung zur Erstbefragung der drei COCON-Kohorten.* Zürich: cue-sozialforschung.

Simons, Ronald L., Frederick O. Lorenz, Rand D. Conger und Chyi-In Wu. 1992. Support from Spouse as a Mediator and Moderator of the Disruptive Influence of Economic Strain on Parenting. *Child Development* 63: 1282-1301.

Steinmayr, Ricarda und Birgit Spinath. 2008. Sex Differences in School Achievement: What Are the Roles of Personality and Achievement Motivation? *European Journal of Personality* 22: 185-209.

Sy, Susan R. und John E. Schulenberg. 2005. Parent Beliefs and Children's Achievement Trajectories during the Transition to School in Asian American and European American Families. *International Journal of Behavioral Development* 29: 505-515.

Tiedemann, Joachim. 2000. Parents' Gender Stereotypes and Teachers' Beliefs as Predictors of Children's Concept of their Mathematical Ability in Elementary School. *Journal of Educational Psychology* 92: 144–151.

Tresch, Sarah. 2005. Soziale Kompetenzen bei Schuleintritt. In *Für die Schule bereit? Lesen, Wortschatz, Mathematik und soziale Kompetenzen beim Schuleintritt,* Hrsg. Urs Moser, Margrit Stamm und Judith Hollenweger, 99-112. Oberentfelden: Sauerländer.

Van den Oord, Edwin J. C. G. und Ronan van Rossem. 2002. Differences in First Graders' School Adjustment: the Role of Classroom Characteristics and Social Structure of the Group. *Journal of School Psychology* 40: 371-394.

Walper, Sabine. 1997. *Dokumentation der Erhebungsinstrumente der 1. Erhebung des Projektes „Familie in Entwicklung".* Berichte aus der Arbeitsgruppe „Familienentwicklung nach der Trennung", Nr. 14. Ludwig-Maximilian-Universität, München.

Wannack, Evelyne. 2001. *Erhebung von Merkmalen der Berufsfelder Kindergarten und untere Klassen der Primarstufe im deutschsprachigen Teil des Kantons Bern.* Bern: Universität Bern.

Wentzel, Kathryn R. 1999. Social-Motivational Processes and Interpersonal Relationships: Implications for Understanding Motivation at School. *Journal of Educational Psychology* 91: 76-97.

Selektionsprozesse beim Übergang in die Sekundarstufe I, die Berufsausbildung und die tertiäre Ausbildung[1]

Markus P. Neuenschwander

1. Einleitung

Der Übergang von der Schule in den Beruf ist in mehrere normative und nonnormative Schwellen gegliedert (Neuenschwander und Kracke 2011). In der Schweiz wird der Weg von der Schule in die Berufsausbildung (dual oder vollzeitschulisch) und in weiterführende Ausbildungen bzw. die Erwerbstätigkeit von rund zwei Dritteln der Jugendlichen gewählt und ist entsprechend wichtig. Viele Ausbildungsverläufe sind aber nicht linear. Ausbildungs- und Erwerbsphasen werden oft durch Zwischenjahre, Abbrüche und Neuorientierungen unterbrochen; Erwerbs- und Ausbildungsphasen wechseln sich ab (Elder und Shanahan 2005; Keller, Hupka-Brunner und Meyer 2010). Im vorliegenden Text werden Selektionsmuster beim Eintritt in die Berufsausbildung (1. Schwelle) sowie beim Austritt aus der Berufsbildung (2. Schwelle) beschrieben. Es wird anhand von wichtigen Transitionssituationen gezeigt, wie Jugendliche den Übergang von der Schule in den Beruf vollziehen. Außerdem wird die Selektion vor der Sekundarstufe I thematisiert, weil hier Bildungsverläufe in die Erwerbstätigkeit wesentlich vorstrukturiert werden.

Entscheidungs- und Selektionsprozesse erklären, in welche Ausbildungskanäle Jugendliche eintreten. Es wird postuliert, dass sich Jugendliche für berufliche Optionen entscheiden können, dass aber dieser Entscheidungsprozess durch institutionell gesteuerte Selektionsprozesse beschränkt bzw. reguliert wird (Neuenschwander und Hartmann 2011). Neben den Jugendlichen und den Institutionen postulieren wir als dritten Akteur-Typ die Bezugspersonen von Jugendlichen. Dazu gehören die Eltern, Lehrpersonen und gleichaltrigen Freunde und Freundinnen. Die Rolle dieser drei Akteur-Typen im Transitionsprozess wird nun konkretisiert:

1. Jugendliche bringen Interessen und Fähigkeiten in den ersten Berufswahlprozess ein, entwickeln berufliche Präferenzen und bewerben sich auf Berufsaus-

---

1 Dieser Text basiert auf dem Artikel von Neuenschwander (2010). Er wurde aber neu verfasst und substanziell ergänzt.

bildungen. Diese werden so gefällt, dass sie eine persönliche Kontinuität im Lebenslauf sichern (Heinz 2000). Sie basieren auf persönlichen Erwartungen und Werten (Eccles et al. 1998; Lent 2005). Neuenschwander et al. (2012) zeigen, dass bildungsbezogene Erwartungen und Werte Ausbildungsentscheidungen und Berufswahl gut vorhersagen können. Weil Berufsentscheidungen komplexe Prozesse mit langfristigen Konsequenzen sind, die Jugendliche nicht vollständig antizipieren können, sind sie nicht ausschließlich rational. Neuenschwander und Hartmann (2011) zeigten anhand von Interviews mit Jugendlichen vor der ersten Berufswahl, dass konkrete Erfahrungen in Ausbildungsbetrieben, Beziehungen in einem Mitarbeiterteam und Gefühle bei der Berufsausübung wichtige Heuristiken im Berufswahlprozess von Jugendlichen sind, die wesentlich die subjektive Sicherheit bestimmen, eine „gute" Berufswahl getroffen zu haben.

2. Allerdings werden die Chancen von Jugendlichen im Lehrstellen- bzw. Arbeitsmarkt durch die Zugehörigkeit zu einem Schulniveau (Realschule, Sekundarschule, Bezirksschule, Gymnasium) bzw. von der Signalwirkung eines Lehrabschlusses beschränkt. Zudem regulieren die verfügbaren Ausbildungsangebote und die geltenden Selektionsverfahren die Chancen im Ausbildungs- und Arbeitsmarkt (vgl. Eberhard, Krewerth und Ulrich 2007). Schulen und Ausbildungsinstitutionen üben über ihre Selektionsfunktion eine große Wirkung auf die Bildungsverläufe der Jugendlichen aus. Dazu kommen Marktprozesse. Zum Beispiel beeinflussen die Stärke eines Geburtenjahrgangs (Zahl der Jugendlichen, die nach einen Ausbildungs- bzw. Arbeitsplatz fragen) und die Zahl von angebotenen Lehr- bzw. Arbeitsstellen in einer Branche in einem bestimmten Jahr die individuellen Chancen auf eine Lehrstelle wesentlich. Stellenangebote sind abhängig von Konjunktur, geografischen Besonderheiten, Berufstraditionen usw.

3. Der Übergang von der Schule in den Beruf wird nicht nur durch eine komplexe Interaktion von individuellen und institutionellen Akteuren reguliert, sondern von den Bezugspersonen von Jugendlichen unterstützt bzw. beeinträchtigt. Der Übergang in den Beruf wurde als Entwicklungsaufgabe konzipiert, die bewältigt werden muss (Neuenschwander und Schaffner 2011). In der Tat stellt dieser Übergang eine große normative Anforderung an alle Jugendlichen dar, welche die Ressourcen von Jugendlichen überfordern können. Wenn Jugendliche auf soziale Ressourcen wie Bezugspersonen zurückgreifen können, gelingt dieser Bewältigungsprozess eher. Neuenschwander et al. (2012) zeigen, dass die wichtigsten sozialen Ressourcen beim Eintritt in und Austritt aus der Berufsausbildung die Eltern sind, wobei auch Lehrpersonen

und Gleichaltrige eine wichtige Unterstützungsquelle darstellen können. Diese Bezugspersonen geben konkrete Ratschläge, beraten, trösten bei Misserfolgen und geben aufgrund konkreter Ereignisse Rückmeldungen.

Diese drei Akteur-Typen agieren grundsätzlich autonom. Allerdings verfolgen sie alle das Ziel, dass sich zwischen den einzelnen Jugendlichen und der institutionellen Umwelt eine Passung einstellt (Holland 1973). Ausbildungsinstitutionen und Betriebe können ihre Ziele dann am ehesten erreichen, wenn die Personen aufgenommen werden, die optimale betriebliche Abläufe ermöglichen. Die Jugendlichen können sich am ehesten entwickeln und produktiv werden, wenn sie in ein entwicklungsangemessenes Umfeld eintreten (Eccles et al. 1993). Auch die Bezugspersonen beraten Jugendliche mit dem Ziel, dass sie ein Ausbildungs- bzw. Arbeitsumfeld wählen, in dem sie sich gesund und produktiv entwickeln können und Wertschätzung erhalten. Die Passung ist eine gemeinsam geteilte Referenz der drei Akteure, die beeinflusst, wie sie die Übergangsprozesse steuern. Im Folgenden wird an Beispielen gezeigt, wie diese drei Akteure die Übergangsprozesse von jungen Heranwachsenden in die Berufsausbildung sowie von der Berufsausbildung in die Erwerbstätigkeit beeinflussen.

2. Bildungssystem und Selektionsverfahren

Frühere Forschung belegt die hohe Bedeutung der Strukturierung der Sekundarstufe I in Leistungsniveaus für den Übergang von der Schule in den Beruf. Jugendliche lernen je nach Schulniveau (Realschule, Sekundarschule, Bezirksschule, Gymnasium) unterschiedlich viele neue Kompetenzen (Neumann et al. 2007). Sie erleben eine Schulniveau-spezifische Sozialisation (Fend 1982; Baumert et al. 2006). Außerdem ist die Signalwirkung des Schulniveaus im Lehrstellenmarkt beträchtlich (Häberlin et al. 2004). Nur Jugendliche aus hohen Schulniveaus können direkt in das Gymnasium übertreten. Umgekehrt sind die Lehrstellenchancen von Jugendlichen aus Realschulen stark eingeschränkt. Aus dieser Perspektive beeinflusst die Zuordnung in ein Schulniveau der Sekundarstufe I den weiteren Bildungsverlauf wesentlich, auch wenn Korrekturen immer wieder möglich sind. Die Frage der Selektion in die Sekundarstufe I ist bedeutsam, weil die Durchlässigkeit zwischen den Schulniveaus insgesamt gering ist. Im Kanton Zürich wechselten im Schuljahr 2002/03 nur 4%-6% das Schulniveau in Schulen mit getrennten Oberstufen (Neuenschwander 2007), während die Durchlässigkeit in kooperativen Schulmodellen etwas grösser ist. Durchlässigkeit zwischen verschiedenen Leistungsniveaus gibt es in diesen Kantonen vor allem in Transitionssituationen.

Neuenschwander et al. (2012) beschrieben für die Deutschschweizer Kantone mit segregierter Sekundarstufe I, wie sich die Schüleranteile zwischen den einzelnen Schulniveaus im Schuljahr 2007/08 verteilten und wie die Geschlechter und der Anteil Einheimische im Vergleich zu Migrantinnen und Migranten zwischen den Schulniveaus streuten. Im Kanton Solothurn umfasste im Schuljahr 2007/2008 das tiefste Schulniveau, die sog. Oberschule, nur 16% eines Jahrgangs, während 43% die Bezirksschule besuchte. Die Aufnahmequoten in die einzelnen Schulniveaus unterschieden sich zwischen den Kantonen deutlich. Im Unterschied dazu waren die Quoten zwischen den drei Schulniveaus im Kanton Basel-Landschaft ähnlicher verteilt: 26% besuchten die Sek A mit allgemeinem Profil (Grundansprüche), während 32% das progymnasiale Profil besuchten. In Bern schließlich besuchten rund 41% die Realschule und 47% die Sekundarschule. Die restlichen Jugendlichen besuchten die sog. spezielle Sekundarschule, ein Sonderkurs, der an manchen Berner Sekundarschulen geführt wird und in dem sich die Schülerinnen und Schüler auf das Gymnasium vorbereiteten.

Interessanterweise war in fast allen Kantonen der Mädchenanteil umso höher, je höher die Leistungsanforderungen eines Schulniveaus sind. D.h. der Mädchenanteil war in Schulniveaus mit hohen Anforderungen (Gymnasium oder Bezirksschule) höher als in Schulniveaus mit tiefen Anforderungen (Realschule, Oberschule). Die Unterschiede der Geschlechterverteilung zwischen den Leistungsniveaus waren in den einzelnen Kantonen unterschiedlich stark ausgeprägt. Im Kanton Bern waren die Unterschiede vergleichsweise groß, insofern 56% der Jungen die Realschule besuchten, aber nur 43% die spezielle Sekundarschule. Im Kanton Solothurn waren die Unterschiede der Bildungsbeteiligung der Geschlechter etwas geringer, weil 56% der Jungen die Oberschule und 48% der Jungen das Untergymnasium besuchten.

Schliesslich war auch die Verteilung der Einheimischen im Verhältnis zu den Migrantinnen und Migranten zwischen den Schulniveaus sehr ungleich. Generell ergab sich aus dem Kantonsvergleich mit den Populationsdaten aus dem Schuljahr 2007/08, dass je höher die Leistungsanforderungen eines Schulniveaus waren, desto geringer der Migrantenanteil war. Im Kanton Solothurn war in der Oberschule der Migrantenanteil 49%, während er im Untergymnasium 0% beträgt. Im Kanton Bern mit einem durchschnittlichen Migrantenanteil von 11% betrug der Migrantenanteil in der Realschule 16% und in der speziellen Sekundarschule 5%.

Neuenschwander (2009) folgerte aus der vergleichenden Analyse der Bildungsbeteiligung in den verschiedenen Kantonen, dass ein geringer Jungenanteil in anspruchsvollen Ausbildungen mit einer hohen Gewichtung von überfachlichen Kompetenzen im Übertrittsverfahren (Arbeits- und Lernhaltung, Motivation) bzw. mit einem Fehlen von Orientierungsarbeiten im Selektionsverfahren zusammenhänge. Schüler sind weniger lernmotiviert im Unterricht als Schülerinnen, stören häufiger den Unterricht und zeigen geringere Sozialkompetenzen (Neuenschwander et al. 2012). Diese Merkmale beeinflussen die Übertrittsempfehlung und damit die Chancen, in ein Schulniveau mit hohen Anforderungen überzutreten.

Im Hinblick auf die Chancen der Migrantinnen und Migranten im Selektionsverfahren formulierte Neuenschwander (2009) die These, wonach die Beteiligungsquote zwischen Bildungsniveaus stark variiert und der Migrantenanteil in Ausbildungen mit hohen Ansprüchen besonders gering ist. Schulniveaus mit tiefen Ansprüchen unterliegen einer starken Negativselektion, unter der die Migrantinnen und Migranten besonders leiden müssen.

Die Ergebnisse zeigen, dass die Übertrittsverfahren und die kantonalen Strukturen die Chancen wesentlich beeinflussen, in welches Schulniveau der Sekundarstufe I ein Jugendlicher übertritt. Die liberale Forderung, dass sich die schulische Selektion alleine auf die fachlichen Leistungen der Kinder in der Schule abstützen soll, wird je nach Kanton unterschiedlich konsequent umgesetzt. Gleichzeitig werden damit Handlungsoptionen für die Politik bzw. die Bildungsverwaltung deutlich, denn die Ausgestaltung der Selektionsverfahren und Bildungsstrukturen beeinflusst die Bildungsungleichheit und damit die Chancen jedes einzelnen Jugendlichen, in ein Schulniveau mit hohen Ansprüchen überzutreten. Die Chancen auf hohe Bildungsabschlüsse in der Sekundarstufe I unterscheiden sich interkantonal stark, obwohl sie im Schweizer Lehrstellenmarkt als mehr oder weniger gleichwertig gelten.

3. Determinanten von Bildungsentscheidungen

Der Wert der Meritokratie verlangt, dass die besten im Wettbewerb erfolgreich sein sollen. Übertragen auf schulische Selektionsverfahren heißt das, dass die Leistungen in definierten Schulfächern den Ausschlag geben sollen, in welche Bildungsniveaus Jugendliche eintreten können. Es wird gefordert, dass Selektionsentscheide von askriptiven Merkmalen wie Geschlecht, Migrationshintergrund und sozialer Herkunft unbeeinflusst sein sollen. Aus dieser Perspektive sind Verzerrungen in der Bildungsbeteiligung nach Geschlecht und Migrationshintergrund, die im zweiten Kapitel dargestellt worden sind, unerwünscht. Es fragt sich, wie diese Bildungsungleichheiten entstehen. Neuenschwander und Malti (2009) vermuteten, dass individuelle Selektionsentscheide in die Sekundarstufe I durch verschiedene Faktoren bestimmt werden:

1. *Noten und Leistungen*: Mit Leistungen sind Ergebnisse von standardisierten Leistungstests in einzelnen Schulfächern gemeint. Sie bilden die Leistungsperformanz von Jugendlichen zu einem bestimmten Zeitpunkt und in einem Fach im Vergleich zu einer großen Stichprobe ab. Die Noten sind demgegenüber leistungsbezogene Rückmeldungen von Lehrpersonen an die Schülerinnen und Schüler, die sich an fachlichen Kriterien (Kriterialnorm), an der Vergleichsgruppe der Schulklasse (Sozialnorm) oder allenfalls an der Individualnorm orientieren (Kronig 2007). Sie unterliegen stärker als die Leistungen Bezugsgruppenprozessen (z.b. Baumert et al. 2006).

2. In den meisten Kantonen und deutschen Bundesländern sind die Eltern zur Mitwirkung im Übertrittsverfahren in die Sekundarstufe I eingeladen (Neuenschwander 2011). Ergebnisse der „parental involvement-Forschung" zeigen, dass sich die Elternmitwirkung bei Schulentscheidungen positiv auf die Leistungen von Kindern auswirkt (z.B. Henderson und Mapp 2002). Außerdem muss sich eine demokratisch legitimierte staatliche Schule gegenüber den Anliegen von Eltern öffnen, um die nötige Akzeptanz in der Elternschaft zu erhalten. Allerdings dürfte die Elternmitwirkung im Selektionsverfahren dazu führen, dass die *soziale Herkunft* und die *Erwartungen der Eltern* an die Bildungsabschlüsse ihrer Kinder zu sozialer Ungleichheit führen. In der Tat wurde immer wieder berichtet, dass die soziale Herkunft die Bildungsbeteiligung beeinflusst (z.B. Maaz et al. 2007).

3. Schliesslich dürften *Unterrichtsstörungen* den Selektionsentscheid in die Sekundarstufe I beeinflussen. Implizite und überfachliche Selektionskriterien (sog. Gesamteindruck) erlauben es, unangemessenes Schülerverhalten als Kriterium im Übertrittsverfahren zu berücksichtigen.

Neuenschwander und Malti (2009) überprüften diese Hypothesen mit Daten aus dem Forschungsprojekt Familie-Schule-Beruf (FASE B; vgl. Neuenschwander et al. 2012). In dieser Längsschnittstudie wurde die Frage bearbeitet, wie Familie und Schule Jugendliche auf die Berufsausbildung und die Berufstätigkeit vorbereiten. Es wurden 273 Jugendliche im 6. Schuljahr des Kantons Bern im Jahr 2002 befragt und Leistungstests in den Fächern Deutsch und Mathematik durchgeführt. Zusätzlich füllten die Eltern dieser Jugendlichen einen standardisierten Fragebogen aus. Im Jahr 2006 wurden die gleichen Jugendlichen das zweite Mal befragt.

Zur Überprüfung der eingeführten Hypothesen wurden hierarchische logistische Regressionsanalysen gerechnet. Die odds ratios dieser Analysen sind in der Tabelle 1 dargestellt. Sie zeigen, dass die Entscheidung Realschule (Grundansprüche) vs. Sekundarschule (erweiterte Ansprüche) durch die Noten in Mathematik und Deutsch signifikant erklärt werden konnte. Wenn die Leistungstestergebnisse zusätzlich in die Gleichung einbezogen wurden, wurden diese zusätzlich signifikant. Auch der Indikator für die soziale Herkunft, der sog. ISEI-Wert wurde tendenziell signifikant (p<.10).[2] Als zusätzlich die Variable Bildungserwartungen der Eltern in die Gleichung einbezogen wurde, wurde diese signifikant. Der ISEI-Wert war aber nicht mehr signifikant. Die Bildungserwartung der Eltern wurde mit der Frage im Elternfragebogen operationalisiert, welchen höchsten Ausbildungsabschluss die Eltern erwarten, den ihr Kind vor Eintritt in die Erwerbstätigkeit erreichen wird. Im letzten Schritt wurden zusätzlich das Geschlecht des Kindes und die selbstberichtete Tendenz des Kindes, im Unterricht zu stören, in die Gleichung einbezogen. Das Geschlecht erreichte nicht die Signifikanzgrenze, aber der Faktor Unterrichtsstörungen. Kinder treten demnach mit geringerer Wahrscheinlichkeit in die Sekundarschule über, wenn sie von sich sagen, oft den Unterricht zu stören, selbst wenn ihre Noten, Leistungen und ihre soziale Herkunft und Elternerwartungen statistisch kontrolliert sind.

Die Ergebnisse lassen sich so zusammenfassen, dass die Noten und die Leistungen erwartungsgemäß wesentlich den Selektionsentscheid in die Sekundarstufe I erklären. Ungeachtet dessen erlauben die Elternerwartungen an ihr Kind eine gute Prognose des Bildungsniveaus. Es sind offenbar familieninterne Qualifikations- und Selektionsprozesse wirksam, die den Übertrittsentscheid wesentlich beeinflussen. Zudem beeinträchtigen Unterrichtsstörungen die Chancen eines Kindes, in ein hohes Schulniveau eintreten zu können. Offenbar beeinflusst das Berner Übertrittskriterium „Lern- und Arbeitshaltung" den Selektionsentscheid wirksam.

Im nächsten Schritt untersuchten Neuenschwander und Malti (2009), ob die gleichen Prädiktoren, die zur Erklärung des Selektionsentscheids in die Sekundarstufe I verwendet worden sind (Tabelle 1) auch den Bildungsverlauf nach zwei Schulübergängen in die Sekundarstufe II, Gymnasium vs. Berufsbildung, vorhersagen können. Unter Beizug des gleichen Datensatzes wurden wiederum hierarchische logistische Regressionsanalysen gerechnet. Die odds ratios dieser Analysen sind in Tabelle 2 dargestellt. Sie zeigen, dass die Noten in Deutsch und Mathematik am Ende des 5. Schuljahres Vorhersagen zulassen, ob Jugendliche im 10. Schuljahr sich eher im Gymnasium oder in der Berufsbildung befinden. Wenn die Leistungstestergebnisse zusätzlich einbezogen wurden, waren die Leistungen in Mathematik nicht signifikant. Der ISEI-Wert wurde signifikant, wurde

---

2   Die Berufsangaben wurden gemäß der International Standard Classification of Occupations (ISCO 88) kodiert. Danach wurde den Angaben auf der Basis des ISCO-Codes der „Standard International Socio-Economic Index of Occupational Status" (ISEI-Skala) ein Wert zugewiesen. Zur Bestimmung des sozio-ökonomischen Status der Familie wurde der jeweils höhere ISEI-Wert der beiden wichtigsten Bezugspersonen des Kindes gewählt.

aber nach Einbezug der Variable Elternerwartungen supprimiert. Das Geschlecht, aber nicht die Unterrichtsstörungen, wurden im folgenden Schritt signifikant.

Die Ergebnisse zeigen, dass die Bildungsverläufe in der Sekundarstufe II aufgrund der Situation im sechsten Schuljahr recht gut vorhergesagt werden können, obwohl zwei Schulübergänge dazwischen liegen. Interessanterweise wurde der Effekt der sozialen Herkunft durch die Elternerwartungen vollständig unterdrückt. Gemäß Tabelle 2 erlauben die Elternerwartungen die besten Vorhersagen des Bildungsverlaufs (Gymnasiums vs. Berufsbildung). Bildungserwartungen der Eltern sagen in 78 % der Fälle den Schultyp nach Ende der Volksschule richtig vorher. Noten und Leistungen sind nur tendenziell (p<.10) signifikant, gar nicht signifikant sind die Noten und Leistungen in Mathematik. Die Übertrittsprüfung in das Gymnasium ist stärker sprachlich als mathematisch ausgerichtet, insofern Deutsch und Französisch im Kanton Bern selektionsrelevante Fächer sind. Zudem spielen Lesekenntnisse auch bei gewissen Aufgabentypen in Mathematikprüfungen eine Rolle. Interessant ist auch der Geschlechtseffekt beim Übergang in die Sekundarstufe II zu Gunsten der Mädchen (vgl. auch Abschnitt 2). Generell scheinen Mädchen schulische Ausbildungen gegenüber beruflichen Ausbildungen eher zu bevorzugen (Neuenschwander et al. 2012). Ihre Bildungseinstellungen und Leistungen sind im Unterschied zur Situation vor zehn Jahren höher als bei Jungen, so dass dieser Übertrittsentscheid auch gerechtfertigt ist. Damit stellt sich die Frage nach den Gründen für die bildungskritischen Einstellungen der Jungen. Offenbar haben die Mädchen erkannt, dass sie durch Bildung das Spektrum ihrer beruflichen Optionen vergrößern können. Außerdem scheint die Schule tendenziell die Einstellungen und Verhaltensweisen von Mädchen zu bevorzugen, wonach gründliches und kooperatives Verhalten belohnt wird, während das ausprobierende, eigenständige Verhalten von Jungen tendenziell benachteiligt wird.

Die Ergebnisse zeigen, dass die Bildungsverläufe in der Sekundarstufe II frühzeitig, bereits am Ende der Primarschule, in hohem Ausmaß festgelegt sind. Dies kann als Qualitätsmerkmal der Selektionsverfahren gewertet werden, die offenbar zu Schulniveauzuweisungen führen, die in der Regel nicht korrigiert werden müssen. Dies könnte aber auch auf die hohe Stabilität entscheidender, leistungsdeterminierender Variablen wie Elternunterstützung zurückzuführen sein. Nicht zuletzt sind Leistungen auch in Übertrittsverfahren sehr stabil (Neuenschwander 2005).

Tabelle 1: Vorhersage des Schultyps Realschule vs. Sekundarschule im 9. Schuljahr (logistische Regressionsanalyse, odds ratios)

N=273	Real (vs. Sek)	Real (vs. Sek)	Real (vs. Sek)	Real (vs. Sek)	Real (vs. Sek)	Real (vs. Sek)
Note Math 5	2.81***	1.92**	1.94**	1.99**	2.96***	2.16**
Note Deutsch 5	3.92***	3.21***	3.28***	3.27***	3.71***	3.23***
Leistungen Math 6	-	1.67*	1.75*	2.02*	-	2.40**
Leistungen Deutsch 6	-	1.87**	1.71*	1.65*	-	1.34
E: ISEI-Eltern	-	-	1.41†	1.28	1.35	1.45†
E: Bildungserwartungen	-	-	-	3.13***	2.75**	3.12***
Geschlecht	-	-	-	-	-	1.12
Verhaltensprobleme	-	-	-	-	-	.49***
Chi², p, df	135.1***, 2	150.7***, 4	153.5***, 5	169.6***, 6	154.5***, 4	181.7***, 8
R² (Nagelkerke)	52.0%	56.6%	57.4%	61.7%	57.6%	64.8%

Legende: ***: p<.001, **: p<.01, *: p<.05, †: <p <. 10, E: Elterndaten
Quelle: Neuenschwander und Malti (2009).

Tabelle 2: Vorhersage der Anschlusslösung Gymnasium vs. Berufsbildung im 10. Schuljahr (logistische Regressionsanalyse, odds ratios)

N=178	Gym (vs. Berufsfach-schule)	Gym (vs. Berufsfach-schule)	Gym (vs. Berufsfach-schule)	Gym (vs. Berufsfach-schule)	Gym (vs. Berufsfach-schule)	Gym (vs. Berufsfach-schule)
Note Math 5	1.80*	1.32	1.33	.94	1.27	1.13
Note Deutsch 5	2.92***	2.24***	2.36**	1.93*	2.58***	1.75†
Leistungen Math 6	-	1.37	1.30	1.30	-	1.43
Leistungen Deutsch 6	-	2.30**	2.14*	2.30*	-	1.86†
E: ISEI-Eltern	-	-	1.53*	1.19	1.33	1.25
E: Bildungserwartungen	-	-	-	2.43***	2.31***	2.50***
Geschlecht	-	-	-	-	-	1.64*
Verhaltensprobleme	-	-	-	-	-	1.12
Chi², p, df	48.1***, 2	60.0***, 4	64.6***, 5	81.2***, 6	72.3***, 4	85.9***, 8
R² (Nagelkerke)	31.8%	38.5%	40.9%	49.3%	44.9%	51.5%

Legende: ***: p<.001, **: p<.01, *: p<.05, †: p<.10, E: Elterndaten
Quelle: Neuenschwander und Malti (2009).

In dieser Analyse ist die kanalisierende Wirkung des Schulniveaus in der Sekundarstufe I im Hinblick auf den Übertrittsentscheid in die Sekundarstufe II nicht dargestellt. In der Tat konnte kein Jugendlicher aus der Realschule direkt in das Gymnasium übertreten. Einen Entscheidungsspielraum gibt es nur bei den Jugendlichen, die in die Sekundarschule eingetreten sind. Umgekehrt verbleibt Jugendlichen aus Realschulen nur die Entscheidung, was für eine Berufslehre sie ergreifen möchten. Durch die Strukturierung der Sekundarstufe I in Niveaus verstärkt sich die Chancenungleichheit. Je früher die Selektion stattfindet, desto grösser ist der Einfluss der Familie (Martin und Owen 2001). Umgekehrt erhöht eine Bildungsorganisation mit möglichst wenigen Schulniveaus (nur zwei statt drei oder mehr) und ausgeglichenen Quoten die Chancengleichheit und die Qualität des Bildungssystems (Baumert et al. 2006; Neuenschwander und Hartmann 2011).

4. Selektionsprozesse beim Übergang in die Berufsbildung

Bisher wurden institutionelle, individuelle und soziale Bedingungen der Selektion in die Sekundarstufe I und II untersucht. Für den Übergang von der Schule in den Beruf ist die Selektion in die duale Berufsausbildung von besonderer Wichtigkeit. Wie werden Lehrstellen an Jugendliche vergeben? Herzog et al. (2006) zeigten die Bedeutung des Zeitfaktors: Je rascher sich der Berufs- und Lehrstellenwahlprozess vollzieht, desto besser sind die Marktchancen. Außerdem erschweren Lehrstellenknappheit oder ein geburtenbedingter starker Rückgang der Nachfrage nach Lehrstellen das Entstehen von Passung. Betriebe bzw. Jugendliche haben mehr Schwierigkeiten, die Lehrstelle durch den passenden Jugendlichen zu besetzen bzw. Jugendliche haben mehr Schwierigkeiten, eine für sie passende Lehrstelle zu erhalten. Für Jugendliche und Berufsbildende ist es daher wichtig zu wissen, nach welchen Kriterien Lehrstellen vergeben werden. Offenbar ist die Lehrstellenvergabe in KMUs oft weniger transparent und klar organisiert (Imdorf 2007) als in Großbetrieben (Moser 2004).

Neuenschwander und Wismer (2010) befragten im Winter 2008 insgesamt 273 Berufsbildende in den Kantonen Bern und Luzern aus den drei größten Branchen: Handel, Wirtschaft und Verwaltung sowie Baugewerbe. Die Ergebnisse zeigen, dass die Berufsbildenden das Kriterium Zahl der unentschuldigten Absenzen im Zeugnis als am Wichtigsten bewerteten. Möglicherweise schließen sie aus dieser Zahl auf Devianzneigung und Schulmüdigkeit, welche Berufsbildnerinnen und Berufsbildner zu einem Negativentscheid veranlassen. Etwas weniger wichtig bewerten sie die Zahl der entschuldigten Absenzen. Das Konzept Sozial- und Selbstkompetenzen wird am zweit wichtigsten bewertet. Dieser Faktor setzte sich aus acht Items zusammen, deren Mittelwerte in Tabelle 3 dargestellt sind. Die Motivation des Jugendlichen für die Berufslehre wird besonders hoch bewertet. Als wichtig bewertet werden auch die klassischen Arbeitertugenden wie Pünktlichkeit, Teamfähigkeit, angenehme Umgangsformen.

In der Wichtigkeitshierarchie der befragten Berufsbildenden folgen nun die Selektionshilfen (Qualität der Bewerbungsunterlagen, Eindruck im Bewerbungsgespräch u.a.), gefolgt von den Methodenkompetenzen (Arbeitstechniken) und erst an vierter Stelle folgen die schulischen Noten sowie die Schulniveauzugehörigkeit. Diese Einschätzungen unterscheiden sich nicht nach der Betriebsgröße der Berufsbildenden oder den Kantonen, aber nach den Branchen.

Die Ergebnisse zeigen, dass traditionelle Arbeitstugenden wie Pünktlichkeit, Höflichkeit, Fleiß und gepflegtes Aussehen im Lehrstellenmarkt nach wie vor gefragter sind als gute Noten in Deutsch und Mathematik. Allerdings gewichten die Selektionskriterien vermutlich in den einzelnen Phasen des Selektionsverfahrens unterschiedlich (vgl. auch Imdorf 2007). Möglicherweise definieren unentschuldigte Absenzen und Zeugnisnoten, von welchen die Berufsbildnerinnen und Berufsbildner aus den Bewerbungsunterlagen erfahren, ein erstes Ausschlusskriterium. Je nach Berufsfeld und Branche liegt diese Schwelle auf einem unterschiedlichen Niveau. Wenn diese Kriterien einen Minimalstandard der Berufsbildner nicht erfüllen, erhalten die Jugendlichen die Lehrstelle nicht. Motivation, Sozialkompetenz und Persönlichkeit spielen im Bewerbungsgespräch und in einem Assessment-Verfahren eine zentrale Rolle.

Tabelle 3: Gewichtung der Sozial- und Selbstkompetenz (N = 243 Berufsbildende)

	M	SD
Motivation	5.63	.48
Pünktlichkeit	5.48	.59
Teamfähigkeit	5.47	.56
angenehme Umgangsformen	5.43	.56
Fleiß und Pflichtbewusstsein	5.43	.54
Persönlichkeit	5.08	.68
Kontaktfreudigkeit	5.02	.79
Unternehmungsgeist	4.63	.80

Legende: Wertebereich: 1: überhaupt nicht wichtig, 6: äußerst wichtig.

5. Passung: Erfolgskriterium von Übergängen

Wie oben eingeführt gilt als Erfolgskriterium eines Übergangs nicht primär das
Finden einer Anschlusslösung (zum Beispiel die Zulassung zum Gymnasium oder
zu einer Berufsausbildung, vgl. z.B. Häfeli und Schellenberg 2009). Vielmehr
soll nach dem Übergang Passung zwischen Individuum und Institution entstehen. Neuenschwander (2012) zeigte, dass eine hohe Passungswahrnehmung, d.h.
die subjektive Wahrnehmung von Passung, mit einer Zunahme der Motivation,
der Ausbildungszufriedenheit und der Leistungen korrelierte. Neuenschwander
et al. (2012) zeigten zudem, dass Jugendliche mit hoher Passungswahrnehmung
mit geringer Wahrscheinlichkeit arbeitslos werden. Das Erzeugen von Passungswahrnehmung ist sowohl im Interesse der Lehrbetriebe als auch der Jugendlichen.

Passung entsteht, wenn sich Jugendliche erfolgreich in ein soziales Umfeld
(Lehrbetrieb, Arbeitsgruppe, Schule) integrieren und wenn sie sich auf die Anforderungen und Besonderheiten eines sozialen Kontextes einstellen können. Sternberg (1979) hat Passung als Intelligenzleistung definiert, insofern Intelligenz sich
auch durch die Fähigkeit auszeichnet, dass ein Mensch sich rasch an neue Situationen anpassen kann. Dafür ist eine kognitive Leistung erforderlich, nämlich
die Anforderungen von neuen Situationen kognitiv zu verstehen und zu bewältigen. Die Anpassung an eine Situation erfordert aber auch soziale Kompetenzen,
insofern Jugendliche die sozialen Regeln einer Situation verstehen und Verhaltensweisen verfügbar haben müssen, in dieser Situation angemessen die eigenen
Ziele zu verfolgen. Es wird vermutet, dass eine hohe Passungswahrnehmung im
Lehrbetrieb entsteht, wenn Jugendliche hohe schulische und soziale Kompetenzen besitzen.

Eine Passung zwischen dem Entwicklungsstand eines Jugendlichen und seiner Ausbildungsumwelt (stage-environment-fit nach Eccles et al. 1993) ist zwar
eine Leistung eines Individuums, doch wird diese durch die betriebliche Umwelt
wesentlich erleichtert oder erschwert. Es wird vermutet, dass abwechslungsrei-
che Arbeitsaufgaben an die Jugendlichen und Mitsprachemöglichkeiten die Passungswahrnehmung erhöhen und Arbeitsbelastungen reduzieren.

Zuerst wurden unter Beizug von Daten aus dem FASE B-Projekt (Neuenschwander et al. 2012) die Hypothesen zur Bedeutung von schulischen und sozialen Kompetenzen für das Entstehen der Passungswahrnehmung überprüft. Gemäß Tabelle 4 erklären die Zeugnisnoten am Ende des 5. Schuljahres sowie die
selbstbeurteilte Fähigkeit von Jugendlichen, Konflikte mit Gleichaltrigen lösen zu
können, die Passungswahrnehmung im zweiten Lehrjahr. Als im zweiten Schritt
das Fähigkeitsselbstkonzept in Deutsch bzw. in Mathematik sowie das selbstberichtete aggressive Verhalten im neunten Schuljahr mit in die multiple Regressi-

onsgleichung aufgenommen wurde, war die Konfliktlösungsfähigkeit nicht mehr signifikant, die beiden Fähigkeitsselbstkonzepte sowie der Faktor aggressives Verhalten wurden signifikant. Im dritten Schritt wurde die Passungswahrnehmung im 1. Lehrjahr zusätzlich in die Gleichung aufgenommen und hat sich als signifikant herausgestellt. Von den anderen Faktoren war nur das selbstberichtete aggressive Verhalten im 9. Schuljahr signifikant. Es muss hier darauf hingewiesen werden, dass mit dem Einbezug der Passungswahrnehmung als Prädiktor nicht die Varianz der Passungswahrnehmung erklärt wurde, sondern das Residual aus der Vorhersage der Passungswahrnehmung vom 1. zum 2. Lehrjahr. Die Neigung zu aggressivem Verhalten scheint als einzige der untersuchten Prädiktoren die Veränderung der Passungswahrnehmung vom 1. zum 2. Lehrjahr vorhersagen zu können. Im letzten Schritt wurden zusätzlich das Geschlecht sowie die Staatsangehörigkeit in die Gleichung mit einbezogen, die aber nicht signifikant wurden. Die Ergebnisse zeigen, dass kognitive Faktoren, vor allem schulische Fähigkeitsselbstkonzepte, sowie die Konfliktlösungsfähigkeit die Passungswahrnehmung vorhersagen können. Einschränkend muss aber auf die mäßig hohen Varianzaufklärungen verwiesen werden, auch wenn die Gleichungen Signifikanz erreicht haben.

Um die Hypothesen zur Bedeutung der Ausbildungsumwelt für die Passungswahrnehmung im Lehrbetrieb zu untersuchen, wurden wiederum stufenweise Regressionsanalysen mit Querschnittdaten aus dem Projekt FASE B gerechnet. Es wurden nur die Jugendlichen in die Analyse einbezogen, die in einem Lehrbetrieb waren. Gemäß Tabelle 5 wurde zuerst nur die Passungswahrnehmung im ersten Lehrjahr in die Gleichung einbezogen. Sie wurde signifikant. Im zweiten Schritt wurden die Zeugnisnoten in Deutsch bzw. allgemeinbildendem Unterricht und in Mathematik bzw. Fachrechnen des 1. Lehrjahrs sowie die selbstbeurteilte Konfliktlösungsfähigkeit berücksichtigt. Die Noten wurden nur tendenziell auf dem 10 %-Niveau, die Konfliktlösungsfähigkeit auf dem 5 %-Niveau, signifikant. Im nächsten Schritt wurde das Prestige der Berufslehre einbezogen. Das Berufsprestige wurde mit der sog. SIOPS Skala, dem Standard Index of Occupational Prestige Skala von Treiman (1977) auf der Grundlage des Klassifikationssystems ISCO 88 operationalisiert. Der Prestigerang von Berufen gilt als relativ aussagekräftig und nationenunabhängig (Treiman 1977). Zusätzlich wurde die Beurteilung des Arbeitsplatzes durch den Jugendlichen im Hinblick auf die Neuartigkeit der Aufgaben, Belastungen und Mitsprache beurteilt. Jeder dieser Faktoren wurde mit je drei Items operationalisiert. Schliesslich wurde die Zufriedenheit mit dem Berufsbildner bzw. der Berufsbildnerin in die Gleichung aufgenommen. Die Regressionsgleichung erklärte nun 40 % der Varianz. Der stärkste Prädiktor bildete die Neuartigkeit von Arbeitsaufträgen. Eine geringe Belastung im Lehrbetrieb trug ebenfalls zu einer positiven Veränderung der Passungswahrnehmung bei.

Tabelle 4: Determinanten zur Entstehung der Passungswahrnehmung im 11. Schuljahr/2. Lehrjahr in der Perspektive der Kompetenzentwicklung (standardisierte Regressionskoeffizienten)

N=190	1. Schritt	2. Schritt	3. Schritt	4. Schritt
Gesamtnoten $_{(5. Sj)}$	.14*	.11	.07	.07
Konfliktlösungsfähigkeit $_{(6. Sj)}$	.15*	.12*	.08	.08
Fähigkeitsselbstkonzept Deutsch $_{(9. Sj)}$	-	.20**	.12†	.12†
Fähigkeitsselbstkonzept Math $_{(9. Sj)}$	-	.18**	.11	.11
Aggressives Verhalten $_{(9. Sj)}$	-	-.20**	-.15*	-.16*
Passungswahrnehmung $_{(10. Sj)}$			.33***	.33***
Geschlecht $_{(9. Sj)}$ (1: männlich, 2: weiblich)	-	-	-	-.03
Staatsangehörigkeit $_{(9. Sj)}$ (0: CH, 1: Ausland)	-	-	-	.02
F/p, df, N	4.4**, 2, 187	6.9***, 5, 184	10.2***, 6, 183	7.6***, 8, 181
R^2 korr	5%	16%	25%	25%

Legende: ***: p<.001, **: p<.01, *: p<.05, †: p<.10, Sj: Schuljahr; Quelle: Neuenschwander (2011).

Tabelle 5: Determinanten zur Entstehung der Passungswahrnehmung im 2. Lehrjahr in der Perspektive des Arbeitsplatzes (standardisierte Regressionskoeffizienten)

N=126	1. Schritt	2. Schritt	3. Schritt	4. Schritt
Passungsw $_{(1. Lj)}$	.29***	.27**	.17*	.14†
Zeugnisnoten (Deutsch/ABU und Math/Fachrechnen) $_{(1. Lj)}$	-	.16†	.14†	.13†
Konfliktlösungsfähigkeit	-	.19*	.11	.08
Prestige Berufslehre (SIOPS)	-	-	.04	.03
Arbeitsplatz: Neuartigkeit	-	-	.44***	.43***
Arbeitsplatz: Mitsprache	-	-	-.08	-.08
Arbeitsplatz: Belastung	-	-	-.23**	-.23**
Zufriedenheit Berufsbildner/-in	-	-	.15†	.14
Geschlecht (1: männlich, 2: weiblich)	-	-	-	.01
Staatszuhörigkeit (1: CH, 2: Ausland)	-	-	-	-.20**
F/p, df, N	11.4***, 1, 124	6.9***, 3, 122	11.6***, 8, 117	10.6***, 10, 115
R^2 korr	8%	12%	40%	43%

Legende: ***: p<.001, **: p<.01, *: p<.05, †: p<.10; Quelle: Neuenschwander (2011).

Im vierten Schritt wurden das Geschlecht und die Staatszugehörigkeit zusätzlich als Prädiktoren in die Gleichung aufgenommen. Im Unterschied zum Geschlecht wurde die Staatszugehörigkeit signifikant, bei den Ausländerinnen und Ausländern nahm die Passungswahrnehmung tendenziell ab. Die Ergebnisse zeigen, dass Neuartigkeit und Belastungen der Arbeitsaufträge die Veränderung der Passungswahrnehmung wesentlich beeinflussen. Sie vermitteln den Effekt der Konfliktlösungsfähigkeit (Mediator, nach Baron und Kenny 1986). Möglicherweise trägt eine hohe Konfliktlösungsfähigkeit dazu bei, dass die Arbeitssituation weniger belastend erlebt wird, was die Passungswahrnehmung erhöht. Es könnte sein, dass dieser Befund auf die Interaktivität von individuellen Kompetenzen, welche die Jugendlichen in die Berufslehre mitbringen, und den Anforderungen, die im Lehrbetrieb an sie gestellt werden, verweist.

Die Ergebnisse zeigen, dass die Passungswahrnehmung von schulischen und sozialen Kompetenzen der Jugendlichen, aber auch von der Art der Arbeitsaufträge im Lehrbetrieb abhängt. Passungswahrnehmung entsteht dann, wenn die Anforderungen inhaltlich erfüllt werden können und wenn eine soziale Integration in den Lehrbetrieb gelingt. Merkmale des Ausbildungsplatzes, vor allem die Neuartigkeit von Arbeitsaufträgen, sind für die Ausprägung der Passungswahrnehmung besonders wichtig. Wenn Jugendliche interessante, neue Aufträge im Betrieb erhalten, haben sie eher den Eindruck, dass ihre Fähigkeiten und Interessen mit ihrer Ausbildungssituation zusammenpassen.

6. Übergang in die tertiäre Ausbildung

Mit dem Abschluss der Berufsausbildung haben die jungen Erwachsenen die Möglichkeit, eine Erwerbstätigkeit aufzunehmen, eine Zwischenlösung zu wählen oder aber ihre Ausbildung in einer neuen beruflichen Grund- oder Weiterbildung fortzusetzen. Mit der Berufsmaturität wurde die Möglichkeit geschaffen, dass Jugendliche nach der Berufsausbildung an Fachhochschulen eintreten können bzw. nach dem Besuch einer Passerelle und dem Bestehen der zugehörigen Prüfungen gar an eine Universität zugelassen werden (vgl. die Beschreibung der Bildungsstrukturen z.B. in Neuenschwander et al. 2012). Konkret legten im Jahr 2006 3.5 Prozent aller Personen mit einem Berufsmaturitätstitel die Ergänzungsprüfung ab, allerdings nahmen nur 80 Prozent von ihnen ein Studium an einer universitären Hochschule auf. Dies führt beim Übertritt nach der Berufsmaturität auf die universitäre Hochschule zu einer Übertrittsquote von 2.8 Prozent (Gallizzi 2010).

Frühere Forschung zeigte, dass Bildungsungleichheit in der Sekundarstufe I und II als Ergebnis individueller Bildungsentscheidungen gesehen werden kann. Boudon (1974) entwickelte eine Theorie rationaler Wahlen und postulierte, dass Bildungsentscheidungen und Bildungserwartungen nicht nur auf fachlichen Leistungen der Jugendlichen basieren, sondern dass diese Entscheidungen – aber auch die Leistungen – in hohem Ausmaß von der Zugehörigkeit zu einer sozialen Schicht abhängen (z.b. Neuenschwander und Malti 2009). Bisher wurde aber die Frage noch wenig bearbeitet, ob dieser Ansatz auch die Entscheidung für eine tertiäre Ausbildung nach Abschluss der dualen Berufsbildung erklären kann. In welchem Ausmaß erklärt die soziale Herkunft die Leistungen in der Berufsmaturitätsschule und die Erwartungen, eine tertiäre Ausbildung zu beginnen?

Mit einer Teilstichprobe des Projekts Familie-Schule-Beruf (FASE B) mit 328 Berufslernenden aus den Kantonen Zürich, Bern und Aargau wurde diese Fragestellung untersucht (vgl. Neuenschwander et al. 2012). Fehlende Werte wurden mit der Software norm 2.0 von Schafer und Olson (1998) imputiert. Es wurden stufenweise logistische Regressionsanalysen zur Erklärung der Bildungserwartung im dritten Lehrjahr gerechnet, ob ein Jugendlicher die Berufsmaturität, die Fachhochschule oder eine andere mindestens gleichwertige tertiäre Ausbildung absolvieren wird oder sich mit dem Erreichen des Lehrabschlusses begnügt.

Der sozioökonomische Status hat Tabelle 6 zufolge auch bei gleichen schulischen Leistungen einen Einfluss auf die Bildungserwartung von Berufslernenden. Interessanterweise sind die Leistungen im Mathematiktest kein signifikanter Prädiktor.

Im nächsten Schritt wurde die These überprüft, ob die Übergangswahrscheinlichkeit einer tertiären Ausbildung von den eigenen Erwartungen, aber auch von den schulischen Leistungen und kritischen Lebensereignissen beeinflusst wird. Es geht einerseits um die Frage, wie wahrscheinlich die Umsetzung der eigenen Bildungserwartung ist, unmittelbar nach Abschluss der Berufsmaturität in eine tertiäre Ausbildung zu wechseln. Andererseits ist bekannt, dass zahlreiche Jugendliche nicht sofort nach Abschluss der Berufsmaturität in die tertiäre Ausbildung wechseln, sondern eine Phase der Erwerbstätigkeit vorsehen. Die Entscheidung für die Erwerbstätigkeit auf Kosten einer tertiären Ausbildung dürfte von individuellen Belastungslagen abhängen. Lebensereignisse sind Indikatoren für individuelle Belastungslagen (Neuenschwander 1996). Kumulieren sich Belastungen, kann dies die Ressourcen einer Person übersteigen. Der Übergang wird nicht vollzogen oder auf später verschoben. Wenn jungen Erwachsenen viele bedeutsame Lebensereignisse widerfahren sind, ist die Chance geringer, dass sie unmittelbar nach der Berufsmaturität an die Fachhochschule wechseln, sondern diesen Wechsel auf eine spätere Lebensphase in stabileren Lebensumständen verschieben.

Tabelle 6: Logistische Regressionsanalysen zur Vorhersage der
Bildungserwartung im letzten Lehrjahr (Jahr 2007)

Odds Ratios	Bildungserwartung 2007 *(1 = über Lehrabschluss)*		
Geschlecht *(1 = weiblich)*	2.37**	1.52	1.58
Deutschtest 2006		1.11***	1.11***
Mathematiktest 2006		1.02	1.02
Familien ISEI 2006	1.03***		1.02*
R^2 Nagelkerke	10.7%	25.3%	27.0%
Modell chi² (df)	25.97(2)***	65.25(3)***	69.93(4)***

Tabelle 7 zufolge erklärt der erwartete Bildungsabschluss den effektiven Übergang in die tertiäre Ausbildung signifikant. Zusätzlich tragen die Leistungen im Deutschtest im zweiten Lehrjahr (d.h. im Jahr 2006) dazu bei. Wenn zusätzlich die Summe der bedeutsamen Lebensereignisse in die Analyse einbezogen wird, bleiben der erwartete Bildungsabschluss und die Leistungen in Deutsch signifikant, doch werden die summierten Lebensereignisse zusätzlich signifikant. Je mehr Lebensereignisse jungen Erwachsenen widerfahren, desto geringer ist die Wahrscheinlichkeit, an die Fachhochschule überzutreten.

Die Ergebnisse zeigen, dass die soziale Herkunft auch an der zweiten Schwelle eine wichtige Rolle zur Erklärung der Bildungserwartungen von jungen Erwachsenen und dem Eintritt in eine tertiäre Ausbildung spielt. Auch die Leistungen in Deutsch spielen eine wichtige Rolle, sowohl für den Aufbau entsprechender Erwartungen als auch beim Übergang in die tertiäre Ausbildung. Nicht alleine die schulischen Leistungen der Berufslernenden sind wichtig, sondern darüber hinaus die familiäre Herkunft. Dies gilt, obwohl der Zugang zu Fachhochschulen weniger sozial selektiv ist als zu Universitäten (Annen et al. 2010). In der tertiären Ausbildung sind schulische Leistungen entscheidend (Aufnahmeprüfung, Lehrabschlussnoten). Interessant ist, dass junge Erwachsene mit vielen bedeutsamen Lebensereignissen den Schritt in die tertiäre Ausbildung mit geringerer Wahrscheinlichkeit vollziehen. Der Schritt an die Fachhochschule hängt nicht nur von den Erwartungen und Plänen der jungen Erwachsenen ab, sondern auch davon, ob sie sich in einer unbelasteten, sicheren Lebenssituation befinden.

Tabelle 7: Übergang in die tertiäre Ausbildung, vorhergesagt durch logistische
Regressionsanalysen

Odds Ratios	Übergang tertiäre Ausbildung 2008	
	1 = tertiäre Ausbildung	
Geschlecht *(1 = weiblich)*	0.63	0.62
Deutschtest 2006	1.06*	1.06*
Mathematiktest 2006	1.00	1.00
Familien ISEI 2006	1.01	1.02
Erwarteter Bildungsabschluss 2007 *(1 = über Lehre)*	26.71***	24.24***
Lebensereignisse 2007		0.72**
R^2 Nagelkerke	46.5%	49.9%
Modell chi² (df)	99.06(5)***	107.52(6)***

7. Schlussfolgerungen

Am Beispiel der Selektionsprozesse in die Sekundarstufe I, in die Berufsausbildung und in die tertiäre Ausbildung wurde gezeigt, dass neben kognitiven Faktoren
und Leistungen soziale Faktoren wie die soziale Herkunft, das soziale Verhalten
bzw. die sozialen Kompetenzen der Jugendlichen sowie die familiäre Unterstützung eine zentrale Rolle spielen. Während es recht differenzierte und überprüfte
Konzepte zum Verständnis von kognitiven Prozessen und fachlichen Leistungen
in Übergangssituationen gibt, ist die Theorie der sozialen Kompetenzen wenig
elaboriert und bearbeitet. Die vorliegenden Ergebnisse zeigen, dass diese sozialen
Faktoren eine entscheidende Rolle in den Transitionsprozessen von der Schule in
den Beruf spielen. Sie gelten als „Soft-Faktoren", die schwierig zu konzeptualisieren und zu operationalisieren sind und daher bisher wenig bearbeitet worden
sind (vgl. auch Neuenschwander und Frank 2011).

Die Ergebnisse belegen zudem den vorgeschlagenen Ansatz, wonach Transitionsprozesse von den einzelnen Jugendlichen, den Institutionen und den Bezugspersonen der Jugendlichen reguliert werden (Neuenschwander et al. 2012).
So spielen beispielsweise die individuellen Erwartungen der Jugendlichen bei allen drei dargestellten Übergängen eine wichtige Rolle. Allerdings strukturieren
die abgebenden und aufnehmenden Bildungsinstitutionen die Chancen im Über-
gangsprozess und definieren die Selektionsverfahren. Die Bildungseinstellungen der Eltern schließlich beeinflussen bei allen drei Übergängen wesentlich die
Chancen auf einen Bildungsaufstieg. So kompliziert es ist, diese drei Akteure in
einer übergreifenden Theorie zusammenzuführen, scheint die Beschränkung auf
einen der drei Akteure zu einer unangemessenen Reduktion der Erklärungskraft

des Modells zu führen. In der zukünftigen Forschung sollte daher präziser herausgearbeitet werden, wie diese drei Akteure miteinander in Wechselwirkung stehen und wie sich diese auf die Steuerung der Transitionsprozesse auswirken.

Literatur

Annen, Luzia et al. 2010. Bildungsbericht Aarau: SKBF.

Baron, Reuben M. und David A Kenny. 1986. The moderator-mediator variable distinction in Social Psychological Research: Conceptual, strategic, and statistical considerations. *Journal of Personality and Social Psychology* 51: 1173-1182.

Baumert, Jürgen, Petra Stanat und Rainer Watermann. 2006. Schulstruktur und die Entstehung differenzieller Lern- und Entwicklungsmilieus. In *Herkunftsbedingte Disparitäten im Bildungswesen: Differenzielle Bildungsprozesse und Probleme der Verteilungsgerechtigkeit. Vertiefende Analysen im Rahmen von PISA 2000,* Hrsg. Jürgen Baumert, Petra Stanat und Rainer Waterman, 95-188. Wiesbaden: VS-Verlag.

Bills, David B. 2003. Credentials, Signals, and Screens: Explaining the Relationship between Schooling and Job Assignment. *Review of Educational Research* 73: 441-469.

Boudon, Raymond. 1974. *Education, opportunity, and social inequality: Changing prospects in Western society.* New York: Wiley.

Eberhard, Verena, Andreas Krewerth und Joachim G. Ulrich (Hrsg.). 2007. *Mangelware Lehrstelle. Zur aktuellen Lage der Ausbildungsplatzbewerber in Deutschland. Berichte zur beruflichen Bildung, Nr. 279.* Bielefeld: Bertelsmann.

Eccles, Jacquelynne S., Allan Wigfield und Ulrich Schiefele. 1998. Motivation to succeed. In *Handbook of child psychology: Social, emotional, and personality development 3,* Hg. William Damon, 1017-1095. New York: Wiley.

Eccles, Jacquelynne S., Carol Midgley, Allan Wigfield, Christy Miller Buchanan, David Reuman, Constance Flanagan und Douglas Mac Iver. 1993. Development during adolescence: The impact of stage-environment fit on young adolescents' experiences in schools and in families. *American Psychologist* 48: 90-101.

Elder, Glen H. und Michael Shanahan. 2005. The Life Course and Human Development. In *Handbook of Child Psychology Vol. 1: Theoretical Models of Human Development,* Hrsg. Richard M. Lerner und Laurence Steinberg, 665-715. New York: Wiley.

Fend, Helmut. 1982. *Gesamtschule im Vergleich.* Weinheim: Beltz.

Gallizzi, Katharina. 2010. Maturitäten und Übertritte an Hochschulen 2009. In *Statistik Schweiz,* Hg. Bundesamt für Statistik BFS, 44. Neuchâtel: Bundesamt für Statistik (BFS).

Häberlin, Urs, Christian Imdorf und Wilfried Kronig. 2004. *Von der Schule in die Berufslehre.* Bern: Haupt.

Häfeli, Kurt und Claudia Schellenberg. 2009. *Erfolgsfaktoren in der Berufsbildung bei gefährdeten Jugendlichen.* Bern: EDK.

Heinz, Walter R. 2000. Selbstsozialisation im Lebenslauf. Umrisse einer Theorie biografischen Handelns. In *Biografische Sozialisation,* Hg. Erika M. Hoerning, 165-186. Stuttgart: Lucius und Lucius Verlagsgemeinschaft.

Henderson, Anne T. und Karen L. Mapp. 2002. *A new wave of evidence. The impact of school, family, and community. Connections on student achievement: National Center for family & community connections with schools.* Texas: National Center for Family and Community Connections with Schools.

Herzog, Walter, Markus P. Neuenschwander und Eveline Wannack. 2006. *Berufswahlprozess. Wie sich Jugendliche auf ihren Beruf vorbereiten.* Bern: Haupt.

Holland, John L. 1973. *Making vocational choices, a theory of careers.* Englewood Cliffs: Prentica-Hall.

Imdorf, Christian. 2007. Weshalb ausländische Jugendliche besonders große Probleme haben, eine Lehrstelle zu finden. In *Auswählen und ausgewählt werden – Integration und Ausschluss von Jugendlichen und jungen Erwachsenen in Schule und Beruf,* Hrsg. Hans-Ulrich Grundmann und Laura von Mandach, 100-111. Zürich: Seismo.

Imdorf, Christian. 2007. Die relative Bedeutsamkeit von Schulqualifikationen bei der Lehrstellenvergabe in kleineren Betrieben. In *Übergänge im Bildungssystem,* Hg. Thomas Eckert, 183-197. Münster: Waxmann.

Keller, Anita, Sandra Hupka-Brunner und Thomas Meyer. 2010. *Nachobligatorische Ausbildungsverläufe in der Schweiz: Die ersten sieben Jahre. Ergebnisübersicht des Jugendlängsschnitts TREE, Update 2010.* Basel: TREE – Transition von der Erstausbildung ins Erwerbsleben.

Kronig, Winfried. 2007. *Die systematische Zufälligkeit des Bildungserfolgs.* Bern: Haupt.

Lent, Robert W. 2005. A Social Cognitive View of Career Development and Counseling. In *Career Development and Counseling. Putting Theory and Research to Work,* Hrsg. Steven D. Brown und Robert W. Lent, 101-130. Hoboken: John Wiley and Sons.

Maaz, Kai, Rainer Watermann und Jürgen Baumert. 2007. Familiärer Hintergrund, Kompetenzentwicklung und Selektionsentscheidungen in gegliederten Schulsystemen im internationalen Vergleich. Eine vertiefende Analyse von PISA Daten. *Zeitschrift für Pädagogik* 534: 444-461.

Martin, John P. und Eugen Owen. 2001. *Lernen für das Leben. PISA 2000: Organisation für wirtschaftliche Zusammenarbeit und Entwicklung OECD.*

Moser, Urs. 2004. *Jugendliche zwischen Schule und Berufsbildung.* Bern: h.e.p.-Verlag.

Neumann, Marko, Inge Schnyder, Ulrich Trautwein, Alois Niggli, Oliver Lüdtke und Rico Cathomas. 2007. Schulformen als differenzielle Lernmilieus. *Zeitschrift für Erziehungswissenschaft* 103: 399-420.

Neuenschwander, Markus P. 1996. *Entwicklung und Identität im Jugendalter.* Bern: Haupt.

Neuenschwander, Markus P. 2005. *Unterrichtssystem und Unterrichtsqualität. Konturen einer Unterrichtstheorie für die Sekundarstufe und ihre empirische Bewährung.* Bern: Haupt.

Neuenschwander, Markus P. 2007. Bedingungen und Anpassungsprozesse bei erwartungswidrigen Bildungsverläufen. In *Übergänge im Bildungswesen,* Hg. Thomas Eckert, 83-104. Münster: Waxmann.

Neuenschwander, Markus P. 2009. Systematisch benachteiligt? Ergebnisse einer Studie zu Bildungssystem und -beteiligung. *Pädagogische Führung* 203: 36-39.

Neuenschwander, Markus P. 2010. Selektionsprozesse beim Übergang von der Primarschule in die Berufsbildung. In *Schulübergang und Selektion,* Hrsg. Markus P. Neuenschwander und Hans-Ulrich Grunder, 15-34. Chur: Rüegger.

Neuenschwander, Markus P. 2011. Elternmitwirkung beim Übergang in die Sekundarstufe I. *Pädagogische Führung* 4: 131-133.

Neuenschwander, Markus P. 2011. Determinanten der Passungswahrnehmung nach dem Übergang in die Sekundarstufe II. *Schweizerische Zeitschrift für Bildungswissenschaften* 333.

Neuenschwander, Markus P. und Bärbel Kracke. 2011. Career Development. In *Encyclopedia of Adolescence* Vol. 1, Hrsg. B. Bradford Brown und Mitchell J. Prinstein, 97-105. San Diego: Academic Press.

Neuenschwander, Markus P., Michelle Gerber, Nicole Frank und Benno Rottermann. 2012. *Schule und Beruf: Wege in die Erwerbstätigkeit.* Wiesbaden: VS-Verlag.

Neuenschwander, Markus P. und Nathalie Wismer. 2010. Selektionskriterien: Wichtige Rolle der überfachlichen Kompetenzen. *Panorama* 1: 16-17.

Neuenschwander, Markus P. und Nicole Frank. 2011. Förderung der Sozial- und Selbstkompetenzen in der Schule (InSSel): Beschreibung eines neuen Interventionsprogramms. *Sozialmagazin* 36: 43-49.

Neuenschwander, Markus P. und Noemi Schaffner. 2011. Individuelle und schulische Risikofaktoren und protektive Faktoren im Berufsorientierungsprozess. *Deutsche Schule* 1034: 326-340.

Neuenschwander, Markus P. und Rebekka Hartmann. 2011. *Wirkungen der Selektion. 1. Zwischenbericht für das BKS Aargau.* Solothurn: PH FHNW.

Neuenschwander, Markus P., Thomas Balmer, Annette Gasser, Stefanie Goltz, Ueli Hirt, Hans Ryser und Herman Wartenweiler. 2005. *Schule und Familie – was sie zum Schulerfolg beitragen.* Bern: Haupt.

Neuenschwander, Markus P. und Tina Malti. 2009. Selektionsprozesse beim Übergang in die Sekundarstufe I und II. *Zeitschrift für Erziehungswissenschaft* 122: 216-232.

Neuenschwander, Markus P. und Rebekka Hartmann. 2011. Entscheidungsprozesse von Jugendlichen bei der ersten Berufs- und Lehrstellenwahl. *Berufsbildung in Wissenschaft und Praxis* 4: 41-44.

Schafer, Joseph L. und Maren K. Olsen. 1998. Multiple imputation for multivariate missing-data problems: A data analyst's perspective. *Multivariate Behavioral research* 334: 545-571.

Sternberg, Robert J. 1997. The concept of intelligence and its role in lifelong learning and success. *American Psychologist* 52: 1030-1038.

Treiman, Donald J. 1977. *Occupational prestige in comparative perspective.* New York: Academic Press.

Übergänge im Spannungsfeld zwischen sozialer Herkunft, Leistung und Strukturen des Bildungssystems[1]

Sandra Hupka-Brunner / Thomas Meyer / Barbara E. Stalder / Anita C. Keller

1. Einleitung

Die so genannte 1. Schwelle ist auch in der Schweiz – wenn auch nicht im gleichen Ausmaß wie in Deutschland – in den letzten Jahrzehnten zu einem strukturellen Engpass geworden (BBT 2008; Granato 2006; Granato und Schittenhelm 2004; Ulrich et al. 2009). Die Nachfrage nach Ausbildungsplätzen der Sekundarstufe II[2] übersteigt das Angebot beträchtlich und dauerhaft. Trotzdem werden Schwierigkeiten beim Einstieg im bildungspolitischen Diskurs immer noch und immer wieder stark individualisiert, d.h. Defiziten der betroffenen Jugendlichen zugeschrieben (BBT 2000). Mit dem Schweizer Jugendlängsschnitt TREE (Transition von der Erstausbildung ins Erwerbsleben) bietet sich die Möglichkeit, sowohl individuelle als auch strukturell-institutionelle Faktoren gleichzeitig daraufhin zu überprüfen, welchen Einfluss sie auf die Einstiegschancen an der 1. Schwelle ausüben. Da TREE auch über Leistungsdaten verfügt, können auf individueller Ebene Leistungs- von Herkunfts- bzw. askriptiven Merkmalen unterschieden werden. Übereinstimmend mit früheren Ergebnissen zeigen die TREE-Analysen in diesem Beitrag, dass Leistung im Hinblick auf Übertrittschancen zwar zählt, dass aber sowohl askriptive individuelle als auch institutionelle Merkmale eine bedeutende Rolle spielen.

2. Soziale Ungleichheiten im Kontext des Schweizer Bildungssystems

Der Einfluss des sozialen Status auf den Bildungserfolg der Jugendlichen ist in der Schweiz stärker ausgeprägt als in anderen Ländern (BFS und EDK 2002; Coradi Vellacott 2003; Jungbauer-Gans 2004; OECD / PISA 2001a; Ramseier und Brüh-

---

2   Die Begriffe Sekundarstufe II und Sek II werden im Folgenden synonym verwendet, für einen Überblick über das Schweizerische Bildungssystem siehe auch (SKBF 2010).

wiler 2003). Dies erklärt sich auch durch das starke und frühe Tracking der Sekundarstufe I, in dem homogene Leistungsmilieus entstehen können, die soziale Ungleichheiten verschärfen (Maaz et al. 2007). Zudem wirken an jeder Schwelle im Bildungssystem soziale Ungleichheiten, so dass diese sich kumulieren (Hillmert 2004). Die Sekundarstufe I ist kantonal verschieden organisiert. Üblich ist die Unterscheidung zwischen Schultypen mit Grundanforderungen und Schultypen mit erweiterten Anforderungen. Jugendliche aus Schultypen mit Grundanforderungen gelten als schulisch schwächer und entsprechen damit in etwa deutschen Hauptschülern (vgl. www.edk.ch). Die nachobligatorischen Ausbildungsmöglichkeiten sind in hohem Maße durch den auf Sekundarstufe I besuchten Schultyp vorgegeben.[3] Wer einen Schultyp mit Grundanforderungen besucht, ist von fast allen allgemeinbildenden Ausbildungsgängen (Gymnasium, Fachmittelschule[4]) und weitgehend auch von Berufsausbildungen[5] mit hohem intellektuellem Anforderungsniveau ausgeschlossen. Die duale Berufsausbildung ist die häufigste Ausbildungsform (SKBF 2010: 112).

In Abbildung 1 aufgetragen sind die indexierten Bestände des 9. Schuljahres, der Übergangsausbildungen[6] und der 1. Ausbildungsjahre der Sek II-Teilsysteme Berufs- und Allgemeinbildung. In der Legende sind außerdem die absoluten Bestandeszahlen von 1990 in Klammern vermerkt, die die 100%-Basis der Indizes bilden.

Lesebeispiel: Die Bestände in den 9. Schuljahren (Linie 1) sinken zwischen 1980 und 1990 von 135 auf einen Tiefstand von 100 Indexpunkten oder 70.000 Personen. Ab 1990 steigen sie wieder an (auf 120 Indexpunkte oder 85.000 Schülerinnen und Schüler im Jahr 2007).

Wie sich das Ausbildungsangebot auf Sekundarstufe II verändert hat, zeigt Abbildung 1. Darin werden die wichtigsten Komponenten der Entwicklung der Sekundarstufe II von 1980 bis 2008 synoptisch visualisiert. Demnach ist die Zahl der Schulabgängerinnen und -abgänger (Linie 1) zwischen 1980 und 1990 deutlich gesunken. Ab 1990 weist sie wieder steigende Tendenz auf. Die Erstjahresbestände der Sek II-Ausbildungen (Linie 5) gehen zwischen 1980 und 1990 eben-

---

3   Es existiert kein Abschluss-Zertifikat der obligatorischen Schulzeit. Die in Deutschland häufige Option des „Nachholens von Schulabschlüssen" stellt somit für Schweizer Jugendliche keine Option dar.

4   Der Allgemeinbildungsanteil ist im internationalen Vergleich sehr tief (SKBF 2010). Fachmittelschulen bereiten v.a. auf Tertiärausbildungen im Sozial- und Pflegebereich vor. Die gymnasiale Maturität wurde vor kurzem reformiert (vgl. Ramseier et al. 2004).

5   Eine Vielzahl von Reformen wurde durch das neue Berufsbildungsgesetz veranlasst, u.a. die Weiterentwicklung der Berufsmaturität sowie die Einführung der Attest-Ausbildung für schulisch Schwache (SKBF 2010: 145).

6   Institutionalisierte Zwischenlösungen wie 10. Schuljahre

Abbildung 1: Entwicklung der Bestandsparameter an der 1. Schwelle, 1980-2008

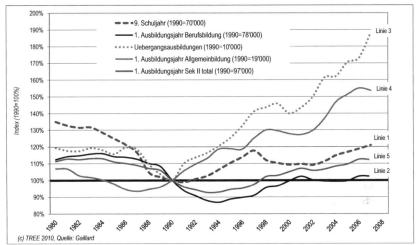

(c) TREE 2010, Quelle: Gaillard

falls zurück, aber nicht annähernd so stark wie die Schulabgangsbestände. Dies indiziert die kontinuierliche Erhöhung der Bildungsbeteiligungsquote in diesem Zeitraum, vor allem seitens junger Frauen (vgl. Galley und Meyer 1998). In den 1990er Jahren bleibt auf Grund dieser Scherenbewegung die Entwicklung der Erstjahresbestände in der Sekundarstufe II zunächst deutlich hinter derjenigen der Bestände in den 9. Schuljahren zurück. Dabei ist zu beachten, dass die graue Gesamtindex-Kurve gegenläufige Entwicklungen in der Berufs- und der Allgemeinbildung nivelliert: So ist die Entwicklung der Berufsbildungseinsteigerinnen und -einsteiger (Linie 2) im Zeitraum 1980 bis Mitte der 1990er Jahre (nicht zuletzt rezessionsbedingt) durch eine starke Abnahme gekennzeichnet. In der ersten Hälfte der 1990er Jahre, also zum Zeitpunkt, zudem die Zahl der Schulabgänger/innen wieder zu steigen beginnt, geht die Zahl der Berufsbildungseinsteigerinnen und -einsteiger stark zurück. Trotz intensiver Lehrstellenpromotionsmaßnahmen und einer langsamen Erholung der Konjunktur in der 2. Hälfte der 90er Jahre erreichen die Erstjahresbestände in der Berufsbildung in den 2000er Jahren lediglich wieder den Stand von 1990. Derweil liegt die Zahl der Schulabgängerinnen und -abgänger in dieser Phase bereits wieder rund 15-20 Indexpunkte über dem Tiefststand.

Das Allgemeinbildungsangebot (Linie 4) expandiert zwar ab Mitte der 80er Jahre stark. Da der Allgemeinbildungsanteil auf Sekundarstufe II in der Schweiz außerordentlich tief ist, vermag diese Expansion den Angebotsverlust in der Berufsbildung bei weitem nicht zu kompensieren. Der „Negativ-Saldo" zwischen Nachfrage und Angebot manifestiert sich sodann in der Kurve der „Übergangs-ausbildungen" (Linie 3), die ab 1990 von allen am steilsten steigt. Die „Puffer"-Funktion der Übergangsausbildungen ist gemäß Gaillard (2005) auf dieser makro-systemischen Ebene ausgeprägt und kann in den schulstatistischen Verlaufs- bzw. Prognosemodellen für die Sekundarstufe II zuverlässig modelliert werden.

Die Entwicklungsübersicht in Abbildung 1 verdeutlicht, dass der Einstieg in die berufliche Grundbildung der Schweiz in den letzten Jahrzehnten zu einem strukturellen Engpass geworden ist. Die ausgeprägte und dauerhafte Knappheit des Berufsbildungsangebots ist ein Faktor, der die Übergänge an der 1. Schwelle maßgeblich strukturiert. Dieser Befund steht in z.T. scharfem Widerspruch dazu, wie die Einstiegsschwierigkeiten der Jugendlichen bildungspolitisch interpretiert werden. Insbesondere in der Berufsbildungspolitik ist die Meinung nach wie vor weit verbreitet, dass diese Einstiegsschwierigkeiten in erster Linie oder gar ausschließlich den Jugendlichen und ihren Defiziten anzulasten sei (vgl. z.B. BBT 2000).

In den folgenden Abschnitten soll anhand der Daten des TREE-Projektes und weiterer statistischer Kennzahlen exemplarisch aufgezeigt werden, inwiefern individuelle und systemische Merkmale die Einstiegschancen in eine zertifizierende Sekundarstufe II-Ausbildung beeinflussen.

3. Daten, Methode und Resultate

TREE[7] ist in der Schweiz die erste nationale Längsschnittuntersuchung zum Übergang Jugendlicher von der Schule ins Erwachsenenleben. Die TREE-Stichprobe umfasst rund 6.000 Jugendliche, die im Jahr 2000 an der PISA-Befragung teilnahmen und im selben Jahr aus der obligatorischen Schulpflicht entlassen wurden. Die Stichprobe ist national und sprachregional repräsentativ. Die Jugendlichen wurden 2001-2007 jährlich befragt, eine weitere Erhebung wurde 2010 durchgeführt (TREE 2008).

Die oben beschriebenen Engpässe auf dem Lehrstellenmarkt spiegeln sich auch in den Bildungsverläufen der PISA/TREE-Kohorte wider (vgl. Abbildung 2): 20% der Schulabgänger besuchen im Jahr 2001 eine Zwischenlösung, etwa

---

7   Die Schweizer Jugendlängsschnittstudie TREE (Transitionen von der Erstausbildung ins Erwerbsleben, www.tree.unibas.ch) läuft seit 2000 und wurde bisher durch den Schweizerischen Nationalfonds, die Universität Basel, die Bundesämter für Berufsbildung und Technologie bzw. Statistik sowie die Kantone Bern, Genf und Tessin finanziert.

4 % sind in keiner Ausbildung. Lediglich drei Viertel der Jugendlichen finden einen direkten Zugang zu einer zertifizierenden Ausbildung der Sekundarstufe II: rund die Hälfte in der Berufsbildung, ein gutes Viertel in der Allgemeinbildung. In den Folgejahren gelingt den meisten Jugendlichen, die im ersten Jahr eine Zwischenlösung besucht haben, der Einstieg in die Berufsbildung. Die Berufsbildungsanteile steigen in den Folgejahren auf 65 %, der Allgemeinbildungsanteil verbleibt bei ca. 25 %. Ab 2003 setzt die Transition von der berufsbildenden Sekundarstufe II in den Arbeitsmarkt ein: 20 % der TREE-Kohorte sind 2004 mit einem Sek II-Abschluss auf dem Arbeitsmarkt anzutreffen. Weitere 4 % sind unzertifiziert erwerbstätig. Allerdings befindet sich zu diesem Zeitpunkt noch mehr als die Hälfte der Kohorte in einer Grundbildung der Sekundarstufe II.

Parallel zur Transition in die Erwerbstätigkeit vollzieht sich ab 2004 der Übergang in Ausbildungen des Tertiärbereichs. Gegen 30 % der Kohorte sind 2007 in Tertiärausbildungen eingeschrieben, während rund die Hälfte das Ausbildungssystem verlassen und eine Erwerbstätigkeit aufgenommen hat. Auffallend ist in den Jahren 2004-2007 eine relativ disperse Gruppe von jungen Erwachsenen, welche in Intermediärsituationen zwischen diesen beiden Hauptverläufen anzutreffen sind. Es handelt sich zum einen um Personen, die 5-7 Jahre nach Austritt aus der obligatorischen Schule immer noch Ausbildungen der Sekundarstufe II absolvieren. Zum anderen befindet sich in dieser Phase pro Jahr durchschnittlich rund ein Sechstel der Kohorte in Hybrid- und Moratoriumssituationen, die weder einem eindeutigen Erwerbs- noch einem Ausbildungsstatus zuzuordnen sind.[8]

Dauerhafte nachobligatorische Ausbildungslosigkeit ist in der Schweiz ein Randphänomen, welches nur eine sehr kleine Minderheit betrifft. In den ersten Jahren nach Austritt aus der obligatorischen Schule liegt ihr Anteil bei rund 5 %. Die Fluktuation von Jahr zu Jahr ist allerdings hoch. Basierend auf den Daten von TREE schätzen wir, dass lediglich rund 1 % der Kohorte dauerhaft ausbildungslos bleibt. Die übrigen fluktuieren von Jahr zu Jahr stark zwischen Ausbildungslosigkeit, Zwischenlösungen und zertifizierenden Sek II-Ausbildungen. Wie Abbildung 2 nahelegt, vermag der Schweizer Arbeitsmarkt diese unzertifizierten jungen Erwachsenen vergleichsweise gut zu absorbieren: Der größte Teil von ihnen ist ab 2005 (unzertifiziert) konstant erwerbstätig. Es bleibt abzuwarten, wie nachhaltig die Integration dieser Gruppe in den formalen Arbeitsmarkt bleibt.

---

8   NEETs und Zwischenlösungen, zumeist mit Sek. II-Zertifikat.

Abbildung 2: Schweizer Schulabgängerkohorte 2000, Ausbildungsverläufe bis
2007 (Legende auf nachfolgender Seite)

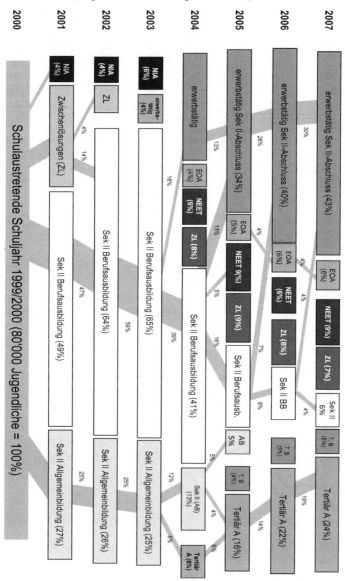

Legende zu Abbildung 2

- EOA = erwerbstätig ohne Abschluss
- NIA = nicht in Ausbildung
- NEET = Weder in Ausbildung noch erwerbstätig
- T.B = Ausbildung auf Tertiärstufe B (höhere Berufsbildung)
- ZL = Zwischenlösungen (institutionalisierte und individuelle)
- Alle Prozentwerte in der Graphik beziehen sich auf das Gesamt der Kohorte als 100 %-Basis;
- Die Balken visualisieren die Ausbildungs- bzw. Erwerbssituation für die jeweils links aufgetragenen Beobachtungsjahre;
- Die vertikal verlaufenden „Äste" zwischen den Balken indizieren, welcher Kohortenprozentsatz vom einen zum nächsten Beobachtungsjahr den entsprechenden Übergang vollzieht.
- Die Dicke der „Äste" ist zu den angegebenen Prozentwerten größenproportional.
- Aus Gründen der Schätzgenauigkeit, Übersichtlichkeit und Lesbarkeit sind nur Ausbildungsbzw. Erwerbssituationen und -Verläufe in der Grafik aufgetragen, welche mindestens vier Prozent der Kohorte betreffen.

Aus Abbildung 3 wird ersichtlich, dass lediglich gut die Hälfte (54%) der Kohorte „lineare" Ausbildungsverläufe vollzieht: Von denjenigen, die direkt in zertifizierende Sek II-Ausbildungen einsteigen konnten, kann ein Großteil die Ausbildung innerhalb von deren Regeldauer beenden. Der Rest der Kohorte steigt entweder verzögert ein[9] oder verzeichnet während der Sek II-Ausbildung Diskontinuitäten. Insgesamt 14% der Kohorte erlangen bis 2007 keinen Abschluss der Sekundarstufe II.

---

9   Unter den verzögert Eingestiegenen verzeichnet TREE auch eine kleine Anzahl Fälle mit doppelter Diskontinuität, d.h. z.B. einen Ausbildungswechsel und/oder -abbruch nach verzögertem Einstieg.

Abbildung 3: Ausbildungsverläufe der Schweizer Schulabgängerkohorte 2000, Diskontinuitäten

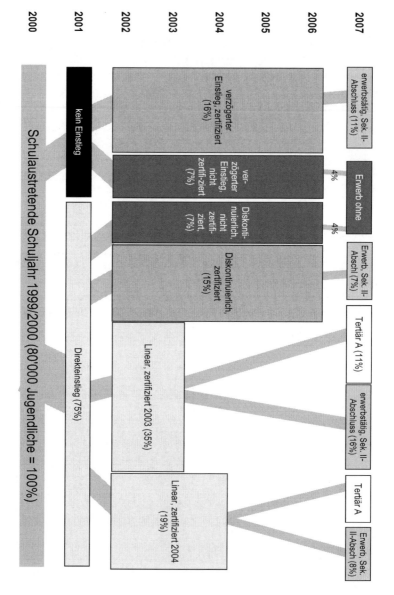

Betrachtet man nun die Positionierung dieser Verläufe im Jahr 2007, so sieht man, dass von denjenigen, die verzögert einstiegen, sich aber zertifizieren konnten, ein Großteil erwerbstätig ist. Diejenigen, die bis 2007 kein Zertifikat erlangen konnten, sind zu je 4 % unqualifiziert erwerbstätig, zum Teil aber noch in Ausbildung. Auch unter den Jugendlichen, die sich nach einem Wechsel zertifizieren konnten, ist ca. die Hälfte erwerbstätig. Diejenigen, die einen linearen Ausbildungsverlauf aufweisen, sind überwiegend erwerbstätig oder in Tertiärausbildungen. Ein großes Risikopotential weisen vor allem jene Jugendlichen auf, denen am Ende eines diskontinuierlichen Ausbildungsverlaufs die Sek II-Zertifikation nicht gelungen ist.

Im Folgenden soll der Fokus auf die Risikostruktur beim Einstieg in eine zertifizierende Sekundarstufe II-Ausbildung gelegt werden: Welche Faktoren beeinflussen nun, ob eine Person direkt in eine zertifizierende Sekundarstufe II-Ausbildung einsteigen kann oder nicht?

3.1 Einflussfaktoren auf den Einstieg in eine zertifizierende Sekundarstufe II-Ausbildung: Individuelle Merkmale

In einem ersten Schritt wurden Jugendliche in verschiedenen Ausbildungssituationen im Jahr 2001 betrachtet.

Tabelle 1: Ausbildungssituation 2001 nach ausgewählten Merkmalen

Spaltenprozent	Allge-mein-bildung	Berufsbildung nach intellektuellem Anforderungsniveau		Zwischen-lösung	nicht in Ausbil-dung	Total
		hoch	niedrig/mittel			
Geschlecht						
Frauen	62%	44%	30%	60%	48%	49%
Männer	38%	56%	70%	40%	52%	51%
PISA-Lesekompetenz (Ø Score)	566	520	445	449	423	497
PISA-Mathematik-Kompetenz (Ø Score)	586	559	494	475	474	532
Schultyp Sek. I						
erweiterte Anforderungen	97%	91%	43%	46%	50%	69%
Grundanforderungen	3%	9%	57%	54%	50%	31%
Migrationshintergrund						
andere	93%	93%	87%	77%	77%	88%
Balkan/Türkei/Portugal	7%	7%	13%	23%	23%	12%
höchster Ausbildungsstand Eltern						
< Sek II	3%	2%	7%	11%	18%	6%
Sek II	34%	52%	58%	53%	47%	49%
Tertiär	63%	46%	35%	36%	35%	45%
Status der Eltern (Ø ISEI*)	57	50	43	44	41	49
erwarteter Status mit 30 (Ø ISEI*)	64	54	40	47	47	51
Populations-Schätzung (N≈100%) gerundet auf 1'000	*21'000*	*18'000*	*20'000*	*12'000*	*3'000*	*80'000*

* *ISEI = International Socio-Economic Index*
Die zwei Gruppen "Berufsbildung mit unbestimmtem Ausbildungsniveau" und "andere Ausbildungen" sind zu klein,
sodass sie von den weiterführenden Analysen ausgeschlossen wurden.

Insgesamt ist das soziodemografische und Leistungsprofil[10] der Jugendlichen in Brückenangeboten demjenigen der Direkteinsteigerinnen und -einsteiger in Berufsausbildungen mit tiefem bis mittlerem Anforderungen recht ähnlich. Bivariat betrachtet fällt auf, dass die Profilunterschiede zwischen den beiden Gruppen weniger im Bereich der Leistungsmerkmale als vielmehr im Bereich der so genannten askriptiven Merkmale liegen. Andere Untersuchungen stützen diese generellen Befunde (Hupka 2003; Hupka et al. 2006; Imdorf 2008).

---

10   Zum Leistungsprofil werden hier der Schultyp Sek I sowie PISA-Mathematik- und Lese-kompetenzen gezählt. PISA definiert Lesekompetenzen als Fähigkeit, geschriebene Texte zu verstehen und sie für die eigene Weiterentwicklung und die gesellschaftliche Teilnahme zu nutzen (OECD / PISA 2001b: 23).

3.2 Einflussfaktoren auf den Einstieg in eine zertifizierende Sekundarstufe II-Ausbildung: Institutionelle Merkmale

Bereits im Abschnitt 2 wurde darauf hingewiesen, dass das Ausbildungsangebot auf Sekundarstufe II in der Schweiz deutlich und strukturell dauerhaft hinter der Nachfrage zurückbleibt. Meyer (2009) postuliert, dass die meist irreversible Zuteilung von Schülerinnen und Schülern zu anforderungsschwachen Schultypen mit leistungsreduzierten Lehrplänen einer faktischen Bildungsrationierung gleichkommt, indem den betroffenen Lernenden Lerngelegenheiten vorenthalten werden, welche ihnen in anderen Schultypen gewährt würden.

Die schulstatistischen Grunddaten zeigen, dass sowohl das Ausmaß der Segregation der einzelnen Schultypen als auch die proportionale Verteilung der Schülerinnen und Schüler auf die Schultypen nicht nur zwischen den Kantonen stark, sondern z. T. sogar innerhalb der Kantone variiert. Diese systemisch-institutionellen Disparitäten werden noch zusätzlich durch den Umstand akzentuiert, dass die Zuteilung der Schülerinnen und Schüler zu den einzelnen Schultypen oft alles andere als beurteilungs- und leistungsgerecht erfolgt (Kronig 2007).

Abbildung 4: Zusammenhang zwischen Anteil der 9. Klässler/innen in Schultypen mit Grundanforderungen und Anteil der Jugendlichen in Übergangsausbildungen

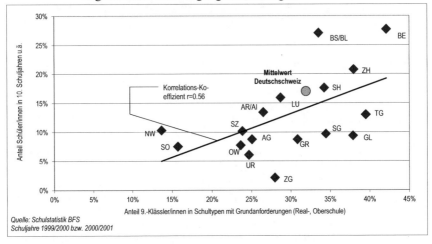

Der Anteil Schülerinnen und Schüler, welche auf Sekundarstufe I Schultypen mit Grundansprüchen besuchen, korreliert gemäß Abbildung 4 beträchtlich mit dem Anteil derjenigen, die ein 10. Schuljahr oder eine vergleichbare Übergangsausbildung besuchen. Die Abbildung verdeutlicht diesen Zusammenhang für die Deutschschweizer Kantone, wo er besonders ausgeprägt ist. Wir sehen uns hier mit dem Paradoxon konfrontiert, dass kantonale Schulsysteme Bildungsleistungen auf der Sekundarstufe I für gewisse Schülergruppen rationieren, welche anschließend über 10. Schuljahre und ähnliche „Nachbesserungsangebote" kompensiert werden müssen.[11]

Abbildung 5:   Zusammenhang zwischen Ausbildungsangebot und Konjunktur

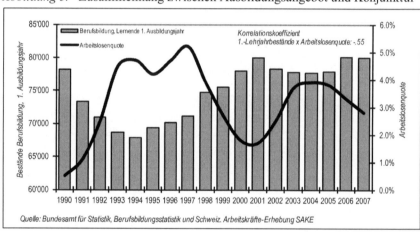

Ein weiterer institutionell bedingter Faktor, der nachobligatorische Ausbildungschancen strukturiert, sind die konjunkturellen Zyklen, welche nicht nur den Arbeitsmarkt, sondern auch den (dualen) Lehrstellenmarkt beeinflussen. Verdeutlicht wird dies in Abbildung 5: Es besteht eine hohe negative Korrelation zwischen der globalen Arbeitslosenrate und den Beständen im ersten Ausbildungsjahr der beruflichen Grundbildung. Der Korrelationskoeffizient erreicht für die beobach-

---

11   Gemäß Niederberger (2003) ist dieser Zusammenhang historisch gesehen z. T. sogar explizit
     und intendiert. Die Ergebnisse des Lehrstellenbarometers legen nahe, dass Lehrbetriebe in
     Phasen, in denen die Nachfrage nach Berufsausbildung das Angebot übersteigt, dazu tendieren,
     Lehrstellen auch dann mit Schülern aus Schultypen mit erweiterten Ansprüchen zu besetzen,
     wenn für das Anforderungsprofil der Lehrstelle Grundansprüche genügen würden (BBT 2004).

tete Periode r=-.55. Gemäß Gaillard (2005) korreliert die Arbeitslosenrate auch negativ mit der Direktübertrittsquote, d.h. dem Anteil derjenigen, die direkt aus der 9. Klasse in eine Berufsausbildung übertreten, sowie positiv mit der Quote der so genannten Übergangsausbildungen. Dies ist wie bereits weiter oben erwähnt ein deutlicher Hinweis darauf, dass zumindest ein Teil der Brückenangebote als systemisches „Überlaufbecken" für Sek II-Ausbildungsnachfrage fungiert, die nicht (sofort) befriedigt werden kann. Bedenklich ist, dass ein Jugendlicher, der zu einem gegebenen Zeitpunkt in eine Zwischenlösung ausweichen muss, zu einem anderen Zeitpunkt mit besserer konjunktureller Lage möglicherweise einen direkten Übertritt in die Berufsbildung geschafft hätte.

3.3 Einflussfaktoren auf den Einstieg in eine zertifizierende Sekundarstufe II-Ausbildung: Versuch einer Gesamtschau

Wie wirken sich nun die vorgängig beschriebenen institutionellen und individuellen Faktoren in multivariater Betrachtungsweise auf die Chancen von Jugendlichen aus, in eine postobligatorische Ausbildung einsteigen zu können? Diese Frage wurde mittels binär-logistischer Regressionen anhand der TREE-Daten analysiert.[12]

Ein Blick auf die Gruppe der Leistungs(beurteilungs)merkmale im Regressionsmodell (vgl. Abbildung 6) macht deutlich: (Schulische) Leistung spielt für die Chancen, unverzögert in nachobligatorische Ausbildungen einsteigen zu können, eine signifikante Rolle: Eine überdurchschnittliche Mathematiknote, hohe Lesekompetenzen (reading literacy gemäss PISA, vgl. BFS/EDK 2002) sowie der Besuch eines anspruchsvollen Schultyps auf Sekundarstufe I erhöhen ceteris paribus die Direkteinstiegschancen.

Neben der Leistung wirken gemäß Abbildung 6 aber auch individuell-askriptive Merkmale wie das Geschlecht und die soziale Herkunft chancenstrukturierend: Männer haben ceteris paribus höhere Direkteinstiegschancen als Frauen; gleiches gilt für Jugendliche aus sozioökonomisch besser gestellten Familien.

In der Gruppe der sozialräumlich-strukturellen Merkmale schließlich zeigt sich der Einfluss von stark rationierenden Schulorganisationsformen auf Sekundarstufe I: SchülerInnen aus Kantonen, welche hohe Schüleranteile in Schultypen mit Grundanforderungen aufweisen, haben ceteris paribus verminderte Direkteinstiegschancen.

---

12   Faktoren, die geprüft wurden, aber nicht signifikant waren, wurden aus dem Modell ausgeschlossen.

Abbildung 6: Binär logistische Regressionen zu Einstiegschancen in eine Sek II-Ausbildung

Binär-logistische Regression*	Einstieg 1. Jahr** Brückenangebot vs. Sek. II Exp(B)		Einstieg 2. Jahr*** Einstieg vs. Nicht-Einstieg Exp(B)	
Mann	3.25	***	2.08	***
Sozialstatus (hoch)	1.42	***	0.46	n.s.
Lesekompetenzen (hoch)	2.94	***	1.54	***
Besuchter Schultyp auf Sek I: erweiterte Anforderungen	2.94	***	1.42	*
Mathematiknoten (unterdurchschnittlich)				
überdurchschnittlich	1.71	**	0.87	n.s.
durchschnittlich	1.24	n.s.	0.91	n.s.
Absenzen (viele)	0.83	**	0.92	n.s.
Anteil Schüler in Sek. I-Schultypen mit Grundanforderungen (hoch)	0.74	***	0.75	***
städtische Gebiete	0.77	***	0.72	*
Deutschschweiz	1.43	**	1.32	n.s.
Ausbildungsstatus T1 [Brückenangebot]				
Ausbildung			9.92	***
ausbildungsnahe Tätigkeiten (Praktika, Au-Pair)			0.74	n.s.
keine Ausbildung			0.36	***
constant	0.36	***	1.08	n.s.
N	3789		3667	
Nagelkerke R2	0.17		0.36	

* gewichtete Analysen
** Chancen, in Sek. II-Ausbildung einzusteigen und nicht ein Brückenangebot zu besuchen
*** Chancen, in Sek. II-Ausbildung einzusteigen und nicht ein Brückenangebot zu besuchen oder ausbildungslos zu sein

In einem zweiten Regressionsmodell wurden dieselben Einstiegschancen all jener überprüft, denen der direkte Weg in eine zertifizierende Sek II-Ausbildung im ersten Jahr nach Austritt aus der obligatorischen Schule verwehrt blieb. Dabei wurden dieselben Einflussfaktoren geprüft, ergänzt durch die Ausbildungssituation im ersten Jahr nach Schulaustritt (2001). Es zeigt sich, dass Jugendliche aus Brückenangeboten oder anderen Zwischenlösungen (au-pair, Praktika) signifikant bessere Chancen haben als solche, die im Vorjahr ganz ausbildungslos waren. Bedenklich ist dabei allerdings, dass SchülerInnen aus Kantonen, die hohe Schülerquoten in Schultypen mit Grundanforderungen aufweisen, ceteris paribus auch im zweiten Jahr nach Schulaustritt verminderte Chancen haben, in eine zertifizierende post-obligatorische Ausbildung einzusteigen. Dies ist ein starkes Indiz dafür, dass die Rationierung von Bildungsleistungen auf der Sekundarstufe I per se eine Determinante für nachobligatorische Ausbildungschancen bleibt, und zwar unabhängig davon, wie die Übergangssysteme an der Schnittstelle zwischen den Sekundarstufen I und II organisiert sind. Mit anderen Worten: Die für die weitere Bildungslaufbahn chancenmindernden Wirkungen eines stark rationierenden Bildungssystems auf Sekundarstufe I können durch die Bereitstellung von Brückenangeboten am Übergang zur Sekundarstufe II nur teilweise kompensiert werden. Wie Stalder et al. (2008) zeigen, wirkt sich dieser Rationierungseffekt auch längerfristig negativ auf die Bildungschancen aus.

4. Fazit

Der Einstieg in eine zertifizierende post-obligatorische Ausbildung ist in der Schweiz für eine erhebliche Minderheit (rund ein Viertel aller Schulabgängerinnen und -abgänger) mit Schwierigkeiten, Verzögerungen und Diskontinuitäten verbunden. Im bildungspolitischen Diskurs werden diese Schwierigkeiten nach wie vor stark mit individuellen Defiziten insbesondere bei der schulischen Leistung in Verbindung gebracht. Der vorliegende Beitrag zeigt an Hand der Daten des Schweizer Jugendlängsschnitts TREE (Transitionen von der Erstausbildung ins Erwerbsleben), dass die individuelle Leistung sehr wohl eine bedeutsame Rolle spielt bezüglich der Chance, in nachobligatorische Ausbildungen einsteigen zu können. Der Beitrag zeigt aber auch, dass leistungsfremde individuelle askriptive Merkmale sowie Strukturmerkmale des Bildungssystems ceteris paribus einen eigenständigen Einfluss auf die Einstiegschancen ausüben. Bezüglich des bislang in der Schweiz zu wenig untersuchten Einflusses von systemisch bedingten Strukturmerkmalen legen die Ergebnisse insbesondere nahe, dass die faktische Rationierung des Bildungsangebots in der Schweiz ab der Sekundarstufe I das Risiko erhöht, dass Jugendlichen unabhängig von der erbrachten Leistung der Einstieg in eine nachobligatorische Ausbildung verwehrt bleibt. Bildungsrationierung auf Sekundarstufe I erfahren in erster Linie diejenigen Lernenden, die am Ende der Primarstufe – zumeist irreversibel – in Schultypen für Leistungsschwächere eingeteilt werden. Diese Einteilung geht oft Hand in Hand mit einer (für die ganze Sekundarstufe I) dauerhaften Zurückstufung von Lern- und Leistungszielen sowie einer quantitativen und qualitativen Reduktion von Lernanregungen und -inhalten (Larcher und Oelkers 2003). Die Effekte dieses Zuweisungsprozesses sind massiv, vielfältig und nachhaltig. Beim Übertritt in die Sekundarstufe II entwickelt der Umstand, einen „schwachen" Sek I-Schultyp besucht zu haben, einen beträchtlichen Stigmatisierungseffekt: Die Chancen der Betroffenen, direkt in zertifizierende Sek II-Ausbildungen einsteigen zu können, sind ceteris paribus signifikant und nachhaltig (d.h. auch im zweiten Jahr nach Verlassen der obligatorischen Schule, oft nach Absolvierung eines Übergangsangebots; vgl. Abbildung 6) vermindert. Verschärft wird dieses Chancen-Minus durch den zweiten Rationierungseffekt, das Angebot an zertifizierenden Ausbildungsplätzen auf Sekundarstufe II, das in der Schweiz seit Jahren substanziell hinter der Nachfrage zurückbleibt. Die dadurch entstehende Angebotsdominanz führt u.a. etwa dazu, dass (berufliche) Ausbildungsplätze auch dann an Nachfrager aus „höherwertigen" Sek I-Schultypen vergeben werden, wenn Bewerberinnen und Bewerber mit „bescheideneren" schulischen Anforderungsprofilen dafür in Frage kämen.

Literatur

BBT (Hrsg). 2000. *BBT-Empfehlungen 2000 für Brückenangebote zwischen obligatorischer Schule und Berufsbildung. Hilfestellungen im Hinblick auf eine berufliche Ausbildung für Jugendliche mit schulischen oder sprachlichen Schwierigkeiten.* Bern: Bundesamt für Berufsbildung und Technologie.

BBT (Hrsg.). 2004. *Lehrstellenbarometer August 2004. Ergebnisbericht zur Umfrage bei Jugendlichen und Unternehmen.* Luzern: Bundesamt für Berufsbildung und Technologie.

BBT (Hrsg.). 2008. *Lehrstellenbarometer August 2008. Detaillierter Ergebnisbericht zur Umfrage bei Jugendlichen und Unternehmen.* Bern: Bundesamt für Berufsbildung und Technologie.

BFS und EDK (Hrsg.). 2002. *Für das Leben gerüstet? Die Grundkompetenzen der Jugendlichen – Nationaler Bericht der Erhebung PISA 2000. Bildungsmonitoring Schweiz.* Neuchâtel: Bundesamt für Statistik (in Ko-Edition mit der Schweizerischen Konferenz der kantonalen Erziehungsdirektoren EDK).

Coradi Vellacott, Maja, Judith Hollenweger, Michel Nicolet und Stefan C. Wolter. 2003. *Soziale Integration und Leistungsförderung. Thematischer Bericht der Erhebung PISA 2000.* Neuchâtel: BFS / EDK.

Gaillard, Laurent. 2005. *Schülerinnen, Schüler und Abschlüsse der Sekundarstufe II: Szenarien 2005-2014.* Neuchâtel: Bundesamt für Statistik.

Galley, Françoise, und Thomas Meyer. 1998. *Übergänge (Transitionen) zwischen Erstausbildung und Erwerbsleben. Länderbericht Schweiz zuhanden der OECD.* Bern: Schweizerische Konferenz der kantonalen Erziehungsdirektoren (EDK), Bundesamt für Bildung und Wissenschaft (BBW), Bundesamt für Berufsbildung und Technologie (BBT).

Granato, Mona. 2006. Zunehmende Chancenungleichheit für junge Menschen mit Migrationshintergrund auch in der beruflichen Bildung? In *Schieflagen im Bildungssystem*, Hrsg. Georg Auernheimer, 103-121. Wiesbaden: Verlag für Sozialwissenschaften.

Granato, Mona, und Karin Schittenhelm. 2004. Junge Frauen: Bessere Schulabschlüsse – aber weniger Chancen beim Übergang in die Berufsausbildung. In *Arbeit: Ausbildung-Beruf-Qualifizierung. Aus Politik und Zeitgeschichte. Beilage zur Wochenzeitung Das Parlament*, Hrsg. Bundeszentrale für politische Bildung, 31-39. Bonn.

Hillmert, Steffen. 2004. Soziale Ungleichheiten im Bildungsverlauf: Zum Verhältnis von Bildungs- institutionen und Entscheidungen. In *Bildung als Privileg? Erklärungen und Befunde zu den Ursachen der Bildungsungleichheit*, Hrsg. Rolf Becker, Wolfang Lauterbach, 69-97. Wiesba- den: VS Verlag für Sozialwissenschaften.

Hupka, Sandra. 2003. Ausbildungssituation und Verläufe: Übersicht. In *Wege in die nachobliga- torische Ausbildung. Die ersten zwei Jahre nach Austritt aus der obligatorischen Schule. Zwi- schenergebnisse des Jugendlängsschnitts TREE*, Hrsg. BFS/TREE, 33-58. Neuchâtel: Bun- desamt für Statistik.

Hupka, Sandra, Stefan Sacchi und Barbara E. Stalder. 2006. *Herkunft oder Leistung? Analyse des Eintritts in eine zertifizierende nachobligatorische Ausbildung anhand der Daten des Jugend- längsschnitts TREE. Arbeitspapier.* Juni 2006. Bern: TREE.

Imdorf, Christian. 2008. Migrantenjugendliche in der betrieblichen Ausbildungsplatzvergabe – auch ein Problem für Kommunen. In *Migrationsreport*, Hrsg. Michael Bommes, Marianne Krüger- Potratz, 113-158. Frankfurt/New York: campus.

Jungbauer-Gans, Monika. 2004. Einfluss des sozialen und kulturellen Kapitals auf die Lesekom- petenz. Ein Vergleich der PISA-Daten aus Deutschland, Frankreich und der Schweiz. *Zeit- schrift für Soziologie* 33(5): 375-397.

Kronig, Winfried. 2007. *Die systematische Zufälligkeit des Bildungserfolgs. Theoretische Erklä- rungen und empirische Untersuchungen zur Lernentwicklung und Leistungsbewertung in un- terschiedlichen Schulklassen.* Bern: Haupt.

Larcher, Sabine, und Jürgen Oelkers. 2003. *Die besten Ausbildungssysteme. Thematischer Bericht der Erhebung PISA 2000.* Neuchâtel: BFS/EDK.

Maaz, Kai, Rainer Watermann und Jürgen Baumert. 2007. Familiärer Hintergrund, Kompetenz- entwicklung und Selektionsentscheidungen in gegliederten Schulsystemen im internationalen Vergleich. Eine vertiefte Analyse von PISA Daten. *Zeitschrift für Pädagogik* 53: 444-461.

Meyer, Thomas. 2009. Wer hat, dem wird gegeben: Bildungsungleichheit in der Schweiz. In *Sozial- bericht 2008. Die Schweiz vermessen und verglichen*, Hrsg. Christian Suter, Dominique Joye und René Levy, 60-81. Zürich: Seismo.

Niederberger, Josef Martin, und Christin Achermann. 2003. *Brückenangebote. Struktur und Funkti- on. Die Rolle von Geschlecht und Nationalität. Projekt im Rahmen des Nationalen Forschungs- programmes Bildung und Beschäftigung. Forschungsbericht 30/2003 des Schweizerischen Forums für Migrations- und Bevölkerungsstudien.* Neuchâtel: SFM, Zürich.

OECD und PISA (Hrsg.). 2001a. *Knowledge and Skills for Life. First Results from PISA 2000.* Paris.

OECD und PISA (Hrsg.). 2001b. *Lernen für das Leben. Erste Ergebnisse von PISA 2000. Ausbildung und Kompetenzen.* Paris: OECD.

Ramseier, Erich, Jürgen Allraum und Ursula Stalder. 2004. *Evaluation der Maturitätsreform 1995 (EVAMAR). Neue Fächerstruktur – Pädagogische Ziele – Schulentwicklung. Schlussbericht zur Phase 1.* Bern: Abteilung Bildungsplanung und Evaluation (BiEv), Erziehungsdirektion des Kantons Bern.

Ramseier, Erich, und Christian Brühwiler. 2003. Herkunft, Leistung und Bildungschancen im ge- gliederten Bildungssystem: Vertiefte PISA-Analyse unter Einbezug der kognitiven Grundfä- higkeiten. *Schweizerische Zeitschrift für Bildungswissenschaften* 25(1): 23-58.

SKBF (Hrsg.). 2010. *Bildungsbericht Schweiz.* Aarau: Schweizerische Koordinationsstelle für Bil- dungsforschung.

Stalder, Barbara E. 2005. *Das intellektuelle Anforderungsniveau von 105 Berufslehren (Internes Arbeitspapier).* Bern: TREE.

Stalder, Barbara E., Thomas Meyer und Sandra Hupka. 2008. Leistungsschwach – Bildungsarm? PISA-Kompetenzen als Prädiktoren für nachobligatorische Bildungschancen. *Die Deutsche Schule* 100(4): 436-448.

TREE (Hrsg.). 2008. *Projekt-Dokumentation 2000-2007.* Bern / Basel: TREE (Transitionen von der Erstausbildung ins Erwerbsleben).

Ulrich, Joachim Gerd, Simone Flemming, Ralf-Olaf Granath und Elisabeth M. Krekel. 2009. *Im Zeichen von Wirtschaftskrise und demografischem Einbruch. Die Entwicklung des Ausbildungsmarktes im Jahr 2009. BIBB-Erhebung über neu abgeschlossene Ausbildungsverträge zum 30. September.* Bonn: Bundesinstitut für Berufsbildung.

Entstehung und Dominanz der dualen Berufsausbildung in der Schweiz

Philipp Gonon

1. Einleitung

Berufliche Bildung ist je nach Land anders organisiert. Die Entstehungsgeschichte erfolgt demgemäß stark nach nationenspezifischen Mustern. In den deutschsprachigen Regionen und Ländern haben sich jedoch interessanterweise ähnliche Organisationsformen beruflicher Bildung etabliert, die stark auf eine betrieblich geprägte Ausbildung setzen und auf dem kooperativen „Zusammenspiel" von mehreren Beteiligten beruhen, so insbesondere von Schule und Betrieb und Wirtschaft und Staat. Dieses so genannte „duale Modell" hat sich vorwiegend in Deutschland, Österreich und in der Schweiz durchgesetzt, ist aber in diesen Ländern wiederum je unter anderen Umständen entstanden und entwickelte sich auch unterschiedlich. Im folgenden Beitrag geht es nun darum, die Entwicklung der Berufsbildung in der Schweiz zu rekonstruieren und auch die Herausbildung und Dominanz dieses dualen Modells gegenüber konkurrierenden Ansätzen nachzuzeichnen.

2. Die historische Entwicklung des Berufsbildungssystems in der Schweiz

Die Entstehung dualer Berufsbildungssysteme erfolgte nicht aufgrund eines „Masterminds" oder einer klaren Konzeption, sondern entfaltete sich – so auch in der Schweiz – im Gefolge einzelner Maßnahmen gleichsam evolutionär und kristallisierte sich im Verlaufe des 20. Jahrhunderts heraus. Ursprünglich sollten schulisch erworbene Kenntnisse fallweise die Lehre in der betrieblichen Werkstatt lediglich komplettieren. Im Verlaufe des 20. Jahrhunderts wurde dann aber für alle Lehrlinge im Betrieb zusätzlich auch der Schulbesuch verpflichtend. Nach einer ersten bundesrätlichen Verordnung, bzw. einem Bundesbeschluss betreffend die gewerbliche und industrielle Berufsbildung 1884, folgten kantonale Lehrlingsgesetze, die wiederum in eine einheitliche Regelung mündeten, nämlich dem 1933 in Kraft getretenen eidgenössischen Berufsbildungsgesetz (Wettstein und Gonon 2009: 72). Die berufliche Ausbildung hingegen war bis weit in das 19. Jahrhundert hinein ganz unterschiedlich geregelt und lediglich durch eine oftmals jahrelange Eingewöhnung in betriebliche Abläufe und berufliche Fertigkeiten gekennzeichnet. Die Vorstellung einer Dualität der Ausbildung und der Begriff „duales System" etablierten sich erst in den 1960er Jahren. In den „Empfehlungen und Gutachten des deutschen Ausschusses für das Erziehungs- und Bildungswesen" aus dem Jahre 1964 wird in einem historischen Rückblick die berufliche Bildung und die diese begleitende Fortbildungsschule als „duales System der beruflichen Erziehung und Ausbildung für Lehrlinge" bezeichnet (Deutscher Ausschuss für das Erziehungs- und Bildungswesen 1964: 68). Dieses Konzept des „dualen Systems" wurde in der Folge weiter aufgegriffen und gilt auch international inzwischen als gängig.

Im „dualen System" bilden Schule und Betrieb zwei sich ergänzende Lernorte: während die Schule die für die berufliche Tätigkeit notwendigen Kenntnisse und oft auch darüber hinaus allgemeines Wissen und Kultur im Lehrplan vorsieht, bietet das betriebliche Umfeld die Voraussetzung für praktisches, anwendungs- und erfahrungsbezogenes Lernen. Hierbei stellen sich komplexe pädagogische, organisatorische, wirtschaftliche und auch politische Fragen, um eine hinreichende Koordination und Abstimmung solcherlei Lernarrangements zu gewährleisten.

Im Verlaufe der Entwicklung der Berufsbildung in der Schweiz entstand ausgehend von spezifischen berufspraktischen Einführungskursen für Lehrlinge darüber hinaus ein „dritter Lernort", der entsprechende Kenntnisvermittlung und Unterweisung in Fertigkeiten in weiterer Ergänzung und Vertiefung zur regulären Ausbildung in Betrieb und Schule durchführt. Lernortübergreifend basiert das „duale" (oder auch „triale") „System" auf einem Berufskonzept, das curriculare, organisatorische und steuerungsbezogene Aspekte einschließt (Berner et al. 2011). Das „duale System" entstand in der Regel parallel und unverbunden neben einem akademisch ausgerichteten Bildungswesen.

Die Frage, warum ein solches duales System sich in einem größeren Ausmaß lediglich in deutschsprachigen Regionen entwickelte, wurde bis anhin kaum ausreichend untersucht und bedarf weiterer vergleichender Studien (siehe dazu: Busemeyer und Trampusch 2012).

2.1 Die Kritik an der Volksschule und die Nähe zur Arbeitswelt

Ausgangspunkt für Reform und Ausbau beruflicher Bildung war eine Kritik an den Leistungen der im 19. Jahrhundert etablierten Volksschule. Sie bereite zu wenig auf die Arbeitswelt vor und sei überhaupt „lebensfern" (siehe dazu: Gonon 2002). Die Vorstellungen eines Ausbaus eines beruflich orientierten Bildungswesens nach der obligatorischen Schulzeit ergänzten sich mit Bestrebungen, ebenso die Volksschule selbst stärker auf die Arbeitswelt auszurichten. „Erziehung zur Arbeitstüchtigkeit" sollte Bestandteil einer „moderne(n) Schule" sein (Haufe 1896). Auch unter diesem Gesichtspunkt war bereits der Zeichenunterricht in der Volksschule verankert worden, nun sollte er als Elementarunterricht hinsichtlich künstlerischen Fertigkeiten und allgemeiner Geschmacksbildung ausgestaltet werden. Bereits zu Beginn der 1880er Jahre hatte Frankreich darüber hinaus den so genannten „Handfertigkeitsunterricht" für die Volksschule obligatorisch erklärt. Die französischen Elementarschulen wurden mit Werkstätten ausgestattet, die Hobelbänke, Drehbänke, Schraubstöcke, aber auch Einrichtungen für Hauswirtschaft und Gesundheit einschlossen (Gonon 2008).

Die hierbei hergestellten, handgefertigten Arbeiten bezweckten, „die Kinder an den Gebrauch von Werkzeugen zu gewöhnen, ihr Augenmass und die Sicherheit der Hand zu entwickeln" (Weigert 1890: 43). Manuelle Arbeit in der Schule sei neben der Erweckung der Arbeitsfreude eine gute Vorbereitung für die Lehrlingszeit, und sogar „geeignet, dieselbe abzukürzen" (ebd.: 43). Um im internationalen Wettbewerb mithalten zu können, bleibe daher gar nichts anderes übrig, Frankreich nachzueifern und die Erziehung zur Arbeit in der Volksschule auszubauen. Denn die „bessere praktische Vorbildung der Jugend" diene als „Hebel für die Belebung und Vervollkommnung der Industrie" (Biedermann 1883: 125).

In der Schweiz waren spätestens seit 1890, mit den ersten Handfertigkeitskursen für Lehrkräfte im Jahre 1882 in Basel, die Bestrebungen zur festen Verankerung des Handfertigkeitsunterrichtes in der Volksschule unübersehbar. Seit den 80er Jahren propagierte die Zeitschrift „Pionier" unter Mitwirkung des Reformpädagogen und sozialdemokratischen Nationalrats Robert Seidel die Einführung eines entsprechend pädagogisch ausgerichteten Arbeitsunterrichts (Gonon 2002: 57 f.).

Eine vollständige Transformation von Volksschulen in die Arbeit propädeutisch vorwegnehmende Anstalten und berufliche Bildungseinrichtungen war aber weder realistisch im Hinblick auf die disparaten landwirtschaftlichen, gewerblichen, kaufmännischen und industriellen Arbeitsumgebungen noch mit Bezug auf konkurrierende Bildungsziele. Erst nach einer elementaren Beschulung sollte daher eine auf Berufe sich ausrichtende Spezialbildung, sei es in betrieblichen Ausbildungsformen, in Fachschulen oder Lehrwerkstätten oder in weiterführenden allgemeinen Bildungseinrichtungen erfolgen.

Im Wesentlichen entwickelten sich Ende des 19. Jahrhunderts, bzw. zu Beginn des 20. Jahrhunderts, drei Alternativen der Gestaltung, Organisation und Steuerung der beruflichen Bildung: ein Modell das weiterhin auf eine wenig von Beruf und Arbeit durchdrungene Beschulung setzte, ein gegenteiliges, das die berufliche Bildung mit praktischer und theoretischer Ausrichtung vollständig der Schule und dem öffentlichen Bildungswesen überantwortete und ein Mischsystem, wie es sich schließlich in der Schweiz durchsetzte.

2.2 Drei historische Varianten von Berufsbildungsmodellen: Dewey, Diderot, Kerschensteiner

Je unterschiedliche Nationen haben sich historisch für eine dieser oben skizzierten Alternativen beruflichen Lehren und Lernens zugewandt. Mit Bezug auf die USA können wir im Sinne einer allgemein ausgerichteten Bildungsstätte von einem „High-School"- Ansatz oder vom „Modell Dewey" sprechen (Gonon 2009a), im Zusammenhang mit der produktionsorientierten Schule als Fachschule oder Lehrwerkstätte, am konsequentesten in Frankreich erprobt, vom „Model Diderot" und in dem für die Schweiz näher darzustellenden kombinierten System Schule-Betrieb, wie es sich vor allem in deutschsprachigen Regionen und Länder verbreitete, vom „Modell Kerschensteiner". Der Münchner Pädagoge und mit vielerlei Gestaltungsmacht ausgestattete Bildungspolitiker Georg Kerschensteiner entwickelte zu Beginn des 20. Jahrhunderts die klarste Vorstellung, was an einer die Ausbildung im Betrieb ergänzenden Schule zu unterrichten sei. Den damaligen zerstreuten, lokal unterschiedlichsten Bildungseinrichtungen, meist als „allgemeine Fortbildungsschulen" bezeichnet, verpasste er ein übergreifendes berufsorientiertes Bildungskonzept. Die bisherige Volksschule sollte, die Anliegen der Handfertigkeitsbewegung aufgreifend, in seinem Verständnis als „Arbeitsschule" nicht nur ein Minimum an Wissen und kulturellen Fertigkeiten vermitteln, sondern auch die Weiterführung in die Gymnasien, aber auch in die Berufswelt für nicht dem akademischen Weg zugeneigte und aspirierende – immerhin damals der weitaus größte Anteil der Jugendlichen – ermöglichen. Umgekehrt sollte die auf gewerbliche, kaufmännische oder hauswirtschaftliche Tätigkeiten hin zu orientierende „Fortbildungsschule", bzw. die spätere Berufsschule, nicht lediglich eine Fachschule sein, sondern durchaus allgemeine und im besonderen auch politische bzw. staatsbürgerliche Kenntnisse vermitteln.

In der Schweiz war der Zuspruch für ein solches „duales System" zunächst eher zögerlich.

Der schweizerische Gewerbeverein (SGV), war zu Beginn dem französischen Modell durchaus gewogen, ja ihr Vorstandsmitglied, der Schuhmachermeister Jakob Scheidegger begründete gar selbst eine, nämlich die Lehrwerkstätten der Stadt Bern (Scheidegger 1887). Die immensen Kosten und die fehlende Massenwirksamkeit ließen jedoch eine großflächige Einführung als nicht realistisch erscheinen. Diese vollzeitschulischen und öffentlichen Lehrwerkstätten

(„ateliers publiques") hatten in Frankreich wie auch in der Schweiz und heute in vielen Ländern der dritten Welt eine starke Initiierungsfunktion für spezifische Kenntnisse und Fertigkeiten, sie wurden daher als „Pflanzstätten" für den Aufbau neuer Industrien betrachtet. Als herausragende Ausbildungsstätten kam ihnen häufig die Funktion einer Eliteanstalt zu, so wandelten sie sich in Frankreich denn auch im Verlaufe ihres Bestehens zu technischen Schulen, höheren Fachschulen und Hochschulen. Auch Georg Kerschensteiner, der ebenso dieses Modell mit Sympathie zur Kenntnis nahm, wie aus seinem Besuch der weit herum bekannten Berner Lehrwerkstätten, bzw. LWB, hervorgeht, setzte vorwiegend – wie die Schweizer und Österreicher – auf den Ausbau und gewerblich orientierten Umbau der an die Volksschule anschließenden freiwilligen Fortbildungsschulen (Kerschensteiner 1903), also für die auch offen so deklarierte „zweitbeste" Lösung. Fachschulen und Lehrwerkstätten seien zwar zukunftsträchtig, man müsste allerdings „die näher liegenden Mittel" anwenden und dies sei die theoretische Ausbildung an den auf Berufe hin zu orientierenden Fortbildungsschulen „als beigeordnetes Glied der Werkstattlehre" (Krebs 1888: 2 f.).

2.3 Die Ursprünge der schweizerischen Berufsbildung

Im Verlaufe des 19. Jahrhunderts hatte sich eine Vielzahl an Institutionen beruflicher oder berufsnaher Bildungseinrichtungen herausgebildet. Die erste Sonntagszeichenschule in der Stadt Zürich entwickelte sich aus dem Zeichenunterricht in einer Wohnstube. 1780 unterwies Schreinermeister Fries junge Burschen, die dieses Handwerk erlernten, im Zeichnen. Der gleiche Unterricht fand einige Jahre später im Fraumünsterschulhaus statt (Mägli 1989: 11). In Winterthur wurde 1836 an einer Gewerbeschule an Wochenabenden und am Sonntag Lehrlingen und Gesellen Unterricht im Freihandzeichnen, Maschinenzeichnen, aber auch in Rechnen, Korrespondenz und Französisch erteilt (ebd.: 11). Auch eine Vielzahl an Fachschulen und Lehrwerkstätten entstanden zum Beginn des 19. Jahrhunderts, wie beispielsweise die Uhrenmacherschule in Genf im Jahre 1824.

Ein erster bedeutsamer Schub bezüglich Ausbau und Systematisierung der beruflichen Bildung erfolgte in Zeiten der wirtschaftlichen Krise, in den späten 1870er und 1880er Jahren, als in Debatten rund um den Beitrag der Schweiz zu den Weltausstellungen in Wien (1873) und Paris (1878) auch die wirtschaftlichen und technologischen Erfolge der Aussteller mit dem Bildungswesen eines Landes in Zusammenhang gebracht wurden (Gonon 1998).

1882 organisierte der Bundesrat auf Betreiben der Bundesversammlung eine Untersuchung („gewerbliche Enquête"), die anlässlich einiger Beschwerden über die Handelsverträge Aufschluss über den Förderungsbedarf für Industrien, Handwerk und Gewerbe geben sollte. Die Fragestellung lautete dahingehend, ob der Zolltarif umzuarbeiten sei, oder aber, ob stattdessen oder darüber hinaus, auch „Handwerker- und Kunstgewerbeschulen" zu unterstützen seien (Botschaft 1883: 547). Unbehagen äußerten Kreise aus der Landwirtschaft, der Baumwoll-, Stickerei- und Seideindustrie, dann aber auch aus dem Metallwarengewerbe, aus der chemischen Industrie und selbst aus der Uhrenbranche (ebd.: 599). Gefragt war darüber hinaus, ob und was für einen Beitrag Bund und Kantone leisten sollten oder ob man alles der Privattätigkeit überlassen sollte.

Neben Umarbeitungen des Zolltarifs und „anderer Mittel" wie spezifische Gesetzesbestimmungen zur Förderung, zum Schutz von Erfindungen, zu Kreditgesellschaften und zur Schaffung von freiwilligen Handwerkerinnungen, stand auch die „Vervollkommnung des Berufsschulunterrichtes" zur Debatte (ebd.: 600). Im Hinblick auf die berufliche Bildung standen folgende Fragen im Vordergrund: „Welche Resultate hat man mit den bestehenden Berufsschulen erreicht? Genügen dieselben den Bedürfnissen? Welche wären zu gründen, welche zu vervollkommnen und auf welche Weise? Wie könnte man, außerhalb der Schulen für den Berufsunterricht, die Ausbildung des Lehrlings fruchtbringender gestalten?" (ebd.: 601).

Auf all diese Fragen sollte eine gesamtschweizerische Antwort in den folgenden Jahren gefunden werden. Dazu musste man sich ein Bild machen, wie es in den einzelnen Kantonen um die entsprechende Berufsbildung bestellt war. Aus dieser Übersicht (siehe auch Tabelle 1) war ersichtlich, dass einzelne Kantone bereits um 1882 ein differenziertes berufliches Bildungswesen vorweisen konnten. Als Vorreiter galt der Kanton Genf, der über das differenzierteste und am weitesten entwickelte Angebot verfügte, aber auch Zürich, Bern, Neuenburg, Basel und St. Gallen wurden von der nationalrätlichen Kommission betreffend der Studie von gewerblicher Seite „lobenswerthe Anstrengungen" attestiert (vgl. Bericht 1884: 475). Neuenburg beispielsweise hatte im ganzen Kanton 4 Uhrenmacherschulen, daneben eine Kunstgewerbeschule und auch Fortbildungsschulen. Es wurde hervorgehoben, dass diese für die industrielle Entwicklung bedeutsam seien.

Tabelle 1:   Ausgaben und Staatsbeiträge für gewerbliche Bildungsanstalten

Kanton	Bevölkerung (1880)	Ausgaben SFr.	Staatsbeiträge SFr.
Zürich	317 600	174 558	92 740
Bern	532 200	60 486	29 640
Basel-Stadt	65 100	56 460	8 300
Waadt	100 200	?	500
Neuenburg	103 700	71 750	21 050
Genf	101 600	165 863	82 432
Luzern	134 800	235	1 735
Tessin	130 800	?	?
übrige Kantone	1 360 100	87 251	20 254
Schweiz insgesamt	2 846 100	616 603	256 651

Quelle: Bericht 1883: 118

2.4 Das Lösungsmuster

Bereits vor den Recherchen von Seiten des Bundesrates zum Förderungsbedarf der Gewerbe und Industrien, das heißt unmittelbar nach der Gründung 1879, wurde vom Schweizerischen Gewerbeverein ein Preisausschreiben zum Lehrlingswesen veranstaltet. Sieger waren zwei Lehrer, nämlich Gottlieb Hug aus Winterthur und Eduard Boos, der am Seminar Unterstrass unterrichtete. Der erstprämierte Beitrag von Hug hob die „gut organisirte(n) Lehrwerkstätten als das Ideal einer gewerblichen Bildungsanstalt" hervor und empfahl diese namentlich für größere Städte. Allerdings sei eine allgemeine Einführung „nicht rathsam", darum sei primär die „Werkstattlehre" zu reformieren (Hug 1881: 31 f.). Der zweit prämierte Beitrag von Boos wies für Berufsbildungsreformen auf Frankreich und Württemberg hin: auf Ersteres für die Reform der Volksschule und ihre Ausrichtung auf die Arbeitswelt, auf das Zweite für den Aufbau von gewerblichen Fortbildungsschulen. Daneben brauche es noch weitere Spezialinstitutionen, wie die Fachschulen, Lehrwerkstätten und Gewerbemuseen. Die kantonalen und lokalen Gewerbevereine müssten sich enger an einen schweizerischen Gewerbeverein binden und es müsste eine Zentralstelle, bzw. eine Gewerbekammer geschaffen werden. Darüber hinaus forderte er eine eidgenössische Gewerbegesetzgebung mit besonderen Regelungen für die Berufsbildung. Weiter konkretisierte er das Anliegen der klaren und strengen Regelung des Lehrverhältnis und vor allem der Lehrlingsprüfungen, in welchen neben dem Gewerbe auch die Schulen präsent sein sollten, außerdem einen gewerblichen Fortbildungsschulunterricht (ebd.:53).

Beide Preisträger vertraten auch die Ansicht, dass der Staat zu veranlassen sei, die gewerblichen Interessen als „eng mit der Volkswohlfahrt" anzuerkennen und diese zu schützen (ebd.: 38, 50). Genau diesen Vorgaben folgte am Ende einer längeren Periode das erste auf gesamtschweizerische Ebene erlassene Gesetz für berufliche Ausbildung im Jahre 1930.

2.5 Gemeinnützige Gesellschaften und Gewerbevereine als Akteure der ersten Stunde der Berufsbildung

Es ist bemerkenswert, wie „offen" die Fragestellung von Seiten der Behörden in den 1880er Jahren mit Blick auf die Berufsbildung gestellt wurde. Es war einer der ersten Bereiche, in denen der Bundesstaat für sich eine Rolle als aktiver Gestalter und Wirtschaftsförderer sah. Voraussetzung dafür war eine ausführlichere Untersuchung, die als gewerbliche bzw. „bundesrätliche Enquête" die Diskussion und die berufliche Bildungspolitik der kommenden Jahre prägte. Nachdem schon mit dem Fabrikgesetz aus dem Jahre 1877 Maßnahmen zum Schutze der Arbeiterschaft und Jugendlichen ermöglicht wurden, nahm in Zeiten der wirtschaftlichen Krise die Neigung zu wirtschafts- und sozialpolitischen Interventionen zu. Neben dem Bundesbeschluss zur Förderung der Landwirtschaft (1883) und zur Förderung und Hebung der schweizerischen Kunst (1887) erfolgte 1884 der erste Bundesbeschluss zur Förderung gewerblicher und industrieller Berufsbildung (Kübler 1986: 10).

Von Seiten der Kantone stand – wie die Antworten auf diese erste größere Untersuchung zum Stand der inländischen Industrie und des Gewerbes zeigen – die Umarbeitung des schweizerischen Zolltarifs im Vordergrund. Einzelne Kantone kamen aber dennoch auch auf die Berufsbildung zu sprechen. Für die Verbreitung neuer und entwicklungsfähiger Gewerbe seien, so der Kanton Fribourg, „Lehrlingswerkstätten" sinnvoll (Botschaft 1883: 550). Andere Kantone, z.B. Aargau, sahen in der Aufstellung bindender Vorschriften für das Lehrlingswesen und der Schaffung von Handwerkerschulen seitens des Bundes eine viel versprechende Möglichkeit. Eine Gewerbeordnung würde dazu beitragen, dass Lehrlinge ihre Lehrzeit vollständig absolvieren und diese nicht vorzeitig beenden würden. Der Kanton Waadt wiederum verwies auf bestehende und geplante Uhrenmacherschulen. Die Aufgabe der Behörden bestünde darin, die industrielle Bevölkerung zu unterrichten (ebd.: 551 f.).

Gegenüber den Kantonen als Akteure, die eine Vielzahl an Vorstellungen artikulierten, waren die gewerblichen und handwerklichen Vereinigungen weit dezidierter auf eine Verbesserung und Systematisierung der beruflichen Bildung bedacht. Generell mehr Anwendungsbezug in den Schulen, aber auch allgemeinen Berufsschulunterricht ebenso für das weibliche Geschlecht, neben „Spezial-Berufsschulunterricht" für gewisse Branchen, forderten kaufmännische Vereine, so etwa die „Société des jeunes Commerçants de Lausanne" (ebd.: 556). Weniger stark in Erscheinung traten in dieser ersten Phase der „Vorort des schweizerischen Handels- und Industrievereins" sowie auch die Arbeitnehmervertreter.

Diejenige Organisation welche sich am längsten mit sozialpolitischen Anliegen beschäftigte und sich hierbei auch zur Fragen der beruflichen Bildung äußerte, war jedoch die Schweizerische Gemeinnützige Gesellschaft. Die vier von ihrer Seite für die „gewerbliche Enquête" eingereichten Spezialgutachten, von zwei Pfarrern und zwei Lehrern verfasst, plädierten quasi einhellig für die Schaffung von gewerblichen Fortbildungsschulen gemäß dem Vorbild in Württemberg (ebd.: 562 f.).

Den größten Aufwand bezüglich Beantwortung der „gewerblichen Enquête" betrieb jedoch der Schweizerische Gewerbeverein. In 16 Branchen aufgeteilte Gruppenversammlungen, je bestehend aus einem guten Dutzend Mitglieder, tagten in Zürich, um zum Zolltarif und zur beruflichen Bildung Stellung zu nehmen. Die Vertreter aus den Bereichen Stein-, Eisen- und Metallwaren, Uhren, Holz, Textil, Papier und Nahrung einigten sich auf eine Vielzahl an Forderungen, angefangen von der Gewerbezählung, über einen jährlichen Bundesbeitrag an den Schweizerischen Gewerbeverein, bis zur Gründung freiwilliger Innungen (ebd.: 565 f.). Die vom Gewerbe darüber hinaus eingeholten 6 Spezialgutachten, die sich auf die Bildungsfrage konzentrierten, argumentierten durchwegs in die gleiche Richtung: Der Staat sollte bei der „Hebung des Handwerks" mitwirken, so der Maschineningenieur, spätere Winterthurer Technikumsdirektor und erster Präsident des Schweizerischen Gewerbevereins, Friedrich Autenheimer. Die einschlägigste Stellungnahme war diejenige von Heinrich Bendel, ehemaliger Direktor des Industrie- und Gewerbemuseums in St. Gallen. Er plädierte für eine Vielzahl an beruflichen Bildungseinrichtungen und betonte im Besonderen die Selbsthilfe der Interessenverbände. Darüber hinaus sprach er sich aber auch für Bundessubventionen aus.[1]

Der 1879 nach mehreren Versuchen erneut gegründete Schweizerische Gewerbeverein, der sich ab 1917 in Schweizerischer Gewerbeverband (SGV) umbenannte, vereinigte in seinen Reihen eine Vielzahl an Persönlichkeiten, die sich stark für die berufliche Bildung engagierten. Mit der dank Bundeshilfe 1886 ge-

---

1   Er veranschlagte hierbei ein Budget von insgesamt 100.000 Franken: für die Förderung gewerblicher Fortbildungsschulen (30.000 SFr.), Industrie- und Gewerbemuseen sowie Fachschulen (60.000 SFr.) sowie die Förderung eines Institutes gewerblicher und industrieller Wanderlehrer (10.000 SFr.) (ebd.: 570 ff.). Dieser Betrag war gemessen an den bereits bestehenden Ausgaben von kantonaler Seite (vgl. Tabelle 1) eher bescheiden, ermöglichte aber doch im Sinne einer Anschubfinanzierung die Schaffung neuer Bildungseinrichtungen. Im Verlaufe der Jahre stieg diese Unterstützung um ein Vielfaches.

schaffenen ständigen Stelle eines Sekretariates erhielt der ehemalige Buchdrucker und Verleger Werner Krebs die Gelegenheit, von 1886-1924 als hauptamtlicher Sekretär des nationalen Gewerbeverbandes und Redakteur der Schweizerischen Gewerbezeitung über einen längeren Zeitraum hinweg die Position des Gewerbes zu markieren und die Frage der Berufsbildungsreform weiter voranzutreiben. Krebs war es dann auch, der den „Entwurf eines Bundesgesetzes betreffend Berufslehre und Berufsbildung" des SGV im Jahre 1918 präsentierte. Eine Vorlage, die auch das erste verabschiedete Gesetz zur Berufsbildung im Jahre 1930 stark prägte.

2.6 Bundesbeschluss betreffend die gewerbliche und industrielle Berufsbildung (1884), weitere Subventionsbeschlüsse und die Frage der Lehrlingsprüfungen

Der Bundesbeschluss von 1884 folgte weitgehend diesen vor allem vom Gewerbe gemachten Vorgaben und etablierte die Gewährleistung von stetig steigenden Subventionen für Bildungseinrichtungen, die sich der gewerblichen und industriellen Berufsbildung widmeten.

Bezeichnend ist die Zusammensetzung der Kommission, der es oblag zu beurteilen, ob es sich bei den angemeldeten Schulen um solche handelte, die man als gewerblich qualifizieren und damit fördern konnte. Sie bestand aus Heinrich Bendel, dem Verfasser des Gutachtens für das Gewerbe, dem Berner Architekten Adolphe Tièche, Pfarrer Johann Jakob Christinger, der in der Zeitschrift der Gemeinnützigen Gesellschaft seine Beobachtungen zu den Fortbildungsschulen in Süddeutschland veröffentlichte, Dr. Otto Hunziker, Professor für Schulgeschichte an der Universität Zürich, auch er Mitglied der Schweizerischen Gemeinnützigen Gesellschaft, und schließlich dem Kantonsschul-Zeichnungslehrer aus Aarau, Professor Max Wolfinger, der wiederum ein Mitverfasser eines gewerblichen Spezialgutachtens war (vgl. Frauenfelder 1938: 77).

In den folgenden Jahren verlangten der SKV (Schweizerischer Kaufmännischer Verband), wie später ebenso die Kreise um die weibliche Berufsbildung, dass auch ihre Schulen und Veranstaltungen von Bundesseite subventioniert würden. Sie hatten mit ihrem Anliegen ebenso Erfolg, so wurden ab 1891 die kaufmännischen und ab1895 auch die Schulen und Veranstaltungen der Hauswirtschaft unterstützt.

Nach dieser ersten Regelung bezüglich Bildungsinstitutionen von Bundesseite standen die Einführung eines schriftlichen Lehrvertrags und insbesondere die Verallgemeinerung der Lehrlingsprüfung im Vordergrund (Bendel 1899: 38). Denn selbst nach der Jahrhundertwende beruhten – gemäß Betriebszählung aus dem Jahre 1905 – erst knapp zwei Drittel (63,5%) der Lehrverträge auf einem schriftlichen Übereinkommen (SGV 1918: 13).

Bereits 1888 beschloss der Schweizerische Gewerbeverein, in einem Reglement zu den schweizerischen Lehrlingsprüfungen „die Berufstüchtigkeit und die Schulbildung" zu prüfen, um hiermit die Berufsbildung zu vereinheitlichen, auszudehnen und qualitativ zu verbessern (vgl. Krebs 1888: 57). Tatsächlich galten als Schlüssel der Berufsbildungsreform die vom Schweizerischen Gewerbeverein beaufsichtigten Lehrlingsprüfungen, für deren Durchführung er auch Subventionen erhielt (vgl. Tabelle 2). Zunächst vom Basler Gewerbeverein erstmals 1877 mit 7 Kandidaten erfolgreich erprobt, etablierte sich diese für die vielen kleinen und ausbildenden Betriebe akzeptable Variante der Gewerbeförderung nach und nach auch auf nationaler Ebene. Nach kleinen Anfängen entwickelten sich diese Lehrabschlussprüfungen, die gemäß den Berufen auch als eine „überkantonale Kategorie" gesehen wurden, zu einer national vereinheitlichten Institution, an welcher nicht nur das Gewerbe, sondern darüber hinaus auch die Schulen und die Öffentlichkeit teilhatten (Gonon 2009: 258).

Tabelle 2: Entwicklung der Lehrlingsprüfungen

	1880	1885	1890	1895	1900	1905	1910	1915	1917
Teilnehmerzahl	36	231	669	1.088	1.402	2.080	5.893	7.600	7.417
Total-Ausgaben SFr.			15.420	22.494	28.363	54.685	126.362	149.900	166.381
Bundesbeitrag SFr.	—	—	3.500	8.000	10.000	18.000	35.000	45.000	45.000

Quelle: SGV 1918: 67

2.7 Kantonale Lehrlingsgesetze als Vorreiter gesetzlich umfassender Regelungen

Eine bedeutsame Rolle zur Etablierung des modernen Berufsbildungswesens spielten auch die Kantone. Lehrlingsgesetzgebungen sollten dem herkömmlichen Regelungsmuster, das ausschließlich in der Hand der zunftähnlich organisierten Verbände lag, dem so genannten „régime corporatif", ein Ende setzen, bzw. eine Umwandlung und Modernisierung der beruflichen Ausbildung („transformation de l'apprentissage") einleiten (Brizon 1909: 9). Neuenburg (1890), Genf (1892), Freiburg (1895), Waadt (1896) und das Wallis (1903) spielten hierbei eine Vorreiterrolle. Die kantonale Gesetzgebung bezog sich auf zweierlei Ansprüche, nämlich auf die in einem schriftlichen Lehrvertrag festzuhaltende Regelung der zu erwerbenden Berufskenntnisse und Fähigkeiten in Gewerbe, Handel und Industrie und auf das Anliegen des Jugendschutzes, das die Lehrlinge vor Ausbeutung schützen und sie in ihrer Berufsfindung stützen sollte. Bereits das erste dieser Art, das Neuenburger Gesetz zum Schutz der Lehrlinge („Loi sur la protection des apprentis") aus dem Jahre 1890, hielt fest, dass jegliche Lehrverhältnisse im Kanton unter der Aufsicht der (kommunalen) Behörden bzw. einer Lehrlingskommission („Commission spéciale des apprentissages") stünden, in welcher Arbeitgeber („Patrons") und Arbeiter vertreten sein müssten (Neuchâtel, Loi 1890: Art. 1). Diese Kommissionen seien, wie auch die öffentliche Hand, für die Lehrlingsprüfungen zuständig (ebd.: Art. 14). Die ursprünglich von den Gewerbevereinen für einige Berufe auf freiwilliger Basis durchgeführten Lehrlingsprüfungen wurden nun obligatorisch erklärt. Den westschweizer Kantonen folgten schon bald die deutschschweizerischen, so etwa – einzelne Kantone herausgehoben – Glarus 1903, Basel, Luzern und Zürich 1906, später das Tessin 1912 und St. Gallen 1919. Die kantonalen Gesetzgebungen führten zu einer rechtlichen Formalisierung der Lehrbedingungen und bewirkten gleichzeitig auch einen Anstieg der Lehrlingszahlen (vgl. Tabelle 3), so dass 1905 bereits gut 75 % der Lehrlinge einem Gesetz über die Berufslehre unterstellt waren (vgl. SGV 1918: 9).

Tabelle 3: Kantone *mit/ohne* Lehrlingsgesetzgebung laut eidgenössischer Betriebszählung von 1905

mit Lehrlingsgesetzgebung			
Kanton	**Lehrlingszahl**	**gewerbliche**	**kaufmännische**	**andere**
Zürich	6.636	5.051	1.407	178
Bern	6.102	5.102	771	229
Basel-Stadt	2.688	1.733	773	182
Waadt	2.285	1.793	364	128
Neuenburg	1.982	1.675	269	38
Genf	1.648	1.209	357	82
Luzern	1.264	965	183	116
Tessin	1.069	885	107	77
übrige Kantone	2.478	2.156	246	76
Total	26.152	20.569	4.477	1.106
ohne Lehrlingsgesetzgebung			
	Lehrlingszahl	**gewerbliche**	**kaufmännische**	**andere**
Total	9.142	7.225	1.661	256

Quelle: SGV 1918: 9

Kantonale Lehrlingsgesetze und Lehrabschlussprüfungen unter öffentlicher Aufsicht, die neben der praktischen Prüfung auch die Schulfächer Deutsch, Rechnen, Buchführung und andere einschlossen, wirkten sich auf die strengere Pflichterfüllung bei vielen Lehrmeistern und Lehrlingen aus, führten zu einem „geordneteren methodischen Lehrgang" und erhöhten die Frequenz der Schulbesuche in den gewerblichen und kaufmännischen Fortbildungsschulen. Allerdings besuchten gemäß Betriebszählung aus dem Jahre 1905 lediglich 37,6 % aller Lehrlinge die gewerbliche Fortbildungsschule (SGV 1918: 15).

Allen sichtbaren Maßnahmen und Verbesserungen zum Trotz wurde von der Vereinigung Schweizerischer Lehrlingspatronate, vom Schweizerischen Arbeiterbund und vom Schweizerischen Gewerkschaftsbund ein „eidgenössisches Lehrlingsgesetz" (SGB 1913) als umfassendes Gesetz auf Bundesebene gefordert, um die Berufsbildung auf gesamtschweizerischer Ebene besser zu etablieren und zu fördern und darüber hinaus die kantonal unterschiedlichen Regelungen zu vereinheitlichen. Auch der Schweizerische Gewerbeverband legte 1918 einen noch umfassenderen Entwurf vor. Denn trotz gewisser Fortschritte bestand in einzelnen Branchen, so etwa in der „Schneiderei und Konfektion", im Maurergewerbe und in der Schuhherstellung eine eigentliche „Lehrlingsnot". Darüber hinaus bildete die Großindustrie bedeutend weniger Lehrlinge aus als das Gewerbe und Handwerk. 17 208 Betriebe (von insgesamt 124.692 Betrieben) wurden ermittelt, die insgesamt 29 701 Lehrlinge (davon 21 % kaufmännische Lehrlinge) ausbildeten. Nur jeder siebte Betrieb war demgemäß ein Ausbildungsbetrieb, unter 1000 erwerbstätigen Personen betrug der Anteil der Lehrlinge lediglich 47 (SGV 1918: 12).

Die Betriebszählung aus dem Jahre 1915 ergibt ein Bild, in welchen Bereichen Lehrlinge ausgebildet wurden. Daraus wird auch ersichtlich, welch starke Stellung die Textilbranche einnahm und wie auch diese Ausbildungen eigentliche Frauenberufe darstellten, im Gegensatz zu Berufen im Bauhandwerk, in der Mechanik, Bäckerei, Metzgerei und selbst Haarpflege (vgl. Tabelle 4):

Tabelle 4: Lehrverhältnisse nach Berufsart laut eidgenössischer
Betriebszählung von 1915

Berufsart	Lehrlingszahl	weiblich %	männlich %
Schneiderei und Konfektion	5607	89.5	10,5
Bau- und Kunstschlosserei	1724	—	100,0
Bäckerei und Konditorei	1679	1,0	99,0
Schreinerei	1659	0.2	99.8
Buch- und Zeitungsdruckerei	932	2,3	97,7
Weissnäherei und Wäschekonfektion	878	90,3	9,7
Hoch- und Tiefbau	848	0,1	99,9
Wäscherei und Glätterei	784	99,5	0,5
Grob-, Huf- und Wagenschmiede	750	—	100,0
Metzgerei und Wursterei	627	0,2	99,8
Elektrotechnik	609	0,5	99,5
Flach-, Bau- und Dekorationsmalerei	560	0,2	99,8
Spenglerei	498	—	100,0
Verfertigung von Schuhwaren	487	4,9	95,1
Sattlerei, Reiseartikel	472	0,2	99,8
Wagnerei, Wagenbau	429	—	100,0
Zimmerei	384	—	100,0
Haarpflege	346	8,4	91,6
Modisterie, künstliche Blumen	345	98,8	1,4
Kleinmechanik	282	0.4	99,6
Buchbinderei	260	2,3	97,7
Gold- und Silberarbeiten	247	49,0	51,0
Gipser	246	—	100,0
Tapezierer, Bettmacher	241	12,0	88,0
Lithograpie und dgl.	231	4,8	95,2
Maurer	186	—	100,0
Gas-, Wasser- und Heizeinrichtung	155	0,6	99,4
Dachdecker, Kaminfeger	147	—	100,0
Küfer, Kübler	141	—	100,0
Korbmacher	109	1,8	98,2
Tabakindustrie	106	57,5	42,5
Tonwarenfabrikation	104	—	100,0

Quelle: SGV 1918: 11.

Auch weitere Ansprüche, wie die Gleichberechtigung der weiblichen Jugend hinsichtlich „Genuss beruflicher Ausbildung", wie sie von der Schweizerischen Gemeinnützigen Gesellschaft und insbesondere vom Schweizerischen Gemeinnützigen Frauenverein vertreten wurden, galt es mit einem neuen Gesetz auf Bundesebene zu verankern (SGV 1918: 88).

Gegenüber den Nachbarstaaten sei die Schweiz im Hintertreffen, da in Österreich und Deutschland dank einheitlicher Gewerbegesetzgebung und besserer Ausstattung der Einrichtungen der Berufsbildung diese wirksamer und konkurrenzfähiger sei, so der Gewerbeverband in seinem Entwurf zur Berufsbildungsgesetzgebung (ebd.: 15 f.).

Als Vorbilder wurden daher die Gesetzgebung Württembergs und die „von Dr. Kerschensteiner reorganisierten beruflichen Fortbildungsschulen und Fachschulen der Stadt München" hingestellt (ebd.: 90).

2.8 Das erste Bundesgesetz über die berufliche Ausbildung von 1930 als Bündelung von Bildungsbedürfnissen aus Gewerbe, Handel und Industrie

Die Aufnahme eines Gewerbeartikels in die Bundesverfassung im Jahre 1908 bot nach einem ersten gescheiterten Versuch vor der Jahrhundertwende (1894) dem Bund die – aus Gewerbekreisen lange ersehnte – Möglichkeit, auch hinsichtlich der Förderung der Berufsbildung aktiver zu werden. Neben den bereits erwähnten Akteuren (wie der Schweizerische Gewerkschaftsbund und das Gewerbe) forderten auch der Schweizerische Kaufmännische Verein, der Verband Schweizerischer Zeichen- und Gewerbeschullehrer und auch dem Vorort des Schweizerischen Handels- und Industrievereins angeschlossene Verbände eine bundesgesetzliche Regelung, die ein Obligatorium der Lehrlingsprüfungen und des beruflichen Unterrichts für alle Lehrlinge einschloss. Die vorrangige Regelung der beruflichen Ausbildung gegenüber anderen Gewerbeschutzanliegen ergab sich auch daraus, dass man in diesem Bereich auf einen breiten Konsens zählen durfte. Bereits 1921 lag ein Entwurf einer Expertenkommission vor, der sich wesentlich an der vom Gewerbe eingereichten Vorlage orientierte. Verzögerungen hinsichtlich des weiteren Vorgehens bezüglich Schaffung eines Berufsbildungsgesetzes ergaben sich dann jedoch vorwiegend aufgrund von Einwänden aus industriellen Kreisen, aus denen sich ein Teil bereits gegen eine Unterstellung unter die kantonalen Lehrlingsgesetze gewehrt hatte (vgl. SGV 1918: 26) und die zunächst auch den 1924 verfassten Vorentwurf des eidgenössischen Arbeitsamtes ablehnten. Denn die Industrie, die weniger von den Bundessubventionen profitierte und die zum Teil in eigener Verantwortung ausbildete, sah – gemäß Zentralvorstand Schweizerischer Arbeitgeberorganisationen – ein weniger dringendes Bedürfnis nach einheitlichen

eidgenössischen Vorschriften. In Anlehnung an die historische „Schulvogt"-De-
batte, die entsprechenden Koordinierungsbemühungen von Seiten des Bundes
auf Volksschulebene einen Riegel vorschob, wurde auch vor einem eidgenössischen „Lehrvogt" gewarnt (Kübler 1986: 47 f.). Das bundesrätliche Argument
der fortschreitenden Rationalisierung und des aufgrund des international bestehenden Konkurrenzdrucks erhöhten Bedarfs an wirtschaftlicher Koordination
ließ dann jedoch auch bei den Skeptikern den Anspruch auf „Qualitätsarbeit",
die auf zu fördernder beruflicher Ausbildung beruhe, deutlich werden und be-
stärkte schließlich das Gesetzesvorhaben, das darüber hinaus auch höhere Fachprüfungen einbeziehen sollte (vgl. Botschaft 1928: 732). Der Begriff „Gewerbe"
schließe, wie aufgrund zweier eigens bestellter gutachterlicher Stellungnahmen
mit Blick auf den Verfassungsartikel hervorgehoben wurde, auch „fabrikmäßige
Betriebe und den Handel" mit ein (ebd.: 737). Der Bund würde sich hierbei lediglich auf die Aufstellung von Grundsätzen beschränken, während der Vollzug
Sache der Kantone sei (ebd.: 741).

Das im Jahre 1930 erlassene Gesetz, das 1933 in Kraft trat, erwies sich dann
auch „als vortreffliche Grundlage für die Förderung des beruflichen Bildungswesens" in der Schweiz, gerade auch wegen der ausgewogenen Aufgabenteilung
zwischen Bund, Kantonen und Berufsverbänden und der Wahrung der privaten
Initiative und Verantwortung der Betriebsinhaber (Botschaft 1962: 886). Bis Ende
1961 erließ das Eidgenössische Volkwirtschaftsdepartement 162 Ausbildungsre-
glemente für insgesamt 238 Berufe (ebd.: 886). Nach einer relativen Stagnation
während des Zweiten Weltkrieges nahm dann in den folgenden Jahren der Anteil
der Lehrverträge beinahe kontinuierlich zu und überschritt dann zu Beginn der
1960er Jahre die Zahl 80.000 (Tabelle 5). Bis weit in die 1980er Jahre verlief dieser Aufwärtstrend kontinuierlich weiter.

Tabelle 5:   Gesamtbestand der Lehrverträge am Jahresende

Jahr	Lehrlinge	Lehrtöcher	Total
1938	44 510	13 905	58 415
1939	44 161	13 417	57 578
1940	43 703	13 098	56 801
1941	43 636	13 128	56 764
1942	43 413	13 635	57 048
1943	45 834	14 622	60 456
1944	46 978	15 134	62 112
1945	49 614	15 613	65 227
1946	52 960	16 212	69 172
1947	57 309	16 562	73 871
1948	59 124	17 096	76 220
1949	59 291	17 890	77 181
1950	58 687	18 524	77 211
1951	59 377	19 094	78 471
1952	59 867	19 522	79 389
1953	59 620	19 762	79 382
1954	60 031	20 167	80 198
1955	61 069	20 606	81 675
1956	63 467	21 293	84 760
1957	66 776	22 532	89 308
1958	70 586	24 377	94 963
1959	75 325	26 628	101 953
1960	81 617	28 825	110 442
1961	88 376	31 074	119 450

Quelle: Botschaft des Bundesrates 1962: 886 f.

2.8.1 Weitere Ausdifferenzierung und Ausweitungen der dualen Berufsbildung durch die beruflichen Gesetzgebungen 1963, 1978, 2002

Aus rückblickender Distanz lassen sich die nach dem ersten bundesstaatlichen Gesetz von 1930 folgenden Gesetzgebungen aus den Jahren 1963, 1978 und 2002 als weitere Integration bis anhin nicht erfasster Berufsbereiche und horizontale und vertikale Ausdifferenzierung der einmal gesetzten Grundlagen beschreiben. Die Botschaften des Bundesrates für die jeweiligen Neuerungen in den folgenden Jahren sind bezüglich Bilanzierung der Förderung der Berufsbildung beinahe gleich lautend. Zunächst wird ein Wachstum beschrieben, so hätten sich die Lehrverträge zwischen 1938 und 1961 mehr als verdoppelt, das Berufsschulobligatorium sei systematisch ausgebaut worden, ebenso die höheren Fachprüfungen (Meisterprüfungen) (Botschaft 1962: 887 f.). Der wirtschaftliche Wandel, die damit einhergehende berufliche Mobilität und ein wachsender Bedarf an Fachkräften mache es aber dennoch notwendig, Anpassungen vorzunehmen, so bezüglich der Berufsberatung, der Aufteilung von höheren Fachprüfungen (Meisterprüfungen) in Berufsprüfungen und höhere Fachprüfungen, der stärkeren Verankerung der beruflichen Weiterbildung und der höheren technischen Lehranstalten in der Gesetzgebung sowie der genaueren Umschreibung der Aufgaben des Bundes und der Kantone (ebd.: 895 f.). Ähnlich klingt es einleitend zum 1978 verabschiedeten Berufsbildungsgesetz. Das Gesetz aus dem Jahre 1963 habe sich bewährt „und wesentlich zum Stand unserer Berufsbildung" beigetragen (Botschaft 1977: 683). Dennoch gelte es, das Gesetz zu revidieren. Es sei die Möglichkeit für die Berufsverbände mit Modell-Lehrgängen die praktische Ausbildung der Lehrlinge systematischer zu gestalten, zu schaffen. Gesetzlich zu verankern sei außerdem die Berufsschullehrerausbildung, die Berufsmittelschule und die Anlehre, die Technikerschule und die Höhere Wirtschafts- und Verwaltungsfachschule sowie die Förderung der Berufsbildungsforschung. Das bisherige „duale System" müsse durch ein „triales" abgelöst werden, denn es sei neben dem Unterricht in der Berufsschule nicht mehr der einzelne Lehrmeister der einen Lehrling unterweise, sondern darüber hinaus erfolge ein Teil der Ausbildung „kollektiv, in Form von so genannten Einführungskursen" (ebd.: 683).

Diese Sicht und positive Bilanzierung wurde jedoch nicht von allen Akteuren geteilt. Der Schweizerische Gewerkschaftsbund ergriff das Referendum gegen die Gesetzesvorlage, vor allem aufgrund der vorgesehenen Anlehre, die er als Einfallstor für eine Abwertung und vor allem auch Abspaltung in wenige hochwertige und eine Vielzahl weniger qualifizierter Ausbildungsformen der beruflichen Bildung betrachtete. Nach der Ablehnung des Referendums trat dann das Berufsbildungsgesetz 1980 in Kraft. Darüber hinaus wurde auch von 68er Kreisen, aus dem links politisierenden Parteien- und Gewerkschaftsspektrum, eine Initiative zur Schaffung von zusätzlichen „öffentlichen Lehrwerkstätten" lanciert, die jedoch 1986 abgelehnt wurde (Tabin 1989: 209). Mitte der 1990er Jahre wurde im Rahmen des Projektes zum neuen Finanzausgleich und bezüglich neuer Aufgabenteilung zwischen Bund und Kantonen ernsthaft, auf Betreiben einzelner kantonaler Vertreter, auch eine Rekantonalisierung der Berufsbildung erwogen. In einem entsprechend vom Bundesrat genehmigten Vernehmlassungsbericht wurde festgehalten, dass der Bund keine materielle Steuerungskoppelung besitzen müsse, eine Position die jedoch vom Bundesparlament abgewehrt wurde (vgl. Strahm 2008: 312 f.).

Die Übersicht der Botschaft aus dem Jahre 2000 wiederum verweist auf die Notwendigkeit einer Revision aufgrund der wirtschaftlichen und technischen Entwicklungen in Richtung Dienstleistungsgesellschaft. Das vorgängige Gesetz sei „ganz auf die gewerblich-industrielle Wirtschaft und den Handel ausgerichtet" gewesen (Botschaft 2000: 5688). Nun seien alle Berufsbildungsbereiche – im Besonderen betrifft diese Neuerung die Landwirtschaft, Gesundheit, Soziales und Künste – außerhalb der Hochschulstufe im Gesetz integriert.

In dieser Botschaft wird nicht mehr vom „trialen", sondern vom „dualen System" gesprochen, das eine „ideale Voraussetzung für den Einstieg in die Arbeitswelt und für wirksames Lernen" sei. Als „zentraler Pfeiler der schweizerischen Berufsbildung" würde die „duale Berufsbildung" durch das neue Gesetz modernisiert und gestärkt (ebd.).

3. Fazit und Ausblick

Die Dominanz des dualen Berufsbildungsmodells hat sich nach einigen Suchbewegungen zu Beginn des 20. Jahrhunderts herauskristallisiert. Die „Werkstattlehre" galt es durch Schule zu ergänzen, dieser Meinung schlossen sich spätestens ab 1895 beinahe alle Akteure an. Öffentliche Lehrwerkstätten und Fachschulen haben bis heute durchaus in bestimmten Berufen, Branchen und Regionen eine Bedeutung, sie koexistieren hierbei neben und mit dem gewichtigeren dualen Modell. Aufgrund der nahezu ungebrochenen Aufwärtsbewegung und des beinahe einmütigen öffentlichen Zuspruchs ist das duale Berufsbildungssystem in seiner quantitativen Bedeutung zum gewichtigsten Bildungssektor herangewachsen. Rund zwei Drittel der Jugendlichen entscheiden sich heute für eine Berufsbildung, die meisten auch für eine dual geprägte Berufsbildung. Von den im Jahre 2008 erfolgten 82.000 Eintritten in die Berufsbildung waren 68.500 dual geprägte und 13.500 vollzeitschulische Angebote (BBT 2011: 12). Dies im Unterschied zu vielen anderen Ländern, die durchaus zumindest partiell oder in gewissen Sektoren oder Regionen das duale Berufsbildungsmodell auch kennen und umsetzen.

Der entscheidende Regelmechanismus, der das schweizerische „duale System" verallgemeinerte, liegt in dessen Situierung zwischen Föderalismus und Zentralismus. Der Bundesstaat regelt traditionellerweise nicht die Berufsbildung als solche, sondern lediglich das Verfahren; er überlässt den Vollzug der Gesetze und die Umsetzung im Wesentlichen den Kantonen und die Gestaltung der beruflichen Bildung den Verbänden, bzw. Organisationen der Arbeitswelt, die sich in Berufsbildungsfragen quer zu anderen Polarisierungen alles in allem verständigen konnten (Osterwalder 2008: 54). Ein modernisiertes Berufskonzept ermöglicht den Absolventen eine betriebsübergreifende hohe Mobilität auf dem Arbeitsmarkt und bietet neuerdings auch Anschluss an das höhere Bildungswesen. Ein bedeutsamer Schritt hinsichtlich Berufsbildung ergab sich auch aus der Revision der Bundesverfassung 1999 und dem in der Volksabstimmung 2006 angenommenem Zusatz, der nun gemäß Artikel 63 den Bund aufgrund einer klaren Verfassungsgrundlage ermächtigt, die Berufsbildung zu regeln und in Zusammenarbeit mit den Kantonen auch aktiv zu werden hinsichtlich eines bildungsbereichübergreifenden „Bildungsraum(s) Schweiz" (BV 2006: Artikel 61a). Bereits anlässlich der in den 1990er Jahren geschaffenen Berufsmaturität und den Fachhochschulen ergab sich die Aufgabe, das national und historisch eigenständig entwickelte duale Berufsbildungssystem stärker mit dem übrigen Bildungswesen zu verbinden und Durchlässigkeiten zu gewährleisten. Angesichts der Globalisierung stellen sich künftig Fragen hinsichtlich Effizienz, Effektivität und Gleichberechtigung (Equity) für die duale Berufsbildung in neuer Weise (vgl. Hoeckel et al. 2009). Inwiefern die schweizerische Berufsbildung auf die Herausforderungen eines kompetenz- und modulbasierten europäischen Bildungsraumes und angesichts eines schulisch dominanten Weltmodells reagieren wird, bleibt offen.

Quellen und Literatur

a) Amtliche Quellen

Botschaft des Bundesrats an die Bundesversammlung über die gewerbliche Enquête vom 20. Nov. 1883. In *Bundesblatt 1883* 4: 547-658.

Bericht der nationalräthlichen Kommission betreffend die gewerbliche Enquête vom 8. März 1884. In *Bundesblatt 1884* 1: 449-476.

Botschaft des Bundesrats an die Bundesversammlung zum Entwurf eines Bundesgesetzes über die berufliche Ausbildung vom 9. November 1928. In *Bundesblatt 1928* 2: 725-780.

Botschaft des Bundesrats an die Bundesversammlung zum Entwurf eines Bundesgesetzes über die Berufsbildung vom 28. September 1962. In: *Bundesblatt 1962* 2: 885-958.

Botschaft zu einem neuen Bundesgesetz über die Berufsbildung vom 26. Januar 1977. In *Bundesblatt 1977* 1: 681-737.

Botschaft zu einem neuen Bundesgesetz über die Berufsbildung (Berufsbildungsgesetz, BBG) vom 6. September 2000. In *Bundesblatt 2000*, 47: 5686 -5772.

BV: *Bundesverfassung der Schweizerischen Eidgenossenschaft vom 18. April 1999* (Stand am 8. August 2006). Bern: EDMZ.

Neuchâtel. 1890. *Loi sur la protection des apprentis du 21 novembre 1890*. Neuchâtel.

b) Literatur- und Quellenverzeichnis

BBT (Bundesamt für Berufsbildung und Technologie). 2011. *Fakten und Zahlen 2011.* Berufsbildung in der Schweiz. Bern: BBT.

Bendel, Heinrich. 1899. Winke und Anregungen für das Gewerbliche und industrielle Bildungswesen der Schweiz. In: *Gewerbliche Zeitfragen* XVI: 3-42.

Berner, Esther, Philipp Gonon, und Hans-Jakob Ritter. 2011. Zwischen Gewerbeförderung, Sozialpolitik und liberalen Bildungsbestrebungen – Zur „Vor"-Geschichte der dualen Berufsbildung in der Schweiz. *Zeitschrift für Berufs- und Wirtschaftspädagogik* 107(1): 14-32.

Biedermann, Karl. 1883. *Die Erziehung zur Arbeit, eine Forderung des Lebens an die Schule.* 2. völlig umgearbeitete Aufl. Leipzig: Matthes.

Boos, Eduard. 1881. Das gewerbliche Lehrlingswesen. In *Das gewerbliche Lehrlingswesen. Zwei Preisschriften auf Veranlassung des schweizerischen Gewerbevereins,* Hrsg. Gottlieb Hug, Eduard Boos, 39-59. Winterthur.

Brizon, Pierre. 1909. *L'apprentissage.* Hier- aujourd'hui – demain. Paris: Librairie de „Pages Libres".

Busemeyer, Marius R., und Christine Trampusch. 2012. *The Political Economy of Skill Formation.* Oxford: University Press.

Frauenfelder, Gustav. 1938. *Geschichte der gewerblichen Berufsbildung der Schweiz.* Luzern: Bucher.

Deutscher Ausschuss für das Erziehungs- und Bildungswesen. 1964. Empfehlungen und Gutachten über das Berufliche Ausbildungs- und Schulwesen. In *Empfehlungen und Gutachten,* Hrsg. Deutscher Ausschuss für das Erziehungs- und Bildungswesen, Folge 7/8, 53-154. Stuttgart.

Gonon, Philipp. 1998. *Das internationale Argument in der Berufsbildungsreform.* Die Rolle internationaler Bezüge in den bildungspolitischen Debatten zur schweizerischen Berufsbildung und zur englischen Reform der Sekundarstufe II. Bern: Peter Lang.

Gonon, Philipp. 2002. Von der Berufsvorbereitung zur Kultur der Arbeit in der Schule: Handfertigkeitsbewegung und Reformpädagogik in der Schweiz um die Jahrhundertwende. In *Arbeit, Beruf, Bildung,* Hrsg. Philipp Gonon, Stefanie Stolz, 53-63. Bern: hep.

Gonon, Philipp. 2008. Berufsbildung von heute als Alternative zur gewerblichen Berufslehre. In *75 Jahre eidgenössisches Berufsbildungsgesetz – Politische, pädagogische, ökonomische Perspektiven,* Hrsg. Tibor Bauder, Fritz Osterwalder, 69-89. Bern: hep.

Gonon, Philipp. 2009. Reformsteuerung, Stabilität und Wandlungsfähigkeit der Berufsbildung – „Laboratory Federalism" als Motor der Bildungsreform in der Schweiz. In *Steuerungsprobleme im Bildungswesen,* Hrsg. Ute Lange, Silvia Rahn, Wolfgang Seitter, Randolf Körzel, 249-265 . Wiesbaden: Verlag für Sozialwissenschaften.

Gonon, Philipp. 2009a. „Efficiency" and „Vocationalism" as Structuring Prinicples of Industrial Education in the USA. *Vocations and Learning* 2: 75-86.

Haufe, Edward. 1896. *Die Erziehung zur Arbeitstüchtigkeit, eine Hauptforderung an die moderne Schule.* Znaim: Fournier & Haberler.

Hug, Gottlieb. 1881. Das gewerbliche Lehrlingswesen. In *Das gewerbliche Lehrlingswesen. Zwei Preisschriften auf Veranlassung des schweizerischen Gewerbevereins,* Hrsg. Gottlieb Hug und Eduard Boos, 7-38. Winterthur.

Kerschensteiner, Georg. 1901. *Die Gewerbliche Erziehung der deutschen Jugend.* Vortrag München: 1-14.

Krebs, Werner. 1888. Organisation und Ergebnisse der Lehrlingsprüfungen im In- und Auslande. In *Gewerbliche Zeitfragen* IV: 1-61.

Kübler, Markus. 1986. *Berufsbildung in der Schweiz*. Hundert Jahre Subventionen (1884-1984). Bern: BIGA.

Mägli, Ulrich. 1989. *Geschichte der gewerblichen und kaufmännischen Berufsbildung im Kanton Zürich*. Von 1830 bis zur Gegenwart. Aarau: Sauerländer.

Hoeckel, Kathrin, Simon Field und Norton W.Grubb . 2009. *Learning for Jobs*. OECD Reviews of Vocational Education and Training – Switzerland. Paris: OECD.

Osterwalder, Fritz. 2008. Die lange Vorgeschichte des Berufsbildungsgesetzes – ein neuer Regelungstypus. In *75 Jahre eidgenössisches Berufsbildungsgesetz – Politische, pädagogische, ökonomische Perspektiven,* Hrsg. Tibor Bauder, Fritz Osterwalder, 51-68. Bern: hep.

Savoy, Emile. 1910. *L'Apprentissage en Suisse*. Paris / Fribourg: Librairie de l'Université.

Scheidegger, Jakob. 1887. Die Errichtung von Lehrwerkstätten für die Bekleidungs-Gewerbe zu Handen der Delegiertenversammlung der Schweiz. Gewerbevereins in Aarau. In *Gewerbliche Zeitfragen* I: 13-40.

Schweizerischer Gewerkschaftsbund (SGB). 1913. *Das Bundeskomitee des Schweiz. Gewerkschaftsbundes an das Industriedepartement*. Eingabe betreffend ein Eidgenössisches Lehrlingsgesetz. Bern: SGB.

Schweizerischer Gewerbeverband (SGV). 1918. Vorarbeiten des Schweizerischen Gewerbeverbandes für die Schweizerische Gewerbegesetzgebung. II Entwurf eines Bundesgesetzes betreffend Berufslehre und Berufsbildung. Beschluss der Jahresversammlung vom 9. Juni 1918. In *Gewerbliche Zeitfragen* XXVIII. Bern: Verlag des Schweizerischen Gewerbeverbandes.

Strahm, Rudolf. 2008. Die entscheidenden Neunzigerjahre. Das Ringen um Reform und Aufwertung der Berufsbildung 1995 bis 2005. In *75 Jahre eidgenössisches Berufsbildungsgesetz – Politische, pädagogische, ökonomische Perspektiven,* Hrsg. Tibor Bauder, Fritz Osterwalder, 311-350. Bern: hep:.

Tabin, Jean-Pierre. 1989. *Formation Professsionnelle en Suisse*. Histoire et Actualité. Lausanne: réalites sociales.

Weigert, Max. 1890. *Die Volksschule und der gewerbliche Unterricht in Frankreich*. Berlin: Simion.

Wettstein, Emil, und Philipp Gonon. 2009. *Berufsbildung in der Schweiz*. Bern: hep.

Wenn Ausbildungsbetriebe Geschlecht auswählen. Geschlechtsspezifische Lehrlingsselektion am Beispiel des Autogewerbes

Christian Imdorf

1. Einleitung

Frauen und Männer arbeiten auf dem Schweizer Arbeitsmarkt in unterschiedlichen Berufen – zum Nachteil der Frauen. Dem geschlechtersegregierten Arbeitsmarkt ist ein vergleichbar geschlechtersegregiertes Berufsausbildungssystem vorgelagert (Leemann und Keck 2005), welches von zwei Dritteln der Jugendlichen durchlaufen wird. Die Ausbildung findet zu über 80 % in Betrieb und Berufsschule statt, wobei rund 230 meist geschlechtertypische Lehrberufe zur Wahl stehen (BBT 2011). Dass Jugendliche mehrheitlich geschlechtertypische Ausbildungsberufe erlernen, ist gut belegt (Borkowsky 2000; Leemann und Keck 2005: 121ff; Meyer et al. 2003: 25–27; SKBF 2010: 157f). Die Geschlechtersegregation des Ausbildungsmarkts überträgt sich durch die berufsförmige Kopplung von Ausbildungs- und Berufsstruktur nahezu bruchlos auf das Beschäftigungssystem (Trappe 2006: 52).

Wie aber kommt es zur frühen Vergeschlechtlichung der Ausbildungslaufbahnen? Auf dem Lehrstellenmarkt werden die Ausbildungsstellenangebote der Betriebe mit der Nachfrage der Jugendlichen marktförmig abgeglichen. Die Geschlechtersegregation des Ausbildungsmarkts kann somit das Resultat des Berufswahlverhaltens der Lehrstellensuchenden sowie des betrieblichen Einstellungsverhaltens sein. Für das Verständnis der geschlechterdifferenzierten Berufsfindung am Ende der obligatorischen Schulzeit erweisen sich subjekttheoretische Erklärungsansätze als besonders plausibel, welche die biographische Geschlechterkonstruktion von adoleszenten Jugendlichen durch ihre Identifizierung mit geschlechtertypischen Berufsbildern hervorheben (Brandt und Cornelißen 2004). Vergeschlechtlichte Berufsrollen erleichtern den Jungen und Mädchen entsprechende Männlichkeits- bzw. Weiblichkeitskonstruktionen (Gianettoni et al. 2010).

Es käme allerdings einer unzulässigen Verkürzung gleich, die Geschlechtersegregation des Ausbildungsmarkts ausschließlich den beruflichen Orientierungs- und Identitätsfindungsprozessen Jugendlicher zuzuschreiben. Sobald die Arbeitgeber Jugendliche bei der Ausbildungsplatzvergabe aufgrund der Geschlechterzugehörigkeit nicht gleichwertig beurteilen, tragen auch Erstere zur Geschlechtersegregation des Ausbildungssystems bei. Die internationale Forschung hat dabei verschiedentlich Hinweise ergeben, dass Ausbildungsbetriebe die Kanalisierung junger Männer und Frauen in geschlechtertypische Berufslaufbahnen mitverantworten. Gemäß Rauch und Schober (1996) wird die berufliche Geschlechtersegregation durch das Einstellungsverhalten von Betrieben gestützt. Auch bei Mariak und Kluge (1998: 209ff) finden sich arbeitgeberseitige Belege, wonach in männertypischen Branchen (Metallbau) männliche Auszubildende und in frauentypischen Branchen (Verkauf) weibliche Auszubildende präferiert werden (vgl. für Großbritannien Fuller et al. 2005: 304f.). Auch geschlechtsspezifische Nachfragedaten einer Erhebung des Bundesinstituts für Berufsbildung belegen, dass junge Frauen insbesondere dann größere Zugangsprobleme in den Ausbildungsmarkt haben, wenn sie auf der Suche nach einem Ausbildungsplatz in einem männertypischen Beruf waren (BMBF 2003: 44). Dabei scheinen insbesondere kleinere und mittlere Ausbildungsbetriebe (und weniger die Großbetriebe) Geschlecht als Auswahlkriterium bei der Vergabe von Ausbildungsplätzen durchzusetzen (Mariak und Kluge 1998: 210; Miller et al. 2005: 60).

Für die Schweiz mangelt es bisher an Studien, welche die Rolle der Ausbildungsbetriebe bei der Reproduktion der Geschlechtersegregation auf dem Ausbildungsmarkt untersucht haben. Der vorliegende Beitrag setzt bei dieser Forschungslücke an und analysiert exemplarisch am Beispiel des Autoreparatur- und Karosseriegewerbes die Bedeutung des Geschlechts bei der Auswahl von Auszubildenden. Diese Branche bietet sich an, da es sich bei den untersuchten Ausbildungsberufen – Automonteur/in, Automechaniker/in und Autolackierer/in[1] – zum einen um berufsbildungsstatistisch häufig erlernte Berufe handelt, die typischerweise in Klein- und Mittelbetrieben ausgebildet werden. Zum anderen betrug der Frauenanteil in diesen Berufen im Jahr 2005 nur 6,3 %[2], womit es sich um eine ausgeprägt männertypische Branche handelt.

Ziel dieses Beitrags ist es, die Bedeutung des Geschlechts bei der Vergabe von Ausbildungsplätzen aus betrieblicher Perspektive theoretisch und empirisch

---

1   Es handelt sich hier um die offiziellen Schweizer Bezeichnungen der Ausbildungsberufe des Auto- und Karosseriegewerbes zum Zeitpunkt der Datenerhebung im Jahr 2005. Inzwischen wurden die Berufe modernisiert und umbenannt.

2   Eigene Berechnungen auf Basis der Berufsbildungsstatistik (BFS 2006). Unter den Ausbildungsberufen des Autogewerbes sticht das Lackierereigewerbe mit einem für männertypische Berufe relativ hohen Frauenanteil von 17,9 % hervor. Der Frauenanteil in den Ausbildungsberufen Automonteur/in und -mechaniker/in betrug 2005 dagegen nur 4,2 %.

zu klären. Aufgrund welcher betrieblichen Motive wird das Bewerbermerkmal Geschlecht bei der Auswahl von Auszubildenden bedeutsam? Inwiefern fördert die Ausbildungsplatzvergabe des Auto- und Karosseriegewerbes die Geschlechtstypik dieser Branche?

2. Ein konventionensoziologisches Modell der Ausbildungsplatzvergabe

Die Soziologie der Konventionen ermöglicht eine Konzeptualisierung der betrieblichen Auswahl von Auszubildenden (Imdorf 2010a, 2012; Imdorf und Leemann 2012). Sie gibt Antworten auf die Frage, wie Personalverantwortliche bei der Auswahl von Auszubildenden unter unsicheren Entscheidungsbedingungen möglichst konfliktfreie Ausbildungsverhältnisse antizipieren können. Die Problemlösung besteht in der Vorwegnahme der individuellen Verhaltensabstimmung, indem künftige Ausbildungs- und Arbeitssituationen mit Hilfe von Konventionen interpretiert und dabei u.a. die Verhaltenserwartungen der Belegschaft antizipiert werden. Konventionen sind Koordinationsprinzipien, die Arbeits- bzw. Ausbildungsorganisationen zusammenhalten. Sie sind als Reaktion auf Unsicherheit in solchen Organisationen entstanden und gewährleisten deren Bestandserhalt. Auf der Grundlage solcher Konventionen beurteilen die Personalverantwortlichen bei der Ausbildungsplatzvergabe die zukünftige, möglichst friktionsfreie Passung einer neuen auszubildenden Person in ein bestehendes Kollektiv von Mitarbeitenden und in den Betrieb als Ganzes (ausführlicher zum Konventionenbegriff vgl. Imdorf 2012).

In ihrer Rechtfertigungstheorie haben Boltanski und Thévenot (2007) eine Vielfalt von Konventionen des sozialen Zusammenhalts in unterschiedlichen ‚Welten‘ vorgeschlagen: Diese Welten – sie heißen u.a. *häusliche, staatsbürgerliche, industrielle* oder *marktförmige Welt* – zeichnen sich durch ihr zentrales Koordinations- und Ordnungsprinzip aus: Tradition, Solidarität, Effizienz bzw. Konkurrenz. Sie unterscheiden sich darin, welche Qualitäten von Personen als besonders wertvoll erachtet werden, damit der soziale (bzw. hier: der betriebliche) Zusammenhalt zum Wohle aller garantiert oder zumindest antizipiert werden kann.

Ausbildungsbetriebe können nun als situative Kontexte verstanden werden, in denen die Koordinationsprinzipien dieser Welten und die daraus resultierenden Anforderungen an die berufliche, arbeitsförmige und soziale Passung konkurrieren und in der Personalselektion aufeinander abgestimmt werden müssen. Da kein Bewerber die Anforderungen eines Betriebs bezüglich all dieser Welten annähernd perfekt erfüllen kann, brechen Personalverantwortliche ihre Suchbemühungen ab, sobald sie eine Kandidatin gefunden haben, welche die multiplen

Anforderungen genügend befriedigt. Es wird dann zu Gunsten einer/eines Kandidaten/in entschieden, von der/dem erwartet werden kann, dass sie/er dem Betrieb keine namhaften Probleme verursachen wird.

Um bei der Auswahl von Auszubildenden den Entscheidungsprozess zu beschleunigen und gleichzeitig das künftige Problemrisiko gering zu halten, greifen die Ausbildungsverantwortlichen auch auf askriptive Kategorien zurück, die störungsfreie Ausbildungs- und Arbeitsprozesse versprechen (zur Bedeutung der Nationalität sowie des Alters bei der Auswahl von Auszubildenden vgl. Imdorf 2010a, 2012). Auch die bereits aus den Vornamen in den Bewerbungsunterlagen interpretierbare Geschlechterzugehörigkeit kann den Selektionsverantwortlichen als kostengünstiges Signal dienen, um die Qualität einer Kandidatin oder eines Kandidaten in den verschiedenen betrieblichen Welten abzuschätzen. Im nachfolgenden Kapital wird daher der Frage nachgegangen, welche Konventionen sich im Kontext einer kulturell gesetzten Zweigeschlechtlichkeit dazu eignen könnten, dem Geschlecht als Auswahlkriterium betrieblichen Sinn zuzuweisen. Denn Bewerber und Ausbildungsplätze zu *matchen* erfordert immer auch, dass das Resultat der Selektion im einzelbetrieblichen Umfeld sinnvoll interpretierbar ist und vor den Mitarbeitenden, der Kundschaft und den Geschäftspartnern auf Akzeptanz stoßen wird. Betriebe sind daher auf geeignete Formen der Legitimation angewiesen, um ihre Personalentscheide bei Bedarf zu rechtfertigen.

Als zentrale Rechtfertigungsordnungen in Organisationen des Wirtschaftssystems wurden in der Forschungsliteratur bisher folgende Konventionen diskutiert (ausführlicher dazu Diaz-Bone 2009): die industrielle Konvention, die Marktkonvention und die häusliche Konvention.[3] Aus Sicht des Ausbildungssystems gilt es zusätzlich die staatsbürgerliche Konvention (vgl. Imdorf und Leemann 2012) sowie das Koordinationsprinzip der *Welt der Inspiration* (Berufung) zu berücksichtigen.

3. Die Relevanz des Geschlechts als Selektionskriterium

Mit Bezugnahme auf die bisherige internationale Forschung zur Ausbildungsplatzvergabe wird im Folgenden die potenzielle Bedeutung des Geschlechts bei der Abschätzung von Koordinationserfordernissen in den verschiedenen Welten

---

3   Auf die Darstellung der *Netzwerkkonvention* der *projektförmigen Welt*, einer vierten, in modernen Arbeitsorganisationen relevanten Konvention, wird hier verzichtet, da sich diese Konvention im untersuchten Autogewerbe für das Verständnis der Geschlechterselektion nicht als relevant erwiesen hat.

eines Ausbildungsbetriebs skizziert. Die Beschreibung der Welten orientiert sich an Diaz-Bone (2009) sowie an Imdorf und Leemann (2012).

3.1 Frauenkörper als Anstellungshindernis in der industriellen Welt

Die *industrielle Konvention* stärkt das Prinzip der *Effizienz* in der betrieblichen Handlungskoordination. Um Ressourcen möglichst produktiv zu nutzen, orientieren sich die Handlungsabläufe an einer effizienten Arbeitsorganisation mit planbaren Arbeitsbeziehungen. In dieser in ökonomischen Theorien wohlbekannten *industriellen Welt*, in der sich die Qualität der Mitarbeitenden an deren ,Produktivität' misst, ist bei der Selektion von Auszubildenden die Erwartung bedeutsam, dass sie die künftigen Produktionsabläufe aufgrund ihrer Fähigkeiten, Fertigkeiten und körperlichen Voraussetzung unterstützen und nicht stören werden. Anderweitige industrielle Koordinationsanforderungen, an denen Ausbildungsplatzanwärter und ihre ,Arbeitsmoral' gemessen werden, sind Arbeitstugenden wie Ordnung, Sauberkeit, Pünktlichkeit, Regelmäßigkeit und Leistungsbereitschaft (vgl. auch Mariak und Kluge 1998: 297f.).

Hinsichtlich der Bedeutung, die dem Geschlecht in der *industriellen Welt* zukommt, stellt sich die Frage, inwiefern dieses für Produktivitätsannahmen als relevant erachtet wird. In den bisherigen Forschungsbefunden wird vor allem auf die Bedeutung der Körper von Frauen und Männern für deren Funktionstüchtigkeit in der *industriellen Welt* verwiesen. Sowohl in den deutschen Untersuchungen von Rauch und Schober (1996: 26) sowie Mariak und Kluge (1998: 210) als auch in englischen Studien (Ashton und Maguire 1980: 117; Fuller et al. 2005: 304; Miller et al. 2005: 61) werden ,Männerberufe' von den Selektionsverantwortlichen mit physischer Voraussetzung und Belastbarkeit assoziiert, welche Männer eher erfüllen würden als Frauen. Argumente wie unzureichendes technisches Verständnis oder mangelnde handwerkliche bzw. manuelle Fertigkeiten spielen dagegen in den Begründungen für die Ablehnung von weiblichen Arbeitskräften für männertypische Tätigkeiten bei Rauch und Schober (1996: 28) nur eine untergeordnete Rolle.

3.2 Ökonomisierung von Geschlecht in der Welt des Marktes

In Abgrenzung zur effizienzbasierten Koordinationsordnung der *industriellen Welt* hebt die *Marktkonvention* die Beziehungsprinzipien des Preises und der Konkurrenz hervor. In der *Welt des Marktes* sind soziale Beziehungen strategisch und opportunistisch. Eine Mitarbeiterin erhält Qualität, wenn sie für den Betrieb ein nachgefragtes Gut mit knappem Angebot bedeutet. Für die Ausbildungsstellenvergabe bedeutet die Marktkonvention, dass dem Betrieb durch einen künftigen Auszubildenden keine unnötigen *Kosten* entstehen. Betriebe wollen insbesondere keine Jugendlichen einstellen, die ihre Ausbildung frühzeitig abbrechen könnten, da dies einer betrieblichen Fehlinvestition gleichkäme.

Im Hinblick auf die Erfordernisse dieser *Welt des Marktes* gibt die Forschungsliteratur zu männertypischen Berufen Hinweise auf eine die Frauen diskriminierende Ökonomisierung von Geschlecht bei der Ausbildungsplatzvergabe. Mariak und Kluge (1998: 209f) verweisen auf die Erwartung von Arbeitgebern, dass weibliche Auszubildende nach ihrer erfolgreichen Ausbildung aufgrund der traditionellen Rollenteilung häufiger den Betrieb wechseln oder den Beruf aufgeben könnten. Damit seien die Kosten ihrer Ausbildung nicht mehr durch Gewinne aus ihrer Facharbeit aufzufangen und Frauen würden zu einem Investitionsrisiko. Dass die Arbeitgeber bei Schulabgängerinnen eine ökonomisch unvorteilhafte, schwangerschaftsbedingte Unterbrechung der Ausbildungsjahre antizipieren könnten, ist in der Schweiz vor dem Hintergrund der tiefen Geburtenrate im Jugendalter (0,4 Geburten auf 1000 weibliche Jugendliche, vgl. Michaud 2003) allerdings wenig plausibel.

In mehreren Untersuchungen findet sich hingegen eine plausiblere, gegen weibliche Kandidatinnen gerichtete Argumentation, wonach die verfügbaren sanitären Anlagen in manchem Betrieb mit männlicher Belegschaft keine separaten Wasch- und Umkleidemöglichkeiten für Frauen böten (Fuller et al. 2005: 304; Mariak und Kluge 1998: 210; Rauch und Schober 1996: 26). Diese Rechtfertigung ist auch in Schweizer Ausbildungsbetrieben denkbar, da das Arbeitsgesetz in Betrieben mit mehr als fünf Mitarbeitenden und bei „verschmutzender Tätigkeit" nach Geschlechtern getrennte Garderoben, Waschanlagen und Toiletten verlangt (SECO o.J.: 329–2). Sobald die Schaffung solcher Sozialräume mit einem betrieblich nicht vertretbaren Aufwand verbunden wird (so bei Mariak und Kluge 1998: 210), lässt sich der Ausschluss von Frauen mit Bezugnahme auf die *Konvention des Marktes* legitimieren.

3.3 Traditionelle Geschlechterverhältnisse in der häuslichen Welt

Basierend auf der *häuslichen Konvention* erlangt eine Person ‚Qualität', wenn ihr aufgrund von sozialer Nähe, Bekanntschaft, Verwandtschaft oder persönlicher Beziehungen Vertrauen entgegengebracht wird. Die Beziehungserwartungen orientieren sich an den Koordinationsformen der traditionell strukturierten Familie, etwa an altersspezifischen Autoritäts- und Abhängigkeitsverhältnissen sowie – für die vorliegende Thematik besonders relevant – an wertkonservativen Geschlechterrollen, an einer traditionellen geschlechtlichen Arbeitsteilung und an einer heterosexuellen Norm von Paar- und Geschlechterbeziehungen. Betriebe sind bei der Selektion von Auszubildenden in der *häuslichen Welt* bestrebt, konfliktarme horizontale und vertikale Sozialbeziehungen zu generieren. Eine auf häuslichen Werten basierende soziale Kohäsion im Betrieb könnte neben Altersdifferenzen (Imdorf 2012) und ethnischer Heterogenität (Imdorf 2010a) durch ungewohnte Geschlechterverhältnisse in Frage gestellt werden. Die Ausbildungsverantwortlichen in männertypischen Branchen könnten bei Bewerbungen junger Frauen somit eine Störung der innerbetrieblichen Sozialbeziehungen antizipieren.

Die Forschungsliteratur gibt dazu nur spärliche Hinweise. Fuller et al. (2005: 305) zeigen in ihrer englischen Untersuchung, dass die Arbeitgeber in Branchen wie Bau, Klempnerei oder Maschinenbau aus Tradition das ‚gewohnte Geschlecht' ausbilden. Die Autorinnen zitieren einen Klempner, der angab, dass die männliche Arbeitsumgebung und die Einstellungen der Arbeiter gegenüber Frauen verändert werden müssten, damit der Beruf auch für Frauen zugänglich wäre. Er hob die rüden Umgangsformen am Arbeitsplatz (Gefluche und sexuelle Anzüglichkeiten) hervor, die auch von ihm erwartet wurden, und die er sich selbst in seinen ersten Arbeitsjahren angeeignet habe (ebd.). Ashton und Maguire (1980: 117) verweisen zudem auf den arbeitgeberseitigen Glauben, wonach junge Frauen dem Verhalten, den Einstellungen und der Sprache einer männlichen Arbeitsgruppe nicht gewachsen seien.

3.4 Geschlecht in der staatsbürgerlichen Welt und in der Welt der Inspiration

Zusätzlich zu den bisher ausgeführten drei Konventionen der Arbeit gilt es die für das Ausbildungssystem zentrale *staatsbürgerliche Konvention* zu berücksichtigen. Sie reklamiert einen Gesellschaftsvertrag, der bei der Gestaltung von Beziehungen das Prinzip der Chancengleichheit in den Vordergrund rückt. Im Hinblick auf die Geschlechterkategorie wären die Betriebe in der *staatsbürgerlichen Welt* aufgefordert, ihre Ausbildungsplätze chancengleich an männliche und weibliche Bewerber zu vergeben. Während Großbetriebe teilweise entsprechende Vorkehrungen treffen (Gender-Mainstreaming in der Personalpolitik), strukturiert die *staatsbürgerliche Konvention* die Vergabe von Ausbildungsplätzen im Kleingewerbe nur schwach, da der Staat die Lehrlingsauswahl (im Unterschied zur Gestaltung des Ausbildungsverhältnisses) kaum reguliert.

Schließlich lässt sich die von Boltanski und Thévenot (2007: 225) beschriebene *Welt der Inspiration* bezüglich der Bedeutung des Geschlechts bei der Ausbildungsplatzvergabe hinterfragen. In dieser Welt ist der soziale Zusammenhalt einer Berufsgruppe durch das gemeinsame Sich-berufen-fühlen gewährleistet. Bei der beruflichen Motivation und den beruflichen Interessen handelt es sich um eine in Ausbildungsbetrieben besonders hoch bewertete Qualität, der im Selektionsprozess besondere Aufmerksamkeit geschenkt wird. Mariak und Kluge (1998) haben auf die besondere ‚Berufung' von Mädchen mit atypischen Berufsorientierungen für männertypische Berufe hingewiesen. Die in ihrer Studie befragten Berufsausbilder waren einhellig der Meinung, dass weibliche Auszubildende in männertypischen Branchen mindestens genauso gut seien wie männliche. Fachfrauen in ‚Männerberufen' würden zudem einen besonderen Ehrgeiz besitzen und möchten männlichen Kollegen nicht nachstehen (ebd.: 209). Damit könnten sie das Interesse von Ausbildungsbetrieben in männertypischen Branchen wecken.

3.5 Forschungsfrage

Die skizzierten Konventionen können als wesentliche Beziehungs- und Koordinationsprinzipien von Ausbildungsorganisationen betrachtet werden. Sie gewährleisten die Abstimmung der gegenseitigen Erwartungen im Betrieb und leiten die Beurteilung der Bewerber bei der Ausbildungsplatzvergabe an. Wie alle anderen Auswahlkriterien lässt sich auch das Individualmerkmal Geschlecht vor dem Hintergrund solcher Konventionen interpretieren. Die verschiedenen *Welten* zeichnen sich dabei durch eine unterschiedliche Bedeutung und Anerkennungslogik von Geschlecht für den betrieblichen Zusammenhalt aus.

Im Folgenden soll mit einer qualitativen Studie aus der Schweiz geklärt werden, welche ausbildungsrelevanten Risiken und Qualitäten mit dem weiblichen Geschlecht in einer männertypischen Berufsbranche, dem Autogewerbe, in Verbindung gebracht werden. Wie rechtfertigen die Arbeitgeber ihre geschlechtertypischen Präferenzen? Welche zukünftigen konfliktträchtigen (Ausbildungs-)Situationen werden aufgrund der Geschlechterzugehörigkeit der Kandidatinnen und Kandidaten antizipiert? Wie lassen sich solche Situationen und die darin eingelassenen Motive den skizzierten Welten und Konventionen zuordnen? Falls sich eine Geschlechterrelevanz der für die Personalselektion maßgeblichen Konventionen aufzeigen lässt, dann verweist dies auf *betriebliche Motive*, die den Ausschluss von weiblichen Auszubildenden im Autogewerbe bewirken und so die Geschlechtersegregation in dieser Branche mitbedingen.

4. Daten und Methode

Zur Beantwortung der Forschungsfrage wird auf die Daten des Schweizer Forschungsprojekts ‚Lehrlingsselektion in kleinen und mittleren Betrieben' aus dem

Jahr 2005 zurückgegriffen[4]. Nachfolgend werden Stichprobe, Datensammlung und Auswertungsstrategie kurz umrissen. Ausführlichere Angaben zum methodischen Vorgehen finden sich im Methodenbericht der Studie (Imdorf 2010b).

4.1 Untersuchte Betriebe

Die Analyse bezieht sich auf Deutschschweizer Ausbildungsbetriebe des Auto- und Karosseriegewerbes. Die Betriebe kleiner und mittlerer Größe wurden indirekt über das Nachverfolgen einzelner Bewerbungen von Jugendlichen rekrutiert, die sich ohne Erfolg auf ausgewählte Ausbildungsberufe (hier: Automechaniker/in, Automonteur/in oder Autolackierer/in) beworben hatten. Es konnten Daten aus 27 Betrieben ausgewertet werden: 17 Autogaragen und 10 Karosserie- oder Autospritzwerke. 21 der 27 Betriebe sind Kleinbetriebe mit max. 50 Angestellten. Unter den 27 Interviewpartnern war nur eine Frau (die Personalfachfrau eines größeren Garagenbetriebs), was die berufsbildungsstatistisch bekannte marginale Vertretung von Frauen im Auto- und Karosseriegewerbe widerspiegelt. Eine Übersicht über die untersuchten Betriebe nach Art, Anzahl Mitarbeitenden, betrieblicher Position des Interviewpartners und Ausbildungsberuf findet sich in *Tabelle 1* im Anhang.

4.2 Datenerhebung

In den rekrutierten Ausbildungsbetrieben führte der Autor mit den Selektionsverantwortlichen halbstrukturierte Experteninterviews durch. Der Interviewleitfaden umfasste detaillierte Fragen zur betriebsüblichen Lehrstellenvergabe. In diesem Zusammenhang wurde gefragt, welche Voraussetzungen eine erfolgreiche Bewerbung erfüllen muss und weshalb diese Voraussetzungen für den Betrieb von Bedeutung sind. Das Geschlecht als Auswahlkriterium wurde nicht direkt erfragt, aber zwei Mal als mögliche Deutungsressource angeboten; das erste Mal bei der Erfragung des Geschlechterverhältnisses des Bewerberpools, das zweite Mal mit einer Nachfrage gegen Ende des Interviews, ob die von den Interviewpartnern genannten Selektionskriterien geschlechtsspezifisch seien.

---

4   Das im Nationalen Forschungsprogramm ‚Integration und Ausschluss' durch den Schweizerischen Nationalfonds geförderte Projekt am Heilpädagogischen Institut der Universität Fribourg untersuchte in der Zeit von 2004 – 2006 die betrieblichen Logiken bei der Besetzung beruflicher Ausbildungsplätze in Deutschschweizer Betrieben.

4.3 Datenanalyse

Aus der retrospektiven Befragung zu betrieblichen Selektionsprozessen resultieren Rechtfertigungen der Selektionsverantwortlichen. Die theoretische Prämisse, wonach Organisationen in der Regel Entscheide treffen, die sie später in ihrer Umwelt rechtfertigen können, impliziert eine Abhängigkeit des nachträglichen Legitimationshandelns von der realen Entscheidungssituation. Damit lässt sich von den empirisch greif- und analysierbaren Rechtfertigungsreden auf vergangene Entscheidungsprozesse schließen. Die transkribierten Interviews wurden zunächst deduktiv mittels geschlechterrelevanten Suchbegriffen nach Textstellen codiert, die im Hinblick auf die Fragestellungen bedeutsam waren. Die darin enthaltenen Rechtfertigungsreden wurden sodann einer Argumentationsanalyse unterzogen.

Die Argumentationsanalyse ist hier die Methode der Wahl, da Antworten auf die Frage, *weshalb* das Geschlecht bei der Ausbildungsplatzvergabe als wichtig erachtet wird, im Modus von Argumentationen gegeben werden. Damit lässt sich methodisch klären, wie von antizipierten Ausbildungssituationen, in denen Geschlecht als relevant für eine gelingende Koordination erachtet wird, auf die Eignung einer geschlechtlich klassifizierten Person für die Ausbildung im Betrieb geschlossen wird. Jeder Schlussfolgerung liegt dabei eine selektionsleitende Konvention (oder ein Kompromiss mehrerer Konventionen) zugrunde, die argumentationsanalytisch rekonstruiert werden können (ausführlich dazu vgl. Imdorf 2010b).

5. Resultate

5.1 Bewerberpool und Geschlechterpräferenzen in den untersuchten Betrieben

Für 16 der 27 untersuchten Betriebe konnten Angaben zum Geschlechterverhältnis des Bewerberpools ausgewertet werden. Zwei Garagenbetriebe gaben an, für den Ausbildungsberuf Automonteur/in bzw. -mechaniker/in keine Bewerbungen von Frauen erhalten zu haben. In vier Garagenbetrieben und in einer Lackiererei haben sich Frauen vereinzelt beworben. In drei Lackiererein war von „einigen" Frauen die Rede; zwei gaben den Frauenanteil mit „zehn bis zwanzig Prozent" an und zwei wiesen auf eine Zunahme von Bewerbungen durch Frauen hin. Zwei Betriebe, darunter ein Garagenbetrieb, berichteten von auffällig vielen Bewerbungen von Frauen. Die Angaben belegen, dass die Mehrheit der untersuchten Betriebe Bewerbungen von Frauen erhalten hatte.

20 der 27 untersuchten Betriebe hatten bereits Erfahrung mit der Ausbildung von Frauen, darunter auch überraschend viele Autogaragen. In zwei weitere Ga-

ragen und in einer Lackiererei wurden Mädchen schon zu Betriebspraktika zugelassen. Drei Autogaragen und eine Lackiererei gaben an, bisher keine Erfahrung mit weiblichen Auszubildenden zu haben. In 26 von 27 Betrieben waren männliche Auszubildende willkommen. Dagegen gaben nur die Hälfte der Betriebe Präferenzen für weibliche Auszubildende an, wobei diesbezüglich kein Unterschied zwischen den Autogaragen und den Lackiererei en zu konstatieren ist. Ein Garagenbetrieb [1][5] setzte ausschließlich auf die Ausbildung einer Monteurin oder Mechanikerin. Sechs Betriebe (darunter vier Garagenbetriebe) sprachen sich explizit gegen weibliche Auszubildende aus. Je zwei Garagenbetriebe bzw. Lackiererei en äußerten sich ambivalent zu ihren Präferenzen, und in drei Garagenbetrieben blieb das Urteil unklar.

5.2 Argumente gegen weibliche Auszubildende im Autogewerbe

Im Folgenden werden die wesentlichen Argumente resümiert, mit denen die Arbeitgeber ihre Präferenzen *gegen* Frauen legitimiert haben. Dabei interessiert, welche Art konfliktträchtiger Situationen die Betriebe antizipieren, wenn sie weibliche Auszubildende einstellen würden, und in welchen der oben beschriebenen Welten die Konflikte verortet werden können.

Mit dem weiblichen Geschlecht assoziieren manche Ausbildungsverantwortliche körperliche Merkmale, die einen Arbeitsprozess behindern könnten. In zwei Betrieben [2, 3] wurde die menstruationsbedingt wiederkehrende Abwesenheit und Launenhaftigkeit früherer Mitarbeiterinnen bemängelt. Der Geschäftsinhaber [3] sah das wesentliche körperliche Problem jedoch primär in dem im Vergleich zu Männern schwächeren Körperbau der Frauen, was zu Rückenschmerzen führen könne, „wenn sie dann eine Woche lang Räder wechseln (...) und alles auf Brusthöhe heben müssen". Der Werkstattleiter [4] meinte, dass einem Mann die Körperkraft zugute käme, "wenn er ein Getriebe reinmacht", und in der Autolackiererei [5] hieß es, dass Autolackierer „nicht UNBEDINGT[6] ein Beruf ist für eine Frau, wenn sie nicht ziemlich robust ist". Solche betrieblichen Stellungnahmen verweisen auf den Konfliktgehalt des Frauenkörpers in der *industriellen Welt* von Autogaragen: Weibliche Körper stören, so die Annahme einiger Garagisten, potenziell Arbeitsabläufe in der Werkstatt, die ein gewisses Maß an Körperkraft erfordern.

---

5   Ziffern in eckigen Zahlen [Betriebsnummer] dienen nachfolgend der Zuordnung zu den in *Tabelle 1* im Anhang aufgelisteten Betrieben.

6   Wörter, die in den Interviews besonders betont wurden, sind in den vorliegenden Interviewzitaten mit Großbuchstaben wiedergegeben.

Andere Argumente gegen weibliche Auszubildende beziehen sich auf ein konfliktuelles Beziehungsgefüge innerhalb der Belegschaft, und damit auf eine Bedrohung des sozialen Zusammenhalts im Betrieb. Ein Filialleiter [6] verwies auf sein Team, das "besorgt (war), weil es eigentlich so ein wenig unter sich bleiben wollte". Ein Lehrlingsausbildner [7] sah vor allem „ein Problem (…), wenn sie zu hübsch sind", weil junge Frauen dann die Mechaniker „ablenken" und so den Betrieb stören könnten. Auch ein Geschäftsinhaber [8] verwies auf die Unruhe, die eine junge Frau in den Betrieb hineintragen könnte:

> „Dann gibt es immer hier so Macho-Zeugs mit den Jungs untereinander. Also wenn man junge Männer hat, das gibt immer solche Machtkämpfchen, und irgendeiner gewinnt dann. (…) Das kommt nicht gut, also das ZWISCHENMENSCHLICHE ist nicht gut. (…) das bringt sehr viel Unruhe (…)."

Eine Personalfachfrau [9] bestätigte vergleichbare Probleme, wonach einige Männer bereits den „Lehrtöchtern nachgestiegen" wären. Anderswo wurde konstatiert, dass es nicht einfacher sei, „ein Mädchen auszubilden in einer Männerdomäne als nur Männer" [10].

In drei Betrieben [2, 10, 11] wurde zudem das raue Arbeitsklima betont, das im männertypischen Autogewerbe verbreitet sei. Es herrsche „ein rauer Ton", es würde „nicht gehätschelt" [2], die Umgangssprache sei „nicht so wie vielleicht auf einem Büro" [11], eine Auszubildende dürfe „kein Mimöschen sein", und man wisse daher nicht, „ob hier die Mädchen am richtigen Ort" seien [2]. In zwei weiteren Betrieben [4, 12] wurde darauf hingewiesen, dass junge Frauen durch laute Zurechtweisungen überfordert würden. Der Werkstattleiter [4] wies das Problem dabei lachend von sich und hob die Gefährdung der psychischen Integrität von Frauen im Autogewerbe hervor:

> „Also wir sind offen, also das ist kein Problem. Wir sind Jungs hier, es ist, es ist ein bisschen ein Problem für die Frau, (…) wenn es irgendwie Stressprobleme gibt, (…) die Frauen, die kommen in Stresssituationen, und es ist ihnen nicht wohl dabei. (…) ich habe einfach die Erfahrung (gemacht), und dann hat sie psychische Probleme bekommen."

Betriebliche Problemerwartungen wie die Antizipation von Unruhe, wenn eine Frau zu einem männlichen Team stößt, das raue Arbeitsklima und die Gefährdung der psychischen Integrität von Frauen sind Argumente, die auf mögliche soziale und persönliche Konflikte in der *häuslichen Welt* der Betriebe verweisen.

Des Weiteren wurde in mehreren Betrieben mit dem Argument gegen Frauen votiert, dass diese die Ausbildung abbrechen oder den Beruf frühzeitig verlassen könnten. Der Geschäftsführer [2] gab an, dass man keine Mädchen mehr einstellen würde, nachdem eine Auszubildende „nach kürzester Zeit schwanger (wurde) und mit dem Beruf aufgehört" habe. In der Autolackiererei [13], wo man weiblichen Auszubildenden durchaus nicht abgeneigt sei, werden Bewerbungen von Frauen besonders genau unter die Lupe genommen, denn man wolle „einen Lehrabbruch (...) auf jeden Fall verhindern". In drei weiteren Fällen [7, 8, 11] wurde problematisiert, dass Frauen mittelfristig nicht im gelernten Beruf verbleiben würden. In der Autogarage [7] wurde der interviewte Lehrlingsausbildner von seinem Chef angehalten, dem männlichen Konkurrenten gegenüber einer valablen weiblichen Kandidatin den Vorrang zu geben. Der Vorgesetzte hätte gemeint, dass beim männlichen Kandidaten nach der Lehre die Chance größere wäre, dass er dem Betrieb erhalten bliebe, da der Mann die Stelle brauche, um seine Familie zu ernähren. In diesem Fall erwies sich eine traditionelle Werthaltung hinsichtlich der familiären Arbeitsteilung, die sich am Modell des männlichen Familienernährers ausrichtet, als Grundlage der betrieblichen Kosten-Nutzen-Rechnung. Wenn betriebliche Investitionen in weibliche Auszubildende angesichts eines frühzeitigen Ausbildungsabbruchs oder eines ungesicherten Verbleibs in Beruf und Betrieb nicht lohnenswert erscheinen, kann das weibliche Geschlecht in der *marktförmigen Welt* der Ausbildungsbetriebe zu einem Ausschlussgrund werden.

Schließlich argumentierten die Selektionsverantwortlichen in vier Betrieben [6, 8, 14, 15] mit dem aus der Forschungsliteratur bekannten Argument, wonach fehlende Sozialräume bzw. Toiletten die Integration einer Frau in eine männliche Belegschaft nicht gestatten würden. Dabei wurden weniger die Kosten getrennter Sozialräume als vielmehr beschränkte räumliche Möglichkeiten hervorgehoben. In der Autolackiererei [8] wird jungen Frauen sofort abgesagt, denn man müsse „eigentlich immer zwei WCs haben" und man habe "schlichtweg keinen Platz hier". Solange primär räumliche oder bauliche Beschränkungen betont werden, lassen sich solche Rechtfertigungen der *industriellen Welt* zuordnen. Sobald hingegen die gesetzliche Erfordernis nach geschlechtergetrennten Wasch- und Umziehräumen in den Vordergrund gerückt wird, argumentieren die Ausbildner in der *staatsbürgerlichen Welt*, in der das Arbeitsrecht die Integrität weiblicher Mitarbeiterinnen vor männlichen Zumutungen schützt. Diese Argumentation vertrat der Inhaber einer Autogarage [14], der betonte, dass man gerade am umbauen sei und in Zukunft ein separates WC haben werde. Dass die staatsbürgerliche Konvention durchaus den Referenzrahmen der Rechtfertigung darstellen kann, belegen drei Betriebe [1, 10, 16], die betonten, dass man für weibliche Auszubildende eingerichtet sei und über die erforderlichen sanitären Einrichtungen verfüge.

Die rekonstruierten Rechtfertigungsreden gegen junge Frauen im männertypischen Beruf replizieren neben dem Sozialraumargument weitere aus der Forschungsliteratur bekannten Begründungen in der *industriellen Welt* (Körperkraft) und in der *marktförmigen Welt* (Verbleib im Beruf). Die betrieblichen Stellungnahmen verweisen darüber hinaus deutlich auf zusätzliche beträchtliche Hürden junger Frauen im Zugang zur *häuslichen Welt* der männertypischen Autoreparaturbranche.

5.3 Argumente zu Gunsten weiblicher Auszubildender im Autogewerbe

Trotz der statistisch randständigen Vertretung junger Frauen insbesondere im Autoreparaturgewerbe befürwortete immerhin die Hälfte der untersuchten Betriebe die Einstellung von weiblichen Auszubildenden. Diese Betriebe hoben insbesondere die Motivation von weiblichen Auszubildenden, ihre guten Leistungen in Berufsschule und Betrieb sowie deren positiven Einfluss auf das Betriebsklima hervor, Qualitäten also, die sich konfliktreduzierend auf ein Ausbildungsverhältnis auswirken.

Bemerkenswert ist die Beobachtung in den Betrieben, wonach Interesse und Motivation weiblicher Auszubildender für die untersuchten Berufe im Vergleich zu ihren männlichen Kollegen besonders ausgeprägt seien. "Diese Mädels, die das machen, das sind solche, die dann hinter dem Beruf stehen" [17]. Ein Geschäftsinhaber [1] lobte das Motivationsschreiben einer weiblichen Kandidatin: „Sie hat in handwerklichen Berufen geschnuppert, NUR handwerkliche Berufe". Er zitierte die Kandidatin aus den Unterlagen: ,,,Ich werke auch gerne mit meinen Händen und mit Metall (...)'. Die Anderen *[die Jungen]* schreiben: 'Ich habe Freude an Autos'. Ha ha, da bekomme ich ja Zustände". Ein Mädchen wisse, was es wolle, wenn es „in einen absoluten Männerberuf einbricht", meinte der Geschäftsinhaber [18], der sich überzeugt zeigte, „dass die MEHR wissen, was sie machen als mancher Junge". Mit solchen Aussagen rechtfertigen die Betriebe die motivationale Qualität junger Frauen und damit ihre ,Berufung' in der *Welt der Inspiration*.

Zudem wurden die guten Leistungen weiblicher Auszubildender in Berufsschule und Betrieb betont. Ihre Schulleistungen fallen zum einen in den Bewerbungsunterlagen positiv auf. Laut einem interviewten Geschäftsinhaber [14] waren „ALLE Bewerbungen von denen *[den Mädchen]* mit Abstand die Besten". Auch die in der Autolackiererei [13] neu eingestellte Auszubildende war „von der Qualifikation her" die Beste. Die guten Schulleistungen bestätigen sich zum anderen in der Berufsschule. Ein Lehrlingsverantwortlicher [15], der selbst unterrichtet, berichtete von zwei Frauen in seiner Klasse, die „mit den Noten (...) im oberen Viertel waren". Auch in der Garage [19] war die Rede von Mädchen mit „guten bis sehr guten Noten". In zwei Interviews wurde darüber hinaus der positive Einfluss der Mädchen auf die Leistungsmotivation in der Schulklasse hervorgehoben. „Sie war natürlich dort *[in der Berufsschule]* schon ein wenig der Reißer (...), äh sie war dann eben auch der Gradmesser eben in der Schule. Und die Jungs hat das dann natürlich angespornt" [20]. "Wenn es Mädchen in der Klasse hat, dann hört man, dann ist der Klassenschnitt höher" [21]. Gute schulische Leistungsprognosen sind für Ausbildungsbetriebe primär relevant, weil damit das Risiko eines berufsschulisch bedingten Ausbildungsabbruchs sinkt (Imdorf 2009). Deshalb lassen sich die auf berufsschulischen Erfolg gerichteten Rechtfertigungsreden in der Regel in der *marktförmigen Welt* verorten.

Neben der schulischen Leistungsstärke wird jungen Frauen aber auch ein gutes Leistungsverhalten im Betrieb zugeschrieben. Das Argument der körperlichen Unzulänglichkeiten wird dabei relativiert. "So streng ist der Job ja nicht" [21]; „Es gibt sicher gewisse Sachen (...) die vielleicht rein von der Kraft her nicht mehr gehen (...), das kann man umgehen, (die sind) für mich (...) vernachlässigbar" [16]. Ein Geschäftsinhaber [1] verwies auf eine Auszubildende, die mangelnde Körperkraft mit einer intelligenten Arbeitsorganisation kompensieren konnte: „Man kann natürlich, wenn man (...) ein wenig clever arbeitet, kann man das sehr angenehm einrichten. (Aber) man kann die Kilos (auch) um das Dorf tragen, wenn man will." Hervorgehoben wurden vielmehr die Qualitäten weiblicher Auszubildender in der *industriellen Welt*: Gelobt wurde etwa ihre Zuverlässigkeit und ihr Verantwortungsbewusstsein [7], das „technische Flair" von „Mädels, die das machen" [17], oder – in zwei Autolackierereien [21, 22] – das besondere „Gefühl für die Farben" von Frauen. Sie würden zudem „sauber" [4, 7] und „seriöser" [23] arbeiten. Solcherart fachliche Qualifikationen würden auch anlässlich von Lehrabschlussprüfungen und nationalen Berufswettbewerben unter Beweis gestellt: „Sie hat sensationell abgeschnitten bei der Schweizermeisterschaft" [18]; „Sie machte die beste Prüfung im Kanton, (...) sie war in der Vorausscheidung der Berufsolympiade" [20].

Schließlich hoben einige Ausbildungsverantwortliche die Qualitäten weiblicher Auszubildender im sozialen Arbeitszusammenhang hervor. Frauen wurden als teamfähig und „sehr anpassend" [22] wahrgenommen. Anfängliche Zweifel hinsichtlich der Zusammenarbeit im Betrieb konnten in der Autogarage [17] aufgrund der Erfahrung mit einer weiblichen Hilfskraft gemindert werden. Auch in der Autolackiererei [24] konnte das Team in Zusammenarbeit mit einer ausgebildeten Autolackiererin die Erfahrung machen, „dass eine Frau nicht stört". Im Gegenteil, in mehreren Betrieben wurde auf den positiven Einfluss weiblicher Mitarbeitender auf das Betriebsklima hingewiesen. Es beruhige "unheimlich das Klima in einem Betrieb, wenn man eine Frau oder ein Mädchen hier hat" [12]. Es sei „einfach ein wenig ein anderes Gefühl in der Firma", und auch die Umgangssprache sei eine andere. Der Abteilungsleiter [10] bestätigte, dass seine männli-

chen Mitarbeiter bei Anwesenheit einer Frau „weniger harte Wörter brauchen"
würden. Für sich selbst sah er zudem den Vorteil, dass er bei Anwesenheit einer
Frau einen Grund habe, um vorlaute Mitarbeiter zurechtzuweisen. In der Autogarage [1] hatte eine Praktikantin „das ganze Klima verfeinert" („sie hat Leben
gebracht, sie hat ein Strahlen gebracht"). In einer weiteren Autogarage [19] war
die Rede davon, dass eine Frau dem Betrieb einen „Familiensinn" geben würde,
indem die männlichen Kollegen dazu angehalten würden, ihr zu helfen. „Unter
dem Strich", so das Urteil, „würde es dem Betrieb etwas bringen". Offensichtlich
führt die Präsenz einer jungen Frau in der *häuslichen Welt* von Männerbetrieben
auch zu Harmonie und nicht notgedrungen zu sozialer Unruhe.

Die skizzierten Rechtfertigungen lassen auf Vorteile für das Autogewerbe
durch die Inklusion weiblicher Mitarbeiterinnen schließen. Dabei fällt auf, dass
die Betriebe die Integration weiblicher Auszubildender in männertypische Berufe fast nie mit der Forderung nach Chancengleichheit von Frauen und Männern
in der *staatsbürgerlichen Welt* legitimiert haben.

6. Zusammenfassung und praktische Implikationen

Mittels einer konventionensoziologischen Analyse wurde die betriebliche Bedeutung des zugeschriebenen weiblichen Geschlechts bei der Auswahl von Auszubildenden im männertypischen Autogewerbe anschaulich verdeutlicht. Im Kontext
von kulturell gesetzter Zweigeschlechtlichkeit hat die Analyse den betrieblichen
Sinn der ‚Organisationsressource' Geschlecht bei der Personalauswahl offen gelegt, der in der Antizipation von konfliktträchtigen oder harmonieförderlichen Situationen des künftigen Ausbildungsverhältnisses besteht. Betriebe ‚wählen' bei
der Lehrlingsauswahl mitunter Geschlecht, um auf ein möglichst störungsfreies
Ausbildungsverhältnis hinzuwirken.

Vorausgesetzt, die vorliegenden Befunde lassen sich in weiteren geschlechtertypischen Branchen replizieren, lässt sich die These stützen, dass die Geschlechtersegregation auf dem Ausbildungsmarkt auch durch betriebsseitige Se-
lektionskalküle verfestigt wird (vgl. bereits Mariak und Kluge 1998: 211). Die
konventionentheoretische Auslegeordnung der betrieblichen Argumente für und
wider weibliche Auszubildende im Autogewerbe belegt dabei sowohl klassische,
aus der Forschungsliteratur bereits bekannte Argumente ihres Ausschlusses als
auch neue Argumente, die vermehrt für die betriebliche Integration junger Frau-
en im untersuchten Gewerbe sprechen.

In der *industriellen Welt* der Betriebe konkurrieren traditionelle Rechtfertigungen, die jungen Frauen die für die Berufsausübung erforderliche Körper-

kraft absprechen, mit Rechtfertigungsreden, die dieses Argument zurückweisen und die Leistungsfähigkeit und -bereitschaft von Frauen im Betrieb hervorheben. In der *häuslichen Welt* stehen Befürchtungen der mangelnden sozialen Passung und die Figur der sozialen Unruhestifterin wiederum Hoffnungen gegenüber, wonach Frauen dem sozialen Betriebsklima förderlich sein könnten. In der *Welt des Marktes* konkurrieren Bedenken, dass die ausgebildeten Frauen den Beruf frühzeitig verlassen könnten, mit der Gewissheit, dass bei weiblichen Auszubildenden kein Ausbildungsabbruch infolge schulischer Probleme zu erwarten ist. Dass die marktförmige Konvention die Integration junger Frauen ins männertypische Gewerbe zusätzlich befördern kann, belegen Forschungsbefunde, wonach sich die Arbeitgeber in technischen Branchen in Zeiten zunehmenden Fachkräftemangels und rückläufigen Interesses des männlichen Nachwuchses vermehrt für weibliche Auszubildende stark machen (Lemarchant 2007: 61; Miller et al. 2005: 61). Auch in der *staatsbürgerlichen Welt* lässt sich für und gegen junge Frauen argumentieren: Das Gebot der Chancengleichheit sollte ihre Einstellung eigentlich befördern; der im Arbeitsgesetz verankerte Schutz vor sexueller Belästigung schließt sie dagegen in jenen Betrieben aus, die nicht über die erforderlichen sanitären Anlagen verfügen.

Im Hinblick auf die Integrierbarkeit junger Frauen in das männertypische Autogewerbe ist es daher weniger eine spezifische Konvention, die die Integration der Frauen besonders zu fördern vermag[7]. Es stellt sich vielmehr die Frage nach den Erfordernissen und Interessen *innerhalb* der einzelnen Welten: Starke Arme oder fachliche Kompetenz in der *industriellen Welt*; ungestörte Männerbünde oder die Förderung von Friedfertigkeit und Harmonie in der *häuslichen Welt*; längerfristige betrieblich-berufliche Bindung oder kurzfristiger Ausbildungserfolg in der *Welt des Marktes*. In der *industriellen Welt* dürfte das Argument der Fachkompetenz und der Leistungsbereitschaft jenes der Körperkraft, die sich heute durch technische Hilfsmittel kompensieren lässt, inzwischen übertrumpfen. In der *Welt des Marktes* könnten der steigende Fachkräftemangel sowie die zunehmenden Probleme der Betriebe, überhaupt Auszubildende zu rekrutieren, die Zugangschancen für weibliche Auszubildende erhöhen. In der *häuslichen Welt* wurde die Qualität weiblicher Auszubildender zumindest erkannt.

Dass den jungen Frauen der Einstieg in männertypische Branchen weiterhin schwer fällt, hängt möglicherweise damit zusammen, dass die traditionellen Ausschlussmechanismen der *häuslichen Welt* weiterwirken. Die analysierten In-

---

7   Hierin unterscheidet sich der betriebliche Ausschluss junger Frauen vom betrieblichen Ausländerausschluss. Während die industrielle Welt Jugendlichen gegenüber, die als ausländisch gelten, prinzipiell wohlgesinnt ist, wird ihnen der Zutritt in die häusliche und marktförmige Welt der Betriebe verwehrt (vgl. Imdorf 2010a).

terviews belegen wohl eine betriebliche Nachfrage nach weiblichen Auszubildenden im Autogewerbe. Die maskuline Betriebskultur steht jedoch nicht zur Diskussion. Von den jungen Frauen wird erwartet, dass sie diese Kultur akzeptieren
und erdulden. Sie werden im Rahmen von Betriebspraktika und Bewerbungs-
gesprächen explizit mit dieser Erfordernis konfrontiert: „Ich zähle denen beim
Vorstellungsgespräch ganz klar alle Nachteile auf, die dieser Beruf hat für eine
Frau" [12]; „Weil es eben ein typischer Männerberuf ist, hat man sie auch deutlich darauf aufmerksam gemacht, (…) in WELCHEM Umfeld sie sich drei Jahre
lang behaupten können muss" [13]; "Das habe ich ihr gesagt am Anfang: wenn
sie wolle, dann müsse sie einfach kämpfen, als Frau" [23].

Diese Zumutung kann Bewerberinnen noch während des Selektionsprozes-
ses zum Selbstausschluss bewegen, worauf folgende Beobachtungen hindeuten:
„Häufig, wenn sie dann sehen, was sie alles können müssen, nach dem Eignungs-
test, sagen die von sich aus ‚nein'" [11]; „Sie kam am Montag (zum Testpraktikum),
ging um zwölf Uhr, und nach dem Mittag [hat man sie] nie mehr gesehen oder
gehört" [19]. Damit können sich die geschlechteratypischen Aspirationen weiblicher Jugendlicher bereits durch die Erfahrung des Bewerbungsprozesses abküh-
len und die Betroffenen frühzeitig zum Selbstausschluss bewegen. Solche Ab-
kühlungsprozesse gilt es vertiefter zu untersuchen, um zu klären, wie die jungen
Frauen in ihren Bewerbungsbemühungen vermehrt unterstützt werden müssten.

Das analysierte Interviewmaterial ergibt schließlich auch Hinweise darauf,
welche Ressourcen junge Frauen aus Sicht von Ausbildungsverantwortlichen be-
nötigen, damit ihnen nicht nur der Bewerbungsprozess, sondern im Anschluss
daran auch die Ausbildung im männertypischen Autogewerbe gelingt: Bewusstsein für die „Männerwelt" im Betrieb [19, 25]; Wille, sich in diese zu integrieren
[16]; Durchsetzungsvermögen [20]; psychische Stabilität und Belastbarkeit [25];
überdurchschnittliche Leistungsfähigkeit [20]; und die Unterstützungsbereitschaft
der Eltern [13]. Eine wichtige Ressource ist zudem ein für die Geschlechterfrage
sensibilisierter Ausbildner, der die jungen Frauen vor den Zumutungen männlicher Mitarbeiter zu schützen weiß [1, 13].

Für die Handlungspraxis implizieren die vorliegenden Ergebnisse, dass eine
Förderung geschlechteratypischer Berufsaspirationen nicht genügt, um den Zugang junger Frauen in männertypische Berufe zu erreichen. Weibliche Auszubildende bedürfen zusätzlicher Ressourcen und Unterstützung, um nicht nur die
Ausbildung, sondern bereits den betrieblichen Selektionsprozess in einer männertypischen Branche erfolgreich zu bewältigen. Der gewählte konventionensoziolo-
gische Analyserahmen impliziert jedoch zuallererst Interventionen, die bei den
Ausbildungsbetrieben ansetzen, um die Integration weiblicher Auszubildender in

der untersuchten Branche zu fördern. Branchenverbände können die herausgearbeiteten Pro-Argumente nutzen, um ihre Mitglieder zu überzeugen, vermehrt junge Frauen auszubilden. Den Betrieben wiederum kann das Argumentarium dazu dienen, die Einstellung weiblicher Auszubildender in ihrem lokalen Umfeld zu rechtfertigen. Es lohnt sich schließlich, darüber nachzudenken, wie die Betriebe ihre *häusliche Welt* umgestalten könnten, um die erwünschte Integration weiblicher Auszubildender nicht nur einzufordern, sondern erfolgreich umzusetzen.

Literatur

Ashton, David, und Malcolm Maguire. 1980. Young women in the labour market. Stability and change. In *Schooling for women's work*, Hrsg. Rosemary Deem, 112-125. London: Routledge & Kegan Paul.

BBT, Bundesamt für Berufsbildung und Technologie. 2011. *Berufsbildung in der Schweiz 2011*. Bern: Bundesamt für Berufsbildung und Technologie.

BFS, Bundesamt für Statistik. 2006. *BFS Aktuell. Statistik der beruflichen Grundbildung 2005*. Neuchâtel: Bundesamt für Statistik.

BMBF, Bundesministerium für Bildung und Forschung. 2003. *Berufsbildungsbericht 2003*. Bonn, Berlin: Bundesministerium für Bildung und Forschung.

Boltanski, Luc, und Laurent Thévenot. 2007. *Über die Rechtfertigung. Eine Soziologie der kritischen Urteilskraft*. Hamburg: Hamburger Edition.

Borkowsky, Anna. 2000. Frauen und Männer in der Berufsbildung der Schweiz. *Schweizerische Zeitschrift für Bildungswissenschaften* 22(2): 279-294.

Brandt, Oliver, und Waltraud Cornelißen. 2004. Berufsfindung in einer geschlechtercodierten Welt. Praxistheoretische Ansätze können der Berufsfindungsforschung neue Impulse geben. *Zeitschrift für Frauenforschung und Geschlechterstudien* 22(4): 21-38.

Diaz-Bone, Rainer. 2009. Konvention, Organisation und Institution. Der institutionentheoretische Beitrag der ‚Économie des conventions'. *Historical Social Research* 34(2): 235-264.

Fuller, Alison, Vanessa Beck und Lorna Unwin. 2005. The gendered nature of apprenticeship. Employers' and young people's perspectives. *Education + Training* 47(4/5): 298-311.

Gianettoni, Lavinia, Pierre Simon-Vermot, und Jacques-Antoine Gauthier. 2010. Orientations professionnelles atypiques: transgression des normes de genre et effets identitaires. *Revue Française de Pédagogie* 173: 41-50.

Imdorf, Christian. 2009. Die betriebliche Verwertung von Schulzeugnissen bei der Ausbildungsstellenvergabe. *Empirische Pädagogik* 23(4): 392-409.

Imdorf, Christian. 2010a. Die Diskriminierung 'ausländischer' Jugendlicher bei der Lehrlingsauswahl. In *Diskriminierung. Grundlagen und Forschungsergebnisse*, Hrsg. Ulrike Hormel und Albert Scherr, 197-219. Wiesbaden: VS Verlag für Sozialwissenschaften.

Imdorf, Christian. 2010b. *Forschungsprojekt "Lehrlingsselektion in KMU"*. *Methodenbericht*. Basel: Institut für Soziologie der Universität Basel.

Imdorf, Christian. 2012. Zu jung oder zu alt für eine Lehre? Altersdiskriminierung bei der Ausbildungsplatzvergabe. *Journal for Labour Market Research* 45(1): 79-98.

Imdorf, Christian, und Regula J. Leemann. 2012. New models of apprenticeship and equal employment opportunity. Do training networks enhance fair hiring practices? *Journal of Vocational Education & Training* 64(1): 57-74.

Leemann, Regula J., und Andrea Keck. 2005. *Der Übergang von der Ausbildung in den Beruf. Die Bedeutung von Qualifikation, Generation und Geschlecht*. Neuchâtel: Bundesamt für Statistik.

Lemarchant, Clotilde. 2007. La mixité inachevée. Garçons et filles minoritaires dans les filières techniques. *Travail, genre et sociétés* 18-2007: 47-64.

Mariak, Volker, und Susann Kluge. 1998. *Zur Konstruktion des ordentlichen Menschen. Normierungen in Ausbildung und Beruf*. Frankfurt a.M.: Verlag der Gesellschaft zur Förderung arbeitsorientierter Forschung und Bildung.

Meyer, Thomas, Barbara E. Stalder, und Monika Matter. 2003. *Bildungswunsch und Wirklichkeit. Thematischer Bericht der Erhebung PISA 2000*. Neuchâtel: BFS/EDK.

Michaud, Pierre-André. 2003. Prevention and Health Promotion in School and Community Settings: A Commentary on the International Perspective. *Journal of Adolescence Health* 33: 219-225.

Miller, Linda, Emma Pollard, Fiona Neathey, Darcy Hill, und Helen Ritchie. 2005. *Gender segregation in apprenticeships*. Manchester: EOC.

Rauch, Angela, und Karen Schober. 1996. Geschlechtsspezifisches Rekrutierungsverhalten westdeutscher Betriebe bei der Ausbildung und Beschäftigung von Auszubildenden und Fachkräften in anerkannten Ausbildungsberufen. In *Hürden im Erwerbsleben. Aspekte beruflicher Segregation nach Geschlecht. Beiträge zur Arbeitsmarkt- und Berufsforschung Nr. 198*, Hrsg. Sabine Liesering und Angela Rauch, 17-45. Nürnberg: IAB.

SECO, Staatssekretariat für Wirtschaft. o.J. *Wegleitung zu den Verordnungen 3 und 4 zum Arbeitsgesetz*. Bern: SECO (Stand: November 2011).

SKBF, Schweizerische Koordinationsstelle für Bildungsforschung. 2010. *Bildungsbericht Schweiz 2010*. Aarau: SKBF.

Trappe, Heike. 2006. Berufliche Segregation im Kontext. Über einige Folgen geschlechtstypischer Berufsentscheidungen in Ost- und Westdeutschland. *Kölner Zeitschrift für Soziologie und Sozialpsychologie* 58(1): 50-78.

Anhang

Tabelle 1: Untersuchte Betriebe nach Art, Anzahl Mitarbeiter, betrieblicher Position des Interviewpartners, und Ausbildungsberuf

[Nr.]	Betriebsart	Anzahl Mitarbeiter	Betriebliche Position Interviewpartner	Ausbildungsberuf (offene Lehrstelle)
1	Autogarage	1-3	Geschäftsinhaber	Automonteur/in
2	Karosseriewerk	11-20	Geschäftsführer	Autolackierer/in
3	Autogarage	7-10	Geschäftsinhaber	Automonteur/in
4	Autogarage	4-6	Werkstattleiter	Anlehre Autogewerbe
5	Lackiererei	4-6	Geschäftsführer	Autolackierer/in
6	Autogarage	11-20	Filialleiter	Automonteur/-mechaniker/in
7	Autogarage	101-250	Ausbildner	Autolackierer/in
8	Karosseriewerk	11-20	Geschäftsinhaber	Autolackierer/in
9	Autogarage	101-250	Personalverantwortliche	Automonteur/-mechaniker/in
10	Autogarage	51-100	Leiter Karosserie	Autolackierer/in
11	Autogarage	11-20	Ausbildungsleiter	Automechaniker/in
12	Karosseriewerk	11-20	Vorsteher Administration	Autolackierer/in
13	Karosseriewerk	11-20	Betriebsleiter	Autolackierer/in
14	Lackiererei	11-20	Geschäftsleiter	Autolackierer/in
15	Autogarage	51-100	Ausbildungsleiter	Automonteur/-mechaniker/in
16	Autogarage	51-100	Technischer Betriebsleiter	Automechaniker/in
17	Autogarage	11-20	Werkstattleiter	Automechaniker/in
18	Lackiererei	4-6	Geschäftsinhaber	Autolackierer/in
19	Autogarage	11-20	Verwalter	Automonteur/-mechaniker/in
20	Autogarage	21-50	Technischer Betriebsleiter	Automonteur/-mechaniker/in
21	Autogarage	51-100	Ausbildungsleiter	Autolackierer/in
22	Karosseriewerk	4-6	Werkleiter	Autolackierer/in
23	Autogarage	7-10	Werkstattleiter	Automonteur/in
24	Karosseriewerk	21-50	Betriebs- u. Personalleiter	Autolackierer/in
25	Karosseriewerk	1-3	Geschäftsinhaber	Autolackierer/in
26	Autogarage	11-20	Filialleiter	Automonteur/-mechaniker/in
27	Autogarage	11-20	Werkstattleiter	Automechaniker/in

Zurück zum Start? Berufswahlprozesse und Ausbildungserfolg nach Lehrvertragsauflösungen

Barbara E. Stalder/Evi Schmid

1. Einleitung

Jeder fünfte Lehrvertrag in der Schweiz wird vorzeitig aufgelöst (Stalder 2009; Stalder und Schmid 2006b). In einzelnen Lehrberufen liegt die Quote deutlich über dreißig Prozent (Stalder und Schmid 2006a). Von der Branche unabhängig sind zudem ausländische Jugendliche häufiger von Lehrvertragsauflösungen betroffen als Lernende mit Schweizer Pass. Um Ursachen und Konsequenzen von Lehrvertragsauflösungen besser zu verstehen, die Zahl der Lehrvertragsauflösungen zu reduzieren und die betroffenen Jugendlichen zu einem nachobligatorischen Abschluss zu führen, wurden in den letzten Jahren mehrere Studien durchgeführt (Bohlinger 2002; Lamamra und Masdonati 2009; Süss et al. 1996; Schmid 2010; Stalder und Schmid 2006a; Stalder 2009; Vock 2000).

Lehrvertragsauflösungen werden häufig als misslungene Berufs- oder Lehrstellenwahl gedeutet, die zu einer fehlenden Passung zwischen Jugendlichen und deren Ausbildungskontext und letztlich zum Lehrstellenwechsel oder Lehrabbruch führt (Neuenschwander 2008; Süss et al. 1996; Vock 2000). Lehrvertragsauflösungen werden dabei meist als Risiko für den weiteren Ausbildungs- und Berufsweg sowie als negativ für das Wohlbefinden der Betroffenen gesehen (vgl. dazu Bohlinger 2002; Bohlinger und Jenewein 2002; Schöngen 2003; Stalder und Schmid 2006a). Im Gegensatz zu dieser Risikoperspektive können Lehrvertragsauflösungen aber auch als Möglichkeit betrachtet werden, Berufswahlentscheidungen zu revidieren und neue berufliche Wege einzuschlagen (Schmid 2008; Schmid und Stalder 2012; Schöngen 2003). Diesbezügliche Studien stehen bisher weitgehend aus (vgl. dazu Schmid 2010).

Mit Herzog et al. (2006) ist davon auszugehen, dass Jugendliche nach einer Lehrvertragsauflösung auf frühere Phasen in ihrem Berufswahlprozess zurückgeworfen werden. Einerseits müssen sie die Gründe für die Vertragsauflösung reflektieren und sich überlegen, inwiefern die vorzeitige Lehrvertragsauflösung auf eine mangelhafte Berufswahlvorbereitung zurückzuführen ist. Andererseits stehen sie vor einer beruflichen Neuorientierung, müssen erneut Informationen zu Berufen, Ausbildungen und Ausbildungsplätzen suchen und diesbezügliche Entscheidungen treffen.

Gestützt auf Daten der Berner Längsschnittstudie LEVA (Schmid 2010; Stalder und Schmid 2006a) wird in diesem Beitrag untersucht, ob Jugendliche nach einer Lehrvertragsauflösung in ihrem Berufswahlprozess wieder „ganz von vorne beginnen" oder ob sie nur ausgewählte Teilschritte wieder aufnehmen und geringfügige Anpassungen in der Berufswahl vornehmen. Speziell wird analysiert, wie die Gründe für die Vertragsauflösung, der Stand der Berufswahl sowie die Ausbildungs- und Erwerbssituation direkt nach der Lehrvertragsauflösung den Wiedereinstieg in eine berufliche Grundbildung und das Erreichen eines Sekundarstufe II-Abschlusses beeinflussen.

In Anlehnung an Herzog et al. (2006) werden die Begriffe „Berufswahl" und „Berufswahlprozess" in einem breiten Sinn verwendet und umfassen auch die Suche nach einem Ausbildungsplatz, den Eintritt in die Berufsausbildung und in die Erwerbstätigkeit. Wir sind uns dabei bewusst, dass die Begriffe „Beruf" wie auch „Wahl" nicht immer zutreffend sind. Zum einen entscheiden sich Jugendliche in dualen Berufsbildungssystemen zunächst für einen Lehrberuf und nicht unbedingt auch für den späteren Erwerbsberuf. Zum andern lässt die Lehrstellenknappheit in gewissen Branchen und für gewisse Gruppen von Jugendlichen zuweilen wenig Raum für eine echte „Wahl", sondern bloß die Entscheidung zwischen irgendeiner Ausbildung und Ausbildungslosigkeit.

1.1   Berufswahl und Lehrvertragsauflösungen im Schweizer Berufsbildungssystem

In der Schweiz durchlaufen rund zwei Drittel aller Jugendlichen eine berufliche Grundbildung auf der Sekundarstufe II (BBT 2010). Berufsausbildungen sind mehrheitlich dual organisiert (betriebliche Lehre) und werden in mehr als 250 verschiedenen Lehrberufen angeboten. Wie andere duale Systeme ist das Schweizer Berufsbildungssystem eng mit dem Beschäftigungssystem verknüpft (Gonon 2002; Greinert 2004; Stalder und Nägele 2011; Wettstein und Gonon 2009). Die Bildungspläne und Berufsabschlüsse der Berufslehren sind berufsspezifisch ausformuliert, die Durchlässigkeit zwischen verschiedenen Lehrberufen ist gering und der Weg von der Berufsausbildung ins Erwerbsleben stark vorstrukturiert (Stalder und Nägele 2011). Berufslernende sind in einem Hybridstatus zwischen Ausbildung und Erwerb: 3-4 Tage in der Woche sind sie Lernende und Mitarbeitende im Lehrbetrieb, wo sie in den betrieblichen Produktionsprozess integriert werden und einen Lehrlingslohn erhalten; 1-2 Tage in der Woche sind sie Schülerinnen und Schüler und besuchen die Berufsfachschule.

Die betrieblichen Ausbildnerinnen und Ausbildner entscheiden aufgrund eigener Selektionskriterien, wen sie ausbilden möchten und wen nicht. Meist stützen sie sich auf ein mehrstufiges Verfahren, das Bewerbungsunterlagen, Eintrittstests, Bewerbungsinterviews und Schnupperlehren umfasst (Imdorf 2007; Stalder 2000). Im gegenseitigen Einverständnis unterzeichnen Lernende sowie die verantwortliche Berufsbildnerin bzw. der verantwortliche Berufsbildner einen Lehrvertrag. Dieser ist ein spezieller Arbeitsvertrag, der die Form und Dauer der Lehre, das Berufsziel, den Lehrlingslohn, die Arbeitszeiten und die Ferien regelt. Der Vertrag ist auf die Dauer des Lehrverhältnisses befristet und kann grundsätzlich nur geändert oder gekündigt werden, wenn außerordentliche Gründe vorliegen. In der Realität genügt meistens eine Mitteilung an die zuständige Behörde, dass das Ausbildungsverhältnis vorzeitig beendet werde. Über die Auflösung müssen sich die beiden Lehrvertragsparteien nicht einig sein (Lamamra und Masdonati 2009). Die Kündigung eines Lehrvertrags scheint also ungleich einfacher als dessen Abschluss (Stalder und Schmid 2006a).

Die frühe berufsspezifische Ausrichtung und die starke Rolle der Lehrbetriebe sind prägende Merkmale des Berufswahlprozesses im Schweizer Bildungskontext. Bereits im Alter von 14 Jahren müssen Jugendliche berufliche Vorentscheidungen treffen und sich den Anforderungen des Arbeitsmarktes – des potenziellen zukünftigen Lehrbetriebs – stellen. Nach Beginn der beruflichen Grundbildung sind diese Vorentscheidungen nur mit großem Aufwand revidierbar, da der Wechsel von Ausbildung (Lehrberuf) oder Ausbildungsplatz (Lehrbetrieb) in dualen Systemen nicht ohne weiteres möglich ist (Lamamra und Masdonati 2008a). Lernende, die das Berufsfeld wechseln möchten, müssen damit bis zum Schuljahreswechsel warten und wieder im ersten Lehrjahr beginnen. Die Ausbildungszeit in der bisherigen Berufsausbildung wird in der Regel nicht angerechnet. Zudem zögern viele Betriebe, Jugendlichen nach einem Lehrabbruch eine Lehrstelle anzubieten (Stalder 2000). In Anbetracht der Hürden, die bei einem Wechsel von Lehrberuf und -betrieb zu überwinden sind, erhält der Berufswahlprozess auf der Sekundarstufe I eine besondere Bedeutung.

1.2 Das Sechs-Phasen-Modell der Berufswahl nach Herzog et al. (2006)

Die Berufswahl ist ein längerer Prozess, der die Entwicklung beruflicher Interessen, deren Anpassung an individuelle Fähigkeiten, Fertigkeiten und berufliche Anforderungen, die Eingrenzung beruflicher Alternativen sowie daran anschließende Entscheidungen und deren gezielte Umsetzung umfasst (Brown und Associates 2002; Läge und Hirschi 2008). Der Berufswahlprozess wird dabei durch das Bildungssystem und dessen institutionelle Rahmenbedingungen vorstrukturiert. Berufswahltheorien fokussieren meist auf spezifische Phasen und Einflussfaktoren im Berufswahlprozess, so zum Beispiel auf die Eingrenzung beruflicher Alternativen (Gottfredson 2002), auf die Passung beruflicher Interessen und Fähigkeiten mit dem beruflichen Umfeld (Spokane et al. 2002), auf den Einfluss von Selbstwirksamkeit, Ergebniserwartungen und persönlichen Zielen (Lent et al. 2002) oder auf die Rolle von Bildungsstrukturen, Institutionen und deren Rollenträger (Imdorf 2012; Seibert et al. 2009; siehe auch Imdorf in diesem Reader).

Die Besonderheiten des dualen Berufsbildungssystems berücksichtigend haben Herzog et al. (2006) ein Berufswahlmodell vorgeschlagen, das entwicklungspsychologische, entscheidtheoretische und institutionelle Aspekte der Berufswahl integriert. Nach Herzog et al. (2006) kann der Berufswahlprozess in dualen Berufsbildungssystemen in sechs in logischer Sequenz aufeinander aufbauende Phasen konzipiert werden (Tabelle 1). Diese sind als Abfolge von Entscheidungen zu verstehen, deren Strukturierung einer institutionellen Logik folgt, die sich aus dem gegebenen (dualen) Bildungssystem ableitet.

Der Berufswahlprozess beginnt im frühen Kindesalter und kommt zu einem ersten Abschluss mit dem Eintritt in die Erwerbstätigkeit. Die dazwischen liegenden Berufswahlphasen zwei bis vier sind auf Informations-, Such- und Entscheidprozesse in der Sekundarstufe I ausgerichtet. Dabei werden verschiedene Berufsalternativen an eigenen Fähigkeiten, Interessen und Werten gemessen, mit den realen Ausbildungsoptionen verglichen und die Alternativen sukzessive eingeschränkt. Nach dem Entscheid für die Ausbildung und den Ausbildungsplatz – und der Lehrstellenzusage bzw. dem Unterzeichnen des Lehrvertrags – folgt eine Phase, in der die Jugendlichen ihre Entscheidung konsolidieren. Die fünfte Phase, die Berufsausbildung, umfasst den Eintritt in die berufliche Grundbildung, die Bewährung in Betrieb und Berufsfachschule sowie den Abschluss des Qualifikationsverfahrens (Lehrabschlussprüfung). Jugendliche, die nach Phase 4 in ein Brückenangebot übertreten, vollziehen nach Herzog et al. (2006) den Schritt in die Phase 5. Gleichzeitig befinden sie sich (wieder) in den Phasen 2 bis 4, wenn sie dieses Brückenangebot dazu nutzen, sich auf den Übertritt in eine Berufslehre vorzubereiten.

In jeder Berufswahlphase stellen sich Jugendlichen bestimmte Aufgaben, die erfolgreich zu bewältigen sind und ohne deren Bewältigung kein Vorankommen in die nächste Phase möglich ist. Herzog et al. (2006) haben gezeigt, dass Jugendliche in der Regel alle Phasen in der postulierten Reihenfolge, aber in unterschiedlichen Tempi durchlaufen. Dabei sind Regressionen im Berufswahlpro-

Tabelle 1: Berufswahlphasen und damit verbundene Aufgaben nach Herzog et al. (2006)

	Phase	Schulstufe, Alter (idealtypisch)	Aufgaben
1	Diffuse Berufs-orientierung	Vorschule, Primarschule (Klassen 1 bis ca. 4, 3-12jährig)	Wunschberufe
2	Konkretisierung der Berufsorientierung	Ende Primarschule (Klassen 5/6); Sekundarstufe I (Klassen 7-9, 13-15jährig)	Berufswünsche aufgrund persönlicher Interessen, Werte und schulischer Fähigkeiten konkretisieren; Spektrum möglicher Berufe oder Berufsfelder eingrenzen
3	Suche Ausbildungsplatz, Lehrstelle, Ausbildungsinstitution	Sekundarstufe I (Klassen 8-9, 14-15jährig)	Sich dem Lehrstellenmarkt (Ausbildungsmarkt) stellen: Schnupperlehren absolvieren, Bewerbungen schreiben, Aufnahmetests absolvieren. Abschluss mit Unterzeichnung des Lehrvertrags
4	Konsolidierung (Nachentscheidungsphase)	Ende Sekundarstufe I (9. Klasse, ca. 15jährig)	Berufliche Entscheidungen nachträglich verteidigen; sich versichern, dass die Berufs- und Lehrstellenwahl eine gelungene Entscheidung zwischen Wunschausbildung und Optimierung beschränkter Alternativen ist.
5	Berufsausbildung	Sekundarstufe II (nachobligatorisch; 10.-13. Schuljahr, ca. 16-19jährig)	Eintritt, Durchlaufen und Abschließen der Berufsausbildung; Person-Umwelt-Fit erreichen und aufrechterhalten
6	Eintritt ins Erwerbsleben	Nach Abschluss der Sek. II-Ausbildung	Erneute Berufsentscheidungen treffen

zess nicht ausgeschlossen, z. B. wenn nach erfolgloser Lehrstellensuche das Spektrum möglicher Berufe nochmals überdacht werden muss. Die Geschwindigkeit, in der der Berufswahlprozess durchlaufen wird, hängt von institutionellen Rahmenbedingungen (z.B. Lehrstellenangebot, institutionelle Selektionskriterien), persönlichen Merkmalen (z.B. Interessen, Geschlecht, schulische Kompetenzen, familiärer Hintergrund), den Berufswahlstrategien (Vorgehen, eingesetzte Mittel) sowie den sozialen Ressourcen der Jugendlichen (Unterstützung durch Bezugspersonen) ab (vgl. Läge und Hirschi 2008; Neuenschwander 2008).

1.3 Ursachen und Konsequenzen von Lehrvertragsauflösungen

Studien zu den Gründen für Lehrvertragsauflösungen verweisen auf Schwierigkeiten in der Bewältigung der Berufswahlaufgaben in den Phasen der Konkretisierung, der Ausbildungsplatzsuche und der Konsolidierung sowie beim Eintritt in die Berufslehre. Als Hauptgründe für die Lehrvertragsauflösung werden meist genannt: falsche Berufswahl, mangelnde Berufseignung, schlechte Leistungen in der Berufsfachschule, Interessens- und Motivationsverlust, gesundheitliche oder andere persönliche Gründe, Konflikte zwischen Lernenden und Ausbildenden sowie ungünstige Ausbildungsbedingungen (Bohlinger 2002; Hunger et al. 2002; Masdonati und Lamamra 2009; Stalder und Schmid 2006b). Viele der betroffenen Jugendlichen geben zudem an, dass sie die Lehre nicht ihrem Wunschberuf oder ihrem Wunschbetrieb haben absolvieren können (Deuer und Ertelt 2001; Neuenschwander 2008; Stalder und Schmid 2006a).

Je nach Auflösungsgrund, so kann zudem angenommen werden, sind die Konsequenzen für die weitere Ausbildungslaufbahn mehr oder weniger gravierend. Studien zeigen, dass rund die Hälfte der Jugendlichen unmittelbar nach der Lehrvertragsauflösung ohne Ausbildungsplatz ist, während die anderen direkt eine Anschlusslösung finden (für Deutschland z.b. Schöngen 2003; für die Schweiz z.b. Stalder und Schmid 2006a). Über den längerfristigen Verbleib der Jugendlichen ist nur wenig bekannt (Schmid 2010).

1.4 Adaptation des Sechs-Phasen-Modells und Fragestellung

Herzog et al. (2006) haben ihr Modell besonders auf normative Übergänge zwischen obligatorischer Schulzeit und Sekundarstufe II sowie zwischen Sekundarstufe II und Arbeitsmarkt / Tertiärstufe konzipiert und getestet. Zur differenzierten Analyse des Berufswahlprozesses nach Lehrvertragsauflösungen scheinen uns drei Anpassungen des Modells nötig. Erstens verzichten wir auf Phase 1, da wir nicht annehmen, dass Jugendliche nach einer Lehrvertragsauflösung in eine kindliche Phase der Wunschberufe regredieren. Zweitens ordnen wir Jugendliche in Brückenangeboten nicht der Phase 5 zu, da diese nicht zu einem zertifizierenden Sekundarstufe II-Abschluss führen und nicht auf den Eintritt in eine qualifizierte Erwerbstätigkeit vorbereiten. Drittens unterscheiden wir zwischen Jugendlichen, die bereits einen Sekundarstufe II-Abschluss erreicht haben und jenen, die noch ohne Abschluss sind. Personen, die ohne Abschluss erwerbstätig oder erwerbslos sind und sich mit Berufswahlfragen auseinandersetzen, werden entsprechend ihrer Informations-, Such- und Entscheidungsprozesse den Berufswahlphasen 2 bis 4 zugeordnet.

Damit lassen sich Jugendliche nach der Vertragsauflösung wie folgt den Berufswahlphasen zuordnen:

- Phase 1: Keine Person wird dieser Phase zugeordnet.
- Phase 2: Personen ohne Sek. II-Abschluss, die eine zertifizierende Sek. II-Ausbildung anstreben, sich aber noch nicht für einen neuen Beruf oder eine schulische Ausbildung entschieden haben. Die betreffenden Personen sind erwerbstätig, erwerbslos, ausbildungslos oder in einem Brückenangebot.
- Phase 3: Personen ohne Sek. II-Abschluss, die ihren Ausbildungsberuf gewählt haben und auf der Suche nach einem zertifizierenden Sek. II-Ausbildungsplatz sind. Die betreffenden Personen sind erwerbstätig, erwerbslos, ausbildungslos oder in einem Brückenangebot.
- Phase 4: Personen ohne Sek. II-Abschluss mit sicherem Ausbildungsplatz, die aber noch nicht mit der zertifizierenden Ausbildung begonnen haben. Die betreffenden Personen sind erwerbstätig, erwerbslos, ausbildungslos oder in einem Brückenangebot.
- Phase 5: Personen, die eine zertifizierende Sek. II-Ausbildung besuchen und noch keinen Abschluss auf dieser Stufe erreicht haben.
- Phase 6: Personen, die sich aktuell nicht mehr mit Berufswahlfragen auseinandersetzen. Es werden vier Unterkategorien unterschieden: Personen *mit* Sek. II-Abschluss, die erwerbstätig (Phase 6a) bzw. nicht erwerbstätig sind (Phase 6b, im Haushalt tätig, weitere Ausbildung, krank etc.); und Personen *ohne* Sek. II-Abschluss, die erwerbstätig (Phase 6c) bzw. nicht erwerbstätig (Phase 6d) sind.

Mit der Anpassung und Differenzierung des Berufswahlmodells stellt sich als übergeordnete Forschungsfrage, ob der Modell-Prozess der Berufswahl nach Herzog et al. (2006) auf den Berufswahlprozess nach einer Lehrvertragsauflösung übertragbar ist. Spezifischer werden folgende Fragen diskutiert:

1. In welcher Ausbildungs- und Erwerbssituation stehen die Jugendlichen ein bis dreißig Monate nach der Lehrvertragsauflösung?
2. In welcher Berufswahlphase (im Folgenden „Stand der Berufswahl") befinden sich die Jugendlichen im ersten und im dreißigsten Monat nach der Vertragsauflösung?
3. Inwiefern lässt sich der Stand der Berufswahl dreißig Monate nach der Vertragsauflösung durch die Gründe für die Vertragsauflösung, den Berufswahlstand oder die Ausbildungs- und Erwerbssituation im ersten Monat nach der Vertragsauflösung voraussagen?

2. Methode

Zur Beantwortung der Forschungsfragen stützen wir uns auf Daten der Berner Längsschnittuntersuchung LEVA, deren Ziel es ist, Entstehungsbedingungen und Konsequenzen von Lehrvertragsauflösungen zu analysieren (Schmid 2010; Stalder und Schmid 2006a). Eine erste Befragung der Lernenden fand unmittelbar nach der Vertragsauflösung (2004 / 2005), eine zweite rund drei Jahre (2007) danach statt. Die Befragungen basierten auf einer Kombination standardisierter Telefoninterviews und schriftlicher Zusatzfragebögen, die auf die Ausbildungssituation der Befragten nach der Lehrvertragsauflösung zugeschnitten waren und je nach Situation unterschiedliche Fragen enthielten. An der Erhebung 2004 / 2005 und der telefonischen Nachbefragung 2007 beteiligten sich 1159 Jugendliche (42 % Frauen, 12 % Ausländerinnen und Ausländer), wobei 768 (66 %) auch den schriftlichen Zusatzfragebogen 2007 ausfüllten.

Die wichtigen *Gründe* für die Lehrvertragsauflösung wurden unmittelbar nach der Lehrvertragsauflösung (2004 / 2005) basierend auf Süss et al. (1996) mit 25 Items erfragt und in acht Kategorien zusammengefasst (vgl. Stalder und Schmid 2006a): Berufs- und Lehrstellenwahl, Ausbildungsbedingungen im Betrieb, Konflikte im Betrieb, Umstrukturierung / Konkurs des Betriebs, Leistung des/der Lernenden im Betrieb, Leistung des/der Lernenden in der Berufsfachschule, Krankheit / Unfall des/der Lernenden, andere private Gründe des/der Lernenden (z.B. Probleme mit Eltern, Mutterschaft, Suchtproblematik, Gesetzeskonflikte).

Die *Ausbildungs- und Erwerbssituationen der Jugendlichen* nach der Lehrvertragsauflösung wurden unmittelbar nach der Lehrvertragsauflösung und drei Jahre danach (2007) erfragt. Die Tätigkeiten wurden monatsgenau rekonstruiert und in sieben Kategorien zusammengefasst: zertifizierende Sek. II-Ausbildung; Brückenangebot (z.B. zehntes Schuljahr, Praktikum); Erwerbstätigkeit mit Sek. II-Abschluss; Erwerbstätigkeit ohne Sek. II-Abschluss; arbeitsmarktliche Maßnahme (z.B. Beschäftigungsprogramm für erwerbslose Jugendliche); Erwerbslosigkeit (wobei die Jugendlichen z.T. bei der Arbeitslosenkasse angemeldet sind und Unterstützungsgelder erhalten); Personen, die weder in Ausbildung, noch erwerbstätig, noch auf Stellensuche sind (abgekürzt „NEET", not in education, training or employment, z.B. Ferien, Krankheit, „zu Hause", Mutterschaft, Militärdienst). In der Nacherhebung 2007 wurden zudem die bis zu jenem Zeitpunkt erreichten Sek. II-Abschlüsse erfasst.

Der *Stand der Berufswahl* ein bzw. dreißig Monate nach der Lehrvertragsauflösung wurde aus den 2007 erfragten Tätigkeiten sowie drei Fragen zur Konkretisierung der Berufsorientierung („Wussten Sie zum Zeitpunkt der Lehrvertragsauflösung schon, welchen (neuen) Beruf Sie lernen werden?"), zur

Ausbildungsplatzsuche („Hatten Sie zum Zeitpunkt der Lehrvertragsauflösung bereits einen neuen Lehrbetrieb oder eine Schule?") und zum Verzicht auf eine Ausbildung, d.h. dem Ausstieg aus dem Berufswahlprozess („Haben Sie überlegt, keine neue Ausbildung mehr zu machen?") rekonstruiert.

In beiden Erhebungen wurden zudem *soziodemographische Merkmale* der Jugendlichen erfasst (Geschlecht, Nationalität, sozio-ökonomischer Status), die als Kontrollvariablen in die multivariaten Analysen einfließen.

3. Resultate

3.1 Ausbildungs- und Erwerbssituation

Bereits in den ersten Monaten nach der Lehrvertragsauflösung besucht knapp die Hälfte der Jugendlichen wieder eine zertifizierende Ausbildung auf der Sekundarstufe II (Tabelle 2). Rund ein Siebtel der Jugendlichen (14%) ist ohne Sekundarstufe II-Qualifikation erwerbstätig, rund ein Sechstel (18%) ist erwerbslos. Knapp 10% der Befragten besuchen nach der Vertragsauflösung ein Brückenangebot oder sind in einer arbeitsmarktlichen Maßnahme. Gegen 10% der Befragten sind weder in Ausbildung, noch erwerbstätig noch auf Stellensuche (NEET): Sie sind krankgeschrieben, „einfach zu Hause", als Hausfrau und Mutter tätig oder im Militär.

Tabelle 2: Ausbildungs- und Erwerbssituation einen Monat bis dreißig Monate nach der Lehrvertragsauflösung

	1. Mt.	6. Mt.	12. Mt.	18. Mt.	24. Mt.	30. Mt.
	%	%	%	%	%	%
Zert. Ausbildung Sek. II [a]	49.3%	58.3%	66.1%	61.8%	58.6%	38.7%
Brückenangebot[a]	7.7%	8.3%	7.8%	7.2%	5.2%	2.7%
Erwerbstätigkeit ohne Sek. II-Abschluss	13.5%	16.5%	11.8%	9.5%	9.2%	9.2%
Arbeitsmarktliche Maßnahme[a]	1.8%	3.1%	1.8%	1.0%	.7%	.7%
Erwerbslos (mit/ohne Arbeitslosenunterstützung) [a]	17.7%	7.4%	4.0%	4.4%	4.3%	4.3%
NEET[a]	9.1%	5.5%	5.7%	6.3%	5.7%	5.2%
Erwerbstätigkeit nach Sek. II-Abschluss		.3%	2.3%	9.6%	16.1%	26.0%
Keine Angabe	.8%	.5%	.3%	.1%	.1%	13.2%
Total	100.0%	100.0%	100.0%	100.0%	100.0%	100.0%

N=768; [a] unabhängig davon, ob Personen bereits einen Sek.-II Abschluss erreicht haben oder nicht.

Nach zwölf Monaten erreicht der Anteil der Jugendlichen in einer Sek. II-Ausbildung den Höhepunkt mit über 66%. Danach nimmt er bis zum Beobachtungsende, dreißig Monate nach der Vertragsauflösung, deutlich ab. Gleichzeitig beginnt der Anteil der Erwerbstätigen nach erfolgreichem Lehrabschluss anzusteigen (26 % im dreißigsten Monat nach der Lehrvertragsauflösung). Nur wenig verändern sich hingegen die Anteile der Jugendlichen in anderen Ausbildungs- und Beschäftigungssituationen. So bleibt etwa der Anteil der unqualifiziert erwerbstätigen Jugendlichen nach dem zwölften Monat bei rund 10 %, der Anteil der Erwerbslosen bei 4 % und der Anteil der Jugendlichen, die weder in Ausbildung, noch erwerbstätig noch auf Stellensuche sind, bei rund 6 %.

3.2 Stand der Berufswahl

Im ersten Monat nach der Lehrvertragsauflösung findet sich die Mehrheit der Jugendlichen im Berufswahlprozess auf eine frühere Phase zurückgeworfen. Knapp ein Drittel der Betroffenen regrediert in die Phase der Konkretisierung der Berufsorientierung, rund 15 % in die Phasen der Ausbildungsplatzsuche oder Konsolidierung (Tabelle 3). Rund die Hälfte der Jugendlichen, die sich in den Berufswahlphasen 2 und 3 befinden, ist zu diesem Zeitpunkt erwerbslos, ein Drittel ist erwerbstätig, ein Sechstel in einem Brückenangebot. Die knappe Hälfte der Jugendlichen, die nach der Vertragsauflösung in einer Sek. II-Ausbildung ist, umfasst mehrheitlich Personen, die ihre Berufsausbildung im selben Berufsfeld, aber in einem anderen Betrieb oder auf einem anderen intellektuellen Anspruchsniveau fortsetzen können (vgl. dazu Schmid und Stalder 2007). Nur wenige Personen scheiden bereits im ersten Monat nach der Lehrvertragsauflösung gänzlich aus dem Berufswahlprozess aus, beschäftigen sich also nicht mehr mit Berufswahlfragen und/oder Fragen zur Ausbildungsplatzsuche. Ein Teil von Ihnen ist in unqualifizierten Positionen erwerbstätig (6c), andere sind erwerbslos oder krank zu Hause, wieder andere Hausfrau und Mutter (alle 6d).

Dreißig Monate nach der Lehrvertragsauflösung sind die Jugendlichen insgesamt im Berufswahlprozess deutlich vorangekommen. Mehr als 40 % haben einen Sekundarstufe II-Abschluss erreicht, die meisten von ihnen sind erwerbstätig. Knapp 40 % der Jugendlichen absolvieren noch eine Ausbildung auf der Sekundarstufe II. Demgegenüber ist der Anteil derjenigen Jugendlichen, die nach wie vor – oder wieder – am Anfang des Berufswahlprozesses stehen (Phasen 2, 3 oder 4) stark zurückgegangen. Auf 10 % zugenommen hat hingegen der Anteil derjenigen, die ohne Ausbildungsabschluss aus dem Berufswahlprozess ausgeschieden sind.

Tabelle 3:   Stand des Berufswahlprozesses einen Monat und dreißig Monate
nach der Lehrvertragsauflösung

Berufswahl-Phase	1 Monat nach Lehrvertragsauflösung		30 Monate nach Lehrvertragsauflösung	
	N	%	N	%
2 Konkretisierung der Berufsorientierung[a]	240	31.3	44	5.7
3 Suche Ausbildungsplatz[a]	81	10.5	22	2.9
4 Konsolidierung[a]	35	4.6	-	-
5 Berufsausbildung/andere zert. Sek. II-Ausbildung	379	49.3	301	39.2
6a Eintritt ins Erwerbsleben <u>mit</u> Sek. II-Abschluss	-	-	219	28.5
6b Andere Tätigkeit <u>mit</u> Sek. II-Abschluss[b]	-	-	105	13.7
6c Nicht mehr in Berufswahlprozess: Eintritt ins Erwerbsleben ohne Sek. II-Abschluss	10	1.3	63	8.2
6d Nicht mehr in Berufswahlprozess: Andere Tätigkeit ohne Sek. II-Abschluss	23	3.0	14	1.8
TOTAL	768	100	768	100

Anmerkungen:

[a] und gleichzeitig erwerbstätig, erwerbslos, in Brückenangebot, in arbeitsmarktlicher Maßnahme
oder NEET

[b] z.B. in Zweitausbildung, Hausarbeit, Zwischenjahr

Bei Personen mit fehlender Angabe im Referenzmonat wurden näherungsweise Angaben aus dem
nachfolgenden bzw. vorangehenden Monat verwendet.

3.3   Prädiktion des Berufswahlstands nach dreißig Monaten

In Bezug auf den Berufswahlstand dreißig Monate nach der Lehrvertragsauflösung interessiert, ob die Jugendlichen zu diesem Zeitpunkt eine Ausbildung auf der Sekundarstufe II besuchen oder eine solche bereits abgeschossen haben. Dies wurde mit zwei binär logistischen Regressionen modelliert (Modell 1: Codierung 1, wenn in Ausbildung oder wenn Abschluss erreicht, sonst 0; Modell 2: Codierung 1, wenn Abschluss erreicht, sonst 0). Pro Modell wurden je zwei Varianten gerechnet: Erstens die Prädiktion des Berufswahlstandes mittels Auflösungsgründen und Berufswahlstand im ersten Monat nach der Vertragsauflösung (a); und zweitens die Prädiktion des Berufswahlstandes mittels Auflösungsgründen sowie Ausbildungs- und Erwerbssituation im ersten Monat nach der Vertragsauflösung (b). In allen vier Modellen wurden die sozio-demographischen Merkmale Geschlecht, soziale Herkunft und Migrationshintergrund kontrolliert.

Modelle 1a und 1b: Prädiktion Ausbildung oder Abschluss. Die *Gründe für die Lehrvertragsauflösung* haben insgesamt nur wenig Einfluss auf den Berufswahlstand nach dreißig Monaten. Als signifikanter Prädiktor erweisen sich in beiden Modellen einzig „andere private Gründe". So haben Jugendliche, die aus privaten, nicht gesundheitsbedingten, Gründen aus dem Lehrvertrag ausscheiden, vergleichsweise geringe Chancen, dreißig Monate nach der Vertragsauflösung in einer Sek. II-Ausbildung zu sein oder eine solche bereits abgeschlossen zu haben. In Modell 1b zeigt sich zudem, dass schlechte Leistungen an der Berufsfachschule die Chancen auf einen Wiedereinstieg bzw. einen Sek. II-Abschluss verringern. Der *Berufswahlstand* und die *Ausbildungs- und Erwerbssituation* unmittelbar nach der Vertragsauflösung sind starke Prädiktoren für den Berufswahlstand nach dreißig Monaten. Gemäß Modell 1a haben zwei Gruppen von Jugendlichen besonders schlechte Chancen für einen erfolgreichen Wiedereinstieg oder Abschluss. In der ersten Gruppe befinden sich Jugendliche, die sich nach der Vertragsauflösung erneut in der Konkretisierungsphase befinden. Die zweite Gruppe umfasst diejenigen, die dann bereits aus dem Berufswahlprozess ausgeschieden und ohne Abschluss erwerbstätig oder NEET sind.

Ähnliche Resultate finden sich in Modell 1b. Erwerbstätige Jugendliche sowie Jugendliche, die direkt nach der Vertragsauflösung weder in Ausbildung noch erwerbstätig waren (NEET), haben die vergleichsweise schlechtesten Chancen, dreißig Monate später eine Sek. II-Ausbildung zu besuchen bzw. eine solche abgeschlossen zu haben. Die Chancen der Jugendlichen, die sich direkt nach der Vertragsauflösung in einem Brückenangebot oder einer arbeitsmarktlichen Maßnahme befinden, sind etwas höher. Gegenüber den Jugendlichen, die direkt nach der Vertragsauflösung eine Anschlusslösung finden, sind sie aber nach wie vor gering. Insgesamt weist Modell 1a (Nagelkerke R^2=.46) einen guten und Modell 1b (Nagelkerke R^2=.35) einen akzeptablen Modellfit auf (vgl. Backhaus et al. 2006: 456). Der Stand der Berufswahl dreißig Monate nach der Lehrvertragsauflösung lässt sich entsprechend durch den Berufswahlstand im ersten Monat besser voraussagen als durch die Ausbildungs- und Erwerbssituation im ersten Monat.

Tabelle 4: Prädiktoren des Berufswahlstandes dreißig Monate nach der Lehrvertragsauflösung[a]

	Modell 1 : Abschluss erreicht oder in Ausbildung		Modell 2: Abschluss erreicht	
	1a	1b	2a	2b
	exp(b)	exp(b)	exp(b)	exp(b)
Soziodemographische Merkmale				
Geschlecht: Mann	1.09	1.20	.59 *	.59 *
SES: Eltern mit mind. Sek. II-Abschluss	2.52 *	1.79 †	1.02	.98
Nationalität: Ausland	1.60	1.49	1.63	1.63
Auflösungsgründe				
Mangelhafte Berufs-/Lehrstellenwahl	1.21	1.05	.33 ***	.30 ***
Schlechte Ausbildungsbedingungen Betrieb	1.22	1.16	.91	.97
Umstrukturierung/Konkurs	1.54	1.54	1.96	1.89
Konflikte im Betrieb	.94	1.24	2.31 **	2.58 **
Ungenügende Leistungen in Betrieb	.83	1.01	.74	.74
Ungenügende Leistungen in Berufsfachschule	.75	.59 *	1.36	1.24
Krankheit/Unfall	.61	.72	.73	.75
Andere private Gründe	.42 **	.35 ***	.40 *	.36 **
Berufswahlstand nach Lehrvertragsauflösung [5 in Sek. II -Ausbildung]				
2 Konkretisierung Berufsorientierung	.05 ***		.02 ***	
3 Suche Ausbildungsplatz	.35		.07 ***	
4 Konsolidierung	.11 **		.09 ***	
6c/6d nicht mehr in Berufswahlprozess (erwerbstätig, NEET ohne Sek. II-Abschluss)	<.01 ***		<.01 ns	
Tätigkeit im ersten Monat nach *Lehrvertragsauflösung* [in Sek. II-Ausbildung]				
In Brückenangebot		.07 ***		.04 ***
Erwerbstätig (ohne Abschluss)		.03 ***		.02 ***
In arbeitsmarktlicher Maßnahme		.09 **		.02 **
Erwerbslos (mit/ohne Arbeitslosenunterstützung)		.04 ***		.05 ***
NEET		.04 ***		.07 ***
Konstante	.693 ***	24.08 ***	3.07 *	3.31 *
Nagelkerke R²	.46	.35	.60	.58

N=650
Exp(b) > 1: Chance erhöht sich um den Faktor x im Vergleich zur Vergleichsgruppe.
Exp(b) < 1: Chance verringert sich um den Faktor 1/x im Vergleich zur Vergleichsgruppe.
†: p<.10; *: p<.05; **: p<.01; ***: p<.001.

Modelle 2a und 2b: Prädiktion Abschluss. Die *Gründe für die Lehrvertragsauflösung* haben in den Modellen 2a und 2b einen bedeutenden Einfluss darauf, ob die Jugendlichen nach dreißig Monaten einen Sek. II-Abschluss erreicht haben oder nicht. Wird die Lehrvertragsauflösung auf eine mangelhafte Berufs- oder Lehrstellenwahl zurückgeführt, sinken die Chancen für einen Abschluss nach dreißig Monaten. Dasselbe gilt – analog zu den Modellen 1a und 1b – für private, nicht gesundheitsbedingte, Gründe. Konflikte zwischen Lernenden und Ausbildenden oder Mitarbeitenden im Lehrbetrieb erhöhen paradoxerweise die Chance, einen Abschluss zu erreichen.

Der *Berufswahlstand* und die *Ausbildungs- und Erwerbssituation* unmittelbar nach der Lehrvertragsauflösung sind erwartungsgemäß auch in den Modellen 2a und 2b starke Prädiktoren für den Berufswahlstand nach dreißig Monaten. Wer sich nach der Vertragsauflösung in der Konkretisierungsphase befindet, hat im Vergleich zu denjenigen, die ihre Ausbildung direkt fortsetzen, die schlechtesten Chancen, in den dreißig Monaten nach der Lehrvertragsauflösung einen Sek. II-Abschluss zu erreichen. Relativ gering sind auch die Chancen derjenigen, die dann (noch) einen Ausbildungsplatz suchen oder ihren Ausbildungsentscheid konsolidieren. Von den Jugendlichen, die nach der Lehrvertragsauflösung aus dem Berufswahlprozess ausgestiegen sind, erreicht niemand einen Abschluss.[1] Gemäß Modell 2b haben Jugendliche, die nach der Lehrvertragsauflösung ohne Abschluss erwerbstätig oder in einer arbeitsmarktlichen Maßnahme sind, besonders schlechte Chancen, innert dreißig Monaten einen Abschluss zu erreichen.

Modelle 2a und 2b weisen beide einen guten Modellfit auf (Nagelkerke R^2= .60 bzw. .58). Im Unterschied zu Modellen 1a und 1b gelingt die Voraussage des Ausbildungsabschlusses gleich gut, unabhängig davon, ob als Prädiktoren der Berufswahlstand oder die Ausbildungs- und Erwerbssituation im ersten Monat nach der Lehrvertragsauflösung berücksichtigt werden.

4. Diskussion

Lehrvertragsauflösungen widersprechen der institutionell vorgegebenen Struktur eines Berufswahlprozesses, der sich am Ideal von linearen Verläufen ohne Wechsel, Unterbrüche oder Abbrüche orientiert (vgl. z.B. Raffe 2008; Ryan 2001,

---

1 Damit liegt eine sogenannte „perfect prediction" bzw. „complete separation" in den Daten vor. Für die Variable „nicht mehr im Berufswahlprozess" kann kein Maximum Likelihood Schätzer berechnet werden (das odds ratio ist unendlich, der Standardfehler ausserordentlich hoch, im präsentierten Modell > 7000). Zusatzanalysen zeigen, dass sich die Schätzer für die anderen Koeffizienten kaum ändern, wenn die Dummyvariable „nicht mehr im Berufswahlprozess" mit der Variable „Konkretisierung" zusammengelegt wird. Das Modell bleibt stabil.

Stalder 2012). Sie werden entsprechend meist aus einer Risikoperspektive betrachtet, die die negativen Konsequenzen betonen (Bohlinger 2002; Schmid 2012). Im Gegensatz dazu haben wir in diesem Aufsatz Lehrvertragsauflösungen auch als Möglichkeit für eine Revision von Berufswahlentscheidungen und für eine positive berufliche Entwicklung betrachtet. Basierend auf dem Sechs-Phasen-Modell der Berufswahl von Herzog et al. (2006) haben wir ein adaptiertes Modell vorgeschlagen, um die Berufswahlprozesse von Jugendlichen nach einer Lehrvertragsauflösung zu untersuchen. Insbesondere haben wir vier Modelle geprüft, um den Berufswahlstand der Jugendlichen dreißig Monate nach der Lehrvertragsauflösung zu erklären.

Die Mehrheit der Jugendlichen findet sich nach der Lehrvertragsauflösung in einer von zwei typischen Berufswahlsituationen: Die erste Situation betrifft diejenigen Jugendlichen, die ihre Sek. II-Ausbildung ohne Unterbruch fortsetzen. Sie wechseln mehrheitlich den Lehrbetrieb oder den Lehrberuf, bleiben aber in ihrem Berufsfeld (vgl. dazu auch Schmid und Stalder 2007). Die Anforderungen an die berufliche Umorientierung sind vergleichsweise gering. Die zweite Berufswahlsituation betrifft Jugendliche, die mehrheitlich wieder am Anfang des Berufswahlprozesses stehen. Ihre Ausbildungslage ist unsicher. Die Anforderungen an die berufliche Umorientierung sind groß.

Im ersten Jahr nach der Vertragsauflösung, so scheint es, werden die Weichen in Bezug auf den weiteren Ausbildungsverlauf gestellt. Der höchste Anteil der Jugendlichen, die sich in Sek. II-Ausbildung befinden, ist nach dem zwölften Monat erreicht. Dieser Befund bestätigt bisherige Untersuchungen, nach denen die Chancen für einen erfolgreichen Wiedereinstieg in eine Sek. II-Ausbildung v.a. in den ersten Monaten groß ist, nach eineinhalb Jahren aber deutlich abnimmt (Schmid 2010).

Die Gründe für die Lehrvertragsauflösung sind schlechte Prädiktoren dafür, ob Jugendliche nach dreißig Monaten in Ausbildung sind oder bis dann einen Sek. II-Abschluss erreichen (Modelle 1a und 1b). Dies haben wir so nicht erwartet. Wir erklären uns den Befund u.a. mit der Komplexität von Lehrvertragsauflösungen. In der Regel kumulieren und verstärken sich verschiedene Faktoren, die dann zur Vertragsauflösung führen (Lamamra und Masdonati 2008b; Stalder und Schmid 2006b). Die acht Oberkategorien, in denen wir die Auflösungsgründe zusammengefasst haben, vermögen diesem komplexen Geschehen nur ungenügend Rechnung tragen.

Aussagekräftiger sind die Resultate, wenn wir die Analysen auf den nach dreißig Monaten erreichten Abschluss einschränken (Modelle 2a und 2b). Hier zeigt sich, dass Probleme bei der Berufs- und Lehrstellenwahl sowie private Schwierigkeiten das Erreichen eines Abschlusses längerfristig erschweren. In beiden Fällen ist davon auszugehen, dass Jugendliche in ihrem Berufswahlprozess zurückgeworfen werden und – wenn überhaupt – eine gänzlich neue Ausbildung beginnen müssen. Das etwas kontraintuitive Resultat, dass Konflikte im Lehrbetrieb den Abschlusserfolg vergrößern, lässt sich damit begründen, dass viele der betreffenden Lernenden im Anschluss an die Lehrvertragsauflösung „nur" den Betrieb wechseln. Sie setzen ihre Lehre im selben Beruf und im selben Lehrjahr fort.

Private Gründe wie Schwangerschaft oder Mutterschaft, Drogenprobleme oder Schwierigkeiten mit der Polizei erweisen sich insgesamt wie erwartet als längerfristiges Risiko für die Ausbildungs- und Abschlusschancen nach einer Lehrvertragsauflösung. Dieser Befund zeigt sich auch, wenn der Berufswahlstand im ersten Monat kontrolliert wird. Übereinstimmend mit Befunden zum Wiedereinstieg nach Vertragsauflösungen (Schmid 2010) gelingt es Jugendlichen in solchen Lebenssituationen offenbar kaum, wieder in einer Sek. II-Ausbildung Fuß zu fassen. Es ist zu vermuten, dass einige bereits in der Konkretisierungsphase wieder aufgeben, weil sie im gegebenen Ausbildungssystem keine Möglichkeiten sehen, eine Ausbildung zu absolvieren. Andere dürften an den Selektionshürden von Ausbildungsbetrieben scheitern, die „Problemjugendlichen" wenig Chancen bieten (Imdorf 2007; Stalder 2000).

Der Berufswahlstand im ersten Monat nach der Lehrvertragsauflösung wie auch die Ausbildungs- und Erwerbssituation sind entscheidend für den Berufswahlstand nach dreißig Monaten. Berücksichtigt man, ob Jugendliche in Ausbildung sind *oder* bereits einen Abschluss erreicht haben (Modelle 1a und 1b), so scheint, dass eine klare Berufswahlorientierung nach der Vertragsauflösung wichtiger ist als der Besuch einer Berufswahlmaßnahme wie ein Brückenangebot. Diese Interpretation wird gestützt von anderen Studien, die zeigen, dass auch Jugendliche, die zunächst einfach nur „zu Hause sind", gute Wiedereinstiegschancen haben. Voraussetzung ist, dass sie nicht durch große private Probleme belastet sind und sich mit der Berufswahl auseinandersetzen (Schmid 2010).

Insgesamt ist das Berufswahlmodell von Herzog et al. (2006) mit entsprechender Modifikation gut auf die Situation nach Lehrvertragsauflösungen anwendbar. Unsere Befunde zeigen, dass es wichtig ist, Laufbahnentscheidungen nicht nur *vor* Eintritt in die Berufsausbildung (für einen Überblick z.B. Hirschi und Läge 2007), sondern auch *während* der Lehre differenziert zu analysieren. Sie bestätigen insbesondere, dass berufliche Vorentscheidungen beim Übertritt in die Berufsbildung überprüft, adaptiert, konsolidiert und allenfalls angepasst werden müssen (Heinz 2002). Die Betrachtung des Berufswahlprozesses aus der Perspektive von Jugendlichen, die in der Phase der Berufsbildung scheinbar „gescheitert" sind, verdeutlicht die Unsicherheiten, denen Berufswahlentscheidungen immer unterworfen sind. Solche Entscheidungen sind in längere Prozesse der beruflichen Entwicklung eingebettet, in denen sich immer wieder neue Risiken, aber auch neue Chancen ergeben (Stalder 2009). Mit Blick auf die längerfristige berufliche Entwicklung ist dabei entscheidend, das Erreichen eines Sek. II-Abschlusses als Teil des Berufswahlprozesses mitzudenken, sind doch Personen ohne Sek. II-Abschluss auf dem Arbeitsmarkt stark benachteiligt (Bertschy et al. 2007; Descy 2002).

Unsere Analysen unterliegen gewissen Einschränkungen, die in zukünftigen Studien berücksichtigt werden sollten. Durch die Beschränkung auf zwei Befragungszeitpunkte – den ersten und den dreißigsten Monat nach der Lehrvertragsauflösung – war es nicht möglich, den Berufswahlprozess nach Lehrvertragsauflösungen in seiner Ganzheit zu erfassen. Insbesondere bleibt auch offen, welche Berufswahlphasen die Jugendlichen bereits vor der Lehrvertragsauflösung erfolgreich durchlaufen haben und wie sich dies auf den weiteren Berufswahlprozess ausgewirkt hat. Zudem konnten wir mit unserem Design nicht überprüfen, in welcher Sequenz die verschiedenen Berufswahlphasen nach der Lehrvertragsauflösung durchlaufen werden und welche Rolle andere individuelle, institutionelle oder strukturelle Faktoren spielen. Der Lehrstellenmarkt schränkt die Möglichkeiten der beruflichen Reorientierung stark ein: Zum einen durch die Strukturierung der Ausbildungsberufe nach intellektuellem Anforderungsniveau, die einen Wechsel innerhalb der Branche vereinfacht oder aber verunmöglicht (Stalder 2011), zum andern durch ein knappes Angebot, das insbesondere für Jugendliche nach einem Ausbildungsabbruch wenig offen ist (Lamamra und Masdonati 2008a; Stalder 2000). Auf der individuellen Ebene haben wir den Berufswahlprozess näher betrachtet und andere Faktoren wie die Interessen der Jugendlichen, ihre fachlichen und überfachlichen Kompetenzen oder ihr soziales Netzwerk nicht mitberücksichtigt. Zukünftige Studien sollten darauf hinzielen, mehrere dieser Faktoren mit einzubeziehen und den Prozess der Berufswahl von Beginn der Sekundarstufe I an zu verfolgen, um die berufliche Entwicklung während der Lehre besser zu verstehen.

Der Umstand, dass Neuorientierungen in der beruflichen Grundbildung heute für viele normal sind, hat auch praktische Implikationen für Schulen und Lehrpersonen sowie für die Berufsberatung. Präventionsstrategien müssen auf zwei Ziele ausgerichtet sein: die Reduktion von Lehrvertragsauflösungen und die Reintegration der betreffenden Lernenden ins Bildungssystem. Beide Strategien zielen letztlich darauf hin, allen Jugendlichen zu ermöglichen, einen Sek. II-Abschluss zu erwerben. Um Lehrvertragsauflösungen entgegen zu wirken, haben

Bildungspolitik und -forschung u.a. vorgeschlagen, den Berufswahlunterricht auf
der Sekundarstufe I zu verbessern, Unterstützungsmaßnahmen für Lernende, Berufsbildnerinnen und Berufsbildner zu verstärken, die Qualitätssicherung in der
Berufsbildung zu stärken und Weiterbildungsmaßnahmen für Ausbildungsverantwortliche zu fördern (BBT 2007; Bohlinger 2002; Cart und Toutin-Trelcat 2010;
Meylan 2008). Um die Fortsetzung der Ausbildung oder einen Wiedereinstieg nach
einer Lehrvertragsauflösung zu fördern, sollten Lehrvertragsauflösungen bereits
auf der Sekundarstufe I wie auch in der Berufsfachschule im Unterricht thematisiert werden. Wichtig ist, dass der Schritt zu einer Lehrvertragsauflösung von
den Lernenden, aber auch von den betrieblichen Ausbildenden gut geplant wird.
Letztere sind als Lehrvertragspartner nicht nur verantwortlich für die Selektion
und die Ausbildung, sondern entscheiden auch direkt über eine Aufrechterhaltung oder Auflösung des Vertrags. Je mehr Zeit nach der Vertragsauflösung ver-
streicht, umso stärker sinkt die Chance auf einen Wiedereinstieg (Rastoldo et al.
2009; Schmid 2010). Umso wichtiger ist es, mit Jugendlichen umgehend – spätestens nach der Lehrvertragsauflösung – zu klären, wo sie in ihrem Berufswahlprozess stehen. Hier kommt auch der Berufsberatung eine besondere Bedeutung
zu: Wenn Jugendliche nach der Lehrvertragsauflösung wieder am Anfang des
Berufswahlprozesses stehen und wenn es ihre Lebenssituation scheinbar nicht
erlaubt, eine Ausbildung zu absolvieren, sollten sie auf ein gut ausgebautes Un-
terstützungsangebot zurückgreifen können. Insgesamt bedarf es einer stärkeren
Institutionalisierung und Professionalisierung der Begleitung im Fall einer Lehrvertragsauflösung: Aufgaben, Zuständigkeiten und Abläufe nach Vertragsauflösungen müssen klar definiert sein. Dies ermöglicht es, Jugendliche in schwierigen
Lebenssituationen so zu unterstützen, dass die Lehrvertragsauflösung nicht nur als
Risiko, sondern als Chance für die berufliche Entwicklung genutzt werden kann.

Literatur

Backhaus, Klaus , Bernd Erichson, Wulff Plinke und Rolf Weiber. 2006. *Multivariate Analyseme-
    thoden. Eine anwendungsorientierte Einführung.* 11th rev. ed. Berlin: Springer.
BBT. 2007. *Case Management Berufsbildung. Grundsätze und Umsetzung in den Kantonen.* Bern: BBT.
BBT. 2010. *Berufsbildung in der Schweiz 2010. Fakten und Zahlen.* Bern: Bundesamt für Berufs-
    bildung und Technologie.

Bertschy, Kathrin, Edi Böni und Thomas Meyer. 2007. *An der Zweiten Schwelle: Junge Menschen im Übergang zwischen Ausbildung und Arbeitsmarkt. Ergebnisübersicht des Jugendlängsschnitts TREE, Update 2007.* Bern: TREE.

Bohlinger, Sandra. 2002. Vorzeitige Ausbildungsvertragslösungen. *Zeitschrift für Berufs- und Wirtschaftspädagogik* 98: 405-420.

Bohlinger, Sandra und Klaus Jenewein. Hrsg. 2002. *Ausbildungsabbrecher – Verlierer der Wissensgesellschaft?* Bielefeld: Bertelsmann Verlag.

Brown, Douane und Associates. Hrsg. 2002. *Career choice and development.* 4th ed. New York: Wiley & Sons.

Cart, Benoît und Marie-Hélène Toutin-Trelcat. 2010. Apprenticeship contracts: why they are breached? *Training & Employment* 89: 1-4.

Descy, Pascaline. 2002. Ein niedriges Bildungsniveau in Europa: ein Risikofaktor. *Europäische Zeitschrift für Berufsbildung* 26: 65-76.

Deuer, Ernst und Bernd-Joachim Ertelt. 2001. Ausbildungsabbruch: Situation und Handlungsstrategien. *Zeitschrift für berufskundliche Information und Dokumentation* 22: 1415-1558.

Gonon, Philipp. 2002. *Arbeit, Beruf und Bildung.* Bern: hep.

Gottfredson, Linda S. 2002. Gottfredson's theory of circumscription, compromise, and self-creation. In *Career choice and development*, 4th ed, Hrsg. Duane Brown und Associates, 85-148. New York: Wiley & Sons.

Greinert, Wolf-Dietrich. 2004. European vocational training 'systems' – some thoughts on the theoretical context of their historical development. *European Journal of Vocational Training* 32: 18-22.

Heinz, Walter R. 2002. Transition discontinuities and the biographical shaping of early work careers. *Journal of vocational behavior* 60: 220-240.

Herzog, Walter, Markus P. Neuenschwander und Evelyne Wannack. 2006. *Berufswahlprozess. Wie sich Jugendliche auf ihren Beruf vorbereiten.* Bern: Haupt.

Hirschi, Andreas und Damian Läge. 2007. The relation of secondary students' career-choice readiness to a six-phase model of career decision making. *Journal of Career Development* 34: 164-191.

Hunger, Axel, Klaus Jenewein und Helmut Sanfleber. Hrsg. 2002. *Gründe für Ausbildungsabbrüche im Handwerk. Ergebnisse einer repräsentativen EMNID-Befragung von Jugendlichen, Ausbildern und Berufskolleglehrern in Nordrhein-Westfalen* (Vol. 3). Duisburg: Institut für Berufsbildung in Technik und Wirtschaft (IBTW).

Imdorf, Christian. 2007. Die relative Bedeutsamkeit von Schulqualifikationen bei der Lehrstellenvergabe in kleineren Betrieben. In *Übergänge im Bildungswesen*, Hrsg. Thomas Eckert, 183-197. Münster: Waxmann.

Imdorf, Christian. 2012. Zu jung oder zu alt für eine Lehre? Altersdiskriminierung bei der Ausbildungsplatzvergabe. *Journal for Labour Market Research* 45: 79-98.

Läge, Damian und Andreas Hirschi. Hrsg. 2008. *Berufliche Übergänge. Psychologische Grundlagen der Berufs-, Studien- und Laufbahnberatung.* Wien: LIT Verlag.

Lamamra, Nadia und Jonas Masdonati. 2008a. Adolescance en souffrance. Stratégies des jeunes face aux contraintes de la formation professionnelle. *Reflets* 14: 67-102.

Lamamra, Nadia und Jonas Masdonati. 2008b. Wer eine Lehre abbricht, hat dafür oft mehrere Gründe. *Panorama* 6: 13-14.

Lamamra, Nadia und Jonas Masdonati. 2009. *Arrêter une formation professionnelle. Mots et maux d'apprenti-e-s.* Lausanne: Éditions Antipodes.

Lent, Robert W., Stephen D. Brown und Gail Hackett. 2002. Social cognitive career theory. In *Career choice and development*, 4th ed, Hrsg. Duane Brown und Associates, 255-311. New York: Wiley & Sons.

Masdonati, Jonas und Nadia Lamamra. 2009. La relation entre apprenti-e et personne formatrice au coeur de la transmission des savoirs en formation professionnelle. *Revue suisse des sciences de l'éducation* 31: 335-353.

Meylan, Jean-François. 2008. Hilfe für Jugendliche mit Lernschwierigkeiten. *Panorama* 6: 15-16.

Neuenschwander, Markus P. 2008. Elternunterstützung im Berufswahlprozess. In *Berufliche Übergänge: Psychologische Grundlagen der Berufs-, Studien- und Laufbahnberatung*, Hrsg. Damian Läge und Andreas Hirschi, 135-154. Zürich: LIT-Verlag.

Raffe, David. 2008. The concept of transition system. *Journal of Education and Work* 21: 277-296.

Rastoldo, François, Jacques Amos und Clairette Davaud. 2009. *Les jeunes en formation professionnelle. Rapport III: Le devenir des jeunes abandonnant leur apprentissage*. Genève: Service de la recherche en éducation.

Ryan, Paul. 2001. The school-to-work transition: a cross-national perspective. *Journal of Economic Literature* 39: 34-92.

Schmid, Evi. 2008. Wie weiter nach der Lehrvertragsauflösung? Ergebnisse einer Längsschnittstudie im Kanton Bern. *Berufsbildung in Wissenschaft und Praxis* 37: 41-44.

Schmid, Evi 2010. *Kritisches Lebensereignis „Lehrvertragsauflösung". Eine Längsschnittstudie zum Wiedereinstieg und zum subjektiven Wohlbefinden betroffener Jugendlicher*. Bern: hep.

Schmid, Evi. 2012. Ausstieg oder Wiedereinstieg? Die Konsequenzen von Lehrvertragsauflösungen auf den weiteren Ausbildungsverlauf von Jugendlichen. In *Diagnostik und Prävention von Ausbildungsabbrüchen in der Berufsbildung*, Hrsg. Carmen Baumeler, Bernd-Joachim Ertelt und Andreas Frey, 239-253. Landau: Verlag Empirische Pädagogik.

Schmid, Evi und Barbara E. Stalder. 2007. *Lehrvertragsauflösung: direkter Wechsel und vorläufiger Ausstieg. Ergebnisse aus dem Projekt LEVA*. Bern: Bildungsplanung und Evaluation der Erziehungsdirektion.

Schmid, Evi und Barbara E. Stalder. 2012. Dropping out from apprenticeship training as an opportunitiv for change. In *Transitions and transformations in learning and education*, Hrsg. Päivi Tynjälä, Marja-Leena Stenström und Marjatta Saarnivaara, 117-130. Dordrecht: Springer.

Schöngen, Klaus. 2003. Ausbildungsvertrag gelöst = Ausbildung abgebrochen? Ergebnisse einer Befragung. *Berufsbildung in Wissenschaft und Praxis* 32: 35-39.

Seibert, Holger, Sandra Hupka-Brunner und Christian Imdorf. 2009. Wie Ausbildungssysteme Chancen verteilen. Berufsbildungschancen und ethnische Herkunft in Deutschland und der Schweiz unter Berücksichtigung des regionalen Verhältnisses von betrieblichen und schulischen Ausbildungen. *Kölner Zeitschrift für Soziologie* 61: 595–620.

Spokane, Arnold R., Erik J. Luchetta und Matthew H. Richwine. 2002. Holland's theory of personalities in work environments. In *Career choice and development*, 4th ed, Hrsg. Duane Brown und Associates, 373-426. New York: Wiley & Sons.

Stalder, Barbara E. 2000. *Gesucht wird... Rekrutierung und Selektion von Lehrlingen im Kanton Bern*. Bern: Amt für Bildungsforschung der Erziehungsdirektion.

Stalder, Barbara E. 2009. *Successful and unsuccessful educational transitions in adolescence. Evidence from the Swiss youth panel TREE. Unpublished doctoral thesis*. University of Basel, Basel.

Stalder, Barbara E. 2012. Kritische Transitionen in der beruflichen Grundbildung: Wenn Ausbildungswege nicht der Norm entsprechen. In *Diagnostik und Prävention von Ausbildungsab-*

brüchen in der Berufsbildung, Hrsg. Carmen Baumeler, Bernd-Joachim Ertelt und Andreas Frey, 90-106. Landau: Verlag Empirische Pädagogik.

Stalder, Barabara E. 2011. *Das intellektuelle Anforderungsniveau beruflicher Grundbildungen in der Schweiz. Ratings der Jahre 1999-2005.* Basel: Institut für Soziologie der Universität Basel/TREE.

Stalder, Barbara E. und Christof Nägele. 2011. Vocational education and training in Switzerland: Organisation, development and challenges for the future. In *Youth transitions in Switzerland: Results from the TREE panel study*, Hrsg. Manfred M. Bergman, Sandra Hupka-Brunner, Anita Keller, Thomas Meyer und Barbara E. Stalder, 18-39. Zürich: Seismo.

Stalder, Barbara E. und Evi Schmid. 2006a. *Lehrvertragsauflösungen, ihre Ursachen und Konsequenzen. Ergebnisse aus dem Projekt LEVA.* Bern: Bildungsplanung und Evaluation der Erziehungsdirektion.

Stalder, Barbara E. und Evi Schmid. 2006b. Warum Lehrverträge aufgelöst werden. *Panorama* 2: 13-14.

Süss, Daniel, Markus P. Neuenschwander und Jeannine Dumont. 1996. *Lehrabbruch, Gesundheitsprobleme und deviantes Verhalten im Jugendalter* (Forschungsbericht No. 4). Bern: Universität Bern, Institut für Psychologie.

Vock, Rainer. 2000. *Ausbildungsabbruch: Prävention in der ausserbetrieblichen Ausbildung. Band 1: Das Bedingungsgefüge von Lehrvertragsauflösungen.* Heidelberg: Heidelberger Institut Beruf und Arbeit.

Wettstein, Emil und Philipp Gonon. 2009. *Berufsbildung in der Schweiz.* Bern: hep.

Der Einstieg in die Berufsausbildung in Deutschland als Spiegel von Angebots-Nachfrage-Disparitäten

Elisabeth M. Krekel

Die duale Berufsausbildung hat in Deutschland eine lange Tradition. Sie dient zur Deckung des Fachkräftebedarfs und ist ein wichtiger Baustein im deutschen Bildungssystem. Für nichtstudienberechtigte Schulabgänger/-innen ist sie der „Königsweg" in eine existenzsichernde Erwerbstätigkeit. Insgesamt beginnen über 50% der Wohnbevölkerung eine Ausbildung im dualen System (Gericke 2011; Uhly und Gericke 2011). Mehr als 1,5 Millionen Jugendliche und junge Erwachsene befinden sich jährlich in einer dualen Ausbildung (Uhly 2011). Allein 2011 wurden rund 570.000 Ausbildungsverträge neu abgeschlossen (Ulrich et al. 2011b).

Duale Berufsausbildung in Deutschland

Mit der dualen Berufsausbildung (dem dualen System) werden in Deutschland Ausbildungen in einem anerkannten Ausbildungsberuf nach Berufsbildungsgesetz (BBiG) oder Handwerksordnung (HwO) bezeichnet. Besonderes Kennzeichen der dualen Berufsausbildung ist die Verbindung der Lernorte Betrieb und Berufsschule. Für den betrieblichen Teil der Ausbildung werden bundesweit geltende Ausbildungsordnungen erlassen. Hierin müssen enthalten sein: die Bezeichnung des Ausbildungsberufes, die Ausbildungsdauer, das Ausbildungsberufsbild (Fertigkeiten, Kenntnisse und Fähigkeiten des jeweiligen Ausbildungsberufes), der Ausbildungs-rahmenplan (sachliche und zeitliche Gliederung zur Vermittlung der Fertigkeiten, Kenntnisse und Fähigkeiten) sowie die Prüfungsanforderungen. In Abstimmung mit den Ausbildungsordnungen beschließt die Kultusministerkonferenz (KMK) für den schulischen Teil der Ausbildung einen Rahmenlehrplan. Die Berufsschulen selber unterliegen den einzelnen Ländergesetzen. Jugendliche, die in einem der ca. 345 Berufe ausgebildet werden, schließen hierzu mit den Betrieben einen Ausbildungsvertrag ab.

Quellen: Bundesministerium für Bildung und Forschung 2005; Baethge 2008

Dennoch wuchsen mit den steigenden Zahlen der Abgänger und Abgängerinnen aus allgemeinbildenden Schulen zur Jahrtausendwende die Versorgungsprobleme auf dem Ausbildungsstellenmarkt. Die duale Berufsausbildung geriet zunehmend in die Kritik. Durch ihre starke industrielle Prägung sei sie den Herausforderungen einer Wissensgesellschaft nicht gewachsen (Heidenreich 1998; Geißler 1991). Gestärkt wurde diese Position durch die wachsenden Versorgungsprobleme und Reformbedarf wurde reklamiert (Baethge et al. 2007; Euler und Severing 2007). Infolge der gestiegenen Nachfrage nach Ausbildung blieben immer mehr ausbildungsreife Jugendliche bei ihrer Suche nach einem Ausbildungsplatz erfolglos und wurden in den sogenannten Übergangsbereich abgedrängt (Eberhard und Ulrich 2011). Auch nach einem erfolgreichen Besuch von teilqualifizierenden Maßnahmen im Übergangsbereich gelang vielen von ihnen der Einstieg in eine Berufsausbildung nicht (Beicht 2009). Damit sind sie der Gefahr ausgesetzt, weitere „Warteschleifen" zu durchlaufen oder dauerhaft ausbildungslos zu bleiben.

Während die Nachfrage nach Ausbildungsplätzen demografiebedingt stetig anstieg, hat sich die betriebliche Ausbildungsbeteiligung in derselben Zeit stabilisiert (Troltsch 2011 sowie Abschnitt 2.2). Denn durch die starke Koppelung des dualen Systems mit dem Beschäftigungssystem (Walden und Troltsch 2011) spielt für das betriebliche Ausbildungsplatzangebot neben Kosten-Nutzen-Erwägungen vor allem auch der eigene Fachkräftebedarf eine große Rolle (Troltsch 2008). Nachfrageüberhänge können nur durch konjunkturunabhängige Ausbildungen aufgefangen werden. Dies zeigt sich auch an der zunehmenden Bedeutung vollqualifizierender Bildungsgänge an beruflichen Schulen sowie der sogenannten außerbetrieblichen Ausbildung[1] (Eberhard und Ulrich 2011; Krekel 2011).

Die so entstandene Lücke bei den betrieblichen Ausbildungsplätzen ist jedoch „*nicht mit einem generellen Scheitern des dualen Systems gleichzusetzen*" (Uhly und Troltsch 2009: 30). Dem dualen System werden vielmehr „*oft Versäumnisse anderer Politikbereiche, etwa der Schul-, Familien- oder Zuwanderungspolitik angelastet (...), die man durch Reformen im Berufsbildungssystem nur begrenzt beheben kann*" (Bosch 2010: 37). Auch ist die duale Berufsausbildung nicht auf den industriellen Sektor beschränkt, sondern habe sich deutlich hin zu einer Dienstleistungsökonomie entwickelt (Uhly und Troltsch 2009), sei „*Bestandteil des Innovationssystems einer modernen Gesellschaft*" (Rauner 2010: 57) und „*modernisiert und zukunftsfähig geworden*" (Bosch 2008: 239). Die Versorgungsprobleme auf dem Ausbildungsstellenmarkt haben somit auch eine Debatte um die Bedeutung und Zukunftsfähigkeit des dualen Systems in Deutschland ausgelöst.

Kennzeichneten bisher noch eher Versorgungsprobleme von Jugendlichen mit Ausbildungsplätzen die Situation auf dem Ausbildungsstellenmarkt, so werden in Zukunft – auch bei einem weiterhin hohen Interesse der Jugendlichen an

---

1   Als außerbetriebliche Ausbildungen werden umgangssprachlich Ausbildungen bezeichnet, die überwiegend öffentlich finanziert werden, d. h. der Versorgung von Jugendlichen mit Marktbenachteiligungen, mit sozialen Benachteiligungen, mit Lernschwächen bzw. mit Behinderungen dienen.

einer dualen Berufsausbildung (Maier et al. 2011: 6) – vermehrt betriebliche Ausbildungsplätze unbesetzt bleiben (Ebbinghaus und Loter 2010). Die Vorzeichen
des Wettbewerbs kehren sich um. Haben in den letzten Jahren Ausbildungswillige
um knappe Ausbildungsplätze konkurriert, so konkurrieren zunehmend Betriebe
um Ausbildungswillige. Nicht zuletzt aufgrund der demografischen Entwicklung
werden die Betriebe somit verstärkt Besetzungsprobleme bekommen, so dass es
in Zukunft darum geht, *„die hohe Ausbildungsbereitschaft der Jugendlichen und
deren Begabungspotenzial möglichst voll auszuschöpfen"* (Maier et al. 2011: 8).

Diese Entwicklung stellt die Politik vor neue Herausforderungen. Die Ergebnisse und Erkenntnisse der Berufsbildungsforschung sind eine wichtige Basis
zum Bestehen dieser Herausforderungen. Eine zentrale Rolle hat hier die (Berufs)
Bildungsberichterstattung, die in Abschnitt 1 skizziert wird. Ob alle Jugendlichen in Deutschland einen Ausbildungsvertrag erhalten und wie hoch die betriebliche Ausbildungsbeteiligung ist, wird anhand zentraler Indikatoren zum Ausbildungsstellenmarkt im Abschnitt 2 dargestellt. Probleme und Einflussfaktoren
beim Übergang von der allgemeinbildenden Schule in die Ausbildung sind Gegenstand von Abschnitt 3. Abschnitt 4 greift die Frage des künftigen Fachkräftemangels vor dem Hintergrund der demografischen Entwicklung auf.

1. (Berufs)Bildungsberichterstattung in Deutschland

Die Bildungsberichterstattung hat in der beruflichen Bildung eine lange Tradition. Seit 1977 hat das zuständige Ministerium bis zum 1. April eines jeden Jahres
*„einen Bericht (Berufsbildungsbericht) vorzulegen. In dem Bericht sind Stand und
voraussichtliche Weiterentwicklungen der Berufsbildung darzustellen"* (§ 86 Abs.
1 BBiG[2]). Aufgabe der Berichterstattung *„soll es sein, den Deutschen Bundestag,
die Verantwortlichen und Zuständigen in Bund, Ländern und Gemeinden, die an
der Berufsbildung unmittelbar Beteiligten und die Öffentlichkeit umfassend zu in-
formieren, ihnen die Situation und die Tendenzen in diesem Teil des Bildungssystems transparent zu machen und somit einen Beitrag zur besseren Entscheidungs-
findung zu leisten"* (Der Bundesminister für Bildung und Wissenschaft 1977: 9).

Mit dem ersten Berufsbildungsbericht wurde insofern eine Grundlage für
die Politikberatung in der beruflichen Bildung gelegt und ein Instrument zur be-
gleitenden Überprüfung der Leistungsfähigkeit des dualen Systems geschaffen.
Seitdem hat der Berufsbildungsbericht die Aufgabe, *„frühzeitig auf prognosti-
zierbare Entwicklungen einzugehen, diese zu antizipieren und politischen Ent-*

---

2   BBiG=Berufsbildungsgesetz (vom 23. März 2005, zuletzt geändert durch Art. 15 Abs. 90 G
     v. 5.2.2009 I 160).

scheidungsbedarf herauszuarbeiten, sowie möglichst konkrete Handlungsoptionen aufzuzeigen" (Milde 2011: 56).

Der Berufsbildungsbericht besteht aus zwei Teilen: Der erste, politische Teil enthält eine Bewertung der Bundesregierung zur Lage auf dem Ausbildungsstellenmarkt sowie Reformvorschläge zur Lösung aktueller Probleme. Ebenfalls enthalten sind eine Stellungnahme des BIBB-Hauptausschusses zum Entwurf des Berufsbildungsberichtes sowie die Stellungnahmen der Beauftragten der Arbeitgeber und der Arbeitnehmer. Der zweite Teil enthält umfangreiche Analysen und vertiefende Ergebnisse. Seit 2009 erscheinen Teil 1 und Teil 2 in getrennter Form. Der politische Teil, der von der Bundesregierung beraten und beschlossen wird, wird vom Bundesministerium für Bildung und Forschung (BMBF) herausgegeben. Der zweite Teil, der die Grundlage für den Berufsbildungsbericht bildet, erscheint als Datenreport zum Berufsbildungsbericht und wird vom Bundesinstitut für Berufsbildung (BIBB) verantwortet und veröffentlicht (vgl. Friedrich und Krekel 2010).[3]

Der seit 2006 alle zwei Jahre erscheinende nationale Bildungsbericht ergänzt die Berufsbildungsberichterstattung um eine, alle Bildungsbereiche – von der frühkindlichen Bildung bis zur Weiterbildung im Erwachsenenalter – umfassende Bildungsberichterstattung (Autorengruppe Bildungsberichterstattung 2008; Autorengruppe Bildungsberichterstattung 2010).[4] Ähnliche Berichte gibt es seit 2006 in der Schweiz (Schweizerische Koordinierungsstelle für Bildungsforschung (SKBF) 2006) und seit 2009 in Österreich (Specht 2009a; b).

Die Bildungsberichterstattung wendet sich an unterschiedliche Akteure aus Politik, Verwaltung, Praxis und Wissenschaft. Ihre Aufgabe *„ist es, kontinuierliche, datengestützte Informationen über Rahmenbedingungen, Verlaufsmerkmale, Ergebnisse und Erträge von Bildungsprozessen für Bildungspolitik und Öffentlichkeit bereitzustellen"* (Autorengruppe Bildungsberichterstattung 2008: 1).

2. Angebot und Nachfrage auf dem Ausbildungsstellenmarkt

Zentrale Indikatoren[5] der Berufsbildungsberichterstattung sind die Angebots-Nachfrage-Relation sowie die Ausbildungsbetriebsquote. Sie werden zu Beantwortung der Fragen herangezogen, ob alle Jugendlichen in Deutschland einen Ausbildungsvertrag erhalten und wie hoch die betriebliche Ausbildungsbereitschaft

---

3   Berufsbildungsbericht und Datenreport stehen im Internet zur Verfügung unter: http://datenreport.bibb.de/ (zuletzt abgerufen am 25.01.2012).
4   Weitere Bildungsberichte erscheinen für einzelne Bundesländer, Städte oder Kommunen.
5   Zu den Indikatoren zur beruflichen Bildung und ihrer Reichweite und Aussagekraft siehe Dionisius et al. 2011b.

ist. Diese beherrschen regelmäßig die Diskussionen über die aktuelle Lage auf dem Ausbildungsstellenmarkt.

2.1 Angebots-Nachfrage-Relation (ANR)

Wie viele Jugendliche jedes Jahr einen Ausbildungsvertrag erhalten, wird über die BIBB-Erhebung zum 30.09. ermittelt.[6] Nach den Ergebnissen der BIBB-Erhebung zum 30.09.2011 wurden 2011 570.140 Ausbildungsverträge abgeschlossen; davon 84.495 in den neuen Ländern.[7] Damit ist die Zahl der Ausbildungsverträge im Vergleich zum Vorjahr um 1,8 % angestiegen, liegt aber deutlich niedriger als in den Jahren 2007 und 2008 sowie von 1998 bis 2001 (Ulrich et al. 2011b). In diesen Jahren lagen die Abschlusszahlen jeweils über 600.000 (siehe Abbildung 1).

Zur Beurteilung der Verhältnisse auf dem Ausbildungsstellenmarkt reicht es alleine nicht aus, die neu abgeschlossenen Ausbildungsverträge heranzuziehen. Vielmehr stellt sich die Frage, in welcher Relation das Ausbildungsplatzangebot zur Ausbildungsplatznachfrage steht. Ausgehend vom Berufsbildungsgesetz (§ 86) hat der Berufsbildungsbericht *„die Zahl der am 30. September des vergangenen Jahres nicht besetzten, der Bundesagentur für Arbeit zur Vermittlung angebotenen Ausbildungsplätze und die Zahl der zu diesem Zeitpunkt bei der Bundesagentur für Arbeit gemeldeten Ausbildungsplätze suchenden Personen"* anzugeben. Hierzu werden die Daten aus der BIBB-Erhebung zum 30.09. mit der Ausbildungsmarktstatistik der Bundesagentur für Arbeit (BA) verbunden. Das Ausbildungsplatzangebot (2011: 599.829) setzt sich zusammen aus den neu abgeschlossenen Ausbildungsverträgen (2011: 570.140) sowie der bei der Bundesagentur für Arbeit (BA) zum 30.09. noch unbesetzten Ausbildungsstellen (2011: 29.689). Die Ausbildungsplatznachfrage wird bestimmt durch die Zahl der neu abgeschlossenen Ausbildungsverträge (2011: 570.140) sowie der zum 30.09. noch suchenden Ausbildungsstellenbewerber.

---

6   Die neu abgeschlossenen Ausbildungsverträge werden jährlich im Rahmen der BIBB-Erhebung zum 30.09. auf der Grundlage des Berufsbildungsgesetzes (BBiG) in Zusammenarbeit mit den für die Berufsbildung zuständigen Stellen erhoben. Berücksichtigt werden alle Ausbildungsverträge, die zwischen dem 1. Oktober des Vorjahres und dem 30. September des laufenden Jahres neu abgeschlossen und nicht vorzeitig wieder gelöst wurden. Siehe hierzu http://www.bibb.de/de/14492.htm (zuletzt abgerufen am 25.01.2012).

7   Nach der Wiedervereinigung im Jahr 1990 und dem Beitritt der Deutschen Demokratischen Republik zur Bundesrepublik Deutschland werden die Bezeichnungen Ostdeutschland bzw. neue (Bundes)Länder für das Beitrittsgebiet genutzt.

Abbildung 1: Entwicklung der neu abgeschlossenen Ausbildungsverträge (NAA) sowie der Angebots-Nachfrage-Relation (ANR) in den alten und neuen Ländern

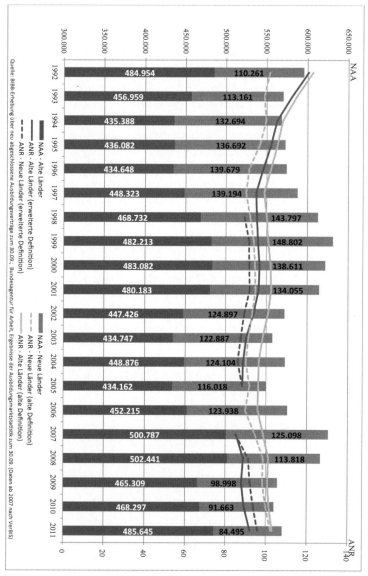

Für die Bestimmungen der Ausbildungsplatznachfrage ist es von Bedeutung, wer zu den am 30. September noch ausbildungsplatzsuchenden Personen zu zählen ist (Autorengruppe Bildungsberichterstattung 2010; Krekel und Ulrich 2009). In den bisherigen Berechnungen (alte Definition) wurden nur „unversorgte Ausbildungsstellenbewerber" (2011: 11.550) einbezogen. Demnach würden die Gesamtnachfrage im Jahre 2011 bei 581.690 und die ANR bei 103,1 liegen. Die erweiterte Definition berücksichtigt hingegen auch Bewerberinnen und Bewerber, die sich am 30. September in einer Alternative (z. B. weiterer Schulbesuch, Praktikum, Einstiegsqualifizierung) befanden, aber weiterhin für das laufende Ausbildungsjahr einen Ausbildungsplatz suchten. In der erweiterten Definition kommen zu den 11.550 unversorgten Bewerbern noch weitere 65.190 hinzu; die Ausbildungsplatznachfrage erhöht sich auf 646.880 und die ANR sinkt auf 92,7.

Abbildung 1 zeigt die unterschiedliche Entwicklung der Angebots-Nachfrage-Relation nach alter und erweiterter Definition in den alten und neuen Ländern. Legt man die ANR nach alter Definition zugrunde, so fällt die Ausbildungsmarktbilanz für die alten Länder relativ ausgeglichen aus. Zieht man allerdings die erweiterte ANR zur Beurteilung der Verhältnisse auf dem Ausbildungsstellenmarkt heran, so werden die Ungleichgewichte zwischen Ausbildungsplatzangebot und -nachfrage deutlicher sichtbar. Gleichzeitig wird aber auch eine in den letzten Jahren bessere Marktlage in den neuen Ländern erkennbar. Hier fällt die erweiterte ANR besser aus als in den alten Ländern. Dies ist eine Folge des unterschiedlichen Umgangs mit erfolglosen Ausbildungsstellenbewerbern: *„Mit dem Argument, ihre Ausbildungsreife sei noch nicht ausreichend, wurden die Betroffenen im Westen bislang vor allem über teilqualifizierende Maßnahmen des ‚Übergangssystems' aufgefangen. Dagegen erhielten sie im Osten häufig vollqualifizierende Ausbildungsplätze bei außerbetrieblichen Bildungsträgern. Denn ihre Erfolgslosigkeit wurde hier primär auf den noch nicht abgeschlossenen Wiederaufbau nach der Wende und auf ein insgesamt noch unzureichendes betriebliches Ausbildungsangebot zurückgeführt"* (Eberhard und Ulrich 2011: 97).

Die erweiterte Angebots-Nachfrage-Relation ist ein zentraler Indikator zur Abschätzung der Ausbildungsmarktverhältnisse (Ulrich et al. 2011b; Ulrich et al. 2011a). Mit dem Rückgang an Ausbildungsverträgen und den zunehmenden Versorgungsproblemen auf dem Ausbildungsstellenmarkt wurde darauf hingewiesen, dass die klassische Berechnung der ANR nicht mehr ausreicht, um die Marktverhältnisse adäquat abzubilden (Krekel und Ulrich 2006; Ulrich 2005). Denn immer mehr Jugendliche wurden bei ihrer Ausbildungsplatzsuche in alternative Verbleibe zu einer dualen Berufsausbildung verdrängt, blieben aber bei der Bilanzierung der Marktverhältnisse unberücksichtigt. Aus diesem Grunde werden mittlerweile auch im Berufsbildungsbericht neben der ANR nach alter Definition auch die erweiterte ANR ausgewiesen (Bundesministerium für Bildung und Forschung 2011).

2.2 Ausbildungsbetriebsquote

Ein Indikator zur Abschätzung der Beteiligung der Wirtschaft an der beruflichen Ausbildung ist die Ausbildungsbetriebsquote. Ausgehend von der Betriebsstatistik der Bundesagentur für Arbeit (BA) gibt die Ausbildungsbetriebsquote den prozentualen Anteil der Betriebe mit Auszubildenden an allen Betrieben (einschließlich Ausbildungsbetriebe) wieder (Troltsch 2009). 2010 bildeten von den 2,1 Mio. Betrieben mit sozialversicherungspflichtig gemeldeten Beschäftigten in Deutschland 468.800 Betriebe Jugendliche aus. Die Ausbildungsbetriebsquote lag demzufolge bei 22,5 % (Hucker 2012).

Abbildung 2 zeigt die Entwicklung der Ausbildungsbetriebsquote von 1999 bis 2010 und macht deutlich, dass sich die Ausbildungsbetriebsquote zwischen 2004 und 2008 mit ca. 24 % auf einem gleich hohen Niveau bewegt. Deutlich wird aber auch, dass sich im Vergleich zu 1999 der Bestand an Betrieben über die Jahre verringert hat, während die Ausbildungsbetriebsquote leicht angestiegen ist. Der Rückgang an Ausbildungsbetrieben ist insbesondere in den Jahren mit besonders hohen Versorgungsproblemen auf dem Ausbildungsstellenmarkt nicht so hoch ausgefallen, wie der Rückgang an Betrieben insgesamt. Nicht zuletzt in Folge der demografischen Entwicklung hat sich das Bild in jüngster Zeit verändert. Im Vergleich zu 2008 ist die Ausbildungsbetriebsquote 2010 um 1,5 Prozentpunkte gesunken und Betriebe klagen vermehrt darüber, Ausbildungsplätze nicht mehr besetzen zu können.

Die Ausbildungsbetriebsquote ist zwar ein zentraler Indikator für die betriebliche Ausbildungsbeteiligung, vernachlässigt aber, dass nicht alle Betriebe ausbildungsberechtigt[8] sind und sich nicht kontinuierlich an Ausbildung beteiligen (vgl. u. a. Troltsch 2010).

---

8   Auf der Grundlage des Berufsbildungsgesetzes müssen Betriebe ihre Ausbildungseignung nachweisen. Den Ergebnissen des IAB-Betriebspanels folgend, gaben 2009 56 % der Betriebe an, ausbildungsberechtigt zu sein. Knapp über die Hälfte der ausbildungsberechtigten Betriebe (54 %) waren 2009 in der Ausbildung aktiv (vgl. Stegmaier 2011).

Abbildung 2: Entwicklung der betrieblichen Ausbildungsbeteiligung in Deutschland

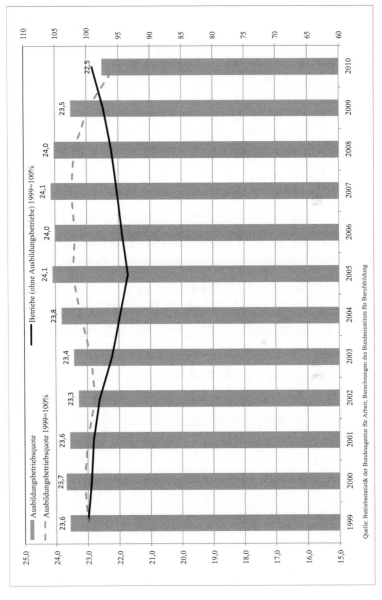

3. Übergänge in Ausbildung

Die oben beschriebenen Indikatoren zu Angebot und Nachfrage auf dem Ausbildungsstellenmarkt geben erste Hinweise auf Probleme beim Übergang von den allgemeinbildenden Schulen in eine vollqualifizierende Berufsausbildung. Steigende Zahlen von Abgängern und Abgängerinnen aus allgemeinbildenden Schulen stießen auf einen Rückgang an Ausbildungsbetrieben. Die Angebots-Nachfrage-Relation in ihrer erweiterten Definition zeigt, dass in den letzten Jahren der Nachfrage nach einer Berufsausbildung kein ausreichendes Ausbildungsplatzangebot gegenüberstand. Fragen des Übergangs in eine Berufsausbildung beherrschten daher die bildungspolitische Debatte.

Abbildung 3: Einmündungsquoten von Schulabgängern und -abgängerinnen in eine duale Berufsausbildung (Angaben in %)

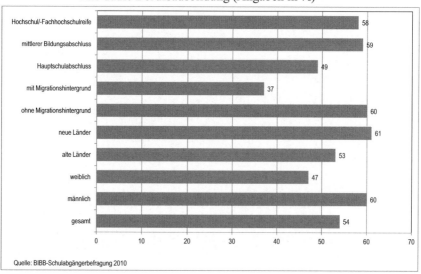

Um die Einmündungschancen in eine duale Berufsausbildung zu erfassen, führt das BIBB regelmäßig Befragungen von Schulabgängern und Schulabgängerinnen durch (Friedrich 2011). 2010 befanden sich mehr als die Hälfte (54%) der Schulabgänger und Schulabgängerinnen, die sich im Frühjahr 2010 für eine duale Ausbildung interessierten, im Herbst 2010 auch tatsächlich in einer Ausbildung

(Abbildung 3)[9]. Differenziert nach soziodemografischen und individuellen Merkmalen werden beträchtliche Unterschiede zwischen den verschiedenen Personengruppen deutlich: So konnten männliche Jugendliche (60 %) ihren Wunsch nach einer dualen Ausbildung sehr viel häufiger realisieren, als weibliche Jugendliche (47 %). Jugendliche mit Migrationshintergrund (37 %) hatten die geringste Möglichkeit, ihren Ausbildungswunsch auch tatsächlich umzusetzen.

Jugendliche, die ihren Wunsch nach einer Berufsausbildung nicht realisieren können, besuchen häufig eine Maßnahme bzw. einen Bildungsgang im Übergangsbereich und versuchen über diesen Weg den erneuten Einstieg in eine Berufsausbildung. Die Ergebnisse der BIBB-Übergangsstudie (Beicht et al. 2008) zeigen, dass die nichtstudienberechtigten Schulabgänger und Schulabgängerinnen durchschnittlich fast 17 Monate im Übergangsbereich verweilen (Beicht 2009). Dabei sind es nicht nur die Schulabgänger/-innen mit maximal Hauptschulabschluss, die länger in einer Maßnahme im Übergangsbereich verweilen (18 Monate), sondern sie besuchen auch insgesamt mit 42 % häufiger eine Maßnahme in diesem Bereich (siehe Abbildung 4)[10]: *„Die Ergebnisse verdeutlichen, dass das Übergangssystem sowohl von der Zahl der Teilnehmer/-innen als auch vom zeitlichen Umfang her erhebliche Bedeutung erlangt hat, vor allem für Jugendliche, die bei Beendigung der allgemeinbildenden Schule maximal über einen Hauptschulabschluss verfügen"* (Beicht 2009: 5).

Doch wäre es verfehlt, den Übergangsbereich pauschal als „Warteschleife" oder „verlorene Zeit" zu werten. Für Jugendliche, die noch nicht die Voraussetzung für die Aufnahme einer Berufsausbildung aus den allgemeinbildenden Schulen mitbringen[11], haben die Maßnahmen im Übergangsbereich eine wichtige Funktion, wenn die Jugendlichen hierdurch die Voraussetzung zur Aufnahme einer Berufsausbildung erhalten. Ebenso können Jugendliche nach Verlassen der allgemeinbildenden Schulen im Übergangsbereich höherwertige Schulabschlüsse erwerben. Dies ist z. B. nach den Ergebnissen der BIBB-Übergangsstudie (Beicht 2009) für über die Hälfte der Jugendlichen in teilqualifizierenden Berufsfachschulen (BFS)

---

9   Das Interesse an einer Berufsausbildung variiert allerdings stark zwischen den einzelnen Personengruppen: Während 77 % der Schulabgänger/-innen mit Hauptschulabschluss sich im Frühjahr für eine Ausbildung interessierten, waren dies 58 % mit mittlerem Bildungsabschluss und 26 % mit Hoch- bzw. Fachhochschulreife (vgl. Friedrich 2011).

10   Abbildung 4 enthält auch Angaben zur Teilnahme und Verweildauer für einzelne Bildungsmaßnahmen im Übergangsbereich: BvB=berufsvorbereitende Maßnahmen der BA; BVJ=schulisches Berufsvorbereitungsjahr; BGJ=Berufsgrundbildungsjahr; BFS=teilqualifizierende Berufsfachschule; EQ=Einstiegsqualifizierung Jugendlicher (zur näheren Erläuterung der einzelnen Maßnahmen siehe Beicht 2009).

11   Hierunter werden u. a. schulische Basiskenntnisse sowie kognitive, soziale und persönliche Dispositionen verstanden, die unter dem Begriff der Ausbildungsreife zusammengefasst werden (vgl. Müller-Kohlenberg et al. 2005).

Abbildung 4: Übergänge in Ausbildung – Teilnahme und Verweildauer

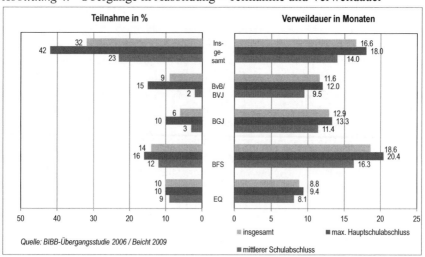

Quelle: BIBB-Übergangsstudie 2006 / Beicht 2009

der Fall. Gut zwei Drittel von ihnen haben den mittleren Abschluss und etwa ein Drittel einen höheren Abschluss (i. d. R. die Fachhochschulreife) erworben. Auch hiermit können die Jugendlichen ihre Chancen auf eine Ausbildung verbessern. Rund die Hälfte der Jugendlichen, die eine Maßnahme im Übergangsbereich besuchten, gelang nach ca. vier Monaten die Aufnahme einer Ausbildung: *„Ob dies nun allerdings in jedem Fall als Erfolg der Übergangsmaßnahme gewertet bzw. kausal auf sie zurückgeführt werden kann, ist fraglich"* (Beicht 2009: 14).

Gleichwohl gestalten sich die Übergangsprozesse in eine Ausbildung nach dem Besuch einer Maßnahme im Übergangsbereich weiterhin schwierig und mehr als einem Fünftel dieser Jugendlichen gelingt es nicht, innerhalb von drei Jahren in eine Berufsausbildung einzumünden (Beicht 2009). Obwohl es häufig die Jugendlichen sind, die in der Schule nicht so erfolgreich waren, schlechtere Schulabschlüsse und schlechtere Schulnoten mitbringen und häufig auch aus ungünstigeren familiären Verhältnissen stammen, zeigen die Ergebnisse verschiedener Studien (u. a. Autorengruppe Bildungsberichterstattung 2008; Krekel und Ulrich 2009; Eberhard und Ulrich 2011), dass dies nicht die alleinigen Gründe für die hohe Bedeutung des Übergangsbereiches in den letzten Jahren sind. Denn trotz des Erwerbs höherer Schulabschlüsse – und trotz vorhandener Ausbildungsreife – gelang vielen Jugendlichen der Einstieg in eine Berufsausbildung nicht und sie sind der Gefahr ausgesetzt, dauerhaft berufsausbildungslos zu bleiben. Neben dem konjunkturell bedingten Rückgang an betrieblichen Ausbildungsplatzangeboten und einer damit auch verbundenen schlechten Ausbildungsmarktlage, lag dies aber auch an der wachsenden Zahl von Abgängern aus allgemeinbildenden Schulen, für die kein adäquates Bildungsangebot mehr zur Verfügung stand. Im Zusammenhang mit der demografischen Entwicklung hat und wird sich die Lage auf dem Ausbildungsstellenmarkt entspannen. Bereits 2010 befanden sich deutlich weniger Jugendliche im Übergangsbereich (Dionisius et al. 2011a). Dennoch werden Übergangsprobleme, insbesondere für bestimmte Personengruppen, weiterhin bestehen bleiben.

4. Demografie und Fachkräftemangel

Demografiebedingt wird sich die Situation auf dem Ausbildungsstellenmarkt in den nächsten Jahren erheblich verändern. Konnten bisher nicht alle Abgänger und Abgängerinnen aus allgemeinbildenden Schulen mit Ausbildungsplätzen versorgt werden, so wird es in Zukunft verstärkt Klagen von Seiten der Betriebe über unbesetzte Ausbildungsstellen geben. Diese Entwicklung ist in den letzten zwei Jahren schon in Ostdeutschland zu spüren: *„Lehrlinge so begehrt wie nie"* titelte die Berliner Zeitung am 20.06.2011 und weiter: *„Ausbildungsmarkt – In Berlin und Brandenburg finden immer mehr Betriebe nicht genügend Nachwuchskräfte. Die Firmen konkurrieren um die Schulabgänger und versuchen, sie früh zu binden. Aber hunderte Stellen bleiben wohl unbesetzt."*

Dies ist eine Folge des massiven Rückgangs von nichtstudienberechtigten Abgängern und Absolventen (das Hauptklientel für eine duale Berufsausbildung) aus allgemeinbildenden Schulen. Im Vergleich zu 1990 hat sich die Zahl der Schulabgänger in Ostdeutschland um mehr als die Hälfte verringert (vgl. Abbildung 5).

In Westdeutschland wird diese Entwicklung mit einer zeitlichen Verzögerung eintreten und mit *„durchaus positiven Wirkungen verbunden sein, und man wird sich über kurzfristige demografische Renditen freuen"* (Ulrich 2010: 1). Aber nach der vorübergehenden Entlastung von Ausbildungsstellen- und Arbeitsmarkt werden die jetzt schon vorhandenen Sorgen um eine ausreichende Zahl von Nachwuchs- und Fachkräften zunehmen. Dies betrifft vor allem die Ebene unterhalb der Hochschulausbildung. Insbesondere bei den Fachkräften auf der mittleren Qualifikationsebene wird es Engpässe geben. Denn nicht zuletzt aufgrund der demografischen Entwicklung wird es immer weniger Fachkräfte mit einem dualen Berufsabschluss geben; der Fachkräftebedarf wird bis 2025 jedoch gleich hoch bleiben. In Folge davon wird ein Fachkräftemangel vor allem auf dem mittleren Qualifikationsniveau spürbar werden (siehe hierzu Helmrich und Zika 2010).

Abbildung 5: Nichtstudienberechtigte Schulabgänger und Schulabgängerinnen
1990 bis 2020

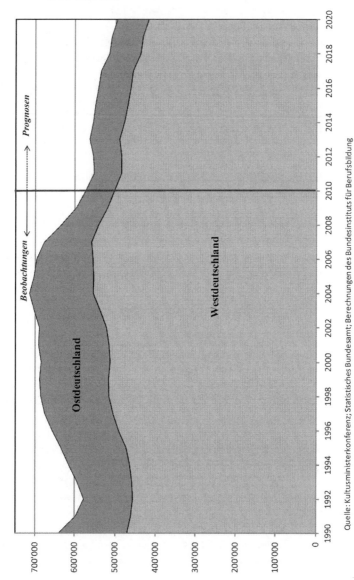

Quelle: Kultusministerkonferenz; Statistisches Bundesamt; Berechnungen des Bundesinstituts für Berufsbildung

5. Fazit

Mit der demografischen Entwicklung verändern sich die bildungspolitischen Herausforderungen. Standen Arbeits- und Ausbildungslosigkeit gestern noch im Vordergrund, so verlassen bereits morgen die geburtenstarken Jahrgänge den Arbeitsmarkt und immer mehr Arbeits- und Ausbildungsstellen werden unbesetzt bleiben. Zwar eröffnet die demografische Entwicklung auch Personengruppen mit bisher geringen Einstiegschancen in eine Berufsausbildung neue Möglichkeiten, gleichzeitig besteht die Gefahr, dass die Disparitäten zwischen Angebot und Nachfrage – insbesondere in einzelnen Berufen und Regionen – auf dem Ausbildungsstellenmarkt sichtbarer werden. *„Vom Bildungswesen wird also in Zukunft erwartet, dass es die Bewältigung der Anpassungsprobleme an Geburtenentwicklung und Alterungsprozess in der Bevölkerung mit internen Verbesserungen und der Erfüllung steigender gesellschaftlicher Erwartungen an die Qualifikation der nachwachsenden Generation verbindet und zugleich auf die weitreichenden sozialen Veränderungen in der Gesellschaft reagiert."* (Autorengruppe Bildungsberichterstattung 2010: 152)

Bereits jetzt hat der drohende Fachkräftemangel die bildungspolitische Diskussion über die Zugangsprobleme in eine Berufsausbildung abgelöst. Neben der Kompensation durch Zuwanderung und der Erhöhung der Erwerbsquoten bestimmter Personengruppen (z. B. Frauen, Eltern oder ältere Berufstätige) gilt es dann auch durch weitere Qualifizierungsoffensiven, wie z. B. im Programm „Perspektive Berufsabschluss", *„das durch strukturelle Veränderungen den Anteil von Jugendlichen und jungen Erwachsenen ohne beruflichen Abschluss dauerhaft senken will"* (Bundesministerium für Bildung und Forschung 2011: 47) vorgesehen, die vorhandenen Bildungspotenziale auszuschöpfen. In Zukunft wird es dann nicht mehr darum gehen, auch einem Jugendlichen mit Hauptschulabschluss eine Ausbildungschance zu geben, vielmehr werden die Betriebe um die Ausbildung dieser Jugendlichen konkurrieren. Denn immer noch gilt: *„Die Investition in Wissen zahlt die besten Zinsen"* (Benjamin Franklin, 1706-1790).

Literatur

Autorengruppe Bildungsberichterstattung (Hrsg.). 2008. *Bildung in Deutschland. Ein indikatoren-gestützter Bericht mit einer Analyse zu Übergängen im Anschluss an den Sekundarbereich I*. Bielefeld: Bertelsmann.

Autorengruppe Bildungsberichterstattung. 2010. *Bildung in Deutschland. Ein indikatorengestütz-ter Bericht mit einer Analyse zu Perspektiven des Bildungswesens im demografischen Wandel*. Bielefeld: Bertelsmann.

Baethge, Martin. 2008. Das berufliche Bildungswesen in Deutschland am Beginn des 21. Jahrhunderts. In *Das Bildungswesen in der Bundesrepublik Deutschland: Strukturen und Entwicklungen im Überblick*, Hrsg. Kai S. Cortina, Jürgen Baumert, Achim Leschinsky, Karl Ulrich Mayer und Luitgard Trommer, 541-597. Reinbeck bei Hamburg: Rowohlt Verlag GmbH.

Baethge, Martin, Heike Solga und Markus Wieck. 2007. *Berufsbildung im Umbruch. Signale eines überfälligen Aufbruchs*. Berlin: Friedrich-Ebert-Stiftung.

Beicht, Ursula. 2009. *Verbesserung der Ausbildungschancen oder sinnlose Warteschleife? Zur Bedeutung und Wirksamkeit von Bildungsgängen am Übergang Schule – Berufsausbildung*. Bielefeld: Bertelsmann.

Beicht, Ursula, Michael Friedrich und Joachim Gerd Ulrich (Hrsg.). 2008. *Ausbildungschancen und Verbleib von Schulabsolventen*. Bielefeld: Bertelsmann.

Bosch, Gerhard. 2008. Die Zukunftsfähigkeit des deutschen Berufsbildungssystems. *Arbeit* 4(17): 239-252.

Bosch, Gerhard. 2010. Zur Zukunft der dualen Berufsausbildung in Deutschland. In *Das Berufsbildungssystem in Deutschland. Aktuelle Entwicklungen und Standpunkte*, Hrsg. Gerhard Bosch, Sirikit Krone und Dirk Langer, 37-61. Wiesbaden: Verlag Sozialwissenschaften.

Bundesministerium für Bildung und Forschung. 2005. *Ausbildung & Beruf: Rechte und Pflichten während der Berufsausbildung*. Bonn, Berlin: BMBF.

Bundesministerium für Bildung und Forschung. 2011. *Berufsbildungsbericht 2011*. Bonn.

Der Bundesminister für Bildung und Wissenschaft. 1977. *Berufsbildungsbericht 1977*. Bonn.

Dionisius, Regina, Nicole Lissek und Friedel Schier. 2011a. Einmündungen im Übergangsbereich rückläufig. *Berufsbildung in Wissenschaft und Praxis* (40)4: 4-5.

Dionisius, Regina, Nicole Lissek und Friedel Schier. 2011b. *Indikatoren zur Berufsbildungsbeteiligung – Welcher Indikator kennt die Antwort?* Bonn: Bundesinstitut für Berufsbildung.

Ebbinghaus, Margit, und Katarzyna Loter. 2010. *Besetzung von Ausbildungsstellen: Welche Betriebe finden die Wunschkandidaten – welche machen Abstriche bei der Bewerberqualifikation – bei welchen bleiben Ausbildungsplätze unbesetzt. Eine Untersuchung zum Einfluss von Struktur- und Anforderungsmerkmalen*. Pp. 20. Bonn: Bundesinstitut für Berufsbildung.

Eberhard, Verena, und Joachim Gerd Ulrich. 2011. „Ausbildungsreif" und dennoch ein Fall für das Übergangssystem? Institutionelle Determinanten des Verbleibs von Ausbildungsstellenbewerbern in teilqualifizierenden Bildungsgängen. In *Neue Jugend, neue Ausbildung? Beiträge aus der Jugend- und Bildungsforschung*, Hrsg. Elisabeth M. Krekel und Tilly Lex, 97-112. Bielefeld: Bertelsmann.

Euler, Dieter, und Eckart Severing. 2007. *Flexible Ausbildungswege in der Berufsbildung*. Bielefeld: Bertelsmann.

Friedrich, Michael. 2011. Berufliche Wünsche und beruflicher Verbleib von Schulabgängern und Schulabgängerinnen. In *Datenreport zum Berufsbildungsbericht 2011: Informationen und Analysen zur Entwicklung der beruflichen Bildung*, Hrsg. Bundesinstitut für Berufsbildung, 82-93. Bonn.

Friedrich, Michael, und Elisabeth M. Krekel. 2010. Die Vermessung der (Berufs-)Bildungswelt – Berufsbildungsbericht und BIBB-Datenreport. *Berufsbildung in Wissenschaft und Praxis* 39(3): 26-30.

Geißler, Karlheinz A. 1991. Das duale System der industriellen Berufsausbildung hat keine Zukunft. *Leviathan* 1(19): 68-77.

Gericke, Naomi. 2011. Alter der Auszubildenden und Ausbildungsbeteiligung der Jugendlichen im dualen System. In *Datenreport zum Berufsbildungsbericht 2011: Informationen und Analysen zur Entwicklung der beruflichen Bildung*, Hrsg. Bundesinstitut für Berufsbildung, 148-154. Bonn.

Heidenreich, Martin. 1998. Die duale Berufsausbildung zwischen industrieller Prägung und wissensgesellschaftlichen Herausforderungen. *Zeitschrift für Soziologie (ZfS)* 5(27): 321-340.

Helmrich, Robert, und Gerd Zika (Hrsg.). 2010. *Beruf und Qualifikation in der Zukunft. BIBB-IAB-Modellrechnungen zu den Entwicklungen in Berufsfeldern und Qualifikationen bis 2025*. Bielefeld: Bertelsmann.

Hucker, Tobias. 2012. Ergebnisse der Beschäftigtenstatistik zur Ausbildungsbeteiligung. In *Datenreport zum Berufsbildungsbericht 2012. Informationen und Analysen zur Entwicklung in der beruflichen Bildung*, Hrsg. Bundesinstitut für Berufsbildung, Bielefeld (im Erscheinen).

Krekel, Elisabeth M. 2011. Duale Berufsausbildung in Deutschland – Lehren aus den unterschiedlichen Wegen nach der Wiedervereinigung. In *Turbulenzen auf Arbeitsmärkten und in Bildungssystemen: Beiträge zur Berufsbildungsforschung. Tagungsband der 2. Österreichischen Konferenz für Berufsbildungsforschung, 8./9. Juli 2010, Museum Arbeitswelt Steyr*, Hrsg. Jörg Markowitsch, Elke Gruber, Lorenz Lassnigg und Daniela Moser, 39-55. Innsbruck: Studienverlag.

Krekel, Elisabeth M., und Joachim Gerd Ulrich. 2006. Bessere Daten – bessere Bildungspolitik?! Die Ausbildungsmarktforschung des Bundesinstituts für Berufsbildung (BIBB) an der Schnittstelle zur Berufsbildungspolitik. In *Forschung im Spannungsfeld konkurrierender Interessen. Die Ausbildungsstatistik und ihr Beitrag für Praxis, Politik und Wissenschaft*, Hrsg. Elisabeth M. Krekel, Alexandra Uhly und Joachim Gerd Ulrich, 7-38. Bielefeld: Bertelsmann.

Krekel, Elisabeth M., und Joachim Gerd Ulrich. 2009. Jugendliche ohne Berufsabschluss – Handlungsempfehlungen für die berufliche Bildung. Kurzgutachten, Hrsg. Friedrich-Ebert-Stiftung, 56. Berlin.

Maier, Tobias, Klaus Troltsch und Günter Walden. 2011. Langfristige Entwicklung der dualen Ausbildung. *Berufsbildung in Wissenschaft und Praxis* 3: 6-8.

Milde, Bettina. 2011. „Wieder entdeckt – neu gelesen". *Berufsbildung in Wissenschaft und Praxis* (40)2: 54-56.

Müller-Kohlenberg, Lothar, Karin Schober und Reinhard Hilke. 2005. Ausbildungsreife – Numerus clausus für Azubis? Ein Diskussionsbeitrag zur Klärung von Begriffen und Sachverhalten. *Berufsbildung in Wissenschaft und Praxis* (43)3: 18-23.

Rauner, Felix. 2010. Berufsausbildung in Deutschland: Krise, Kontinuität, neue Konzepte. In *Das Berufsbildungssystem in Deutschland. Aktuelle Entwicklungen und Standpunkte*, Hrsg. Gerhard Bosch, 63-89. Wiesbaden: Verlag für Sozialwissenschaften.

Schweizerische Koordinierungsstelle für Bildungsforschung (SKBF). 2006. *Bildungsbericht Schweiz*. Aarau.

Specht, Werner (Hrsg.). 2009a. *Nationaler Bildungsbericht Österreich 2009, Teil 1. Das Schulsystem im Spiegel von Daten und Indikatoren*. Graz: Leykam.

Specht, Werner (Hrsg.). 2009b. *Nationaler Bildungsbericht Österreich 2009, Teil 2. Fokussierte Analysen bildungspolitischer Schwerpunktthemen*. Graz: Leykam.

Stegmaier, Jens. 2011. Ausbildungsberechtigung, Ausbildungsaktivität und Übernahmeverhalten von Betrieben. In *Datenreport zum Berufsbildungsbericht 2011. Informationen und Analysen zur beruflichen Bildung*, Hrsg. Bundesinstitut für Berufsbildung, 194-198. Bielefeld: Bertelsmann.

Troltsch, Klaus. 2008. Ausbildungsbereitschaft von Betrieben – am künftigen oder bisherigen Fachkräftebedarf orientiert? *Berufsbildung in Wissenschaft und Praxis* (37)3: 14-18.

Troltsch, Klaus. 2009. Ausbildung und Beschäftigung – Ergebnisse der Beschäftigten- und Betriebsstatistik im Zeitraum zwischen 1999 und 2007. In *Datenreport zum Berufsbildungsbericht 2009: Informationen und Analysen zur Entwicklung der beruflichen Bildung*, Hrsg. Bundesinstitut für Berufsbildung, 171-181. Bonn.

Troltsch, Klaus. 2010. Verlauf und Nachhaltigkeit der betrieblichen Ausbildungsbeteiligung und des Bildungsangebots im Zeitraum zwischen 1999 und 2007. In *Datenreport zum Berufsbildungsbericht 2010: Informationen und Analysen zur Entwicklung der beruflichen Bildung*, Hrsg. Bundesinstitut für Berufsbildung, Bonn.

Troltsch, Klaus. 2011. Betriebliche Berufsausbildung als Auslaufmodell? Bemerkungen zu Befunden über das duale Ausbildungssystem. In *Die berufliche Bildung der Zukunft: Herausforderungen und Reformansätze*, Hrsg. Maria Icking, 24-36. Berlin: Heinrich-Böll-Stiftung.

Uhly, Alexandra. 2011. Gesamtbestand der Ausbildungsverhältnisse zum 31. Dezember – Entwicklungen nach Zuständigkeitsbereichen. In *Datenreport zum Berufsbildungsbericht 2011: Informationen und Analysen zur Entwicklung der beruflichen Bildung*, Hrsg. Bundesinstitut für Berufsbildung, 112-121. Bonn.

Uhly, Alexandra, und Naomi Gericke. 2011. Indikatoren zur quantitativen Bedeutung der dualen Berufsausbildung und zur Integration von Personengruppen in die duale Berufsausbildung. In *Indikatoren zur Berufsbildungsbeteiligung – Welcher Indikator kennt die Antwort?* Hrsg. Regina Dionisius, Nicole Lissek und Friedel Schier. Bonn: Bundesinstitut für Berufsbildung.

Uhly, Alexandra, und Klaus Troltsch. 2009. Duale Berufsausbildung in der Dienstleistungs- und Wissensökonomie. *Zeitschrift für Berufs- und Wirtschaftspädagogik* 105(1): 15-32.

Ulrich, Joachim Gerd. 2005. Probleme bei der Bestimmung von Ausbildungsplatznachfrage und Ausbildungsplatzangebot. In *Der Ausbildungsmarkt und seine Einflussfaktoren. Ergebnisse des Experten-Workshops vom 1. und 2. Juli 2004 in Bonn*, Hrsg. Bundesinstitut für Berufsbildung, 5-36. Bonn: Bundesinstitut für Berufsbildung.

Ulrich, Joachim Gerd. 2010. Entwicklung der künftigen Rahmenbedingungen des Übergangs Schule-Beruf – Welche Perspektiven haben benachteiligte Jugendliche in den kommenden Jahren? *Jugendsozialarbeit Nord* 105: 2-6.

Ulrich, Joachim Gerd, Simone Flemming und Ralf-Olaf Granath. 2011a. Ausbildungsmarktbilanz 2010. In *Datenreport zum Berufsbildungsbericht 2011. Informationen und Analysen zur Entwicklung der beruflichen Bildung*, Hrsg. Bundesinstitut für Berufsbildung, 11-29. Bonn.

Ulrich, Joachim Gerd, Simone Flemming, Ralf-Olaf Granath und Elisabeth M. Krekel. 2011b. *Die Entwicklung des Ausbildungsmarktes im Jahr 2011: Verbesserte Ausbildungschancen für Jugendliche, zunehmende Rekrutierungsprobleme für Betriebe*. Bonn: Bundesinstitut für Berufsbildung.

Walden, Günter, und Klaus Troltsch. 2011. Apprenticeship training in Germany – still a future-oriented model for recruiting skilled workers? *Journal of Vocational Education & Training*: 305-322.

Der Übergang ins Hochschulstudium: Prozesse und Mechanismen am Beispiel der deutschen Schweiz

Rolf Becker

1. Soziale Ungleichheit des Hochschulzugangs als Forschungsproblem

Im Allgemeinen wird zum einen die Auffassung geteilt, dass auch ein Land wie die Schweiz auf ein steigendes Angebot qualifizierter und hochqualifizierter Arbeitskräfte angewiesen ist, um wirtschaftliche Prosperität und allgemeine Wohlfahrt dauerhaft sicherstellen zu können (vgl. SKBF 2010). Zum anderen wird dem modernen Bildungssystem – unter Gewährleistung zumindest formaler Chancengleichheit – die Aufgabe zugeschrieben, mittels ausreichender Bildungsgelegenheiten für dieses Angebot an Humankapital zu sorgen (vgl. Müller und Kogan 2010; Müller et al. 1997; Seibert et al. 2010). Aus bildungssoziologischer Sicht ist die Frage interessant, wer welches Bildungsangebot unter welchen Voraussetzungen in Anspruch nimmt bzw. nehmen kann und wer es dann mit welchem Erfolg realisiert bzw. realisieren kann (vgl. Becker 2010, 2011; Breen et al. 2010; Buchmann und Charles 1993; Solga 2005).

Diese Frage kann mittels der Daten der Schweizer Längsschnittstudie TREE (Transitionen von der Erstausbildung in das Erwerbsleben) für den Geburtsjahrgang 1985, der auch an PISA 2000 in der Schweiz teilgenommen hat, beantwortet werden (vgl. Beck et al. 2010; Becker 2010; TREE 2008). Ausschließlich für die deutschsprachige Schweiz sowie aus der Perspektive des Lebensverlaufs dieser Geburtskohorte und ihrer Bildungsergebnisse betrachtet, besuchte mehr als ein Viertel der 1985 Geborenen nach der Pflichtschulzeit das Gymnasium und 38 Prozent aller Frauen und Männer in dieser Kohorte setzte ihre Ausbildung mit dem Studium an einer Universität oder Fachhochschule (einschließlich Pädagogische Hochschule) fort (vgl. Becker 2011: 22).[1] Während mehr als ein Viertel der

---

1   Gegenüber dieser lebenslaufbezogenen Längsschnittbetrachtung unterschätzt die amtliche Statistik mit einer periodenspezifischen Querschnittbetrachtung sowohl die Maturitäts- als auch die Studienanfängerquote. Beispielsweise wird für ein Kalenderjahr – etwa das Jahr 2010 – die Quote der gymnasialen Maturität für die ständige Wohnbevölkerung im Alter von 19 Jahren berechnet, als ob alle Maturandinnen und Maturanden in einem Jahr 19 Jahre alt wären und es keine Streuung des Lebensalters bei Erwerb dieser Maturität gäbe. Das gleiche

Kinder gering gebildeter Eltern und weniger als die Hälfte der Kinder von Eltern mit mittlerem Bildungsniveau die Studienberechtigung erwirbt, sind es bei den Akademikerkindern zwei Drittel. Letzten Endes beginnt mehr als die Hälfte der 1985 geborenen Akademikerkinder ein Hochschulstudium an der Universität, Fachhochschule oder Pädagogischen Hochschule. Bei den Kindern von Eltern mit mittlerem Bildungsniveau liegt die Studienanfängerquote bei 34 Prozent und bei den Schulabgängern aus einem Elternhaus mit einem niedrigen Bildungsstand bei 18 Prozent (vgl. Becker 2011: 22).[2]

Werden ausschließlich die Studienberechtigten betrachtet, dann haben Akademikerkinder im Vergleich zu Kindern gering qualifizierter Eltern eine drei Mal größere Chance zu studieren. Von den Akademikerkindern, die eine Studienberechtigung erworben haben, beginnen fast 80 Prozent ein Hochschulstudium (Hochschuleintrittsquote), aber lediglich drei Viertel der Studienberechtigten

---

Problem tritt für die Berufsmaturitätsquote in einem Kalenderjahr auf. Sie wird berechnet, indem die Zahl der Berufsmaturanden ins Verhältnis zur ständigen Wohnbevölkerung im Alter von 21 Jahren gesetzt wird. So betrug die Quote für die Berufsmaturität im Jahre 2010 rund 13 Prozent und die der gymnasialen Maturität 20 Prozent. Zudem wird die Maturitätsquote durch die Addition der Quoten für die gymnasiale Maturität und die Berufsmaturität berechnet. Dadurch werden in einem Kalenderjahr die Quoten für zwei unterschiedliche Altersgruppen oder Geburtsjahrgänge miteinander vermischt. Für die Abbildung der Bildungsbeteiligung oder gar Bildungschancen ist diese Form der komparativ-statischen Darstellung eher irreführend als hilfreich (vgl. Blossfeld et al. 1986: 22-24). Unberücksichtigt bleibt die nominale und relative Häufigkeit von Ereignissen wie etwa Erwerb des Schulabschlusses oder Übergang in die Ausbildung im Bildungsverlauf einer Geburtskohorte einschließlich ihrer Streuung über die historische Zeit hinweg (vgl. Blossfeld 1989). Das gleiche Problem gilt für die Berechnung der Studienanfängerquote durch die amtliche Statistik. Zwar werden hierbei die Altersjahrgänge der Studienanfänger in einem Kalenderjahr berücksichtigt und ins Verhältnis zu den Altersjahrgängen in der Wohnbevölkerung gesetzt. Da es sich um periodenspezifische Quoten handelt, wird die Studienanfängerquote für einen einzelnen Geburtsjahrgang systematisch unterschätzt. Der amtlichen Statistik zufolge traten im Jahre 2010 rund 36 der Frauen und Männer in der Schweiz und rund 30 Prozent in der Deutschschweiz im Vergleich zur altersgleichen Referenzpopulation ins Hochschulstudium ein. Betrachtet man jedoch alle Bildungsereignisse im Lebenslauf eines Geburtsjahrgangs, dann fallen die Quoten höher aus, lassen dann aber auch nur den Vergleich zwischen Kohorten zu. Aber es ist mit Längsschnittdaten auf Individualebene möglich, für diese Kohorten die alters- und periodenspezifischen Quoten für solche Bildungsübergänge zu berechnen.

2   Die Bildungsexpansion hatte zwar zu verringerten Disparitäten bei den Bildungserfolgen, aber nicht zu veränderten Strukturen der sozialen Ungleichheit im Schweizer Bildungssystem beigetragen. So hatten den Volkszählungsdaten von 1990 zufolge sozial privilegierte Kinder von Vätern mit akademischen Berufen oder im oberen Kader im Vergleich zu den Kindern un- und angelernter Arbeiter und Angestellten eine rund 14-mal bessere Chance, die Maturität und 12-mal bessere Chancen, einen Hochschulabschluss zu erwerben (eigene Berechnungen nach Lamprecht und Stamm 1996: 34 ff.). Rund 33 Prozent der Variation im Bildungserfolg lassen sich durch die Bildung und den Beruf des Vaters beschreiben (Lamprecht 1991: 145). Diese hochgradige intergenerationale Transmission sozialer Disparitäten im Bildungssystem hat sich bis Ende der 1990er Jahre nicht grundlegend verändert (vgl. Stamm et al. 2003).

aus einem Elternhaus mit einem mittleren Bildungsstand und etwas mehr als die Hälfte der Studienberechtigten mit gering qualifizierten Eltern. Auch die studienberechtigten Kinder von Eltern mit mittlerem Bildungsniveau haben eine vergleichsweise größere Chance als Kinder aus den unteren Sozialschichten, zu studieren. An dieser Chancenstruktur ändert sich auch dann nichts, wenn entweder durchschnittliche Schulnoten oder testbasierte Leistungswerte (,reading literacy') kontrolliert werden (Becker 2011: 24). Offensichtlich geht – über den Bildungsverlauf und im internationalen Vergleich betrachtet – auch in der Schweiz diese Form sozialer Ungleichheit von Bildungschancen (beim Übergang auf das Gymnasium, Erwerb der Studienberechtigung und Hochschulzugang) mit einer vergleichsweise geringen Quote von Studienanfängern und Hochschulabsolventen einher (vgl. Becker 2010; Becker und Schuchart 2010; Neugebauer und Schindler 2012).

Diese Zusammenhänge für den Hochschulzugang haben sich in der Schweiz – auch im Vergleich zu alternativen Bildungswegen in der nichtakademischen Tertiärbildung – trotz Bildungsexpansion kaum verändert (vgl. Buchmann et al. 2007; Buchmann und Charles 1993; Lamprecht und Stamm 1996; Stamm et al. 2003). Wie kann diese Struktur sozialer Ungleichheit im Schweizer Bildungssystem erklärt werden? Warum gibt es eine so ausgeprägte soziale Selektivität des Hochschulzugangs?

Im zweiten Abschnitt des Beitrags wird zunächst unter besonderer Berücksichtigung der Institutionen des Schweizer Bildungssystems ein allgemeiner strukturell-individualistischer Erklärungsansatz diskutiert, der sich in der soziologischen Bildungsforschung vielfach empirisch bewährt hat. Im dritten Abschnitt werden ausgewählte empirische Befunde mittels Daten einer Befragung von Zürcher Maturanden aus dem Jahre 1985 dargestellt und mit aktuellen Daten in Beziehung gesetzt. Im vierten Abschnitt erfolgt eine abschließende Diskussion über Möglichkeiten, wie der entscheidungstheoretische Ansatz unter Heranziehung zusätzlicher handlungstheoretischer Überlegungen erweitert werden könnte, um die soziale Ungleichheit beim Hochschulzugang tiefergehend erklären zu können.

2. Erklärung der sozialen Ungleichheit des Hochschulzugangs

Institutionelle Rahmenbedingungen

Neben der Nachfrage des Arbeitsmarktes nach Hochschulabsolventen und der institutionellen Verbindung des Bildungssystems mit den Arbeitsmärkten (vgl. Allmendinger 1989; Shavit und Müller 1998) stellen Strukturen und institutionelle Vorgaben des Bildungssystems selbst für einzelne soziale Gruppen mehr oder weniger hohe Hürden für den Hochschulzugang dar (vgl. Becker und Hecken 2008; Hillmert und Jacob 2003; Müller und Pollak 2010). Im hochgradig stratifizierten und segmentierten Bildungssystem der Schweiz stellen – wie oben gezeigt – der Übergang ins Gymnasium einen Flaschenhals und der Erwerb der Studienberechtigung ein Nadelöhr auf dem Weg zum Hochschulstudium dar. Diese Strukturen des Bildungssystem und die institutionellen Restriktionen beim Zugang zu den Hochschulen und beim Übergang in das Studium wiegen für die einzelnen sozialen Gruppen unterschiedlich schwer (vgl. Buchmann et al. 2007). Ihre „Ablenkungswirkung", die typisch für binäre Hochschulsysteme (Universität und Fachhochschule) ist, lässt sich sehr deutlich an individuellen Bildungsverläufen ablesen, die deswegen markant mit der sozialen Herkunft der Schulkinder und Jugendlichen variieren (vgl. Becker 2009, 2010; Becker und Schuchart 2010; Neugebauer und Schindler 2012).

Die sehr frühe, kaum revidierbare und für den weiteren Bildungsverlauf entscheidende Weichenstellung am Ende der Primarschulzeit ist die erste Hürde auf dem Weg zu den Hochschulen (vgl. Becker 2009). Einerseits erzielen Schulkinder aus unteren und in der Regel „bildungsferneren" Sozialschichten vergleichsweise schlechtere Schulleistungen, erhalten eher ungünstige Leistungsbeurteilungen und werden schließlich seltener für weiterführende Schullaufbahnen in der Sekundarstufe empfohlen als Schulkinder aus höheren Sozialschichten bzw. von besser gebildeten Eltern (vgl. Bourdieu 1977). Andererseits entscheiden sich „bildungsferne" Elternhäuser eher für kürzere und weniger anspruchsvolle Bildungsgänge, die ihren Kindern den späteren Zugang zur akademischen Ausbildung erschweren oder versperren (vgl. Boudon 1974). Des Weiteren bilden die in der Schweiz besonders ausgeprägten berufsbildenden Komponenten des Bildungssystems eine starke konkurrierende Alternative bei den Weichenstellungen am Ende der Primarschulzeit und vor allem auch am Ende der Sekundarstufe I (vgl. Shavit und Müller 2000). Vor allem für Jugendliche aus den Arbeiter- und unteren Mittelschichten sind wegen ihrer individuellen und herkunftsbedingten Ressourcen beim Übergang zwischen den Sekundarstufen I und II Berufsausbildungen attraktiv. Die Entscheidung für eine standardisierte und durch hohe berufliche Spezifität gekennzeichnete Berufsausbildung ist oft gleichbedeutend mit dem Verzicht auf einen Hochschulzugang. In der Schweiz gibt es jedoch über die Berufsmaturität eine weitere Chance, doch noch die Berechtigung für ein Studium an der Fachhochschule zu erwerben (vgl. Wolter und Schweri 2004). Diese Chance dürfte wiederum von leistungsstärkeren und motivierten Jugendlichen genutzt werden, wobei diejenigen aus den Mittelschichten gegenüber denen aus unteren Sozialschichten im Vorteil sind (vgl. Becker und Hecken 2009). Ob die

Berufsmaturität langfristig zu verringerten Ungleichheiten in der Tertiärbildung führt, kann an dieser Stelle mangels empirischer Belege nicht beurteilt werden. Auch nach dem Erwerb der Studienberechtigung werden eher Maturandinnen und Maturanden aus den unteren Sozialschichten oftmals vom direkten Hochschulzugang „abgelenkt". Entweder lassen sie sich eher durch leistungsbezogene Zugangsbeschränkungen vom Zugang zu den universitären Hochschulen (Numerus clausus für Medizin und Sportwissenschaft) abhalten oder sie ziehen die Fachhochschule oder eine andere nichtakademische Berufsausbildung als für sie attraktive Alternativen vor.

Insgesamt führt die „Ablenkung" der sozial benachteiligten Gruppen durch selektive Anreize und Restriktionen, die mit der Opportunitätsstruktur des Bildungssystems verbunden sind, sowohl zu einer unterdurchschnittlichen Studienanfänger- und Akademikerquote in der Schweiz als auch zu einer markanten sozialen Selektivität beim Zugang zur Universität oder Fachhochschule. Warum das so ist, soll im Folgenden mit einem allgemeinen handlungstheoretischen Modell beantwortet werden (vgl. Becker 2001). Es wird davon ausgegangen, dass die zuvor dargestellten Sozialstrukturen des Zugangs zum *binären System der Hochschulbildung* vornehmlich ein aggregiertes Ergebnis individueller Bildungsentscheidungen ist. Institutionelle Strukturen und Regelungen des Bildungssystems im Allgemeinen und – bei der hier verfolgten Fragestellung – des Hochschulsystems im Besonderen stellen zum einen wichtige Voraussetzungen für individuelle Bildungsentscheidungen dar. Zum anderen modifizieren sie deren Folgen wie etwa den erfolgreichen Zugang zum Studium oder zu einem Studienfach (vgl. Becker et al. 2010).

Primäre und sekundäre Herkunftseffekte und ihr Zusammenspiel

Das Zustandekommen individueller Bildungsentscheidungen zu Gunsten eines Hochschulstudiums oder einer nichtakademischen Berufsausbildung und ihre Variation nach sozialer Herkunft lässt sich, einschließlich der Folgen leistungsbezogener Selektionen durch das Bildungssystem, mit dem systematischen Zusammenspiel primärer und sekundärer Herkunftseffekte abbilden (vgl. Becker 2010; Becker und Hecken 2007, 2008; Boudon 1974; Müller und Pollak 2010; Neugebauer und Schindler 2012; Schindler und Reimer 2011, 2010). Unter dem *primären Effekt der sozialen Herkunft* subsumiert Boudon (1974) die Auswirkungen der Sozialisation und Erziehung im Elternhaus auf die Lernvoraussetzungen und schulischen Leistungen der Kinder. Aufgrund der ungünstigen Ressourcenausstattung der Elternhäuser in den unteren Sozialschichten und ihrer vergleichsweise anregungsarmen Umgebung sind ihre Kinder bei der Leistungserzielung im Nachteil. Sie haben – da ihre Eltern wenige kulturelle Ressourcen mobilisieren können, um die Bildungserfolge ihrer Kinder abstützen zu können – folglich geringere Chancen, günstige Leistungsbeurteilungen zu erzielen. Diese geringeren Bildungserfolge in der Schule haben langfristige Auswirkungen auf die subjektive Erwartung, erfolgreich ein Hochschulstudium bewältigen zu können. Wegen dieser Zusammenhänge werden sozial benachteiligte Kinder auch in Bezug auf die schulische Leistung eher vom direkten Weg zur Hochschule „abgelenkt".

Mit dem *sekundären Effekt sozialer Herkunft* werden die Auswirkungen sozioökonomischer und kultureller Ressourcen – der Klassenlage und der damit verbundenen sozialen Distanz des Elternhauses zum System höherer Bildung – auf die elterlichen Bildungsplanungen und Bildungsentscheidungen im Lebenslauf bezeichnet (vgl. Boudon 1974). Bei gleichen schulischen Leistungen entscheiden sich Angehörige höherer Sozialschichten eher für eine fortgesetzte Schulbildung hin zum Hochschulstudium, während sich sozial benachteiligte Gruppen eher für eine andere Bildungslaufbahn entscheiden. In Verbindung mit den Strukturen und Institutionen wiegen primäre Herkunftseffekte vor allem in den Bildungssystemen schwer, in denen die leistungsbezogenen Sortier- und Selektionsleistungen besonders ausgeprägt sind. Sekundäre Herkunftseffekte sind gerade in den Bildungssystemen zu beobachten, die ein breites Angebot an Bildungswegen anbieten und aufgrund ihrer Stratifizierung viele Bildungsentscheidungen abverlangen (vgl. Becker 2010).

Die sozialen Disparitäten bei den Bildungsentscheidungen – hier für oder gegen ein Hochschulstudium – ergeben sich aus den Zielen der Bildungsplanung und Möglichkeiten, diese über entsprechendes Bildungsverhalten realisieren zu können. Der *intergenerationale Statuserhalt* (d.h. der Wunsch der Eltern, dass ihre Kinder es mindestens so gut haben sollen wie sie selbst) ist aus entscheidungstheoretischer Sicht ein zentrales Motiv dafür (vgl. Meulemann 1985) und der Erwerb von Wissen und Fähigkeiten sowie von Bildungszertifikaten ist in einer entwickelten Gesellschaft mit einer marktwirtschaftlichen und sozialstaatlichen Ordnung ein adäquates Mittel zum Zweck (vgl. Becker und Hecken 2007). In solchen Gesellschaften werden Lebenschancen und sozialstaatliche Anrechte über den Arbeitsmarkt verteilt und die zertifizierte Bildung ist eine essentielle Voraussetzung für Erwerbs- und Einkommenschancen und daran gekoppelte Lebenschancen (vgl. Mayer und Müller 1986). Infolgedessen sind entsprechende, darauf abgestimmte Bildungsinvestitionen nötig. Bildungsentscheidungen hängen demnach vom sozialen Status eines Haushaltes ab. Um den Statuserhalt zu garantieren, müssen Akademiker folglich für ihre Kinder in die Hochschulausbildung investieren, während Kinder in Arbeiterfamilien hingegen nicht zwingend ein Hochschulstudium in Betracht ziehen müssen, da der Statuserhalt auch ohne ein solches gewährleistet wäre. Das Motiv für den intergenerationalen Statuserhalt lässt sich theoretisch und empirisch begründen. Der Theorie sozialer Produktionsfunktion von Lindenberg (1989) zufolge streben Individuen nach physischer Integrität (Einkommen) und sozialer Anerkennung (Prestige) und versuchen dabei Verluste zu vermeiden. Bildung ist in entwickelten Gesellschaften ein hilfreiches sekundäres Zwischengut, um – über Erwerbstätigkeit – an primäre Zwischengüter wie Einkommen und Prestige zu erlangen. Diese Güter wiederum verheißen die Erreichung übergeordneter Ziele wie Unversehrtheit und Ansehen. Für die akademischen Klassen ist Bildung auch ein primäres Zwischengut, weil das erworbene Bildungszertifikat an sich bereits dem Interesse an kultureller Reproduktion entspricht (vgl. Bourdieu 1977). Die ‚prospect theory' von Tversky und Kahneman (1989) belegt empirisch, dass Individuen eher bestrebt sind, Verluste zu vermeiden, als nach zusätzlichen Gewinnen zu streben. Der ‚social position theory' zufolge müssen die unteren Sozialschichten aufgrund ihrer größeren sozialen Distanz zu höherer Bildung größere Anstrengungen unternehmen, um ihre Kinder erfolgreich im System der tertiären Bildung zu platzieren (vgl. Boudon 1974). Hierbei sind auch sie eher bestrebt, die Klassenlage zu erhalten, als zusätzlich in die soziale Mobilität zu investieren (vgl. Keller und Zavalloni 1964). Und schließlich kann gemäß dem Thomas-Theorem (vgl. Thomas und Thomas 1928) argumentiert werden, dass das Statuserhaltmotiv – in Verbindung mit der sozialen Distanz zu höherer Bildung – und der dazu nötige Aufwand für Bildungsinvestitionen in Verbindung mit verfügbaren individuellen und familiären Ressourcen jeweils nach Klassenlage subjektiv interpretiert werden. Diese Interpretation hat dementsprechend in Bezug auf die Planung von Bildungswegen reale Konsequenzen für anstehende Bildungsentscheidungen und ihre Folgen.

Theoretische Modellierung der Bildungsentscheidungen

Die vorherige Argumentation lässt sich anhand eines formalen Modells der Bildungsentscheidungen modellieren (vgl. Breen und Goldthorpe 1997; Erikson und Jonsson 1996; Esser 1999; Gambetta 1987), das sich vielfach empirisch bewährt hat (vgl. Becker 2000, 2003; Breen und Yaish 2006; Stocké 2007). Aus diesem Modell wird ersichtlich, warum – in Abhängigkeit von sozialer Herkunft – bei gleichen Bildungszielen unterschiedliche Bildungsentscheidungen getroffen werden.[3] Es geht hier um die soziologische Kernfrage, wie die Variation von Studienentscheidungen zwischen sozialen Klassen zu erklären ist (vgl. Becker 2001).

Nach Erikson und Jonsson (1996) wählen Individuen zwischen Bildungsalternativen – etwa zwischen einer nichtakademischen *Berufsausbildung A* und einer *Hochschulbildung S* – in Abhängigkeit des subjektiv erwarteten Nettonutzens der jeweiligen Ausbildungsalternativen SEU aus.[4] Dieser SEU-Wert ergibt sich jeweils aus dem subjektiv erwarteten *Nutzen B* (z.B. Einkommen als avisierter Bildungsertrag) einer Ausbildungsalternative, die mit der subjektiv erwarteten *Erfolgswahrscheinlichkeit p*, diese Ausbildung erfolgreich abzuschließen, gewichtet wird. Von diesem multiplikativen Term pB werden subjektiv erwartete *Kosten C* (etwa Ausbildungskosten, Opportunitätskosten oder Transaktionskosten) dieser Ausbildung subtrahiert. Eine Person würde das Hochschulstudium der Berufsausbildung vorziehen, wenn der Nettonutzen für das Studium höher ausfällt als der für die Berufsausbildung – wenn gilt: SEU(S) = pB(S)−C(S) > SEU(A) = pB(A)−C(A). Bei gleichen Ertragserwartungen variieren die Bildungsentscheidungen nach sozialer Herkunft wegen den schichtspezifischen Erfolgs- und/oder Kostenerwartungen. Geringere Erfolgs- und höhere Kostenerwartungen haben gerade für leistungsschwächere oder aus ressourcenarmen Elternhäusern stammende Individuen eine „ablenkende" Wirkung, so dass sie sich eher für eine Berufsausbildung entscheiden.

In seiner Modellierung von Bildungsentscheidungen berücksichtigt Esser (1999) noch zusätzliche Terme für den subjektiv erwarteten Wert für einen *Statusverlust – SV* bei Verzicht auf höhere Bildung und die subjektiv erwartete *Wahrscheinlichkeit c für einen Statusverlust* bei suboptimalen Bildungsentscheidungen, die den Statuserhalt gefährden. Studienberechtigte Individuen würden sich für ein Hochschulstudium entscheiden, wenn im Vergleich zu einer Bildungsalternative die *Bildungsmotivation* (B+cSV) das *Investitionsrisiko* (C/p) dominiert. Beispielsweise haben Akademikerkinder immer eine höhere Motivation als Arbeiterkinder, zu studieren, weil – bei gleichen beruflichen Erträgen irgendeiner Ausbildung – ein deutlicher Statusverlust sehr wahrscheinlich ist, wenn sie auf ein Studium verzichten. Da für Akademiker die Kosten für ein Hochschulstudium keine Hürden darstellen, wird bei ihnen das Investitionsrisiko vornehmlich

---

3   In der Zwischenzeit ist dieses Modell auch auf die Bildungsdisparitäten nach dem Migrations- oder Ausländerstatus übertragen worden (vgl. Dollmann 2010). Bei besonderer Berücksichtigung ethnischer primärer und sekundärer Herkunftseffekte (d.h. Sprachprobleme sowie Kenntnisse über Struktur und Funktionsweise des Bildungssystems im Ankunftsland) ist in Bezug auf Bildungserwerb der Migrationsstatus ein Spezialfall des Zusammenhangs von sozialer Herkunft und Bildungschancen (vgl. Kalter 2005).
4   SEU steht für *subjective expected utility* und meint den subjektiv erwarteten Nutzen einer Entscheidungs- bzw. Handlungsalternativen.

durch die individuelle Erfolgserwartung bestimmt. Da sie auch bei schlechten Leistungen in der Regel aufgrund ihrer geringen sozialen Distanz zum Hochschulsystem wissen, wie sie im Studium bestehen könnten – und hierbei auch durch ihre Eltern entsprechende Unterstützung erfahren – dominiert bei Studienberechtigten aus den höheren Sozialschichten in der Regel die Bildungsmotivation über das Investitionsrisiko. Anders ist die Situation bei Kindern aus unteren und „bildungsferneren" Schichten. Sollten sie die Studienberechtigung erworben haben, dann bestimmt vornehmlich das Investitionsrisiko ihre Studienentscheidung. Selbst wenn sie eine hohe Erfolgserwartung aufweisen, können die subjektiv erwarteten Kosten für ein Studium das erwartete Investitionsrisiko für diesen Ausbildungsweg in die Höhe treiben. Dies wird auch empirisch häufig beobachtet (vgl. Becker und Hecken 2007, 2008). Damit sie sich für ein Universitätsstudium entscheiden, muss die Bildungsmotivation für ein Studium vergleichsweise hoch sein, was aufgrund des Statuserhaltmotivs kaum der Fall sein dürfte. Eher müssten dann berufliche Bildungserträge eines Hochschulstudiums das Ausmaß der Studienmotivation bestimmen. In der Regel überwiegen bei diesen sozial benachteiligten Studienberechtigten die Investitionsrisiken, so dass sie sich deswegen eher vom Weg zur Hochschule „ablenken" lassen.

Für die *Tiefenerklärung sozialer Disparitäten von Studienentscheidungen* ist summarisch festzuhalten, dass für höhere Sozialschichten ein Hochschulstudium oftmals notwendig ist, um den Sozialstatus in der Abfolge von Generationen als übergeordnetes Ziel aller Bildungsanstrengungen zu erhalten, während eine qualifizierte Schul- und Berufsausbildung für untere und mittlere Schichten ausreichend ist, um den erreichten Sozialstatus zu erhalten. Folglich haben die höheren Schichten weitaus stärkere Bildungsmotivationen, die bei gegebenen Voraussetzungen eine Entscheidung für ein Hochschulstudium wahrscheinlich machen.[5] Die darauf basierende Investition in die höhere Bildung ihrer Kinder trägt zur soziokulturellen Reproduktion von Ungleichheiten bei. Bedeutsam sind hierbei auch die sozialen Disparitäten des Investitionsrisikos: Der (subjektiv erwartete) Kostendruck bei Investitionen in die höhere Bildung ist für untere größer als für höhere Sozialschichten. Gleichzeitig ist der (subjektiv erwartete) Erfolg bei weiterführender Bildung aus unteren Sozialschichten geringer als für die oberen. Somit scheinen ersteren die Investitionsrisiken, d.h. das Verhältnis von erwarteten

---

5 In der Terminologie der Mobilitätsforschung sind damit die obere Dienstklasse (Akademische professionelle Berufe (z.B. Ärzte, Rechtsanwälte und Richter), leitende Angestellte in staatlicher Verwaltung und großen privaten Unternehmen, Manager großer Produktionsbetriebe, Unternehmer) und die untere Dienstklasse (Semiprofessionen, qualifizierte Techniker und graduierte Ingenieure, Manager kleiner Betriebe, qualifizierte Angestellte in der öffentlichen und privaten Verwaltung) gemeint (vgl. Erikson und Goldthorpe 1992: 38ff.).

Bildungskosten und Erfolgswahrscheinlichkeiten, höher als letzteren. Die Absti-
nenz der sozial benachteiligten Gruppen von den Hochschulen ist demnach eine
Folge des Zusammenspiels sozialer Disparitäten bezüglich schulischer Leistungen und erwarteter Bildungserfolge, bezüglich Bildungsmotivationen und Investitionsrisiken und schließlich bezüglich des Zeithorizonts bei Bildungsplanungen.

3. Empirische Befunde für soziale Ungleichheit des Hochschulzugangs

Die einleitend dargestellten Befunde auf der Basis der TREE-Daten beschreiben
nicht nur die Strukturen der sozialen Ungleichheit des Hochschulzugangs, sondern auch die Tatsache, dass bei Kontrolle von individuellen Leistungsvorausset-
zungen die Akademikerkinder beim Bildungserwerb im Vorteil sind. Sie belegen
auch – direkt wie indirekt – das zuvor beschriebene Zusammenspiel primärer und
sekundärer Herkunftseffekte. Selbst am Ende der Schullaufbahn bestimmt die
Korrelation von sozialer Herkunft – gemessen am Bildungsstand der Eltern – und
Leistungspotentialen der Maturandinnen und Maturanden – gemessen am No-
tendurchschnitt und an den Lesekompetenzen – die Chance, die Studienberechtigung zu erwerben und ein Studium zu beginnen. Noch ausgeprägter scheinen
die indirekt gemessenen sekundären Herkunftseffekte: Werden die Leistungen
der Maturandinnen und Maturanden kontrolliert, dominieren immer noch die Effekte sozialer Herkunft, die neben anderen, nicht berücksichtigten Einflüssen sicherlich in der Hauptsache schichtspezifische Bildungsentscheidungen abbilden.
Diese Vermutung kann jedoch an dieser Stelle nicht geklärt werden, da es in der
TREE-Studie keine direkte Messung von Bildungsentscheidungen in der Logik
der strukturell-individualistischen Theorie bzw. des werterwartungstheoretischen
Modells individueller Bildungsentscheidungen gibt.

Bivariate Analysen

Um dennoch theoriegeleitete Befunde für die Schweiz anführen zu können, wird
im Folgenden auf Daten einer Befragung von Züricher Maturandinnen und Maturanden aus dem Jahre 1985 zurückgegriffen (vgl. Beck und Kiener 1988). In
einem ersten Schritt wird – dem Modell von Erikson und Jonsson (1996) folgend
– der Zusammenhang zwischen erwarteten Bildungserträgen und Studienentscheidung untersucht (*Tabelle 1*). Um die Komplexität zu reduzieren, wird zwischen
den Akademikerkindern und den Studienberechtigten aus anderen sozialen Klassen unterschieden. Rund 87 Prozent der studienberechtigten Akademikerkinder
ziehen ein Universitätsstudium in Betracht, während 77 Prozent der Studienbe-

rechtigten aus den anderen sozialen Klassen beabsichtigen, an einer Hochschule (ETH Zürich, Universität Zürich, andere Hochschule in der Schweiz, Hochschule im Ausland) zu studieren.

Tabelle 1: Bildungsertrag und Studienentscheidung

Maturandinnen und Maturanden aus	*Akademikerfamilien*		
haben folgende Einkommenserwartung:	*hoch*	*mittel*	*niedrig*
	46,1 %	41,1 %	12,8 %
und beabsichtigen ein Universitätsstudium:	92,4 %	84,4 %	72,7 %
Maturandinnen und Maturanden aus	*anderen sozialen Klassen*		
haben folgende Einkommenserwartung:	*hoch*	*mittel*	*niedrig*
	41,2 %	42,9 %	15,9 %
und beabsichtigen ein Universitätsstudium:	83,0 %	72,6 %	70,8 %

Quelle: Studien- und Berufswahl der Zürcher Maturandinnen und Maturanden 1985 (Beck und Kiener 1988) – eigene Berechnungen

Zunächst wird die Einkommenserwartung als Indikator für den subjektiv erwarteten *Bildungsertrag B* betrachtet. So unterscheiden sich die beiden Gruppen in der Verteilung ihrer Einkommenserwartung: Maturandinnen und Maturanden aus Akademikerfamilien neigen stärker (zu 46 %) zu hohen Einkommenserwartungen als solche aus anderen sozialen Herkunftsmilieus (41 %). Wie erwartet unterscheiden sich bei Kontrolle ihrer Einkommenserwartung die beiden Gruppen darin, ob sie sich für ein Universitätsstudium oder für eine nichtakademische Berufsausbildung entschieden haben.

Unter den Maturandinnen und Maturanden mit hoher Einkommenserwartung beabsichtigen Akademikerkinder deutlich häufiger (zu 92 %) als alle übrigen (83 %), ein Studium aufzunehmen. Auch für die anderen Ausprägungen der Einkommenserwartung liegt bei den Akademikerkindern eine höhere Studierneigung vor. Dieser Befund spricht – soweit keine anderen Prozesse und Mechanismen diese Zusammenhänge beeinflussen – von der Bedeutung des Statuserhaltmotivs für die Studienentscheidung. Für Akademikerkinder ist das Universitätsstudium unabhängig von den erwarteten finanziellen Erträgen ein Positionsgut, das soziale Anerkennung garantiert, und ein sekundäres Zwischengut, das den Zugang zu einer Klassenposition in Aussicht stellt, die dem Statuserhaltmotiv Genüge tut.

Tabelle 2: Statuserhalt und Studienentscheidung

Maturandinnen und Maturanden aus	*Akademikerfamilien*		
haben folgende Statuserwartung:	*hoch*	*mittel*	*niedrig*
	17,8%	50,6%	31,6%
und beabsichtigen ein Universitätsstudium:	96,7%	87,4%	79,2%
Maturandinnen und Maturanden aus	*anderen sozialen Klassen*		
haben folgende Statuserwartung:	*hoch*	*mittel*	*niedrig*
	13,8%	47,8%	38,4%
und beabsichtigen ein Universitätsstudium:	79,1%	82,0%	68,9%

Quelle: Studien- und Berufswahl der Zürcher Maturandinnen und Maturanden 1985 (Beck und
Kiener 1988) – eigene Berechnungen

Empirische Hinweise dafür finden sich in der Verteilung dieses Motivs (*Tabelle 2*). Während 18 Prozent der Maturandinnen und Maturanden aus Akademikerfamilien einen möglichst hohen Status als bedeutsame Rendite für Bildungsinvestitionen ansehen, ist das für 14 Prozent der anderen Maturandinnen und Maturanden der Fall. Auch unterscheiden sich beide Gruppen hinsichtlich ihrer Studienentscheidung danach, ob sie eine hohe oder geringe Statuserwartung haben. Studienberechtigte Akademikerkinder mit hoher Statuserwartung entscheiden sich zu rund 97 Prozent dafür, an der Universität zu studieren. Bei den übrigen Studienberechtigten mit hoher Statuserwartung sind es lediglich 79 Prozent.

Tabelle 3: Kontingenz der Schulbildungs- und Studienentscheidung

Maturandinnen und Maturanden aus	*Akademikerfamilien*		
gehen auf Rat der Eltern auf das Gymnasium:	große Bedeutung	einige Bedeutung	kaum Bedeutung
	41,1%	42,3%	16,5%
und beabsichtigen ein Universitätsstudium:	89,8%	87,2%	76,4%
Maturandinnen und Maturanden aus	*anderen sozialen Klassen*		
gehen auf Rat der Eltern auf das Gymnasium:	große Bedeutung	einige Bedeutung	kaum Bedeutung
	17,9%	50,0%	32,1%
und beabsichtigen ein Universitätsstudium:	79,6%	72,8%	75,4%

Quelle: Studien- und Berufswahl der Zürcher Maturandinnen und Maturanden 1985 (Beck und
Kiener 1988) – eigene Berechnungen

Dass frühere Bildungsentscheidungen auf eine spätere Studienentscheidung abzielen, also das intergenerationale Statuserhaltmotiv und die elterliche Bildungsplanung offensichtlich darauf abgestimmt sind, lässt sich an der Kontingenz von Schuldbildungs- und Studienentscheidung (*Tabelle 3*) ablesen. Während für 41 Prozent der studienberechtigten Akademikerkinder der Rat ihrer Eltern, auf das Gymnasium zu gehen, eine große Bedeutung hatte, ist das bei Studienberechtigten aus anderen sozialen Klassen nur bedingt der Fall (18 Prozent). Umgekehrt hat für ein Drittel dieser letzteren Gruppe der elterliche Rat kaum eine Bedeutung gehabt, gegenüber lediglich 17 Prozent unter den studienberechtigten Akademikerkindern.

Unter Kontrolle der Bedeutung, die die Maturandinnen und Maturanden der früheren elterlichen Empfehlung zum Gymnasiumbesuch beimessen, entscheiden sich in allen Kategorien eher die Akademikerkinder als die Residualkategorie für das Universitätsstudium statt für eine Berufsausbildung. Die gleichen Zusammenhänge, die aus Platzgründen hier nicht dokumentiert werden, lassen sich für die Entscheidung zu Gunsten des Gymnasiums im Hinblick auf die spätere Ausbildung nachweisen. Diese Befunde sprechen für die „Ablenkungsthese" und die Bedeutung von sekundären Herkunftseffekten für die Erklärung sozialer Disparitäten beim Hochschulzugang.

Ähnliche Zusammenhänge wie für die erwarteten Bildungserträge liegen für die subjektiv eingeschätzte *Erfolgserwartung p* (*Tabelle 4*) vor. Studienberechtigte Akademikerkinder schätzen ihr Leistungspotenzial höher ein als alle übrigen Studienberechtigten. Klassenspezifische Unterschiede hinsichtlich Studienneigung zeigen sich vor allem, wenn das Leistungspotenzial als niedrig bis mittel eingeschätzt wird, und zwar umso ausgeprägter, je niedriger die Erfolgserwartungen sind. Damit werden die im theoretischen Teil dargestellten Annahmen und empirischen Befunde repliziert, dass sich Akademikerkinder auch bei geringen Erfolgserwartungen kaum vom Weg an die Hochschulen „ablenken" lassen.

Tabelle 4: Erfolgserwartung und Bildungsentscheidung für
Universitätsstudium

Maturandinnen und Maturanden aus	*Akademikerfamilien*		
haben folgendes Leistungspotenzial:	*hoch*	*mittel*	*niedrig*
	27,5%	38,2%	34,3%
und beabsichtigen ein Universitätsstudium:	97,9%	94,0%	70,2%
Maturandinnen und Maturanden aus	*anderen sozialen Klassen*		
haben folgendes Leistungspotenzial:	*hoch*	*mittel*	*niedrig*
	22,2%	37,4%	40,4%
und beabsichtigen ein Universitätsstudium:	97,7%	86,2%	56,6%

Quelle: Studien- und Berufswahl der Zürcher Maturandinnen und Maturanden 1985 (Beck und
Kiener 1988) – eigene Berechnungen

Selbst wenn davon ausgegangen wird, dass der erwartete Bildungsertrag multipli-
kativ mit der Erfolgserwartung (p · B) verbunden ist, sind die gleichen Befunde
wie zuvor zu konstatieren (*Tabelle 5*). Sie sprechen zum einen für die schichtspezifische Motivation, den Sozialstatus über Bildungsinvestitionen zu erhalten und
zum anderen für die Bedeutung der sekundären Herkunftseffekte beim Hochschulzugang, wenn es darum geht, sich zwischen dem Universitätsstudium und
der nichtakademischen Berufsausbildung zu entscheiden.

Tabelle 5: Einkommenserwartung (gewichtet mit Erfolgserwartung) und
Studienentscheidung

Studienberechtigte Kinder aus	*Akademikerfamilien*					
haben Einkommenserwartung:	*sehr hoch*	*ziemlich hoch*	*eher hoch*	*eher niedrig*	*ziemlich niedrig*	*niedrig*
	13,2%	27,6%	18,5%	16,2%	19,4%	5,0%
und beabsichtigen ein Universitätsstudium:	100,0%	94,7%	85,7%	94,5%	71,2%	41,2%
Studienberechtigte Kinder aus	*anderen sozialen Klassen*					
haben Einkommenserwartung:	*sehr hoch*	*Ziemlich hoch*	*eher hoch*	*eher niedrig*	*ziemlich niedrig*	*niedrig*
	13,2%	27,6%	18,5%	16,2%	19,4%	5,0%
und beabsichtigen ein Universitätsstudium:	98,9%	93,6%	70,1%	80,1%	63,0%	39,7%

Quelle: Studien- und Berufswahl der Zürcher Maturandinnen und Maturanden 1985 (Beck und
Kiener 1988) – eigene Berechnungen

Ein wichtiges Studienhindernis ist offensichtlich der erwartete Kostendruck C, der je nach sozialer Herkunft unterschiedlich beurteilt wird. Studienberechtigte Akademikerkinder erwarten deutlich weniger häufig (in rund einem Fünftel der Fälle) hohe Kosten für die weitere Ausbildung als alle übrigen Studienberechtigten (fast ein Drittel). Dass Akademikerkinder auch bei höherem Kostendruck eher studieren werden als die Kinder aus anderen Sozialschichten (79 vs. 75 Prozent; hier aus Platzgründen nicht explizit dokumentiert), war theoretisch zu erwarten. Selbst bei niedrigen erwarteten Kosten entscheiden sich Akademikerkinder eher für ein Universitätsstudium (89 vs. 77 Prozent).

Tabelle 6: Kostenerwartung (Index aus Kosten und Dauer der Ausbildung) und Studienentscheidung

Maturandinnen und Maturanden aus	*Akademikerfamilien*		
haben folgende Kostenerwartung:	*niedrig*	*mittel*	*hoch*
	53,9%	35,2%	11,0%
und beabsichtigen ein Universitätsstudium:	91,4%	83,6%	73,7%
Maturandinnen und Maturanden aus	*anderen sozialen Klassen*		
haben folgende Kostenerwartung:	*niedrig*	*mittel*	*hoch*
	48,8%	35,3%	16,0%
und beabsichtigen ein Universitätsstudium:	79,8%	76,1%	68,2%

Quelle: Studien- und Berufswahl der Zürcher Maturandinnen und Maturanden1985 (Beck und Kiener, 1988) – eigene Berechnungen

Werden neben den reinen Ausbildungskosten noch die Opportunitätskosten, die mit der Dauer der Ausbildung korrelieren, in Rechnung gestellt, dann ist wiederum die „Ablenkung" vom Universitätsstudium durch die zu erwartenden Kosten augenfällig (*Tabelle 6*). Obwohl sich die Verteilung der Kostenerwartungen in den beiden Gruppen nicht sehr deutlich voneinander unterscheidet, sind schichtspezifische Studienentscheidungen offensichtlich. Werden die zu erwartenden Kosten niedrig eingeschätzt, so werden 91 Prozent der Akademikerkinder, aber „nur" 80 Prozent der Maturandinnen und Maturanden aus den anderen Sozialklassen studieren.

Tabelle 7: Investitionsrisiko und Studienentscheidung

Maturandinnen und Maturanden aus	*Akademikerfamilien*		
haben folgendes Investitionsrisiko:	*niedrig*	*mittel*	*hoch*
	26,8%	38,3%	34,9%
und beabsichtigen ein Universitätsstudium:	97,8%	94,0%	70,2%
Maturandinnen und Maturanden aus	*anderen sozialen Klassen*		
haben folgendes Investitionsrisiko:	*niedrig*	*mittel*	*hoch*
	21,7%	37,4%	40,9%
und beabsichtigen ein Universitätsstudium:	97,7%	86,4%	56,5%

Quelle: Studien- und Berufswahl der Zürcher Maturandinnen und Maturanden 1985 (Beck und Kiener 1988) – eigene Berechnungen

Schließlich wird der Argumentation von Esser (1999) folgend der Zusammenhang von Investitionsrisiko – dem *Verhältnis von Kosten- und Erfolgserwartungen C/p* – und Studienentscheidung untersucht (*Tabelle 7*). Erwartungsgemäß ist der Anteil der Studienberechtigten mit geringer Investitionsrisikoeinschätzung unter den Akademikerkindern höher als in allen übrigen Bildungsschichten (27 vs. 22 Prozent). Aber auch bei einem hoch erscheinenden Investitionsrisiko weisen studienberechtigte Akademikerkinder eine höhere Studierneigung (70 Prozent) auf als Studienberechtigte aus den anderen Sozialklassen (57 Prozent). Bei ihnen hat offensichtlich ein ungünstiges Zusammenwirken von niedriger Erfolgserwartung und hohem Kostendruck eine ausgeprägte Wirkung auf die Ausbildungsentscheidung, die wiederum von der Hochschule „ablenkt".

Multivariate Analysen

Abschließend werden die Auswirkungen von erwarteten Erträgen und Einkommen auf die Ausbildungsentscheidung multivariat geschätzt. Das erste Ziel dieser Analyse ist, die Frage zu klären, ob die Ablenkungswirkung erwarteter Kosten größer ist als die Sogwirkung erwarteter Erträge. Es war eingangs im theoretischen Teil davon ausgegangen worden, dass die Kosten, die mit einem längeren Universitätsstudium verbunden werden, vor allem studierfähige, aber sozial benachteiligte Maturandinnen und Maturanden zu einer nichtakademischen Ausbildung bewegen, und somit zu einer relativ niedrigen Studienanfänger- und Akademikerquote in der Schweiz beitragen. An dieser Stelle sei darauf hingewiesen, dass zum Zeitpunkt dieser Erhebung der Bildungsverlauf über die Berufsmaturität zur Fachhochschule als eine formal dem Zugang zur Universität über die gymnasiale Maturität gleichgestellte Bildungsmöglichkeit noch nicht existierte.

Damals war daher der Entscheidungsraum von Studienberechtigten auf die Alternativen „studieren" versus „nicht studieren" beschränkt.

Mittels multinomialer Logit-Regression lässt sich – wenn die Gruppe der Studienberechtigten, die sich für eine Berufslehre entschieden haben, die Referenzkategorie bildet – feststellen, dass die erwarteten Einkommen eine Sogwirkung haben, und dass Maturandinnen und Maturanden in der Hoffnung, ihre Einkommen zu optimieren, sich eher für ein Universitätsstudium entscheiden (Modell 1 in Tabelle 8).[6] Studienberechtigte, die bereits eine Studienentscheidung getroffen haben, sehen dann eher von einer Berufslehre ab, wenn sie vergleichsweise hohe Einkommenserwartungen haben. Des Weiteren sind es weniger die erwarteten Ausbildungskosten, die eine ablenkende Wirkung haben, sondern die erwarteten Opportunitätskosten – also die entgangenen Einkommen infolge einer länger andauernden Ausbildung – bewegen Studienberechtigte dazu, von einem Universitätsstudium abzusehen. Dieser Befund entspricht – wie bereits oben ausgeführt – den theoretischen Ausführungen zur Rolle des Kostendrucks bei Studien- und Ausbildungsentscheidungen.

Der durch erwartete Opportunitätskosten verursachte Druck lässt sich nicht durch die unterschiedlichen Zeithorizonte der Studienberechtigten (vgl. Hillmert und Jacob 2003) erklären (Modell 2 in Tabelle 8). Zwar neigen Studienberechtigte, die einen Horizont bis zum 60. Lebensjahr haben, das nahe am voraussichtlichen Rentenalter und letztmöglichen Zeitpunkt für die Amortisation von vorherigen Bildungsinvestitionen ist, eher dazu, entweder zu studieren oder eine höhere Berufsausbildung statt eine Berufslehre zu beginnen. Jedoch klärt dieser Zeithorizont nicht die Effekte der aktuell erwarteten Opportunitätskosten auf. Möglicherweise korreliert bei den Studienberechtigten diese Kostenerwartung mit einem kurzen Zeithorizont, der dann eher die sozial benachteiligten Maturandinnen und Maturanden (so explorative, hier nicht dokumentierte Analysen) vom Universitätsstudium „ablenkt". Denn es liegen empirische Befunde für Deutschland vor, die zeigen, dass der Zeithorizont von Abiturienten für Bildungsplanungen mit ihrer sozialen Herkunft korreliert (vgl. Hillmert und Jacob 2003). Somit sind es eher die Studienberechtigten aus den Mittelschichten, die bei unzureichenden Schulleistungen und ungünstigen Erfolgserwartungen eine Doppelausbildung – zuerst Berufsausbildung und dann Studium – in Erwägung ziehen (können) (vgl. Becker und Hecken 2009; Büchel und Helberger 1995).

---

6   Unter höherer Berufsausbildung wurden die Ausbildung im Seminar für Pädagogische Grundausbildung (Ausbildung für Lehrerberuf) und in der Fachschule (Schule für Soziale Arbeit, Dolmetscherschule, etc.) sowie der Kaufmännische Ausbildungsgang der Kaderschule Zürich zusammengefasst.

Tabelle 8: Ausbildungsentscheidung von Maturandinnen und Maturanden im Jahre 1985 (odds ratios)

Referenzkategorie: Berufslehre	Modell 1		Modell 2		Modell 3	
	Universitäts-studium	Höhere Berufsaus-bildung	Universitäts-studium	Höhere Berufsaus-bildung	Universitäts-studium	Höhere Berufsaus-bildung
Erträge und Kosten						
Einkommen	1,63*	0,58†	1,60†	0,58†	1,44	0,57†
Ausbildungskosten	0,88	1,02	0,94	1,04	0,89	1,00
Opportunitätskosten	0,50***	0,98	0,48***	0,94	0,58*	0,97
Bildungserfolg					8,99***	1,37
Zeithorizont						
bis 5 Jahre			0,56	0,63		
bis 60. Lebensjahr			1,18	1,09		
gesamtes Leben			1	1		
Soziale Herkunft						
Niedrige Bildung					0,30**	0,56
Mittlere Bildung					0,51	0,77
Hohe Bildung					1	1
N	1.378		1.338		1.303	
Pseudo-R²	0,035		0,039		0,151	

* p ≤ 0,05; ** p ≤ 0,01; *** p ≤ 0,001; † p ≤ 0,1

Quelle: Studien- und Berufswahl von Maturanden 1985 (Beck und Kiener 1988) – eigene Berechnungen

Verringert die Information über die positiven Bildungserträge eines Hochschulstudiums und die Verringerung des Kostendrucks (z.B. Abschaffung von Studiengebühren, Stipendien für Studierende aus ökonomisch schwachen Elternhäusern, etc.) sowie die Förderung der Erfolgserwartungen bei den sozial benachteiligten Studienberechtigten die bestehenden Disparitäten beim Hochschulzugang? Werden die Ergebnisse der letzten Analyse in dieser Richtung interpretiert, so wäre man sozial- und bildungspolitisch gewiss nicht auf der falschen Fährte. Aber diese Strategie würde langfristige Wirkungen sozialer Ungleichheiten außerhalb des Bildungssystems – das bedeutsame Zusammenwirken primärer und sekundärer Herkunftseffekte bezeugt dies empirisch eindrücklich – außer Acht lassen. Auch die Folgen der institutionellen Strukturen und Regelungen des Schweizer Bildungssystems, die zu einer ausgeprägten Pfadabhängigkeit der Bildungsentscheidungen zu Lasten sozial benachteiligter Gruppen beitragen, blieben dabei unberücksichtigt.

Dieser Einwand lässt sich durch weitere Analysen erhärten (*Modell 3 in Tabelle 8*). Bei Kontrolle der sozialen Herkunft und erwarteten Erfolgswahrscheinlichkeit entscheiden sich die Kinder aus den höheren Sozialschichten sowie die Maturandinnen und Maturanden mit einer hohen Erfolgserwartung eher für das Universitätsstudium als die sozial benachteiligten Gruppen, die in der Regel auch geringere Erfolgserwartungen vorweisen. Weil die Effekte erwarteter Erträge wie theoretisch erwartet insignifikant werden, sind es dann vor allem die erwarteten Opportunitätskosten infolge längerer Ausbildungsdauer, die – und hier wiederum vor allem die sozial unterprivilegierten Studienberechtigten – vom Universitätsstudium ablenken. Ob die Einführung von Fachhochschulen mit kürzeren Studiendauern oder die Bologna-Reform mit einer fixen Regelstudienzeit und daher auch eher absehbaren Studiendauern das Problem lösen werden, kann hier aufgrund begrenzter Datenlage nicht beurteilt werden. Zum Befragungszeitpunkt waren weder Fachhochschulen noch Bologna-Reform eingeführt.

Zwischenfazit

Obgleich die hier herangezogenen Daten aus dem Jahre 1985 historisch erscheinen mögen (sie wurden mangels alternativer Datensätze mit Informationen zu Prozessen und Mechanismen der individuellen Bildungsentscheidung herangezogen), ist es doch erstaunlich, dass die Befunde mit aktuellen für Deutschland korrespondieren (vgl. Becker und Hecken 2007, 2008; Becker und Schuchart 2010).[7] Eine Vielzahl neuerer Studien belegt die ablenkende Wirkung der sozialen Herkunft und des Bildungssystems bis hin zum Hochschulsystem (vgl. Müller und Pollak 2010; Müller et al. 2011; Reimer und Schindler 2010). Beispielsweise belegen Becker und Hecken (2009) für sächsische Studienberechtigte, dass die Interaktion von schulischer Leistung im Gymnasium bis zum Abitur mit der Erfolgserwartung, also primäre Herkunftseffekte am Ende der Schullaufbahn, die Arbeiterkinder und Kinder einfacher Angestellter und Beamter vom Hochschulstudium „ablenken".

Des Weiteren sind es sowohl die Kosten des Hochschulstudiums als auch der ökonomische und kulturelle Aufwand bis zum Erwerb der Studienberechtigung, die dazu führen, dass sozial benachteiligte Kinder an den Hochschulen unterre-

---

7   Soziale Disparitäten beim Erwerb der Studienberechtigung, Zugang zur Hochschulbildung und Studienabschluss mögen sich über die Zeit und vor allem nach dem Geschlecht wandeln (vgl. Breen et al. 2009, 2010). Die Mechanismen und Prozesse, die Ungleichheiten generieren und reproduzieren, entziehen sich jedoch offenkundig einem grundlegenden Wandel (vgl. Becker 2003; Breen und Goldthorpe 1997; Breen 2005). Dies ist zum einem der Persistenz sozialer Ungleichheit außerhalb des Bildungssystems geschuldet (vgl. Erikson 1996, 2007), zum anderen der Eigendynamik der Bildungsexpansion selbst (vgl. Becker 2006).

präsentiert sind. Aktuelle Studien zeigen auch, dass im Zuge der Universalisierung der Ausbildung auf Sekundarstufe II die soziale Ungleichheit von Bildungschancen bis zu dieser Bildungsstufe zurückgeht, sich aber dann offensichtlich auf den Zugang zur tertiären Bildung verlagert (vgl. Mayer et al. 2007; Müller und Jacob 2008). Jedoch sind diese Entwicklungen weder linear noch eindeutig für alle Bildungsstufen in gleichem Masse und in gleicher Richtung zu beobachten (vgl. Lörz und Schindler 2011). Schließlich belegen sie wiederholt mit informationsreichen Daten und ausgefeilten statistischen Verfahren die Bedeutung von sekundären Effekten der sozialen Herkunft für die Genese und Reproduktion von sozialen Disparitäten beim Hochschulzugang (vgl. Lörz und Schindler 2009; Schindler und Reimer 2010, 2011; Schindler und Lörz 2011).

4. Schlussfolgerung und Ausblick auf zukünftige Forschung

Statt einer Zusammenfassung hinlänglich bekannter Befunde über die sozialen Disparitäten des Hochschulzugangs in der Schweiz sollen abschließend nochmals die für ursächlich gehaltenen Prozesse und Mechanismen in Augenschein genommen werden. Dass die soziale Selektivität des Hochschulzugangs aufgrund der Kontingenz des Bildungsverlaufs erst dann richtig verstanden werden kann, wenn Bildungsentscheidungen zusammen mit den Angeboten und den Sortier- und Selektionsleistungen des Bildungssystems im *Längsschnitt* untersucht werden, ist naheliegend und muss nicht weiter diskutiert werden. Aber wenn die Struktur des Hochschulzugangs in Relation zu anderen Bildungswegen *mechanismenbasiert* untersucht werden soll, bedarf es offensichtlich der Erweiterung des theoretischen Modells, der Datenlage und statistischen Analyse – die Berufswahl oder die spätere Klassenposition fokussierend – um den Prozess der Studienfachwahl im Vergleich zu anderen Bildungsentscheidungen fassen zu können. Empirische Befunde legen nahe, dass inhaltliche Berufsentscheidungen und darauf abgestimmte Entscheidungen für den Ausbildungsweg in Abhängigkeit von der sozialen Herkunft unterschiedlich früh festgelegt werden. Es stellt sich daher die Frage, ob Bildungsentscheidungen von vornherein und in jedem Fall Ergebnisse „*rationaler* Kosten-Nutzen-Abwägungen" sind (vgl. Becker et al. 2009). Beispielsweise sind am Ende der Primarschulzeit die Bildungsentscheidungen von sozioökonomisch gut gestellten Eltern, im Unterschied zu solchen aus mittleren und unteren Sozialschichten, offensichtlich unabhängig vom *Verhältnis* zwischen Bildungsmotivation und Investitionsrisiko (vgl. Becker und Lauterbach 2010: 20). Dass die ausgeprägte intergenerationale Reproduktion des Studienfachs in den oberen Schichten unabhängig von den gesellschaftlichen Randbedingungen und den Arbeitsmarktentwicklungen zu sein scheint, ist ebenfalls augenfällig (vgl. Becker et al. 2010). Diese vereinzelten Beobachtungen lassen vermuten, dass die *zweckrationale Kalkulation von Nutzen und Kosten* bei den Bildungsentscheidungen – wie sie von restriktiven ‚rational choice'-Modellen angenommen werden – ein seltener Spezialfall ist. Die Abwägung von Vor- und Nachteilen von Bildungsalternativen und die Auswahl eines Bildungswegs müssen oftmals nach einfacheren Kriterien und effizienteren Mechanismen erfolgen.

Sinnvoll scheint es daher zum einen, die gängigen werterwartungstheoretischen Modelle der Bildungsentscheidung um die handlungstheoretischen Überlegungen von Weber (1980) und seiner *Typologie des sozialen Handelns* und des *subjektiven Sinns sozialen Handelns* zu ergänzen. Zunächst kann davon ausgegangen werden, dass jedes soziale Handeln – also auch bildungsbezogenes Handeln – zweckrational (sprich: zielgerichtet und daher sinnhaft) ist (vgl. Meulemann 2006). Dass bildungsbezogenes Handeln *subjektiv sinnhaft* ist, wurde bereits eingangs des Beitrags für die Bildungsentscheidung breit entfaltet. Aber die *subjektive Orientierung* bei einer zielgerichteten Bildungsentscheidung muss nicht in jedem Fall rein zweckrational sein. Vornehmlich auftreten dürfte das *zweckrationale Bildungshandeln* (d.h. das subjektive Kalkulieren von Vor- und Nachteilen einzelner Schul- und Berufsausbildungen in den Fällen, wo es den Akteuren an Erfahrungen über die Bildungsmöglichkeiten und der Mittel und Wege mangelt, diese zieloptimierend zu nutzen, oder gewisse Probleme auftreten) u.a. unter folgenden Bedingungen: a.) wenn die schulischen Leistungen des Kindes nicht den elterlichen Erwartungen entsprechen; b.) wenn die Signale des Arbeitsmarktes für avisierte Ausbildungen sich ändern; c.) wenn sich neue Gelegenheiten im Bildungssystem ergeben; oder d.) die Kosten für die Ausbildung, aus welchen Gründen auch immer, nicht mehr gedeckt werden können. *Traditionales Bildungshandeln* dürfte hingegen typisch für Akademiker- und Unternehmerfamilien sein, wenn die Kinder in die Fußstapfen ihrer Eltern treten sollen (etwa die Übernahme einer Arzt- oder Rechtsanwaltspraxis oder gar der Firma). Gleiches gilt wohl für Landwirtschafts- oder Handwerkerbetriebe, die an die Kinder und Kindeskinder vererbt werden sollen. *Wertrationale Bildungsaspirationen und -entscheidungen* könnten dann vorliegen, wenn sich Familien und ihre Nachkommen für bestimmte Berufe oder Aufgaben berufen fühlen (z.B. Lehrer, Politiker, etc.) und dann unhinterfragt für ihre Kinder die adäquaten Ausbildungen anstreben. In beiden letzteren Fällen dürfte das in Betracht gezogene Spektrum von Bildungsalternativen deutlich kleiner sein als das vom Bildungssystem bereitgestellte Angebot. Beispielsweise käme für die Aufrechterhaltung einer akademischen Tradition in einer Arzt- oder Rechtsanwaltsfamilie einzig und alleine das Studium von Medi-

zin oder Jura an einer möglichst renommierten Universität in Betracht. Diese beiden Orientierungen gehen auch mit einer sozialen Disparität bei der Bewertung
der Studienberechtigung einher: Für Maturandinnen und Maturanden aus höheren Sozialschichten ist sie ein zwingend notwendiges, den Statuserhalt garantie-
rendes Zertifikat. Für die Schulabgänger aus den anderen Sozialschichten stellt
sie ein omnioptionales Zertifikat dar, mit dem alle Ausbildungs- und Berufsopti-
onen offen gehalten werden können (vgl. Becker und Hecken 2007).

Zum anderen wäre es – an die vorherige Argumentation anknüpfend – sinnvoll, die Bildungsentscheidungen *realistischer* zu modellieren. Die Grundgedan-
ken der ‚frame selection theory' wäre *eine* Möglichkeit (vgl. Kroneberg 2011).
Wenn beispielsweise die Kinder studieren sollen, um eine akademische Fami-
lientradition fortzuführen, können die Bildungsentscheidungen „automatisch-
spontan" statt „rational-kalkulierend" sein, d.h. unhinterfragt aus Gewohnheit,
Konformitätsdruck oder aus bestimmten Werthaltungen heraus vollzogen werden. Typisch wäre dies beispielsweise für Angehörige besser gestellter sozialer
Schichten, weil sie über die entsprechenden kognitiven Mechanismen verfügen.
Bei ihnen liegen – über die Sozialisation und elterliche Erziehung vermittelt –
die kognitiven Rahmen für Bildungsziele, Bildungssysteme, Bildungswege, etc.
einschließlich der kognitiven Skripte für die nötigen Abläufe im Bildungssystem
und schließlich das bildungsbezogene Handlungswissen darüber vor, was zu tun
ist, um Bildungserfolge im Hinblick auf die übergeordneten Ziele, die durch erfolgreiche Bildung zu erreichen sind, sicherzustellen. Für ihre Umsetzung in die
Tat liegen entsprechende internalisierte Handlungsroutinen vor. Diese können
zumeist relativ einfach umgesetzt werden, wenn das Handlungsset nur aus einer
einzigen Handlung besteht und daher keine Auswahl getroffen werden muss –
wenn beispielsweise in einer Arztfamilie für die Kinder von vornherein nur das
Medizinstudium und sonst keine andere Alternative in Betracht gezogen wird.

Dass es sich lohnen könnte, in diese Richtung der Theorie- und Modellbil-
dung zu gehen, legen etwa empirische Befunde von Becker und Hecken (2008)
nahe: Demnach lassen sich Abiturienten aus sozial gut gestellten und bildungsnahen Elternhäusern, die sich als leistungsstark einschätzen, bei der Studienentscheidung ausschließlich vom Statuserhaltmotiv leiten. Verfügen sie nur über
Erwartungswerte für die beruflichen Bildungserträge, dann sind sie bei der Ausbildungsentscheidung eher unentschlossen. Verfügen sie dagegen über ein geringes Leistungspotential, dann reflektieren sie – wie von Esser (1999) modelliert
– über alle erwarteten Beträge und Wahrscheinlichkeiten. Fokussieren sie lediglich die Investitionsrisiken, dann sind auch sie unentschlossen, wie es nach dem
Erwerb der Studienberechtigung weitergehen soll. Für die Mittelschichten wur-

de bereits berichtet, dass – falls die Leistungen und daraus abgeleiteten Erfolgs-wahrscheinlichkeiten nicht den Erwartungen entsprechen – zuerst eine nichtaka-demische Berufsausbildung in Erwägung gezogen wird, um dann gegebenenfalls später die Option Studium einzulösen. Dass in Bezug auf die Studienentschei-dung in sozial gut gestellten Schichten eine „automatisch-spontane" wertrationa-le und traditionale Entscheidung zu Gunsten eines Universitätsstudiums erfolgt, scheint auch evident zu sein. Abiturienten aus diesen Schichten sind im Unter-schied zu allen übrigen sehr selten unentschlossen, was die Studienentscheidung anbelangt. Für sie gilt das Abitur immer und ausschließlich als ein „Studienpa-tent" (vgl. Becker und Hecken 2008). Verallgemeinert gesprochen könnte dieser theoretische Ansatz im Sinne einer soziologischen Tiefenerklärung aufdecken, warum Kinder besser gebildeter Eltern beim Bildungserwerb im Allgemeinen und in der Tertiärbildung im Besonderen im Vorteil sind.

Literatur

Allmendinger, Jutta. 1989. Educational Systems and Labor Market Outcomes. *European Sociological Review* 5: 231-250.

Beck, Michael, Franziska Jäpel und Rolf Becker. 2010. Determinanten des Bildungserfolgs von Migranten im Schweizer Bildungssystem. In *Bildungsverlierer – Neue Ungleichheiten*, Hrsg. Gudrun Quenzel und Klaus Hurrelmann, 313-337. Wiesbaden: VS Verlag für Sozialwissenschaften.

Beck, Peter, und Urs Kiener. 1988. *Studien- und Berufswahl der Zürcher Maturanden.* Vorstellungen über Ausbildung, Beruf, Gesellschaft. Ein Arbeitsbericht. Studien- und Berufsberatung des Kantons Zürich. Zürich: unveröffentlichtes Manuskript.

Becker, Rolf. 2000. Klassenlage und Bildungsentscheidungen. Eine empirische Anwendung der Wert-Erwartungstheorie. *Kölner Zeitschrift für Soziologie und Sozialpsychologie* 52: 450-474.

Becker, Rolf. 2001. Der Beitrag der Theorie subjektiver Werterwartung und anderer RC-Theorien zur Erklärung der herkunftsbedingten Bildungschancen und Bildungsungleichheit. Eine Antwort auf den Diskussionsbeitrag von Max Haller. *Kölner Zeitschrift für Soziologie und Sozialpsychologie* 53: 575-579.

Becker, Rolf. 2003. Educational Expansion and Persistent Inequalities of Education: Utilizing the Subjective Expected Utility Theory to Explain the Increasing Participation Rates in Upper Secondary School in the Federal Republic Of Germany. *European Sociological Review* 19(1): 1-24.

Becker, Rolf. 2006. Dauerhafte Bildungsungleichheiten als unerwartete Folge der Bildungsexpansion? In *Die Bildungsexpansion. Erwartete und unerwartete Folgen*, Hrsg. Andreas Hadjar und Rolf Becker, 27-62. Wiesbaden: VS Verlag für Sozialwissenschaften.

Becker, Rolf. 2010. Soziale Ungleichheit im Schweizer Bildungssystem und was man dagegen tun könnte. In *Schulübergang und Selektion – Forschungserträge und Umsetzungsstrategien*, Hrsg. Markus Neuenschwander und Hans-Ueli Grunder, 91-108. Chur: Rüegger.

Becker, Rolf. 2011. Soziale Ungleichheit von Bildungschancen in der Schweiz und was man dagegen tun könnte. In *Zukunft Bildung Schweiz. Akten der Fachtagung vom 21. April 2010*, Hrsg. Rudolf Künzli und Katharina Maag Merki, 21-38. Bern: Akademien der Wissenschaften Schweiz.

Becker, Rolf, Sigrid Haunberger und Frank Schubert. 2010. Studienfachwahl als Spezialfall der Ausbildungsentscheidung und Berufswahl. *Zeitschrift für Arbeitsmarktforschung* 42: 292-310.

Becker, Rolf, und Anna Etta Hecken. 2007. Studium oder Berufsausbildung? Eine empirische Überprüfung der Modelle zur Erklärung von Bildungsentscheidungen von Esser sowie von Breen und Goldthorpe. *Zeitschrift für Soziologie* 36: 100-117.

Becker, Rolf, und Anna Etta Hecken. 2008. Warum werden Arbeiterkinder vom Studium an Universitäten abgelenkt? Eine empirische Überprüfung der „Ablenkungsthese" von Müller und Pollak (2007) und ihrer Erweiterung durch Hillmert und Jacob (2003). *Kölner Zeitschrift für Soziologie und Sozialpsychologie* 60: 3-29.

Becker, Rolf, und Anna Etta Hecken. 2009. Why are working-class children diverted from universities? *European Sociological Review* 25: 233-250.

Becker, Rolf, und Claudia Schuchart, 2010: Verringerung sozialer Ungleichheiten von Bildungschancen durch Chancenausgleich? Ergebnisse einer Simulation bildungspolitischer Maßnahmen. In *Bildung als Privileg. Theoretische Erklärungen und empirische Befunde zu den Ursachen der Bildungsungleichheiten*, Hrsg. Rolf Becker und Wolfgang Lauterbach, 413-436. Wiesbaden: VS Verlag für Sozialwissenschaften.

Becker, Rolf, und Wolfgang Lauterbach. 2010. Bildung als Privileg – Ursachen, Mechanismen, Prozesse und Wirkungen. In *Bildung als Privileg. Theoretische Erklärungen und empirische Befunde zu den Ursachen der Bildungsungleichheiten*, Hrsg. Rolf Becker und Wolfgang Lauterbach, 11-49. Wiesbaden: VS Verlag für Sozialwissenschaften.

Blossfeld, Hans-Peter. 1989. *Kohortendifferenzierung und Karriereprozess*. Eine Längsschnittstudie über die Veränderung der Bildungs- und Berufschancen im Lebensverlauf. Frankfurt am Main: Campus.

Blossfeld, Hans-Peter, Alfred Hamerle und Karl Ulrich Mayer. 1986. *Ereignisanalyse*. Statistische Theorie und Anwendung in den Wirtschafts- und Sozialwissenschaften. Frankfurt am Main: Campus.

Boudon, Raymond. 1974. *Education, Opportunity, and Social Inequality*. New York: Wiley.

Bourdieu, Pierre. 1977. Cultural Reproduction and Social Reproduction. In *Power and ideology in education*, Hrsg. Jerome Karabel und Albert H. Halsey, 487-511. New York: Oxford University Press.

Breen, Richard. 2005. Why Did Class Inequalities in Educational Attainment Remain Unchanged over Much of the Twentieth Century? In *Understanding Social Change: Proceedings of the British Academy*, Hrsg. Anthony F. Heath, John Ermisch und Duncan Gallie, 55-72. Oxford: Oxford University Press.

Breen, Richard, und John H. Goldthorpe. 1997. Explaining Educational Differentials. Towards A Formal Rational Action Theory. *Rationality and Society* 9: 275-305.

Breen, Richard, und Meir Yaish. 2006. Testing the Breen-Goldthorpe Model of Educational Decision Making. In *Mobility and Inequality*, Hrsg. Stephen L. Morgan, David B. Grusky und Gary S. Fields, 232-258. Stanford: Stanford University Press.

Breen, Richard, Ruud Luijkx, Walter Müller und Reinhard Pollak. 2009. Nonpersistent Inequality in Educational Attainment: Evidence from Eight European Countries. *American Journal of Sociology* 114: 1475-1152.

Breen, Richard, Ruud Luijkx, Walter Müller und Reinhard Pollak. 2010. Long-term Trends in Educational Inequality in Europe: Class Inequalities and Gender Differences. *European Sociological Review* 26: 31-48.

Büchel, Felix, und Christof Helberger. 1995. Bildungsnachfrage als Versicherungsstrategie. Der Effekt eines zusätzlich erworbenen Lehrabschlusses auf die beruflichen Startchancen von Hochschulabsolventen. *Mitteilungen aus der Arbeitsmarkt- und Berufsforschung* 28: 32-42.

Buchmann, Marlis, und Mariah Charles. 1993. The Lifelong Shadow: Social Origins and Educational Opportunities in Switzerland. In *Persistent Inequalities. Changing Educational Stratification in Thirteen Countries*, Hrsg. Yossi Shavit und Hans-Peter Blossfeld, 177-192. Boulder, Co.: West View Press.

Buchmann, Marlis, Stefan Sacchi, Markus Lamprecht und Hanspeter Stamm. 2007. Tertiary Education Expansion and Social Inequality in Switzerland. In *Stratification in Higher Education*, Hrsg. Yossi Shavit, Richard Arum und Adam Gomoran, 321-348. Stanford: Stanford University Press.

Dollmann, Jörg. 2010. *Türkischstämmige Kinder am ersten Bildungsübergang.* Primäre und sekundäre Herkunftseffekte. Wiesbaden: VS Verlag für Sozialwissenschaften.

Erikson, Robert. 1996. Explaining Change in Educational Inequality – Economic Structure and School Reforms. In *Can Education Be Equalized? The Swedish Case in Comparative Perspective*, Hrsg. Richard Erikson und Jan O. Jonsson, 95-112. Boulder: Westview Press.

Erikson, Robert. 2007. Social selection in Stockholm schools: primary and secondary effects on the transition to upper secondary education. In *From Origin to Destination. Trends and Mechanisms in Social Stratification Research*, Hrsg. Stefani Scherer, Reinhard Pollak, Gunnar Otte und Markus Gangl, 35-76. Frankfurt am Main: Campus.

Erikson, Robert, und John H. Goldthorpe. 1992. *The Constant Flux: A Study of Class Mobility in Industrial Societies.* Oxford: Clarendon Press.

Erikson, Robert, und Jan O. Jonsson, 1996: Explaining Class Inequality in Education: The Swedish Test Case. In *Can Education Be Equalized?* Hrsg. Robert Erikson und Jan O. Jonsson, 1-63. Boulder: Westview Press.

Esser, Hartmut. 1999. *Soziologie.* Spezielle Grundlagen. Band 1: Situationslogik und Handeln. Frankfurt am Main: Campus.

Gambetta, Diego. 1987. *Were They Pushed Or Did They Jump?* Individual decision mechanisms in education. Cambridge: University Press.

Kahneman, Daniel, und Amos Tversky. 1979. Prospect Theory. An Analysis of Decision under Risk. *Econometrica* 39: 342-350.

Kalter, Frank. 2005. Ethnische Ungleichheit auf dem Arbeitsmarkt. In *Arbeitsmarktsoziologie*, Hrsg. Martin Abraham und Thomas Hinz, 303-332. Wiesbaden: VS Verlag für Sozialwissenschaften.

Keller, Suzanne, und Marisa Zavalloni. 1964: Ambition and Social Class: A Respecification. *Social Forces* 43: 58-70.

Kroneberg, Clemens. 2011. *Die Erklärung sozialen Handelns.* Grundlagen und Anwendung einer integrativen Theorie. Wiesbaden: VS Verlag für Sozialwissenschaften.

Lamprecht, Markus. 1991. Möglichkeiten und Grenzen schulischer Chancengleichheit in westlichen Gesellschaften.In *Das Ende der sozialen Schichtung?* Hrsg. Volker Bornschier, 126-153. Zürich: Seismo.

Lamprecht, Markus, und Hanspeter Stamm. 1996. *Soziale Ungleichheit im Bildungswesen* (Publikation zur Volkszählung 1990). Bern: Bundesamt für Statistik.

Lindenberg, Siegwart. 1989. Social Production Functions, Deficits, and Social Revolutions. *Rationality and Society* 1: 51-77.

Lörz, Markus, und Steffen Schindler. 2009. Educational Expansion and Effects on transition to higher Education: Did the Effect of social background Characteristics declined or just moved to the next stage? In *Expected and Unexpected Consequences of the Educational Expansion in Europe and USA*, Hrsg. Andreas Hadjar und Rolf Becker, 97-109. Bern: Prisma.

Lörz, Markus, und Steffen Schindler. 2011. Bildungsexpansion und soziale Ungleichheit: Zunahme, Abnahme oder Persistenz ungleicher Chancenverhältnisse – eine Frage der Perspektive? *Zeitschrift für Soziologie* 40: 458-477.

Mayer, Karl Ulrich, und Walter Müller. 1986. The State and the Structure of the Life Course. In *Human Development and the Life Course: Multidisciplinary Perspectives*, Hrsg. Aage B. Sorensen, Franz E. Weinert und Lonnie R. Sherrod, 217-245. Hillsdale, NJ: Lawrence Erlbaum Associates Publishers.

Mayer, Karl Ulrich, Walter Müller und Reinhard Pollak. 2007. Germany: Institutional Change and Inequalities of Access in Higher Education. In *Stratification in Higher Education. A Comparative Study*, Hrsg. Yossi Shavit, Richard Arum und Adam Gamoran, 240-265. Stanford: University Press.

Meulemann, Heiner. 1985. *Bildung und Lebensplanung*. Die Sozialbeziehung zwischen Elternhaus und Schule. Frankfurt am Main: Campus.

Meulemann, Heiner. 2006. *Soziologie von Anfang an*. Wiesbaden: VS Verlag für Sozialwissenschaften.

Müller, Walter, Susanne Steinmann und Reinhart Schneider. 1997. Bildung in Europa. In *Die westeuropäischen Gesellschaften im Vergleich*, Hrsg. Stefan Hradil und Stefan Immerfall, 177-244. Opladen: Leske+Budrich.

Müller, Walter, und Irena Kogan. 2009. Education. In *Handbook of European Societies. Social Transformations in the 21st Century*, Hrsg. Stefan Immerfall und Göran Therborn, 217-289. New York: Springer.

Müller, Walter, und Marita Jacob. 2008. Qualifications and the Returns to Training Across the Life Course. In *Skill Formation. Interdisciplinary and Cross-National Perspectives*, Hrsg. Karl Ulrich Mayer und Heike Solga, 126-172. Cambridge: University Press.

Müller, Walter, und Reinhard Pollak. 2010. Weshalb gibt es so wenige Arbeiterkinder in Deutschlands Universitäten? In *Bildung als Privileg*, Hrsg. Rolf Becker und Wolfgang Lauterbach, 305-344. Wiesbaden: VS Verlag für Sozialwissenschaften.

Neugebauer, Martin, und Steffen Schindler. 2012. Early transitions and tertiary enrolment: The cumulative impact of primary and secondary effects on entering university in Germany. *Acta Sociologica* 55 (1) (im Erscheinen).

Reimer, David, und Steffen Schindler. 2010. Soziale Ungleichheit und differenzierte Ausbildungsentscheidungen beim Übergang zur Hochschule. In *Vom Kindergarten bis zur Hochschule*, Hrsg. David Reimer und Birgit Becker, 251-283. Wiesbaden: VS Verlag für Sozialwissenschaften.

Schindler, Steffen, und David Reimer 2010. Primäre und sekundäre Effekte der sozialen Herkunft beim Übergang in die Hochschulbildung. *Kölner Zeitschrift für Soziologie und Sozialpsychologie* 62: 623-653.

Schindler, Steffen, und David Reimer. 2011. Differentiation and Social Inequality in German Higher Education. *Higher Education* 61: 261-275.

Schindler, Steffen, und Markus Lörz. 2011. Mechanisms of Social Inequality Development: Primary and Secondary Effects in the Transition to Tertiary Education Between 1976 and 2005. *European Sociological Review* (Advance Access published April 21, 2011).

Seibert, Holger, Sandra Hupka-Brunner und Christian Imdorf. 2009. Wie Ausbildungssysteme Chancen verteilen – Berufsbildungschancen und ethnische Herkunft in Deutschland und der Schweiz unter Berücksichtigung des regionalen Verhältnisses von betrieblichen und schulischen Ausbildungen. *Kölner Zeitschrift für Soziologie und Sozialpsychologie* 61: 595-620.

Shavit, Yossi, und Walter Müller. 1998. *From School to Work*. A Compartive Study of Educational Qualifications and Occupational Destinations. Oxford: Clarendon Press.

Shavit, Yossi, und Walter Müller. 2000. Vocational Secondary Education Tracking, and Social Stratification. In *Handbook of the Sociology of Education*, Hrsg. Maureen T. Hallinan, 437-474. New York: Kluwer Academic.

SKBF. 2010. *Bildungsbericht Schweiz 2010*. Aarau: SKBF.

Solga, Heike. 2005. *Ohne Abschluss in die Bildungsgesellschaft*. Die Erwerbschancen gering qualifizierter Personen aus ökonomischer und soziologischer Perspektive. Opladen: Verlag Barbara Budrich.

Stamm, Hanspeter, Markus Lamprecht und Rolf Nef. 2003. *Soziale Ungleichheit in der Schweiz*. Strukturen und Wahrnehmungen. Zürich: Seismo.

Stocké, Volker. 2007a. Explaining Educational Decision and Effects of Families' Social Class Position: An Empirical Test of the Breen-Goldthorpe Model of Educational Attainment. *European Sociological Review* 23: 505-519.

Thomas, William I., und Dorothy S. Thomas. 1928. *The child in America: Behavior problems and programs*. New York: Knopf.

TREE. 2008. *Projekt-Dokumentation 2000-2008*. Bern/Basel: TREE.

Wolter, Stefan, und Jürg Schweri. 2004. Kosten und Nutzen der Berufsmatur. *Die Volkswirtschaft* 4: 26-29.

Inwiefern zahlt sich Bildung aus?
Bildungsrenditen aus individueller und gesellschaftlicher Sicht

Melania Rudin

1. Einleitung

Während der Transition ins Erwachsenenalter stellt sich den Individuen die Frage, wie lange sie im Bildungssystem verweilen möchten bevor sie in den Arbeitsmarkt eintreten. Finanzielle Erträge sind bei dieser Entscheidung sicherlich nicht der einzig relevante Aspekt. Interesse an Lerninhalten – auch Konsumnutzen von Bildung genannt – ist nur einer von weiteren Gesichtspunkten. Im Bildungssystem zu verweilen ist jedoch zuerst mit Kosten verbunden und es sind später finanzielle Erträge zu erwarten. Bildung kann folglich als Investition betrachtet werden, für die sich Renditen berechnen lassen. Dass Investitionen in Bildung sich aus individueller und auch aus gesellschaftlicher Sicht lohnen ist ein kaum bestrittenes empirisches Resultat (OECD 2010; SKBF 2010). Dieser Artikel beschreibt grundlegende methodische Aspekte bei der Berechnung von Bildungsrenditen und fasst Resultate der Rentabilität verschiedener Bildungsstufen für die Schweiz und andere Länder zusammen. Beleuchtet wird der Zusammenhang zwischen privaten und gesellschaftlichen Renditen über das Finanzierungs- und Steuersystem sowie Unterschiede zwischen den Geschlechtern. Zudem werden gesamtgesellschaftliche Auswirkungen von Bildung, welche nicht in die Berechnung der Renditen einfließen, diskutiert.

2. Theoretischer Hintergrund und methodisches Vorgehen

2.1 Humankapitaltheorie und Signaltheorie

Die Humankapitaltheorie bildet die wichtigste theoretische Grundlage zur Berechnung von Bildungsrenditen. Die zentrale Idee der Humankapitaltheorie (Becker 1964) besteht darin, dass Menschen ihre Fähigkeiten weiterentwickeln, indem sie in Bildung investieren (Weber 2003: 406). Bildung wird demnach als Investition in Humankapital betrachtet. Das angeeignete Humankapital entspricht Kompetenzen, die sich auf dem Arbeitsmarkt durch höhere Produktivität und somit durch höhere Entlohnung auszahlen sollen.

Die Signaltheorie, welche von Spence (1973) erarbeitet wurde, begründet Lohnvorteile aufgrund höherer Bildungsabschlüsse damit, dass das Bildungssystem eine Selektionsfunktion ausübt. Gemäß dieser Theorie ziehen Arbeitgeber Rückschlüsse von Bildung auf Begabung und Personen wählen ein Bildungsniveau, um ihre Begabung gegenüber potentiellen Arbeitgebern zu signalisieren (Bedard 2001:749). Ein höherer Bildungsabschluss kann vom Arbeitgeber als Signal für die Begabung oder für andere Eigenschaften der Person betrachtet werden, die der Arbeitgeber nicht beobachten kann, die aber positiv zur Produktivität beitragen. In der Signaltheorie wird angenommen, dass begabtere Personen länger im Bildungssystem verweilen, weil für sie der Aufwand geringer ist, Bildungszertifikate zu erwerben. Wenn dies zutrifft und Arbeitgeber glauben, dass Bildung mit Produktivität korreliert, wird die Annahme durch Erfahrungen bestätigt werden, weil begabtere Personen höhere Bildungsabschlüsse erwerben (Harmon et al. 2003). Das bedeutet, dass Personen mit höheren formalen Bildungsabschlüssen höhere Löhne erhalten, unabhängig davon, wie relevant die erworbenen Fähigkeiten für die ausgeübte Erwerbstätigkeit tatsächlich sind.

Die beiden Theorien schreiben dem Bildungswesen verschieden Aufgaben zu. Aus Sicht der Person, welche in die eigene Bildung investiert, mag es irrelevant sein, ob sie aufgrund der Selektionsfunktion des Bildungsabschlusses einen höheren Lohn erzielt oder ob die tatsächlich erworbenen Fähigkeiten entlohnt werden. Für die Beurteilung des Bildungssystems ist die Unterscheidung jedoch entscheidend (SKBF 2010: 273). Es ist ein robustes empirisches Resultat, dass formale Bildung sich in Einkommensvorteilen niederschlägt (OECD 2010: 134; SKBF 2010: 275). Jedoch besteht eine grundsätzliche Schwierigkeit, empirisch aufzutrennen in welchem Ausmaß Bildung die Produktivität erhöht und in welchem Ausmaß Bildung als Signal für Produktivität steht (Harmon et al. 2003: 134). In beiden Fällen wird eine positive Korrelation zwischen Bildung und Einkommen suggeriert, aber aus unterschiedlichen Gründen. Verschiedene Ansätze, um die Effekte voneinander zu trennen, wurden empirisch getestet. Ein Ansatz besteht darin, die Einkommen von selbständig Erwerbstätigen und angestellten Personen zu vergleichen, weil für selbständige Erwerbstätigkeit Signaleffekte nicht relevant sind (Wolpin 1977: 950). Eine ähnliche Variante – wenn auch etwas weniger überzeugend – ist, Löhne von Angestellten im privaten und im öffentlichen Sektor zu vergleichen mit der Begründung, dass Löhne im öffentlichen Sektor eher von der wahren Produktivität abweichen (Harmon et al. 2003: 134). Wolpin (1977) sowie Harmon et al. (2003) stellen mit diesem Ansatz eher kleine Signaleffekte von Bildung fest. Bei einer weiteren Vorgehensweise werden direkt Informationen über die Fähigkeiten der Personen verwendet und in die Modelle integriert. Die Schwierigkeit bei diesem Ansatz besteht darin, dass Fähigkeiten nicht unabhängig von Bildung sind und dass die Fähigkeiten, die sich auf dem Arbeitsmarkt auszahlen, schwierig zu messen sind. Empirisch wurden anhand dieses Ansatzes geringe Signaleffekte festgestellt (Harmon et al. 2003). Auch die Untersuchung, die Angestellte zwei Gruppen zuteilt; solche in Tätigkeiten mit gut beobachtbarer Produktivität und solche mit schwierig zu beobachtender Produktivität liefert Hinweise für einen Signaleffekt, weil in der Gruppe mit gut beobachtbarer Produktivität der Einfluss von Bildung auf das Einkommen geringer ist (Riley 1979). Deutliche Hinweise für Signaleffekte stellt Bedard (2001) fest, indem er den Einfluss von Bildung auf Einkommen vor und nach einer Änderung der Zugangsberechtigung für Universitäten untersucht. Nachdem mehr Personen zugangsberechtigt sind, steigen die Löhne für die Personen mit Universitätsabschluss. Nach einer Ausweitung der Zugangsberechtigung ist es für begabtere Personen einfacher, dies zu signalisieren, weil weniger begabte Personen als Grund für einen nicht vorhandenen Universitätsabschluss nicht mehr Zugangsbeschränkungen angeben können (Bedard 2001: 775).

In der Forschungsliteratur wird oft das Konzept der Humankapitaltheorie mit Überlegungen aus der Signaltheorie ergänzt, weil es methodisch äußerst schwierig ist die Effekte voneinander zu trennen (Harmon et al. 2003:134). Nebst der zentralen Aufgabe des Bildungssystems, Wissen und Kompetenzen zu vermitteln, welche gemäß Humankapitaltheorie auf dem Arbeitsmarkt entlohnt werden, wird dem Bildungssystem auch eine Selektionsfunktion zugeschrieben, wodurch sich Lohnunterschiede gemäß der Signaltheorie erklären lassen (SKBF 2010).

2.2 Methodisches Vorgehen: Das cost-benefit model

Einkommensvorteile, welche sich durch erworbene Bildungsabschlüsse ergeben, bieten für die Individuen einen Anreiz, in Bildung zu investieren. Die Investition ist jedoch auch mit Kosten verbunden. Einerseits entstehen direkte Bildungskosten (z.B. in Form von Semestergebühren), andererseits entstehen Opportunitätskosten in Form von entgangenen Einkommen, die während der Zeit die man in Bildung investiert nicht verdient werden können. Nur wenn die auf die Ausbildung zurückzuführenden Erträge die Kosten der Ausbildung mindestens decken, resultiert eine positive Bildungsrendite und es besteht für die Individuen nach humankapitaltheoretischer Auffassung ein Anreiz, in Bildung zu investieren.

Bildungsrenditen können anhand verschiedener Ansätze berechnet werden. Welche Informationen in der Schätzung berücksichtigt werden, hängt oft von der

Verfügbarkeit geeigneter Daten ab. Auch wenn sich die Modelle in ihrer Ausgestaltung unterscheiden, beruhen alle auf Kosten-Nutzen Überlegungen (Weber 2003; Card 1999).

In Abbildung 1 ist ein einfaches Kosten-Nutzen Model graphisch dargestellt. Auf der X-Achse ist die Zeit bzw. das Alter der Person eingetragen. Auf der Y-Achse sind Einkommen und direkte Kosten abzulesen. Der Zeitpunkt t_h kennzeichnet den Punkt, an welchem die Person in den Arbeitsmarkt eintritt. Die Fläche zwischen der Einkommenskurve mit höherem Bildungsniveau und der Einkommenskurve mit tieferem Bildungsniveau stellt den Einkommensvorteil dar, welcher aufgrund der Investition in Bildung resultiert. Einkommensvorteile werden in der Regel vom Zeitpunkt des Eintritts in den Arbeitsmarkt (t_h) bis zur Pensionierung (t_p) betrachtet. Während der Ausbildungszeit (A_h) entstehen direkte Ausbildungskosten, welche unterhalb der X-Achse eingetragen sind und Opportunitätskosten in Form von entgangen Einkommen. Während die direkten Bildungskosten in vielen westeuropäischen Ländern gering sind und somit fast vernachlässigt werden können, machen die Opportunitätskosten den größten Teil der Bildungsinvestition aus.

Abbildung 1: Kosten-Nutzen Modell

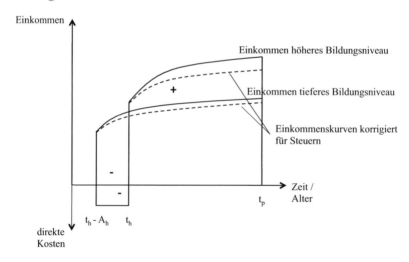

Quelle: Eigene Darstellung, angelehnt an Wolter und Weber 1999

Um die Einkommenskurven zu berechnen, greift man oft auf eine Mincer-Lohnregression (Mincer 1974) zurück.[1] Für die in diesem Artikel vorgestellten Bildungsrenditen wurden separate Regressionen für Personen mit unterschiedlichen Ausbildungen geschätzt. Um die Opportunitätskosten zu berechnen, werden auch die Einkommenskurven für Personen in der Kontrollgruppe geschätzt. Die Einkommenskurven werden durch das Steuersystem beeinflusst. Durch ein progressives Steuersystem reduziert sich der Ertrag aus Bildung indem die Einkommenskurve mit höherem Bildungsniveau stärker nach unten verschoben wird als die mit tieferem Bildungsniveau.[2] Das Bildungsniveau hat auch einen Einfluss auf das Risiko, von Arbeitslosigkeit betroffen zu sein. In der Schweiz weisen Personen mit höherem Bildungsniveau ein geringeres Risiko aus, von Arbeitslosigkeit betroffen zu sein (SKBF 2010: 274), was auch für die meisten OECD-Länder zutrifft (OECD 2010: 118). Wenn man das Risiko für Arbeitslosigkeit berücksichtigt, erhöht sich der Ertrag aus der Investition in Bildung. Dieser Aspekt wird, wenn geeignete Daten verfügbar sind, bei der Berechnung von Bildungsrenditen zuweilen berücksichtigt sowie auch das Risiko für Ausbildungsabbruch bisweilen in die Modellierung einfließt.

Um Bildungsrenditen zu quantifizieren, muss der intertemporale Aspekt der Investitionsentscheidung berücksichtigt werden. Zum Zeitpunkt der Entscheidung, ob man weiter in Bildung investieren möchte, ist nicht das Lebenseinkommen an sich relevant, sondern dessen Gegenwartswert. Um diesen zu berechnen, wird das Lebenseinkommen mit einer Zinsrate abdiskontiert. Diese Zinsrate kann auch als Zeitpräferenz interpretiert werden. In der Ökonomie geht man davon aus, dass Personen in der Regel dem Konsum, welcher in der Gegenwart möglich ist, eine höhere Wertschätzung entgegen bringen als dem, der in der Zukunft liegt. Je höher die Zeitpräferenz (Gegenwartspräferenz) ist, desto höher ist die Zinsrate. Personen haben unterschiedliche Zeitpräferenzen. Während es gewissen Personen bei einem bestimmten Kapitalmarktzinssatz leichter fällt, ihren Konsum auf spä-

---

1   In der ursprünglichen Mincer-Lohnregression bildet das logarithmierte Einkommen die abhängige Variable und als erklärende Variablen werden die Anzahl Bildungsjahre, Arbeitserfahrung, quadrierte Arbeitserfahrung und die Beschäftigungsdauer an der aktuellen Stelle verwendet. ($ln\ (w) = \beta_0 + \beta_1 AUSB + \beta_2 Erfahrung + \beta_3 Erfahrung^2 + \beta_4 Beschäftigungsdauer + weitere Variablen + \epsilon$) Bei der Analyse von Einkommensdaten wird die Mincer-Regression heute häufig durch weitere Variablen ergänzt. Bei der Berechnung von Bildungsrenditen hingegen verzichtet man darauf, weitere Kontrollvariablen einzufügen (welche durch die ursprüngliche Bildungsentscheidung beeinflusst sind), da dies zu verzerrten Schätzungen der Bildungsrendite führen würde (Tuor und Backes-Gellner 2010). Pereira und Martins (2001b) zeigen, dass durch die Verwendung von erklärenden Variablen, welche Entscheidungen nach der Ausbildungszeit repräsentieren, der Effekt von Bildung auf die Einkommen unterschätzt wird.

2   In Abbildung 1 sind die Einkommenskurven unter Berücksichtigung des Steuersystems gestrichelt eingezeichnet.

ter zu verschieben und Geld zu sparen, nehmen andere lieber einen Kredit auf, um den gegenwärtigen Konsum zu finanzieren (Becker und Mulligan 1997). Die Entscheidung, in Bildung zu investieren, hängt demnach auch von individuellen Zeitpräferenzen ab. Verschieden Studien zeigen, dass Personen aus einkommensschwächeren Haushalten eine höhere Zeitpräferenz (Ungeduld) ausweisen (Lawrance 1991; Becker und Mulligan 1997). Durch den Zusammenhang zwischen sozialer Herkunft und Zeitpräferenzen lassen sich unterschiedliche Investitionen in Bildung zum Teil erklären. Die oft beschriebene Tatsache, dass Personen aus einkommensschwachen Herkunftsfamilien weniger hohe Bildungsabschlüsse erzielen (z.b. SKBF 2010: 181; Becker et al. 2011), ist teilweise durch hohe Zeitpräferenzen zu erklären.

Bildungsrenditen werden meist anhand der internen Zinsrate ausgewiesen, der Zinsrate, bei welcher die Gegenwartswerte von Bildungserträgen und -kosten einander ausgleichen. Wenn die interne Zinsrate höher ist als die Zinsrate auf alternative Investitionsprojekte, kann die Investition in Bildung als profitabel betrachtet werden (Wolter und Weber 1999: 608). Ein alternatives Maß für die Bildungsrendite ist der Nettokapitalwert; also die Differenz zwischen dem Gegenwartswert von Einkommensvorteilen und Bildungskosten.

3. Private Bildungsrenditen

3.1 Resultate für die Schweiz

In der Schweiz lassen sich durch Investitionen in die eigene Bildung Renditen erzielen, welche – verglichen mit anderen denkbaren Investitionen – ein ansprechendes Niveau haben. Die interne Zinsrate liegt für die meisten Ausbildungsgänge zwischen 5 und 10 Prozent (Wolter und Weber 2005). In Abbildung 2 sind Bildungsrenditen für verschiedene Ausbildungsgänge für Frauen und Männer dargestellt. Die Bildungsrenditen werden jeweils gegenüber dem nächsttieferen Bildungsniveau ausgewiesen.[3]

---

3   Als nächsttieferes Bildungsniveau für die Berufsbildung und die Matura galt die obligatorische Schule. Für die höhere Berufsbildung und die Fachhochschule galt die Berufsausbildung als nächsttieferes Bildungsniveau. Für die Universität galt die Matura als nächsttieferes Bildungsniveau. In den Berechnungen wurden Effekte für Steuern berücksichtigt, nicht jedoch Einflüsse von Teilzeitarbeit und Risiko für Arbeitslosigkeit.

Abbildung 2: Individuelle Bildungsrenditen gegenüber dem nächsttieferen
Bildungsniveau, Schweiz 2004, interne Zinsrate

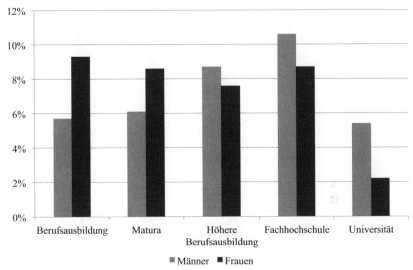

Quelle: Wolter und Weber 2005, BFS (Sake 2004)

Der Vergleich der Renditen von Ausbildungsgängen an Fachhochschulen und Universitäten veranschaulicht, dass für die Bildungsrendite sowohl die Ertragsseite als auch die Kostenseite relevant ist. Während Absolventinnen und Absolventen von Fachhochschulen und Universitäten ähnlich hohe Einkommen erzielen (BFS 2011; Backes-Gellner und Tuor 2010), sind die Kosten für ein Universitätsstudium aufgrund der längeren Ausbildungsdauer höher, wodurch die Bildungsrenditen für letztere geringer ausfallen. Insbesondere Frauen können die entgangenen Erträge nach einem Universitätsstudium nur knapp kompensieren. Dass Frauen bei einer Investition in eine Ausbildung auf Sek II-Niveau höhere Bildungsrenditen erzielen als Männer, ist auf den ersten Blick erstaunlich, weil Frauen mit einem SekII-Abschluss im Durchschnitt deutlich weniger verdienen (BFS 2011). Der Grund dafür sind unterschiedliche Opportunitätskosten. Frauen ohne nachobligatorische Ausbildung haben geringere Verdienstmöglichkeiten (BFS 2011). Dadurch entgehen den Frauen weniger Einkommen, wenn sie in eine SekII-Ausbildung investieren und aufgrund der kleinen Opportunitätskosten vergrößert sich die Bildungsrendite.

3.1.1 Bildungsverläufe, Bildungsrenditen und Einkommensrisiken

Die oben vorgestellten Resultate basieren auf der Annahme, dass alle Personen konventionelle Bildungspfade durchlaufen. Empirisch sind jedoch auch nicht-lineare Ausbildungswege zu beobachten (Keller et al. 2010; Tuor und Backes-Gellner 2010). Tuor und Backes-Gellner (2010) setzen an diesem Punkt an und berechnen Bildungsrenditen und Einkommensrisiken für rein berufliche, rein akademische und gemischte Bildungspfade.[4] Die Berechnungen zeigen, dass Personen mit gemischtem Bildungsweg deutlich höhere Einkommen erzielen als solche mit rein beruflich oder rein akademischem Pfad, woraus die Autorinnen schließen, dass angeeignete Qualifikationen nicht abgewertet werden, wenn man den Bildungstyp wechselt, sondern auf dem Arbeitsmarkt zusätzlich entlohnt werden (Tuor und Backes-Gellner 2010: 507). Der gemischte Bildungspfad mit akademischem Einstieg weist die höchste Rendite aus, was insbesondere daran liegt, dass die Ausbildungsdauer bei diesem Pfad vergleichsweise kurz ist. Um den Bildungspfad mit beruflichem Einstieg und akademischem Abschluss zu durchlaufen, müssen Passerellen absolviert werden (SKBF 2010), wodurch sich die Ausbildungsdauer erhöht und die Bildungsrendite geringer ausfällt.

Die betrachteten Arten von Bildungspfaden ziehen unterschiedliche Einkommensrisiken nach sich.[5] Für gemischte Pfade sind höhere Einkommensrisiken zu beobachten, wobei diese vor allem für Unternehmerinnen und Unternehmer hoch sind. In der Investitionstheorie wird von einem positiven Zusammenhang zwi-

---

4   Rein beruflicher Bildungspfad (64 % d. Samples): Berufslehre auf SekII-Niveau und Fachhochschule oder Berufsfachprüfung auf Tertiärniveau.
Rein akademischer Bildungspfad (23 % d. Samples): Gymnasiale Matur auf SekII-Niveau und Universitätsabschluss auf Tertiärniveau.
Gemischter Bildungspfad mit beruflichem Einstieg (4 % d. Samples): Berufslehre und Universitätsabschluss
Gemischter Bildungspfad mit akademischem Einstieg (9 % des Samples): Gymnasiale Matur und Berufsfachprüfung o. Fachhochschulabschluss
5   Als Risikomass dient die durchschnittliche Ausprägung des quadrierten Variationskoeffizienten aller Personen mit einem bestimmten Bildungspfad, für eine detaillierte Beschreibung der Methode siehe Tuor und Backes-Gellner 2010.

schen Risiko und Rendite ausgegangen (Markowitz 1991). Dieser Zusammenhang wurde von Pereira und Martins (2001a) im Bezug auf Bildungsinvestitionen in dem Sinne bestätigt, dass unterschiedliche Renditen in verschiedenen Ländern sich zum Teil durch unterschiedliche Risikoprämien erklären lassen.[6] Dass Unternehmerinnen und Unternehmer in der Schweiz ein höheres Einkommensrisiko tragen, obwohl sie im Durchschnitt tiefere Bildungsrenditen haben als Angestellte, entspricht nicht den theoretischen Voraussagen.

Abbildung 3: Individuelle Bildungsrenditen und Einkommensrisiken für Unternehmerinnen / Unternehmer und Angestellte, Schweiz, interne Zinsrate

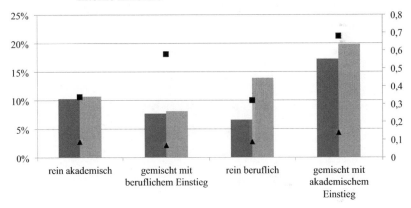

■ Rendite für Unternehmerinnen und Unternehmer
▦ Rendite für Angestelte
■ Risiko für Unternehmerinnen und Unternehmer (rechte Skala)
▲ Risiko für Angestellte (rechte Skala)

Quelle: Tuor und Backes-Gellner 2010, BFS (Sake 1999-2005),eigene Darstellung.

3.2 Internationale Resultate

Die OECD weist individuelle Bildungsrenditen für viele Länder in Form des Nettokapitalwerts aus und unterscheidet die einzelnen Komponenten der Kosten- und

---

6   Je höher also die durchschnittliche Rendite, desto stärker variiert diese von Fall zu Fall (Pereira und Martins 2001a).

der Nutzenseite.[7] In Abbildung 4 sind die individuellen Bildungsrenditen für einen SekII-Abschluss (ISCED 3/4) für Männer dargestellt. In der rechten Hälfte der Grafik sind die Erträge der Bildungsinvestition abgetragen, in der linken Hälfte die Kosten. Der Nettokapitalwert ergibt sich aus der Differenz der beiden Balken. Die Grafik veranschaulicht deutlich, wie Effekte von Steuern, Risiko für Arbeitslosigkeit und auch die Höhe der Opportunitätskosten die Bildungsrenditen beeinflussen.

Abbildung 4: Individuelle Bildungsrenditen für einen SekII-Abschluss, Männer, Nettokapitalwert

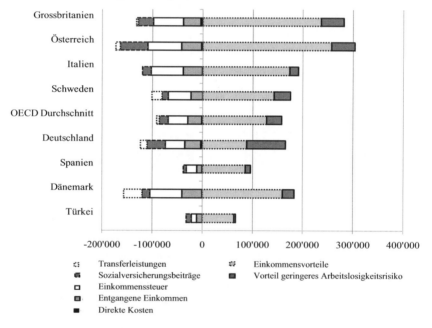

Quelle: OECD 2010; eigene Darstellung

Die direkten Kosten der Bildung sind in den betrachteten Ländern klein und in der Grafik kaum ersichtlich. Gute Arbeitsmarktchancen für Jugendliche ohne

---

7   Daten des Jahres 2006; Nettokapitalwert in kaufkraftbereinigten US-Dollar, abdiskontiert mit einer Zinsrate von 3 %.

SekII-Abschluss erhöhen die Opportunitätskosten für weitere Investitionen in Bildung. Diese Kosten in Form von entgangenen Einkommen sind in Spanien und der Türkei gering (weniger als 13.000 US-Dollar), in Österreich und Dänemark liegt der Betrag für die entgangen Einkommen über 40.000 US-Dollar. Für alle in der Grafik vertretenen Länder sind die Opportunitätskosten jedoch kleiner als der Betrag für Steuern, die aufgrund der höheren Einkommen zu zahlen sind. Die OECD-Resultate veranschaulichen erneut deutlich, dass der Einfluss der Kostenseite auf die Bildungsrendite nicht zu vernachlässigen ist. Deutschland und Dänemark beispielsweise liegen bei den Erträgen durch Einkommensvorteile und kleinerem Erwerbslosigkeitsrisiko über dem OECD-Durchschnitt. Weil diese Länder aber vergleichsweise hohe Opportunitätskosten, Einkommenssteuern und Sozialversicherungsbeiträge ausweisen, resultiert ein Nettokapitalwert unter dem OECD-Durchschnitt. Leider ist die Schweiz in diesem OECD-Vergleich nicht enthalten. Ältere Vergleiche von Bildungsrenditen zeigen, dass die Schweiz sich bezüglich Bildungsrenditen im Mittelfeld befindet, während angelsächsische Länder tendenziell etwas höher Renditen ausweisen und skandinavische Länder eher tiefere (Weber 2002; Harmon et al. 2001; Psacharopoulos und Patrinos 2004).

4. Bildungsrenditen aus gesellschaftlicher Sicht

4.1 Bildungsfinanzierung und Bildungsrenditen

Die Frage, ob sich die Kosten für eine Investition in Bildung lohnen, kann auch auf die Gesellschaft übertragen werden. Durch die ausschließliche Berechnung von privaten Bildungsrenditen wäre der gesamte Nutzen von Bildung tendenziell unterschätzt, weil Investitionen in Bildung sich auch aus staatlicher Sicht auszahlen. Für die Entscheidung, wer Bildung finanzieren soll, sind Erkenntnisse zum gesellschaftlichen Nutzen entscheidend (Wolter und Weber 2005: 40). Ein positiver gesellschaftlicher Nutzen von Bildung rechtfertigt eine gesellschaftliche Beteiligung an der Finanzierung der Bildungskosten.

In der Literatur werden meist drei Formen von Bildungsrenditen unterschieden: Die private (auch individuelle) Bildungsrendite, die fiskalische Bildungsrendite und die soziale Bildungsrendite (Weber 2003: 407). Für die Berechnung der fiskalischen Bildungsrendite werden öffentliche Bildungskosten den höheren Steuererträgen aus den durch die Bildung gestiegenen Einkommen gegenübergestellt. Die Steuerprogression beeinflusst somit die fiskalische Bildungsrendite maßgeblich. Fiskalische Bildungsrenditen zeigen an, inwieweit öffentliche Bildungsausgaben über zukünftig höhere Steuerabgaben ausgeglichen werden. Sie sind damit ein Indikator zur Verteilungswirkung steuerfinanzierter Bildung (Weber 2003: 408). Ein progressives Steuersystem und eine staatliche Finanzierung von Bildung können demnach als Gegenstücke betrachtet werden. Ein progressives Steuersystem entspricht implizit einer Besteuerung von Humankapital, da höhere Einkommen – und damit Erträge aus Humankapital – einem höheren Steuersatz unterliegen (Weber 2003: 409). Ein progressives Steuersystem verringert also aus individueller Sicht den Anreiz, in Bildung zu investieren. Eine Öffentliche Bildungsfinanzierung hingegen erhöht diesen Anreiz. Die fiskalische Bildungsrendite steigt mit stärkerer privater Bildungsfinanzierung und mit einem progressiven Steuersystem. Allerdings muss berücksichtigt werden, dass die Bildungsnachfrage zurückgeht, wenn der Staat die direkten Kosten der Bildung den Bildungsnachfragenden überlässt (Weber 2003: 423). Aufgrund unterschiedlicher Zeitpräferenzen nach sozialer Herkunft (Lawrance 1991), nimmt der Anreiz zur Bildungsinvestition insbesondere für Personen aus einkommensschwachen Haushalten ab, wenn die direkten Kosten der Bildung nicht vom Staat getragen werden.

Um die soziale Bildungsrendite im engeren Sinn zu berechnen, werden die Kosten und Erträge von Individuen und Staat zusammengefasst. Soziale Bildungsrendite im weiteren Sinn berücksichtigen auch gesamtgesellschaftliche Auswirkungen von Bildung. In der Literatur ist man sich weitgehend einig, dass Investitionen in Bildung positive gesamtgesellschaftliche Effekte haben, sei es in Form von verminderten Ausgaben im Sozialbereich, geringeren Gesundheitskosten, geringeren Kriminalitätsraten oder stärkerer politischer Partizipation (SKBF 2010; OECD 2010). Ebenso einig sind sich Experten, dass sich diese Effekte kaum in die Berechnung von Bildungsrenditen integrieren lassen (OECD 1996: 12).

4.2 Gesellschaftliche Bildungsrenditen – Resultate für die Schweiz und internationale Resultate

In der Schweiz liegen die fiskalischen und die sozialen Bildungsrenditen für die meisten Ausbildungsgänge leicht unter den individuellen Bildungsrenditen. In Abbildung 5 sind die drei Renditen für die Schweiz mit Daten für Männer dargestellt. Für Frauen gibt es aktuell keine Berechnungen für fiskalische und soziale Bildungsrenditen mit schweizer Daten. Der Komplexitätsgrad der Berechnungen wäre um einiges höher als für Männer, weil in den Berechnungen die Arbeitsmarktpartizipation von Frauen und die Wirkung der Haushaltsbesteuerung einbezogen werden müssten. Verglichen mit anderen Investitionsmöglichkeiten erreichen auch die sozialen Bildungsrenditen ein hohes Niveau, insbesondere wenn bedacht wird, dass gesamtgesellschaftliche Auswirkungen in diesen Berechnungen nicht berücksichtigt wurden. Die zusätzlichen Steuereinnahmen übertreffen also die staatlichen Bildungsinvestitionen. Die höhere Berufsbildung bildet im Bezug auf das Verhältnis zwischen privater und fiskalischer Bildungsrendite eine eindrückliche Ausnahme. Die direkten Kosten für die höhere Berufsbildung werden zum größten Teil von den Bildungsnachfragenden selbst getragen. Der Staat profitiert hier trotz geringer finanzieller Unterstützung von höheren Steuereinnahmen (Wolter und Weber 2005).

Resultate für fiskalische Bildungsrenditen für einige OECD-Länder wurden von Blöndal et al. (2002) berechnet. Wie in der Schweiz liegen die fiskalischen Bildungsrenditen auch in den anderen Ländern über der Rendite für alternative Kapitalanlagen. Betrachtet man die Resultate für Männer, ist die fiskalische Rendite der Tertiärbildung in der Mehrzahl der betrachteten Länder grösser als die der SekII-Ausbildung. Nur in Deutschland und Dänemark – Länder mit einem starken Berufsbildungssystem auf Sekundarstufe II – trifft dies nicht zu. Für Tertiärausbildungen sind die fiskalischen Bildungsrenditen für Männer in den meisten Ländern höher als für Frauen.[8]

Das Vorgehen für die Berechnung der fiskalischen Renditen von Blöndal et al. (2002) für die internationalen Resultate in Abbildung 6 weicht von dem für die Schweiz ab.[9] Die Höhen der Renditen sind deshalb nicht direkt miteinander vergleichbar. Schätzungen von Weber (2002: 213), welche für einen groben Vergleich mit den Resultaten von Blöndal (2002) gemacht wurden zeigen, dass die fiskalischen Bildungsrenditen in der Schweiz in einer ähnlichen Größenordnung liegen, wie in anderen OECD-Ländern. Tendenziell sind die fiskalischen Bildungsrenditen in Italien, den USA, Frankreich und Großbritannien höher als in der Schweiz (Weber 2002: 213).

---

8   Für Italien, Grossbritannien und Schweden waren nicht genügend Informationen vorhanden, um die fiskalischen Bildungsrenditen für Frauen zu berechnen.

9   Für eine Beschreibung der Methode siehe Blöndal et al. (2002: 65).

Abbildung 5: Individuelle, private und fiskalische Bildungsrenditen für die
Schweiz, Männer, interne Zinsrate

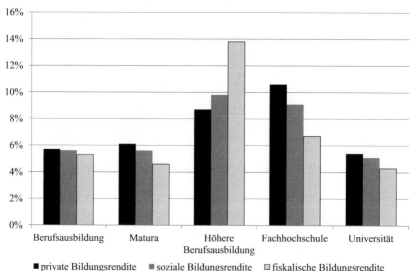

Quelle: Wolter und Weber 2005, BFS (Sake 2004)

Abbildung 6: Fiskalische Bildungsrendite, internationale Resultate, interne
Zinsrate

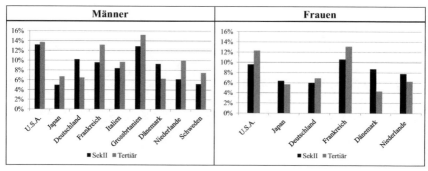

Quelle: Blöndal et al. 2002; eigene Darstellung

5. Gesamtgesellschaftliche Auswirkungen von Bildung

Investitionen in Bildung bringen nebst den oben genannten finanziellen Renditen immer auch andere Vorteile für die einzelnen Individuen und die Gesellschaft mit sich. Obwohl einige dieser Effekte sich auch finanziell auswirken, ist der Komplexitätsgrad meist zu Groß und Daten sind oft nicht verfügbar, um die wirkliche soziale Bildungsrendite zu berechnen. Auswirkungen, welche sich nicht in Einkommen oder weiteren Arbeitsmarkterträgen niederschlagen, werden vereinzelt unter dem Begriff der nichtökonomischen Bildungsrenditen zusammengefasst. Diese gesamtgesellschaftlichen Auswirkungen von Bildung dürften mindestens ebenso relevant für ein gutes Funktionieren von Staaten sein und einige von ihnen sollen in diesem Abschnitt deshalb angesprochen werden.

Gesundheit

Gesundheit ist einer der wichtigsten positiven nicht monetären Erträge von Bildung. Viele empirische Beobachtungen zeigen positive Korrelationen von Bildung und Gesundheit, wobei nicht eindeutig gesagt werden kann, ob der Zusammenhang kausal ist und in welche Richtung der Effekt geht. Naheliegend ist das Argument, dass es sich beim Zusammenhang von Bildung und Gesundheit über einen indirekten Zusammenhang über das Einkommen oder über Arbeitsbedingungen handelt (SKBF 2010). Bildung fördert aber auch direkt das Bewusstsein für die Folgen von gesundheitsschädlichem Verhalten oder das Wissen über präventive Maßnahmen, um gesund zu bleiben. Die OECD (2010: 184) veröffentlicht Ergebnisse zum Anteil Erwachsener, die ihren Gesundheitszustand als gut einstufen nach Bildungsniveau. Es ist ersichtlich, dass in allen ausgewiesenen Ländern die Personen mit höherem Ausbildungsniveau ihre Gesundheit besser einstufen. Ebenfalls lässt sich festhalten, dass der Unterschied zwischen Personen ohne nachobligatorische Ausbildung und Personen mit einer Ausbildung auf SekII-Niveau grösser ist, als der zwischen Personen mit SekII- und Tertiärausbildung.[10]

Politische Partizipation

Zu den gesamtgesellschaftlichen Auswirkungen von Bildung zählt auch politisches Interesse oder politische Partizipation. Dahinter steckt der Gedanke, dass Bildung Personen nicht nur dazu bringen soll auf dem Arbeitsmarkt rentabel zu sein, sondern dass ein Land mündige Bürger braucht. Bildung – der ganzen Bevölkerung – ist eine wichtige Voraussetzung dafür, dass sich die Bevölkerung am

---

10   Die Tabellen sind verfügbar unter: http://dx.doi.org/10.1787/888932310244

politischen Prozess beteiligen kann. Der Zusammenhang zwischen Bildung und Demokratie ist ein weites Forschungsgebiet und die Kausalität des Zusammenhangs ist nicht eindeutig (Acemoglu et al. 2005; SKBF 2010: 292). Aus Publikationen von Umfrageergebnissen der OECD (2010: 185) ist ersichtlich, dass ein höheres Bildungsniveau mit Interesse an Politik einhergeht, wobei in den meisten Ländern die Unterschiede zwischen Personen mit Tertiärausbildung und jenen mit SekII-Niveau grösser sind als die zwischen Personen mit obligatorischer Schulbildung und solchen mit SekII-Ausbildung.[11]

Positive Externalitäten

Unter positiven Externalitäten versteht man die Auswirkungen von Bildung einer Person auf unbeteiligte dritte Personen, ohne dass diese etwas dafür bezahlen müssen. Ein Ansatz, positive Externalitäten von Bildung zu bemessen, besteht darin, den Einfluss von Bildung auf das gesamtwirtschaftliche Wachstum zu berechnen. Diverse Studien legen nahe, dass Bildung für das Wirtschaftswachstum zentral ist, sowohl als Investition in Humankapital als auch um Forschung und Entwicklung zu erleichtern und Technologien zu verbreiten (SKBF 2010). Wichtig ist, auch die Qualität von Bildung in die Analysen einzubeziehen. Werden lediglich die Anzahl Schuljahre gemessen, ergeben sich geringe Zusammenhänge zwischen Bildung und Wirtschaftswachstum. Werden jedoch Fähigkeiten der Lernenden in die Analyse einbezogen, resultiert ein starker Zusammenhang (Hanushek und Wössmann 2008). Eine zweite Möglichkeit, positive Externalitäten von Bildung zu berechnen, setzt auf der Mikroebene der einzelnen Personen an und untersucht sogenannte spill-over-Effekte. So zeigt eine Studie von Wirz (2008), dass Produktivitätseffekte von Bildung auf Mitarbeitende in der gleichen Unternehmung bestehen. Wenn einzelne Personen gut gebildet sind, dann steigen damit nicht nur ihre eigene Produktivität und ihr Lohn, sondern auch die Produktivität und der Lohn der Mitarbeitenden im selben Team (Wirz 2008).

Weitere Aspekte, welche durch Bildung beeinflusst werden und unter dem Begriff der nichtökonomischen Bildungsrenditen subsumiert werden sind geringere Kriminalitätsneigung, zwischenmenschliches Vertrauen, Lebenszufriedenheit, ökologisches Denken und Handeln und Auswirkungen auf den Prozess der Familienbildung (Gross et al. 2011: 140). Informationen über Differenzen dieser Größen nach Bildungsniveau sind in vielen öffentlichen Statistiken aufzufinden (z.B. SKBF 2010; OECD 2010).

---

11   Die Tabellen sind verfügbar unter: http://dx.doi.org/10.1787/888932310244

6. Fazit

Bildungsrenditen zu berechnen ist komplex; es müssen immer einschränkende Annahmen getroffen werden und es können nie alle gesellschaftlich relevanten Auswirkungen von Bildungsinvestitionen in die Berechnung von Bildungsrenditen einfließen. Vor allem im Bezug auf private Bildungsrenditen besteht zudem das Problem, dass eine Person nur einen Bildungsweg verfolgen kann und nicht auch die Alternative dazu. Das führt dazu, dass man die realisierten Einkommen mit Einkommen von anderen Personen vergleichen muss. Da anzunehmen ist, dass begabtere Person eher längere Ausbildungswege auf sich nehmen, dürften die Schätzungen der privaten Bildungsrenditen verzerrt sein.[12] Zudem haben Knappheitsverhältnisse auf dem Arbeitsmarkt einen starken Einfluss auf Einkommen und somit auf die Bildungsrenditen, weshalb Rückschlüsse auf die Produktivität des Bildungswesens problematisch sind (Wolter und Weber 2005). Trotz dieser Einschränkungen liefern die Berechnungen relevante Informationen für individuelle Entscheidungen und für die Ausgestaltung des Bildungssystems. Wenn Informationen über Bildungsrenditen verfügbar sind, können Individuen vor ihren Bildungsentscheidungen eine Vorstellung über die zu erwartenden Erträge haben und die Informationen sollten sich – zumindest aus humankapitaltheoretischen Überlegungen – auf das Verhalten der Individuen auswirken. Der Vergleich von privaten und fiskalischen Bildungsrenditen gibt Aufschluss darüber, inwieweit ein Gleichgewicht zwischen privater und staatlicher Bildungsfinanzierung besteht. Bei einer Investition in Bildung bestehen Risiken; insbesondere, dass eine Ausbildung nicht abgeschlossen werden kann und dass Bildung nicht die erhofften Erträge erbringt. Bildungsrenditen geben eine Antwort auf die Frage, ob diese Investitionsrisiken finanziell entschädigt werden.

In der Schweiz ergeben sich aus Bildungsinvestitionen sowohl für Individuen als auch für den Staat positive Bildungsrenditen mit einem beachtlichen Niveau. Die Resultate zeigen auch, dass ein Gleichgewicht zwischen privaten und fiskalischen Bildungsrenditen relativ gut erreicht ist. Allerdings liegen die privaten Renditen für die höhere Berufsbildung deutlich unter der staatlichen. Zudem ist das Einkommensrisiko für selbständig Erwerbstätige – bei ähnlich hohen Bildungsrenditen – um einiges höher als für Angestellte (Tuor und Backes-Gellner 2010), was nicht mit der Theorie übereinstimmt, wonach höhere Risiken mit höheren Renditen einhergehen sollten (Markowitz 1991). Beim internationalen Vergleich wird deutlich, wie ein stark progressives Steuersystem und ausgeprägte Transferleistungen, aber auch hohe Opportunitätskosten die privaten Bildungs-

---

12 Dieses Problem wird auch „ability-bias" genannt.

renditen merklich reduzieren. Dies ändert nichts daran, dass für alle betrachteten Länder sowohl die privaten als auch die staatlichen Bildungsrenditen im Vergleich zu anderen Investitionsmöglichkeiten hoch sind. Gemäß dem Ansatz der Humankapitaltheorie (Becker 1964) – welche die wichtigste theoretische Grundlage zur Berechnung von Bildungsrenditen bildet – zahlen sich demnach die angeeigneten Kompetenzen auf dem Arbeitsmarkt durch höhere Produktivität und somit höhere Entlohnung aus. Denkbar ist aber auch, dass das Bildungssystem eine Selektionsfunktion ausübt und der Bildungsabschluss als Signal für die Begabung der Person steht, wodurch das Einkommen und somit die Bildungsrendite erhöht wird, was den Annahmen der Signaltheorie entspricht (Spence 1973). Da es sehr schwierig ist, die Effekte voneinander zu trennen, werden oft Annahmen der Humankapitaltheorie mit Überlegungen der Signaltheorie ergänzt (SKBF 2010).

Bildungsrenditen fallen für Frauen und Männer unterschiedlich aus. Die Mechanismen dahinter sind vielseitig. Den wohl gewichtigsten Einfluss haben Einkommensunterschiede von Frauen und Männern bei gleichem Bildungsniveau – sei es aufgrund von Segregation, unterschiedlicher Berufserfahrung oder Lohndiskriminierung.[13] Die Einkommensdiskrepanz wirkt sich nicht nur ertragsseitig auf die Bildungsrenditen aus, sondern auch über die Opportunitätskosten. So kann es sein, dass Frauen für einen Bildungsabschluss höhere Renditen erzielen als Männer, obwohl sie danach geringere Einkommen erlangen als Männer. Auch der Beschäftigungsgrad wirkt sich stark auf die Bildungsrendite aus. Bei reduzierten Arbeitspensen, welche für Frauen häufiger sind, dauert es länger bis Bildungsinvestitionen über Einkommenserträge kompensiert sind. Insbesondere für fiskalische Bildungsrenditen sind (v.a. aus Komplexitätsgründen) für Frauen weniger Resultate verfügbar als für Männer. Dies ist bedauerlich, da gerade die staatlichen Erträge für Bildungsinvestitionen von Frauen eine wichtige Größe im Bezug auf Gleichstellungsfragen und familienpolitische Entscheidungen darstellen.

Die finanziellen Erträge aus Bildungsinvestitionen aus privater und gesellschaftlicher Sicht zu kennen ist relevant. Mindestens genauso wichtig sind jedoch gesamtgesellschaftliche Auswirkungen von Bildung wie Gesundheit, politisches Interesse und Wirtschaftswachstum sind nur wenige Beispiele dafür.

---

13   Für eine Darstellung der Arbeitsmarktsegregation in der Schweiz vergleiche Sousa-Poza (2004).
     Für Resultate zur Lohndiskriminierung in der Schweiz vergleiche Strub et al. (2008).

Literatur

Acemoglu, Daron, Simon Johnson, James A. Robinson und Pierre Yared. 2005. From Education to Democracy? *American Economic Review* 95: 44-50.

Backes-Gellner, Uschi, und Simone N. Tuor. 2010. Gleichwertig, andersartig und durchlässig? Bildungskarrieren im schweizerischen Bildungssystem. *Die Volkswirtschaft. Das Magazin für Wirtschaftspolitik* 7/8: 43-46.

Becker, Gary S. 1964. *Human capital: a theoretical and empirical analysis with special reference to education.* New York / London: Columbia University Press.

Becker, Rolf, Franziska Jäpel und Michael Beck. 2011. Statistische und institutionelle Diskriminierung von Migranten im Schweizer Schulsystem. Oder: Werden Migranten oder bestimmte Migrantengruppen in der Schule benachteiligt? http://www.snf.ch/SiteCollectionDocuments/medienmitteilungen/DiskrimierungMigrantenSchweiz.pdf (Stand: 7. September 2011)

Becker, Gary S., und Casey B. Mulligan. 1997. The Endogenous Determination of Time Preference. *The Quarterly Journal of Economics* 112: 729-758.

Bedard, Kelly. 2001. Human Capital versus Signaling Models: University Access and High School Dropouts. *Journal of Political Economy* 109: 749-775.

BFS. 2011. Schweizerische Lohnstrukturerhebung: Monatlicher Bruttolohn nach Ausbildung, beruflicher Stellung und Geschlecht. http://www.bfs.admin.ch/bfs/portal/de/index/themen/03/04/blank/data/01/06_01.html (Stand: 21. September 2011).

Blöndal, Sveinbjörn, Simon Field und Nathalie Girouard. 2002. Investment in Human Capital through upper-secondary and tertiary Education. *OECD Economic Studies 34*: 41-89.

Card, David. 1999. The Causal Effect of Education on Earnings. In *Handbook of Labour Economics 3A*, Hrsg. Orley Ashenfelter, David Card, 1801-1863. Amsterdam: Elsevier.

Gross, Christiane, Andreas Jobst, Monika Jungbauer-Gans und Johannes Schwarze. 2011. Educational returns over the life course. *Zeitschrift für Erziehungswissenschaften* 14: 139-153.

Hanushek, Eric A., und Ludger Wössmann. 2008. The role of cognitive skills in economic development. *Journal of Economic Literature* 3: 607-668.

Harmon, Colm, Ian Walker und Niels Westergard-Nielsen (eds.). 2001. Education and Earnings in Europe – A Cross Country Analysis of Returns to education. Cheltenham / Northampton: Edward Elgar.

Harmon, Colm, Hessel Osterbeek und Ian Walker. 2003. The Returns to Education: Microeconomics. *Journal of Economic Surveys* 17: 115-141.

Keller, Anita, Sandra Hupka-Brunner und Thomas Meyer. 2010. Nachobligatorische Ausbildungsverläufe in der Schweiz: Die ersten sieben Jahre. Ergebnisübersicht des Jugendlängsschnitts TREE, *Update 2010.* Basel: TREE.

Lawrance, Emily C. 1991. Poverty and the Rate of Time Preference: Evidence from Panel Data. *Journal of Political Economy* 99: 957–76.

Markowitz, Harry M. 1991. Foundations of Portfolio Theory. *The Journal of Finance* 46: 469-477.

Mincer, Jacob. 1974. *Schooling, Experience, and Earnings.* New York: National Bureau of Economic Research.

OECD. 1996: *Indicators on human capital investment: A feasabilty study.* Paris: OECD general distribution 143.

OECD. 2010. *Education at a glance.* OECD Indicators. Paris: OECD Publications. doi: http://dx.doi.org/10.1787/888932310225

352   Melania Rudin

Pereira, Pedro T., und Pedro S. Martins. 2001a. Is there a return-risk link in education? *Economic letters* 75: 31-37.

Pereira, Pedro T., und Pedro S. Martins. 2001b. *Returns to education and wage equations. IZA Discussion Papers 298.* Bonn: IZA.

Psacharopoulos, George, und Harry Anthony Patrinos .2004. Returns to Investment in Education: A Further Update. *Education Economics* 12: 111-134.

Riley, John G. 1979. Testing the Educational Screening Hypothesis. *Journal of Political Economy* 87: 227-252.

SKBF. 2010. *Bildungsbericht Schweiz 2010.* Aarau: Schweizerische Koordinationsstelle für Bildungsforschung.

Sousa-Poza, Alfonso. 2004. The Gender Wage Gap and Occupational Segregation in Switzerland, 1991-2001. *Swiss Journal of Sociology* 29: 399-415.

Spence, Michael. 1973. Job market signaling. *The Quarterly Journal of Economics* 87: 355-379.

Strub, Silvia, Michael Gerfin und Aline Bütikofer. 2008. *Vergleichende Analyse der Löhne von Frauen und Männern anhand der Lohnstrukturerhebungen 1998 bis 2006*: Untersuchung im Rahmen der Evaluation der Wirksamkeit des Gleichstellungsgesetzes. Bern: BASS.

Tuor, Simone N., und Uschi Backes-Gellner. 2010. Risk-return trade-offs in complete educational paths: vocational, academic and mixed. *International Journal of Manpower* 31: 495-519.

Weber, Bernhard A. 2002. Humankapital und Wachstum: Welche Konsequenzen für die Schweizer Bildungspolitik? *Diskussionspapier 9, Staatssekretariat für Wirtschaft (Seco)*: 201-237.

Weber, Bernhard A. 2003. Bildungsfinanzierung und Bildungsrenditen. *Schweizerische Zeitschrift für Erziehungswissenschaften* 3: 405-430.

Wirz, Aniela M. 2008. Private returns to education versus education spill-over effects. Or what co-workers account for. *Empirical Economics* 2: 315-342.

Wolpin, Kenneth I. 1977. Education and Screening. *The American Economic Review* 67: 949-958.

Wolter, Stefan C., und Bernhard A. Weber. 2005. Bildungsrendite – ein zentraler ökonomischer Indikator des Bildungswesens. *Die Volkswirtschaft. Das Magazin für Wirtschaftspolitik* 10: 38-42.

Wolter, Stefan C., und Bernhard A. Weber. 1999. On the Measurement of Private Rates of Return to Education. *Jahrbücher für Nationalökonomie und Statistik* 218: 605-618.

Block III

Bildungsverläufe und ihr Zusammenhang mit anderen Lebensbereichen

Transitionen im Lebenslauf – mit Zoom auf die Familie

René Levy

1. Transition zur Elternschaft – Retraditionalisierung der Familie

Nach der Exposition eines theoretischen Zugangs zur soziologischen Analyse von Lebensläufen stellt dieser Text eine empirische Analyse von Lebensläufen zwischen Beruf und Familie in der Schweiz vor und endet mit einer kritischen Sichtung des Phänomens der Retraditionalisierung der Familienstruktur beim Übergang zur Elternschaft sowie der institutionellen Förderungsbedingungen dieser „Rückwärtsentwicklung".

Aufgrund eines struktursoziologischen Ansatzes zur Lebenslaufanalyse wird erläutert, weshalb Statusübergänge als potentielle Bruchstellen im Lebensverlauf besonders wichtig sind. Auf diesem Hintergrund wird als Illustration der folgenreiche Übergang von Paaren zur Elternschaft mittels Optimal Matching analysiert[1] und anhand einer qualitativen Folgestudie näher beleuchtet. Die Resultate werfen die Fragen danach auf, inwiefern die gefundenen Verlaufsformen sozial konditioniert sind und welche Rolle das Geschlecht und seine Handhabung durch soziale Institutionen dabei spielt.

---

[1] Die Methode des Optimal Matching erlaubt den systematischen Vergleich von Sequenzen jeglicher Art, nicht nur im Sinn chronologischer Abfolgen. Sie stammt aus der Genomik und wird seit einigen Jahren zunehmend auch in den Sozialwissenschaften verwendet, wenn es um die Analyse von Longitudinaldaten geht (Aisenbrey 2000). Optimal Matching vergleicht sämtliche zu analysierende Sequenzen paarweise und drückt ihre Unterschiedlichkeit als Distanz aus. Diese Distanzen können ihrerseits cluster-analysiert werde, was die Identifikation allfälliger Sequenz- oder Verlaufstypen erlaubt. So ermittelte Typen können in einem weiteren Schritt regressionsanalytisch untersucht werden, was ermöglicht nach Faktoren zu suchen, welche das unterschiedliche Auftreten der gefundenen Typen erklären können.

2. Ein soziologischer Ansatz zur Analyse von Lebensläufen

2.1 Wie kann man Lebensläufe soziologisch thematisieren?

Wo kann man ansetzen, wenn man sich zum Ziel setzt, den soziologisch relevanten Anteil am Zustandekommen von Lebensläufen so klar als möglich zu konzeptualisieren? Mindestens drei Ausgangspunkte werden durch die bestehende Literatur nahegelegt:

1. Soziale Vorstellungen und Deutungsmuster, z.B. über die Zuschreibung der Verantwortung für seine Lebensführung. Nach Kohli (1985) ging eine der drei großen Tendenzen der vergangenen 200-300 Jahre in Richtung zunehmender Biographisierung: in der Kultur der westlichen Gesellschaften hat im Verlauf der Modernisierung die Vorstellung überhand genommen, jeder Mensch sei für den Verlauf seiner Biographie grundsätzlich selbst verantwortlich. Dieser Idee entspricht auch das in den letzten rund 20 Jahren gestiegene soziologische Interesse an der individuellen „Agency", d.h. an der Gestaltungsmacht individueller Akteure gegenüber sozialen Determinismen oder Zwängen kultureller oder struktureller Art. Wer solchen Vorstellungen anhängt, so ginge die Argumentation unter diesem Gesichtspunkt, versucht auch sie biographisch zu realisieren, sodass sich diese gesellschaftlichen Vorstellungen über die individuelle Umsetzungspraxis in effektive Verläufe übersetzen.

2. In der Kultur vorherrschende, normative Überzeugungen über den normalen oder „richtigen" Verlauf des Lebens, namentlich in Form von Altersnormen, wie sie seit Neugarten et al. (1965) besonders in der Sozialpsychologie häufig untersucht werden, aber auch Normen darüber, welche Tätigkeiten im Leben wichtig sind und in welcher Abfolge sie normalerweise stehen sollten. Auch hier ginge die Argumentation in die Richtung, dass gesellschaftlich vorherrschende Normen durch individuelle Akteure in Verhalten umgesetzt werden, weil sie dazu tendieren, zu diesen Normen konform zu sein.

3. Neben diesen kulturellen Aspekten kommen aber auch die effektiven Verläufe als Ansatzpunkt in Frage, also das faktische Verhalten. Auch in diesem Fall könnte die Frage nach allfälligen Übereinstimmungen der Verläufe durch den Bezug auf zugrunde liegende gemeinsame Normen oder allgemeiner geteilte kulturelle Vorstellungen beantwortet werden. Als Grundlage einer zweiten Erklärungsstrategie bietet sich jedoch auch das strukturelle Umfeld der Individuen an, welches ihre Verhaltensbahnen durch die – weitgehend institutionelle – Strukturierung ihrer Lebensumwelt kanalisiert.

„Kulturalistische" Interpretationen des Typs 1 und 2 erscheinen oft als nahelie-gend und sind auch in der Soziologie entsprechend beliebt. Wie die empirische Forschung zeigt, greifen sie jedoch häufig zu kurz bzw. am Ziel vorbei, weil Indi-viduen wegen ihrer Einbettung in soziale Zusammenhänge nicht immer aufgrund ihrer normativen Überzeugungen handeln (können), sondern eher aufgrund der Möglichkeiten und Unmöglichkeiten (opportunity structures), die sie in ihrem Umfeld vorfinden, was sozialstrukturelle Erklärungsansätze in den Vordergrund rückt. Dies bedeutet nicht, dass kulturelle Phänomene soziologisch uninteressant wären, weist aber darauf hin, dass Normen und Werte Verhalten häufig nicht in einem psychologischen bzw. kausalen Sinne motivieren und insofern erklären, sondern eher im Nachhinein zur Begründung von Verhalten herangezogen wer-den. Im Folgenden soll deshalb das Schwergewicht auf den dritten Zugang gelegt werden. Wie kann der allfällige Zusammenhang zwischen individuellen Verläu-fen und Gesellschaftsstruktur konzeptuell gefasst werden?[2]

2.2 Ein struktursoziologischer Ansatz: Lebenslauf als Bewegung durch den sozialen Raum

Als zentrales Element zur Bestimmung und Analyse der Beziehung individueller Akteure zur Gesellschaft erscheint in struktursoziologischer Sicht deren Veror-tung im sozialen Raum; der Lebensverlauf kann folgerichtig als Bewegung durch diesen Raum gefasst werden. Damit stellt sich die Frage, wie dieser Raum und in-dividuelle Orte darin zu konzeptualisieren sind. Um diese Frage jedenfalls in ei-nem ersten Schritt möglichst einfach zu beantworten, kann von einer Sichtweise ausgegangen werden, die den sozialen Raum einer Gesellschaft als eine Gesamt-heit von gegeneinander abgegrenzten Feldern sozialer Interaktion behandelt.[3] Mit Blick auf moderne Gesamtgesellschaften ist namentlich an institutionelle Sektoren

2   Dies sind nicht die einzig denkbaren theoretischen Ansätze. Weitere könnten etwa darin beste-hen, Lebensläufe als das Zusammentreffen ontogenetischer Entwicklungsgesetzen aufzufassen, etwa im Sinn von Piagets Entwicklungsstufen, oder gar als Ergebnis des Aufeinandertreffens genetischer Programmierung mit sozialen Zufällen (z.B. wo jemand an welchem Zeitpunkt steht). Ihnen soll hier nicht weiter nachgegangen werden.
3   Die Rede von Feldern sozialer Interaktion kann auf den österreichischen Sozialpsychologie-Pionier Kurt Lewin zurückgeführt werden, der den Begriff aufgrund seiner Grundthese einführte, dass jede soziale Situation ganzheitlich und als System miteinander interagierender Elemente analysiert werden muss; deshalb bezeichnete er seine Perspektive als Feldtheorie (Lewin 1951). Später wurde der Feldbegriff vor allem von Bourdieu (1980) aufgenommen, der ihn wie folgt definiert: „Felder ... sind strukturierte Räume von Positionen (oder Stellen), deren Eigenschaften von ihrem Ort im Raum abhängen und die unabhängig von den Eigenschaften der sie besetzenden Akteure analysiert werden können, welch letztere im Übrigen teilweise durch sie bestimmt werden." (1980, Übersetzung RL). Auch der Schweizer Soziologe Peter

zu denken wie Bildung, Berufswelt, Politik, Familie usw. All dies sind organisierte Handlungs- und Interaktionsfelder, an denen Individuen regelmäßig teilnehmen. Dabei fällt schnell auf, dass im zeitlichen Ablauf die Teilnahme an solchen Feldern sequentiell oder auch synchron erfolgen kann; beides ist lebenslaufanalytisch wichtig, wie gleich noch weiter auszuführen sein wird.

Wie steht es mit der Verortung von Akteuren in solchen Feldern? Dafür kann auf klassische und elementare soziologische Konzepte wie Teilnahme, Status, Position oder Rolle zurückgegriffen werden (Linton 1936; Merton 1957). Drei Aspekte von Status erscheinen dabei als wichtig: Teilnahme, Stellung und Rolle. Status wird hier in einem allgemeinen Sinn verwendet, Position oder Stellung sowie Rolle in einem spezifischeren. An einem sozialen Feld *teilzunehmen* heißt in der Regel, eine bestimmte *Stellung oder Position* in dessen innerer Struktur zu besetzen und, mit mehr oder weniger Konformität, die mit der Position verbundene *Rolle* (im Sinn einer zusammenhängenden Gesamtheit von Erwartungen) zu übernehmen. Diese Trias von Aspekten gilt im Prinzip für jedes soziale Feld, an dem teilgenommen wird, wenn sie sich auch je nach den Besonderheiten des jeweiligen Feldes anders darstellen können.

Berücksichtigt man weiter, dass zumindest Erwachsene meistens an mehreren sozialen Feldern zugleich teilnehmen, so ergibt sich, dass die strukturelle Verortung einer Person durch ihr *Statusprofil* bzw. ihre Statuskonfiguration gegeben ist, also durch so viele Teilnahme- + Stellungs- + Rollen-Kombinationen wie die Zahl der Felder, an denen sie teilnimmt. Durch das Statusprofil ist die Stellung der Person im gesellschaftlichen Schichtungssystem gegeben, aber auch der Umfang und der Grad an Vollständigkeit ihrer sozialen Teilnahme. Ein typisches Beispiel eines unvollständigen Statusprofils ist etwa Arbeitslosigkeit, d.h. man nimmt, entgegen den vorherrschenden sozialen Normen und Zwängen, nicht an der Arbeitswelt teil; diesbezüglich nicht als statusunvollständig, obwohl nicht in die Arbeitswelt integriert, gelten dagegen Kinder, Pensionierte, schwer Kranke oder Häftlinge. Mit diesem Konzept kann der Lebenslauf, also die biographische Bewegung durch den gesellschaftlichen Raum, folgerichtig als Sequenz oder *Abfolge der von einem Individuum innegehabten Statusprofile* gefasst werden.

Heintz verwendet (1968) einen wenn auch weniger anspruchsvoll und voraussetzungsreich definierten Feldbegriff, von dem hier ausgegangen wird.

2.3 Institutionalisierung von Lebensläufen

Zur sozialen Organisation oder Institutionalisierung von Lebensläufen wäre vieles zu sagen (siehe namentlich Krüger 2001), hier nur so viel: Institutionen im Sinn real funktionierender Organisationen – und nicht nur normativer Grundvorstellungen – spielen eine zentrale Rolle in der Strukturierung von Lebensläufen. Beispiele: der obligatorische Schulbesuch konstituiert einen wichtigen Teil der Kindheit und Adoleszenz; die Ausrichtung der Ausbildung auf die Berufswelt (besonders deutlich im Fall der Berufsbildung) bereitet den Eintritt in diese vor; das öffentlich geregelte Alterssicherungssystem reguliert den Austritt aus der Berufswelt, und zwar nach Modalitäten, die z.T. davon abhängen, wie die Erwerbsteilnahme gestaltet war; die Familie als einer der wichtigsten Orte der Lebenslaufverflechtung ist das Koordinationszentrum der unterschiedlichen und oft divergierenden zeitlichen, ressourcenmäßigen und planerischen Imperative der diversen sozialen Felder, an denen ihre Mitglieder – Mutter, Vater, Kinder, allenfalls pflegebedürftige weitere Personen – teilnehmen. All dies hat vielfältige und oft weitreichende Einflüsse auf die Lebensläufe der beteiligten Individuen; in dem Masse, wie Geschlecht als hochgeordneter Masterstatus in praktisch all diese institutionellen Teillogiken von vornherein eingelassen ist, sind sie auch alle an einem strukturellen Doing gender beteiligt, das weit über das Niveau der zwischenmenschlichen Interaktionen hinausgeht.[4]

3. Statusübergänge: Bruchstellen im Lebenslauf

Im Rahmen der eben vorgestellten Konzeptualisierung stellen Statusübergänge Veränderungen des Statusprofils dar. Darunter kann aber Verschiedenes subsumiert werden, denn grundsätzlich, gewissermaßen rein logisch gesehen, können sich im biographischen Verlauf alle Aspekte eines Statusprofils verändern, einzeln oder kombiniert: die Teilnahme an einem sozialen Feld kann aufgenommen oder aufgegeben werden, die Stellung darin kann durch vertikale Mobilität verbessert oder verschlechtert werden, in Abhängigkeit davon, aber auch aus anderen

---

4   Das zur Analyse von Geschlechtstypisierungen zentrale Konzept des Doing gender (West und Zimmerman 1987) wird meistens auf interaktive Performanz bezogen, also auf zwischenmenschliche Interaktionen, in denen Geschlechtervorstellungen dargestellt, reproduziert und verfestigt werden. Demgegenüber wird hier unterstrichen, dass auch organisierte Institutionen in ihrem gewöhnlichen Funktionieren meist unausgesprochene oder sogar „ungedachte" Normalitätsvorstellungen über Genderrollen bzw. gendertypisch organisierte Verhaltens- und Organisationsweisen – etwa von Familien – voraussetzen und diese dadurch ihren BenutzerInnen auch aufdrängen. Dies wird hier als strukturelles Doing gender bezeichnet.

Gründen, können sich auch die zugehörigen Rollen in ihren vielfältigen Aspekten verändern. Ein wichtiger Unterschied zwischen diesen drei Möglichkeiten besteht darin, dass die Veränderung der Teilnahme deshalb als besonders folgenreich erscheint, weil sie automatisch auch Veränderungen von Position und Rollen nach sich zieht. Diese Besonderheit wird dann noch weiter verstärkt, wenn sich mehrere Teilnahmen gleichzeitig oder in kurzer Abfolge verändern, wie dies beispielsweise beim Übergang von der Jugendlichenphase in die junge Erwachsenenphase der Fall ist (namentlich Übertritt von der Ausbildung ins Berufsleben, Aufnahme eines eigenen Domizils, Aufnahme oder Konsolidierung einer Partnerschaft, Übergang zur Elternschaft – vgl. dazu schon Blancpain und Häuselmann 1974).

Neben Veränderungen seiner einzelnen Komponenten kann sich das Statusprofil auch gesamthaft in der sozialen Schichtung aufwärts oder abwärts bewegen, und es kann durch zusätzliche Teilnahmen ausgeweitet oder durch Wegfall von Teilnahmen eingeschränkt werden. Diverse Studien weisen darauf hin, dass die Anzahl der Teilnahmen eigenständige Auswirkungen auf das Wohlbefinden erwachsener Menschen hat (von der subjektiven Zufriedenheit bis hin zur Gesundheit und zur Lebenserwartung), wobei es anscheinend ein Optimum gibt (Thoits 1986).

Strukturelle Veränderungen in sozialen Feldern können individuelle, aber auch kollektive Veränderungen von Statusprofilen nach sich ziehen und damit direkt Lebensläufe beeinflussen (Beispiel: wirtschaftliche Rezession mit Arbeitslosigkeit). Theoretisch wichtig ist hier die direkte Anschlussmöglichkeit zwischen gesellschaftlichem Strukturwandel und individuellen Lebensläufen, die durch die Konzeptualisierung des Lebenslaufs als Sequenz von Statusprofilen hergestellt wird.

Ausgehend von den vorhergehenden Überlegungen lässt sich eine allgemeine Hypothese formulieren: Statusübergänge sind für die Identität (für die selbst empfundene ebenso wie auch die von anderen wahrgenommene), für soziales Lernen und für die Lebensqualität (als Quellen sozialer Anerkennung und subjektiver Zufriedenheit) wichtiger als die Phasen dazwischen, weil die personale und soziale Identität stark vom Profil der sozialen Teilnahme abhängt – und dieses Profil verändert sich typischerweise bei Statusübergängen. Phasen in Lebensläufen dürften deshalb eher die Konsolidierung von Identitäten und informellen Beziehungen fördern, Statusübergänge (stärker als beispielsweise „bloße" Positionsveränderungen) dürften Identitätsveränderungen provozieren und Lernprozesse dynamisieren.[5]

Nicht alle Partizipationen sind gleich gewichtig. Ihr Gewicht dürfte von personalen und sozialen Werten abhängen (u.a. von direkt lebenslaufbezogenen Nor-

---

5 Wobei selbstverständlich nicht alle Statusübergänge gleich folgenreich sind. Auch hierzu kann eine Reihe von Faktoren identifiziert werden, die vermutlich das faktische Gewicht von Statusübergängen für die betroffenen Personen beeinflussen, dies kann aber aus Raumgründen nicht ausgeführt werden. Das Gewicht von Partizipationen ist nur einer dieser potentiellen Faktoren.

men: wann und in welcher Reihenfolge haben Übergänge zu erfolgen, etwa jener zum Erwachsenenalter) aber auch, und vermutlich noch stärker, von ihrer institutionellen Gewichtung und strukturierenden Kraft. Als besonders zentral können die *Berufstätigkeit* und die *Familie* gelten, vermutlich sind sie deshalb auch besonders folgenreich. Die Zentralität der Berufstätigkeit ergibt sich zwar auch aus deren sozialer Wahrnehmung als zentral, aber in den Gegenwartsgesellschaften noch stärker aus dem strukturellen Link zwischen Berufstätigkeit und Geld verdienen, weil Geld in einer Marktwirtschaft lebensnotwendig ist und nicht ohne weiteres anders als durch Erwerbstätigkeit beschafft werden kann. Die Zentralität der Familie resultiert vermutlich stärker aus deren affektiv stabilisierender Funktion, jedenfalls für ihre erwachsenen Mitglieder. Wir werden in der Folge sehen, dass darüber hinaus das Gewicht eines und desselben Feldes nicht unbedingt für alle Individuen gleich ist.

Eine weitere Nuancierung ist noch zu erwähnen: inwiefern ist etwa ein Schritt sozialer Aufwärtsmobilität als Statusübergang zu werten? Dies hängt von Verschiedenem ab: von der durch den Aufstieg überwundenen vertikalen Distanz (ist es ein kleiner oder ein großer hierarchischer Schritt – größere Schritte haben weiter gehende Konsequenzen, etwa im Sinne des Wechsels in ein anderes soziokulturelles Milieu, einer markanten Kaufkraftveränderung o.ä. und damit eher den Charakter eines Statusübergangs), vom damit allenfalls verbundenen Wechsel der Organisation (andere Firma, anderer Arbeitgeber) oder des Ortes (mit Folgen für das Aufrechterhalten des privaten Beziehungsnetzes), aber auch vom Gewicht des betroffenen Feldes (dieses Gewicht dürfte im Fall eines Aufstiegs in der Pfadfinderhierarchie, im informellen Freundeskreis oder im Betrieb bei weitem nicht dasselbe sein). Mit anderen Worten hängt die Beantwortung der Frage von verschiedenem ab – man darf also nicht davon ausgehen, es handle sich dabei um einfache, dichotome Erscheinungen. Die vorgestellten Konzepte können deshalb nicht mechanisch angewendet werden.

4. Zoom auf den Übergang zur Elternschaft und die Lebenslaufstandardisierung

Da bis in die 90er Jahre noch sehr wenig longitudinale Lebenslaufanalysen vorlagen, bestand ein weites Feld für Hypothesen und Behauptungen über die Sachlage, namentlich über den Grad an sozialer Standardisierung der Lebensläufe.[6]

---

6   Obwohl die empirische Soziologie von Lebensläufen auf den Beginn des 20. Jahrhunderts zurückgeht – oft wird die Studie von Thomas und Znaniecki (1918) als erste genannt – sind Längsschnittstudien wie etwa jene von Elder (1974) lange seltene Ausnahmen geblieben. Im

Diesbezüglich wurden während längerer Zeit drei Hauptthesen vertreten und zum Teil auch gegeneinander verteidigt.

Am frühesten wurde die These aufgestellt, dass es in westlichen Gesellschaften zwei geschlechtsspezifische Standard- oder Normalbiographien gebe, eine männliche, lediglich berufsbezogene, und eine weibliche, die zugleich durch Berufs- und Familienteilnahme strukturiert würde (Held und Levy 1974; Levy 1977).

Kohli (1985, 1986) hat demgegenüber die Vorstellung vertreten, es gebe ein zentrales, durch den Dreischritt Bildung – Berufstätigkeit – Rentnerleben organisiertes Hauptmodell, von dem einfach verschiedene Abwandlungen vorkämen.

Mit dem Aufkommen der Thesen über die zweite Modernisierung bzw. die postmoderne Gesellschaft (Lyotard 1979; Beck 1986; Giddens 1991; Bauman 2000) wurde als dritte Antithese das Postulat bekannt, neben vielen anderen sozialen Phänomenen (zu denen oft auch die soziale Schichtung gezählt wurde, etwa bei Hradil 1990) verlöre sich in der „Spätmoderne", also in den Gegenwartsgesellschaften, auch die Standardisierung der Lebensläufe (Beck und Beck-Gernsheim 1994).[7]

Drei und nicht nur zwei einander ausschließende Thesen sind eine seltene Ausgangslage für die empirische Abklärung des Sachverhalts und machen diese besonders interessant.

4.1 Empirische Lebenslaufanalyse

Eine der ersten umfassenden empirischen Studien zur Überprüfung dieser Thesen wurde in der Schweiz angestellt. Widmer et al. (2003a) analysierten retrospektive Daten, die bei einem Teil der für die Studie „Couples contemporains" (Widmer et al. 2003b) im Winter 1998-99 befragten Paare erhoben wurden (N=677 für

---

deutschen Sprachraum fallen die ersten größeren derartigen Erhebungen in die späten 80er Jahre: die Deutsche Lebensverlaufsstudie des Max-Planck-Instituts (1980-2004, Diewald et al. 2006), das Sozioökonomische Panel (SOEP, http://www.diw.de/de) und diverse Projekte des Sonderforschungsbereichs 186 der DFG in Bremen über „Statuspassagen und Risikolagen im Lebensverlauf. Institutionelle Steuerung und individuelle Handlungsstrategien" (1988-2001; Sackmann und Wingens 2001; Leisering et al. 2001; Born und Krüger 2001; Kluge und Kelle 2001). Eine der ersten schweizerischen Panelstudien dürfte die Zürcher Primarabsolventenstudie gewesen sein, die 1973 begann (Bernath et al. 1989). Seither entstanden einige größere Paneluntersuchungen wie TREE (http://tree.unibas.ch/fr/home/) oder das Schweizerische Haushaltpanel (http://www.swisspanel.ch/?lang=de). Auch die SAKE des Bundesamts für Statistik wird als Panel geführt, wenn auch als rotierendes, bei dem die Verbleibdauer der Individuen maximal 5 Jahre beträgt.

7   Dass hier fast ausschließlich deutschsprachige Publikationen zitiert werden, ist kein Zufall. Diese Debatte wurde vor allem und besonders intensiv in der deutschsprachigen Soziologie geführt. Im Übrigen hat Kohli später (2003) die Richtigkeit der These geschlechtsspezifischer Verläufe anerkannt.

Männer, 670 für Frauen). Levy et al. (2006) replizierten diese Analyse mit Daten des Schweizerischen Haushaltspanels (SHP), das nicht nur Paare umfasst, sondern die gesamte Bevölkerung (N=1696 für Männer, 1935 für Frauen; nur Personen von mindestens 30 Jahren wurden einbezogen, um eine zur Identifikation von Verlaufstypen genügende Beobachtungsdauer sicherzustellen). Beide Analysen ergaben dieselben Resultate, aber mit unterschiedlichen Frequenzen; die Ergebnisse der zweiten Analyse werden hier kurz vorgestellt. Für Männer und Frauen wurden separat die Lebensläufe in Bezug auf ihre Berufs- und Familienteilnahme für die Altersspanne 16-64 rekonstruiert, wobei den Informationen über Berufstätigkeit insofern die Priorität gegeben wurde, als – aufgrund anderweitiger empirischer Resultate – bei verheirateten oder in Partnerschaft lebenden Personen die Familienarbeit als gegeben, aber als durch die Berufstätigkeit potentiell eingeschränkt betrachtet wurde (eine differenzierte Erfragung etwa der wöchentlich für Familienbelange aufgewendeten Stundenzahl ist retrospektiv undurchführbar). Aufgrund der erhobenen Informationen (retrospektives Modul der Befragungswelle 2002 des SHP) wurden die Lebensläufe als Sequenzen von vorwiegenden Zuständen rekonstruiert, die für jedes Lebensjahr eines Individuums eine von sieben Bedeutungen haben konnten: in Ausbildung, vollzeitig erwerbstätig, teilzeitig erwerbstätig, Familienarbeit, positiver Erwerbsunterbruch (Sabbatical, längere Reise), negativer Erwerbsunterbruch (Arbeitslosigkeit, Krankheit), RentnerIn. Die so rekonstruierten individuellen Verläufe wurden für Männer und Frauen getrennt[8] mittels Optimal Matching paarweise miteinander verglichen und das Ergebnis (Distanzen in allen Paaren individueller Verläufe) einer Clusteranalyse unterzogen, welche erlaubte, Verlaufstypen empirisch zu ermitteln. Anschließend wurde mittels Regressionsanalyse exploriert, welche Faktoren zwischen den gefundenen Verlaufstypen differenzieren. Die Darstellung in den sechs folgenden Graphiken gibt für jeden Verlaufstyp eine Synthese; die biographischen Zustände aller dem Typ zugeordneten Individuen werden für jedes Lebensjahr als Prozentverteilung in einem Histogramm aufgetragen. Lesebeispiel aus Abb. 1: die 18-jährigen Männer des Verlaufstyps „Vollzeiterwerb" sind zu 29 % vollzeiterwerbstätig.

---

8   Diese Analysestrategie wurde der Alternative, männliche und weibliche Verläufe zusammen zu analysieren, deshalb vorgezogen, weil sie allfällig vorhandene Geschlechtsspezifitäten der Verläufe deutlicher hervortreten lässt. Berücksichtigt sind alle Erwachsenen ab 30 Jahren.

Abbildung 1: Männliche Verläufe, Typ Vollzeiterwerb (72 %, N=1219)

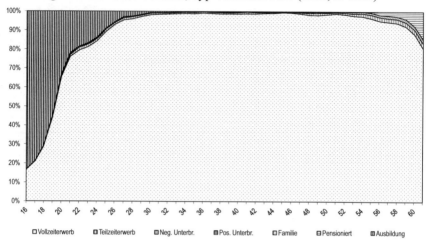

□ Vollzeiterwerb   ▥ Teilzeiterwerb   ▨ Neg. Unterbr.   ▤ Pos. Unterbr.   ▣ Familie   ▣ Pensioniert   ▥ Ausbildung

Abbildung 2: Männliche Verläufe, Erratisch (28 %, N=477)

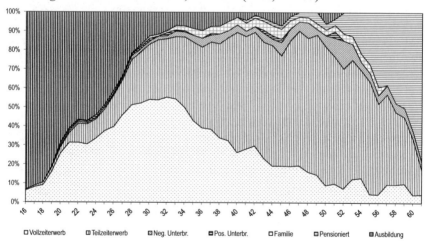

□ Vollzeiterwerb   ▥ Teilzeiterwerb   ▨ Neg. Unterbr.   ▤ Pos. Unterbr.   □ Familie   ▣ Pensioniert   ▥ Ausbildung

Wie Abb. 1 zeigt, folgen die männlichen Verläufe zu knapp drei Vierteln (72 %) dem Dreischrittmodell, wie es von Kohli (1985, 1986) postuliert wurde. Vorherrschende Familienarbeit kommt bei diesem Verlaufstyp so gut wie nicht vor, wir nennen diesen Typ *Vollzeiterwerbsverlauf.* Die zweite Verlaufsgruppe (Abb. 2) zeigt kein klar profiliertes Muster und ist deshalb nicht als eigentlicher Verlaufstyp, sondern als Restkategorie anzusprechen, die sehr diverse, aber vom Hauptmuster klar abweichende Verläufe umfasst; wir sprechen deshalb von *Erratischen Verläufen.*

Die Analyse der weiblichen Verläufe zeitigt ein anderes Bild mit vier klar profilierten Verlaufstypen. Diese vierfache Typologie gruppiert sämtliche weiblichen Verläufe, ohne Restkategorie.

Ein erster, der einen Drittel (34 %) der Verläufe umfasst (Abb. 3), entspricht einigermaßen dem bei Männern vorherrschenden Modell des durchgehenden *Vollzeiterwerbsverlaufs,* obwohl Familientätigkeit vorübergehend in deutlich größerem Ausmaß auftaucht als bei Männern.

Abbildung 3: Weibliche Verläufe, Typ Vollzeiterwerb (34 %, N=662)

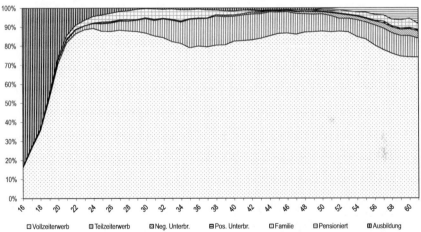

□ Vollzeiterwerb   Ⅲ Teilzeiterwerb   ☒ Neg. Unterbr.   ⊟ Pos. Unterbr.   □ Familie   ⊟ Pensioniert   Ⅲ Ausbildung

Ein zweiter Verlaufstyp (Abb. 4) entspricht dem traditionell weiblichen Modell, nach dem die Frauen nach anfänglicher Vollzeiterwerbstätigkeit relativ rasch und vor allem definitiv die Berufswelt verlassen und sich gänzlich der Familienarbeit widmen. 13 % der weiblichen Verläufe entsprechen diesem Typ, den wir *Familienverlauf* nennen.

Abbildung 4: Weibliche Verläufe, Typ Familie (13 %, N=245)

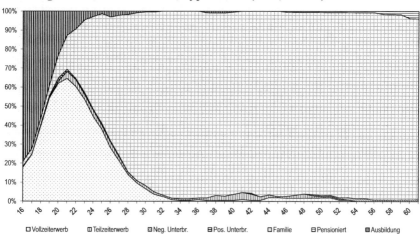

Ein dritter Typ enthält statt dem Rückzug aus der Berufswelt die definitive Reduktion der Erwerbstätigkeit auf Teilzeit (Abb. 5, 23 %), ohne nennenswerte Unterbrechung der Berufsarbeit, wir sprechen von *Teilzeiterwerbsverlauf.*

Abbildung 5: Weibliche Verläufe, Typ Teilzeit (23 %, N=445)t

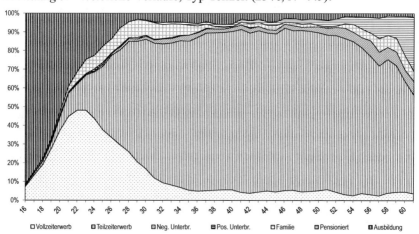

Der vierte Verlaufstyp zeigt ein Hin-und-Her-Muster, nach dem die Frauen zunächst ihre Erwerbstätigkeit aufgeben, sie später aber wieder aufnehmen, allerdings nur teilzeitlich (Abb. 6, 30%), wir nennen diesen Typ *Rückkehr*.

Abbildung 6: Weibliche Verläufe, Typ Teilzeit (30%, N=583)

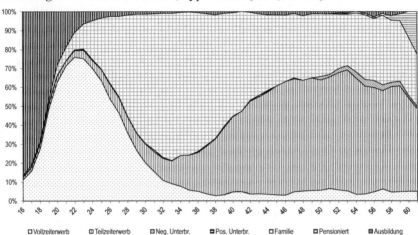

☐ Vollzeiterwerb   ☐ Teilzeiterwerb   ☑ Neg. Unterbr.   ▣ Pos. Unterbr.   ☐ Familie   ☐ Pensioniert   ▣ Ausbildung

Es gibt also deutlich typisierte Verläufe, einen vorherrschenden für Männer und vier für Frauen, von denen einer mehr oder weniger dem männlichen gleicht, die anderen kommen nur bei Frauen gehäuft vor. Vergleicht man diese Befunde mit den drei oben erwähnten Thesen, so zeigt sich, dass keine von ihnen zutrifft.

1. Lebensläufe sind standardisiert – Beck hat nicht recht,

2. sie sind geschlechtsspezifisch – Kohli hat nicht recht,

3. es gibt zwar nur einen klar typisierten Verlauf bei Männern, aber vier bei Frauen – Levy hat auch nicht (völlig) recht.

Die gefundenen Verlaufstypen belegen eine stark vorherrschende Arbeitsmarktbeteiligung auch von Müttern, kombiniert mit variabler aber zumindest ansatzweise in allen weiblichen Verlaufstypen vorkommender, weiblicher Übernahme des Gros der Familienarbeit.[9] Ohne dass die Typen selbst dies klar zum Ausdruck

---

9   Nebenbei gesagt bestätigen unsere vier Typen weitgehend die pragmatische Typologie, die Ende der 80er Jahre die Studie von Borkowsky und Streckeisen (1989, vgl. auch Borkowsky et

bringen könnten, erscheint es als höchst plausibel, dass die je nach Typ unterschiedlich weit gehende einseitige Rückkehr der Frau zur vorwiegenden Familienarbeit, durch die Gegenwart von kleinen Kindern bedingt ist.

Ausgehend von den gefundenen Verlaufstypen stellt sich die Frage, welche Faktoren in welchen dieser „Kanäle" weiblicher Lebensläufe führen. Tabelle 1 (linker Teil) enthält die Analysen, mit denen dies abgeklärt wurde. Da bei Männern nur zwei Verlaufskategorien gefunden wurden, genügt eine einfache Regressionsanalyse des ersten Verlaufstyps; die Analyse der zweiten Kategorie ergäbe einfach das umgekehrte Spiegelbild der Resultate der ersten. Gezeigt werden odds ratios, die angeben um wie viel stärker oder schwächer eine Ausprägung im Vergleich zur Referenzkategorie ist. Lesebeispiel: bei besonders tiefen Haushaltseinkommen (1.000-40.000 Fr.) ist die Wahrscheinlichkeit, dass der Mann einen *Vollzeiterwerbsverlauf* durchläuft, weniger als halb so groß als in der Referenzkategorie, die hier die nächsthöhere Einkommensklasse darstellt.

Insgesamt fällt auf, dass nicht sehr viele Werte signifikant sind, was mit dem zahlenmäßigen Vorherrschen und der damit verbundenen relativ geringen Varianz dieses Verlaufstyps unter Männern zusammenhängt. Beim Haushalteinkommen spielt nur die besonders tiefe Einkommenskategorie eine besondere Rolle, hier sind Verläufe mit Vollzeiterwerbstätigkeit deutlich seltener als in allen anderen Einkommensstufen. Bildung spielt dagegen eine nichtlineare Rolle, bei tiefer wie bei hoher Bildung sind Vollzeiterwerbsverläufe seltener als bei mittlerer Bildung. Das Alter hat dagegen keinen signifikanten Einfluss auf die männlichen Erwerbsverläufe. Einen starken Einfluss hat dagegen das Vorhandensein von Kindern, besonders von mehreren. In diesen Fällen kommt der unter Männern ohnehin vorherrschende Vollzeiterwerbsverlauf noch verstärkt vor, er scheint hier gleichsam unumgänglich zu werden. Von den Zivilständen ist es nur das Ledigsein, das die Wahrscheinlichkeit eines Vollzeiterwerbsverlaufs deutlich senkt. Obwohl diese Koeffizienten die statistischen Einflüsse jeder einzelnen Variablen grundsätzlich ohne den Variationsanteil aufzeigen, der auf die anderen zurückzuführen ist, erscheint hier doch eine deutliche Interaktion zumindest zwischen Ledigsein und keine Kinder haben vorzuliegen, zu der möglicherweise auch noch das hohe Bildungsniveau gehört. Das würde bedeuten, dass spät heiratende und Vater werdende Männer, möglicherweise wegen verlängerter Ausbildungsdauer, erst mit entsprechender biographischer Verzögerung ins vorherrschende Verlaufsmuster einschwenken.

---

al. 1985) zugrunde gelegt wurde: Doppelarbeiterinnen (Vollzeit) – Dreiphasenfrauen (Rückkehr) – Wechslerinnen (mehrfaches Hin- und Her, hier ist die Übereinstimmung nur partiell) – Familienfrauen (Aufgabe der Erwerbstätigkeit).

Tabelle 1 (rechter Teil) zeigt die analoge Analyse der weiblichen Verläufe, wobei das Vorliegen von vier Verlaufstypen hier eine multinomiale Analyse nötig macht. Wiederum werden odds ratios gezeigt, die allerdings in diesem Fall doppelt referenziert sind. Unter den vier Typen ist der *Familienverlauf* Referenzkategorie.

Tabelle 1: Logistische Regression (odds ratios) der vorherrschenden Verlaufstypen auf ausgewählte soziodemographische Variablen

	Männer	Frauen		
	Referenz-kategorien = 1	(Referenzkategorien unabhängige Variablen = 1, Referenzkategorie abhängige Variable: Familienverlauf)		
	Vollzeit	Vollzeiterwerb	Teilzeiterwerb	Rückkehr
Haushalteinkommen				
1.000-40.000 Fr.	*0.417***	0.80	0.99	0.85
40.001-70.000 Fr. (Ref.)	1	1	1	1
70.001-100.000 Fr.	1.167	1.28	1.02	1.18
100.001 – 180.000 Fr.	1.133	*1.62**	1.12	1.01
Bildung[10]				
tief	*0.638**	*0.59***	1.06	*0.59***
mittel (Ref.)	1	1	1	1
hoch	*0.569***	1.02	*2.97***	0.88
Alter				
30-39	1.017	1.48	*1.80**	*1.65**
40-49	1.314	0.95	0.90	0.92
50-59 (Ref.)	1	1	1	1
60+	1.359	*0.52***	*0.44***	*0.49***
Kinder				
keine (Ref.)	1	1	1	1
eines	0.789	1.09	1.69	1.69
zwei	1.250	*0.32***	0.86	1.03
drei oder mehr	*1.661***	*0.19***	*0.49***	0.66
Berufsstellung Vater				
white collar	0.941	*0.65**	1.02	1.16
selbständig	1.267	0.71	1.02	1.06
qualifiziert (Ref.)	1	1	1	1
unqualifiziert	0.948	1.10	1.15	1.23
Bauer	1.206	1.06	0.72	1.08
Zivilstand				
ledig	*0.521**	*45.51***	*23.85***	*10.24**
verheiratet (Ref.)	1	1	1	1
geschieden, getrennt	1.173	*13.50***	*7.91***	*6.80***
verwitwet	0.692	1.41	1.45	1.34

Signifikante Werte kursiv gedruckt; * = p < .05, ** = p < .01

---

10 Als tief gilt ausschließlich obligatorische Bildung, als mittel nachobligatorische Bildung unter Universitätsniveau, als hoch Universitäts- oder Fachhochschulabschluss.

Tab. 1 weist den *Vollzeiterwerbsverlauf* als besonders selten aus bei Frauen mit zwei oder mehr Kindern, mit lediglich elementarer Ausbildung, mit mittlerer sozialer Herkunft und in der höchsten Alterskategorie; dagegen kommt er verstärkt vor bei unverheirateten und in geringerem Ausmaß auch bei verwitweten Frauen sowie bei höheren Haushalteinkommen. Dieser Verlaufstyp ist besonders stark im Geflecht der benützten unabhängigen Variablen verortet: sechs von 18 Koeffizienten sind hoch signifikant, zwei weitere signifikant. Mit anderen Worten ist sein Vorliegen besonders stark von der sozialen Stellung der Frauen bedingt und in diesem Sinn erscheint er auch als der spezifischste. Er wird stark gefördert durch die Abwesenheit einer Familie (ledig, keine Kinder), ein hohes Bildungsniveau und junges Alter (allerdings nicht signifikant). Diese Situation scheint entweder aus einer besonders hohen Priorität zu resultieren, welche eine Frau ihrer Berufskarriere einräumt (einschließlich Verzicht auf ein Familienleben oder zumindest seine Verschiebung) oder durch den Ausschluss aus der Familienpartizipation durch Scheidung oder Trennung.

Der *Teilzeiterwerbsverlauf* wird durch hohe Bildung und junges Alter verstärkt, höheres Alter dagegen reduziert sein Vorkommen beträchtlich. Das Vorhandensein eines Kindes verstärkt ihn ebenfalls, während er von drei oder mehr Kindern stark reduziert wird. Soziale Herkunft und Haushalteinkommen spielen keine Rolle. Dagegen ist dieser Verlaufstyp besonders häufig bei unverheirateten aber in einem gewissen Ausmaß auch bei geschiedenen oder getrennt lebenden Frauen. Seine positionale Verankerung ist geringer als im Fall des Vollzeiterwerbsverlaufs (fünf hoch signifikante und ein signifikanter Koeffizient), bleibt aber dennoch ansehnlich.

Rückkehrverläufe kennzeichnen hauptsächlich Frauen mittleren Bildungsniveaus. Haushalteinkommen und soziale Herkunft sind nicht relevant und auch nicht die Zahl der Kinder. Aber wenig unter der Signifikanzschwelle zeichnet sich eine Tendenz zur Abnahme mit der Kinderzahl ab; sie sind am häufigsten bei Müttern mit einem Kind. Junge Frauen weisen diesen Verlaufstyp besonders oft, ältere besonders selten auf. Wie die beiden vorhergehenden Typen ist auch dieser besonders häufig bei unverheirateten Frauen und auch bei Witwen. Er ist besonders wenig durch die unabhängigen Variablen beeinflusst (drei hoch signifikante Koeffizienten, zwei signifikante), was darauf hinweist, dass er besonders unspezifisch bzw. allgemein ist, wenn auch nicht der häufigste.

Die Funktionsweise der multinomialen Regression erlaubt es, die Bedingungsstruktur des Verlaufstyps *Familie* als Spiegelbild der drei anderen Typen zu identifizieren. Dieser Typ tritt gehäuft auf bei Frauen mit nicht mehr als elementarer Schulbildung, bescheidener sozialer Herkunft und tiefem Haushalteinkommen, im eher fortgeschrittenem Alter und mit mehreren Kindern und vor allem auch bei verheirateten Frauen auf. Separate (nicht multinomiale) Regressionsanalysen bestätigen diese Lesart. Damit erscheinen die drei erwerbsorientierten Verlaufstypen von Tab. 1 auch von ihrer Bedingungsstruktur her als das Gegenstück des Familienverlaufs, denn grosso modo sind ihre Assoziationen mit Bildung, Alter, Kinderzahl und Zivilstand gleichgerichtet. Es scheint also einen allgemeinen, unseren Einzelbefunden zugrundeliegenden Orientierungsmechanismus zu geben, der die Hauptwahl zwischen Familien- und Erwerbsorientierung reguliert und sekundäre Faktoren, die zwischen den drei Varianten von biographischer Erwerbsorientierung unterscheiden.[11] Die Hauptentscheidung, nämlich zwischen Erhaltung oder Aufgabe der Berufstätigkeit, hängt in erster Linie von der Kinderzahl und auch vom Alter ab, aber nicht vom Haushaltseinkommen, wie man erwarten könnte, während die Bildung und soziale Herkunft eher die genauere Verlaufsform der Arbeitsmarktteilnahme beeinflussen.

Vergleicht man zum Abschluss dieser Analyse die Resultate für Frauen und Männer, so stellt man deutliche Unterschiede fest. Geringes Haushalteinkommen verstärkt erratische Verläufe bei Männern, beeinflusst aber weibliche Verläufe kaum (mit Ausnahme des *Vollzeiterwerbstyps*, der eine schwach signifikante lineare Beziehung mit dem Einkommen aufweist – dies widerspricht der Hypothese, die Erwerbstätigkeiten von Frauen und besonders von Müttern werde vor allem von finanziellen Zwängen diktiert). Die Bildung zeigt eine nichtlineare Beziehung zum *Vollzeiterwerbsverlauf* bei Männern mit einem Maximum bei mittlerem Bildungsniveau, während sie bei Frauen als jener Faktor erscheint, der neben der Kinderzahl am stärksten zwischen den Verlaufstypen unterscheidet: je höher das Bildungsniveau, desto stärker engagieren sich die Frauen in *Teilzeiterwerbsverläufen*, je tiefer, desto stärker durchlaufen sie *Familienverläufe*. Das Alter ist ebenfalls von einiger Bedeutung für weibliche Verläufe, nicht aber für männliche. Die Gegenwart und Zahl von Kindern drückt Männer verstärkt in *Vollzeiterwerbsverläufe*, Frauen dagegen noch deutlicher in *Familien-* und *Teilzeitwerbsverläufe*, vor allem wenn es zwei oder mehr Kinder sind. Auch der Zivilstand ist wesentlich wichtiger für weibliche als für männliche Verläufe, während die soziale Herkunft für beide Geschlechter keine große Rolle spielt.

---

11 Gewisse AutorInnen sprechen diesbezüglich geradeheraus von individuellen Wahlentscheidungen, besonders Hakim (1998, 2000). Wir können diese Interpretation nicht teilen, weil unsere Resultate (wie auch jene vieler anderer Studien) auf die maßgeblichen Einflüsse sozialstruktureller Faktoren hinweisen. Solche Einflüsse widersprechen einer rein individualistischen und aktorialen Interpretation der vorhandenen Optionen (Crompton und Harris 1998a, 1998b; Blossfeld und Drobnič 2001; Ernst et al. 2009).

Insgesamt erscheint der Einfluss sozialer und vor allem sozialstruktureller Faktoren für weibliche Verläufe schwerwiegender als für männliche, und weibliche (Erwerbs-) Verläufe reagieren viel stärker und differenzierter auf die – über Zeit, d.h. über den Familienzyklus hinweg – variablen Erfordernisse des Familienlebens als männliche.

4.2 Statusgewichtung: geschlechtsspezifische Masterstatus

Was ergibt sich aus diesem empirischen Exkurs zum Thema der Gewichtung unterschiedlicher Statusbereiche? Die Resultate entsprechen dem Konzept der *geschlechtsspezifischen Masterstatus* (Krüger und Levy 2000), welches die heutige sozusagen postparsonianische Familien- und Geschlechterverfassung beschreibt und hier nur knapp erwähnt sei: bei Männern ist Berufsteilnahme und Erfüllung ihrer Erfordernisse dominant, Partizipationen an anderen Feldern werden durch diese begrenzt, auch an der Familie – bei Frauen ist invers die Familienteilnahme und die Erfüllung derer Erfordernisse dominant, Partizipationen an anderen Feldern, auch an der Berufswelt, werden durch diese begrenzt. Diese anscheinende Symmetrie zwischen den Geschlechtern enthält soziologisch gesehen eine deutliche Ungleichheit, weil damit in den meisten Fällen die Frauen wirtschaftlich und in einem weiteren Sinn statusmäßig (Prestige, Lebensstil, soziales Kapital...) von ihrem Mann abhängig werden und weil sie einseitig den größeren Teil der Familienarbeit übernehmen.

4.3 Übergang zur Elternschaft

Die berichteten Resultate weisen deutlich darauf hin, dass der Übergang zur Elternschaft einen Bruch in der Familienorganisation bedeutet, wenn auch in unterschiedlichem Ausmaß. Auch vorher egalitär funktionierende Paare traditionalisieren augenscheinlich ihre Struktur, d.h. die Statusprofile der Partner, wozu vor allem der teilweise oder definitive Rückzug der Frau vom Arbeitsmarkt gehört, aber ebenso die kompromisslos vollzeitliche Erwerbsintegration des Mannes.

Ausgehend von dieser Feststellung stellt sich die Frage, wie dieser Umbruch in den Paaren zustande kommt: wird er antizipiert oder nicht, können die Paare ihre diesbezüglichen Absichten realisieren oder passen sie diese Absichten der äußeren Realität an?

Dazu einige erste Resultate aus der Studie „Devenir parent", die in der Romandie zugleich quantitativ und qualitativ durchgeführt wurde, und zwar als Panel mit drei Wellen (Le Goff und Levy 2011): 1. Befragungswelle ungefähr im 8. Schwangerschaftsmonat, 2. Welle 1 Monat nach der Geburt, und 3. Welle 10 Monate später. Die Analysen sind zwar im Moment der Abfassung dieses Textes noch im Gange, aber vier Feststellungen zeichnen sich schon deutlich ab (Abbildung 7):

Abbildung 7: Arbeitsteilung im Paar: berichtete Praktiken (oben) und Absichten (unten) aus der Sicht der Frauen und der Männer

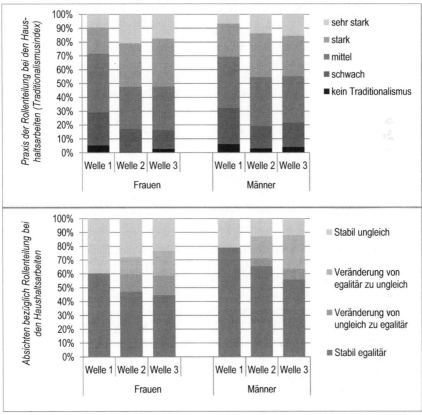

1. Junge Paare, die Eltern werden, teilen weitgehend den Wert der Gleichheit von Frau und Mann (untere Graphiken, Welle 1: über die Hälfte der Partner beider Geschlechter geben egalitäre Absichten zur Aufteilung der Hausarbeit an).[12]

2. Während der Schwangerschaft entsprechen ihre Werte über die (egalitäre) Verteilung der verschiedenen Elemente der Familienarbeit weitgehend ihrer diesbezüglichen Praxis (obere Graphiken, Welle 1: deutlich über die Hälfte der Paare weisen höchstens zwei von vier Hausarbeiten geschlechtsuntypisch zu).[13]

3. Ihr effektives Verhalten nach der Geburt bzw. nach dem Mutterschaftsurlaub entspricht nicht diesen Werten und Absichten, sondern in erster Linie der neuen Situation mit einem Säugling, und verschieben sich in Richtung der traditionellen Rollenverteilung (obere Graphiken, 3 Wellen: der Anteil traditionell geschlechtsstereotyper Aufgabenzuteilung nimmt über die Wellen deutlich zu, nach Angabe der Männer noch stärker als nach Angabe der Frauen).

4. Die so entstehende Kluft zwischen Werten und Verhalten wird allmählich (nur teilweise von der 1. zur 2., teilweise erst von der 2. zur 3. Befragungswelle) durch Anpassung der Normen und Werte reduziert, die ihrerseits nach traditional verschoben werden (bei den Frauen erfolgt die Hauptanpassung bereits vom ersten zum zweiten Befragungszeitpunkt, bei den Männern erfolgt ein ebenso deutlicher zusätzlicher Anpassungsschub zwischen dem zweiten und dem dritten Zeitpunkt).[14]

Allgemein entsteht somit ein Bild, nach dem junge Paare, wenn sie Eltern werden, in Handlungszwänge geraten, die nicht ihren Absichten entsprechen und deren Ausmaß sie nicht genügend antizipieren. Dies macht plausibel, dass die *Retraditionalisierung* ihrer Familie mehr durch exogene Zwänge als durch eine rein interne Dynamik zustande kommt. Diese Interpretation legt die weitere Hypothese nahe, dass die Institutionen, welche das Alltagsleben der Familien rahmen (Arbeitswelt, Stundenpläne von Krippen und Schulen, Konsumrhythmen, Öffnungszeiten und Benützungsbedingungen von Ämtern und öffentlichen Diensten wie Gesundheit u.ä.) so funktionieren, dass sie weitgehend die Verfügbarkeit einer erwachsenen Person pro Familie voraussetzen, welche sich auf die verschie-

---

12 Direkte Frage, analog für Männer und Frauen: „Wie gedenken Sie die Haushaltsarbeiten zwischen Ihnen und Ihrem Partner aufzuteilen, wenn das Kind einmal da ist?" Antwortkategorien recodiert („Ich werde [fast alles/drei Viertel/die Hälfte/ein Viertel/weniger als ein Viertel] machen.")

13 Der Traditionalismus-Index zählt einfach, wieviele von vier Hausarbeiten im Paar geschlechtsstereotyp zugeteilt sind, z.B. bedeutet stark traditionell, dass drei der vier Arbeiten traditionell zugeordnet sind. Die Arbeitskategorien sind Putzen, Waschen, Kochen, Einkaufen. Korrelationen zwischen Absichten und Praktiken in der 1. Welle bestätigen diese Feststellung.

14 Eine solche Diskrepanz tritt dagegen in Bezug auf etwa die Absichten, die Großeltern fürs Kinderhüten zu mobilisieren, nicht auf.

denen Aspekte von Familienarbeit spezialisiert. Dass dies im Allgemeinen die Frau und Mutter ist, hängt sicher nicht nur aber auch von der Frauendiskrimination auf dem Arbeitsmarkt ab, die es für Paare zumindest finanziell gesehen rational macht, eher ganz oder teilweise auf den Lohn der Frau als auf jenen des Mannes zu verzichten.

Dieses Gesamtbild verweist auf den institutionellen Rahmen der Gesellschaft und spezifischer auf das schweizerische Sozialstaatsmodell – ein weitläufiges Thema, das hier nur höchst knapp angeschnitten werden kann. Geht man von den drei Haupttypen von Sozialstaaten aus, die aus der Forschungstradition von Esping-Andersen (1990, 1999) hervorgegangen sind, so gehört die Schweiz recht eindeutig zur liberalen Variante, jedenfalls was ihre Familien- und Genderpolitik betrifft (Levy 2007). Diese ist durch starke Zurückhaltung bei staatlichen Interventionen geprägt, d.h. eine ausgesprochen restriktive Interpretation des Subsidiaritätsprinzips. Das bestätigt von der Ergebnisseite her den internationalen Vergleich der Altersverläufe der weiblichen Berufstätigkeit (Maruani 1993, 2003), aus dem ebenfalls drei Verlaufsmodelle resultieren, die recht gut den drei Esping-Andersen-Typen entsprechen: ein skandinavisches Modell, das die Vereinbarkeit von Familie und Beruf für Frauen ausdrückt, d.h. es besteht kein fundamentaler Unterschied zwischen männlichen und weiblichen Erwerbsverläufen; ein familistisches, südeuropäisches Modell, nach dem bereits Heirat und Beruf für Frauen unvereinbar sind; und ein liberal-individualistisches Modell mit einem Doppelbuckel, das Länder wie Deutschland und die Schweiz kennzeichnet, bei dem Mutterschaft und Beruf einander tendenziell ausschließen. Abbildung 8 schematisiert diese drei Modelle.

Abbildung 8: Modelle weiblicher Erwerbsverläufe, europäische Länder (nach Maruani 1993, 2003)

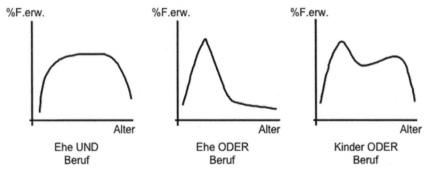

Will man gegenüber diesem weitgehend institutionellen Doing gender eine eman-
zipatorische Perspektive entwickeln, so finden sich alle nötigen Ingredienzien im
7. deutschen Familienbericht (Bertram et al. 2006), der auf der gleichzeitigen Notwendigkeit von drei Arten von Maßnahmen besteht:

- eine der gesellschaftlichen Komplexität angemessene Zeitpolitik,
- finanzielle Mittel, die genderneutral zugeteilt werden,
- institutionelle Strukturen familienergänzender Kinderbetreuung, die ohne
  Diskrimination über die Kaufkraft (d.h. hohe Preise) zugänglich sind.

Die institutionelle Ähnlichkeit von Deutschland und der Schweiz erlaubt es, trotz
aller Unterschiede davon auszugehen, dass dieselben Schlussfolgerungen auch
für die Schweiz gültig sind.

5. Zusammenfassung und Ausblick

Ausgehend von einer vorwiegend, aber nicht ausschließlich strukturtheoretischen
Konzeption des Lebenslaufs als variabel institutionalisierte Bewegung durch den
sozialen Raum, die analytisch als Sequenz von Statusprofilen gefasst werden kann,
wurden empirische Verlaufsdaten aus dem Schweizerischen Haushaltpanel mittels Optimal Matching miteinander verglichen und regressions-analysiert. Dabei
hat sich eine überraschend deutliche, wenn auch nuancierte Geschlechtstypik
männlicher und weiblicher Lebensläufe herausgestellt, mit einem klar vorherrschenden Verlaufstyp bei Männern und vier Verlaufstypen bei Frauen, von denen
einer einigermaßen dem männlichen Standardtyp entspricht. Die nur bei Frau-
en vorkommenden Verlaufstypen zeichnen sich durch unterschiedliche und verschieden weit gehende Muster der Beeinflussung des Erwerbsverlaufs durch die
Familiengeschichte aus, also durch den Übergang zur Elternschaft und das Auf-
wachsen der Kinder mit deren eigenen Statuspassagen (z.B: Kindergarten, Einschulung). Eine analoge Beeinflussung des männlichen Erwerbsverlaufs existiert
kaum, der einzige systematische Einfluss ist schwächer als bei Frauen und geht in
Richtung einer Konsolidierung des Standardmodells. Der Übergang zur Elternschaft erweist sich in der Analyse sozusagen als „Hauptschalter" dafür, dass die
Frau, nicht aber der Mann, ihren Erwerbsverlauf der erhöhten Familienarbeit an-
passt, sie einseitig übernimmt und damit de facto den Mann entlastet. Nach welchem Muster sie dies tut, hängt vor allem von familiären und individuellen Sta-
tuspositionen ab (Bildung, Beruf, Einkommen).

Diese empirisch belegte Geschlechtstypik der Erwerbsverläufe zeichnet ein
scharfes Bild dessen, was besonders in der deutschen Soziologie als doppelte

Vergesellschaftung der Frau, nicht aber des Mannes, bezeichnet wurde (Becker-Schmidt 1987), und zwar so, wie sie sich im konkreten institutionellen Kontext der Schweiz darstellt. Hochentwickelte Gesellschaften unterscheiden sich diesbezüglich, d.h. in Bezug auf ihr institutionalisiertes Genderregime, beträchtlich, wobei sich die drei Wohlfahrtsstaatstypen von Esping-Andersen (1990, 1999) als relevant herausstellen. Während Länder des sozialdemokratischen Typs (vorwiegend skandinavische Länder) deutlich und sichtlich erfolgreich ihre Familien- und Sozialpolitik auf Geschlechtergleichheit ausrichten, stellen Länder des konservativen Typs (z.b. Frankreich) die Unterstützung der Familie in den Vordergrund, wogegen liberale (angelsächsische Länder, in Sachen Genderregime aber auch weitgehend die Schweiz) die Staatsinterventionen stark beschränken – in der Schweiz u.a. unter dem Stichwort der Subsidiarität – und das Geschehen dem Markt, mit anderen Worten der individuellen Kaufkraft und den entsprechenden sozialen Ungleichheiten, überlassen (Levy 2007).

Die vertiefte Analyse des Überganges zur Elternschaft zeigt, dass die Geburt des ersten Kindes für Familien im schweizerischen Kontext (ähnlich wie in Deutschland, aber anders als in Ländern der beiden anderen Wohlfahrtsstaatstypen) mit einer markanten Retraditionalisierung der Familienstruktur verbunden ist, die im Kontrast zu den egalitären Tendenzen junger Paare vor der Elternschaft steht. Dabei stellt sich auch heraus, dass viele Paare offensichtlich die Schwierigkeiten und Zwänge nicht im vollen Ausmaß vorhersehen, mit denen sie sich auseinandersetzen müssen, sobald Kinder da sind. Der Vergleich der zeitlichen Veränderung der effektiven Arbeitsteilung im Paar mit den diesbezüglichen Absichten der PartnerInnen weist deutlich darauf hin, dass die erwähnten Zwänge stärker wirken als die Absichten, oder anders gesagt: die beobachtete Retraditionalisierung resultiert nicht in erster Linie aus entsprechenden Wünschen der Partner, sondern aus praktischen Handlungszwängen, die sie erst voll entdecken, wenn sich die Situation verändert hat – und viele reagieren, oft mit Verzögerung, indem sie ihre Wertvorstellungen an ihre veränderte Praxis anpassen und sie ebenfalls zu verstärktem Traditionalismus verschieben. Nicht zu vergessen ist, dass zur Retraditionalisierung der Familienstruktur im Verlauf ihrer individuellen Geschichte auch die zunehmende wirtschaftliche Abhängigkeit der Frau von ihrem Mann gehört; die geschlechtsspezifische Differenzierung der Lebensläufe beinhaltet also auch die Dimension der Geschlechterungleichheit im Bezug auf die individuelle Stellung in der Gesellschaft.

Aus größerer Distanz betrachtet erweist sich an diesen Befunden die Nützlichkeit der eingangs vorgestellten theoretischen Perspektive, die Statusübergängen oder Transitionen eine besonders große Bedeutung zuschreibt, ebenso wie die analytische Tragfähigkeit des Konzepts komplementärer geschlechtsspezifischer Masterstatus (Krüger und Levy 2000). Auch die größere Erklärungskraft strukturtheoretischer gegenüber akteur- und agency-theoretischer Ansätze zeichnet sich in den vorgestellten Resultaten zumindest ab – Menschen tun nicht einfach, was sie möchten, sondern meistens das, was ihnen die Möglichkeiten und Zwänge nahelegen, die sie in ihrem sozialen Umfeld vorfinden.

Vom Gesagten ausgehend, können viele weitergehende Fragen entwickelt werden, sei es im direkten Zusammenhang mit dem Konzept des Statusprofils oder sei es im konkreten Zusammenhang der sozialen Organisation geschlechtsdifferenter Lebensläufe. Vom Statusprofil ausgehend stellen sich etwa Fragen danach, wie sich dessen verschiedene Elemente zueinander verhalten, ob sie z.B. Rollenwidersprüche nach sich ziehen, oder welche Verhaltenstendenzen durch Statusinkonsistenzen stimuliert werden. Ein anderer Aspekt, der in der Forschung bisher kaum beachtet wurde, betrifft die mögliche Ausweitung oder Einschränkung des Statusprofils im Lebensverlauf durch das Hinzufügen neuer Felder sozialer Teilnahme oder umgekehrt, die Aufgabe einer vorhandenen Teilnahme. Was bedeuten diese Veränderungen für das Individuum, etwa im Sinn einer Intensivierung oder Abschwächung ihrer sozialen Integration?

Konkreter im Zusammenhang mit der Institutionalisierung oder allgemeiner der sozialen Organisation von Lebensläufen ist es interessant, dieses Institutionalisierungsgeschehen näher zu analysieren und theoretisch zu konzeptualisieren. Dabei wäre etwa zwischen direkter und indirekter Institutionalisierung zu unterscheiden: nur wenige Institutionen, die Auswirkungen auf Lebensverläufe haben, haben dies auch zum Ziel (das wäre der Fall der Schule für die SchülerInnen: sie bereitet offiziell auf das Erwachsenenleben vor und stattet die Menschen mit symbolischen Ressourcen dafür aus). Die übrigen verfolgen andere Ziele, wobei aber ihrem Funktionieren Normalitätsvorstellungen über ihre MitarbeiterInnen oder KundInnen zugrunde liegen, wie etwa jene, dass jede Familie über ein Mitglied verfügt, das die nötigen Einkäufe während der üblichen Öffnungszeiten tätigen und sich dafür an die entsprechenden Orte begeben kann. Je unumgänglicher die Teilnahme an solchen Institutionen ist (etwa an der Arbeitswelt oder am Konsummarkt, oder an der Schule mit ihren „löchrigen" Stundenplänen für die Kinder), desto grösser ist der Druck auf die Teilnehmenden, ihre Lebensverhältnisse diesen impliziten Normalitätsmodellen anzugleichen, weil das Abweichen von ihnen – etwa die partnerschaftliche Reduktion der Erwerbszeit im Paar – mit Kosten verbunden sind, die sich schnell als untragbar erweisen können. Weiter wäre es wichtig, mittels Mehrebenenanalyse auch empirisch die vorgestellten Interpretationen über den Einfluss des institutionellen Umfelds auf die konkreten Arrangements in den Paaren zu überprüfen, wie es etwa Elcheroth et al. (2011) angefangen haben.

Literatur

Aisenbrey, Silke. 2000. *Optimal Matching Analyse*. Anwendungen in den Sozialwissenschaften. Opladen: Leske + Budrich.

Bauman, Zygmut. 2000. *Liquid Modernity*. Cambridge: Polity Press.

Beck, Ulrich. 1986. *Risikogesellschaft*. Auf dem Weg in eine andere Moderne. Frankfurt/Main: Suhrkamp.

Beck, Ulrich, und Elisabeth Beck-Gernsheim. 1994. *Riskante Freiheiten*. Individualisierung in modernen Gesellschaften. Frankfurt/Main: Suhrkamp.

Becker-Schmidt, Regina. 1987: Die doppelte Vergesellschaftung – die doppelte Unterdrückung: Besonderheiten der Frauenforschung in den Sozialwissenschaften. *Die andere Hälfte der Gesellschaft. Österreichischer Soziologentag 1985. Soziologische Befunde zu geschlechtsspezifischen Formen der Lebensbewältigung*, Hrsg. Lilo Unterkircher und Ina Wagner, 10-25. Wien: Verlag des Österreichischen Gewerkschaftsbundes.

Bernath, Walter, Martin Wirthensohn und Erwin Löhrer. 1989. *Jugendliche auf ihrem Weg ins Berufsleben*. Bern: Haupt.

Bertram, Hans, Helga Krüger und C. Katharina Spiess. 2006. *Familie zwischen Flexibilität und Verlässlichkeit*. Perspektiven für eine lebenslaufbezogene Familienpolitik. Siebter Familienbericht. Berlin: Bundesministerium für Familie, Senioren, Frauen und Jugend.

Blancpain, Robert, und Erich Häuselmann. 1974. *Zur Unrast der Jugend*. Frauenfeld: Huber.

Blossfeld, Hans-Peter, und Sonja Drobnič. 2001. Theoretical Perspectives on Couples' Careers. In: *Careers of Couples in Contemporary Society. From Male Breadwinner to Dual-Earner Families*, Hrsg. Hans-Peter Blossfeld und Sonja Drobnič, 16-50. Oxford: Oxford University Press,.

Borkowsky, Anna, Elisabeth Kästli, Katharina Ley und Ursula Streckeisen. 1985. *Zwei Welten – ein Leben*. Berichte und Anregungen für Frauen zwischen Familie und Beruf. Zürich: Unionsverlag.

Borkowsky, Anna, und Ursula Streckeisen. 1989. *Arbeitsbiographien von Frauen*. Eine soziologische Untersuchung objektiver und subjektiver Aspekte. Grüsch: Rüegger.

Born, Claudia, und Helga Krüger. 2001. *Individualisierung und Verflechtung*. Geschlecht und Generation im deutschen Lebenslaufregime. München: Juventa.

Bourdieu, Pierre. 1980. *Questions de sociologie*. Paris: Minuit. (dt. 1993. Soziologische Fragen. Berlin: Suhrkamp)

Crompton, Rosemary, und Fiona Harris 1998. A Reply to Hakim. *British Journal of Sociology* 49(1): 144-149.

Diewald, Martin, Anne Goedicke und Karl Ulrich Mayer. 2006. *After the Fall of the Wall: Life Courses in the Transformation of East Germany*. Palo Alto: Stanford University Press.

Elcheroth, Guy, Felix Bühlmann und Manuel Tettamanti. 2011. Valeurs égalitaires et pratiques se-xuées: une approche biographique et comparative. In *Parcours de vie et insertions sociales,* Hrsg. Dominique Joye, Christine Pirinoli, Dario Spini und Eric Widmer, 81-104. Zürich: Seismo.

Elder, Glen H. 1974. *Children of the Great Depression: Social Change in Life Experience.* Chicago: University of Chicago Press.

Ernst, Michèle, und René Levy. 2002. Lebenslauf und Regulation in Paarbeziehungen: Bestim-mungsgründe der Ungleichheit familialer Arbeitsteilung. *Zeitschrift für Familienforschung* 14(2): 103-131.

Esping-Andersen, Gøsta. 1990. *The Three Worlds of Welfare Capitalism.* Cambridge: Polity Press.

Esping-Andersen, Gøsta. 1999. *Social Foundations of Postindustrial Economics.* New York: Oxford University Press.

Giddens, Antony. 1991. *Modernity and Self-Identity.* Self and Society in the Late Modern Age. Cambridge: Polity Press.

Hakim, Catherine. 2000. *Work-Lifestile Choices in the 21st Century: Preference Theory.* New York: Oxford University Press.

Hakim, Catherine. 1998. Developing a sociology for the twenty-first century: preference theory. *British Journal of Sociology* 49(1): 137-143.

Heintz, Peter. 1968. *Einführung in die soziologische Theorie.* Stuttgart: Enke.

Heinz, Walter, Johannes Huinink and Ansgar Weymann. 2009. *The Life Course Reader.* Individuals and Societies Across Time. Frankfurt/Main: Campus.

Held, Thomas, und René Levy. 1974. *Die Stellung der Frau in Familie und Gesellschaft.* Eine soziologische Analyse am Beispiel der Schweiz. Frauenfeld: Huber.

Hradil, Stefan. 1990. Postmoderne Sozialstruktur? Zur empirischen Relevanz einer „modernen" Theorie sozialen Wandels. In *Lebenslagen, Lebensläufe, Lebensstile. Soziale Welt, Sonderband 7,* Hrsg. Peter A. Berger und Stefan Hradil, 125-150. Göttingen: Verlag Otto Schwartz.

Kluge, Susanne, und Udo Kelle. 2001. *Methodeninnovation in der Lebenslaufforschung.* Integration qualitativer und quantitativer Verfahren in der Lebenslauf- und Biographieforschung. München: Juventa.

Kohli, Martin. 1985. Die Institutionalisierung des Lebenslaufs. *Kölner Zeitschrift für Soziologie und Sozialpsychologie* 37(1): 1-29.

Kohli, Martin. 1986. Gesellschaftszeit und Lebenszeit. In *Die Moderne – Kontinuitäten und Zäsuren, Soziale Welt, Sonderband 4,* 183-208. Göttingen: Verlag Otto Schwartz.

Kohli, Martin. 2003. Der institutionalisierte Lebenslauf: ein Blick zurück und nach vorn. In *Entstaatlichung und soziale Sicherheit.* Verhandlungen des 31. Kongresses der DGS, Hrsg. Jutta Allmendinger, 525-545. Opladen: Leske+Budrich.

Krüger, Helga. 2001. Geschlecht, Territorien, Institutionen. Beitrag zu einer Soziologie der Lebenslauf-Relationalität. In *Individualisierung und Verflechtung. Geschlecht und Generation im deutschen Lebenslaufregime,* Hrsg. Claudia Born und Helga Krüger, 257-299. München: Juventa.

Krüger, Helga, und René Levy. 2000. Masterstatus, Familie und Geschlecht. Vergessene Verknüpfungslogiken zwischen Institutionen des Lebenslaufs. *Berliner Journal für Soziologie* 10(3): 379-401.

Le Goff, Jean-Marie, und René Levy. 2011. Liens entre intentions et pratiques au moment de la transition à la parentalité. Quelques résultats de l'enquête Devenir parent. Actes du colloque de l'Association des conseillers d'orientation-psychologues. *Les parcours sociaux. Entre nouvelles contraintes et affirmation du sujet.* Rennes: Presses universitaires de Rennes. (im Druck).

Leisering, Lutz, Rainer Müller und Karl F. Schumann. 2001. *Institutionen und Lebensläufe im Wandel.* Institutionelle Regulierungen von Lebensläufen. München: Juventa.

Levy, René. 1977. *Der Lebenslauf als Statusbiographie*. Die weibliche Normalbiographie in makro-soziologischer Perspektive. Stuttgart: Enke.

Levy, René. 2007. Particulière, singulière ou ordinaire? La régulation suisse des parcours de vie sexués. In *Sonderfall Schweiz*, Hrsg. Thomas Eberle und Kurt Imhof, 226-247. Zürich: Seismo.

Levy, René, Jacques-Antoine Gauthier und Eric Widmer. 2006. Entre contraintes institutionnelle et domestique: les parcours de vie masculins et féminins en Suisse. *Cahiers canadiens de sociologie* 31(4): 461-489.

Levy, René, Paolo Ghisletta, Jean-Marie Le Goff, Dario Spini und Eric Widmer. 2005. *Towards an Interdisciplinary Perspective on the Life Course*. (Advances in Life Course Research 10). Amsterdam, Boston etc.: Elsevier.

Lewin, Kurt. 1951. *Field Theory in Social Science*. New York: Harper Bros. (deutsch: 1963. Feldtheorie in den Sozialwissenschaften. Ausgewählte theoretische Schriften. Bern/Stuttgart: Huber.)

Linton, Ralph. 1936. *The Study of Man*. New York: Appleton-Century.

Lyotard, Jean-François. 1979. *La condition post-moderne. Rapport sur le savoir*. Paris: Editions de Minuit.

Maruani, Margaret. 1993. *L'Emploi dans l'Europe des Douze*. Bruxelles: Commission des Communautés Européennes.

Maruani, Margaret. 2003. *Travail et emploi des femmes*. Paris: La Découverte.

Merton, Robert K. 1957. *Social Theory and Social Structure*. Glencoe, IL: Free Press.

Sackmann, Reinhold, und Matthias Wingens. 2001. *Strukturen des Lebenslaufs*. Übergang – Sequenz – Verlauf. München, Juventa.

Thoits, Peggy A. 1986. Multiple Identities: Examining Gender and Marital Status Differences in Distress. *American Sociological Review* 51(2): 259-272.

Thomas, William I., und Florian Znaniecki. 1918. *The Polish Peasant in Europe and America*. Chicago: Chicago University Press.

West, Candace, und Don H. Zimmerman. 1987. Doing gender. *Gender and society* 1(2): 125-151.

Widmer, Eric, René Levy, Alexandre Pollien, Raphaël Hammer und Jacques-Antoine Gauthier. 2003a. Entre standardisation, individualisation et sexuation: une analyse des trajectoires personnelles en Suisse. *Revue suisse de sociologie* 29(1): 35-67.

Widmer, Eric, Jean Kellerhals, René Levy, Michèle Ernst und Raphael Hammer. 2003b. *Couples contemporains – Cohesion, régulation et conflits, une enquête sociologique*. Zürich: Seismo.

Wie beeinflusst Statustransfer zwischen den Generationen[1]

Robin Samuel / Sandra Hupka-Brunner / Barbara E. Stalder / Manfred Max Bergman

1. Einleitung

Bildungsabschlüsse sind die wichtigsten Faktoren für sozialen Status und beruflichen Erfolg in modernen Gesellschaften. Diese hängen, wie sozialer Status und Beruf, zu einem großen Teil von der sozialen Herkunft ab (Becker und Lauterbach 2004; Blau und Duncan 1967; Bourdieu und Passeron 1971; Breen und Goldthorpe 1997). Erfolgreicher und nicht erfolgreicher intergenerationaler Transfer (von den Eltern zu den Kindern) von Bildungsabschlüssen kann verschiedene Folgen haben. Einige der Folgen dieser sozio-strukturellen Arrangements können intraindividueller Natur sein und etwa das individuelle Wohlbefinden betreffen. Dieser Zusammenhang wird durch Befunde der sozialpsychologischen Forschung gestützt (z. B. Eckersley et al. 2006; Keyes 1998).

Die soziologische Dimension von Wohlbefinden und dessen zunehmende gesellschaftliche Bedeutung werden in aktuellen politischen Debatten umrissen und demonstriert (CERI / OECD 2001; Council of Europe 2009; Healy und Cote 2001). So kann subjektives Wohlbefinden als ein Indikator für soziale Integration und die Fähigkeit einer Gesellschaft verstanden werden, die Bedürfnisse und Aspirationen ihrer Mitglieder zu befriedigen (Hadjar et al. 2008:1). Weiter tragen gesellschaftliche Individualisierungsprozesse zu einer zunehmenden Bedeutung des Selbst und seiner Wahrnehmung bei (Kitayama und Markus 1994; Triandis 1995). Damit verbunden nimmt die Wichtigkeit und Bedeutung subjektiven Wohlbefindens zu (Bergman 1998; Bergman und Scott 2001). Obschon Wohlbefinden eine wichtige soziologische Dimension aufweist, fehlt ein kohärenter theoretischer Rahmen um zu verstehen, wie der Transfer von Bildungsabschlüssen und

1 Eine frühere Version dieses Beitrages erschien, unter einem anderen Titel („Successful and Unsuccessful Intergenerational Transfer of Educational Attainment on Wellbeing in the Swiss Youth Cohort TREE"), in Heft 1 2011 in der Schweizerischen Zeitschrift für Soziologie (Vol. 37(1), 57–78). Die Autoren und die Herausgeber danken dem Chefredakteur der Schweizerischen Zeitschrift für Soziologie, der Schweizerischen Gesellschaft für Soziologie und dem Seismo Verlag (Zürich) für die Erlaubnis diesen Artikel für den vorliegenden Band zu verwenden. Dieser Beitrag wurde zum Teil durch Mittel des Schweizerischen Nationalfonds finanziert (Projektnummern 10FI13-120796 und 100013_130042).

Wohlbefinden zusammenhängen. Die bestehende Literatur behandelt zumeist das Wechselspiel von intergenerationaler sozialer Mobilität, Bildung und intergenerationaler Bildungsmobilität. Die Effekte des Transfers von Bildungsabschlüssen auf Wohlbefinden sind hingegen noch kaum untersucht, vor allem aus einer longitudinalen Perspektive. In diesem Beitrag analysieren wir, wie sich erfolgreicher und nicht erfolgreicher intergenerationaler Transfer von Bildungsabschlüssen auf Wohlbefinden über die Zeit auswirkt. Dabei verwenden wir einen theoretischen Rahmen, der an die Arbeiten Pierre Bourdieus angelehnt ist.

Zunächst werden wir umreißen, wie soziale Mobilität und Bildung hinsichtlich der Konsequenzen der Bildungsexpansion und bestehenden sozialen Ungleichheiten miteinander verbunden sind. Dann zeigen wir, wie Wohlbefinden von diesen Entwicklungen beeinflusst werden kann. Das Habituskonzept wird dabei eine erklärende Rolle spielen. Die davon abgeleiteten Hypothesen werden wir mit Daten des Projekts „Transitionen von der Erstausbildung ins Erwerbsleben" (TREE) prüfen. Mit autoregressiven Strukturgleichungsmodellen zeigen wir empirisch, wie erfolgreicher und nicht erfolgreicher intergenerationaler Transfer von Bildungsabschlüssen die Stabilität von Wohlbefinden beeinflusst.

2. Theoretischer Rahmen

2.1 Intergenerationale soziale Mobilität und Bildung: Folgen der Bildungsexpansion

In demokratischen Gesellschaften werden unterschiedliche soziale Status als gerecht betrachtet, wenn diese durch Leistung legitimiert und nicht bloß durch soziale Herkunft erklärbar sind (meritokratisches Ideal; vgl. Erikson und Goldthorpe 1992). So gesehen sollte soziale Mobilität stark mit Bildungsabschlüssen zusammenhängen. In den 1940er Jahren wurde etwa erwartet, dass die Bildungsexpansion den Einfluss der sozialen Herkunft auf den sozialen Status junger Leute reduzieren würde (Marshall 1950). Bis etwa in die 1950er Jahre wurde das Bildungssystem als wirksamer und verantwortlicher Hauptmechanismus der Zuteilung sozialer Positionen entlang meritokratischer Prinzipien verstanden (Schelsky 1957). Zusätzlich zur Bildungsexpansion und der damit einhergehenden Entwertung von Bildungsabschlüssen, wurden in den letzten Jahrzehnten Wissen und höhere intellektuelle Anforderungen im Berufsleben betont (Bell 1976; Sacchi et al. 2005). Eine Konsequenz davon sind steigende Bildungsaspirationen von Eltern und Jugendlichen (Baumert und Schümer 2002; Birkelbach 2001; Eccles 2006; Eckersley et al. 2006; Müller und Haun 1994; Raab 2003; Wessel et al. 1999), welche die Bedeutung der Sekundarstufe II verstärken (Baethge et al. 2007). Ein Abschluss auf Sekundarstufe II wurde zur notwendigen aber nicht mehr hinreichenden Voraussetzung sicherer Arbeitspositionen und sozialer Integration in den meisten europäischen Ländern (Solga 2002a; Troltsch 2000).

Trotz diesen Entwicklungen bleibt der Einfluss der sozialen Herkunft auf Bildungsabschlüsse in den meisten europäischen Ländern bestehen (Breen und Goldthorpe 1997; Crisholm und Hurrelmann 1995; Erikson und Goldthorpe 1992; Erikson et al. 1979). Während in einigen skandinavischen Ländern dieser Zusammenhang schwächer wurde (Esping-Andersen 2004), ist er in der Schweiz nach wie vor beträchtlich. Der intergenerationale Transfer von Bildungsabschlüssen ist immer noch wirksam und stabil über die Zeit (Joye et al. 2003). Zudem weisen vergleichende Studien auf neue soziale Ungleichheiten hin, die durch die Globalisierung und deren Konsequenzen entstehen (Blossfeld et al. 2007; Buchholz et al. 2009; Giddens 1991, 1994). Diese und Individualisierungsprozesse führen zu pluralisierten Bildungs- und Berufswegen, die durch Friktionen und Verzögerungen charakterisiert sind (Bradley und Nguyen 2004; Crisholm und Hurrelmann 1995; OECD 1998). Das Risiko des Scheiterns hat ebenfalls zugenommen (Eckersley 2009; Eckersley et al. 2006). Vor dem Hintergrund steigender elterlicher Aspirationen und Risiken des Scheiterns sind Effekte intergenerationalen Bildungstransfers auf das Wohlbefinden wahrscheinlich.

Diese Auswirkungen wurden bislang wenig beachtet. Daher geben wir im folgenden Abschnitt eine Übersicht der bestehenden Literatur über den Zusammenhang zwischen Wohlbefinden und Bildung, um so jene Aspekte des Wohlbefindens zu identifizieren, die durch Bildungstransfer beeinflusst werden können.

2.2 Intergenerationale Bildungsmobilität und Wohlbefinden

Wohlbefinden ist zunehmend ein zentrales Thema in der sozialwissenschaftlichen Literatur über gesellschaftliche, psychologische und ökonomische Effekte von Bildung. Dabei werden gesellschaftliche, psychologische, kulturelle und ökonomische Komponenten angesprochen, so etwa Lebenszufriedenheit oder Glück (z. B. Blanchflower 1997, 2000, 2007; Michalos 2008), Gesundheit (z. B. Bartley 2004), Lebensqualität, z. B. die Übereinstimmung von objektiven Lebensumständen und deren subjektiven Evaluation (Noll 2000; Offer 1996) und verschiedene sozialpsychologische Aspekte, z. B. Kohärenzgefühl und Wahrnehmung der eigenen Integration in die Gesellschaft (Keyes 1998, 2000, 2006).

Wohlbefinden hat besonders in der psychologischen Forschung eine lange Tradition (Diener 1984, 2009; Diener und Biswas-Diener 2000; Diener et al. 1999). Es wird verstanden als ein komplexes und mehrdimensionales Phänomen, das individuelle Evaluationen der Lebenssituation und des Selbst beinhaltet. Darin enthalten sind Aspekte psychischer und physischer Gesundheit (z. B. Gesundheitsprobleme, Affektivität, positive Lebenseinstellung, Selbstwertgefühl etc.), Zufriedenheit mit verschiedenen Lebensbereichen und Substanzenkonsum (Bergman und Scott 2001; Grob et al. 1991, 1996; Pollard und Lee 2003; Trzesniewski et al. 2003; Walter-Wydler 1997). Allerdings wird Bildung in diesen Forschungssträngen eher als ein statisches Konstrukt behandelt (vgl. Michalos 2008). So gibt es im deutschsprachigen Raum nur wenige Studien, die den Einfluss von Transitionen auf Wohlbefinden untersuchen.[2] Ein Beispiel hierfür ist die Studie von Semmer et al. (2005), in der sie das Wohlbefinden von Berufseinsteigern analysierten, wobei vor allem der Einfluss von Arbeitscharakteristiken auf das Wohlbefinden der Arbeitnehmer untersucht wurde. Der intergenerationale Transfer von Bildungsabschlüssen ist allerdings kein Fokus dieser Studie. Ähnliches kann für vergleichbare Forschung gesagt werden (für eine Übersicht vgl. Salmela-Aro und Tuominen-Soini 2010).

Aus einer sozialpsychologischen Sicht können traditionelle Konzepte von Wohlbefinden kritisiert werden, weil hier die subjektive Evaluation des Lebens im Zentrum steht und Wohlbefinden vornehmlich als ein privates Phänomen operationalisiert wird (vgl. Keyes 1998). Keyes (ebd.) hingegen schlägt eine breitere Konzeptualisierung von Wohlbefinden vor, die die Trennung von öffentlichem und privatem Leben mit einbezieht. Er argumentiert, dass beide Bereiche herausfordernde Situationen beinhalten und zu je unterschiedlichen Einschätzungen des eigenen Wohlbefindens führen können. Diese eher soziologische Konzeptualisierung von Wohlbefinden wird auch von anderen Studien unterstützt (vgl. Walter-Wydler 1997). Demnach ist ein ausgeprägtes Kohärenzgefühl – also die interessierte Wahrnehmung der Qualität, Organisation und des Funktionierens der Gesellschaft (vgl. Keyes 1998) – einer der besten Prädiktoren für Wohlbefinden, und der Zusammenhang zwischen Wohlstand und subjektiver Lebensqualität sei vernachlässigbar (vgl. auch Frey und Stutzer 2002). In der soziologischen Forschung gelten sozialer Status und Bildung, Alter, soziale Netzwerke, Gesundheit und psychologische Aspekte wie Selbstwirksamkeit als wichtige Prädiktoren von Lebenszufriedenheit (Hadjar et al. 2008; Keyes 2000). Hadjar et al. (2008) erläutern den Zusammenhang zwischen Bildungsabschlüssen und Wohlbefinden in einer Studie über die Dynamiken subjektiven Wohlbefindens, welches sie als Lebenszufriedenheit operationalisieren. Ein wichtiger Befund ist, dass Wohlbe-

---

2   In der internationalen Arbeits- und Organisationspsychologie gibt es Forschung zu den Effekten von Stellenwechsel auf die Arbeitszufriedenheit. Allerdings ist hier Bildung keine wesentliche Dimension (siehe etwa Boswell et al. 2005).

finden nicht nur durch Bildungsabschlüsse selbst beeinflusst wird (kritisch dazu Michalos 2008), sondern durch soziale Vergleiche, Aspirationen und dem „sense of one's place", dem subtilen Gefühl für den eigenen Platz in der Gesellschaft. In eine ähnliche Richtung gehen die Befunde von Solga (2002a), die zeigen konnte, dass junge Erwachsene ohne Sekundarstufe II-Abschluss mittlerweile eine stigmatisierte Minderheit sind und diese Stigmatisierung zu psychologischen Problemen und zu sozialen Spannungen führt. Nach Troltsch (2000) sind junge Erwachsene ohne Sekundarstufe II-Abschluss weniger zufrieden mit ihrer Lebenssituation und bewerten ihre Zukunftsaussichten pessimistisch. Diese Bewertungen können wiederum mit negativen Evaluationen des eigenen Lebens und einer Geringschätzung des Selbst einhergehen (Bushnik et al. 2004).

Für die Schweiz fehlt Forschung, mit der sich Effekte des Bildungstransfers auf Wohlbefinden verstehen lassen. Es gibt kaum Studien, die den intergenerationalen Transfer von Bildungsabschlüssen als dynamisches Konstrukt behandeln. Ebenso sind längsschnittliche Studien, welche die Zeitspanne zwischen Sekundarstufe I und II abdecken, selten. Auch finden sich kaum Analysen, welche etablierte Wohlbefindensskalen mit einem dynamischen Verständnis von Bildung verknüpfen.[3] In diesem Beitrag analysieren wir den intergenerationalen Bildungstransfer mit einem Fokus auf Transitionen im jungen Erwachsenenalter und Wohlbefinden.

Generell kann davon ausgegangen werden, dass tiefes und instabiles Wohlbefinden aus soziostrukturellen Prozessen resultieren kann, z. B. wenn hochgesteckte Bildungsziele nicht erreicht werden (Hadjar et al. 2008; Johnson 2002). Hier sind u. E. im Bereich des Wohlbefindens vor allem die positive Lebenseinstellung und das Selbstwertgefühl bedeutsam. Eine positive Lebenseinstellung ist eine Bewertung gegenwärtiger und zukünftiger Lebensumstände. Das Selbstwertgefühl bildet eine umfassende und vergleichende Evaluation des eigenen Selbst ab, das heißt, wie Individuen ihren eigenen Wert im Vergleich zu anderen einschätzen. Während ein Teil der psychologischen Literatur die Stabilität des Selbstwertgefühls im Erwachsenenalter betont (Ferring und Filipp 1996), ist nach Trzesniewski (2003) die Stabilität von Selbstwertgefühl während der Kindheit tief, nimmt während der Adoleszenz zu und verringert sich im mittleren Al-

---

3   Dies könnte sich in den nächsten Jahren ändern, wenn Ergebnisse des Schweizerischen Nationalen Forschungsschwerpunktes „LIVES – Überwindung der Verletzbarkeit im Verlauf des Lebens" vorliegen (NCCR LIVES 2012). LIVES hat zum Ziel, die belastenden Auswirkungen der postindustriellen Wirtschaft und Gesellschaft auf die Entwicklung von Vulnerabilitätslagen in Form sozialer Ausgrenzung oder Gefährdung zu untersuchen. Dabei werden komparative Longitudinalstudien sozio-struktureller und individueller Faktoren zur Überwindung von Verletzbarkeit durchgeführt.

ter und letzten Lebensabschnitt wieder (vgl. auch Meier et al. 2011; Orth et al. 2010; Zimmerman et al. 1997). Auch Sandmeier (2005) fand Unterschiede im Niveau und Stabilität des Selbstwertgefühls bei jungen Erwachsenen, Semmer et al. (2005) hingegen berichten mehrheitlich Stabilität während des Eintritts in den Arbeitsmarkt. In der pädagogischen Literatur wird betont, dass Selbstwertgefühl und positive Lebenseinstellung während kritischen Übergängen stabilisiert werden müssen (Kornmann 2005; Schräder-Naef und Jörg-Fromm 2004). Generell wird die Stabilität anderer Dimensionen von Wohlbefinden, etwa Lebenszufriedenheit, als hoch eingeschätzt. Allerdings weisen neuere Befunde auch hier auf mitunter beträchtliche Variation in verschieden Lebensphasen hin, speziell während der Adoleszenz (Salmela-Aro und Tuominen-Soini 2010).

2.3 Theoretischer Rahmen und Hypothesen

Die theoretische Integration gesellschaftlicher und individualistischer Prozesse ist eine der großen Herausforderungen in der soziologischen Theorieentwicklung der letzten 50 Jahre, besonders hinsichtlich der Frage, wie strukturelle und intraindividuelle Prozesse zusammenhängen. Die Arbeiten Pierre Bourdieus (1979) haben einen besonders anhaltenden Einfluss auf diese theoretische Frage, wie auch seine Arbeiten zum intergenerationalen Transfer von Bildungsabschlüssen (Bourdieu und Passeron 1971). Daher werden wir uns auf seine theoretischen Entwicklungen stützen, wobei insbesondere sein Habituskonzept bei der Konzeptualisierung des Zusammenhangs von strukturellen und subjektiven Phänomenen – hier am Beispiel des intergenerationalen Transfers von Bildungsabschlüssen bzw. individuellen Wohlbefindens – leitend sein wird.

Nach Bourdieu (1983) versuchen die meisten Eltern, ihren sozioökonomischen Status auf ihre Kinder zu übertragen oder deren Status gar noch zu verbessern. Diese elterlichen Aspirationen dienen den Kindern oft als persönliche Richtlinien. Unterstützt wird diese Orientierung durch den spezifischen Habitus der Kinder. Der Habitus spiegelt unter anderem verinnerlichte Ansichten und Dispositionen und ermöglicht es, den Anforderungen verschiedener soziokultureller Felder gerecht zu werden. Er beinhaltet auch Aspirationen, ein Gefühl für das soziale Selbst und den Selbstwert. Weiter können auch generelle Erwartungen an das Leben (z. B. positive Lebenseinstellung) und an Bildungsverläufe Bestandteil des Habitus sein (Bourdieu 1997). Das Selbstwertgefühl und eine positive Lebenseinstellung, als eine Evaluation des gegenwärtigen Lebens, können demnach als habituell verstanden werden. Der Habitus entwickelt sich in der frühen Kindheit und ist später durch beträchtliche Trägheit gekennzeichnet. Veränderungen in der Lebenssituation können dann als schwierig empfunden werden, wenn die aktuelle Lebenssituation nicht (mehr) zu dem in der Kindheit und Jugend ausgestalteten Habitus passt.

Nach Bourdieu und Passeron (1971) erklären sich soziale Ungleichheiten beim Transfer von Bildungsabschlüssen nicht alleine durch die unterschiedlichen Fähigkeiten der Schülerinnen und Schüler. Familiäre Ressourcen inklusive kulturelles Kapitals führen dazu, dass Kinder aus besser gestellten Familien mit einem Leistungsvorsprung in die Schule kommen. Zudem weisen sie andere Habitus auf, die den Leistungserwartungen der Lehrer eher entsprechen. Kinder aus höheren sozialen Klassen sind in der Schule gemäß Bourdieu und Passeron (1971) auch besser, weil diese bestimmte Fähigkeiten höher gewichten als andere. Schulleistungen seien zudem durch den Habitus der Kinder beeinflusst, weil diese die Beurteilung der Leistungen durch Lehrpersonen mitbestimmen. Hinweise, die diese Sichtweise untermauern, finden sich in der neueren Forschung (für einen Überblick siehe Kronig 2007). So scheinen Bildungssysteme soziale Ungleichheiten nicht nur zu reproduzieren, sondern zu verstärken. So wird der (vor allem in der Schweiz) beträchtliche Einfluss der sozialen Herkunft auf schulische Leistungen (BFS und EDK 2002; Coradi Vellacott et al. 2003; Jungbauer-Gans 2004; OECD/PISA 2001; Ramseier und Brühwiler 2003) oft durch strukturelle Eigenschaften der Bildungssysteme erklärt (Gomolla und Radtke 2002; Hillmert 2004; Kronig 2007). Bildungssysteme mit vielen Schwellen und frühem Tracking scheinen soziale Ungleichheiten aufgrund von kumulativen Effekten zu verstärken (Hillmert 2004). In Ländern mit einem ausgeprägten dualen Bildungssystem, wie der Schweiz, ist dabei der Einstieg in die Sekundarstufe II ein besonders wichtiger Schritt (Gangl et al. 2003; Hupka 2003).

Während des Übergangs von der Sekundarstufe I zur Sekundarstufe II werden individuelle Aspirationen mit tatsächlich erreichten Positionen konfrontiert. In dieser Phase stellen sich gleichzeitig verschiedene Aufgaben an die persönliche Entwicklung und es gilt, eine stabile und realistische Weltanschauung zu entwickeln (Havighurst 1948; Seiffge-Krenke und Gelhaar 2006). Dabei werden beträchtliche Unterschiede zwischen angestrebtem und tatsächlich erreichtem Bildungsstand wahrscheinlich einen Einfluss auf das individuelle Wohlbefinden haben (Birkelbach 2001; Johnson 2002). Wir erwarten daher, dass die Trägheit des Habitus zu einer Dissonanz zwischen intraindividuellen und interindividuellen Ebenen führen kann. So könnten z. B. Bildungsaufsteiger habituelle Spannungen erleben, da die neu erworbenen kulturellen Kapitalien nicht mit dem Habitus in Einklang stehen. Entfremdungsprozesse aufgrund von Bildungsunterschieden im Vergleich zu Eltern und Peers sind ebenfalls denkbar. Diese Spannungen auf intraindividueller und interindividueller Ebene sind verbunden mit dem subtilen

Gefühl für den eigenen Platz in der Gesellschaft. Sie entstehen etwa aufgrund von nicht erfolgreichem intergenerationalem Bildungstransfer, das heißt, wenn z. B. gut ausgebildete Eltern ihren Bildungsstatus nicht auf die Kinder übertragen können. Vor dem Hintergrund der Bildungsexpansion kann ein Transfer von Ausbildungen mit tieferen Ausbildungsniveaus ebenfalls als nicht erfolgreich betrachtet werden, da sich insbesondere Ausbildungen und Erwerbstätigkeiten mit tiefem Ausbildungsniveau im Laufe der letzten Jahrzehnte Entwertungsprozessen gegenüber gestellt sahen (Solga 2002b). Die Effekte auf das Wohlbefinden können noch nachteiliger sein als im Fall eines Bildungsabstieges, da Personen mit tiefem Bildungsstand relativ gesehen hohe Aspirationen für ihre Kinder haben (Birkelbach 2001). Intergenerationaler Bildungstransfer kann als erfolgreich betrachtet werden, wenn gut ausgebildete Eltern ihr kulturelles Kapital ohne Verlust transferieren oder wenn die Kinder weniger gut gebildeter Eltern die Universität oder andere tertiäre Bildungsinstitutionen absolvieren können. Im ersten Fall gibt es keine Bildungsdifferentiale, die Spannungen erzeugen könnten, im zweiten Fall entstehen Bildungsdifferentiale, die aber kaum die Stabilität von Wohlbefinden beeinflussen, da die elterlichen Aspirationen erfüllt oder gar übertroffen werden (vgl. Schoon und Parsons 2002; Sewell und Shah 1968).

Entsprechend gehen wir davon aus, dass nicht erfolgreicher intergenerationaler Bildungstransfer, vor allem Abwärtsmobilität, die Stabilität von Wohlbefinden über die Zeit beeinflusst und somit die Spannungen zwischen soziostrukturellen und intraindividuellen Ebenen reflektiert. Somit können folgende Hypothesen aufgestellt werden: [4]

H_1: Erfolgreicher Transfer von Bildungsabschlüssen hängt positiv mit der Stabilität von Wohlbefinden über die Zeit zusammen.

H_2: Nicht erfolgreicher Transfer von Bildungsabschlüssen hängt negativ mit der Stabilität von Wohlbefinden über die Zeit zusammen.

H_3: Nicht erfolgreicher Transfer von Bildungsabschlüssen mit Abwärtsmobilität ist mit der geringsten Stabilität von Wohlbefinden über die Zeit verbunden.

---

4   Wir beziehen uns bei allen Hypothesen auf das Ausmaß temporaler Stabilität und nicht auf das absolute Niveau von Wohlbefinden zu einzelnen Meßzeitpunkten.

3. Methoden

3.1 Daten

Wir analysieren die Effekte intergenerationalen Bildungstransfers auf Wohlbefinden mit Daten des Projekts „Transitionen von der Erstausbildung ins Erwerbsleben" (TREE). TREE (Bergman et al. 2011)[5] fokussiert Bildungs- und Erwerbsverläufe von Jugendlichen nach der Pflichtschulzeit in der Schweiz. Die Stichprobe umfasst etwa 6000 Jugendlichen, die im Jahr 2000 die obligatorische Schule verlassen haben (Tabelle 1). Jährliche Erhebungen wurden zwischen 2001 (Welle 1) und 2007 (Welle 7) durchgeführt.[6] Zur Zeit der ersten Befragungen (Welle 1) betrug das Alter der mittleren 50 Prozent der Jugendlichen 16.5 bis 17.3 Jahre.

Fehlende Werte, größtenteils durch Panelmortalität, sind wie in anderen größeren Umfragen auch hier ein Problem. Wir analysierten nur Fälle, die in der Welle 7 teilgenommen haben und vollständige Angaben über das Bildungsniveau des Vaters aufweisen. Es resultierte eine Stichprobengröße von 3.869 Personen. Die wellenspezifische Non-Response- bzw. Item Non-Response-Rate für die verwendeten Variablen dieser Substichprobe beträgt 5.3 bzw. 16.2 Prozent. Um ausreichende Fälle für Mehrgruppenanalysen zu erhalten und über genügend statistische Power zu verfügen, wurden fehlende Werte durch Imputation ersetzt. Die Robustheit der Modelle wurde mittels der Anwendung verschiedener Imputationsmethoden geprüft.[7]

Tabelle 1: Datensätze und Stichprobengrößen.

Jahr der Datenerhebung	2000	2001	2002	2003	2004	2005	2006	2007
Durchschnittsalter der Interviewten	16	17	18	19	20	21	22	23
Erhebung	PISA 2000	TREE Welle 1	TREE Welle 2	TREE Welle 3	TREE Welle 4	TREE Welle 5	TREE Welle 6	TREE Welle 7
Stichprobengrösse und Rücklaufquoten	Bruttostichprobe	6343	5944	5609	5345	5060	4852	4669
	Rücklaufquote	5528	5206	4877	4679	4506	4133	3979
	% Welle	87	88	87	88	89	85	85
	% Erhebung 2001		82	77	74	71	65	63

---

5   Die Schweizer Jugendlängsschnittstudie TREE (Transitionen von der Erstausbildung ins Erwerbsleben, tree.unibas.ch) läuft seit 2000 und wurde bisher durch den Schweizerischen Nationalfonds, die Universität Basel, die Bundesämter für Berufsbildung und Technologie bzw. Statistik sowie die Kantone Bern, Genf und Tessin finanziert.

6   Zusätzlich wurde im Jahr 2010 eine weitere Welle erhoben.

7   ICE (Royston 2004, 2005), Gewichtungsverfahren und ersetzen der Werte durch gewichtete Mittelwerte. Letzteres Verfahren ist im Grunde nicht zu empfehlen, da es die Varianz in den Daten verringert.

3.1.1   Operationale Definitionen

Die Bildungsvariable wurde in Anlehnung an die Bildungsniveaus der *International Standard Classification of Education* (ISCED) (UNESCO 1997) konstruiert. Zentral bei der Konstruktion war dabei die Norm einer abgeschlossen Ausbildung auf Sekundarstufe II (vgl. Solga 2002a; Troltsch 2000).

Tabelle 2:   Definition der Gruppen intergenerationalen Bildungstransfers.

Bildungsabschluss des Vaters	Höchstens Sekundarstufe II	Tertiärbildung
Bildungsabschluss des/der Jugendlichen		
Höchstens Sekundarstufe II	Nicht erfolgreicher Bildungstransfer (stabil auf einem tiefen Niveau) *n=1707*	Nicht erfolgreicher Bildungstransfer (Abwärtsmobilität) *n=530*
Matura, Berufs- und Fachmittelschulen, Tertiärbildung	Erfolgreicher Bildungstransfer (Aufwärtsmobilität) *n=922*	Erfolgreicher Bildungstransfer (stabil auf einem hohen Niveau) *n=710*
N=3869		

In der ersten Zeile der Tabelle 2 ist die höchste Ausbildung des Vaters abgetragen. Diese wurde mittels ISCED Klassifizierung bei der PISA-Studie erhoben. In der ersten Spalte ist der höchste Bildungsabschluss der befragten Jugendlichen sieben Jahre nach Ende der Pflichtschulzeit dargestellt. Zu diesem Zeitpunkt haben 84 Prozent der Kohorte eine Ausbildung auf Sekundarstufe II abgeschlossen (Stalder et al. 2008), was ungefähr den offiziellen geschätzten Abschlussquoten entspricht (OPET 2008). Eine Kreuztabelle dieser Variablen resultiert in unterschiedlichen Kombinationen intergenerationalen Bildungstransfers (Tabelle 2). Bildungstransfer wird als erfolgreich betrachtet, wenn die Kinder einen höheren Bildungsabschluss als die Eltern haben oder wenn sie auf einem hohen Niveau stabil sind. Bildungstransfer wird als nicht erfolgreich kategorisiert, wenn Eltern zwar über Tertiärbildung oder ein Zertifikat verfügen, das ihnen den Zugang zu Teritärbildung erlauben würde, ihre Kinder aber nicht dieses Bildungsniveau erreichen. Ebenfalls wird der Bildungstransfer als nicht erfolgreich betrachtet, wenn Familien auf einem tiefen Bildungsniveau stabil bleiben, das heißt wenn sie eine Berufsausbildung auf ISCD-Level 3B erreichen. Diese Setzung ist u. E. vor dem

Hintergrund der Bildungsexpansion und steigender familialer Bildungsambitionen gerechtfertigt (Baumert und Schümer 2002).

3.1.2 Wohlbefinden[8]

Eine positive Lebenseinstellung wird über ein Konstrukt mit fünf Items abgebildet,[9] das von Grob et al. (1991) entwickelt wurde:

> Meine Zukunft sieht gut aus. (M=4.73, SD=0.75).[10]
>
> Ich freue mich zu leben. (M=5.27, SD=0.77).
>
> Ich bin zufrieden mit der Art und Weise, wie sich meine Lebenspläne verwirklichen. (M=4.64, SD=0.83).
>
> Was auch immer passiert, ich kann die gute Seite daran sehen. (M=4.48, SD=0.83).
>
> Mein Leben scheint mir sinnvoll. (M=4.96, SD=0.88).

Dieses Subkonzept beinhaltet eine Evaluation des gegenwärtigen und zukünftigen Lebens. Jedes Item konnte auf einer Skala von 1 (ist total falsch) nach 6 (ist total richtig) bewertet werden.

Das Selbstwertgefühl wurde über eine reduzierte Skala nach Rosenberg operationalisiert (1979):[11]

> Insgesamt bin ich mit mir selbst zufrieden. (M=4.02, SD=0.67).
>
> Ich glaube, ich habe ein paar gute Eigenschaften. (M=4.26, SD=0.56).
>
> Ich kann Dinge ebenso gut wie die meisten anderen. (M=4.13, SD=0.61).
>
> Ich habe das Gefühl, ein wertvoller Mensch zu sein, mit anderen mindestens auf gleicher Stufe zu stehen. (M=4.09, SD=0.69).

Dieses Subkonzept des Wohlbefindens erlaubt es, einen wichtigen Aspekt unser Forschungsfragen zu untersuchen: Wie bewertet eine jugendliche Person ihren Wert bezogen auf andere junge Leute? Jedes Item konnte auf einer Skala von 1 (trifft gar nicht zu) nach 5 (trifft genau zu) bewertet werden.

---

8   Beide verwendeten Skalen wurden international getestet.

9   Cronbachs α = .884 (Mittelwert für Cronbachs α pro Welle, berechnet auf Basis gewichteter und imputierter Daten).

10   Der Mittelwert (M) ist aggregiert über den Mittelwert aller Wellen; die Standardabweichung (SD) ist analog berechnet auf Basis gewichteter und imputierter Daten.

11   Cronbachs α = .773 (Mittelwert für Cronbachs α pro Welle, berechnet auf Basis gewichteter und imputierter Daten).

3.2 *Analyse*

Wir verwenden autoregressive Mehrgruppen-Strukturgleichungsmodelle (Bollen und Curran 2004) für die verschieden Gruppen intergenerationalen Bildungstransfers. Autoregressive Strukturgleichungsmodelle sind eine Form der Strukturgleichungsmodellierung, mit welcher Faktorenanalyse und lineare Regression kombiniert werden können. Damit kann die Stabilität latenter Konstrukte über die Zeit und für verschiedene Gruppen analysiert werden. In diesem Modellierungsansatz sind, ausgenommen das exogene Konstrukt in Welle 1, alle Konstrukte abhängig von den Konstrukten der vorhergehenden Wellen. Diese multivariate Analysestrategie erlaubt es, die angenommen Differenzen in der Stabilität von Wohlbefinden zwischen Gruppen basierend auf Individualdaten zu schätzen. Die Pfade zwischen den Wellen wurden nicht restringiert, da unser Interesse vor allem der Variation von Stabilität zwischen Gruppen und Individuen gilt.

4. Resultate

Zunächst testen wir das Model für das Selbstwertgefühl. Alle berichteten Resultate basieren auf gewichteten und imputierten Daten.[12] Die Korrelationen variieren beträchtlich zwischen Wellen und Gruppen (Abbildung 1).

Alle Gruppen weisen zunächst, d. h. während den ersten drei Wellen, hohe Korrelationen des Selbstwertgefühls auf. Dies weist auf hohe Stabilität von Selbstwert über die Zeit hin (Abbildung 1). Die beobachteten Unterschiede zwischen den Gruppen sind während dieser Phase ähnlich. Wenn wir die Gruppe von Jugendlichen mit Abwärtsmobilität als Bezugspunkt wählen, sehen wir eine abnehmende Stabilität des Selbstwertgefühls über die Zeit von Welle 3 an, während die anderen Gruppen relativ stabil bleiben. Diese Unterschiede sind substantiell für die Korrelationen zwischen den Wellen 3, 4, 5, 6 und 7. So sind z. B. die Differenzen zwischen der Gruppe mit erfolgreichen und nicht erfolgreichen intergenerationalen Bildungstransfer statistisch signifikant auf dem 5 %-Level (vgl. Appendix Tabelle 1 für statistische Kennwerte dieser Differenzen). Die verwendeten Da-

---

12 Die Modelle wurden mit AMOS 16.0 (Arbuckle 2006) geschätzt. Zur Bewertung der Modelpassung wurden verschiedene Indikatoren verwendet. Aufgrund der vergleichsweise großen Stichprobe war der Chi-Quadrat-Test hoch signifikant ($p < .001$; $\chi^2_{SELE} = 4300$, df=1040). Andere Indikatoren weisen auf einen guten Fit hin: CMIN/df=4.135, CFI=.929, NFI=.909, RMSEA=.028. Die Resultate der verschiedenen Imputationsmethoden unterscheiden sich lediglich hinsichtlich des Niveaus der Stabilität (von Wohlbefinden), das generelle Muster ist aber ähnlich. Dies gilt für beide Subkonzepte von Wohlbefinden. Im Kontext der Bildungsexpansion haben wir intergenerationalen Bildungstransfer auf zwei Arten definiert und operationalisiert. Auch hier ergab sich ein vergleichbares Bild.

Abbildung 1: Korrelationen zwischen den Wellen für Selbstwert für unterschiedliche Gruppen intergenerationalen Bildungstransfers (IBT)

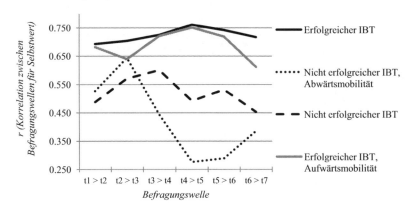

ten unterstützen daher unsere Hypothesen, d. h. dass erfolgreicher Transfer von Bildungsabschlüssen positiv mit der zeitlichen Stabilität von Wohlbefinden zusammenhängt (H_1), dass nicht erfolgreicher Transfer von Bildungsabschlüssen negativ mit der zeitlichen Stabilität von Wohlbefinden zusammenhängt (H_2) und dass nicht erfolgreicher Transfer von Bildungsabschlüssen mit Abwärtsmobilität mit der geringsten zeitlichen Stabilität von Wohlbefinden verbunden ist (H_3).

Das Modell[13] für eine positive Lebenseinstellung ergibt ein weniger deutliches, aber ähnliches Muster (Abbildung 2). Jugendliche, die einen erfolgreichen intergenerationalen Transfer von Bildungsabschlüssen erfahren, weisen eine vergleichsweise höhere zeitliche Stabilität der positiven Lebenseinstellung auf, während nicht erfolgreicher Transfer mit einer tieferen zeitlichen Stabilität zusammenhängt. Auch diese Befunde unterstützen unsere Hypothesen 1 und 2. Der Moment, an dem sich die positive Lebenseinstellung stärker zwischen den Gruppen zu unterscheiden beginnt, findet sich eine Welle später als im Modell zum Selbstwertgefühl. Die Differenzen hinsichtlich der zeitlichen Stabilität der positiven Lebenseinstellung zwischen Jugendlichen mit nicht erfolgreichen Bildungstransfer und nicht erfolgreichem Bildungstransfer *mit* Abwärtsmobilität ist geringer im Vergleich zum Modell für Selbstwertgefühl. Die Hypothese H_3 wird daher von den Befunden für eine positive Lebenseinstellung nicht vollumfänglich gestützt.

---

13   p< .001; χ^2_{POSL}=8196, df=1796, CMIN/df=4.564, CFI=.917, NFI=.896, RMSEA=.030.

Abbildung 2: Korrelationen zwischen den Wellen für positive
Lebenseinstellung für unterschiedliche Gruppen
intergenerationalen Bildungstransfers (IBT).

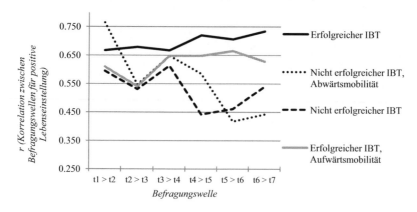

Diese Abweichung von der Hypothese mag in der hier verwendeten multiperspektivischen Messung der positiven Lebenseinstellung begründet sein. Diese beinhaltet sowohl eine generelle Bewertung des gegenwärtigen Lebens („Ich freue mich zu leben", „Mein Leben scheint mir sinnvoll") als auch Zukunftsaspekte („Meine Zukunft sieht gut aus", „Ich bin zufrieden mit der Art und Weise, wie sich meine Lebenspläne verwirklichen"). Im Vergleich zu den Befunden zum Selbstwertgefühl, fällt hier das anfänglich tiefe Niveau der positiven Lebenseinstellung für aufwärtsmobile Jugendliche auf. Dies kann möglicherweise mit den gemessenen Zukunftsperspektiven zusammenhängen, die sich für diese Aufsteiger zunächst nicht als allzu vielversprechend darstellen mögen. Interessanterweise nimmt die Stabilität ab Welle 3 nach dem Eintritt in dem Arbeitsmarkt und in tertiäre Bildung zu (Abbildung 2). Dieser Effekt lässt sich allenfalls durch ein gewisses Erfolgserleben erklären.

5. Diskussion und Schlussbemerkungen

In diesem Beitrag haben wir den Einfluss des intergenerationalen Bildungstransfers auf die Stabilität des subjektiven Wohlbefindens analysiert, als ein Beispiel für das Wechselspiel zwischen sozialen und individuellen Prozessen. Dabei untersuchten wir den Verlauf durch die Sekundarstufe II und Übergänge in den Arbeitsmarkt und die Tertiärausbildung. Bourdieus (1979) Habituskonzept diente in diesem Beitrag dazu, dieses Wechselspiel theoretisch zu rahmen. Während der beobachteten Übergänge werden Unterschiede zwischen angestrebten und tatsächlich erreichten Bildungsabschlüssen sichtbar. Wir stellten die Hypothese auf, dass diese Unterschiede zu intraindividuellen Spannungen führen können, d. h. auch zu instabilem Wohlbefinden, weil die neu erworbenen kulturellen Kapitalien in einer schlechten Passung zum trägen Habitus stehen (v. a. Aspirationen). Andererseits können Spannungen auch durch Entfremdungsprozesse hervorgerufen werden, wie sie durch Differenzen zu den elterlichen Bildungsstatus entstehen können. Die Hypothesen wurden mit Panel-Daten des Projekts „Transitionen von der Erstausbildung ins Erwerbsleben" (TREE) untersucht. Für verschiedene Gruppen intergenerationalen Bildungstransfers wurden autoregressive Modelle berechnet.

Die Resultate dieser Modelle zeigen für die untersuchten Gruppen unterschiedliche zeitliche Stabilitäten von Wohlbefinden. Aufwärtsmobile und gut gebildete Jugendliche weisen stabiles Wohlbefinden aus, während abwärtsmobile Jugendliche signifikant tiefere Stabilität von Wohlbefinden erfahren. Diese Befunde kontrastieren Resultate einer Studie von Semmer er al. (2005) in der sich das Wohlbefinden von Jugendlichen am Übergang von der Sekundarstufe II in die Tertiärbildung oder den Arbeitsmarkt als zeitlich stabil erwies. Auch scheint der vorliegende Beitrag Befunde von Trzesniewski (2003) zu widersprechen, welche die Jugend durch steigenden Selbstwert geprägt sieht. Erklärt werden können diese unterschiedlichen Befunde ggf. durch den Einbezug des Bildungstransfers, der in den anderen Studien nicht berücksichtigt wurde.

Die Generalisierbarkeit unserer Befunde ist beschränkt, da sie auf einer Kohortenstudie basieren. Zeit- und Kohorteneffekte können so nicht getrennt werden. Die Resultate mögen ebenfalls durch dynamische Lebenssituationen beeinflusst sein, zum Beispiel Ausbildungswechsel aber auch Entwicklungen außerhalb und innerhalb des Bildungssystems, für die im Modell nicht kontrolliert werden konnte. Da die aktuelle Ausbildungs- oder Arbeitssituation als einer der wichtigen Faktoren von Wohlbefinden dargestellt wird, wären weitergehende Analysen in dieser Richtung wünschenswert (Hadjar et al. 2008). Nebst diesen die Bildung und den Beruf betreffenden Aspekten des Lebenslaufkontextes, könnten auch kritische Lebensereignisse, etwa ein Umzug oder der Tod einer nahestehenden Person, eine Rolle spielen, und das Wohlbefinden der untersuchten Personen beeinflussen. Weitere hier nicht präsentierte Analysen zeigten denn auch Unterschiede in den untersuchten Gruppen hinsichtlich des Auftretens von kritischen Lebensereignissen, die aber nicht systematisch waren. Daher gehen wir davon aus, dass die in diesem Beitrag dargestellten Effekte durch intergenerationalen Bildungstransfer erklärt werden können, und nicht bloße Lebensverlaufseffekte darstellen.

Unsere Analysen zeigen am Beispiel des Selbstwertgefühls und der positiven Lebenseinstellung, wie nicht erfolgreicher intergenerationaler Bildungstransfer mit zeitlicher Instabilität von Wohlbefinden verbunden ist. Über diese inhaltliche Befunde hinaus skizzierten wir, wie strukturelle Phänomene, d. h. intergenerationaler Bildungstransfer, und subjektive Phänomene, d. h. intraindividuelles Wohlbefinden, via das Habituskonzept verbunden werden können.

Vor dem Hintergrund der Bedeutung von Bildungsabschlüssen und Wohlbefinden für Lebenschancen, soziale Integration und den Arbeitsmarkteinstieg, weisen die Befunde dieses Beitrags auf weiteren Forschungsbedarf hin. Das dynamische Verhältnis von intergenerationalen Bildungstransfer und Wohlbefinden sollte durch weitere longitudinale Studien untersucht werden. Zusätzlich kann das Wechselspiel von Selbstwertgefühl und positiver Lebenseinstellung Gegenstand weiterer Untersuchungen sein, gerade dort, wo sich signifikante Unterschiede zwischen den verschiedenen Gruppen intergenerationalen Bildungstransfers zeigen. Zudem könnten weitere Analysen speziell den Arbeitsmarkteintritt beleuchten, um die hier behandelten Aspekte weiter zu ergründen. Schließlich sollten zukünftige Untersuchungen Geschlecht und Migrationsstatus berücksichtigen, da Wohlbefinden im Zusammenhang mit Bildungsmobilität und Arbeitsmarkteintritt von unterschiedlichen Gruppen unterschiedlich bewertet wird. Solche Studien sind auch vielversprechend, weil sie die Bezüge zwischen sozialen Strukturen und darin eingebetteten Handlungsmöglichkeiten aus einer Bourdieuschen Perspektive erhellen könnten.

Literatur

Arbuckle, James L. 2006. *SPSS: Amos™ 16.0 User's Guide.* Chicago: SmallWaters Corporation.

Baethge, Martin et al. 2007. *Berufsbildung im Umbruch. Signale eines überfälligen Aufbruchs.* Berlin: Friedrich-Ebert-Stiftung.

Bartley, Mel. 2004. *Health Inequality an Introduction to Theories, Concepts and Methods.* Cambridge: Polity Press.

Baumert, Jürgen und Gundel Schümer. 2002. Familiäre Lebensverhältnisse, Bildungsbeteiligung und Kompetenzerwerb im nationalen Vergleich. In *PISA 2000 – Die Länder der Bundesrepublik Deutschland im Vergleich*, Hrsg. Jürgen Baumert et al., 159–202. Opladen: Leske + Budrich.

Becker, Rolf und Wolfang Lauterbach. 2004. Dauerhafte Bildungsungleichheiten – Ursachen, Mechanismen, Prozesse und Wirkungen. In *Bildung als Privileg? Erklärungen und Befunde zu den Ursachen der Bildungsungleichheit*, Hrsg. Rolf Becker und Wolfang Lauterbach, 9–40. Wiesbaden: VS Verlag für Sozialwissenschaften.

Bell, Daniel. 1976. *The coming of post-industrial society: a venture in social forecasting*. New York: Basic Books.

Bergman, Manfred M. 1998. Acculturation, identity, and intergroup relations of Mexican Americans and European Americans. Cambridge: University of Cambridge.

Bergman, Manfred M. et al. Hrsg. 2011. *Transitionen im Jugendalter: Ergebnisse der Schweizer Länggschnittstudie TREE*. Zürich: Seismo.

Bergman, Manfred M. und Jacqueline Scott. 2001. Young Adolescents' Wellbeing and Health-Risk Behaviours: Gender and Socio-Economic Differences. *Journal of Adolescence* 24: 183–197.

BFS und EDK. Hrsg. 2002. *Für das Leben gerüstet? Die Grundkompetenzen der Jugendlichen – Nationaler Bericht der Erhebung PISA 2000. Bildungsmonitoring Schweiz*. Neuchâtel: Bundesamt für Statistik (in Ko-Edition mit der Schweizerischen Konferenz der kantonalen Erziehungsdirektoren EDK).

Birkelbach, Klaus. 2001. Die Janusköpfigkeit elterlicher Statusaspirationen für ihre Kinder. *Zeitschrift für Soziologie der Erziehung und Sozialisation* 21: 410–429.

Blanchflower, David G. 2007. *Is Well-Being U-Shaped Over the Life Cycle?* Cambridge: NBER.

Blanchflower, David G. 1997. *The Rising Well-Being of the Young*. Cambridge: NBER.

Blanchflower, David G. 2000. *Well-Being Over Time in Britain and the USA*. Cambridge: NBER.

Blau, Peter M. und Otis D. Duncan. 1967. *The American occupational structure*. New York: Wiley.

Blossfeld, Hans-Peter et al. 2007. Globalisierung und die Veränderung sozialer Ungleichheiten in modernen Gesellschaften. *Kölner Zeitschrift für Soziologie und Sozialpsychologie* 59: 667–691.

Bollen, Kenneth A. und Patrick J. Curran. 2004. Autoregressive Latent Trajectory (ALT) Models: A Synthesis of Two Traditions. *Sociological Methods & Research* 32: 336–383.

Boswell, Wendy R. et al. 2005. The Relationship Between Employee Job Change and Job Satisfaction: The Honeymoon-Hangover Effect. *Journal of Applied Psychology* 90: 882–892.

Bourdieu, Pierre. 1997. *Der Tote packt den Lebenden*. Hrsg. Margareta Steinrücke. Hamburg: VSA Verlag.

Bourdieu, Pierre. 1979. *La Distinction. Critique Sociale Du Jugement*. Paris: Les éditions de minuit.

Bourdieu, Pierre. 1983. *Ökonomisches Kapital, kulturelles Kapital, soziales Kapital*. Göttingen: Schwartz.

Bourdieu, Pierre und Jean-Claude Passeron. 1971. *Die Illusion der Chancengleichheit*. Stuttgart: Klett.

Bradley, Steve und Anh Ngoc Nguyen. 2004. The school-to-work transition. In *International Handbook on the Economics of Education*, Hrsg. Geraint Johnes und Jill Johnes, 484–521. Cheltenham, Northampton: Edward Elgar Publishing Ltd.

Breen, Richard und John Harry Goldthorpe. 1997. Explaining Educational Differentials: Towards a Formal Rational Action Theory. *Rationality and Society* 9: 275–305.

Buchholz, Sandra et al. 2009. Life Courses in the Globalization Process: The Development of Social Inequalities in Modern Societies. *European Sociological Review* 25: 53–71.

Bushnik, Tracey et al. 2004. *In and out of high school: First results from the second cycle of the Youth in Transition Survey, 2002*. Minister responsible for Statistics Canada Minister of Industry.

CERI / OECD. Hrsg. 2001. *The Well-being of Nations. The Role of Human and Social Capital.* Paris: OECD.

Coradi Vellacott, Maja et al. 2003. *Soziale Integration und Leistungsförderung. Thematischer Bericht der Erhebung PISA 2000.* Neuchâtel: BFS / EDK.

Council of Europe. 2009. *Well-being for all: concepts and tools for social cohesion.* Strasbourg: Council of Europe.

Crisholm, Lynne und Klaus Hurrelmann. 1995. Adolescence in modern Europe. Pluralized transition patterns and their implications for personal and social risks. *Journal of Adolescence* 18: 129–158.

Diener, Ed. 1984. Subjective Well-Being. *Psychological Bulletin* 95: 542–575.

Diener, Ed. 2009. *The Science of Well-Being: The Collected Works of Ed Diener.* Dordrecht: Springer.

Diener, Ed und Robert Biswas-Diener. 2000. *New Directions in Subjective Well-Being Research. The Cutting Edge.* Illinois Pacific University.

Diener, Ed, et al. 1999. Subjective well-being: Three decades of progress. *Psychological Bulletin* 125: 276–302.

Eccles, Jacqueline S. 2006. A motivational perspective on school achievement. Taking responsibility for learning, teaching, and supporting. In *Optimizing success in school with the other three Rs: reasoning, resilience, and responsibility*, Hrsg. Robert J. Sternberg, 199–224. Greenwich: information age publishing.

Eckersley, Richard. 2009. Population Measures of Subjective Wellbeing: How Useful are they? *Social Indicators Research* 94: 1–12.

Eckersley, Richard et al. 2006. *Flashpoints & Signposts: Pathways to Success and Wellbeing for Australia's Young People.* http://www.australia21.org.au/pdf/HPreport.pdf (Stand: 25. August 2009).

Erikson, Robert et al. 1979. Intergenerational class mobility in three Western European societies: England, France and Sweden. *The British Journal of Sociology* 30: 415–441.

Erikson, Robert und John H. Goldthorpe. 1992. *The Constant Flux a Study of Class Mobility in Industrial Societies.* Oxford et al.: Clarendon Press.

Esping-Andersen, Gøsta. 2004. Untying the Gordian knot of social inheritance. *Research in Social Stratification and Mobility* 21: 115–139.

Ferring, Dieter und Sigrun H. Filipp. 1996. Messung des Selbstwertgefühls: Befunde zu Reliabilität, Vailidität und Stabilität der Rosenberg-Skala. *Diagnostica* 42: 384–292.

Frey, Bruno S. und Alois Stutzer. 2002. What Can Economists Learn from Happiness Research? *Journal of Economic Literature* 40: 402–435.

Gangl, Markus et al. 2003. Conclusions: Explaining Cross-National Differences in School-to-Work Transitions. In *Transitions from Education to Work in Europe. The Integration of Youth into EU Labour Markets*, Hrsg. Walter Müller und Markus Gangl, 277–305. Oxford: Oxford University Press.

Giddens, Anthony. 1994. Living in a post-traditional society. In *Reflexive Modernization Politics Tradition and Aesthetics in the Modern Social Order*, Hrsg. Ulrich Beck et al., 56–109. Cambridge: Polity Press.

Giddens, Anthony. 1991. *The Consequences of Modernity.* Cambridge: Polity Press.

Gomolla, Mechthild und Frank-Olaf Radtke. 2002. *Institutionelle Diskriminierung. Die Herstellung ethnischer Differenz in der Schule.* Opladen: Leske + Budrich.

Grob, Alexander et al. 1991. Berner Fragebogen zum Wohlbefinden Jugendlicher (BFW). *Diagnostica* 37: 66–75.

Grob, Alexander et al. 1996. Adolescents' Well-Being and Perceived Control Across 14 Sociocultural Contexts. *Journal of Personality and Social Psychology* 71: 785–795.

Hadjar, Andreas et al. 2008. Bildung und subjektives Wohlbefinden im Zeitverlauf, 1984-2002. Eine Mehrebenenanalyse. *Berliner Journal für Soziologie* 18: 1–31.

Havighurst, Robert J. 1948. *Developmental Tasks and Education*. New York: Longman.

Healy, Tom und Sylvain Cote. 2001. *The Well-Being of Nations: The Role of Human and Social Capital. Education and Skills*. Paris: OECD.

Hillmert, Steffen. 2004. Soziale Ungleichheiten im Bildungsverlauf: Zum Verhältnis von Bildungsinstitutionen und Entscheidungen. In *Bildung als Privileg? Erklärungen und Befunde zu den Ursachen der Bildungsungleichheit*, Hrsg. Rolf Becker und Wolfang Lauterbach, 69–97. Wiesbaden: VS Verlag für Sozialwissenschaften.

Hupka, Sandra. 2003. Ausbildungssituation und Verläufe: Übersicht. In *Wege in die nachobligatorische Ausbildung. Die ersten zwei Jahre nach Austritt aus der obligatorischen Schule. Zwischenergebnisse des Jugendlängsschnitts TREE, Bildungsmonitoring Schweiz*, Hrsg. BFS/TREE, 33–58. Neuchâtel: Bundesamt für Statistik.

Johnson, Monica K. 2002. Social Origins, Adolescent Experiences, and Work Value Trajectories during the Transition to Adulthood. *Social Forces* 80: 1307–1340.

Joye, Dominique et al. 2003. Intergenerational Educational and Social Mobility in Switzerland. *Schweizerische Zeitschrift für Soziologie* 29: 263–291.

Jungbauer-Gans, Monika. 2004. Einfluss des sozialen und kulturellen Kapitals auf die Lesekompetenz. Ein Vergleich der PISA-Daten aus Deutschland, Frankreich und der Schweiz. *Zeitschrift für Soziologie* 5: 375–397.

Keyes, Corey Lee M. 1998. Social Well-Being. *Social Psychology Quarterly* 61: 121–140.

Keyes, Corey Lee M. 2000. Subjective Change and Its Consequences for Emotional Well-Being. *Motivation and Emotion* 24: 67–84.

Keyes, Corey Lee M. 2006. Subjective Well-Being in Mental Health and Human Development Research Worldwide: An Introduction. *Social Indicators Research* 77: 1–10.

Kitayama, Shinobu und Hazel R. Markus. 1994. *Emotion and Culture Empirical Studies of Mutual Influence*. Washington (D.C.): American Psychological Association.

Kornmann, Reimer. 2005. Can the Academic Self-Concept be Positive and Realistic? *Zeitschrift für Pädagogische Psychologie* 19 3/2005: 129–132.

Kronig, Winfried. 2007. *Die systematische Zufälligkeit des Bildungserfolgs. Theoretische Erklärungen und empirische Untersuchungen zur Lernentwicklung und zur Leistungsbewertung in unterschiedlichen Schulklassen*. Bern: Haupt.

Marshall, Thomas H. 1950. *Citizenship and Social Class, and Other Essays*. Cambridge: Cambridge University Press.

Meier, Laurenz L. et al. 2011. Age differences in instability, contingency, and level of self-esteem across the life span. *Journal of Research in Personality* 45: 604–612.

Michalos, Alex C. 2008. Education, Happiness and Wellbeing. *Social Indicators Research* 87: 347–366.

Müller, Walter und Dietmar Haun. 1994. Bildungsungleichheit im sozialen Wandel. *Kölner Zeitschrift für Soziologie und Sozialpsychologie* 46: 1–42.

NCCR LIVES. 2012. www.lives-nccr.ch. http://www.lives-nccr.ch/en (Stand: 1. März 2012).

Noll, Heinz-Herbert. 2000. *Konzepte der Wohlfahrtsentwicklung: Lebensqualität und,, neue" Wohlfahrtskonzepte*. Mannheim: WZB, Querschnittsgruppe Arbeit und Ökologie.

OECD. Hrsg. 1998. *Thematic Review of the transition from initial education to working life. Interim comparative report*. Paris: OECD/DEELSA.

OECD/PISA. Hrsg. 2001. *Knowledge and Skills for Life. First Results from PISA 2000*. Paris: OECD/PISA.

Offer, Avner. 1996. *In pursuit of the quality of life*. Oxford: Oxford University Press.

OPET. 2008. *Vocational Education and Training in Switzerland 2008. Facts and Figures*. Federal Office for Professional Education and Technology (OPET).

Orth, Ulrich et al. 2010. Self-esteem development from young adulthood to old age: A cohort-sequential longitudinal study. *Journal of Personality and Social Psychology* 98: 645–658.

Pollard, Elizabeth L. und Patrice D. Lee. 2003. Child Well-Being: A Systematic Review of the Literature. *Social Indicators Research* 61: 59–78.

Raab, Erich. 2003. Wie (benachteiligte) Jugendliche ihre berufliche Zukunft sehen. In *Fehlstart in den Beruf? Jugendliche mit Schwierigkeiten beim Einstieg ins Arbeitsleben*, Hrsg. Lothar Lappe, 13–20. Opladen: Leske + Budrich, DJI Verlag Deutsches Jugendinstitut.

Ramseier, Erich und Christian Brühwiler. 2003. Herkunft, Leistung und Bildungschancen im gegliederten Bildungssystem: Vertiefte PISA-Analyse unter Einbezug der kognitiven Grundfähigkeiten. *Schweizerische Zeitschrift für Bildungswissenschaften* 25: 23–58.

Rosenberg, Morris. 1979. *Conceiving the Self*. New York: Basic Books.

Royston, Patrick. 2004. Multiple imputation of missing values. *The Stata Journal* 4: 227–241.

Royston, Patrick. 2005. Multiple imputation of missing values: update. *The Stata Journal* 5: 188–201.

Sacchi, Stefan et al. 2005. Long-Term Dynamics of Skill Demand in Switzerland, 1950-2000. In *Contemporary Switzerland. Revisiting the Special Case*, Hrsg. Hanspeter Kriesi et al., 105–134. New York: Palgrave.

Salmela-Aro, Katariina und Heta Tuominen-Soini. 2010. Adolescents' Life Satisfaction During the Transition to Post-Comprehensive Education: Antecedents and Consequences. *Journal of Happiness Studies* 11: 683–701.

Sandmeier, Anita. 2005. Selbstwertentwicklung vom Jugendalter bis ins frühe Erwachsenenalter – eine geschlechtsspezifische Analyse. *Zeitschrift für Soziologie der Erziehung und Sozialisation* 25: 52–66.

Schelsky, Helmut. 1957. Soziologische Bemerkungen zur Rolle der Schule in unserer Gesellschaft. In *Schule und Erziehung in der industriellen Gesellschaft*, Hrsg. Helmut Schelsky, 9–50. Würzburg: Werkbund-Verlag.

Schoon, Ingrid und Samantha Parsons. 2002. Teenage Aspirations for Future Careers and Occupational Outcomes. *Journal of Vocational Behavior* 60: 262–288.

Schräder-Naef, Regula und Ruedi Jörg-Fromm. 2004. *Wie wirkt sich der nachgeholte Lehrabschluss aus? Auswirkungen der Nachholbildung auf die berufliche Weiterentwicklung der Absolventinnen und Absolventen am Beispiel des Lehrabschlusses nach Artikel 41.1 BBG. Synthesis 9*. Bern, Aarau: Nationales Forschungsprogramm 43 Bildung und Beschäftigung.

Seiffge-Krenke, Inge und Tim Gelhaar. 2006. Entwicklungsregulation im jungen Erwachsenenalter. Zwischen Partnerschaft, Berufseinstieg und der Gründung eines eigenen Haushalts. *Zeitschrift für Entwicklungspsychologie und Pädagogische Psychologie* 1/2006: 18–31.

Semmer, Norbert K. et al. 2005. Young Adults Entering the Workforce in Switzerland: Working Conditions and Well-Being. In *Contemporary Switzerland*, Hrsg. Hanspeter Kriesi et al., 163–189. New York: Palgrave Macmillan.

Sewell, William H. und Vimal P. Shah. 1968. Social Class, Parental Encouragement, and Educational Aspirations. *The American Journal of Sociology* 73: 559–572.

Solga, Heike. 2002a. *Ausbildungslose und ihre soziale Ausgrenzung. Selbständige Nachwuchsgruppe „Ausbildungslosigkeit: Bedingungen und Folgen mangelnder Berufsausbildung". Working Paper 4/2002*. Berlin: Max-Planck-Institut für Bildungsforschung.

Solga, Heike. 2002b. „Ausbildungslosigkeit" in Bildungsgesellschaften: Die wachsenden Arbeits-marktprobleme von Ungelernten in soziologischer Sicht. Selbständige Nachwuchsgruppe „Ausbildungslosigkeit: Bedingungen und Folgen mangelnder Berufsausbildung". Working Paper1/2002. Berlin: Max-Planck-Institut für Bildungsforschung.

Stalder, Barbara E. et al. 2008. Leistungsschwach – Bildungsarm? PISA-Kompetenzen als Prädik-toren für nachobligatorische Bildungschancen. Die Deutsche Schule 100: 436–448.

Triandis, Harry C. 1995. Individualism and Collectivism. Boulder (Colo.) et al.: Westview Press.

Troltsch, Klaus. 2000. Jugendliche ohne abgeschlossene Berufsausbildung – Struktur- und Biogra-phiemerkmale. In Ausbildungschancen Jugendlicher ausländischer Herkunft. Ergebnisse, Veröffentlichungen und Materialien aus dem BIBB, Hrsg. Bundesinstitut für Berufsbildung, 43–48. Bonn: Verlag oder Internethomepage? (Stand: Mai 2000)

Trzesniewski, Kali H. et al. 2003. Stability of self-esteem across the life span. Journal of personal-ity and social psychology 84: 205–220.

UNESCO. 1997. International Standard Classification of Education ISCED 1997.

Walter-Wydler, Emil. 1997. Regionale Lebensqualität in der Schweiz. Ergebnisse der Rekrutenbe-fragungen 1996, 1987 und 1978. Frankfurt am Main: Sauerländer.

Wessel, Anne et al. 1999. Zur Planung von Bildungskarrieren in den Neuen Bundesländern. In Schul-entwicklung in den Neuen Bundesländern. Ergebnisse aus der an der Freien Universität Ber-lin und der Humboldt-Universität zu Berlin eingereichten DGF-Forschergruppe, Hrsg. Hans Merkens und Anne Wessel, 95–117. Berlin: Freie Universität Berlin.

Zimmerman, Marc A. et al. 1997. A Longitudinal Study of Self-Esteem: Implications for Adoles-cent Development. Journal of Youth and Adolescence 26: 117–141.

Appendix

Tabelle 1:   Kritische Werte (Betrag) für Unterschiede von Korrelationen
von Selbstwert zwischen und innerhalb verschiedener Gruppen
intergenerationalen Bildungstransfers (IBT). Werte grösser gleich
1.96 weisen auf einen signifikanten Unterschied hin (p<0.05).

(siehe gegenüberliegende Seite)

	Erfolgreicher IBT						Nicht erfolgreicher IBT, Abwärtsmobilität						Nicht erfolgreicher IBT						Erfolgreicher IBT, Aufwärtsmobilität					
	t1>t2	t2>t3	t3>t4	t4>t5	t5>t6	t6>t7	t1>t2	t2>t3	t3>t4	t4>t5	t5>t6	t6>t7	t1>t2	t2>t3	t3>t4	t4>t5	t5>t6	t6>t7	t1>t2	t2>t3	t3>t4	t4>t5	t5>t6	t6>t7
Erfolgreicher IBT — t1>t2	0																							
t2>t3	1.80	0																						
t3>t4	1.42	3.12*	0																					
t4>t5	1.12	1.02	2.38*	0																				
t5>t6	1.03	3.23*	0.42	2.01*	0																			
t6>t7	0.45	1.74	2.00*	0.75	1.41	0																		
Nicht erfolgreicher IBT, Abwärtsmobilität — t1>t2	1.79	0.85	2.95*	7.75*	6.62*	1.76	0																	
t2>t3	0.68	0.40	1.66	6.80*	5.53*	0.76	0.72	0																
t3>t4	2.71*	1.83	4.08*	9.20*	7.94*	2.58*	0.54	1.40	0															
t4>t5	1.19	0.15	2.30*	7.60*	6.27*	1.21	3.08*	4.42*	3.01*	0														
t5>t6	2.47*	1.56	3.82*	9.04*	7.74*	2.36*	2.68*	3.89*	2.56*	0.40	0													
t6>t7	1.59	0.59	2.78*	8.12*	6.77*	1.56	0.12	0.90	0.36	2.60*	2.14*	0												
Nicht erfolgreicher IBT — t1>t2	3.83*	2.31*	5.28*	3.16*	5.00*	3.77*	0.64	1.77	0.04	3.98*	3.17*	0.42	0											
t2>t3	3.13*	1.45	4.63*	2.35*	4.32*	3.00*	0.12	1.23	0.62	5.03*	4.07*	0.05	0.76	0										
t3>t4	0.69	1.29	2.15*	0.39	1.77	0.30	1.37	0.38	2.46*	7.28*	6.14*	1.38	3.22*	2.27*	0									
t4>t5	4.52*	2.96*	6.14*	3.94*	5.88*	4.61*	0.78	1.99*	0.19	4.34*	3.34*	0.54	0.21	1.21	3.60*	0								
t5>t6	3.75*	2.07*	5.33*	3.03*	5.04*	3.72*	0.37	1.53	0.33	4.96*	3.91*	0.17	0.50	0.45	3.10*	0.76	0							
t6>t7	3.58*	1.96*	5.08*	2.86*	4.79*	3.51*	0.39	1.52	0.29	4.61*	3.68*	0.19	0.43	0.47	2.97*	0.72	0.72	0						
Erfolgreicher IBT, Aufwärtsmobilität — t1>t2	1.59	0.42	3.14*	2.78*	1.28	0.89	0.16	1.91	6.97*	5.74*	0.95	1.80	2.62*	1.79	0.88	3.28*	2.41*	2.29*	0					
t2>t3	0.95	1.03	2.43*	2.06*	0.58	1.23	0.22	2.28*	7.14*	5.99*	1.24	2.10	3.04*	2.27*	0.26	3.68*	2.88*	2.74*	0.76	0				
t3>t4	1.32	0.74	2.88*	2.51*	0.98	1.06	0.02	2.12*	7.29*	6.01*	1.10	2.00	2.91*	2.09*	0.60	3.62*	2.74*	2.59*	3.22*	2.27*	0			
t4>t5	0.39	1.82	1.94	1.54	0.07	1.63	0.63	2.83*	8.22*	6.85*	1.60	2.50	3.85*	3.08*	0.37	4.71*	3.81*	3.59*	0.21	1.21	3.60*	0		
t5>t6	0.97	1.19	2.55*	2.16*	0.58	1.29	0.26	2.43*	7.79*	6.43*	1.30	2.20	3.34*	2.53*	0.22	4.15*	3.23*	3.04*	0.50	0.45	3.10*	0.76	0	
t6>t7	1.32	0.76	2.89*	2.52*	0.98	1.07	0.02	2.14*	7.37*	6.07*	1.10	2.00	2.95*	2.12*	0.59	3.68*	2.79*	2.63*	0.43	0.47	2.97*	0.72	0.04	0

Tabelle 2:   Kritische Werte (Betrag) für Unterschiede von Korrelationen von positiver Lebenseinstellung zwischen und innerhalb verschiedener Gruppen intergenerationalen Bildungstransfers (IBT). Werte grösser gleich 1.96 weisen auf einen signifikanten Unterschied hin (p<0.05).

(siehe gegenüberliegende Seite)

	Erfolgreicher IBT						Nicht erfolgreicher IBT, Abwärtsmobilität						Nicht erfolgreicher IBT						Erfolgreicher IBT, Aufwärtsmobilität					
	t1>t2	t2>t3	t3>t4	t4>t5	t5>t6	t6>t7	t1>t2	t2>t3	t3>t4	t4>t5	t5>t6	t6>t7	t1>t2	t2>t3	t3>t4	t4>t5	t5>t6	t6>t7	t1>t2	t2>t3	t3>t4	t4>t5	t5>t6	t6>t7
Erfolgreicher IBT																								
t1>t2	0																							
t2>t3	2.25*	0																						
t3>t4	2.95*	4.62*	0																					
t4>t5	0.08	2.68*	2.70*	0																				
t5>t6	0.03	2.73*	3.08*	0.05	0																			
t6>t7	1.76	4.55*	1.53	1.79	1.66	0																		
Nicht erfolgreicher IBT, Abwärtsmobilität																								
t1>t2	3.58*	6.47*	0.86	1.91	4.64*	1.43	0																	
t2>t3	4.68*	4.52*	2.39*	0.12	2.91*	0.02	6.18*	0																
t3>t4	1.98*	8.56*	1.23	4.19*	6.75*	3.37*	2.68*	4.43*	0															
t4>t5	3.58*	6.88*	0.83	2.03*	4.86*	1.50	4.40*	3.01*	2.01*	0														
t5>t6	3.61*	6.96*	0.87	2.01*	4.88*	1.48	5.83*	0.58	4.08*	2.07*	0													
t6>t7	2.84*	8.63*	0.22	3.34*	6.25*	2.55*	4.03*	2.54*	1.81	0.10	1.83	0												
Nicht erfolgreicher IBT																								
t1>t2	3.33*	0.88	5.99*	3.61*	3.64*	5.51*	5.02*	3.83*	2.88*	2.33*	0.47	0.48	0											
t2>t3	5.72*	3.49*	8.01*	6.19*	6.28*	8.16*	5.94*	1.61	4.22*	2.15*	0.59	1.78	2.46*	0										
t3>t4	2.57*	4.84*	0.34	2.59*	2.66*	1.14	2.17*	8.17*	0.97	3.87*	6.41*	3.11*	5.55*	6.87*	0									
t4>t5	5.33*	3.12*	7.66*	5.74*	5.81*	7.63*	5.83*	1.73	4.06*	1.97*	0.72	1.65	2.33*	0.22	6.82*	0								
t5>t6	5.26*	3.02*	7.61*	5.68*	5.75*	7.60*	5.79*	1.90	4.00*	1.88	0.83	1.58	2.20*	0.39	7.20*	0.15	0							
t6>t7	2.36*	0.08	5.10*	2.57*	2.57*	4.38*	4.63*	4.50*	2.33*	2.93*	0.18	0.03	0.94	3.46*	4.71*	3.11*	2.84*	0						
Erfolgreicher IBT, Aufwärtsmobilität																								
t1>t2	0.98	3.44*	2.01*	0.95	1.01	0.68	3.10*	7.22*	0.21	2.65*	5.35*	2.04*	4.26*	6.56*	1.64	6.16*	6.11*	3.30*	0					
t2>t3	4.56*	2.16*	7.06*	4.96*	5.02*	6.94*	5.48*	2.87*	3.55*	1.28	1.53	1.11	1.29	1.48	6.64*	1.18	1.03	2.19*	5.07*	0				
t3>t4	0.35	3.05*	2.78*	0.28	0.34	1.52	3.47*	7.26*	0.67	2.25*	5.12*	1.67	3.98*	6.62*	2.38*	6.14*	6.08*	2.90*	0.70	4.87*	0			
t4>t5	1.36	1.37	4.35*	1.53	1.51	3.45*	4.21*	5.99*	1.71	1.04	3.96*	0.70	2.34*	5.17*	3.94*	4.69*	4.62*	1.25	2.40*	3.78*	1.68	0		
t5>t6	0.11	2.90*	3.06*	0.03	0.08	1.84	3.60*	7.27*	0.83	2.10*	5.03*	1.54	3.87*	6.64*	2.65*	6.12*	6.07*	2.74*	0.96	5.30*	0.27	1.48	0	
t6>t7	0.23	3.04*	2.95*	0.16	0.22	1.70	3.55*	7.40*	0.75	2.20*	5.14*	1.62	4.01*	6.80*	2.55*	6.27*	6.22*	2.88*	0.84	5.47*	0.14	1.80	0.13	0

Bildung, Gesundheit, Drogenkonsum: Ergebnisse eines nationalen Integrationsprogramms für gefährdete Jugendliche

Gebhard Hüsler

Das nationale, sekundärpräventive Programm für gefährdete Jugendliche *supra-f* wurde vom Bundesamt für Gesundheit (BAG) als Lernfeld für Praxis und Forschung konzipiert[1]. Das Programm wurde in ländlichen und städtischen Umgebungen der deutschen und französischen Schweiz implementiert. Angesprochen werden Jugendliche von 11-20 Jahren mit Problemlagen, von denen vermutet werden kann, dass sie als *Risikofaktoren für Substanzmissbrauch* gelten. Dazu gehören berufliche oder schulische Auffälligkeiten (Leistungs- und Verhaltensprobleme), Familienprobleme, Delinquenz, Substanzkonsum (ohne Abhängigkeit). Jugendliche, die ein *supra-f*-Programm in Anspruch nehmen, profitieren von verschiedenen Hilfsangeboten. Die Programme dauern in der Regel vier bis neun Monate. Die mittlere Aufenthaltsdauer liegt bei sechs bis sieben Monaten. Untersucht wurden Entwicklung und Verlauf der Jugendlichen in den verschiedenen *supra-f* Programmen. Datenerhebungen wurden zu drei Messzeitpunkten vorgenommen: Eintritt ins Programm, nach sechs Monaten (kurz vor Austritt aus dem Programm) und nach 18 Monaten. Darüber hinaus wurde eine Vergleichsgruppe ohne *supra-f*-Intervention mitgeführt. Diese Vergleichsgruppe wurde im Umfeld der *supra-f*-Zentren rekrutiert. Erfasste Parameter sind: Soziodemografische Daten, Zuweisungsproblematik, Daten zum Befinden, zum Substanzkonsum, zur Delinquenz etc. Daten zur Zuweisung werden vom jeweiligen *supra-f*-Zentrum erhoben.

1. Theoretische Perspektiven auf Entwicklung

1.1 Entwicklungsmodelle

Belastungen bei Jugendlichen ergeben sich dann, wenn die individuellen Möglichkeiten und die sozialen Unterstützungssysteme nicht ausreichen. Als Ord-

---

1   Die Abgrenzung zur primären Prävention besteht darin, dass in der sekundären Prävention Programme für bereits gefährdete Jugendliche bereitgestellt werden.

nungsschema definieren Flammer, Grob und Alsaker (1997) Belastungsgrade –
Inanspruchnahme von Ressourcen (keine, geringe, mittlere, hohe Belastung) – in
Abhängigkeit von Situationen. Belastungen oder Anforderungen können als All-
tagsereignisse (kurzfristig) oder als Entwicklungsaufgaben (langfristig) auftreten.
Viele dieser Anforderungen werden als Herausforderung erlebt. Schule und Gesellschaft stellen in der Regel gemäß der Entwicklung des Kindes bzw. Jugendlichen zunehmende Anforderungen. Diesen Anforderungen stellen sich zum einen
nicht alle Jugendliche (Leistungsverweigerung) und sind zum anderen nicht alle
Jugendlichen gewachsen. Da gesellschaftliche oder individuelle Anforderungen
nicht immer mit den Ressourcen in Einklang stehen, sind Auswirkungen auf das
Individuum und das System (Familie, Schule, Beruf), in welchem sich Jugendliche befinden, kaum zu vermeiden. Jugendliche oder das System Familie bzw. das
Umfeld reagieren mit Störungen. Anforderungen können nach Havighurst (1956)
als Entwicklungsaufgaben beschrieben werden, als Aufgaben, die aus einem bestimmten Lebensabschnitt des Individuums heraus entstehen. Die erfolgreiche
Bewältigung solcher Aufgaben führt zu Erfolgserlebnissen und erhöht die Wahrscheinlichkeit, spätere Aufgaben erfolgreich zu bewältigen. Ein Misslingen hingegen erhöht die Wahrscheinlichkeit des Misserfolgs, verbunden mit Schwierigkeiten in der Bewältigung späterer Aufgaben. Drei Faktoren treiben die Bewältigung
von Entwicklungsaufgaben an: körperliche Entwicklung, kultureller Druck bzw.
Erwartungen der Gesellschaft und individuelle Wünsche und Werte. Dreher und
Dreher (1985) nennen 10 Entwicklungsbereiche: Den Aufbau eines Freundeskrei-
ses, die Akzeptanz der eigenen körperlichen Erscheinung, Rollenübernahme als
Frau oder Mann, Aufnahme intimer Beziehungen zu einem Partner/einer Part-
nerin, Unabhängigkeit von den Eltern, Wissen, was man werden will, und was
man diesbezüglich dafür tun muss, Vorstellungen über einen zukünftigen Ehe-
partner und eine zukünftige Familie, Wissen, wer man selber ist und was man
kann, Entwicklung einer eigenen Weltanschauung, Entwicklung von Zukunftsperspektiven. Sieber (1993) nennt weiter die Auseinandersetzung mit Alkohol,
Tabak und anderen Drogen. Bukstein (1995) nennt vier Entwicklungsaufgaben,
die den Substanzkonsum begünstigen: (1) die Unabhängigkeit von den Eltern, (2)
das Experimentieren mit alternativen Einstellungen und Werten, (3) den Kontakt
mit der Peergruppe und (4) der Wunsch den Erwachsenenstatus zu haben. Weitere Aufgaben, die sich in multikulturellen Gesellschaften ergeben, sind Aufgabe
oder Übernahme alter bzw. neuer Werte und Ansichten bzw. das Hineinwach-
sen in eine bis anhin eher fremde Welt oder die Entwicklung der Fähigkeit zwischen zwei Kulturen hin und her zu pendeln. Die Entwicklung der Jugendlichen
geschieht im Rahmen eines bestimmten Umfeldes, auf das sie mit zunehmendem

Alter Einfluss ausüben können. In einem Anforderungs-Ressourcenmodell lassen sich verschiedene Ebenen (persönlich, sozial, kulturell) unterscheiden. Bronfenbrenners Entwicklungsmodell (1977) unterscheidet eine Mikro-, Meso-, Exo-, und eine Makroebene, in dem sich ein Individuum befindet. Die Mikroebene umfasst die sozialen Beziehungen zu Gleichaltrigen, Familie und Lehrpersonen, die Mesoebene die Verbindungen des Mikrosystems, die Exoebene Institutionen im weiteren Sinne, und die Makroebene die gesellschaftlichen Verhältnisse. Dieses „Funktionieren" in einer bestimmten Lebenswelt kann nicht nur aus dem Blickwinkel bloßer Abwesenheit von pathologischen Verhaltens- und Erlebensweisen, sondern auch als subjektives Wohlbefinden, Lern-, Leistungs- und Genussfähigkeit, physische und psychische Gesundheit ebenso wie Freude an familiärer und institutioneller Einbettung beschrieben werden.

1.2 Entwicklungspsychopathologie und klinische Psychologie

Bei der Entwicklung von Systemen sind innere und äußere Faktoren zu beachten, die stabilisierend oder destabilisierend wirken. Die Entwicklungspsychopathologie konzentriert sich dabei auf die Vergangenheit bzw. auf die individuellen Entwicklungsbedingungen. Die Klinische Psychologie interessiert sich für Faktoren, die im Laufe der Intervention auf ein System stabilisierend bzw. destabilisierend wirken. Die Entwicklungspsychopathologie benennt als stabilisierende Faktoren Schutzfaktoren und Resilienz sowie als destabilisierende Bedingungen, Risikofaktoren und Vulnerabilität. Beide Begriffe sind methodisch schwer zu fassen (Oerter et al. 1999). Risikofaktoren setzen sich aus sehr heterogenen Einzelmerkmalen zusammen. Zu ihnen gehören einerseits *distale* Rahmenbedingungen wie Armut, ungünstige Wohnbedingungen und/oder Zugehörigkeit zu einer Randgruppe. Als Risikofaktoren werden aber auch Beziehungen und Eigenschaften von Bezugspersonen untersucht. Untersuchungsfelder sind hier Aggressionen und Gewalt in der Familie. Zu den Risikofaktoren zählen schließlich auch *proximale* Faktoren, z.B. internale Bedingungen wie Temperament, biologische Faktoren, Lebensstil, Problemlöse- und Bewältigungsstrategien. Die Einschätzung des Stellenwertes dieser Faktoren ist unterschiedlich. Zumeist geht man von einer additiven Wirkung von Risikofaktoren aus. Trotz scheinbarer Additivität dieser Faktoren hat man den einfachen Wirkungszusammenhang zwischen Risikofaktoren und Störung aufgegeben. Nach Rutter (1990) ist anzunehmen, dass Risikofaktoren nicht *per se* das Entwicklungsergebnis bedingen, sondern eher Indikatoren für komplexere Prozesse und Mechanismen sind, die die individuelle Anpassung beeinflussen.

Die Vulnerabilität ist ein Begriff, der beim Individuum ansetzt. Sie bezieht sich auf das Ausmaß der Wirksamkeit von Risikofaktoren. Je ausgeprägter die

Vulnerabilität, desto eher können Risikofaktoren wirksam werden. Bei der Vulnerabilität lassen sich biologische und psychologische Bedingungen unterscheiden. Zu den biologischen Bedingungen gehören Temperament und körperliche Gesundheit, zu den psychologischen die bisherigen Entwicklungserfahrungen einschließlich der Erfahrungen dazu, wie diese Entwicklung beeinflusst und gestaltet werden kann. Als Gegengewicht zu den Risikofaktoren lassen sich die protektiven Faktoren ebenfalls in distale Randbedingungen, proximale Beziehungseinflüsse und internale Schutzfaktoren aufschlüsseln. In Längsschnittstudien hat sich immer wieder gezeigt, dass Kinder und Jugendliche trotz hoher Risikofaktoren eine günstige Entwicklung nehmen (Werner und Smith 1982; Werner 1990; Egle, Hoffmann und Stelffens 1997). Diese Beobachtung wird als Resilienz oder Widerstandsfähigkeit interpretiert und definiert als Fähigkeit, internale und externale Ressourcen erfolgreich zu nutzen (Waters und Sroufe 1983). Resilienz wird aber nicht als stabiles Persönlichkeitsmerkmal, sondern als variierend über Zeit und Situationen verstanden (Masten, Best und Garmezy 1990; Rutter 1990). Noam (1997) hat deshalb die Unterscheidung zwischen konstitutioneller Resilienz und Resilienzentwicklung eingeführt. Resilienz kann deshalb auch als bereichsspezifisch angesehen werden. Resilienz würde sich unter dieser Perspektive analog zur Vulnerabilität aus biologischen und psychologischen Bedingungen zusammensetzen. Die Resilienzforschung bemüht sich daher um die Isolierung von Umweltfaktoren, die zum Phänomen der Resilienz beitragen. Als Beispiel wird die Kauai-Studie (Werner 1990) zitiert, wo das Vorhandensein von Großeltern, älteren Geschwistern und sonst hilfreichen erwachsenen Personen bei einer generell ungünstigen, risikoreichen Umgebung als begünstigender Faktor wirkte. Diese Risiko- und Resilienzfaktoren sagen aber nicht vorher, welchen Weg ein Jugendlicher einschlägt. Viele Bedingungen und viele Entwicklungswege können zum gleichen Erscheinungsbild führen – was als Äquifinalität bezeichnet wird (Cicchetti und Cohen 1995; Kusch und Petermann 1998). Umgekehrt können ein und derselbe Entwicklungsweg bzw. die dabei auftretenden Kombinationen von Bedingungen zu unterschiedlichen Krankheitsbildern oder Störungen führen, je nachdem, wie das System die Bedingungen verarbeitet – was als Multifinalität bezeichnet wird. Es ist die Aufgabe der Entwicklungspsychopathologie, die Fragestellungen zu einer normalen bzw. abweichenden Entwicklung genauer zu untersuchen. In den vergangenen Jahrzehnten hat sich die Entwicklungspsychopathologie als Folge der Integration verschiedener, bisher getrennter Disziplinen zu einer neuen Wissenschaft entwickelt. Sroufe und Rutter (1984) definieren die Entwicklungspsychopathologie als „die Untersuchung vom Ursprung und Verlauf individueller Muster fehlangepassten Verhaltens, welcher Art auch immer die Umformung in die Verhaltensmanifestation sein mag und ganz gleich, wie komplex das psychologische Entwicklungsmuster ist". In der Entwicklungspsychopathologie geht es um das Untersuchen von Risikogruppen oder psychopathologisch auffälligen Bevölkerungskreisen. Ein verwandter Aspekt ist das Interesse an den Mechanismen und Prozessen, die die möglichen Folgen von Risikofaktoren mildern (Cicchetti und Lynch 1993; Rutter 1988). Der Ansatz, den ein entwicklungspathologischer Zugang erfordert, verlangt nach einer umfassenden Beurteilung der psychischen Funktionsfähigkeit unter Einbezug multidisziplinärer, multikontextueller und bereichsspezifischer Erfassungsstrategien.

2. Die *supra-f*-Zentren

Die 12 *supra-f*-Zentren sind über die ganze Schweiz verstreut. Sie haben von Montag bis Freitag tagsüber geöffnet und bieten eine Vielzahl sozialpädagogischer und schulischer Förderungsmaßnahmen. Einige Zentren bieten von der Schule weggewiesenen „unhaltbaren" Schüler/innen die Möglichkeit, einen regulären Schulabschluss zu erlangen. Die Zentren unterscheiden sich nach den angebotenen Leistungen und nach ihrem Strukturierungsgrad, wobei die vom Zentrum für die Jugendlichen zur Verfügung gestellte Zeit gemeint ist.

Abbildung 1: supra-f Zentren in der Schweiz

Die 12 supra-f-Zentren und ihre Standorte:

Jumpina & Jump in Winterthur

Ventil & Vert.Igo in Zürich

Take off in Liestal

Classe Atélier in Delémont

Hängebrücke in Bern

Choice in Fribourg

Arcades in Moudon

L'Appar't & UTT in Lausanne

Année Humanitaire in Genf

Der Umgang mit den deutlich unterschiedlichen Populationen in den Zentren und den verschiedenen Zielsetzungen erwies sich als ein wesentliches Forschungsproblem, das schließlich mit dem *Aktionsplan* (Hüsler, Werlen und Rehm 2005) gelöst werden konnte. Dieser Aktionsplan erlaubt eine Differenzierung der einzelnen Zentren hinsichtlich der sozial pädagogischen Angebote. Die als *A-Zentren* bezeichneten Einrichtungen stehen den Jugendlichen vier bis fünf Stunden pro Woche zur Verfügung, während die *B-Zentren* 18 und mehr Stunden Betreuung pro Jugendlichen aufwenden können. Diese B-Zentren verfügen über mehr und intensivere Angebote und weisen eine umfassendere Infrastruktur auf als die A-Zentren. Sie verfügen z.B. über Schulungs- und Werkräume und können Auftragsarbeiten übernehmen. Dies erlaubt ihnen, mit eher desintegrierten Jugendlichen, z.B. Time-out-Schüler/innen und Lehrabbrecher/innen, zu arbeiten. Die *C-Zentren* sind den B-Zentren sehr ähnlich. Der Hauptunterschied besteht darin, dass sie eine noch intensivere Betreuung leisten und die Jugendlichen meist stark desintegriert sind. *Die D- und E-Zentren sind Prototypen.* Das *D-Zentrum* ist eine Schulklasse, die mit verhaltensauffälligen Jugendlichen arbeitet, die überdies noch Schulschwierigkeiten haben. Das *E-Zentrum* bietet für ältere Jugendliche Hilfe bei der beruflichen Integration. Die Zentren können gleichzeitig 15–20 Jugendliche während rund sechs Monaten betreuen. Die meisten Jugendlichen werden von der Schule zugewiesen, einige auch von der Jugendanwaltschaft oder anderen Behörden und Diensten. Für die Aufnahme in das Programm ist die Zustimmung der Jugendlichen und deren Eltern notwendig. Die meisten *supra-f-Zentren* werden durch eine bestehende Institution der Jugendhilfe geführt.

Abbildung 2: Zentren entlang der Achsen soziale Desintegration und Struktur gebende Maßnahmen

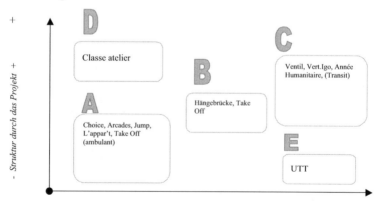

3. Personenbezogene Merkmale und Analyseebenen der Untersuchung

Um die unterschiedlichen Strukturen der *supra-f* Projekte vergleichen zu können, wurde der bereits erwähnte „Aktionsplan" entwickelt, ein Instrument, welches die Erfassung der Aktivitäten und der dafür aufgewendeten Zeit erlaubt. Dieses Instrument wird von allen *supra-f*-Zentren eingesetzt, um programmbezogene Aktivitäten zu erfassen. Auf diese Weise können die unterschiedlichen Interventionsmuster beschrieben werden. Die Ausgestaltung des Aktionsplanes umfasst Ober- und Unterkategorien. Die Oberkategorien lassen sich umschreiben als Beratungsaktivitäten, Aktivitäten im Bereich Schule und Lehre, Projektarbeiten und Freizeitaktivitäten. Zu den Beratungsaktivitäten gehören beispielsweise die individuelle Beratung, die alle Themen umfassen und geplant oder spontan (auch telefonisch) stattfinden kann. Zu Aktivitäten im Bereich Schule und Beruf lassen sich Einzel- und Gruppenunterricht in den Räumlichkeiten des Zentrums, Schulunterricht und Stoffaufarbeitung mit konkreter Zielsetzung (z.B. Sprachkurse) für Schulentlassene zuordnen. Zur Arbeit der Zentren zählen zeitlich begrenzte Arbeitseinsätze in städtischen oder privaten Institutionen, interne Werkstattarbeiten sowie Einrichtungsarbeiten. Zu Freizeitaktivitäten gehören Lager und der Aufenthalt in *supra-f*-Lokalitäten ohne ein spezifisches Angebot. *supra-f*-Programme bzw. Zentren können nach Struktur, Inhalt und Intensität verglichen werden.

Auf der Seite der Jugendlichen lassen sich Unterscheidungen nach Merkmalen wie Geschlecht, Alter, sozialen Ausgangsbedingungen (Nationalität, Familienstruktur etc.) und den Problembereichen der Jugendlichen treffen. Auf der Effektseite besteht die Erwartung, dass sich diese Programme auf das Befinden und Verhalten der Jugendlichen auswirken. Beim Befinden sind dabei Stimmungsschwankungen, Depression und Ängstlichkeit etc. angesprochen, auf der Verhaltensseite Substanzkonsum, delinquentes Verhalten sowie schulische und berufliche Integration.

Tabelle 1:   Datenquellen und Analyseebenen

Datenquelle		Analyseebene
Individuum	Individuum	Zentren
• Alter	prä-post Masse bezogen auf:	• Struktur
• Geschlecht	• Psychische Parameter wie Befinden, Selbstwert	• Handlungsebene (Individuell, Team)
• Nationalität		
• Umfeld	• Suizidalität	• Interventionstypus
• Problemtypus	• Substanzkonsum	• Risikoprofile
	• Zufriedenheit der Jugendlichen im Zentrum	• Zuweisungsgründe
		• Haltequote
		• Nachbetreuung
Zuweiser		• Zusammenarbeit und Zufriedenheit mit dem Zentrum

4. Wirksamkeit von Interventionen

Die wesentliche Frage, die sich nicht nur bei *supra-f*-Programmen, sondern generell bei sekundärpräventiven Aktivitäten bzw. Programmen stellt, lautet: Welche Maßnahmen bzw. Interventionen sind für die schulische, berufliche und soziale Integration der Jugendlichen wirksam? Als soziale Integration wird der Grad des Eingebettetseins in die familiäre, schulische bzw. berufliche Welt verstanden. Dabei kann wiederum nach kurzfristiger (prä-post Vergleich), nach mittelfristiger (follow-up nach 18 Monaten) und nach langfristiger Integration (30 Monate) unterschieden werden. Wie bereits erwähnt unterscheiden sich die Jugendlichen hinsichtlich ihrer Risiken (tief, mittel, hoch) und ihrer sozialen Integration. *supra-f*-Angebote lassen, sich bezogen auf die Maßnahmen, nach Struktur gebenden (Freizeit, Projektarbeit) und nach Interventionen im klassischen Sinne (Beratung, Gruppenarbeit) unterscheiden. Veränderungen durch Intervention können unter zwei Blickwinkeln betrachtet werden. Die systemische Betrachtung besagt, dass vor allem Einwirkungen auf und die Arbeit mit dem Umfeld der Jugendlichen erwünschte Veränderungen erwarten lässt. Konkret wären dann strukturgebende Maßnahmen und Stützung des familiären bzw. schulischen Umfeldes gefragt, wie sie von *supra-f*-Zentren realisiert werden. Unter dem Blickwinkel eines individuellen Ansatzes stehen Defizite des Jugendlichen im Zentrum, und Interventionen zielen darauf ab, eben diese Defizite abzubauen. Für die Entscheidung, welche Interventionen angezeigt sind, spielen unter anderem das Alter und die Verfestigung des Problemverhaltens bzw. psychische Aspekte (Diagnostik) eine Rolle. Da die Alterspanne der Jugendlichen von 11-20 reicht, sind für 11-15-Jährigen teilweise andere Interventionen notwendig als für die über 15-Jährigen. Der Aktionsplan erlaubt es, sowohl Interventionsmuster als auch Teilbereiche davon mit Effektmaßen zu verbinden. Damit lässt sich zeigen, ob eine bestimmte Intervention oder ein Ensemble von Interventionen die Zielvariablen beeinflussen (vgl. Hüsler et al. 2005a). Wir unterscheiden eine Interventions- und zwei Vergleichsgruppen. Die Vergleichsgruppen wurden im Umfeld der *supra-f*-Zentren gewonnen. Dabei wurde das Leitungspersonal über das gewünschte Profil, das diese Jugendlichen haben sollten, informiert. Da die *supra-f*-Zentren Kontakte zu Freizeittreffs von Jugendlichen pflegen, konnten dort die Jugendlichen für die Vergleichsgruppe rekrutiert werden. Der Unterschied der Vergleichsgruppen liegt darin, dass die eine Gruppe (in den Tabellen mit „Vergleich" bezeichnet) keinerlei Hilfe während der Beobachtungszeit (18 Monate) in Anspruch genommen hat, die andere Gruppe (in den Tabellen mit „Vergleich mit" bezeichnet) dagegen gelegentlich medizinische und soziale Unterstützung erhielt. Weiter unterscheiden wir nach sozialer Ausgangslage. Die soziale Ausgangslage ist ein Indikator für soziale Risiken. In die Variable gehen ein: Scheidung oder Trennung der Eltern, Schul- und Lehrabbrüche, Schulverweise und Aufenthalt in Institutionen.

5. Ergebnisse der Untersuchung

5.1 Soziale Ausgangslagen

Tabelle 2 zeigt, dass sich die sozialen Ausgangslagen in den Interventions- und Vergleichsgruppen unterscheiden. Jugendliche in der *supra-f*-Intervention unterscheiden sich signifikant (p<.001) durch eine schlechtere soziale Ausgangslage. Die soziale Ausgangslage variiert außerdem nach Geschlecht und Alter. Bei den Jüngeren beiden Geschlechts überwiegen gute bzw. mittlere soziale Ausgangslagen, bei den älteren mittlere bis tiefe.

Tabelle 2:   supra-f-Jugendliche – soziale Ausgangslage

		Soziale Ausgangslage	Intervention	Vergleich	Vergleich mit
männlich	11-15	hoch	119 (40%)	70 (59%)	6 (50%)
		mittel	110 (37%)	32 (27%)	5 (42%)
		tief	65 (22%)	17 (14%)	1 (8%)
	16-20	hoch	91 (30%)	73 (49%)	11 (42%)
		mittel	100 (33%)	46 (31%)	10 (38%)
		tief	116 (38%)	31 (21%)	5 (19%)
weiblich	11-15	hoch	42 (42%)	35 (56%)	10 (83%)
		mittel	34 (34%)	18 (29%)	1 (8%)
		tief	23 (23%)	9 (15%)	1 (8%)
	16-20	hoch	58 (32%)	34 (51%)	9 (36%)
		mittel	53 (29%)	24 (36%)	10 (40%)
		tief	72 (39%)	9 (13%)	6 (24%)
Total (N)			883 (100%)	398 (100%)	75 (100%)

5.2   Psychosoziale Profile

Rund 50% der *supra-f*-Population sind ausländische Jugendliche. Von Interesse ist dabei, ob sich ausländische Jugendliche in ihren psychosozialen Profilen von Schweizer Jugendlichen unterscheiden (vgl. Tabelle 3). Wir unterscheiden zwei Gruppen von ausländischen Jugendlichen. Jugendliche, die in der Schweiz aufgewachsen sind (zweite Generation) und Jugendliche, die während ihrer Kindheit oder Jugend aus dem Ausland zugezogen sind (erste Generation). Nachfolgende Tabelle zeigt für den Bereich Befinden (Depression, Ängstlichkeit, Suizidalität) nur einen Unterschied bezüglich der Suizidalität, wo schweizer Jugendliche leicht höhere Werte aufweisen als ausländische. Schweizer Jugendlichen schätzen sich bezüglich Selbstwert etwas tiefer ein als ausländische. Hinsichtlich Bewältigungsverhalten (aktiv / aufgabenorientiert, emotional, evasiv / vermeidend) unterscheiden sich die ausländischen Jugendlichen, die nicht in der Schweiz aufgewachsen sind, von den beiden anderen Gruppen. Beim normbrechenden Verhalten weisen ausländische Jugendliche, die nicht in der Schweiz aufgewachsen sind, die tiefsten Werte auf. Bezogen auf den Substanzkonsum sind die Unterschiede zwischen den ausländischen und den Schweizer Jugendlichen deutlicher. Beide Gruppen von ausländischen Jugendlichen geben einen geringeren Substanzkonsum an. Hinsichtlich der Gesundheit sind diese Unterschiede ebenfalls festzustellen, aber kaum von praktischer Relevanz, geben doch alle Jugendlichen praktisch keine Beschwerden an (vgl. dazu auch Hüsler und Werlen 2010).

Der Vergleich der Gruppen zeigt Resultate, wie sie aus anderen Untersuchungen ebenfalls bekannt sind (Shields und Behrman 2004). So sind ausländische Jugendliche der ersten Generation angepasster als ausländische Jugendliche, die im Einwanderungsland aufgewachsen sind. Jugendliche der zweiten Generation haben ähnliche Profile wie inländische Jugendliche. Von Belang scheint das in der vorliegenden Stichprobe nur für den Substanzkonsum zu sein.

Tabelle 3 (nachfolgende Seite) zeigt überdies, dass auch die soziale Ausgangslage auf den untersuchten Parameter einwirkt. Dazu ein Beispiel: Die verglichenen Gruppen (A, B, C) sind bezogen auf ihre Depressionswerte gleich. Berücksichtigt man aber die soziale Ausgangslage, so zeigt sich, dass die soziale Ausgangslage die Depression beeinflusst: Je schlechter die soziale Ausgangslage, desto höher die Depressionswerte. Nur in 4 von 14 untersuchten Bereichen spielt die soziale Ausgangslage keine Rolle.

5.3 Morbidität und Komorbidität

Da mit den *supra-f*-Jugendlichen kein klinisches Interview durchgeführt wurde, haben wir zu Vergleichszwecken aufgrund der Resultate aus dem Depressions- und Angstfragebogen „Morbiditätsgruppen" gebildet. Dabei wurden die Normwerte[22] bezogen auf das Geschlecht berücksichtigt. Tabelle 4 gibt die Verteilung der Morbidität auf Interventions- und Vergleichsgruppen wieder. Interventions- und Vergleichsgruppen unterscheiden sich signifikant (p <.05) nur bei den 16 – 20-Jährigen. Bei der Morbiditätsrate von 33 % handelt es sich insofern um eine Unterschätzung, als lediglich Befindenskategorien (Angst, Depression) als internale Störungen erfasst wurden. Bezogen auf das externale Verhalten können wir nur auf das Delinquenzmaßen und den Substanzkonsum abstellen. Nachfolgende Abbildung 3 gibt Auskunft über Verteilung und Größenordnung von internalen Störungen, Substanzkonsum und suizidale Tendenzen in Prozenten.

---

2   Normwerte: Fragebogen zur Erfassung psychischer Probleme werden an dementsprechenden Populationen normiert, d.h. es werden Grenzwerte festgelegt, die die Unterscheidung in unauffällig und auffällig ermöglichen.

Tabelle 3:   Schweizer- und ausländische Jugendliche der zweiten und der ersten Generation

		Schweiz (A) N=695		Zweite Generation (B) N=202		Erste Generation (C) N=436		Subset for alpha=0.05			Soziale Aus-gangslage
		mean	SD	mean	SD	mean	SD	A-B	A-C	B-C	
1)	Depression	11.80	(9.09)	11.18	(9.08)	11.83	(8.94)	ns	ns	ns	*
2)	Angst (STAI trait)	39.44	(11.52)	38.65	(11.81)	39.68	(10.92)	ns	ns	ns	*
3)	Suizidalität	0.99	(1.07)	*0.78*	(1.03)	*0.70*	(0.98)	*	*	ns	*
4)	Selbstwert	3.15	(0.58)	*3.29*	(0.59)	*3.26*	(0.55)	*	*	ns	ns
5)	Selbstwirksamkeit	3.03	(0.44)	3.07	(0.46)	3.08	(0.49)	ns	ns	ns	ns
6)	Schulisches Selbst	2.68	(0.57)	2.69	(0.59)	2.75	(0.51)	ns	ns	ns	ns
7)	Aktive Bewältigung	3.14	(0.54)	3.21	(0.51)	*3.25*	(0.51)	ns	*	ns	*
	Emotionale Bewältigung	2.59	(0.61)	2.63	(0.62)	*2.71*	(0.59)	ns	*	ns	ns
	Evasive Bewältigung	2.40	(0.65)	*2.54*	(0.65)	*2.57*	(0.63)	*	*	ns	*
8)	Beziehung zu Eltern: emotional	2.16	(0.70)	3.17	(0.74)	3.17	(0.74)	ns	ns	ns	*
	Kohäsion	3.19	(0.67)	3.19	(0.64)	*3.28*	*(0.66)*	ns	*	ns	*
	Konflikt	2.80	(0.77)	2.69	(0.94)	*2.50*	*(0.81)*	ns	*	*	*
9)	Zigarettenkonsum (die letzten 30 Tage)	3.30	(1.83)	*2.85*	(1.85)	*2.72*	(1.86)	*	*	ns	*
10)	Cannabiskonsum (die letzten 30 Tage)	2.42	(1.61)	*2.04*	(1.49)	*1.67*	(1.24)	*	*	*	*
11)	Alkoholkonsum (die letzten 30 Tage)	2.22	(1.05)	*1.93*	(1.01)	*1.69*	(0.91)	*	*	*	*
12)	Delinquenz	2.77	(2.88)	2.66	(3.02)	*2.31*	(2.66)	ns	*	ns	*
13)	Beschwerden	1.65	(0.46)	*1.52*	(0.43)	*1.53*	(0.46)	*	*	ns	*
14)	Medizinische Hilfe	1.91	(1.33)	*1.59*	(1.23)	*1.60*	(1.27)	*	*	ns	*
	Psychosoziale Hilfe	0.65	(0.84)	0.51	(0.77)	0.55	(0.74)	ns	ns	ns	*

Legende: 1) Depression (Hautzinger und Bailer,1993), Skala von 0-45, 2) Angst (Laux et al., 1981), Skala von 20-80, 3) Suizidalität (Arènes et al.,1998), Skala von 0-3, 4) Selbstwert (Harter,1982), Skala von 1-4, 5) Selbstwirksamkeitserwartung (Jerusalem et al.,1999), Skala von 1-4, 6) Schulisches Selbst (Alsaker et al.,1989), Skala von 1-4, 7) Bewältigungsverhalten (Endler et al., 1989), Skala von 1-4, 8) Beziehung zu den Eltern: Emotionale Unterstützung, Kohäsion, Konflikt (Armsden et al., 1987), Skala von 1-4, 9) Tabakkonsum Arènes et al.,1989; Narring et al. 1994), Skala 1=nie, 2=<1 Zig/Tag, 3= 1-5 Zig/Tag, 4= 6-10 Zig/Tag, 5= 11-20 Zig/Tag, 6= >20 Zig/Tag, 10) Alkoholkonsum (Arènes et al.,1989; Narring et al. 1994), Skala 1=nie, 2= <1 Monat, 3= 1xMonat, 4=1xWoche, 5=>1xWoche, 6= jeden Tag, 11) Cannabiskonsum (Ferron et al., 1997; Arènes et al., 1989; Narring et al., 1994), Skala 1=nie, 2= 1-2mal, 3= 3-9mal, 4= >9mal, 5= jeden Tag, 12) Normbrechendes Verhalten (Ei-genkonstruktion nach Loeber et al., 1989), Skala von 0-13, 13) Körperliche Beschwerden (Ferron et al., 1997; Narrning et al., 1994), Skalierung besteht aus vierstufigen Antworten: „nie, selten, ziem-lich oft, sehr oft, 14) Medizinische Unterstützung (Ferron et al., 1997), Skala von 0-6, 15) Psycholo-gische Unterstützung (Ferron et al., 1997), Skala von 0-4, Post Hoc Tests (Homogeneous Subsets).

Tabelle 4: supra-f-Population und psychische Symptome

		Symptome	Intervention	Vergleich	Vergleich mit
männlich	11-15	nein	234 (77%)	89 (79%)	10 (83%)
		ja	68 (23%)	23 (21%)	2 (17%)
	16-20	nein	221 (69%)	119 (78%)	16 (64%)
		ja	99 (31%)	34 (22%)	9 (36%)
weiblich	11-15	nein	63 (61%)	41 (67%)	7 (64%)
		ja	40 (39%)	20 (33%)	4 (36%)
	16-20	nein	106 (51%)	45 (63)	9 (36%)
		ja	100 (49%)	26 (37%)	16 (64%)
Total			931 (100%)	398 (100%)	75 (100%)

Legende: Bildung von Symptomgruppen: Depressionswerte für Jungen >17, Mädchen >22, Angstwerte für Jungen >43, für Mädchen >46, missing data N=39.

Die Abbildung 3 zeigt vier Gruppen von Jugendlichen; die psychisch unauffälligen Jugendlichen, die depressiven und ängstlichen Jugendlichen, die ängstlichen Jugendlichen und die depressiven Jugendlichen. Sie lassen sich aufgrund verschiedener Charakteristiken wie internale Probleme, Tabak-, Alkohol-, Cannabiskonsums sowie Suizidgedanken, Suizidversuch und sozialer Ausgangslage unterscheiden.

Abbildung 3: Befindensbeeinträchtigung, Substanzkonsum und Suizidalität in supra-f

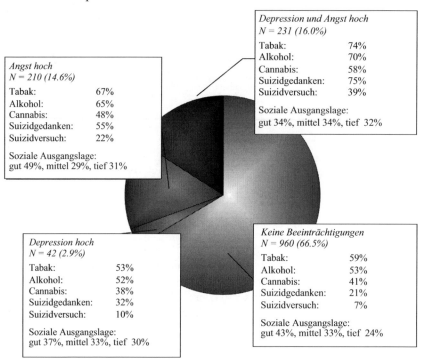

Depression und Angst hoch
N = 231 (16.0%)

Tabak:	74%
Alkohol:	70%
Cannabis:	58%
Suizidgedanken:	75%
Suizidversuch:	39%

Soziale Ausgangslage:
gut 34%, mittel 34%, tief 32%

Angst hoch
N = 210 (14.6%)

Tabak:	67%
Alkohol:	65%
Cannabis:	48%
Suizidgedanken:	55%
Suizidversuch:	22%

Soziale Ausgangslage:
gut 49%, mittel 29%, tief 31%

Depression hoch
N = 42 (2.9%)

Tabak:	53%
Alkohol:	52%
Cannabis:	38%
Suizidgedanken:	32%
Suizidversuch:	10%

Soziale Ausgangslage:
gut 37%, mittel 33%, tief 30%

Keine Beeinträchtigungen
N = 960 (66.5%)

Tabak:	59%
Alkohol:	53%
Cannabis:	41%
Suizidgedanken:	21%
Suizidversuch:	7%

Soziale Ausgangslage:
gut 43%, mittel 33%, tief 24%

5.3.1 Die psychisch unauffälligen Jugendlichen

Abbildung 3 zeigt, dass 67 % der supra-f Jugendlichen keine internalen Probleme aufweisen. Weiter zeigt sich, bezogen auf die letzten 30 Tage, dass 59 % dieser Gruppe Tabak, 53 % Alkohol und 41 % Cannabis konsumiert haben. Die Mittelwerte bezogen auf den Zigarettenkonsum liegen bei 1-5 Zigaretten täglich. Der Alkoholkonsum liegt altersgruppenunabhängig bei weniger als einmal bis einmal im Monat. Bezogen auf den Cannabiskonsum liegen die Werte bei 1-2mal im Monat (nicht in Grafik dargestellt). Fast 50 % dieser Gruppe sind gut integriert, 22 % eher desintegriert. Die Jugendlichen dieser Gruppe schätzen sich als weitgehend gesund ein. 23 % konsumieren Medikamente, 21 % hatten irgendwann im Leben suizidale Gedanken. 43 % der Jugendlichen in dieser Gruppe haben eine gute, 33 % eine mittlere und 24 % eine tiefe soziale Ausgangslage.

5.3.2 Die depressiven und ängstlichen Jugendlichen

Diese Teilgruppe hat den höchsten Anteil komorbider Jugendlicher (Depression, Angst, Suizidalität, Substanzkonsum). 74 % haben bezogen auf die letzten 30 Tage geraucht, 70 % Alkohol getrunken und 58 % Cannabis konsumiert. Die Mittelwerte für den Zigarettenkonsum liegen bei 6-10 Zigaretten und darüber. Alkohol konsumieren Jugendliche dieser Gruppe durchschnittlich einmal monatlich. Der Cannabiskonsum liegt bei „3-9mal" im Monat. Die Gruppe ist zu gleichen Teilen, d.h. zu je einem Drittel gut integriert, eher desintegriert bzw. desintegriert. Gesundheitliche Probleme treten eher selten auf. 39 % dieser Gruppe konsumieren Medikamente. 75 % geben an, irgendwann im Leben suizidiale Gedanken gehabt zu haben. 34 % der Jugendlichen dieser Gruppe hatten eine gute, 33 % eine mittlere, und 24 % eine schlechte soziale Ausgangslage.

5.3.3 Die ängstlichen Jugendlichen

Diese Teilgruppe macht 15 % der *supra-f*-Population aus. 67 % der Jugendlichen dieser Gruppe konsumieren Tabak, 65 % Alkohol und 48 % Cannabis (bezogen auf die letzten 30 Tage). Die Mittelwerte für Tabak liegen bei 6-10 Zigaretten pro Tag, der Alkoholkonsum bei weniger als einmal bis einmal pro Monat. Cannabis wird 1-2mal im Monat konsumiert. Gesundheitsprobleme treten eher selten auf. 34 % dieser Gruppe konsumieren Medikamente. Suizidale Gedanken hatten 55 % der Jugendlichen dieser Gruppe. Die soziale Ausgangslage ist bei 49 % gut, bei 29 % mittel und bei 31 % schlecht.

5.3.4 Die depressiven Jugendlichen

3 % der Gesamtpopulation weisen ausschließlich Depression als Störung auf. Somit sind depressive Störungen in einem weit geringeren Maße vertreten als Angst oder Mischformen von Depression und Angst. Dies deckt sich mit Erkenntnissen aus anderen Forschungsarbeiten (Steinhausen et al. 1998; Ihle et al. 2000). In dieser Teilgruppe konsumierten 53 % Tabak, 52 % Alkohol und 38 % Cannabis (bezogen auf die letzten 30 Tage). Die Mittelwerte für Tabak liegen bei 1-5 Zigaretten pro Tag, Alkohol wird weniger als einmal pro Monat konsumiert, der Cannabiskonsum liegt bei 1-2mal im Monat. Gesundheitliche Beeinträchtigungen gibt es wenige, und der Anteil der Medikamentenkonsumenten liegt bei 25 %. Suizidgedanken hatten 32 % irgendwann im Leben. Die soziale Ausgangslage ist bei 37 % gut, bei 33 % mittel und bei 30 % tief.

Bezogen auf die Suizidalität unterscheiden sich drei von vier Gruppen (p<.001). Hinsichtlich Substanzkonsum sind die Unterschiede geringer. Hier besteht der wesentliche Unterschied zwischen den unauffälligen Jugendlichen und den depressiv ängstlichen Jugendlichen (p<.001). Hinsichtlich Beschwerden unterscheiden sich die vier Gruppen zwar. Angesichts der Tatsache, dass die Mittelwerte für die Beschwerden für alle Gruppen tief sind, ist dies jedoch nicht relevant. Im Medikamentenkonsum unterscheiden sich die Gruppen kaum. Bezüglich sozialer Ausgangslage sind die Prozentanteile in den Gruppen „Depression allein", und „Depression in Verbindung mit Angst" am meisten ausgeglichen.

5.4 Integration

Die *supra-f* Studie sah sich mehrfach mit folgender Frage konfrontiert: Was sind die wesentlichen Erfolgsparameter? Als bedeutsam stellte sich die Integration der Jugendlichen heraus. Dies entsprach auch weitgehend den Bedürfnissen der Zuweiser. Die Zuweisung erfolgt oft aufgrund einer zunehmenden schulischen und beruflichen Desintegration. Jugendliche, die schulisch und beruflich nicht eingebettet sind, sollten mit der Unterstützung der Zentren stabilere schulische und berufliche Möglichkeiten erhalten. Wir unterscheiden drei unterschiedliche Gruppen: Jugendliche in Interventionen mit guter, mittlerer oder schlechter sozialer Ausgangslage. Weiter unterscheiden wir zwei Vergleichsgruppen mit denselben Ausprägungen. Wobei eine Vergleichsgruppe (Vergleich +) sich von der anderen dadurch unterscheidet, dass diese auch Interventionen, aber keine *supra-f*-Intervention in Anspruch genommen hat. Wir unterscheiden in einem ersten Schritt Integration und soziale Ausgangslage. Dabei zeigen sich folgende Trends: Die soziale Ausgangslage bestimmt bereits zu Beginn der Studie den Integrationsgrad. Jugendliche mit einer guten sozialen Ausgangslage sind besser integriert als Jugendliche mit einer schlechten. Dementsprechend schwierig gestaltet sich auch die Integration. Jugendliche mit einer tiefen sozialen Ausgangslage sind bedeutend schwieriger zu integrieren und über eine längere Zeit zu stabilisieren. Hier zeigen sich jeweils größere Verbesserungen bei den Interventionsgruppen als bei den Vergleichsgruppen (vgl. Abbildung 4, 5).

Abbildung 4: Integration und soziale Ausgangslage

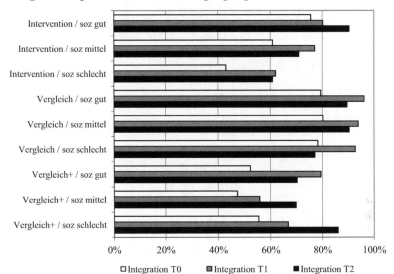

Wird die Integration nach Zentren verglichen (vgl. Abbildung 5), so haben jene Zentren mit Jugendlichen in überwiegend guter sozialer Ausgangslage (A-Zentren) den höchsten Anteil stabil integrierter Jugendlicher. So gesehen ist das keine Leistung eines Zentrums und wiederspiegelt nur die soziale Zusammensetzung der Klientel. Ganz anders sind die Bedingungen für B- und C-Zentren. Sie haben tatsächliche Integrationsarbeit zu leisten. Hier stellt sich lediglich die Frage, ob die Integration stabil bleibt (T2). Es scheint, dass B und C Zentren erfolgreiche Integrationsarbeit leisten. Die Ausnahme bildet das D-Zentrum, in dem die Teilnehmenden ein 10. Schuljahr absolvieren. Somit sind alle Teilnehmer/innen dieses Zentrums schulisch integriert. Nach Durchlaufen des Schuljahres müssen diese Jugendlichen eine Arbeits- oder Lehrstelle finden. Dies gelingt offensichtlich nicht allen. Betrachtet man die Verläufe der beiden Vergleichsgruppen, so wird die Integrationsleistung der Zentren etwas geschmälert. Hier sind ähnliche Bewegungen im Beobachtungszeitraum T0-T1-T2 festzustellen. Dennoch lässt sich ein leicht besseres Resultat der *supra-f*-Intervention nicht wegdiskutieren.

Abbildung 5:   *Integration und Zentrums-Typ*

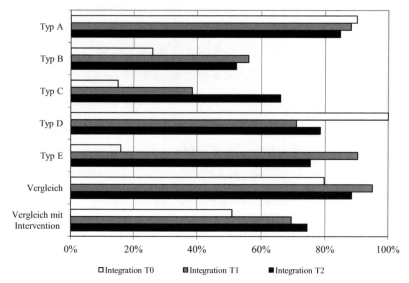

5.5   Wirksamkeit der supra-f Zentren über den Zeitraum von 18 bis 24 Monaten

Die Tabellen 5 bis 7 zeigen die Effektstärken bezogen auf das Befinden (Depression, Angst), Selbstwirksamkeit, Selbstwert, die Delinquenz, das Plagen und den Substanzkonsum (Tabak, Alkohol und Cannabis). Die Effektstärken werden pro Zentrumstyp ausgewiesen. Darüber hinaus werden die Effektstärken der Vergleichsgruppe, die eine Intervention erhalten hatte (Vergleich mit), und die Gesamteffektstärke über alle Zentren (*supra-f*) angegeben. Effektstärken, die in die erwartete Richtung (Verbesserung) gehen, sind in den Tabellen *fett* markiert[33].

---

3   Wie liest man Effektstärken? Effektstärken gehen auf Cohen (1988) zurück. Cohen's d ist die Differenz zweier Mittelwerte geteilt durch die Standardabweichung der Interventionsgruppe. Cohen gibt Werte von d=.20 als kleine Effekte, d=.50 als mittlere und d=.80 als grosse Effekte an. Als Faustregel lässt sich das angegebene d (Effektstärke=ES) auch als % Anteil der Veränderung verstehen (ES/2=% Anteil Veränderung).

Die Gesamteffekte (*supra-f* Total) und die Effekte bezogen auf die einzelnen Zentren lassen sich Tabelle 5 entnehmen. Hier zeigt sich noch einmal, dass nur eine zentrumsbezogene Darstellung und Auswertung Sinn macht, da die Effekte stark streuen. Bezogen auf alle Substanzen zeigen alle Effekte in Richtung einer Abnahme des Konsums. Am geringsten ist die Abnahme beim Cannabiskonsum, am deutlichsten beim Tabakkonsum. Hinsichtlich Befinden, Selbstkonzept, Selbstwert und der Delinquenz sind die Resultate weniger eindeutig. Wir haben nur geringe Gesamteffekte beim Selbstwert – er nimmt leicht zu (.16) – und bei der Delinquenz – sie nimmt leicht ab (-.10). Das Befinden verändert sich praktisch nicht.

Eine zentrumsbezogene Betrachtung ist schwieriger. Die Typ A-Zentren erzielen nur kleine Effekte. Die Typ B-Zentren haben aber viel bessere Resultate. Der Substanzkonsum nimmt in einem mittleren Maße ab, so auch die Delinquenz. Der Selbstwert nimmt hingegen zu. Die Typ C-Zentren zeigen homogenere Resultate. Der Substanzkonsum nimmt ab, ebenfalls die Delinquenz. Selbstwert und Selbstkonzeptwerte nehmen zu. Das Befinden verbessert sich. Die Typ D-Zentren zeigen nur im Bereich Substanzen Verbesserungen. Alle anderen Parameter bleiben unverändert oder verschlechtern sich. Das Typ E Zentrum zeigt wie bereits die Typ C Zentren homogene Resultate. Substanzkonsum und Delinquenz nehmen ab, Selbstwert und Selbstkonzept nehmen zu. Das Befinden verbessert sich (die Angst nimmt ab). Hinter dieser starken Streuung der Effekte steht der Selektionseffekt der Zentren. Die Zentren unterscheiden sich bezüglich der Jugendlichen, die sie betreuen (Alter, soziale Integration). So sind Jugendliche in den A-Zentren bezogen auf die erhobenen Parameter weitgehend in der Norm. Es ist deshalb schon aus statistischen Gründen nicht möglich, hohe Effekte zu erzielen. Dies wäre nur dann möglich, wenn die Vergleichsgruppe dramatische Verschlechterungen aufweisen würde. Anders ist es in den B- und C-Zentren. Hier finden sich stark desintegrierte Jugendliche und Jugendliche, die in einem höheren Ausmaß Befindensbeeinträchtigungen und einen höheren Substanzkonsum haben. Außerdem sind sie älter.

Tabelle 5: Effektstärken zwischen Eintritt (T0) und nach 18 bis 24 Monaten (T2)

T0-T2	dep	ata	atb	ase	*stw*	nbs	plg	*tab*	*alk*	can
Typ A	.02	-.16	-.07	-.03	.14	-.04	.01	-.14	-.04	-.09
Typ B	.18	.00	-.03	-.09	.18	-.25	.32	-.38	-.21	.04
Typ C	-.18	-.24	-.25	.10	.35	-.40	-.05	-.64	-.39	-.49
Typ D	.41	.30	.15	-.29	.01	.13	.45	-.21	-.27	-.07
Typ E	-.07	.07	-.27	.22	.31	-.31	-.21	-.44	-.32	-.11
Vergleich mit	.08	-.10	-.13	.09	.24	-.35	-.07	-.24	-.28	-.05
supra-f Total	.06	-.08	-.07	-.01	.16	-.10	.09	-.26	-.15	-.12

Legende: dep = Depression (Hautzinger und Bailer, 1993), ata = Angstskala SCL-90-R (Franke, 1995), atb = Ängstlichkeit STAI trait (Laux et al., 1981), ase = Selbstwirksamkeit (Jerusalem und Schwarzer, 1991), stw = Selbstwert (Harter, 1982), nbs = Normbrechendes Verhalten (Eigenkonstruktion nach Loeber et al., 1989), plg = Plagen (Alsaker et al., 1989), tab = Tabakkonsum (Arènes et al., 1998; Narring et al., 1994), alk = Alkoholkonsum (Arènes et al., 1998; Narring et al., 1994) can = Cannabiskonsum (Arènes et al., 1998; Ferron et al., 1997; Narring et al., 1994).

Während in Tabelle 5 die Gesamteffekte der Jugendlichen dargestellt sind, sind in Tabelle 6 nur Effektstärken symptomloser Jugendlicher (ohne Angst und Depression), in Tabelle 7 dagegen nur Effektstärken der Jugendlichen mit Symptomen dargestellt. Da die Zentren keine klassischen Interventionen anbieten, wie sie für die Psychotherapie üblich sind, können sie auch keine dementsprechenden Effekte haben. Es ist dennoch wichtig zu prüfen, wie die *supra-f*-Programme auf Jugendliche mit bzw. ohne Befindensbeeinträchtigungen wirken. Die Gesamteffekte sind bezogen auf den Substanzkonsum etwas geringer, für den Selbstwert hingegen ähnlich. Beim Befinden stellen wir eine leichte Verschlechterung fest (Depressionswerte nehmen zu). Bezogen auf die einzelnen Zentrumstypen sind die Effekte auch etwas geringer. Auch das birgt wenig Überraschung. In der Regel haben asymptomatische Jugendliche einen geringere Variation in den erhobenen Parametern – sind also weitgehend in der Norm. Aber auch hier gibt es Ausnahmen. So nehmen z.B. die Angstwerte im Typ C-Zentrum bei den asymptomatischen Jugendlichen am meisten ab. Im Typ E Zentrum verbessert sich der Selbstwert bei dieser Gruppe am meisten (vgl. Tabelle 7).

Tabelle 6: supra- f Jugendliche ohne Symptome

T0-T2	dep	ata	atb	asc	*stw*	nbs	plg	*tab*	*alk*	can
Typ A	.13	-.04	-.06	-.06	.12	-.03	.14	-.07	-.04	-.09
Typ B	.55	.21	.09	-.27	-.04	-.30	.73	-.38	-.12	.11
Typ C	.01	-.15	-.45	.01	.35	-.30	.27	-.58	-.29	-.54
Typ D	.36	.24	.07	-.44	.05	.30	.68	-.04	-.18	.09
Typ E	.55	.96	.20	.26	.68	-.30	-.21	-.60	-.39	-.02
Vergleich mit	.05	-.06	-.29	-.09	.16	-.45	-.20	-.08	-.08	.15
supra-f Total	.21	.05	-.06	-.12	.13	-.06	.31	-.19	-.06	-.09

Legende: dep = Depression (Hautzinger und Bailer, 1993), ata = Angstskala SCL-90-R (Franke, 1995), atb = Ängstlichkeit STAI trait (Laux et al., 1981), ase = Selbstwirksamkeit (Jerusalem und Schwarzer, 1991), stw = Selbstwert (Harter, 1982), nbs = Normbrechendes Verhalten (Eigenkonstruktion nach Loeber et al., 1989), plg = Plagen (Alsaker et al., 1989), tab = Tabakkonsum (Arènes et al., 1998; Narring et al., 1994), alk = Alkoholkonsum (Arènes et al., 1998; Narring et al., 1994) can = Cannabiskonsum (Arènes et al., 1998; Ferron et al., 1997; Narring et al., 1994).

Jugendliche mit Symptomen haben die homogensten Resultate, sowohl bezogen auf die Zentren als auch bezogen auf die erhobenen Parameter. Die Depressionswerte nehmen in der Regel ab (Ausnahme Typ A, keine Veränderung, Typ B Zunahme). Hinsichtlich Angst (SCL-90-R) und Ängstlichkeit (STAI) sind die Resultate gemischt. Selbstwert und Selbstkonzeptwerte nehmen in der Regel zu. Delinquenz nimmt generell ab. Es zeigt sich auch eine Abnahme auf der Skala Plagen. Bezogen auf die Reduktion des Tabak- und Alkoholkonsums zeigen sich hier die deutlichsten Effekte – geringer sind die Effekte bezogen auf Cannabis (vgl. Tabelle 8).

Tabelle 7: supra- f Jugendliche mit Symptomen

T0-T2	dep	ata	atb	asc	*stw*	nbs	plg	*tab*	*alk*	can
Typ A	-.04	-.13	.03	.20	.09	-.14	-.18	-.28	-.06	-.02
Typ B	-.17	.00	-.21	.23	.30	-.35	-.11	-.34	-.48	.04
Typ C	-.47	-.29	.00	.23	.36	-.59	-.36	-.76	-.78	-.24
Typ D	.32	.49	.31	-.05	-.17	-.35	.19	-.65	-1.33	-.26
Typ E	-.12	.14	-.07	.12	-.18	-.31	-.15	-.38	-.36	-.11
Vergleich mit	.29	.30	.31	.27	.12	-.32	.03	-.41	-.31	.07
supra-f Total	-.08	-.04	.02	.17	.10	-.26	-.16	-.39	-.35	-.06

Legende: dep = Depression (Hautzinger und Bailer, 1993), ata = Angstskala SCL-90-R (Franke, 1995), atb = Ängstlichkeit STAI trait (Laux et al., 1981), ase = Selbstwirksamkeit (Jerusalem und Schwarzer, 1991), stw = Selbstwert (Harter, 1982), nbs = Normbrechendes Verhalten (Eigenkonstruktion nach Loeber et al., 1989), plg = Plagen (Alsaker et al., 1989), tab = Tabakkonsum (Arènes et al., 1998; Narring et al., 1994), alk = Alkoholkonsum (Arènes et al., 1998; Narring et al., 1994) can = Cannabiskonsum (Arènes et al., 1998; Ferron et al., 1997; Narring et al., 1994).

Tabelle 8 gibt eine Übersicht über die zentrumsbezogenen Veränderungen. In allen Zentren nimmt der Substanzkonsum ab, allerdings in unterschiedlichem Ausmaß. Für das Befinden und den Selbstwert gibt es Zu- wie Abnahmen. Dies trifft auch auf die Delinquenz und das Plagen zu.

Tabelle 8: Zentrumsbezogene Veränderungen

Zentren	Selbstwirksamkeit	Befinden	Delinquenz / Plagen	Substanzen
Typ A	Leichte Verbesserung	Leichte Verbesserung	Keine Veränderung	Leichte Abnahme des Konsums
Typ B	Leichte Verbesserung	Leichte Verschlechterung	Leichter Rückgang der Delinquenz, Zunahme beim Plagen	Leichte Abnahme des Konsums
Tpy C	Leichte Verbesserung	Leichte Verschlechterung	Rückgang der Delinquenz, keine Veränderung beim Plagen	Deutlicher Rückgang des Konsums
Typ D	Leichte Verschlechterung	Verschlechterung	Delinquenz- leichte Zunahme	Leichte Abnahme des Konsums
Typ E	Leichte Verbesserung	Geringere Angst	Verringerung	Rückgang des Konsums

6. Fazit

Fassen wir die Ergebnisse des Verlaufs von *supra-f* zusammen, so ist die Entwicklung eines Bedingungs- und Behandlungsmodells, die Entwicklung des Aktionsplans, die differentielle Darstellung eines Risikomodells mit entsprechender Darstellung von Risikoprofilen, der diagnostische Prozess zum Auffinden der adäquaten Intervention und die Kategorisierung (A, B, C, D, E) der Zentren nach Struktur und Desintegration hervorzuheben. Die Zentren haben steigende Belegungsziffern im Verlauf, eine hohe Haltequote, eine hohe Zufriedenheit der Zuweiser und der Jugendlichen, eine hohe Integrationsrate bzw. eine geringe Abbruchquote. Außerdem haben alle Zentren eine finanzielle Eigenständigkeit erreicht und sind nicht mehr vom BAG abhängig.

Literatur

Alsaker, Françoise D. 1989. School achievement, Perceived Academic Competence and Global Self-esteem. *School Psychology International* 10: 147-158.

Arènes, Jacques, Marie-Pierre Janvrin und François Baudier. 1998. *Baromètre Santé jeunes 97/98.* Paris: Editions CFES.

Armsden, Gay C., und Mark T. Greenberg. 1987. The inventory of parent and peer attachement: Individual differences and their raltionship to psychological well-being in adolescence. *Journal of Youth and Adolescence* 16: 427-454.

Bronfenbrenner, Uri. 1977. Toward an experimental ecology of human development. *American Psychologist* 32: 513-531.

Bruvold, William H. 1993. A meta-analysis of adolescent smoking prevention programs. *American Journal of Public Health* 83(6): 872-880.

Bukstein, Oscar G. 1995. *Adolescent substance abuse: Assessment, prevention and treatment.* New York: Wiley.

Bundesamt für Gesundheit (BAG). 2004. *Entwicklungschancen fördern. Prävention zu Gunsten gefährdeter Kinder und Jugendlicher.* Bern: BAG.

Cohen, Jacob. 1988. *Statistical power analysis for the behavioral sciences* (2nd Ed.). Hillsdale, NJ: Lawrence Earlbaum Associates.

Cicchetti, Dante, und Donald Cohen. 1995. *Developmental Psychopathology: Theory and Methods, Vol.1.* New York: Wiley.

Cicchetti, Dante, und Michael Lynch. 1993. Toward an ecological/transactional model of community violence and child maltreatment: consequences for children's development. *Psychiatry* 56: 96-118.

Dreher, Eva, und Michael Dreher. 1985. Wahrnehmung und Bewältigung von Entwicklungsaufgaben im Jugendalter. In *Lebensbewältigung im Jugendalter*, Hrsg. Rolf Oerter, 30-61. Weinheim: VCH Verlagsgesellschaft.

Egle, Ulrich T., Sven O. Hoffmann und Markus Steffens. 1997. Pathogene und protektive Entwicklungsfaktoren in Kindheit und Jugend. In *Sexueller Missbrauch, Misshandlung, Vernachlässigung. Erkennung und Behandlung psychischer und psychosomatischer Folgen früherer Traumatisierungen*, Hrsg. Ulrich Egle, Sven Hoffmann und Peter Joraschky, 3-20. Stuttgart: Schattauer.

Ferron, Christine, Daniel Cordonier, Pascale Schalbetter, Isabelle Delbos-Piot und Pierre-André Michaud. 1997. *La santé des jeunes en rupture d'apprentissage: une recherche-action sur les modalités de soutien, les déterminants de la santé et les facteurs favorisant une réinsertion socio-professionelle.* Rapport de recherche IUMPS. Lausanne: IUMPS.

Flammer, August, Alexander Grob und Françoise Alsaker. 1997. Belastung von Schülerinnen und Schülern: Das Zusammenwirken von Anforderungen, Ressourcen und Funktionsfähigkeit. In *Kinder und Jugendliche heute: belastet – überlastet?*, Hrsg. Alexander Grob, 11-30. Chur: Rüegger.

Franke, Gabriela. 1995. *Die Symptom-Checkliste von Derogatis* – Deutsche Version (SCL-90-R) – Manual. Göttingen: Beltz-Test.

Havighurst, Robert. 1956. Research on the developmental-task concept. *The School Review* 64: 215-223.

Harter, Susan. 1982. The Perceived Competence Scale of Children. *Child Development* 53: 87-97.

Hautzinger, Martin, und Maja Bailer. 1983. *ADS. Allgemeine Depressionsskala.* Weinheim: Beltz.

Hüsler, Gebhard, Egon Werlen und Bernard Plancherel. 2004. Der Einfluss psychosozialer Faktoren auf den Cannabiskonsum. *Suchtmedizin in Forschung und Praxis* 6(3): 221-235.

Hüsler, Gebhard, Egon Werlen und Jürgen Rehm. 2005a. The Action Plan – A new instrument to collect data on interventions in secondary prevention in adolescents. *Substance Use and Misuse* 40(6): 761-777.

Hüsler, Gebhard, und Egon Werlen. 2010. Swiss and migrant adolescents – similarities and differences. *Vulnerable Children and Youth Studies* 5(3): 244-255.

Hüsler, Gebhard. 2010. *Jugendliche hier und anderswo. Gesetzmäßigkeiten der Jugendproblematik.* Zürich/Chur: Rüegger.

Hüsler, Gebhard. 2010. *Formation – Ecole –Santé.* Glarus/Chur: Rüegger.

Jerusalem, Mathias, und Ralf Schwarzer. 1999. Allgemeine Selbstwirksamkeit. In *Skalen zur Erfassung von Lehrer und Schülermerkmalen,* Hrsg. Ralf Schwarzer und Mathias Jerusalem. Berlin: Humbold-Universität.

Ihle, Wolfgang, Günter Esser, Martin Schmidt und Bernd Blanz. 2000. Mannheimer Studie. *Zeitschrift für Klinische Psychologie und Psychotherapie* 29(4): 263-275.

Kusch, Michael, und Franz Petermann. 1998. Konzepte und Ergebnisse der Entwicklungspsychopathologie. In *Lehrbuch der Klinischen Kinderpsychologie,* Hrsg. Franz Petermann, 53-93. Göttingen: Hogrefe.

Laux, Lothar, Peter Glanzmann, P. Schaffner und Charles D. Spielberger. 1981. *Das State-Trait-Angstinventar (STAI).* Beltz: Weinheim.

Masten, Ann, Karin Best und Norman Garmezy. 1990. Resilience and development: contributions from the study of children who overcome adversity. *Development and Psychopathology* 2: 425-44.

Narring, Françoise, Annemarie Tschumper, Pierre-André Michaud, Francseco Vanetta, Richard Meyer, Hans Wydler, Jean-Claude Vuille, Fred Paccaud und Felix Gutzwiler. 1994. *La santé des adolescents en Suisse: rapport d'une enquête nationale sur la santé et les styles de vie des 15-20 ans.* Lausanne: IUMSP.

Noam, Gil. 1997. Clinical-Developmental Psychology: toward developmentally differentiated interventions. In *Handbook of Child Psychology,* Hrsg. William Damon, Irving Siegel und K. Ann Renninger, 585-634 .New York: Wiley.

Oerter, Rolf, Cornelia von Hagen, Gisela Röper und Gil Noam. 1999. *Klinische Entwicklungspsychologie.* Weinheim: PVU.

Rutter, Michael. 1988. *Studies of psychosocial risk. The power of longitudinal data.* Cambridge: Cambridge University Press.

Rutter, Michael. 1990. Prosocial resilience and protective mechanisms. In *Risk and protective factors in the development of psychopathology,* Hrsg. Jon Rolf, Ann Masten, Dante Cicchetti, Keith Nuechterlein and Sheldon Weintraub, 181-214. New York: Cambridge University Press.

Sieber, Martin. 1993. *Drogenkonsum: Einstieg und Konsequenzen. Ergebnisse von Längsschnittuntersuchungen und deren Bedeutung für die Prävention.* Bern: Huber.

Shield, Margie K., und Richard E. Behrman. 2004. Children of Immigrant Families: Analysis and Recommendations. *The Future of Children* 14(2). http://www.futureofchildren.org/pubs-info2825/pubs-info_show.htm?doc_id=240166 (Stand: 1. November 2005).

Schmidt, Bettina. 2001. *Suchtprävention bei konsumierenden Jugendlichen (2. Auflage).* Weinheim: Juventa.

Steinhausen, Hans-Christoph, Christa Winkler, M. Meier, und K. Kannenberg 1998. Prevalence of child and adolescent psychiatric disorders: The Zürich Epidemiological Study. *Acta Psychiatrica Scandinavica* 98: 262-271.

Waters, Everett, und Alan Sroufe. 1983. Social competence as a developmental construct. *Developmental Review* 3: 79-97.

Werner, Emmy, und Ruth Smith. 1982. *Overcoming the odds: High-risk children from birth to adulthood.* Ithaca: Cornell University Press.

Werner, Emmy. 1990. Protective factors and individual resistance. In *Handbook of early childhood intervention*, Hrsg. Samuel Meisels and Jack Shonkoff, 97-116. New York: Cambridge University Press.

Anhang

Tabelle: Die für die Analyse verwendeten Instrumente und ihre Kennwerte

	Items		*Alpha*	*Autoren*
Depression	15	Skala fünfstufig	.89	Hautzinger et al. (1993)
Angst (SCL-90-R)	10	Skala vierstufig	.89	Franke (1995)
Angst (STAI trait)	20	Skala vierstufig	.90	Laux et al. (1981)
Selbstwert	7	Skala vierstufig	.84	Harter (1982)
Selbstwirksamkeit	10	Skala vierstufig	.83	Jerusalem et al. (1999)
Beziehung zu Eltern: Kohäsion	3	Skala vierstufig	.59	Armsden et al. (1987)
Beziehung zu Eltern: Emotional	5	Skala vierstufig	.85	Armsden et al. (1987)
Suizidale Gedanken,	3	Skala vierstufig	.62	Arènes et al. (1998);
Suizidversuch	1	ja / nein	--	Ferron et al. (1997);
				Narring et al. (1994)
Bewältigungsverhalten: aktiv	4	Skala vierstufig	.70	Armsden et al., (1987)
Bewältigungsverhalten: emotional	5	Skala vierstufig	.65	Armsden et al., (1987)
Bewältigungsverhalten: evasiv	6	Skala vierstufig	.64	Armsden et al., (1987)
Beschwerdeliste	14	Skala vierstufig	.82	Ferron et al. 1997;
				Narring et al. 1994
Alkoholkonsum	5	Skala sechsstufig	.84	Arènes et al. (1998);
				Narring et al. (1994)
Cannabis Konsum	1	Skala fünfstufig	--	Arènes et al. (1998);
				Ferron et al. (1997);
				Narring et al. (1994)
Rauchen	1	Skala fünfstufig	--	Arènes et al. (1998);
				Narring et al. (1994)
Aufgesuchte medizinische und psychosoziale Hilfe	10	Skala vierstufig	.60	Ferron et al. (1997); Narring et al. (1994)

Bildung als intergenerationales Drama – prägend für das ganze Leben?

Ergebnisse der LifE-Studie (Lebensverläufe ins frühe Erwachsenenalter)

Helmut Fend

Im Kontext der Forschung zu Bildung und Lebenslauf (s. z.B. Hillmert 2009) werden im Folgenden Ergebnisse der Längsschnittstudie LifE[1] zu Bildungs- und Ausbildungswegen und ihre lebensgeschichtlichen Folgen berichtet. Im Vordergrund steht die familiensoziologische Perspektive der intergenerationalen Transmission von Bildungswegen. Die Bildungslaufbahn eines Kindes wird in der Familie beredet, reguliert, angetrieben und „bearbeitet". Sie ist in der Moderne in vielen Familien während der Schulzeit das zentrale Gesprächsthema und der Fokus der alltäglichen Organisation des Lebens. Die Förderung der Schullaufbahn der Kinder gehört damit zum Kernbereich der *Investitionen* in Kinder. Die entscheidungstheoretisch orientierte Bildungssoziologie (Boudon 1987; Goldthorpe and Mills 2008; Maaz and Nagy 2009; Allmendinger und Aisenbrey 2002; Baumert und Schümer 2002) differenziert diese Investitionen in Fördereffekte (primäre Effekte) und in Entscheidungseffekte (sekundäre Effekte). Vorerwartungen und viele Beobachtungen des Kindes, insbesondere die seiner Leistungen in der Schule, bilden die Grundlage für die elterlichen Bildungserwartungen und für die Bildungswege, die ihrerseits die Lebensgeschichte prägen.

Im folgenden Beitrag geht es in einem ersten Schritt um die Frage, welche Bedeutung elterliche Bildungserwartungen für die Regulierung der Bildungswege ihrer Kinder haben (1), welchen Einfluss das Bildungsniveau der Eltern in der intergenerationalen Übertragung auf die Bildungswege der Kinder hat (2) und welches die Folgen von gelungener oder misslungener Übertragung sind (3). Bei der letzteren Frage geht es um die Folgen von intergenerationalem Bildungsaufstieg und Bildungsabstieg. Schließlich werden die generellen Folgen von Bildung für die Lebensorientierungen und Lebensbewältigung im frühen Erwachsenenalter analysiert, um abzuschätzen, ob die elterliche Bedeutungszuschreibung zu

---

[1] Siehe http://www.uni-potsdam.de/life-studie

Bildung als Medium der Lebensbewältigung sachlich begründet ist. Es wird angenommen, dass die elterliche Bedeutungszuschreibung zu Bildung von solchen
Langzeitfolgen von Bildung für die Lebensbewältigung inspiriert ist. Der theoretische Rahmen und die Forschungstraditionen sind andernorts ausführlich entfaltet (s. Fend 2009).

1. Datengrundlage

Die erste Erhebung im Rahmen der LifE-Studie erfolgte im Jahr 1979, in der
rund 2000 Kinder in der 6. Schulstufe, also etwa im 12. Lebensjahr, untersucht
wurden (s. Abb. 1). Sie wurde im Abstand von einem Jahr fünfmal fortgesetzt
und mit der 10. Schulstufe abgeschlossen. Methodische Begleitstudien sollten die
Kohortenstabilität und die eventuellen Auswirkungen von Testwiederholungen
berücksichtigen. Von großer inhaltlicher Bedeutung war die zweimalige Miter-
hebung der Eltern und der Lehrerschaft in den erfassten Schulklassen. Die 1983
von den Erhebungen her abgeschlossene Konstanzer Jugendstudie (Fend, 1990,
1991, 1994, 1997, 1998) wurde nach 19 Jahren bei den 35-Jährigen wieder aufgenommen. Von den wiedergefundenen Personen (ca. 85 %) haben ca. 83 % (N =
1527) teilgenommen (Fend et al., 2009). Es stand somit *eine* Kohorte aus den Ba-
by-Boom-Jahrgängen (1966/67) im Mittelpunkt, die in zwei ländlichen Regionen
in Hessen bzw. in der Großstadt Frankfurt aufgewachsen ist. 1030 Personen haben
mit 12 Jahren und 35 Jahren teilgenommen, 1162 mit 13 Jahren und mit 35 Jahren.

Die Konstruktion der Stichprobe folgte nicht primär der Logik der Reprä-
sentativität des Samples. Sie war von der Konzeption eines quasi-experimentel-
len Designs geleitet, das systematisch Generierungsfaktoren für die Humanent-
wicklung erforschbar machen sollte. Zu den kontextuellen Generierungsfaktoren
zählten in einem ersten Schritt ländliche und großstädtische Kontexte des Auf-
wachsens. In einem zweiten Schritt wurde die institutionelle Umwelt der Schule
nach der Dauer gemeinsamen Lernens gezielt variiert.

Diese Ausrichtung der LifE-Studie auf Generierungsfaktoren für differentielle Lebensverläufe und Entwicklungen bedingte ein längsschnittliches Design, das
Veränderungsmessungen möglich macht. Gleichzeitig wäre eine Beschränkung auf
die obigen makrokontextuellen Größen wie Stadt / Land und Schulsystem unbefriedigend gewesen. Zwei Erweiterungen kennzeichnen deshalb die LifE-Studie.
In der einen wurde die Erhebung des Kontextes um eine differenzierte Erfassung
der Entwicklungsumwelten in der Familie, der Schule und der Peer-group ange-
reichert. Dabei wurden sowohl Daten von der Kindkohorte erhoben, als auch in
einem Multi-source-Ansatz Daten von der sozialen Umwelt selber, über die Be-

Abbildung 1:　Design der LifE-Studie

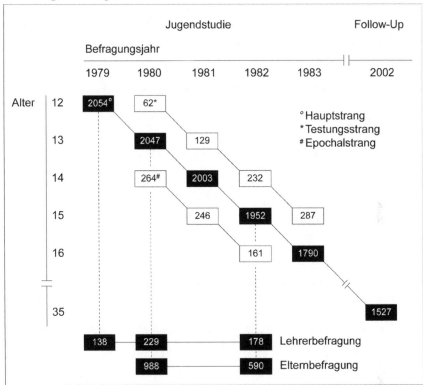

fragung von Eltern, Peers und Lehrpersonen. Die zweite Ergänzung bezog sich auf die erfassten Veränderungsdimensionen. In einem multidimensionalen Entwicklungsansatz wurden Merkmale der Bildungs- und Berufsverläufe, der sozialen Lebensläufe, von kulturellen Entwicklungsprozessen als auch von Persönlichkeitsentwicklungen und Risikoentwicklungen gleichzeitig erfasst. Dadurch sollten die latenten individuellen Ressourcen, die Lebensbiographien mitbestimmen und von diesen mitbestimmt sind, als generierende Faktoren in die Analyse von Lebensverläufen einbezogen werden.

Diese Merkmale der LifE-Studie machen sowohl die besonderen Erkenntnischancen als auch die Grenzen der Belastbarkeit der Untersuchungsergebnisse sichtbar. Letztere ergeben sich vor allem aus der Stichprobe (nur eine Kohorte), aus der Besonderheit der Kohorte (städtische und ländliche Regionen in Hessen) und der damit nicht berücksichtigbaren makrostrukturellen Faktoren und historischen Veränderungen. Die mit Längsschnitten verbundene „sample attrition" betrifft auch die LifE-Studie, wenngleich die Response Rate mit 83 % sehr hoch war. Sie betreffen vor allem zwei Gruppen, die für die Chancengleichheitsfrage relevant sind: die Ausfälle bei ehemaligen Schülern mit Migrationshintergrund und bei Schülern ohne Schulabschluss bzw. mit Hauptschulabschluss. Durch gezielte Suchstrategien und Kontakte in der Muttersprache (z.B. in türkisch) wurde versucht, diese Ausfälle möglichst klein zu halten. Da für die im Erwachsenenalter nicht mehr gefundenen und nicht mehr teilnehmenden Personen jeweils Daten aus der Adoleszenz vorliegen, bestehen vielfältige Möglichkeiten, die Selektivität der Erwachsenenpopulation zu beschreiben, da wir viele Merkmale der nicht mehr teilnehmenden Personen aus der Jugendstudie kennen.

Wie jede Studie ist auch die LifE-Studie auf Wiederholungsstudien, Ergänzungen und Korrekturen angewiesen, um die Belastbarkeit von Aussagen zu prüfen. Die größten Hilfen sind in dieser Hinsicht vom geplanten Nationalen Bildungspanel in Deutschland zu erwarten.[2]

Bildungsverläufe bilden den Mittelpunkt der hier untersuchten Lebensverlaufsdomäne. Sie konstituieren sich durch Bildungsgänge und Bildungsübergänge, die in der LifE-Studie jeweils durch geschlossene Fragen abgebildet werden können. Dazu zählen Klassenwiederholungen (ab der 1. Klasse bis zur 9. Klasse), Schulformwechsel, Noten in Deutsch, Mathematik, Englisch, Sport, Sozialkunde pro Schuljahr, Besuch einer Schulform, bzw. eines Schulsystems ab der 6. Schulstufe (Hauptschule, Realschule, Gymnasium, Förderstufe, Gesamtschule), Übergänge von der Sekundarstufe I (9. und 10. Schuljahr) in die Berufsausbildung und in weiterführende Bildungswege der Sekundarstufe II (jeweils über Abgängerbefragungen), der höchste erreichte Bildungsabschluss bis zum 35. Lebensjahr, Mehrfachausbildungen, die erste Berufsposition und schließlich die Berufsposition im 35. Lebensjahr. Dabei handelt es sich nicht um zeitabgängige Ereignisdaten, die es möglich machen würden, Übergangsraten zu berechnen, sondern um Etappen im Bildungslauf, deren Zeitpunkt entweder in der Stichprobe fixiert ist, bzw. den wir nicht im Zeitformat kennen.

Der Fragestellung nach erfolgreichem oder nicht erfolgreichem intergenerationalen Transfer des Bildungsstatus entsprechend werden Bildungsverläufe in den folgenden Auswertungen konfrontiert mit den am Beginn der Studie erhobenen Bildungserwartungen der Eltern (von Kindern wahrgenommen bzw. von Eltern selber geäußert). Sie bilden den Ausgangspunkt, um den Grad ihrer Rea-

---

2   https://www.neps-data.de/de-de/startseite.aspx

lisierung bzw. die Veränderungsgrade und Veränderungsrichtungen zu analysieren. Die elterlichen Erwartungen fußten auf folgender Frage: „Welchen Abschluss solltest Du nach Meinung Deiner Eltern erreichen?" Als Antwortvorgaben dienten ab der 7. Schulstufe die drei Bildungsniveaus Hauptschulabschluss (bzw. keinen Abschluss), Realschulabschluss oder Abitur. In der 6. Schulstufe wurde zudem die Kategorie „weiß nicht" zugelassen. Die Eltern wurden parallel zu den Kindern gefragt: „Welchen Schulabschluss sollte Ihr Kind Ihren Vorstellungen nach erreichen?" (Hauptschulabschluss / Realschulabschluss/Abitur).

Ergänzend wurden die Wünsche der Kinder selber durch die Frage erfasst: „Sieh jetzt bitte davon ab, welche Fähigkeiten Du Dir zutraust und welche Abschlüsse für Dich noch möglich sind. Kreuze bitte den Abschluss an, den Du Dir wünschst. Realistische Erwartungen der Kinder bauten auf folgender Formulierung auf: „Welchen der folgenden Schulabschlüsse wirst Du wahrscheinlich erreichen?" Als Antwortkategorien dienten die genannten drei Bildungsniveaus.

Zu den Kernvariablen im Rahmen der intergenerationalen Mobilität gehört der Bildungsstatus der Eltern. Er wurde einmal durch Fragen an die Kinder (Welche Schulabschluss haben deine Eltern?) und zum anderen durch Fragen an die Eltern selbst erfasst (im Jahre 1980, Kinder waren 13-jährig und im Jahre 1982, Kinder waren 15-jährig). Nach dem Schulabschluss von Vater und Mutter wurde dabei getrennt gefragt.

Um einen Index für den wahrscheinlichsten Abschluss der Eltern zu konstruieren, wurde den Angaben der Eltern, und zwar von Vater und Mutter, Priorität zugesprochen. Die fehlenden Angaben wurden dann durch solche der Kinder aufgefüllt. Der so konstruierte Index verweist jeweils auf den höchsten familiären Bildungsabschluss (Vater oder Mutter). Er korreliert zwischen r = .42 und r = .57 mit Indikatoren der sozialen Schicht.

Die LifE-Studie enthält über diese primär soziologisch relevanten Daten hinaus viele Instrumente zur Messung der sozialen Lebensverläufe, der proximalen Umwelt (Familie, Schule, Altersgruppe) und der Persönlichkeitsentwicklung. Insofern diese für die Abschätzung der langfristigen Wirkungen von Bildungsverläufen relevant sind, werden die relevanten Items im betreffenden Kapitel berichtet.

2. Ergebnisse

Bildungsverläufe sind von Zielen, Wünschen und Erwartungen gesteuerte Prozesse. Die Antriebsstärke, diese Ziele zu erreichen, ist wiederum implizit oder explizit abhängig von der Bedeutung, die ihnen zugeschrieben wird. Letztere ist ihrerseits das Ergebnis der Wertevektoren, die höherer Bildung zugeordnet sind.

Die Erfolgswahrscheinlichkeiten in diesem Handlungsmodell ist abhängig von den Informationen über das Leistungspotenzial der Kinder. Ein solches Handlungsmodell provoziert, wenn es mit der Wirklichkeit konfrontiert wird, drei Fragen: (1) Wie bedeutsam sind die Erwartungshaltungen, insbesondere die der Eltern und später die Eigenerwartungen der Kinder, in Bezug auf zu erreichende Bildungsabschlüsse für das Erreichen eben dieser? (2) Wie bedeutsam für die Persönlichkeitsentwicklung sind Zielerreichung und – noch bedeutsamer – Zielverfehlung? (3) Treten die unterstellten positiven Lebensperspektiven für höhere Bildungswege auch tatsächlich ein?

2.1 Bildungserwartungen und Bildungsverläufe von der 6. Schulstufe bis zum 35. Lebensjahr

Diesen Fragestellungen folgend sollen hier in einem ersten Schritt die Bildungserwartungen in der 6. Schulstufe und deren Einlösung bis zum 35. Lebensjahr beschrieben werden. Den Ausgangspunkt bilden die von Kindern wahrgenommenen Elternerwartungen in der 6. Schulstufe. Zusätzlich werden die zweimal bei den Eltern erfassten Aspirationen, jene im 13. und 15. Lebensjahr ihrer Kinder, berücksichtigt. Ergänzend werden die Eigenerwartungen der Kinder (Wünsche und realistische Erwartungen) herangezogen. Bildungswege werden als Schulformzugehörigkeiten und Übergänge beschrieben. Als Endpunkt der Berufsverläufe wird der mit 35 Jahren erreichte Beruf definiert.

Hintergrund der Erwartungs- und Verlaufsdarstellung ist die institutionelle Struktur des deutschen Bildungswesens, die im Kern drei Wege zu grundlegenden, mittleren und höheren Schulabschlüssen kennt und die Wege dahin in drei Schulformen organisiert. Die bildungspolitische Diskussion der letzten Jahre hatte dabei im Auge, die frühen Wegscheidungen in diese drei Schulformen ab dem 4. Schuljahr zu vermeiden und gemeinsames Lernen bis zum 6. Schuljahr bzw. in Gesamtschulen bis zum 10. Schuljahr zu organisieren. Unabhängig von der Gestaltung der *Wege* war die Ausrichtung auf die drei genannten Niveaus weniger umstritten. Sie strukturiert in der folgenden Darstellung auch den Horizont, auf den hin Bildungserwartungen ausgerichtet sind.

Den Ausgangspunkt für die Analyse, wie bedeutsam Bildungserwartungen der Eltern und die ihrer Kinder sind, bildet die Erhebung in der 6. Schulstufe.

Tabelle 1 zeigt die lange Lebensspanne von Erwartungen in der 6. Schulstufe bis hin zu den Abschlüssen, die bis zum 35. Lebensjahr tatsächlich erreicht wurden. Viele Erwartungen haben sich realisiert. Wer das Abitur erwartete, der hat es – zusammen mit der Fachhochschulreife – zu 74 % auch geschafft, diesen Abschluss zu erreichen. Ähnlich ging es Kindern, die die Mittlere Reife erwarteten. Auch sie haben zu 77 % dieses Ziel erreicht, etwa 13 % haben niedrigere und 17 % höhere Abschlüsse zu verzeichnen. Wer in der 6. Schulstufe einen Hauptschulabschluss erwartet hatte, erreichte zu über 70 % bis zum 35. Lebensjahr auch keinen höheren Abschluss. 22 % der Kinder mit Hauptschulerwartung brachten es aber zur Mittleren Reife, 6 % sogar noch weiter.

Tabelle 1:   Erwarteter Schulabschluss und wahrgenommene Schulabschlusserwartungen der Eltern mit 12 Jahren und höchster Bildungsabschluss mit 35 Jahren

Erwarteter Schulabschluss mit 12	N	Kein Abschluss / Hauptschule	Realschulabschluss	Fachhochschulreife, Abitur	Gesamt
Hauptschulabschluss	123	72	22	6	15
Realschulabschluss	351	13	77	17	42
Abitur	370	2	24	74	44
Gesamt	844	17	43	40	100

Wahrgenommener Elternwunsch mit 12	N	Kein Abschluss / Hauptschule	Realschulabschluss	Fachhochschulreife, Abitur	Gesamt
Hauptschulabschluss	97	60	33	7	11
Realschulabschluss	363	20	64	16	40
Abitur	452	4	30	66	49
Gesamt	912	16	44	40	100

Die wahrgenommenen Wünsche der Eltern wichen zu ca. 35 % bis 40 % von den mit 35 Jahren erreichten Bildungszielen ab. Zwischen 60 % und 66 % der Elternerwartungen gingen in Erfüllung.

Die realistischen Bildungserwartungen der Kinder selber waren interessanterweise vorhersagekräftiger als die wahrgenommenen Erwartungen der Eltern. In der Summe erreichten rund 28 % aller Kinder einen anderen Abschluss als den in der 6. Schulstufe erwarteten, in vier von zehn Fällen einen höheren, in sechs einen niedrigeren.

Ähnliche Relationen fanden wir, wenn wir die *von Eltern selbst mitgeteilten* Abschlusserwartungen in der 7. Schulstufe als Ausgangspunkte wählten. Hier haben wir allerdings eine positive Selektion von Eltern vor uns, die in der 7. Schulstufe bereit waren, an der Studie teilzunehmen (s. Tab. 2).

Tabelle 2: Von Eltern geäußerte Schulabschlusserwartungen an ihr Kind in der 7. Schulstufe und höchster Bildungsabschluss mit 35 Jahren

Elternerwartungen in der 7. Schulstufe Schulstufe	N	Kein Abschluss / Hauptschule	Realschul- abschluss	Fachhochschulreife, Abitur	Gesamt
Hauptschul- abschluss	51	*86*	10	4	10
Realschul- abschluss	256	13	*65*	23	47
Abitur	232	-	20	*80*	43
Gesamt	539	14	40	46	100

In der 6. Schulstufe stand somit für die überwiegende Mehrheit der Schüler schon klar vor Augen, was ihre Eltern erwarteten und wie sie ihre Bildungslaufbahnen einschätzten. Die wahrgenommenen Erwartungen der Eltern lagen dabei über den eigenen. In dieser Differenz könnte der antreibende Effekt der Elternerwartungen zum Vorschein kommen.

Eine klarere Basis für die Prognose für die Bildungsverläufe sollten jedoch nicht Erwartungen abgeben, sondern die in der 6. Schulstufe *tatsächlich besuchten Schulformen.* Wir können dies allerdings nur für die Schülerschaft des dreigliedrigen Bildungswesens berechnen, denn Förderstufenschüler und Gesamtschüler waren noch nicht auf Schulformen verteilt. Für erstere sah es so aus: 64 % der Hauptschüler verblieben auch auf diesem Abschlussniveau, 67 % der Realschüler taten dies ebenfalls. Am stabilsten waren die Zukunftsprognosen der Gymnasiasten. Sie erwarben, wenn sie im 6. Schuljahr im Gymnasium waren, auch zu 82 % die Fachhochschulreife oder die allgemeine Hochschulreife. Ehemaligen Hauptschülern gelang dies zu 8 %, Realschülern zu 27 % (o. Tab.). Damit war die (objektive) Schulformzugehörigkeit in der 6. Schulstufe des herkömmlichen Bildungswesens etwa gleich bedeutsam für die Prädiktion des erreichten höchsten Bildungsniveaus (26 % Wechsel des Niveaus) wie die subjektiven Erwartungen aller Schüler in der gleichen Schulstufe (28 % Veränderung).

Wünsche, realistische Erwartungen und Platzierungen in den Schulformen repräsentierten somit mit etwa 12 Jahren (6. Schulstufe) schon bei etwa drei Vierteln der Schüler den endgültig erreichten Abschluss im allgemeinbildenden Schulwesen. Bei ca. 25% bis 30% beobachteten wir Abweichungen von erwarteten und erreichten Bildungsabschlüssen.

Wodurch kamen diese zustande? Haben die Erwartungen und Wünsche der Akteure, also von Schülern und Eltern, eine prädiktive Kraft für die tatsächlichen Verläufe? Sind sie für Veränderungen von Schullaufbahnen mitverantwortlich? Da wir die durch die Kinder wahrgenommenen Schulabschlusserwartungen der Eltern kennen, können wir der Frage nachgehen, ob diese einen zusätzlichen Einfluss auf den endgültig erreichten Schulabschluss hatten. Wir berechnen dies für das 7. Schuljahr, in dem alle Schüler außer den Gesamtschülern in drei Schulformen aufgeteilt waren. Im 6. Schuljahr war ca. ein Drittel der Schülerschaft noch in hessischen Förderstufen. Auch beim wahrgenommenen Elternwunsch berücksichtigen wir jenen im 7. Schuljahr.

Tab. 3 dokumentiert, dass die elterlichen Bildungsaspirationen auch innerhalb der besuchten Schulform ein entscheidender Faktor für die weitere Bildungslaufbahn der Kinder waren. Kinder auf der Hauptschule, die höhere Aspirationen der Eltern berichteten, erreichten tatsächlich höhere Abschlüsse (C = .32**). Gleiches galt für Realschüler (C = .22**). Umgekehrt erreichten Kinder in Gymnasien das Abitur seltener, wenn ihre Eltern eher eine Mittlere Reife wünschten. Hier ist der Einfluss aber nicht mehr signifikant (C = .10). Elternwünsche und tatsächliche Schullaufbahn in der 7. Schulstufe decken sich somit nicht vollständig. Die Kinder nahmen häufig wahr, dass sie nach Meinung der Eltern mehr erreichen sollten. Wahrgenommene Elternwünsche in der 6. Schulstufe und später tatsächlich erreichte Abschlüsse fielen bei 35% auseinander. Dies verweist darauf, dass die Dynamik noch beträchtlich ist, und dass die Bildungserwartungen der Eltern eine wichtige treibende Kraft sind.

Tabelle 3: Schulformzugehörigkeit im 7. Schuljahr, wahrgenommene Schulabschlusswünsche der Eltern und erreichte höchste Schulabschlüsse bis zum 35. Lebensjahr. Ohne Schüler in Gesamtschulen

7. Schuljahr			*Höchster Schulabschluss bis 35*		
Schulform des Kindes	*Wahrgenommener Elternwunsch Mit 13*	*N*	*Kein Abschluss / Hauptschule*	*Realschul- abschluss*	*Fachhochschulreife, Abitur*
Hauptschule	Hauptschul- abschluss	82	84	15	1
	Realschulab- schluss	69	64	26	10
	Abitur	12	42	33	25
			Höchster Schulabschluss bis 35		
	Wahrgenommener Elternwunsch Mit 13		Kein Abschluss / Hauptschule	Realschul- abschluss	Fachhochschulreife, Abitur
Realschule	Hauptschul- abschluss	0	0	0	0
	Realschulab- schluss	221	5	75	20
	Abitur	57	5	51	44
			Höchster Schulabschluss bis 35		
	Wahrgenommener Elternwunsch Mit 13		Kein Abschluss / Hauptschule	Realschul- abschluss	Fachhochschulreife, Abitur
Gymnasium	Hauptschul- abschluss	1	0	0	(100)
	Realschulab- schluss	27	4	22	74
	Abitur	267	0	16	84

Der längste Weg zwischen Elternerwartung und Erfolg, der in der LifE-Studie abbildbar ist, geht von den Bildungserwartungen im 12. Lebensjahr bis zum im 35. Lebensjahr erreichten Beruf. Diese Langzeitperspektive ist in Tab. 4 dokumentiert. 60 % der Jungen, die bei ihren Eltern Hauptschulabschlusserwartungen wahrnahmen, fanden sich 23 Jahre später in manuellen Arbeiterberufen.[3] Mädchen, die solche Elternerwartungen berichteten, mündeten vor allem in Routi-

---

3   Klassifikation nach Goldthorpe: Obere Dienstklasse, untere Dienstklasse, Routinedienstleistungen, Facharbeiter, an- und ungelernte Arbeiter

nedienstleistungen und in die untere Dienstklasse (zusammen 77 %) ein. Wenn die Eltern nach Meinung der Mädchen den Realschulabschluss erwarteten, dann waren sie zu 80 % ebenfalls in der unteren Dienstklasse bzw. in Routinedienstleistungen zu finden.

In welchen Berufsklassen finden sich Kinder im 35. Lebensjahr, deren Eltern aus der Sicht der Kinder das Abitur erwarteten? Jungen befinden sich zu 29 % in der oberen Dienstklasse, bei Mädchen ist dies bei 11 % der Fall. Letzteres ist insofern beachtenswert, als in der 9. Schulstufe mehr Mädchen als Jungen im Gymnasium waren. In der Langzeitperspektive, die die Berufspositionen einbezieht, verzeichnen Jungen somit eine höhere soziale Positionierung als Mädchen, die während der Schulzeit noch im Vorteil waren. Um dies zu erklären, müssten die Ausbildungs- und Berufswege nach den Schulabschlüssen sowie die Weichenstellungen bei der Familiengründung und Elternschaft genauer analysiert werden. Die Literatur bestätigt vielfach, dass letztere für unterschiedliche berufliche Positionierungen von Frauen und Männern bedeutsam sind (s. Cornelißen, 2005).

Tabelle 4: Von Schülern wahrgenommene Schulabschlusserwartungen der Eltern in der 6. Schulstufe und Berufsposition mit 35 Jahren

Wahrgenommene Elternerwartungen in der 6. Schulstufe	Geschlecht	N	Mit 35 Jahren erreichte Berufsposition (Berufsklassifikation nach Goldthorpe)				
			Obere Dienstklasse	Untere Dienstklasse	Routine-Dienstleistungen	Facharbeiter	Angelernte Ungelernte
Hauptschulabschluss	weiblich	34	0	32	44	12	12
	männlich	52	20	8	23	33	27
Realschulabschluss	weiblich	166	5	32	48	3	13
	männlich	155	21	31	10	32	7
Abitur	weiblich	180	11	43	38	3	5
	männlich	245	29	40	12	15	4
	weiblich	380	7	38	43	4	9
	männlich	452	25	33	11	23	7
Insgesamt		832	17	35	26	14	8

Zwischen den Schulabschlüssen und den im 35. Lebensjahr erreichten beruflichen Positionen liegen lange Wege und oft schwierige Übergänge. Arbeitslosigkeitserfahrungen, Ausbildungsabbrüche und Mehrfachausbildungen charakterisieren häufig diese Wege. Ca. 30 % der Teilnehmer an der LifE-Studie machten

Erfahrungen mit Arbeitslosigkeit (Glaesser, 2009; Weil and Lauterbach, 2010). Mehrfachausbildungen nahmen mit steigendem Abschlussniveau zu, von 27 % bei Hauptschulabschlüssen auf 61 % bei einem Abschluss mit Abitur bzw. Fachhochschulreife (Lauterbach, 2009; Weil and Lauterbach, 2010). Dabei können schlechte Leistungen in ersten Ausbildungen kompensiert und über Mehrfachausbildungen neue Arbeitsmarktzugänge aufgebaut werden. Dennoch ist die Pfadabhängigkeit der Bildungsverläufe, von den Ausgangsniveaus her gesehen, sehr deutlich. Frühe Elternerwartungen und Eigenerwartungen der Kinder im 6. Schuljahr spurten für ca. 70 % die Bandbreite weiterer Chancen vor. Den früh eingeschlagenen Pfad zu verlassen erwies sich als schwierig, besonders wenn es Wege in höhere Stufen der Ausbildung waren. Elterliche Erwartungen und ihre Übernahme in Eigenerwartungen der Kinder und Jugendlichen waren dabei wichtige Stützen und Anreize.

2.2 Bildungsaufstieg und Bildungsabstieg im Generationenvergleich

Die Analyse der *Akteurerwartungen* von Eltern und Kindern führt unmittelbar zur Frage, wie Bildungswege im Zusammenspiel von Elternhaus, Schule und den betroffenen Heranwachsenden selber gestaltet werden, wie *Bildungsziele* der Eltern und Kinder entstehen und wie sie realisiert werden. Die Grundlagen für Bildungswege werden intensiv durch die bzw. zwischen den Akteuren erarbeitet und ausgehandelt. Welchen Ansprüchen und Leistungserwartungen ein Kind genügen kann, wird im schulischen Prozess immer wieder getestet. Über die Leistungsergebnisse der Schüler werden die Grundlagen für Bildungswege geschaffen und zukünftige Chancen sozial definiert. Dabei sind Eltern je nach ihrer sozialen Stellung unterschiedlich starke Akteure, wenn es um diese Definitionen und die Realisierung von Bildungsaspirationen geht. Ihren Erwartungen an die Kinder auf dem Hintergrund der eigenen Bildungslaufbahn kommt eine Schlüsselrolle zu. In der Kombination von Fördereffekten (primäre Effekte) und Entscheidungsverhalten (sekundäre Effekte) der sozialen Herkunft hat dies die Bildungssoziologie empirisch vielfach belegt (s. vor allem Baumert, Maaz und Trautwein, 2008). In der LifE-Studie konnten diese Zusammenhänge vielfach repliziert werden (s. z.B. Georg, 2006, Georg 2009). Die Familiensoziologie hat ihrerseits die Bildungsinvestitionen des Elternhauses in den Mittelpunkt der intergenerationalen Transmission von Bildungswegen gestellt.

Über die Replikation dieser Zusammenhänge hinaus soll hier vor allem untersucht werden, wie der Bildungsstatus des Elternhauses die Erwartungen und Realisierungen von Bildungswegen der Kinder beeinflusst. Dabei wird unterstellt, dass die Bildungswege der Kinder zielgesteuert sind und damit auch Erfolge und Enttäuschungen prägen.

2.3 Bildungsstatus, Elternerwartungen und Bildungslaufbahnen der Kinder

Die Aufstiegsorientierung der Eltern war in den beiden Elternbefragungen (1980 und 1982) der LifE-Studie gut ablesbar. Hatten Vater oder Mutter einen Hauptschulabschluss, dann erwarteten sie vor allem einen mittleren Abschluss (60 %), hatten sie einen mittleren Abschluss, dann aspirierten sie zu 41 % auf ein Abitur. Eltern mit Abitur waren vor allem an der Statuserhaltung (70 % Abiturerwartung) orientiert (Tab. 5).

Tabelle 5: Höchster familiärer Schulabschluss und gewünschter Schulabschluss der Eltern in der 7. Klassenstufe

Höchster Schulabschluss von Vater und/oder Mutter	N	Abschluss, den das Kind erreichen sollte (Elterndaten, 7. Klasse)		
		Kein Abschluss / Hauptschulabschluss	Realschulabschluss	Fachhochschulreife, Abitur
Hauptschulabschluss	345	18	60	22
Realschulabschluss	297	8	51	41
Abitur	197	2	37	61

Dies ist weniger überraschend als der Sachverhalt, dass die Schulabschlusswünsche der Eltern, als ihre Kinder 13 Jahre alt waren, den tatsächlichen Schulabschluss ihrer Kinder (bis 35) auch dann in hohem Maße vorhersagen ließen, wenn sie selber einen eher niedrigen Abschluss hatten. Selbst wenn Eltern nur einen Hauptschulabschluss hatten, wurde der Wunsch nach dem Abitur bei 75 % der Kinder erfüllt. Hatten die Eltern schon das Abitur und erwarteten dieses wieder von ihren Kindern, dann erreichten diese dies zu etwa 80 % (Tab. 6). Fundamentiert wurden diese höheren Erwartungen und erreichten Ziele auch durch die größere verbale Kompetenz der Kinder, die wir in den Lebensjahren 13 bis 15 gemessen hatten.

Tabelle 6: Höchster familiärer Schulabschluss, gewünschter Schulabschluss der Eltern in der 7. Klassenstufe und erreichter höchster Schulabschluss mit 35

Eigener Schulabschluss der Eltern	Elternwunsch 7. Stufe	N	Höchster Schulabschluss bis 35		
			Kein Abschluss/ Hauptschulabschluss	Realschulabschluss	Fachhochschulreife, Abitur
Hauptschulabschluss	Hauptschulabschluss	32	94	6	0
	Realschulabschluss	133	17	68	15
	Abitur	53	0	26	74
	Elternwunsch 7. Stufe		Kein Abschluss/ Hauptschulabschluss	Realschulabschluss	Fachhochschulreife, Abitur
Realschulabschluss	Hauptschulabschluss	14	86	7	7
	Realschulabschluss	93	9	61	30
	Abitur	87	1	16	83
	Elternwunsch 7. Stufe		Kein Abschluss/ Hauptschulabschluss	Realschulabschluss	Fachhochschulreife, Abitur
Abitur und höher	Hauptschulabschluss	5	40	40	20
	Realschulabschluss	30	3	60	37
	Abitur	92	0	20	80

Analysiert man global (o. Tab.), ob Kinder aus bildungsnahen Schichten ihre Schulabschlusserwartungen (in der 6. Schulstufe) eher realisieren konnten als Kinder aus bildungsferneren sozialen Konstellationen, dann bestätigt sich die größere Kongruenz zwischen Erwartung und Erfolg der Kinder aus bildungsnahen Elternhäusern (75 % zu 55 %).

Bildungsaufstiege und –abstiege im intergenerationalen Vergleich sind auf allen Bildungsniveaus möglich. Ein Aufstieg von einer ungelernten Tätigkeit der Eltern zu einer soliden Lehrausbildung der Kinder kann subjektiv als hoch bedeutsam erlebt werden. Gleiches gilt für Aufstiege vom Hauptschulniveau der

Eltern zu einem mittleren Bildungsabschluss der Kinder. Am klarsten kommen Aufstiege im deutschen Bildungswesen durch Wege ins Gymnasium zum Ausdruck. Diese Schulform repräsentiert im deutschen Sprachraum die Leitinstitution (s. Tenorth, 2008) für attraktive Bildungsverläufe.

In Tab. 7 ist dokumentiert, wie viele Kinder von Eltern, die selber ein Gymnasium besucht haben, wieder diesen Bildungsstand erreichten. Aus ihr geht auch hervor, wie viele Eltern, die nie ein Gymnasium besucht hatten, bei ihren Kindern den Bildungsaufstieg ins Gymnasium erlebten. In Tab. 7 sind zudem jene Studien angeführt, aus denen die intergenerationale Transmission des Bildungsstatus des Elternhauses rekonstruiert werden konnte.

Tabelle 7: Realisierung von Gymnasialabschlüssen von Kindern nach gymnasialem Hintergrund der Eltern

		Kinder ohne Abitur/ ohne Abitur oder Fachhochschulreife	Kinder mit Abitur/Abitur oder Fachhochschulreife
LifE-Studie	*Eltern ohne gymnasiale Erfahrung (N = 853/945)*	*70/64*	*30/36*
	Eltern mit gymnasialer Erfahrung (N =253/286)	*36/33*	*64/67*
(Hillmert und Mayer In: Jacob und Tieben 2010, S. 162)	Eltern ohne Abitur	79	21
	Eltern mit Abitur	36	64
KIGGS (Kuntz 2011, S. 143)	Eltern ohne Abitur	75	25
	Eltern mit Abitur	40	60
(Schneider 2006) – SOEP	Eltern ohne Abitur	76	24
	Eltern mit Abitur	32	68

Eltern mit Gymnasialhintergrund (mindestens ein Elternteil mit Abitur) hatten zu 64 % Kinder, die ebenfalls das Abitur erreichten. Die niedrigste Quote fanden wir, wenn nur ein Elternteil nur zeitweise ein Gymnasium besucht hatte, die größte, wenn beide Eltern einen Hochschulabschluss erreicht hatten. Im letzteren Fall stieg die Abiturquote bei den Kindern bis auf 90 % (o. Tab.). Wenn weder Vater noch Mutter ein Gymnasium durchlaufen hatten, erlebten ihre Kinder in unserer

Kohorte zu ca. 30% einen Bildungsaufstieg ins Gymnasium. Die Chancen, zum Abitur zu kommen, sind also in hohem Maße vom Bildungshintergrund der Eltern abhängig. Sie stehen auf Grund der LifE-Daten für Kinder aus nicht-gymnasialen bzw. gymnasialen Elternhäusern 1:4 (*odds ratios*). Ähnliche Übergangsquoten finden sich in mehreren Studien (s. Tab. 7), die den Vergleich von elterlichem Bildungshintergrund und dem Bildungsabschluss ihrer Kinder vorgenommen haben. Die LifE-Befunde stimmen damit mit der intergenerationalen Transmission von elterlichen Bildungslaufbahnen, die in mehreren Studien gefunden wurden, überein. Sie können deshalb als gut belastbar angesehen werden. Neben den deutlich größeren Bildungserfolgen von Kindern, deren Eltern bereits gymnasiale Erfahrung hatten, wird in Tab. 7 auch deutlich, dass zwischen 30% und 40% ihre Erwartungen nicht realisieren konnten.

2.4 Psychosoziale Begleiterscheinungen von Bildungsaufstieg und Bildungsabstieg

Die Bildungslaufbahnen von Kindern und Jugendlichen sind keine „natürlichen Entwicklungsprozesse". Sie sind – wie die obigen Analysen zeigen – von Zielen und Erwartungen, von Investitionen und tagtäglichen Bemühungen geleitet. Wir haben es somit mit einem dynamischen Prozess zu tun, dessen Ergebnis in der LifE-Stichprobe bei den 12-Jährigen bereits zu ca. 70% vorweg genommen war, sich aber bei ca. 30% bis ins frühe Erwachsenenalter noch veränderte. Besonders ein „Bildungsabstieg", das Nichterreichen des Abiturniveaus von Kindern aus bildungsnahen Schichten, müsste begleitet gewesen sein von vergeblichen und nicht immer friedfertigen Interaktionen und prägenden Wirkungen für den Lebenslauf. Bildungsaufstieg wiederum könnte zu einer Entfremdung vom Elternhaus geführt haben, wenn sich der Horizont der Kinder weit von demjenigen der Eltern entfernt.

Eine interessante Sonderfrage zur Bedeutung des Bildungsniveaus für die Lebensbewältigung ergibt sich somit, wenn die Bildungsherkunft mit dem Bildungsstand der neuen Generation verglichen wird. Wir finden dann sowohl Bildungsaufstiege als auch in bedeutsamen Umfange *Bildungsabstiege*. Bis zu 35% erreichten in der LifE-Stichprobe nicht das Bildungsniveau der Eltern. Etwa gleich viel erlebten einen klaren *Bildungsaufstieg*.

Zur Thematik des Bildungsabstiegs gibt es im deutschsprachigen Raum kaum Forschungen. Eine eindrucksvolle Ausnahme bildet die Arbeit von Schmeiser (2003) über „Verlaufsformen des sozialen Abstiegs in Akademikerfamilien". Die LifE-Daten ermöglichen durch ihren längsschnittlichen Charakter Analysen zu dieser Thematik. Da sich Bildungsverläufe – wie die obigen Analysen zeigten

– vor allem im familiären Kontext abspielen, interessiert vor allem, ob sich ein Bildungsabstieg auch auf die familiären Interaktionen auswirkte bzw. mit ihnen während der Schulzeit kovariierte.

2.4.1 Familiärer Kontext von Bildungsabstieg und Bildungsaufstieg

Wie sah der familiäre Kontext aus, wenn ein Kind bildungsmäßig aufstieg oder in Gefahr war, die Bildungserwartungen der Eltern, insbesondere von Abitureltern, nicht zu erfüllen? Waren Eltern dann von ihren Kindern enttäuscht, lehnten sie diese dann stärker ab und intensivierten damit die Probleme ihrer Kinder in der Schule? Fühlten sich dann die Kinder von ihren Eltern weniger akzeptiert, erlebten sie Distanzierung und Konflikte?

Den familiären Kontext während der Schulzeit können wir detailliert beschreiben. Vom 12. zum 16. Lebensjahr wurden die Wahrnehmungen der Kinder, wie die Eltern sich ihnen gegenüber verhalten und welche Konflikte es dabei gab, jährlich erhoben. Differenziert haben wir auch Eltern über ihr Verhältnis zu den Kindern befragt.

Auf dieser Grundlage lässt sich festhalten: Die Wahrnehmungen der Kinder, welches Verhalten die Eltern von ihnen erwarten, differenzierten sich mit 12 Jahren schon nach den Abitur- bzw. den Nichtabitur-Laufbahnen aus. „Absteigende" Kinder nahmen in diesem Alter diffus war, dass die Erwartungen der Eltern unklar und oft widersprüchlich sind. „Mir ist nicht klar, was meine Eltern von mir wollen", „Ich weiß oft nicht, wie ich es ihnen recht machen soll", „Oft finden meine Eltern bei mir Sachen gut, worüber sie sich ein anderes Mal ärgern". Diesen Aussagen einer Skala „Inkonsistenz und Willkür" stimmten Kinder mit „enttäuschten" Bildungswegen deutlich stärker zu (ca. 5,6 % Varianzaufklärung, s. Abb. 2)

Abbildung 2: Inkonsistenzwahrnehmungen von Kindern im Alter von 12
Jahren. – Mittelwerte

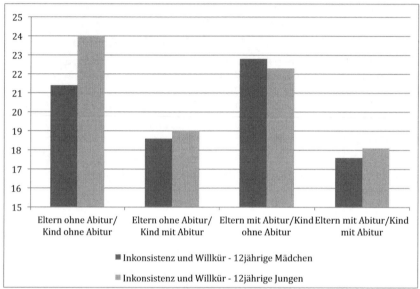

Über alle Jahre von 12 bis 16 fühlten sich die Kinder mit nicht erfüllten oder niedrigen elterlichen Bildungserwartungen emotional weniger akzeptiert. Sie nahmen
weniger Zuwendung und Interesse, weniger Respekt und Akzeptanz wahr. Die
Unterschiede zu den anderen Gruppen (konsistente Bildungsverläufe) waren immer hoch signifikant, in der Größenordnung aber nicht sehr ausgeprägt (ca. 2 %
bis 5 % Varianzaufklärung durch die Bildungslaufbahnen).

Ausgeprägter waren die Konflikt- und Dissenspunkte in typischen jugendlichen Lebensfragen („Wann ich am Abend zuhause sein soll", „wieviel Taschen-
geld ich bekommen soll") und bei Fragen nach den Konflikten mit Schularbei-
ten (8,2 % Varianzaufklärung nach Bildungslaufbahnen). Reibereien waren also
häufiger (Abb. 3), positive Emotionalität seltener. Diese Differenzen zeigten sich
bei Jungen immer etwas stärker als bei Mädchen.

Abbildung 3: Familiärer Dissens im Alter von 13 bis 15 Jahren (Summenwert)
und Bildungslaufbahn der Kinder (Abitur) – Mittelwerte

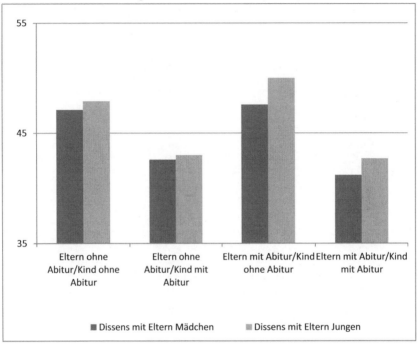

Die Belastungen waren aber durchaus *beidseitig*. Dies wird deutlich, wenn wir die Elternwahrnehmungen einbeziehen. Wir haben Eltern gefragt, ob sie es mit ihrem Kind leicht oder schwer haben, wie sehr sie mit ihrer Aufgabe als Erzieher des Kindes zufrieden sind, wie viel Dissens sie selber erleben und ob sie Angst haben, die Kontrolle über das Kind zu verlieren. Diese Items gruppieren sich zu einem Indikator „Problemwahrnehmungen von Eltern". Er wurde zweimal gebildet: einmal als die Kinder 13 Jahre und einmal als sie 15 Jahre alt waren. Beide Male waren die Ergebnisse die gleichen. In Abb. 4 werden die Befunde für 13-Jährigen gezeigt. Unübersehbar zeigen sich Parallelen zwischen Eltern- und Kindwahrnehmungen. Auch die Eltern nahmen wahr, dass die Beziehung zu ihren Kindern belastet ist, wenn sie keine konkordanten Bildungslaufbahnen zeigten, insbesondere wenn die Kinder Abiturerwartungen nicht erfüllten.

Abbildung 4: Problemwahrnehmungen von Eltern nach Bildungslaufbahnen (13-Jährige) – Mittelwerte

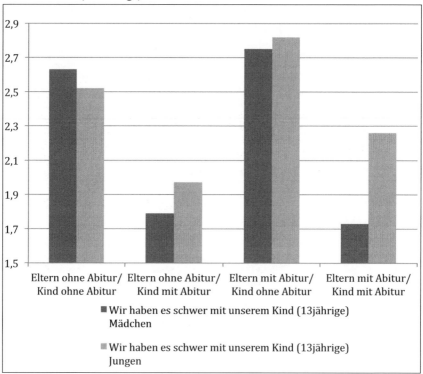

Ein wichtiger Hinweis auf einen konfliktreichen familiären Kontext ergibt sich, wenn wir die Scheidungsraten der Eltern nach den kindlichen Bildungslaufbahnen differenzieren. Dabei kristallisierte sich eine Gruppe heraus, in der dies besonders häufig der Fall war: Jungen, deren Eltern das Abitur hatten, sie selber aber nicht. Die Scheidungsraten waren in dieser Gruppe mit ca. 45 % sehr hoch (s. Abb. 5).

Das Eltern-Kind-Verhältnis war während der Adoleszenz also deutlich belastet. Dissens und wahrgenommene Ablehnung von Seiten der Kinder waren höher bei nichterfüllten Bildungserwartungen. Ausgeprägt war dies der Fall, wenn Jungen aus Abiturfamilien das Abitur nicht schafften.

Abbildung 5: Bildungsstatuserhalt (Abitur) und Scheidungsraten nach
Geschlecht – Prozentsätze

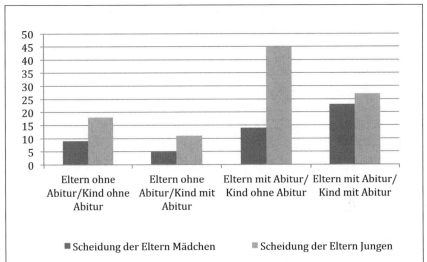

An dieser Stelle lässt sich nicht entscheiden, ob wir es beim Dissens oder bei den Scheidungsraten mit Ursachen oder Folgen der konvergenten oder divergenten Bildungslaufbahnen zu tun haben. Wir können lediglich diagnostizieren, dass enttäuschte Bildungserwartungen der Eltern und familiäre Belastungen häufig zusammen auf treten. Abitureltern tun viel, um den Erfolg der Kinder sicherzustellen. So sind Klassenwiederholungen bei den Jungen aus Abiturfamilien, die das Abitur nicht schaffen, mit 20 % am höchsten. Die Kinder wechseln dann häufiger die Schule und suchen „zweite Chancen". Wenn Kinder aufsteigen oder den Bildungsstatus halten können, dann ist die Aufgabe der Eltern in einem wichtigen Bereich der Erziehung sehr viel leichter als beim gegenteiligen Fall. Die damit verbundenen Belastungen dürfen nicht unterschätzt werden.

Aber auch die Kinder „leiden". Mädchen zeigten z.B. während der Schulzeit bei nicht erfüllten elterlichen Erwartungen hohe psychosoziale Belastungen und eine reduzierte Selbstwerteinschätzung. Jungen agierten ihre Probleme eher aus, sie waren eher disziplinarisch auffällig. Beide Gruppen suchten auch deutlich mehr Befriedigung in hedonistischen Tätigkeiten, damals war dies das Rauchen und Trinken und eine frühe Suche nach heterosexuellen Kontakten (o. Tab.).

Unübersehbar ist auf der Grundlage der obigen Daten auch, dass die These der intergenerationalen Entfremdung bei Bildungsaufstieg nicht bestätigt wird. In Elternhäusern, in denen Vater und Mutter kein Abitur hatten, wohl aber ein Kind, überwogen vielmehr die guten intergenerationalen Beziehungen und die Freude der Eltern am Kind und seinen Erfolgen. Soziale Entfremdung durch Bildungsaufstieg ist damit ein Phänomen, das allenfalls in früheren Generationen eine Rolle gespielt haben könnte.

2.4.2 Langzeitfolgen von Aufstieg und Abstieg

Die LifE-Studie ermöglicht es, Lebensverläufe und auch Bildungsverläufe über einen langen Zeitraum der Biographie zu beobachten. Wie entwickeln sich die oben beschriebenen Gruppen von Bildungsaufsteigern und von Bildungsabsteigern im Lebenslauf?

Ohne dies hier im Detail dokumentieren zu können, ist unübersehbar, dass sich die Abiturgruppen aus unterschiedlichen sozialen Herkunftsmilieus einander besonders in den kulturellen Orientierungen annäherten. Gleiches galt für die, die kein Abitur gemacht haben. Es ist zwar unübersehbar, dass die Chancen, das Abitur zu machen, stark vom Bildungsniveau der Herkunftsfamilie abhängen. War das Abitur aber auch aus Nicht-Abitur-Familien geschafft, dann waren diese Kinder im Erwachsenenalter nur mehr geringfügig weniger kulturell interessiert und aktiv als diejenigen, deren Eltern Abitur hatten. Dies galt für die kulturelle Offenheit und das politische Interesse. Die Spuren der Bildungsherkunft, die nicht über ihren Einfluss auf das Bildungsniveau vermittelt waren, traten in den Hintergrund. Beobachtet man die kulturelle Sozialisation ab dem 12. Lebensjahr, dann wird sichtbar, dass hier insbesondere Mädchen aus nichtakademischen Elternhäusern einen kontinuierlich kulturell aktiv wurden (Lesen, Musizieren, Besuch kultureller Veranstaltungen). Anfangs fielen sie nur durch intensive Lesetätigkeit auf. Über die Jahre stieg ihr kulturelles Interesse, das sich dann im Erwachsenenalter an das Niveau annäherte, das Mädchen zeigten, die in akademischen Elternhäusern aufgewachsen waren. Bei Jungen verlief diese Entwicklung in der Adoleszenz deutlich verzögert; erst im Erwachsenenalter zeigten sie dann einen ausgeprägten hochkulturellen Habitus, wenn sie Abitur gemacht hatten. Vor diesem Hintergrund wird verständlich, warum diese aufgestiegenen Eltern sich in der nächsten Generation ihren Kindern gegenüber genau so verhalten wie Familien mit längeren akademischen Traditionen – was die Weitergabe des Bildungsstatus angeht.

Ein genauer Blick in Ausbildungs- und Berufslaufbahnen der Jugendlichen mit unterschiedlichen Bildungswegen zeigt dagegen nachhaltige Unterschiede nach der Bildungsherkunft der Abiturienten und Abiturientinnen. So nutzten besonders Mädchen (zu 20 %) und Jungen (zu 40 %) aus Nicht-Abiturfamilien die allgemeine Hochschulreife deutlich seltener zu einem Hochschulstudium als solche aus Abiturfamilien (über 50 %). Auch in den Berufspositionen mit 35 wirkte bei den Abiturientinnen und Abiturienten die Bildungsherkunft nach. Jungen profitierten dabei vom Abitur stärker als Mädchen.

Ansonsten ergaben sich keine beobachtbaren Effekte der intergenerationalen Bildungsmuster im Sinne von Folgewirkungen im sozialen Bereich oder der personalen Stabilität und des Wohlbefindens. Auch das Verhältnis zu den Eltern war, von einer Ausnahme abgesehen, im Erwachsenenalter nicht durch Bildungsauf- bzw. abstieg belastet. Die eine Ausnahme betraf die etwas geringere Akzeptanzwahrnehmung der bildungsmäßig abgestiegenen Söhne durch die Väter. Ansonsten zeigte sich in dem für Wohlbefinden und Selbstakzeptanz so wichtigen Bereich der Beziehungsstrukturen, dass Partnerbeziehungen und Freundschaftsnetze unabhängig davon waren, ob ein Abitur erworben wurde oder nicht. Auch bei den Lebenszufriedenheiten spielt der Abiturerfolg keine Rolle.

2.5 „Educational returns"

Der Analyse des Engagements von Eltern für die Bildungslaufbahn ihrer Kinder lag die These zugrunde, dass diese davon ausgehen, die gesamte Lebensperspektive werde durch das in der Schule erreichte Bildungsniveau geprägt.

Die LifE-Studie ermöglicht es, die Folgen abzuschätzen, die mit den beschriebenen Bildungswegen verbunden sind. Um diese zu ordnen, können wir Domänen unterscheiden, in denen wir die Lebensverläufe untersucht haben. Dazu zählen als Bildungseffekte („domain-specific effects") die kulturelle Sozialisation im Sinne des Aufbaus von Verständnis und Interesse für anspruchsvolle Interpretations- und Symbolsysteme – seien es solche in der Literatur, der Musik oder der Wissenschaft – die Berufslaufbahnen, auf die hin die in der Schule erworbenen Qualifikationen ausgerichtet sind, und die beruflichen Motivationen und Erfolge im Sinne von Berufsbefriedigung, Einkommen und Berufsengagement.

Die anderen Domänen (cross-domain effects) umfassen die sozialen Lebenslinien, die wiederum sehr differenziert sein können. So geht es um die Beziehungsgeschichten von Partnerschaften, von Elternschaft, Freundschaften und sozialen Bindungen schlechthin, die Beziehungsgeschichten mit den Eltern und um das Glück und die Zufriedenheit in diesen sozialen Beziehungsgeschichten.

Ohne dies hier im Detail dokumentieren zu können (Fend 2005) ist unübersehbar, dass die kulturelle Identität und die Öffnungen zur Welt in hohem Maße von der Höhe des erreichten Bildungsniveaus abhängen. Insgesamt finden wir beim hochkulturellen Bildungsverhalten (Lesen, Konzerte und Museen besuchen, Anzahl Bücher, ernste Musik hören, 7 Items, α = .75) den stärksten Einfluss des Schulabschlusses insgesamt. Dieser Einfluss strahlt auch deutlich auf die politische Bildung und auf eine aufgeschlossene Zuwendung zum Geschehen in der Welt aus, bleibt also nicht auf das ästhetisch-literarische Bildungsverhalten begrenzt. Bemerkenswert ist ein Indikator für Weltoffenheit, der in der Forschung selten berücksichtigt wird: der Auslandsaufenthalt. Hier zeigten sich überdeutlich die größeren Opportunitäten von Abiturientinnen und Abiturienten, einen weiteren Horizont zu erwerben. Weilten nur 7 % der Schüler mit Hauptschulabschluss nach ihrem 15. Lebensjahr einen Monat oder länger im Ausland, so waren dies 45 % der Abiturientinnen und Abiturienten.

Sowohl bei der Höhe der Berufspositionen als auch bei der Höhe des Einkommens (etwa operationalisiert als Höhe eines „fiktiven" Stundenlohns) lassen sich Einflüsse der Bildungsherkunft und der Bildungslaufbahn im Erwachsenenalter ausmachen. Klare Differenzen nach Schulabschlüssen ergaben sich in Bezug auf das Einkommen. Eine zusätzliche Stufe im Schulabschluss führte zu einem um ca. 500 Euro höheren Haushaltseinkommen.

Bildungslaufbahnen wirkten sich somit deutlich auf diejenigen Lebensbereiche aus, die eng mit Bildung und Qualifikation, mit Bildung und Beruf verknüpft sind.

Die Schule gilt als Ort der Einübung von Kerntugenden des Arbeitsverhaltens. Lernanforderungen stehen stellvertretend für berufliche Anforderungen im späteren Leben. Damit tritt bei der Suche nach Langzeitwirkungen der Schule die Frage in den Vordergrund, ob in verschiedenen Schulformen auch unterschiedliche Arbeitshaltungen eingeübt werden. Um dies zu testen, haben wir drei Dimensionen des Berufsengagements untersucht. Die berufliche Selbstwirksamkeit misst das Gefühl, den jeweiligen Anforderungen gewachsen zu sein, sich ihnen stellen zu können (Beispielitem: " Bei meiner Arbeit gelingt mir auch die Lösung sehr schwieriger Aufgaben", 3 Items, Cronbach's α = .77). Die Arbeitsmotivation zielt auf Ausdauer, Anstrengungsbereitschaft und Ehrgeiz (Beispielitem: „Ich setze mich in meinem Beruf immer stark ein", 3 Items, Cronbach' s α = .74). Die berufliche Weiterbildungsbereitschaft soll indizieren, ob jemand motiviert ist, immer wieder dazuzulernen (Beispielitem: „Mir ist es ein Bedürfnis, in meinem Beruf immer wieder dazuzulernen", 3 Items, Cronbach' s α = .69).

Das Ergebnis ist in Bezug auf Arbeitsmotivation und Selbstwirksamkeit überraschend. Sie standen in keinem Zusammenhang mit dem erreichten Schulabschluss, wohl aber – wie vielfach belegt – die Weiterbildungsbereitschaft. Mit höherer Schulbildung reduzierten sich die Weiterbildungsbarrieren, Lernen war stärker habitualisiert.

Zusammenfassend lässt sich konstatieren, dass die verschiedenen Bildungsverläufe durch Hauptschulen, Realschulen oder Gymnasien sichtbare Konsequenzen für den weiteren Lebensweg haben. Starke Einflüsse finden wir bei hochkulturellen Tätigkeiten, politischem Interesse und Gemeinsinn sowie bei Auslandsaufenthalten. Im moderaten Bereich liegen Folgen für das Einkommen, die Zufriedenheit mit dem Einkommen und die Weiterbildungsbereitschaft. Keine Konsequenzen finden wir bezüglich Vorkommen und Dauer von Arbeitslosigkeit, Anzahl Arbeitsstellen, Leistungsengagement und Selbstwirksamkeit sowie Zufriedenheit mit dem Beruf und dem Arbeitsplatz.

Es wird vielfach vermutet, dass Wege der ökonomischen Existenzsicherung mit sozialen Karrieren, mit Partnerwahl, Heirat und Reproduktion zusammenhängen. Die Gender-Forschung hat vielfach belegt, dass Familie und Beruf insbesondere für hoch qualifizierte Frauen auch heute noch schwer vereinbar sind. Wir müssen vor diesem Hintergrund fragen, ob auch bei der Generation der LifE-Befragten die sozialen Lebenswege von Frauen (Heirat, Elternschaft) mit dem Qualifikationsniveau variieren und somit „cross-domain" Wirkungen von Bildungsverläufen beobachtbar sind.

Bei unseren Abiturientinnen fanden wir folgende soziale Realitäten. Sie waren häufiger kinderlos (45 % im Vergleich zu 13 % ehemaliger Hauptschulabsolventinnen) und wollten entsprechend häufiger noch Kinder haben (49 % vs. 12 % Hauptschülerinnen), sie waren deutlich häufiger ledig (42 % Abiturientinnen vs. 19 % Hauptschülerinnen), ohne aber signifikant weniger oft in Partnerschaften zu leben. Daraus lässt sich schließen, dass sie häufiger in nicht-ehelichen Lebensgemeinschaften eingebunden waren. Dies könnte sich allerdings in den folgenden Lebensjahren noch ändern, da die 35-jährigen Frauen mit Hochschulabschluss noch zu über 70 % Familiennachwuchs wünschten. Frauen mit Hochschulabschluss waren seltener verheiratet und entsprechend auch nur halb so häufig geschieden (8 % vs. 16 %).

Für Männer ergaben sich in der Tendenz immer ähnliche Folgen höherer Bildung wie für Frauen; sie waren jedoch weniger ausgeprägt.

Näher an die soziale Lebensqualität in Abhängigkeit vom Bildungsniveau führen uns subjektive Glücks- bzw. Belastungseinschätzungen. Fühlt sich jemand sozial integriert, glaubt er oder sie genügend soziale Unterstützung zu erfahren? Wie schätzt jemand die Qualität der emotionalen Beziehung zu den Eltern und in der Partnerbeziehung ein? Wie gut fühlt er oder sie sich mit den eigenen Kindern? Ist jemand mit seinem sozialen Lebenskreis zufrieden, etwa mit dem Freundeskreis, dem Partner, den Eltern, den Kindern?

Allen diesen Indikatoren für die soziale Lebensqualität konnten wir auf der Grundlage von Selbsteinschätzungen nachgehen und ein einfaches durchgängiges Ergebnis berichten: Die soziale Einbettung hing nicht positiv mit einem höheren Bildungsniveau zusammen. Im Gegenteil, wo wir Unterschiede fanden, waren sie für Schulabsolventen mit weniger hohen Abschlüssen als dem Abitur positiver. Letzteres traf in signifikanter Weise, aber nicht sehr ausgeprägter Form für die Integration in Freundschaften und die Summe der sozialen Zufriedenheiten (mit Vater und Mutter, mit Freundschaften, mit dem Partner, mit den Kindern) zu.

Gesundheitsindikatoren gelten seit längerem als Hinweise auf die Lebensqualität und indirekt auch als Hinweise auf den Grad einer disziplinierten Lebensweise mit langfristig bedeutsamen Gesundheitsfolgen. Wir haben zwei Gruppen solcher Indikatoren einbezogen: einmal solche der psychischen Stabilität und zum anderen solche des Risikoverhaltens wie Rauchen, Alkoholkonsum, wenig Sport und Übergewicht.

Die psychische Stabilität zu messen ist aufwendig. Drei Wege haben wir gewählt. Einmal haben wir danach gefragt, ob sich jemand psychisch leicht oder stark beeinträchtigt fühlt. Als zweites haben wir in Anlehnung an die Adoleszenzforschung nach dem Grad der Depressivität gefragt (Beck 1981; Hautzinger 1998). Als drittes schließlich ist uns in derselben theoretischen Tradition die Ich-Stärke (Selbstwert, Selbstwirksamkeit, Umgang mit Misserfolg) wichtig gewesen (Fend 1990).

Die psychische Beeinträchtigung variierte mit dem schulischen Abschlussniveau und interagierte mit dem Geschlecht. Frauen mit höherem Abschlussniveau fühlten sich häufiger beeinträchtigt, Männer taten dies häufiger bei niedrigem Abschlussniveau.

Ich-Stärke und Depression waren nicht klar mit Schulabschlüssen verbunden. Wieder deuteten sich Interaktionen mit dem Geschlecht an: Frauen mit höheren Abschlüssen und Männer mit tieferen waren eher depressiv.

Klarer waren die Unterschiede im gesundheitsrelevanten Verhalten. Die Intensität des Rauchens, insbesondere die Abhängigkeit, sank mit höherem Schulabschlussniveau. Gleiches würde man auch beim Alkoholkonsum erwarten. Doch dem ist nicht so. Alkoholkonsum war bei Männern und Frauen mit höheren Schulabschlüssen häufiger.

Bei zwei weiteren Indikatoren können wir mit steigendem Bildungsniveau auf einen gesünderen Lebenswandel schließen: bei der Intensität, mit der die Erwachsenen Sport treiben bzw. beim Gewicht. Ca. 75% ehemalige Abiturientinnen bzw. Abiturienten trieben Sport im Vergleich zu ca. 50% ehemaliger Hauptschülerinnen und Hauptschüler. Auch der Body-Mass-Index sank systematisch mit der Höhe des Abschlussniveaus: Je höher das Bildungsniveau, umso schlanker waren unsere jungen Erwachsenen. In der Summe lassen sich an einigen benennbaren Stellen cross-over-effects feststellen, wenngleich auch sichtbar wird, dass diese sehr beschränkt sind. Am klarsten kommen die Folgen für die sozialen Lebensstationen bei Frauen zum Vorschein. Als zweites treten die Konsequenzen im Risikoverhalten wie Rauchen, Alkoholkonsum und mangelnde Bewegung hervor. Relativ unbedeutend, ja mit höheren Abschlüssen tendenziell sogar gegenläufig verbunden sind die subjektiven Zufriedenheiten, insbesondere jene im sozialen Bereich.

Bei der Analyse der langfristigen Wirkungen von Bildungsprozessen zeigen sich die großen, aber auch spezifischen Effekte, die unterschiedliche Bildungslaufbahnen nach sich ziehen. Zentrale Domänen des Lebenslaufs werden durch das Bildungsniveau geprägt, nicht zuletzt die Domäne der Gesundheit, die große ökonomische Kosten für das Gemeinwesen verursachen kann. Verständlicherweise investieren Eltern viel in die Bildungswege ihrer Kinder. Sie sind dabei auch in hohem Maß erfolgreich. Der intergenerationale Transfer spielt sich somit vor allem in Form von *„educational investments"* ab. Auch das Gemeinwesen hat klugerweise ein großes Interesse an Bildungsinvestitionen. Spezifisch sind die Bildungseffekte insofern, als *Bildung keine hinreichende Bedingung für ein „gelingendes Leben"* ist (Fend et al. 2009). Die sozialen Lebensgeschichten erweisen sich dafür als bedeutsamer. Die Analyse der Bildungswege und ihrer Langzeitwirkungen untermauert in der Summe die Bedeutung, die ihnen zugewiesen wird -- und damit auch die gesellschaftliche Relevanz der Chancengleichheitsthematik.

3. Diskussion

Der makrostrukturell bedingte Bedeutungsanstieg von Bildung für die Lebensbewältigung in der Moderne macht für Familien den Erfolg ihrer Kinder in der Schule zum Kerngeschehen eines harmonischen und erfolgreichen Eltern-Kind-Verhältnisses und wirkt so in das Mikrogeschehen auf familiärer Ebene hinein. Mit der Bildungsexpansion der letzten Jahrzehnte ist für immer mehr Familien die Erhaltung des eigenen Bildungsstandes bei ihren Kindern zum zentralen Erwartungshorizont geworden.

In der hier vorgelegten Analyse der Bildungsverläufe auf der Grundlage der LifE-Studie zeigt sich, wie die Bildungslaufbahn innerfamiliär über Erwartungsbildung reguliert wird. Dabei zeigt sich empirisch, dass im 12. Lebensjahr für etwa 60 % bis 70 % der Erwartungshorizont formuliert ist und dann auch bis

zum 35. Lebensjahr realisiert wird. Es wird sichtbar, dass dieser Erwartungshorizont selber zu einem treibenden Agens der Realisierung von Bildungserwartungen wird.

Durch die parallele Analyse von erfolgreichen und nicht erfolgreichen Trans-
missionsprozessen des gymnasialen Bildungsstatus im deutschen Bildungswesen und den familiären Mikrostrukturen der emotionalen Regulation des Eltern-
Kind-Verhältnisses in der Adoleszenz zeigen sich negative Rückwirkungen der
erfolglosen Transmission auf die Emotionalität und die Ko-Regulation dieses
Verhältnisses während der Adoleszenz. Die erfolglose bzw. erfolgreiche Transmission des elterlichen Bildungsstatus hat aber – so ergibt sich im Längsschnitt
bis ins 35. Lebensjahr – nur geringe Langzeitwirkungen. Wenn sich solche ergeben, dann sind sie über den Bildungsstatus der Kinder vermittelt. So zeigen Kinder aus gymnasialen Elternhäusern, wenn diese „nur" der Hauptschulabschluss
erreichen, in vielen Domänen dasselbe Verhalten wie alle anderen ehemaligen
Hauptschulkinder. Besonders auffallend ist dies beim kulturellen Verhalten (Lesen, Hochkultur) der Fall.

Mit einem unterschiedlichen schulischen Abschlussniveau sind in der Langzeitperspektive Effekte verbunden, die die sozialstrukturelle Position der neuen
Generation definieren. Dazu zählen vor allem kulturelle Orientierungen sowie
ökonomische Konstellationen. Auch die Kultur der Lebensführung wird durch
das Bildungsniveau beeinflusst. Sie kommt in einem gesundheitsbewussteren
Lebensstil zum Ausdruck. Querverbindungen zu anderen Domänen (cross-do-
main-effects) wie den Partnerschafts- und Elternschaftsverläufen können nachgewiesen werden. Die sozialen Übergänge sind je nach Bildungsniveau sehr unterschiedlich, und zwar insbesondere jene in feste Partnerschaften und noch klarer
in Elternschaft.

Unübersehbar wäre zu wünschen, dass diese lebenslauforientierten Makro-
analysen ergänzt würden durch Mikroanalysen der innerfamiliären Prozesse. Deren Variation nach makrostrukturellen Faktoren würde erfordern, die Übergänge
unter unterschiedlichen Wohlstandsregimes, ökonomischen Konstellationen und
kulturellen Faktoren ländervergleichend zu analysieren (Buchmann und Kriesi, 2011). Vergleiche zwischen mehreren Kohorten könnten Hinweise auf sozialstrukturelle Veränderungen geben, etwa solche, die mit der Bildungsexpansion
verbunden sind. Die Variation institutioneller Faktoren, etwa solche der schulischen Regelsysteme der sozialen Allokation nach unterschiedlichen Schuljahren
(4. Schuljahr, 6. Schuljahr, 10. Schuljahr) kann dagegen in der LifE-Studie ansatzweise studiert werden. Intergenerationale Transmissionsprozesse über drei
Generationen können auf der Grundlage der laufenden Erhebung bei den 45-Jäh-

rigen der LifE-Studie in Zukunft noch längerfristig analysiert werden, da der Datensatz aus Großeltern, Eltern und Kindern bestehen wird (vgl. Becker, 2009).

Literatur

Allmendinger, Jutta, und Silke Aisenbrey. 2002. Soziologische Bildungsforschung. In. *Handbuch der Bildungsforschung,* Hrsg. Rudolf Tippelt, 41-60. Opladen: Leske + Budrich.

Baumert, Jürgen, und Gundel Schümer. 2002. Familiäre Lebensverhältnisse, Bildungsbeteiligung und Kompetenzerwerb im nationalen Vergleich. In *PISA-Konsortium Deutschland,* Hrsg. PISA 2000 – Die Länder der Bundesrepublik Deutschland im Vergleich, 159-202. Opladen: Leske + Budrich.

Baumert, Jürgen, Kai Maaz und Ulrich Trautwein. 2009. Bildungsentscheidungen. *Zeitschrift für Erziehungswissenschaft, Sonderheft 12/2009* Wiesbaden: VS Verlag für Sozialwissenschaften.

Becker, Rolf, 2009. The Transmission of Educational Opportunities across three Generations – Prospects and Limits of the SOEP Data. *Schmollers Jahrbuch* 129: 155-167

Buchmann, Marlis and Irene Kriesi (2011). Transition to Adulthood in Europe. *Annual Review of Sociology* 37: 481-504.

Boudon, Raymond. 1987. The individualistic tradition in sociology. *The micro-macro link.* J. C. Alexander, B. Giesen, R. Münch and M. J. Smelser. Berkeley, University of California Press: 45-70.

Bourdieu, Pierre P., Passeron und Jean-Claude. 1971. *Die Illusion der Chancengleichheit. Untersuchung zur Soziologie des Bildungswesens am Beispiel Frankreich* (Texte und Dokumente zur Bildungsforschung). Stuttgart, Klett.

Coleman, James S. 1966. *Equality of educational opportunity.* Washington D.C., U.S. Government Printing Office.

Cornelißen, Waltraud. 2005. *Gender-Datenreport. 1. Datenreport zur Gleichstellung von Frauen und Männern in der Bundesrepublik Deutschland.* München: Deutsches Jugendinstitut.

Ditton, Hartmut, und Jan Krüsken. 2006. Der Übergang von der Grundschule in die Sekundarstufe I. *Zeitschrift für Erziehungswissenschaft* 9: 348-372.

Fend, Helmut. 1982. *Gesamtschule im Vergleich.* Weinheim: Beltz.

Fend, Helmut. 1990. *Vom Kind zum Jugendlichen: Der Übergang und seine Risiken.* Entwicklungspsychologie der Adoleszenz in der Moderne, Bd. 1. Bern: Huber.

Fend, Helmut. 1991. *Identitätsentwicklung in der Adoleszenz. Lebensentwürfe, Selbstfindung und Weltaneignung in beruflichen, familiären und politisch-weltanschaulichen Bereichen.* Entwicklungspsychologie der Adoleszenz in der Moderne, Bd. 2. Bern: Huber.

Fend, Helmut. 1994. *Die Entdeckung des Selbst und die Verarbeitung der Pubertät.* Entwicklungspsychologie der Adoleszenz in der Moderne, Bd. 3. Bern: Huber.

Fend, Helmut. 1997. *Der Umgang mit Schule in der Adoleszenz. Aufbau und Verlust von Motivation und Selbstachtung.* Entwicklungspsychologie der Adoleszenz in der Moderne, Bd. 4. Bern: Huber.

Fend, Helmut. 1998. *Eltern und Freunde.* Soziale Entwicklung im Jugendalter. Bern: Huber.

Fend, Helmut. 2005. *Bildung als Ressource der Lebensbewältigung*. Ergebnisse der LifE-Studie. Mannheim: Reihenpublikation.

Fend, Helmut. 2006. Mobilität der Bildungslaufbahnen nach der 9. Schulstufe. Koppelung und Entkoppelung von Bildungsverläufen und Berufsausbildung an die Schulformzugehörigkeit – neue Chancen oder alte Determinanten? In *Soziale Ungleichheit im Bildungswesen*, Hrsg. Werner Georg, 265-290. Konstanz: Universitätsverlag Konstanz.

Fend, Helmut. 2009. Chancengleichheit im Lebenslauf – Kurz- und Langzeitwirkungen von Schulstrukturen. In *Lebensverläufe, Lebensbewältigung, Lebensglück*, Hrsg. Helmut Fend, Fred Berger und Urs Grob, 37-72. Wiesbaden: VS Verlag für Sozialwissenschaften.

Fend, Helmut. 2010. Erfolgreiche Bildungsverläufe und was man aus ihnen lernen kann. In *Übergänge im Bildungswesen. Chancen und Probleme aus sozialwissenschaftlicher Sicht*, Hrsg. Susanne Lin-Klitzing, 164-185. Bad Heilbrunn: Julius Klinkhardt.

Fend, Helmut, Fred Berger und Urs Grob. 2009. *Lebensverläufe, Lebensbewältigung, Lebensglück*. Die Längsschnittstudie LifE. Wiesbaden: VS Verlag für Sozialwissenschaften .

Fend, Helmut, Wolfgang Knörzer, Willibald Specht, Werner Nagl, und Roswitha Väth-Szusdziara. 1976. Gesamtschule und dreigliedriges Schulsystem – eine Vergleichsstudie über Chancengleichheit und Durchlässigkeit. In *Deutscher Bildungsrat. Gutachten und Studien der Bildungskommission*, Bd. 55. Stuttgart: Klett.

Georg, Werner. 2005. Die Reproduktion sozialer Ungleichheit im Lebensverlauf. *Zeitschrift für Soziologie der Erziehung und Sozialisation* 25.

Georg, Werner. 2006a. Kulturelles Kapital und Statusvererbung. In *Soziale Ungleichheit im Bildungssystem*, Hrsg. Werner Georg, 123-146. Konstanz: Universitätsverlag Konstanz.

Georg, Werner. 2006b. *Soziale Ungleichheit im Bildungssystem*. Eine empirisch-theoretische Bestandsaufnahme. Konstanz: UVK Verlagsgesellschaft.

Georg, Werner. 2009. Prädktion des Berufsstatus – Zur unterschiedlichen Bedeutung personaler Ressourcen bei Frauen und Männern. In *Lebensverläufe, Lebensbewältigung, Lebensglück*, Hrsg. Helmut Fend, Fred Berger und Urs Grob, 141-159. Wiesbaden: VS Verlag für Sozialwissenschaften.

Glaesser, Judith. 2008. Just how flexible is the German selective secondary school system? A configurational analysis. *International Journal of Research & Method in Education* 31:193-209.

Glaesser, Judith. 2009. Arbeitslosigkeit als Risiko auf dem Berufsweg – Psychosoziale Bedingungsfaktoren. In *Lebensverläufe, Lebensbewältigung, Lebensglück*, Hrsg. Helmut Fend, Fred Berger und Urs Grob, 123-140. Wiesbaden: VS Verlag für Sozialwissenschaften.

Goldthorpe, John Harry. 2000. *On sociology. Numbers, narratives, and the integration of research and theory*. Oxford: Oxford University Press.

Goldthorpe, John Harry. and C. Mills. 2008. „*Trends in intergenerational class mobility in modern Britain: evidence from national surveys, 1972-2005.*"

Hillmert, Seibert. 2009. Bildung und Lebenslauf – Bildung im Lebensverlauf. In*Lehrbuch der Bildungssoziologie*, Hrsg. Rolf Becker, 215-238. Wiesbaden: VS Verlag für Sozialwissenschaften.

Lauterbach, Wolfgang, und Mareike Weil. 2009. Ausbildungswege am Arbeitsmarkt – Lohnen sich Mehrfachausbildungen für den beruflichen Aufstieg? In *Lebensverlauf, Lebensbewältigung, Lebensglück. Ergebnisse der LifE-Studie*, Hrsg. Helmut Fend, Fred Berger und Urs Grob, 101-122. Wiesbaden: VS Verlag für Sozialwissenschaften.

Maaz, Kai and Gabriel Nagy. 2009. „Der Übergang von der Grundschule in die weiterführenden Schulen des Sekundarschulsystems: Definition, Spezifikation und Quantifizierung primärer und sekundärer Herkunftseffekte." *Zeitschrift für Erziehungswissenschaft* **12**: 153-182.

Schmeiser, Martin. 2003. „Missratene" Söhne und Töchter. Verlaufsformen des sozialen Abstiegs von Akademikerfamilien. Konstanz: UVK Verlagsgesellschaft.

Schneider, Thorsten. 2006. Does the effect of social origins on educational participation change over the life course? European Sociological Review 24:511-526.

Tenorth, Heinz-Elmar. 2008. Das Gymnasium – Leitinstitution des deutschen Bildungswesens. Engagement 3:252-263.

Weil, Mareike, und Wolfgang Lauterbach. 2010. Doppelte Ausbildung – doppelter Gewinn? Schul- und ausbildungsspezifische Determinanten des Einkommens. In Neue Jugend, neue Ausbildung? Beiträge aus der Jugend- und Bildungsforschung, Hrsg. Elisabeth M. Krekel und Tilly Lex, 243-265. Bonn: WBV.

Verzeichnis der Autorinnen und Autoren

Sybille Bayard arbeitet als wissenschaftliche Mitarbeiterin am Jacobs Center for Productive Youth Development, Universität Zürich. Forschungsschwerpunkte: Bildungsverläufe, Bildungs- und Jugendsoziologie.

Rolf Becker ist Professor für Bildungssoziologie, Universität Bern. Forschungsschwerpunkte: Bildungssoziologie, Sozialstrukturanalyse, Lebensverlaufsforschung, Methoden der empirischen Sozialforschung und angewandte Statistik, Rational-Choice-Theorien, Arbeitsmarkt- und Mobilitätsforschung, empirische Wahlforschung.

Manfred Max Bergman ist Professor für Sozialforschung und Methodologie, Universität Basel, und Visiting Professor, University of Johannesburg und Witwatersrand. Forschungsschwerpunkte: inter- und intragenerationale Ungleichheitstransfers, Bildung und Arbeit, Mixed Methods Designs.

Marlis Buchmann ist Professorin für Soziologie und Direktorin des Jacobs Center for Productive Youth Development, Universität Zürich. Forschungsgebiete: Soziologie des Lebenslaufs, soziale Ungleichheit, Bildung, Beruf und Arbeitsmarkt, sozialer und kultureller Wandel.

Jean-Marc Falter ist Maître d'enseignement et de recherche für Wirtschaft an der Universität Genf, wo er auch das Leading House „Bildungsökonomie" leitet, das vom Bundesamt für Berufsbildung und Technologie (BBT) finanziert wird. Forschungsschwerpunkte: Bildung und Arbeit, Berufsbildungsökonomie, soziale Mobiliät, ökonomische Ungleichheit.

Helmut Fend ist emeritierter Professor der Universität Zürich (Pädagogik mit Schwerpunkt Pädagogische Psychologie). Forschungsschwerpunkte: empirische Bildungsforschung und Lebenslaufforschung.

Philipp Gonon ist Professor für Berufsbildung, Universität Zürich. Forschungsschwerpunkte: Bildung, Beruf und Arbeit; Qualität und Evaluation in der Berufs- und Weiterbildung, Internationaler Vergleich von Berufsbildungssystemen, historische Bildungsforschung.

Sandra Hupka-Brunner hat die Ko-Leitung des Projektes TREE inne und ist am Lehrstuhl für Sozialforschung und Methodologie, Universität Basel, tätig. Forschungsschwerpunkte: Bildungsforschung, soziale Ungleichheit, Migration.

Gebhard Hüsler, Leiter des Zentrums für Rehabilitations- und Gesundheitspsychologie, Lehrbeauftragter an der Universität Fribourg und Herausgeber der Reihe „Psychosoziale Prävention". Forschungsschwerpunkte: Jugendproblematik und Interventionsentwicklung.

Christian Imdorf ist Inhaber einer SNF-Förderungsprofessur für Bildungssoziologie an der Universität Basel. Forschungsschwerpunkte: soziale Selektivität von Bildungsorganisationen, Verbundsausbildung, Bildungssysteme und individuelle Transitionen, Geschlechtersegregation.

Joseph Jurt war von 1981 bis 2005 Professor für französische Literaturwissenschaft an der Universität Freiburg i. Br. Aktuell Lehrbeauftragter am Freiburger Frankreich-Zentrum und an der Universität St. Gallen. Forschungsschwerpunkte : Literatur und Politik, Intellektuellengeschichte, Kultursoziologie (Bourdieu).

Anita C. Keller ist zurzeit Assistentin bei TREE an der Universität Basel, Forschungsassistentin am Lehrstuhl für Arbeits- und Organisationspsycholgie der Universtität Bern und Research Fellow an der University of Johannesburg. Forschungsschwerpunkte: arbeitsbezogene Einstellungen, Arbeitsbedingungen, Veränderungen über die Zeit.

Elisabeth M. Krekel ist Ausbildungsmarktforscherin am Bundesinstitut für Berufsbildung (BIBB) in Bonn und Honorarprofessorin für Personalmanagement und Berufsbildung an der Hochschule Bremen. Forschungsschwerpunkte: Berufsbildungsangebot und -nachfrage, Übergänge in Ausbildung, Qualität beruflicher Ausbildung.

Irene Kriesi leitet das Forschungsfeld „Institutionelle Bedingungen der Berufsbildung" am Eidgenössischen Hochschulinstitut für Berufsbildung (EHB) in Zollikofen. Forschungsschwerpunkte: Bildungs- und Erwerbsverläufe, Berufsbildung, soziale Ungleichheit.

Winfried Kronig ist Professor an der Universität Fribourg i. Üe. Forschungsschwerpunkte: Systemvergleichende Bildungsforschung mit Längsschnittdaten, Gratifikationen und Leistungsbewertungen in Bildungsinstitutionen, Effektivität von Selektions- und Integrationsmaßnahmen, Analyse der Manifestationen sozialer Ungleichheit im Bildungssystem.

René Levy ist emeritierter Professor für Soziologie an der Universität Lausanne, wo er das Institut d'étude interdisciplinaire des trajectoires biographiques gegründet hat. Seine Forschungsschwerpunkte sind soziale Schichtung, Geschlechterverhältnisse und Lebenslaufanalyse, außerdem ist er als sozialwissenschaftlicher Gutachter tätig.

Thomas Meyer ist Ko-Leiter des Projektes TREE und arbeitet am Lehrstuhl für Sozialforschung und Methodologie, Universität Basel. Forschungsschwerpunkte: Bildungssoziologie, school-to-work transitions.

Markus P. Neuenschwander ist Professor für Pädagogische Psychologie und Leiter des Forschungszentrums Schule als öffentlicher Erziehungsraum des Instituts Forschung und Entwicklung der Pädagogischen Hochschule Nordwestschweiz. Seine Forschungsschwerpunkte liegen im Bereich der empirischen Bildungsforschung: Übergang Schule-Beruf, Schulwirkungsforschung, schulische Sozialisation und Selektion.

Melania Rudin arbeitet als wissenschaftliche Mitarbeiterin beim Büro für arbeits- und sozialpolitische Studien (BASS) in Bern. Parallel dazu arbeitet sie beim Projekt TREE (Transitions from Education to Employment) an der Universität Basel. Forschungsschwerpunkte: Bildung und Arbeit.

Alexander Salvisberg ist Mitarbeiter beim Stellenmarkt-Monitor Schweiz am Soziologischen Institut der Universität Zürich. Forschungsschwerpunkte: Arbeitsmarktsoziologie, sozialer Wandel.

Robin Samuel ist Visiting Scholar an der Stanford University (Stanford Center on Poverty and Inequality) und Forscher am Lehrstuhl für Sozialforschung und Methodologie, Universität Basel. Forschungsschwerpunkte: Soziale Mobilität, soziale Ungleichheit, Bildung und Arbeit, Wohlbefinden, Analyse longitudinaler Daten.

Evi Schmid ist Dozentin für Berufspädagogik am Eidgenössischen Hochschulinstitut für Berufsbildung EHB und Assistentin am Lehrstuhl für Berufsbildung der Universität Zürich. Forschungsschwerpunkte: Lehrvertragsauflösungen, Lehrabbruch, Übergang in eine Tertiärausbildung nach einer Berufsausbildung.

Barbara E. Stalder ist maître-assistante an der Universität Neuenburg und senior researcher an der Universität Basel. Forschungsschwerpunkte: Übergang Schule-Beruf, Lehrvertragsauflösungen, berufliche Entwicklung im Lebenslauf.